Anonymus

Sphinx

Anonymus

Sphinx

ISBN/EAN: 9783741184765

Hergestellt in Europa, USA, Kanada, Australien, Japan

Cover: Foto ©Andreas Hilbeck / pixelio.de

Manufactured and distributed by brebook publishing software (www.brebook.com)

Anonymus

Sphinx

SPHINX

Monatsschrift

für

Seelen- und Geistesleben.

herausgegeben

von

Hübbe-Schleiden.

Kein Gesetz über der Wahrheit!

Wahlspruch des Maharadschah von Benares.

VII Jahrgang. 1892. Dreizehnter Band.

Braunschweig.
C. A. Schwetschke und Sohn.
(Appelhans & Pfenningstorff.)

Inhalts-Übersicht

des

Dreizehnten Bandes.

Siebenter Jahrgang

1892.

Aufsätze und Berichte.

Seite

Ludwig Deinhard: Okkultistische Forschung in Italien . . . 147
— Okkultistischer Reisebericht aus Italien. 1. Eusapia Palladino . . . 349
Dr. Eugen Dreher: Zur Lösung des Rätsels. Ein Beitrag zur Lehre des Hypnotismus . . . 267
Adolf Engelbach: Das Evangelium des Kampfes . . . 194
Arthur Fitger: Mozart . . . 201
Werner Friedrichsort: Was die Welt braucht! . . . 102
Dr. Ernst Haller: Du sollst nicht töten! Ästhetische Rücksichtslosigkeiten . . . 64
Marg. Hahn: Zweierlei ist not. Eine metaphysische Plauderei . . . 207
Dr. med. Franz Hartmann: Was ist Theosophie? . . . 197
Lazar Baron von Hellenbach (posthum): Der Glaube des neunzehnten Jahrhunderts . . . 289
Emil Baron von Hoenning O'Carroll: Träume. Selbsterlebtes . . . 353
Dr. jur. Hübbe-Schleiden: Unser erweitertes Programm. Was wir wollen . . . 1
— Das Streben nach Vollendung und dessen Voraussetzung . . . 5
— Einiges und geistiges Christentum . . . 97
Carl Kiesewetter: Fausts geschichtliche Persönlichkeit. (Mit Abbildungen) . . . 15, 153, 248 u. 359
Dr. Raphael von Koeber: Die Seelenlehre des Okkultismus. (Mit neun Abbildungen) . . . 257 u. 314
Dr. jur. Ludwig Kuhlenbeck: Giordano Bruno. Nach den „Lichtstrahlen" aus seinen Werken . . . 131
— Der Wert der Persönlichkeit . . . 212
— Die christliche Persönlichkeitsidee . . . 303
Fritz Lemmermayer: Das Wesen der Dichtkunst . . . 297

Seite

Dr. Freiherr Carl du Prel: Die Seelenlehre vom Standpunkte der Geheimwissenschaften . . . . 49, 161 u. 216
Wilhelm von Saintgeorge: Der Tolstoianer. Eine Entgegnung 76
— Da die Zeit erfüllet war. Eine Besprechung . . 171
Johannes Tennhardt: Das innere Wort 56

Novellen und Erzählungen.

Walter von Appenborn: Lichtmärchen. (Mit Abbildungen) 144
Eva A. von Arnim: Dem Tag entgegen. Novelle 24, 113, 233 u. 337
Leopold Engel: Zeit und Ewigkeit. Eine Phantasie . . 33
Hugo Grolße: Vision. Eine Skizze 209
Marie Constt. Koch: Wahrheit oder Wahn? Erinnerungsblätter. (Mit Abbildung) . . . . 137 u. 225
Hans Kindermund: Möchte kein Engel sein! Eine Humoreske 127
Eugen Nus: Unsere Dummheiten. Eine Humoreske . . 43
P. K. Rosegger: Die junge Klosterschwester. Eine Erzählung 105
M. von Saint-Roche: Der wahrste Freund. Dem Leben nacherzählt 72
— Zwei Frauen. Nach dem Leben gezeichnet 322

Gedichte.

Agemo: Erkenntnis 32
Hans Arnold: Sprüche in Versen 135
Carl Busse: Das Selbst 303
August Butscher: Rose und Distel 111
Charles Buttgerald: Dein anderes Ich 266
— Das Originelle 302
Richard Dehmel: Jesus der Künstler. Traum eines Armen 129
Leopold Engel: Rückblick 152
— Kurzsichtiges Urteil 352
Franz Evers: Des Zukünftigen Wort 200
— Nachtpfauenauge 336
Frank Forster: Der Seelenfalter 80
— Ich stand im Thalesgrunde 101
— Zuspruch 211
— Das Leid 313
Bruno von Germar: Die neue Lehre 232
Hugo Grolße: Nachtphantasien. Nachtbild. Nachtwanderung 335

Seite

Friedrich Herlrich: Gnome 47
— Dem erlösten Dulder 104
— All-Eines 206
Fritz Lemmermayer: Uralt 112
Rudolf Jolhar: Der Wert des Lebens. Ein Mysterium 310
Hans von Mosch: Hinauf! 4
— „Zu Gott!" 48
— Warum? 128
— Frühling! 193
Menelos: Schutz 63
Felix Riedmüller: Schein und Sein 176
— Den thörichten Schulweisen 296
Wilhelm Ressel: Wenn dich ein Ideal erfüllt! . . . 196
— O trag! 358

Mehr als die Schulweisheit träumt.

Anmeldungen Sterbender . . . . 83, 181 u. 274
Der eigene Doppelgänger 273
Giebt es gute Geister, die uns beschützen? 84
Maria von Mörl (Stigmatisation) . . . . 275 u. 370
Ein Triumph des Okkultismus 81
Stigmatisation in Amerika 369
Die Suggestion im Dienste der Berliner Kriminaljustiz 177
Telepathie 83, 178, 181, 274
Ein Triumph des Okkultismus 81
Mark Twain über Telepathie 178
Tod und Leben von Bodenstedt 371
Vorahnung der Todesart 275
Unendlichkeit 276
Wahrträume . . . . 180 u. 273
Wer redete? 182
Zweites Gesicht 180

Bemerkungen und Besprechungen.

Autorität oder Selbstbestimmung? Zur Beleuchtung der Kaiserrede 277
Unser vierzehnter Band 384
Die historische Geschwätzigkeit der Biographen 377
Budha-Gaya 377
Erkenntnis 96
Der ideale Sinn des Deutschtums 183
Der geschichtliche und der ideale Faust 282

Seite
Das Gebet des Monisten . . . 89
Gnade . . . 89
Herders Philosophie der Geschichte in einer Stunde . . . 379
Professor Oskar Korschelts Apparate . . . 88 u. 285
Leixners soziale Briefe . . . 86
Manethos: Aus übersinnlicher Sphäre . . . 384
Materialismus oder Spiritismus? . . . 281
Gabriel Max' Darstellung der Seherin von Prevorst . . . 86
Milde . . . 288
Moltkes Unbefangenheit . . . 378
Das Mysterium der Zeitalter . . . 185
Zur okkultistischen Forschung in Italien . . . 382
Ollmanns Bücherschatz . . . 187
Wert oder Unwert der Persönlichkeit . . . 377
Psychologie der Suggestion . . . 380
Reichtum . . . 96
Religion und Lebensweise. Die Quintessenz der Lebensweisheit 186
Die Religion und Moral der Zukunft . . . 278
Schein und Sein . . . 288
Die Seherin von Prevorst . . . 86 u. 280
Die Sonnenäther-Strahlapparate . . . 88 u. 285
Sphinx-Register. Pränumerations-Einladung . . . 187
Für und wider den Spiritismus . . . 381
Materialismus oder Spiritismus? . . . 281
Spiritistische Familienkreise. Selbstüberzeugung v. d. Unsterblichkeit 280
Zwei spiritistische Neuheiten aus Frankreich . . . 383
Spiritistische Thatsachen und übereilte Hypothesen . 381 u. 382
Psychologie der Suggestion . . . 380
Suggestionismus und Homöopathie . . . 186
Die übersinnlichen Thatsachen . . . 381
Aus Urdas Born . . . 279
Der Vollendete . . . 96
Der Wandervogel . . . 288
Wiedergeburt und Wiederverkörperung . . . 89
Ein Zeichen der Zeitwende . . . 183

Anregungen und Antworten.

Du sollst nicht töten! . . . 372
Eigener Geist oder fremde Geister? . . . 283
Nicht Umkehr, sondern Einkehr! . . . 192
Ethik und Ästhetik . . . 188
Guter Wille und Erfahrung . . . 192
Was ist Ideal-Naturalismus? . . . 90 u. 192
Idealismus und Vernunft . . . 284
Vollendung der Individualität . . . 94 u. 189

Seite
Korschelts Ätherstrahlapparate 285
Mitwirkung unserer Leser 96
Privatbesitz und Gemeingut 373
Seelen- und Geistesleben. 91
Du sollst nicht töten! 372
Was soll man dabei thun? . . . . 92, 188, 188 u. 373
Nicht Umkehr, sondern Einkehr! 192
Die Verbreitung der Sphinx 376
Die Vollendung der Individualität . . . . 94 u. 189
Wesen und Form 287
Wiederverkörperung 191
Zeit totschlagen oder ausnützen? 375

Abbildungen.

Fausts geschichtliche Persönlichkeit.
„Faustturm“, ein Teil des Klosters Maulbronn 17
Lichtmärchen.
Hellante 144
Wahrheit oder Wahn? Erinnerungsblätter.
Auf dem Mons Palatinus. 137
Die Seelenlehre des Okkultismus.
Figur 1: Das fahrende Gespann. Leib, Seele und Geist . . . 263
„ 2: Das Pferd geht durch 263
„ 3: Der Kutscher ist gefesselt 264
„ 4: Die Zügel dehnen sich 264
„ 5: Der Kutscher schläft ein 265
„ 6: Der Tod. Der Kutscher läßt den Wagen zertrümmert zurück 265
„ 7: Sinnbildliche Darstellung des Menschenwesens . . 320
„ 8: Der Tod. Die spiritistische Ansicht 319
„ 9: Der Zustand nach dem Tode. Die okkultistische Ansicht . 321

Kunstbeilagen.

„Zu Gott!“ Von Fidus . . . . gegenüber Seite 48
„Du sollst nicht töten!“ Von demselben . . . „ „ 64
Niemand kann zween Herren dienen. Von demselben „ „ 128
Hellantens Traum. Von demselben . . . . . „ „ 144
Maria von Mörl. Nach einem Ölgemälde von Gabriel Max „ „ 208
Zauber der Unschuld. Von Fidus . . . . „ „ 224
Frühlingslust. Von demselben . . . . „ „ 352
Das Original aller Faustbildnisse. Phototypie einer
Radierung nach Rembrandt von Jan Joris van Vliet „ „ 368

SPHINX

XIII, 73. März 1892.

Unser erweitertes Programm.

Vom Herausgeber.

❦

Was wir wollen.

Kein *Gesetz über der Wahrheit!* Unter diesem Wahlspruch unsres *Ideal-Naturalismus* wollen wir alle versprengten Scharen des Idealismus sammeln auf dem Boden der *Natur*. Die *Wahrheit* ist für uns das Wesen auch der *Weisheit* und der *Schönheit*.

Wir hangen nicht an irgend welchen Dogmen und Symbolen, in die sich die Wahrheit irgendwo und irgendwann gekleidet hat; noch schwören wir auf etwelche Gesetze und Begriffe, in denen bestimmte Zeiten und besondere Kulturen wechselnd sich ausprägen. Wir kämpfen aber vor allem für die Wahrheit, daß *jedem Individuum ein eignes ursächlich fortwirkendes Wesen zu Grunde liegt.* Mit dem Festhalten dieser *metaphysischen* Erkenntnis *aller* Völker *aller Zeiten* streben wir zugleich nach *Hebung des ethischen und ästhetischen Bewußtseins.*

Alles, was in unserer Monatsschrift beurteilt oder dargestellt wird, soll womöglich unter dem Gesichtspunkte des *höchsten Ideals* betrachtet werden; und dies ist *Vollendung* in dem Wahren, Guten, Schönen auf Grundlage *der Natur*. Daß dies jedoch eine *Entwicklungsstufe* ist, die *jede* Individualität dereinst erreichen muß, diese Erkenntnis, welche dem älteren Idealismus und dem neueren Realismus fehlt, ist der Grundstein des Ideal-Naturalismus, des *bewußten* Aufwärtsringens und *Vollendungsstrebens.*

❦

Es fragt sich nun, wie wir dies Streben durchzuführen gedenken.

Wir wollen Niemanden in seinen Glaubensanschauungen stören. Wer Befriedigung findet in den Formen *seiner* Kirche oder in den gerade augenblicklich anerkannten Dogmen *seiner* Wissenschaft, den wollen wir nicht ärgern. Wir wenden uns nur an alle *Gleich*gesinnten und Mitstrebenden, daß sie mit uns sich zum Gedankenaustausch und zu gemeinsamer Geistesarbeit vereinigen.

In den Religionen aller großen Kulturzeiten ist ein Weisheitskern enthalten. Diese *Wahrheit* ist nur Eine, *kann* nur Eine sein. Was *eine* Religion von andern *unterscheidet*, ist demnach nur deren zeitweilige (exoterische) Form; das allen *Gemeinsame* dagegen muß jener innere (esoterische) Wahrheitskern sein. Dies aber ist offenbar das Streben nach Erkenntnis des über unsre Sinne hinausgehenden Wesens aller Dinge und nach einem inneren Leben, in dem dieses sich verwirklicht, oder kurz: das Streben „*weiser und besser*“ zu werden. Dies ist das Kennzeichen aller derer, die ihr Ziel in innerer Vollendung suchen, d. i. aller wahren „Mystiker.“ Denn Mystik im eigentlichsten Sinne ist nichts als der Kern der *Religiosität*, gelöst von allen Formen positiver Religionen.

Ebensowenig aber, wie wir uns an den Wortlaut der Lehren irgend einer Kirche ketten wollen, sondern nur den tiefern Sinn und Geist derselben gelten lassen, so sind wir uns auch bewußt, daß in der schulgemäßen *Wissenschaft* zeitweilig Theorien und beliebte Anschauungen von kurzsichtigen Geistern zu tyrannischen Dogmen aufgeworfen und von den ihnen byzantinisch Nachschwätzenden als unfehlbar ausposaunt werden. *Hier* wollen wir vor allem *freies* Denken und selbständige Forschung und Bethätigung für Jedweden.

Und wie in der Religion und Wissenschaft, so suchen wir auch in den andern Formen alles Menschenlebens nur das *Wesen*, welches sich uns überall im guten Wollen und im wahren Können offenbart. So wie wir in der *Medicin* einer Heilkunst „von Gottes Gnaden“ stets den Vorzug geben vor bloß angelerntem Wissen und vor etwaiger schulgerechter Stümperei, ebenso scheint uns auf dem Gebiete des *Rechtslebens* und der *Volkswirtschaft* jede wirkliche Hebung ungerechter Verhältnisse im heutigen Kulturleben eine Erlösung aus „Gesetz' und Rechten, die wie eine ew'ge Krankheit sich forterben.“

Nicht minder nehmen wir auch in der *Dichtung*, sowie in der *bildenden Kunst* und der *Musik* lebhaften Anteil an jeder gottgeborenen Schaffenskraft, die sich mit genialer Selbständigkeit von der trägen Nachahmung konventioneller Formen und Anschauungen befreit. Wir lieben überall die Wahrheit in wahrhafter Darstellung. Freilich ist es nicht die Wahrheit der häßlichen, schmutzigen, gemeinen Natur, die wir suchen und als Muster aufstellen. *Wirklichkeit* mag diese sein und auch „Natur“ nach *Shakespeares* allbekannter Fassung: that's the nature of the beast! („Das ist nun einmal die *Natur* der Bestie!“). Diejenige Wahrheit der Natur aber, die *uns* als Ziel vorsteht, ist nur die *höchste* Stufe der Entwickelung in der Natur des Geistes und der Seele wie des Körpers — ist *das Ideal des Wahren, Guten, Schönen.*

Wir bilden uns nicht ein, zu wissen, was das Wesen jedes Dinges ist, wir *wissen* vielmehr, daß kein Sterblicher die *reine* (absolute) Wahrheit weiß, noch wissen kann. Wir *streben* nur danach, dies Wesen, diese Wahrheit überall zu finden und zum Ausdrucke zu bringen. Wohl aber erkennen wir die Richtschnur, welche uns zu diesem Ziele führt, in jenen übereinstimmenden Grundzügen der Weltanschauung *aller* intuitiv begabten Geister unserer Rasse so im Abend- wie im Morgenlande vom Uranfange unserer Kultur an bis zur Gegenwart.

Durch die philosophische Erkenntnis aller dieser Denker zieht sich wie ein roter Faden auch dasjenige hindurch, was frühere Zeiten „Okkultismus“ nannten, ja selbst die uralt bekannten Thatsachen, welche man heute unter dem unklaren Sammelnamen „Spiritismus“ zusammenfaßt. Trotz Irrtum, Täuschung und Betrug, die zweifellos auf diesem Felde wuchern, können wir die Wichtigkeit der echten Thatsachen dieses Gebietes als Erkenntnisgrund der Wahrheit nicht mißachten. An dem Vorkommen solcher Thatsachen aber wird Niemand mehr zweifeln, seitdem die exakte Physiologie die merkwürdigen Erscheinungen des Hypnotismus und ähnlicher Seelenzustände festgestellt und in den Kreis ihrer eingehenden Untersuchungen gezogen hat.

Wir bezeichneten im Titel unserer Monatsschrift bisher unsere Anschauung ganz allgemein als „übersinnliche“ — mit gutem Grunde; denn das Wesen aller Dinge ist nicht unmittelbar mit unsern Sinnen zu erfassen. Kräfte können wir stets nur durch ihre Wirkungen in und an Stoffen wahrnehmen; und ebenso kann man das innere Wesen eines Menschen weder sehen, noch hören, noch schmecken, noch riechen, noch betasten, sondern nur erkennen, insofern es sich in den Gesichtszügen, in der Gestalt, in Wort, Schrift oder sonstiger Darstellung äußert. Die Berechtigung unserer Anschauungen haben wir in unseren bisherigen zwölf Bänden hinreichend „geschichtlich und experimentell“ sowie durch Sammlung von Thatsachen, welche sie veranschaulichen, nachgewiesen; und wir glauben jetzt über die Zeit des heißesten Kampfes um das „Übersinnliche“ hinaus zu sein.

Wir haben schon bisher auf die ethische und die ästhetische Verwertung unserer Anschauungen in allem Leben und Streben besonderes Gewicht gelegt. Hierauf werden wir auch fernerhin unser Augenmerk hauptsächlich richten. In zweifacher Hinsicht aber wollen wir jetzt unser Arbeitsfeld erweitern.

Erstens wollen wir die Nutzanwendung unserer Anschauungen in allen Zweigen des socialen Lebens und der Kunst durchführen und in möglichst weitem Umfange in den gegenwärtigen Interessen des Tages und des Jahres aktuell zur Geltung bringen.

Zweitens wollen wir, mehr als bisher, Gemeinverständlichkeit erstreben. Bisher galt es zunächst, uns in akademisch gebildeten Kreisen Eingang zu verschaffen. Dies ist uns gelungen. Mögen weitere Kreise sich jetzt unserem Einflusse erschließen. Dazu sollen uns nun auch die Mittel der Dichtung und der Kunst dienlich sein.

Wir rufen wieder Alle, die an unseren Bestrebungen teilnehmen wollen und wirksam teilnehmen können, — wir rufen sie auf zu rüstiger Mitarbeit; und alle unsere Leser bitten wir, für die Verbreitung unserer Monatsschrift zu wirken.

Möge stets der Kreis derer wachsen, die sich unter unserem Wahlspruch scharen:

„Kein Gesetz über der Wahrheit!“

Hinauf!

Von

Hans von Mosch.

Es drängt und treibt und wogt und schwillt
Das Herz in tiefster Brust!
Das Auge blitzt so glutenwild,
In Thaten-Drang und -Lust!
Zu scharfem Hiebe zuckt die Faust
Das blitzend breite Schwert!
Die Muskel bebt, von Kraft durchbraust,
Vom Götterstrahl bewehrt!
Den Himmel stürmend fliegt der Geist
Von Welt zu Welten fort,
Sein Ziel „des Lichtes Urquell" heißt,
Die Heimat sucht er dort!
Zum Urquell will der „Gott" zurück,
Der in die „Form" gebannt:
Drum flammt so heiß er aus dem Blick,
Drum zuckt so wild die Hand!

Das Streben nach Vollendung
und dessen Voraussetzung.

Von

Hübbe-Schleiden.

Als Prediger genügt der Tod!
(Wahlspruch des Kalifen Omar.)

Geburt und Tod — zwei gleich geheimnisvolle Vorgänge — bilden die äußersten Grenzen eines Menschenlebens. Seltener werden wir durch andere Erlebnisse unmittelbar auf das Rätsel hingewiesen, welches für uns ganz besonders die Thatsache der Geburt in sich birgt; um so öfter jedoch — und um so dringender je älter der Mensch wird — mahnt der Tod ihn an das uralte Problem des Daseinsrätsels. Nur wenige Menschen freilich lassen während ihres Lebens den Gedanken, daß sie selber einmal sterben müssen, sich ernst zum Bewußtsein kommen. Wohl kein Mensch ist aber so gedankenlos, so herzlos, daß, wenn auch kein anderes Ereignis seines Lebens, nicht doch wenigstens der Tod eines geliebten Wesens ihm die Fragen aufdrängte: Überdauert unsere Wesenheit den Tod? — Werden wir die, welche wir geliebt, einst wieder sehen, wieder lieben?

Tritt der Tod nun an den Frager selbst hinan, so läßt er wohl den Pfarrer rufen, und der soll dann in der einen Stunde für ihn thun, was er, wenn er verständigen Gebrauch von seiner Zeit gemacht hätte, sein ganzes Leben hindurch würde selbst gethan haben. In der Regel kann der Geistliche nichts thun, als nur den Schein noch wahren und den Sterbenden mit kindlichen Vorstellungen und Sinnbildern, mit altgewohnten, in der Jugend liebgewonnenen Versicherungssprüchen trösten und ihn damit mehr betäuben als befriedigen. — Was ist denn aber das, was jeder Mensch thun sollte, um Glückseligkeit im Leben zu erlangen und im Sterben Trost zu finden?

Er sollte nicht nur — wie es jeder weiß — nach allem Guten, Wahren, Schönen streben, sondern sollte sich auch darüber klar werden: Warum streben wir, bewußt oder unbewußt, — warum strebt alles, was in der Natur lebt, nach Verbesserung, Veredelung, Vervollkommnung? Ist dies der Mühe wert, wenn unser Erdenleben nur so kurz ist und wir unser Ziel doch nicht erreichen, ja, verhältnismäßig immer nur geringen Fortschritt machen können im Vergleich zum höchsten Ideale, das uns vorschwebt?

Vervollkommnung ist thatsächlich der Grundzug aller „Entwickelung". Das Streben nach Erkenntnis und Verwirklichung des höheren Ideales und zuletzt des höchsten Zieles ist Sinn und Zweck aller Philosophie und Kunst, auch aller Wissenschaft und Technik. Streben nach Vollendung ist die Triebfeder aller Kultur und ist zugleich das Wesen der Erlösung.

Was anders war und ist die Grundlage der Lehren aller wahren Weisen als dies Streben? Und was anders ist die Würde und die Weihe aller wahren Kunst, als nur den Menschen zu erheben und seiner Seele die Fittiche zu leihen, mit denen sie sich zu ihrem Ideale aufschwingt? Alles andere ist Mißbrauch, keine Kunst, keine Philosophie! — Und sollen nicht die Wissenschaft und die Erfindungen der Technik doch auch nur dem Menschen dazu dienen, sich zu vervollkommnen und die Erstrebung höherer sittlich-geistiger Ziele ihm zu erleichtern?!

Vor allem ist aber das Streben nach Vollendung das Wesen wahrer Religiosität. Im allgemeinsten Sinne freilich wird man Religiosität als das Gefühl eines übersinnlichen, gut und gerecht geordneten Weltzusammenhangs bezeichnen können. Je mehr sich aber dies Gefühl vertieft, um desto mehr treibt es zur Unterordnung und zur Hingabe an diese übersinnliche Weltordnung und zum Streben nach Vollendung, nach dem Ziel, für das man sich in diesem Weltdasein bestimmt fühlt und erkennt. Den Menschen aus einem sinnlichen und äußerlichen in einen geistigen und göttlichen umzuwandeln, ihn also dem Ziele der Vollendung näher zu führen, ist der Endzweck aller wahren Religion. Die äußerliche Kirchlichkeit steht freilich oft im scharfen Gegensatz zur echten Religiosität. Das Wesen des religiösen Menschen aber besteht allein in seinem Streben nach Vollendung.

In allen Kulturreligionen hat dies Streben seinen Ausdruck gefunden, so schon in den morgenländischen Systemen, vor allem in der indischen Religionsphilosophie, nicht minder auch im Esoterismus des Judentums und des Mohammedanismus (bei den Kabbalisten, Talmudisten und den Sufis). Im Christentume aber ist sogar das einzige Ziel die Lehre Christi: „Ihr sollt vollkommen sein, wie Gott!"[1]) Nur insofern sein Leben selbst den Weg zu diesem Ziele weist, sagt Christus: „Komm, und folge mir nach!"[2]) Alle seine andern Lehren dienen nur eben diesem Zwecke; auch das „Liebe Gott über alles und deinen Nächsten wie dich selbst" ist bloß ein weiterer Ausdruck für den Hinweis auf den Weg zum Ziele der Vollendung. Das Johannis-Evangelium legt Jesus sogar die Worte in den Mund: „Stehet nicht geschrieben in eurem Gesetz: Ich habe gesagt, ihr seid Götter!"[3]) Und der Berufung zu diesem Ziele erinnerten sich sowohl Paulus wie auch Petrus: „Wir sind göttlichen Geschlechts" und „sollen göttlicher Natur teilhaftig sein".[4])

---

[1]) Matth. V, 48; XIX, 21.
[2]) Matth. X, 38; XVI, 24; XIX, 21; Markus VIII, 34; X, 21; Lukas IX, 23; XIV, 27; Joh. XII, 25 und 26.
[3]) Joh. X, 34 und Psalm 82, 6.
[4]) Ap. Gesch. XVII, 29 und 2. Petri I, 3 und 4.

Insofern die Kirche nun das Christentum zum täglichen Gebrauche für das Weltleben herrichtete, mußte dieses religiöse Streben nach dem höchsten Ideal gegen die praktische Anforderung zurücktreten, zunächst die allerniedrigsten Leidenschaften der Menschen zu zügeln. Anerkannt jedoch ist dieses höchste Streben nach Vollkommenheit als Zweck und Aufgabe des Christen von allen Konfessionen der christlichen Kirche; und thatsächlich ist dies Ziel zu jeder Zeit erstrebt worden, vor allem, aber nicht allein, im Klosterleben, auch schon von den Gnostikern und später von der großen Schar christlicher Mystiker aller Richtungen, unter den Deutschen von dem Meister Eckhart und seinen Schülern, ebenso von Jakob Böhme und von der ununterbrochenen Kette seiner Nachfolger in der praktischen Mystik bis auf unsere Gegenwart.

Selbst Augustinus wagte den Satz auszusprechen [1]): „Jeder ist das, was der Gegenstand seiner Liebe ist. Liebst du das Irdische, so wirst du Erde sein. Liebst du Gott — was soll ich sagen? — so bist du Gott!" Eckhart bringt unter vielen andern Sprüchen gleicher Sinnesrichtung folgenden [2]): „Unde sô der mensche in sich selber gât, sô findet er gôt in ime selber"; und Schefflers (Angelus Silesius') „Cherubinischer Wandersmann" [3]) ist voll von Sinnsprüchen, die diesen Grundgedanken ausdrücken. Als einer der weniger tiefen, aber leichter verständlichen sei hier erwähnt:

Mensch bleibe nicht ein Mensch;
du mußt aufs Höchste kommen!
Bei Gotte werden nur
die Götter angenommen.

„Gott" ist im höchsten Sinn der Mystik die Einheit des Alls, in welcher das, was sich in unserem Bewußtsein erst als Keim zeigt, als die allumfassende „Vernunft" vollendet gedacht wird. Insofern ist das letzte Ziel des religiösen Strebens die Vollendung in „Gott". [4]) Von anderen Verssprüchen, in denen Angelus Silesius dies ausspricht, seien erwähnt beispielsweise hier noch folgende [5]):

Gott ist wahrhaftig nichts;
und so er etwas ist,
So ist er's nur in mir,
wie er mich ihm erkiest.

In Gott wird nichts erkannt;
er ist ein einig Ein:
Was man in ihm erkennt,
das muß man selber sein.

Kurz gesagt, kann man sagen: Die Gottheit der Individualität, der Wesenheit in jedem Wesen, ist das Grundgeheimnis aller

---

[1]) Talis est quisque, qualis ejus dilectio est. Terram diligis? Terra eris. Deum diligis, quid dicam? Deus es.

[2]) In Pfeiffers Ausgabe Nr. 55 — [3]) Glatz 1675.

[4]) Hierüber noch hinaus liegt der esoterische Begriff dieser „Vollendung in Gott", die Verwirklichung des absoluten Seins. Esoterisch werden aber auch schon viele der Vorstufen zu dem obigen Strebensziel als „Gott" bezeichnet.

[5]) „Cherub. Wand." I, 200 und 285, ähnlich 278 und sonst.

Religion.[1]) — Jedoch ist dieser Grundgedanke auch von weltlichen Schriftstellern oft als selbstverständlich ausgesprochen worden; so mehrfach von Goethe, wie er u. a. sagt[2]):

> Wär' nicht das Auge sonnenhaft,
> Die Sonne könnt' es nie erblicken;
> Läg' nicht in uns des Gottes eigne Kraft,
> Wie könnt' uns Göttliches entzücken!

Unerwartet ist dagegen wohl für manchen die Thatsache, daß selbst die neuzeitlichen Materialisten dieses anerkennen und vertreten, wenigstens in morphologischem Sinne, wie es Leopold Jakoby in den kurzen Satz zusammenfaßt: „Die Menschen stammen von Tieren ab und müssen zu Göttern werden." Dieser Erkenntnis stimmt begeistert sogar Ludwig Büchner zu.[3]) Am geistreichsten und nachdrücklichsten aber wird diese Lehre — wieder als ein Aufruf zu dem Streben nach Vollendung — von dem prophetischen Individualisten Friedrich Nietzsche vorgetragen[4]):

„Ich lehre euch den Übermenschen. Der Mensch ist etwas, was überwunden werden soll. Was habt ihr gethan, ihn zu überwinden? —

Ihr habt den Weg vom Wurm zum Menschen gemacht, und vieles ist in euch noch Wurm. Einst waret ihr Affen, und auch jetzt noch ist der Mensch mehr Affe, als irgend ein Affe. —

Seht, ich lehre euch den Übermenschen! — Der Übermensch ist der Sinn der Erde."

Welchen Sinn hat aber all dies Streben nach Vollendung, wenn ein jeder sich doch sagen muß, daß er dieselbe auch im längsten Erdenleben nicht erreichen kann, daß ihn der Tod viel eher ereilen muß, als er auch nur halbwegs die Bahn durchlaufen, seine Aufgabe erledigt haben kann? — Sehen wir einmal davon ab, daß weitaus die meisten Menschen in ihrer Kindheit, Jugendblüte oder ersten Mannheit sterben. Das volle „Menschenleben währet 70 Jahre und, wenn es hoch kommt, 80 Jahre". Welches Ideal der Vollendung Einer sich nun auch gesetzt haben mag, jeder von uns heute Lebenden wird sich doch sagen müssen, daß es kaum einen Zweck hat, solchem Ideale nachzuleben, nachzustreben, wenn uns dazu keine weitere Zeit und Gelegenheit geboten wäre, als das eine Menschenleben, und wenn darauf keine weiteren Lebenszeiten folgten, in denen wir dies angefangene Streben fortsetzen und in denen wir's vollenden können! „Was hilft mich's — sagte richtig folgernd der Apostel Paulus[5])

---

[1]) Ähnliches, wenn auch in etwas anderm Sinne sagt sogar schon Ludwig Feuerbach in seinem „Wesen des Christentums" 2. Aufl., Leipzig 1843, S. 227.

[2]) „Zahme Xenien" III. — Ebendieselbe Gedanke findet sich auch in Plotins „Enneaden".

[3]) Im „Kraft und Stoff" in dem Kapitel „Der Mensch", 15. Aufl., Leipzig 1883, S. 274; angedeutet auch in seiner eignen Schrift: „Der Mensch ꝛc.", Leipzig 1872, S. 147ff. und neuerdings wiederum in einem Aufsatze im Oktoberheft 1890 der „Deutschen Revue" (Breslau und Berlin), S. 86: „Über Vergangenheit und Zukunft des Menschengeschlechts im Sinne der Entwickelungstheorie."

[4]) „Also sprach Zarathustra", Leipzig (Fritzsch) ohne Jahr, I, S. 9.

[5]) 1. Korinther XV, 32; ähnlich Jesajas XXII, 13.

— so die Toten nicht auferstehen? Lasset uns essen und trinken, denn morgen sind wir tot!“

Man muß schon *gar kein* sittlich-geistiges Ideal oder doch noch einen sehr *kindlichen* Begriff von der „Vollendung“ haben, wenn man glauben kann, den Zweck seines Strebens und die Bestimmung seines Daseins schon in *einem* Menschenleben erfüllen zu können! Das ist ungefähr dasselbe, wie wenn ein Kind glauben wollte, daß es ein Professor würde, nachdem es nur *eine* Klasse seiner Schule durchgemacht hat.

Wenn ideale Vollendung oder Vollkommenheit überhaupt etwas bedeuten soll, so muß doch mindestens dazu das Überwinden der menschlichen Fehler, Schwächen und Unvollkommenheiten, die Aneignung aller möglichen Erfahrung und eine hohe Stufe gereifter Erkenntnis erfordert werden. Einen wie unendlich kleinen Bruchteil *aller möglichen* Erfahrungen indes gewährt doch selbst das reichste Menschenleben! Und wie niedrig ist noch die Erkenntnisstufe, welche die große Masse der jetzt lebenden anderthalb Milliarden Menschen erreicht hat! Wird aber beispielsweise der Arme und Elende jemals Gelegenheit haben, die Versuchungen zur Herrschsucht und zur Schlemmerei zu überwinden, die sich eben nur dem Mächtigen und Reichen bieten? Und wie *viele* Menschenleben brauchen diese wohl dazu, um solche Unvollkommenheiten *abzulegen*?! Schon allein der Umstand, daß ein jeder Mensch in *einem* Leben nur *einem* Geschlechte, dem männlichen *oder* dem weiblichen, angehört, also in dem *einen* Lebenslaufe nur einige der spezifischen Erfahrungen dieses einen Geschlechtes machen kann, zeigt, wie beschränkt und unbefriedigend alles sittlich-geistige Streben nach Vollendung für *denjenigen* sein muß, der dieses sein Streben auf sein einmaliges Erdenleben beschränkt wähnt.

Selbst der alternde *Goethe*, dessen Leben doch gewiß so reich an Leistungen und Errungenschaften war, wie das von nur sehr Wenigen, sagte einst zu *Eckermann*[1]:

„Die Überzeugung unserer Fortdauer entspringt mir aus dem Begriffe der Thätigkeit; denn wenn ich bis an mein Ende rastlos wirke, so ist die Natur verpflichtet, mir eine andere Form des Daseins anzuweisen, wenn die jetzige meinen Geist nicht ferner auszuhalten vermag.“

Ebenso gründete *Kant* auf die Forderung der für jeden Menschen notwendig zu erreichenden Vollkommenheit sein „Postulat der Unsterblichkeit“:

„Dieser unendliche Progressus ist nur unter Voraussetzung einer ins Unendliche fortdauernden Existenz desselben vernünftigen Wesens möglich. Also ist das höchste Gut, praktisch, nur unter der Voraussetzung der Unsterblichkeit der Seele möglich; mithin diese, als unzertrennlich mit dem moralischen Gesetz verbunden, ein Postulat der reinen praktischen Vernunft.“[2])

Die Thatsache des Strebens nach Vollendung, das sich als Ent-

---

[1]) *Eckermann*: „Gespräche mit Goethe“, am 4. Februar 1829; bei Reclam II, 39. Vergl. auch I, 93 und 116ff. (oder 2. Originalausg. I, 164).

[2]) Im IV. Abschn. seiner „Kritik der prakt. Vernunft“ (bei Kehrbach und bei Kirchmann S. 148). Im Grunde genommen kann man sogar die ganze Wiederverkörperungslehre als eine naturgemäß gefolgerte Erweiterung der Kantschen Unsterblichkeitslehre bezeichnen.

wickelungstrieb in allen Lebewesen zeigt, hat die Annahme der Fortsetzung unseres Daseins nach dem Tode und der *Wiederkehr* ins Leben zur *Voraussetzung*. Wie könnte dieser Trieb im Menschenwesen liegen, wenn er *nie* Befriedigung finden könnte, und da doch gerade die Besten, die am schnellsten voranschreiten, sich am wenigsten befriedigt fühlen?! Sollte dieser Strebenstrieb in uns hineingelegt sein können, wenn er nur für irgend etwas anderes, nicht aber für uns *selbst* Zweck hätte, — wenn nicht jede Wesenheit ihr endliches Bestimmungsziel erreichen könnte? — Unmöglich!

> Es ist kein leerer, schmeichelnder Wahn,
>   Erzeugt im Gehirne der Thoren.
> Im Herzen kündet es laut sich an:
>   Zu was Besserem sind wir geboren;
> Und was die innere Stimme spricht,
> Das täuscht die hoffende Seele nicht.
>
> (Schiller: Die Hoffnung.)

Als daher *Lessing* die „Erziehung des Menschengeschlechts“ als einen offenbar in der Weltordnung liegenden Plan anerkannte, ward er folgerichtig zu der weiteren Erkenntnis geführt, daß auch jedes *Einzelwesen* dieses Ziel der göttlichen Vollendung einst erreichen müsse, und daß also jeder so lange immer wieder die Gelegenheit des Weiterstrebens haben müsse, bis er dieses Ziel endlich in sich verwirklicht habe. Dieses spricht er in dem folgenden Schlusse seiner Abhandlung unter obigem Titel (§§ 93—100) aus:

Eben die Bahn, auf welcher das Geschlecht zu seiner Vollkommenheit gelangt, muß jeder *einzelne Mensch* (der früher, der später) erst durchlaufen haben. — „In einem und demselben Leben durchlaufen haben?“

Das wohl nun nicht! — Aber warum könnte jeder einzelne Mensch auch nicht mehr als einmal auf dieser Welt vorhanden gewesen sein?

Ist diese Hypothese darum lächerlich, weil sie die älteste ist? weil der menschliche Verstand, ehe ihn die Sophisterei der Schule zerstreut und geschwächt hatte, sogleich darauf verfiel?

Warum könnte auch ich nicht hier bereits einmal alle die Schritte zu meiner Vervollkommnung gethan haben, welche bloß zeitliche Strafen und Belohnungen den Menschen bringen können?

Und warum nicht ein andermal alle die, welche zu thun uns die Aussichten auf ewige Belohnungen so mächtig helfen?

Warum sollte ich nicht so oft wiederkommen, als ich neue Kenntnisse, neue Fertigkeiten zu erlangen geschickt bin? Bringe ich auf *einmal* so viel weg, daß es der Mühe wiederzukommen etwa nicht lohnet?

Darum nicht? — Oder weil ich es vergesse, daß ich schon dagewesen? Wohl mir, daß ich das vergesse! Die Erinnerung meiner vorigen Zustände würde mir nur einen schlechten Gebrauch des gegenwärtigen zu machen erlauben. Und was ich auf jetzt vergessen *muß*, habe ich denn das auf ewig vergessen?

Oder weil so viel Zeit für mich verloren gehen würde? — Verloren? — Und was habe ich denn zu versäumen? Ist nicht die ganze Ewigkeit mein?

In weiterer Ausführung dieses Lessingschen Gedankens sagt Dr. Paul *Goldscheider* sehr mit Recht[1]):

[1]) „Sphinx“, Augustheft 1890, X S. 82.

„Das Menschengeschlecht wird durch „Gott" erzogen. Wozu? Zur Vollkommenheit, zur Gottähnlichkeit.

Wer ist nun aber dieses Menschengeschlecht? Erfordert nicht die Gerechtigkeit Gottes ebenso wie die Denknotwendigkeit schlechthin, daß es *alle* Menschen umfaßt? Läßt sich mit der einen oder mit der anderen in Einklang bringen, daß nur gewisse Teile desselben unter der Gunst glücklicher Verhältnisse die Früchte dieser langen Arbeit, dieses wohlgeordneten Erziehungsplanes, genießen sollen? — Gewiß nicht. — Und welches wären denn überhaupt diese Geschlechter? Alle jenen ungezählten Menschenmengen, an welche die „Offenbarung" nicht herangedrungen ist, kämen gar nicht in Betracht? Alle jene Millionen mal Millionen, welche die einzelnen Stufen der Entwickelung bezeichnen, sind verwelkte, abgestorbene, wertlose Keime? Man bahnt sich gewissermaßen über ihre Leiber hinweg den Weg zur Festung der göttlichen Vollkommenheit; und die Glücklichen umfaßt jene verhältnismäßig kleine Zahl der letzten Ausläufer in dieser langen Entwickelung?

Nimmermehr; wir mögen so urteilen, wenn wir die Absicht haben, uns verzweiflungsvoll und mißmutig von der Weltbetrachtung zurückzuziehen und mit den anderen als Tropfen im Ocean zu verschwinden. Wenn wir aber in uns selbst die Kraft ewiger Dauer und die Anlage zu göttlicher Vollkommenheit fühlen, so müssen wir auch allen den anderen, den minder Glücklichen, gestatten, festen Fuß zu fassen in der Weltentwicklung und gleichwertig mit dem Höchsten zu sein und zu werden. Wenn das Menschengeschlecht erzogen wird, so wird jeder einzelne erzogen, so muß jedem einzelnen die Möglichkeit gewährt werden, den ganzen Segen der Erziehung an sich zu erfahren."

Sind wir von einer Gerechtigkeit der Weltordnung überzeugt, so müssen wir auch annehmen, daß allen Wesenheiten auf irgend eine Weise die gleichen Möglichkeiten (Chancen) der Entwickelung gegeben sein müssen. Nun kann aber offenbar aus einem Botokuden oder einem Hottentotten in seinem *einen* Leben kein Goethe oder Kant werden. Um bis zu solcher geistigen Reife und weiter bis zur endlichen Vollendung zu gelangen, bedarf es notwendig für ihn einer Reihenfolge von verschiedenen Lebensläufen mit Wechsel der Gestaltungen und des Bewußtseins.[1])

Für den, der die Thatsache der Fortsetzung unseres Daseins in späterer Verkörperung erkannt hat, gewinnt erst das Streben alles Lebenden nach Verbesserung und geistiger Vollendung Zweck und Bedeutung; und es ergiebt sich somit andrerseits als die stillschweigende und meistens unbewußte *Grundvoraussetzung* des Strebens nach Vollendung die *Fortdauer* unserer Individualität und die *Wiederverkörperung*.

Eine *andere* Möglichkeit der Erfüllung dieses Strebens ist nicht gegeben. Nehmen wir auch mit der *Kirchenlehre* und mit dem empirischen *Spiritualismus*[2]) an, daß das Bewußtsein der Verstorbenen

[1]) Ich habe eben diesen Grundgedanken eingehend durchgeführt in meiner Schrift: „Das Dasein als Lust, Leid und Liebe" (Braunschweig 1891). Dort gebe ich die induktive Erschließung und Ausdeutung dieser Thatsache, hier deren wichtigste Anwendung auf das praktische Leben. Ich verweise hierzu auch auf meine Beantwortung der Anregung über „die Vollendung der „Individualität" am Schlusse dieses Heftes.

[2]) Hiermit ist nicht die philosophische Richtung gemeint, sondern die verschiedenen Schulen des germanischen Spiritismus, die Anhänger Swedenborgs und Davis'.

nach dem Tode die Nachwirkungen der von ihnen im Leben gegebenen Ursachen in entsprechender Art und Dauer erfährt, daß sie die Früchte ihres guten Wollens, Denkens und Thuns in freudigen Empfindungen genießen oder von den Folgen ihrer Irrtümer und Unthaten gequält werden; geben wir auch ferner zu, daß dann ein Fortschritt vom unreineren Sinnlicheren zum reineren Geistigeren, also vom unvollkommeneren zum vollkommeneren Zustande stattfindet: so ist doch dieses alles immer nur ein Ausklingen des persönlichen Bewußtseins, eine Reinigung des Wesenskernes der Individualität von diesen Schlacken der Persönlichkeit. Das aber müssen wir entschieden in Abrede stellen, daß noch nach dem Tode ohne Neu-Verkörperung das Ziel aller individuellen Entwickelung erreicht und das Streben nach Vollendung ganz erfüllt werden könnte.

Dieses ist in keiner Hinsicht möglich — als was man sich auch die Entwickelung vorstellen und wie immer man sich die Vollendung denken mag — aus vielen Gründen nicht; vor allem schon nicht aus demselben Grunde, warum eine allseitige Entwickelung auch in einem, selbst dem längsten Erdenleben nicht vollendet werden kann, weil nämlich die persönlichen Anlagen und Entwickelungsmöglichkeiten, welche durch eine Geburt gegeben werden können, immer nur beschränkte sind und sein müssen. Eine Allseitigkeit der Entwickelung ist im Leben einer Persönlichkeit bis zum Tode und in ihrem noch so langen Fortleben nachher nie möglich, weder leiblich, noch geistig, noch auch ethisch.

Handelt es sich doch im kosmischen Entwickelungsprozeß um Darstellung immer vollkommenerer Gestalten. Diese äußere Darstellung kann selbstverständlich nur im leiblichen Dasein geschehen. Der charakteristische Grundzug der Evolution ist Kraftansammlung in dem Brennpunkte der Individualität, deren immer vollendetere Darstellung im leiblich-organischen Leben und Steigerung des Bewußtseins in immer mächtigeren Individualformen. Dieser Prozeß kann sich natürlich nicht in einem „Jenseits“, sondern nur in der stofflichen Welt des äußeren, objektiven Daseins vollenden.

Gilt es ferner sich alle geistigen Fähigkeiten anzueignen und alle Erfahrungen durchzumachen, so ist klar, daß dieses ebenfalls nur im äußeren, „wirklichen“ Leben, nicht in irgend welchen Bewußtseinszuständen nach dem Tode möglich ist.

Nicht anders ist es endlich mit der ethischen Vervollkommnung. Eine Veredlung und Vergeistigung der Persönlichkeit, soweit es deren Anlagen gestatten, wird allerdings auch nach dem Tode statthaben; um jedoch die Individualität zu vollenden, muß alle Persönlichkeit überhaupt ganz überwunden werden. Zu solcher Vollkommenheit hat sie sich alle nur denkbaren sittlichen Errungenschaften anzueignen. Diese aber, ja die meisten derselben kann man sich allein im vollen leiblichen Leben erwerben; nur in diesem ist man den Versuchungen ausgesetzt, die es zu überwinden gilt; nicht mehr, wenn man gestorben ist.

Die Daseinslust, das Lebenwollen, welches sich in jedem Wesen als der Grundkern kund thut, ist auch thatsächlich nur auf das leibliche

Dasein erpicht[1]) und will sich nicht mit einer oder wenigen Daseinsformen begnügen; dies Lustreben kann nicht Ruhe finden, bis es nicht alle wirklich durchgekostet hat. Die Lebensmüdigkeit des sterbenden Greises ist nicht Unlust am Leibesleben überhaupt, sondern Ermattung der nur ihre Aufgabe beendenden Persönlichkeit; keineswegs aber giebt der Sterbende im Innern die Hoffnung auf ein besseres Leben auf, das er vielleicht in kindlicher Vorstellungsweise richtig als ein körperlich gestaltetes, aber als „Auferstehung seines Fleisches" auffaßt, und das er auch nur unter dem Drucke der Kirche oder weltlicher Lehre ohne näheres Verständnis „geistig" nennt.

Wäre überhaupt Entwickelung außerhalb des leiblichen Erdenlebens, also in irgend welchen „besseren, geistigen" Zuständen nach dem Tode, möglich, so wäre auch schon jede einmalige, dann also ganz unnötige Verkörperung in diesem leidenvollen Erdendasein eine zwecklose Grausamkeit der Weltordnung, oder vielmehr alles Dasein wäre dann nur eine Welt-Unordnung. Nun es aber, um zur absoluten Vollendung zu gelangen, gilt, alles durchzumachen, alles zu erleben, alles zu erlernen, alle Unvollkommenheiten abzulegen, so ist klar, daß, wenn dazu unzweifelhaft eine irdische Verkörperung nötig ist, wie dies ein jeder an sich selbst gewahrt, dann auch ebenso unzweifelhaft unzählige Male Rückkehr in dieses organische Leben notwendig sein muß.

Mögen daher etwaige Zustände des „Himmels" oder der „Hölle", des „Paradieses" oder des „Fegefeuers", des „Sommerlandes" oder des „Mittelreiches" auch noch so lange dauern — vielleicht Jahrtausende für manche Individualitäten —: soll ein Fortschritt in der Steigerung der kosmischen Entwickelung stattfinden, so muß die Individualität in das organische Leben zurückkehren; es muß also Wiederverkörperung eintreten.

Soweit die Frage der Unmöglichkeit einer Vollendung „jenseits des Grabes" vom Standpunkte der Entwickelung aus betrachtet! Noch weniger ist Vollendung des religiösen Strebens nach Erlösung in einem „Leben nach dem Tode" denkbar; und soweit haben die christlichen Theologen, übereinstimmend mit allen Weisen, recht, wenn sie behaupten: um Erlösung zu erlangen, muß die „Besserung" und „Bekehrung" in diesem Leibesleben statthaben. — Wenn es gilt, sich von der „Welt" loszusagen und dem idealen Vorbild Christi „nachzufolgen", so ist klar, daß man dazu, wie der Meister selbst, auch in der Welt leben muß; und handelt es sich darum, diese „Welt zu überwinden", so muß man dazu selbstverständlich sich in eben dieser Welt befinden.

Daß diese Aufgabe nicht außerhalb des Leibeslebens gelöst werden kann, erkennen alle Religionen an; nur das aber verkennt die christliche Dogmatik, daß wer dieses Ziel in seinem gegenwärtigen Leben nicht erreicht, solange mittelst Wiederverkörperung vor dieselbe Aufgabe dieses leidenvollen Daseins gestellt werden wird, bis endlich auch in ihm das „Erlösungsbedürfnis" voll erwacht und ihn zur göttlichen Vollendung

[1]) „Erpicht" wohl auch im eigentlichsten Sinne; doch wie schwer begreift der Mensch, daß Leben ein Befassen mit „Pech" ist?!

führt. Die Wiederverkörperung wird jedoch auch mehrfach ausdrücklich im Neuen Testament gelehrt, so u. a. im Matthäus XI, 14 und XVII, 10—13, im Markus IX, 11—13, im Lukas I, 17, im Johannes IV, 36 und 37, VIII, 58 und IX, 1—3; ebenso ist der tiefere Sinn des Paulinischen Wortes (Römer VI, 23) „Der Tod ist der Sünde Sold“ nur der, daß der Tod immer wiederkehrend für die Individualität notwendig wird, solange sie noch „sündigt“, d. h. noch nicht vollkommen ist und ihren Daseinslauf noch nicht vollendet hat.

Allerdings aber ist diese Thatsache der Wiederverkörperung bisher in Europa selbst den ernstlich nach Erlösung und Vollendung ringenden Mystikern nur selten zum Bewußtsein gekommen. Um so anerkennenswerter für diese! Wenn sie dennoch nach Vollendung strebten, trotzdem sie sich sagen mußten, daß sie dies in ihrem gegenwärtigen, persönlichen Dasein nicht erreichen konnten, und doch nicht erkannten, wie dies anders möglich sei, so war dies sowohl ein Beweis ihres hohen Idealismus, wie auch ihrer richtig ahnenden Intuition. Für alle diejenigen aber, welche diese Stufe noch nicht erreicht haben, wird eine unerläßliche Vorbedingung ihres Fortschritts die Erkenntnis sein, daß Wiederverkörperung die gegebene Voraussetzung des Strebens nach Vollendung ist.

Wir sehen also, daß, vom wissenschaftlichen Standpunkt des Entwickelungsgedankens, wie vom religiösen der Erlösung aus betrachtet, die Vollendung der menschlichen Wesenheit nur durch Wiederverkörperung im Leibesleben statthaben kann.

Was nun die weitest Vorgeschrittenen in unserm heutigen Kulturleben bedürfen, ist eine Vereinigung ihres inneren, sittlich-geistigen Bewußtseins, ihres Gefühles einer Möglichkeit höherer Erkenntnis und Daseinsvollendung, kurz ihrer Religiosität, mit ihrer Wissenschaft. Beide müssen unter gemeinsame Gesichtspunkte des streng naturgesetzlichen Wirkens auf sittlicher Grundlage gebracht werden. Diese Aufgabe erfüllt die Erweiterung des bisher anerkannten Begriffes der Kausalität auf das geistige und sittliche Leben, wo sich dieselbe als eine selbstthätig gerechte Weltordnung gestaltet.

Wenn jemals eine Einigung zwischen Wissenschaft und Religion gefunden werden soll, so ist sie nur auf dieser Grundlage des Strebens nach erlösender Vollendung als einer streng kausalen und naturgesetzlichen Entwickelung der Individualität mittelst Wiederverkörperung möglich. Eine solche Vereinigung wissenschaftlichen Denkens mit dem religiösen Streben nach göttlicher Vollendung, das allein ist eine

„wissenschaftliche Religion!“

Fausts geschichtliche Persönlichkeit.

Von

Carl Kiesewetter.

Hört ihr Christen mit Verlangen
Nun was Neues ohne Graus,
Wie die eitle Welt thut prangen
Mit Johann, dem Doktor Faust.

(Fliegendes Blatt aus Cöln.)

Faustkommentare sind heutzutage wohlfeil wie Brombeeren, und sogar die Zeilen in Goethes gewaltiger Dichtung hat man gezählt; ja, man hat sich endlich dahin verstiegen, in den Personen der Tragödie nur Personifikationen philosophischer Begriffe zu sehen, aber um die zu allen großen und verrückten Gedanken Anlaß gebende *Person* hat man sich wenig gekümmert. Im großen und ganzen begnügt man sich mit der Annahme, daß in der Reformationszeit ein oder mehrere Abenteurer mit Namen Faust gelebt haben, und führt, wenn es hoch kommt, die zeitgenössischen Zeugnisse an, ohne zu versuchen, ob sich nicht aus denselben ein einheitliches Bild herausgestalten läßt, welches uns den *historischen Faust* in ziemlich sichern Zügen darstellt. Und doch ist dies nicht allzuschwer.

Der Name Faust begegnet uns als der eines Zauberers zuerst in einem Briefe des berühmten Historikers und Theologen *Trithemius von Sponheim* (1462—1516) vom 20. August 1507 an den kurpfälzischen Mathematiker und Hofastrologen *Johann Wirdung* zu Haßfurt.[1]) Derselbe hatte viel von Faust gehört und erfahren, daß dieser nach Haßfurt zu kommen beabsichtigte, weshalb er sich an seinen Freund Trithemius, welcher den Wundermann kennen gelernt hatte, mit der Bitte um Auskunft wandte. Trithemius stellt nun Faust von Würzburg aus folgendes sehr unrühmliche Zeugnis aus:

---

[1]) Johannis Trithemii, abbatis Spanhemensis epistolarum familiarium libri duo, Haganoae, ex officina Petri Brubachii, 1536. 4°. p. 312. Epist. Trith. ad Ioann. Virdungum de Hasfurt, mathematicum doctissimum. — Wirdung hatte u. a. Melanchthons Vater die Nativität gestellt. Vgl. Corpus Reformatorum 629.

„Jener Mensch, über welchen du mir schriebst, Georg Sabellicus, welcher sich den Fürsten der Nekromanten zu nennen wagte, ist ein Landstreicher, leerer Schwätzer und betrügerischer Strolch, würdig, ausgepeitscht zu werden, damit er nicht ferner mehr öffentlich verabscheuungswürdige und der heiligen Kirche feindliche Dinge zu lehren wage. Denn was sind die Titel, welche er sich anmaßte, anders als Anzeigen des dümmsten und unsinnigsten Geistes, welcher zeigt, daß er ein Narr und kein Philosoph ist? So machte er sich folgenden, ihm konvenierenden Titel zurecht: Magister Georg Sabellicus, Faust der Jüngere, Quellbrunn der Nekromanten, Astrolog, Zweiter der Magier, Chiromant, Aeromant, Pyromant, Zweiter in der Hydromantie. — Siehe die thörichte Verwegenheit des Menschen; welcher Wahnsinn gehört dazu, sich die Quelle der Nekromantie zu nennen; wer in Wahrheit in allen guten Wissenschaften unwissend ist, hätte sich lieber einen Narren, denn einen Magister nennen sollen. Aber mir ist seine Nichtswürdigkeit nicht unbekannt. Als ich im vorigen Jahre aus der Mark Brandenburg zurückkehrte, traf ich diesen Menschen in der Nähe der Stadt Gelnhausen an, woselbst man mir in der Herberge viele von ihm mit großer Frechheit ausgeführte Nichtswürdigkeiten erzählte. Als er von meiner Anwesenheit hörte, floh er alsbald aus der Herberge und konnte von niemand überredet werden, sich mir vorzustellen. Wir erinnern uns auch, daß er uns durch einen Bürger die schriftliche Aufzeichnung seiner Thorheit, welche er dir gab, überschickte. In jener Stadt erzählten mir Geistliche, er habe in Gegenwart vieler gesagt, daß er ein so großes Wissen und Gedächtnis aller Weisheit erreicht habe, daß, wenn alle Werke von Plato und Aristoteles samt all' ihrer Philosophie ganz aus der Menschen Gedächtnis verloren gegangen wären, er sie wie ein zweiter Hebräer Esra durch sein Genie sämtlich und vorzüglicher als vorher wieder herstellen wolle. Als ich mich später in Speier befand, kam er nach Würzburg und soll sich in Gegenwart vieler Leute mit gleicher Eitelkeit gerühmt haben, daß die Wunder unseres Erlösers Christi nicht anstaunenswert seien; er könne alles thun, was Christus gethan habe, so oft und wann er wolle. In den Fasten dieses Jahres kam er nach Kreuznach, wo er sich in gleicher großsprecherischer Weise ganz gewaltiger Dinge rühmte und sagte, daß er in der Alchymie von allen, die je gewesen, der Vollkommenste sei und wisse und könne, was nur die Leute wünschten. Während dieser Zeit war die Schulmeisterstelle in gedachter Stadt unbesetzt, welche ihm auf Verwendung von Franz von Sickingen, dem Amtmann deines Fürsten, einem nach mystischen Dingen überaus gierigen Manne, übertragen wurde. Aber bald darauf begann er mit Knaben die schändlichste Unzucht zu treiben und entfloh, als die Sache ans Licht kam, der ihm drohenden Strafe. Das ist es, was mir nach dem sichersten Zeugnis von jenem Menschen feststeht, dessen Ankunft du mit so großem Verlangen erwartest."

Ohne jetzt das Zeugnis des Trithemius näher zu besprechen, gehe ich zu dem des Conrad Mudt, latinisiert Mutianus Rufus (wegen seines roten Haares so genannt), über. Mutianus Rufus († 1526) lebte als Canonicus in Gotha, war ein Freund Reuchlins wie Melanchthons und als einer der gebildetsten Humanisten bekannt. Derselbe schreibt in einem vom 7. Oktober 1513 datierten, an Heinrich Urbanus zu Kloster Georgenthal gerichteten Brief[1]) über Faust:

„Vor acht Tagen kam ein gewisser Chiromant nach Erfurt mit Namen Georg Faustus, der Heidelberger Halbgott, ein reiner Prahler und Narr. Seine

[1]) Conradus Mutianus Rufus: Epistolae in W. E. Tentzelii Supplementum historiae Gothanae primum. 1701. p. 95. Ep. 120.

„Faustturm,“

ein Teil des Klosters Maulbronn.

und den wahrsagerischen Aufschneider Profession ist eitel. Das rohe Volk bewundert ihn. Ich hörte ihn in der Herberge aufschneiden und habe seine Frechheit nicht gezüchtigt, denn was kümmert mich fremde Thorheit?"

Beide Zeugnisse verbürgen die Existenz eines magische Künste ausübenden Menschen von sittenlosem, ausschweifendem und prahlerischem Charakter, Namens Faust, welcher bei ihnen jedoch — abweichend von allen spätern Nachrichten — den Vornamen Georg anstatt Johann führt. Beide sprechen ganz offenbar von ein und derselben Person, obschon nach Trithemius der eigentliche Name des Zauberers Sabellicus gewesen und er sich die Bezeichnung Faustus junior nur als eine Art nom de guerre beigelegt zu haben scheint.

Dieser Umstand bringt Düntzer zu der Annahme,[1]) daß thatsächlich unser Zauberer vielleicht Savels — latinisiert Sabellicus — (eine Anlehnung an das Zaubervolk der Sabeller oder den 1506 gestorbenen italienischen Humanisten Marcus Antonius Sabellicus verwirft Düntzer) geheißen und sich nach einem für uns verschollenen, damals aber noch bekannten berühmten ältern Magier Namens Faust Faustus junior genannt habe. Reichlin-Meldegg hingegen will in dem verschollenen ältern Faust den bekannten Mainzer Buchdrucker Johann Fust sehen,[2]) allein mit Unrecht, denn vor dem 18. Jahrhundert findet sich nirgends auch nur die mindeste Andeutung, daß der schlaue Mainzer Geschäftsmann und Drucker teuflischer Künste geziehen worden sei. Erst der englische Dechant Humphrey Prideaux und der Altdorfer Professor Johann Conrad Dürr bringen den Zauberer Faust mit dem Drucker Fust in Verbindung. Ersterer sagt:[3])

„Johann Faust erfand zuerst die Buchdruckerkunst zu Mainz, und, weil man ihn deswegen vor einen Zauberer hielt, ward hier in England die Historie von ihm gemacht, die unter dem Namen Doktor Faust herumging."

Prideaux ist hier in einem groben Irrtum befangen, denn Marlowe's „Doktor Faustus," den er offenbar meint, ist aus dem Volksbuch von 1587 entstanden und schließt sich eng an dasselbe an. Bezieht sich aber Prideaux' Notiz auf die seltsame Schrift: „The second report of Doctor John Faustus, containing his appearances, and the deedes of Wagner. Written by an English gentleman Student in Wittenberg, an University of Germany in Saxony." (London 1594. 4°, neu: Cornhill 1680, 4°), so ist zu bemerken, daß diese sich an das 1594 erschienene Volksbuch von Wagner anlehnt, Faust in Wittenberg leben und sterben läßt und — wie Marlowe's Faust — kein Wort über den Zauberer Faust als Erfinder der Buchdruckerei oder den Drucker Fust als Zauberer enthält. Die Ähnlichkeit der Namen hat Prideaux wie Dürr zu ihrer scheinbar sehr plausibeln Hypothese verführt. Letzterer behauptet,[4]) die ganze Faustsage sei eine Erfindung der

---

[1]) Scheible: Kloster V. S. 32 ff.

[2]) Scheible: Kloster XI. S. 326 ff.

[3]) Prideaux: „Altes und neues Testament" (deutsche Übersetzung). Berlin 1726. 4°. Th. I. S. 221.

[4]) J. G. Schelhorn: Amoenitates litterariae. 1726. S. 50—80.

Mönche, welche den Buchdrucker Johann Fust wegen des großen Schadens, den er ihnen durch seine Kunst zugefügt habe, als Zauberer verschrieen haben sollten. Auch erwähnt er die zuerst bei Walch vorkommende,[1]) jeder Begründung entbehrende,[2]) angeblich von dem Niederländer Heinrich Schorus herrührende Sage, daß der Drucker Johann Fust in Paris für einen Zauberer gehalten worden sei. Für beide Behauptungen des Altdorfer Professors findet sich nirgends ein Beleg; ja, der bekannte bayerische Chronist Aventinus schreibt sogar bezüglich der Mönche:[3])

„Wo die Kunst nicht erfunden wer worden, weren die alten Bücher alle verlohren worden. Man will in den Stifften und Klöstern nichts mehr schreiben; die haben vor Zeiten die Bücher geschrieben, die Schul auffgehalten."

Der Drucker Fust kann also nicht als ein berühmter älterer Zauberer Faust, von dem jede Nachricht fehlt, angesprochen werden. Die Bezeichnung Faustus junior muß daher eine andere Bedeutung haben.

Den Schlüssel zu einem richtigen Verständnis der Bezeichnung Faustus junior giebt uns die Nachricht des Mutianus Rufus. Derselbe schildert einen — wie oben schon gesagt — mit dem Faustus junior des Trithemius identischen Georg Faust, welcher wie ersterer auch durch gotteslästerliche Reden Anstoß erregt, denn Rufus sagt in seinem Brief noch:

„Gegen ihn sollten sich die Theologen erheben, statt daß sie den Philosophen Reuchlin zu vernichten suchen. Ich hörte ihn neulich in der Herberge aufschneiden &c."

Diesen Georg Faust nennt Rufus nun den „Heidelberger Halbgott", denn anstatt Helmitheus Hedebergensis haben wir in der — wie schon Düntzer bemerkt[4]) — von Tentzel sehr inkorrekt besorgten Ausgabe der Briefe des Rufus ganz offenbar Hemitheus Hedelbergensis zu lesen. So ist Hedelberga z. B. die latinisierte Wortbildung, mit welcher auch Melanchthon, der dort studierte — was für die Geschichte Fausts nicht ohne Bedeutung ist —, Heidelberg bezeichnet, und die Bezeichnung der Halbgötter als ἡμίθεοι kommt bereits bei Hesiod[5]) und Isokrates[6]) vor. Der „Heidelberger Halbgott" ist nun nicht als eine ironische Äußerung des Rufus, sondern — analog dem Titel des Faustus bei Trithemius — als eine neue bombastische Bereicherung desselben, welche Faust selbst hinzugefügt hatte, zu betrachten. Bereits Düntzer faßt den „Heidelberger Halbgott" so auf und meint, daß sich Faust wohl eine Zeit lang auf dieser berühmten Universität herumgetrieben haben möge.[7]) — Und diese Vermutung ist eine Thatsache, denn Faust hat in Heidelberg studiert. Reichlin-Meldegg hat diese Entdeckung gemacht, ohne deren Tragweite zu erkennen. Er sagt:[8])

„Nach einem Inskriptions-Verzeichnisse der philosophischen

---

[1]) Decas fabularum. F. g. 178. 181.

[2]) Schaab: Erfindung der Buchdruckerkunst, I S. 237 ff.

[3]) Chronica ad ann. 1447.

[4]) Scheible: Kloster, Bd. V. S. 36.

[5]) Hesiod: Werke und Tage, V. 160.

[6]) Isokrates: Opera. Basil. 1594. p. 134. 452. 441 u. 480.

[7]) Scheible: Kloster, Bd. V. S. 37.

[8]) Scheible: Kloster, Bd. XI. S. 330.

Fakultät zu Heidelberg, war ein Johann Faust im Jahre 1509 bei ihr als lernendes Mitglied eingeschrieben. Ein Johann Faust kommt in den actis philosoph. Heidelb., tom. III. fol. 36 a, unter dem Dekanate des Mag. Laurentius Wolff von Speier, Baccalaureus der Theologie im Jahre 1509, als der erste unter denen vor, die am 15. Januar 1509 ad baccalaureatus gradum de via moderna ordine, quo supra notatum, admissi sunt. Er ist mit den Worten angeführt: Johannes Faust ex Simmern. Außer ihm stehen in derselben Promotion noch 15 andere."

Dies stimmt völlig zur Angabe des ältesten Faustbuches von 1587, denn hier heißt es im ersten Kapitel:

„Als Dr. Faust eines ganz gelernigen und geschwinden Kopffs, zum studiern qualificiert und geneigt war, ist er hernach in seinem Examine von den Rectoribus so weit kommen, daß man jhm in dem Magistrat examiniert, und neben jhm auch 16 Magistros, denen ist er im Gehöre, Fragen und Geschicklichkeit obgelegen vnnd gesieget, Also daß er seinen Theil genugsam studiert hat."

Die Universität, wo diese Promotion stattfand, nennt das alte Faustbuch nicht, fügt aber hinzu, daß Faust seine Studien in Krakau fortsetzte, womit alle noch zu nennenden Zeitgenossen übereinstimmen. Das Manuskript aber, wonach das älteste Volksbuch über Faust kompiliert wurde, hat der Frankfurter Buchdrucker Spieß aus Speier erhalten.

Spieß sagt in seiner zu Frankfurt a/M. vom 4. September 1587 datierten Vorrede, daß seit langem nach des „weitbeschreyten" Zauberers Faust, „der noch bey Menschen gedechtnuß gelebet", Geschichte große Nachfrage gewesen sei. Er habe deshalb nicht unterlassen, „bey Gelehrten unnd verständigen nachzufragen, ob vielleicht dise History schon allbereit von jemandt beschrieben were, aber nie nichts gewisses erfahren können, biß sie mir newlich durch einen guten Freund von Speyer mitgetheilt vnd zugeschickt worden", um sie durch den Druck zu veröffentlichen. Aus Speier aber stammte Fausts Universitätslehrer Laurentius Wolff, und die Annahme ist nicht ausgeschlossen, daß derselbe Notizen über seinen berühmten und berüchtigten Schüler gemacht habe, die sich — da er als katholischer Theologe unverehelicht starb — vielleicht auf in Speier lebende Verwandte vererbten, von denen sie Spieß erhielt.[1]) Spieß arbeitete diese Notizen — oder ließ es thun — zu einem Roman aus, der viele echte Züge, wie den auf die Promotion bezüglichen, enthielt, ohne natürlich in allen biographischen Angaben historische Treue zu beanspruchen. Ja, es lag sogar in der Natur der Sache, daß viele Details verändert werden mußten. So wurde — vielleicht aus Rücksicht auf noch lebende Verwandte Fausts — sein Geburtsort nach Roda im Altenburgischen verlegt, und die allzeit geschäftige Sage wob später ihre Schleier noch dichter, als die geschichtliche Person ganz in Vergessenheit geraten war;

---

[1]) Auf autobiographische Notizen Fausts komme ich unten zu sprechen.

daher stammen z. B. die Angaben, als ob Salzwedel, Anhalt &c. &c. der Geburtsort Fausts gewesen sei. Ähnlich erging es mit der Universität, wo Faust seine ersten Studien machte: Spieß verschweigt Heidelberg diskret, ohne einen andern Namen zu nennen, während der zwölf Jahre später schreibende Widmann das Studium Fausts, welches naturgemäß in die Zeit vor der Reformation fällt, weil die Fausttradition einen noch schrofferen, in jenem Zeitalter unvermeidlichen polemisch-protestantischen Charakter, als sie bis zu Spieß besaß, erhalten hatte, nach Ingolstadt — der Hochburg der katholischen Theologie — verlegt.

Daß meine Vermutung, Spieß habe verschiedene biographische Daten aus Rücksicht auf Verwandte Fausts verändert, keine allzukühne ist, ergiebt sich aus folgender Thatsache: In den „Historischen Remarquen, Über D. Johann Faustens, des Schwartz-Künstlers, Geführtes Leben, Und dessen Ausgang, Nebst andern sich hierbey Ereigneten Begebenheiten. Auch was sonst von Faustens Büchern ohne Grund ausgestreuet worden", (Zwickau, 1722) heißt es Seite 7:

Daß im 16. Jahrhundert „das Faustische Geschlecht im römischen Reich in gutem Angedenken und Flor gewesen" und „stehet Dr. Fausts als eines Juristen Wappen in demjenigen Wappenbuch, welches 1579 zu Frankfurt am Main in 4° herausgekommen. Es enthält im blauen Felde eine zugeschlossene Faust (nach dem Geschlechtsnamen) und über dem offenen Helm einen Adler mit güldener Krone auf dem Kopfe, zweien ausgestreckten Flügeln und Füßen."

Auch 1704 lebte ein sehr geachteter Mediziner Dr. Johann Michael Faust in Frankfurt, welcher eine Ausgabe des englischen Alchimisten Philaletha (Thomas Vaughan) veranstaltete.[1]) Auch der Frankfurter Chronist Lersner nennt eine alte Frankfurter Patricierfamilie Namens Faust und bildet deren Wappen ab. — Wenn nun auch die Frankfurter Familie Faust nicht als Verwandte des Zauberers[2]) nachgewiesen sind, so ist es doch nicht unmöglich, daß sie solche waren. Hat doch, da nach dem Volksbuch Faust ein Sohn armer Bauersleute war, ein reicher Vetter den begabten Jüngling studieren lassen. Sicher aber trug die Frankfurter Familie den Namen des Zauberers, und zur damaligen Zeit konnte schon die Rücksicht darauf Spieß bestimmen, diverse biographische Daten der Originalnotizen zu verändern.

Aber nicht nur über den Ort, wo Faust studierte, sondern auch über seinen Geburtsort giebt uns die Notiz der Heidelberger Universitätsakten Aufschluß. Nach ihr stammt Johann Faust „ex Simern". Unter Simmern verstehe ich aber nicht die Stadt Simmern im Regierungsbezirk Koblenz, sondern das frühere Fürstentum Simmern resp. Pfalz-Simmern. Es dürfte vielleicht manchem Leser auffallend erscheinen, daß ich annehme, im Universitätsprotokoll sei Fausts Herkunft nach dem Vaterland anstatt nach der Vaterstadt bestimmt. Doch ist diese Sitte, sich nach dem Vaterland zu nennen, unter den Gelehrten des Mittelalters sehr

1) „Eckartshausen: Aufschlüsse über Magie. München, 1791. Bd. II. S. 451.

2) Auch in Schlesien existierte eine adelige Familie Namens Faust.

gewöhnlich; ich erinnere an die Theologen Richardus Anglus, Petrus Lombardus († 1164), Alanus ab Insulis († 1202), an Duns und Michael Scotus, an die Mathematiker Robertus Linconiensis (ca. 1140), Leopold von Oesterreich (um 1200), Johannes Saxonicus (um 1380), Henricus de Hassia († 1397), Johannes Antonius Campanus († 1477), Cornelius Gemma Frisius (1508—1558), Georgius Joachim Rhäticus (geb. 1514) u. a. m., wodurch meine Annahme belegt und zulässig wird. — Das Fürstentum Simmern gehörte aber seit 1436 zur Kurpfalz mitsamt dem Städtchen Knittlingen und dem Kloster Maulbronn. Knittlingen ist zuerst im Jahre 835 erwähnt[1]) und heißt anfänglich Cnudelingen, dann Cnuteligen, Cnutteligen, Cnuddelingen und Cludelingen; Knittlingen zuerst im Jahre 1295. Es wechselte im Laufe der Zeit oft und viel die Herren, gehörte meist dem Kloster Maulbronn zu und war samt diesem dem Bischofsstuhl von Speier untergeben.[2]) Im Jahre 1504 entspann sich der Reichskrieg wegen des bayrischen Erbes gegen die Pfalz, den Herzog Ulrich von Württemberg im Frühjahr eröffnete, und am 2. Juli 1504 wurde zu Knittlingen Herzog Ulrich das Kloster Maulbronn samt dem eroberten pfälzer Gebiet vertragsgemäß abgetreten. Knittlingen aber ist nach Zeitgenossen Fausts, die ihn zum Teil persönlich kannten, der Geburtsort Fausts, so nach Johann Wier, Melanchthon u. a. m., welche wir noch kennen lernen werden. Und zwar herrscht bei dieser Bezeichnung seines Geburtsortes die entweder mundartliche oder durch Versehen aus Cnutelingen entstandene Schreibart Kundlingen vor; erst Lercheimer hat die richtigere Form Knütlingen.[3])

Es bleibt nun noch die Frage zu lösen, warum Trithemius und Rufus den in Knittlingen geborenen und in Heidelberg studierenden Johann Faust unter dem Namen Georg Sabellicus, Faustus junior, und Georg Faust kennen. Die Lösung ist nicht so schwierig. Wenn wir bedenken, daß Faust am 15. Januar 1509 Baccalaureus wird und somit ein junger Mann von etwa zwanzig Jahren ist, so wird es wahrscheinlich, daß er 1506, als ihn Trithemius kennen lernte, als Bachant umherstrich und zur Bemäntelung seiner schlechten Streiche den Namen Georg Sabellicus als nom de guerre führte. Diesem Pseudonym hängt er verblümt seinen wahren Namen Faust an und will durch die Bezeichnung „junior“ nicht auf einen ältern berühmten Zauberer hinweisen, sondern nur andeuten, daß der Georg Sabellicus in Wahrheit „der junge Faust“ ist. Demnach wäre der Zauberer um das Jahr 1490 geboren, womit eine später zu erwähnende Angabe eines Volksbuches, daß er 1491 geboren sei, übereinstimmt. Als Bachant oder älterer fahrender Schüler unterrichtete er wie Tausende seinesgleichen kleine ABC-Schützen, mit welchen

[1]) Beschreibung des Oberamtes Maulbronn. Herausgegeben vom Königl. statistischen Bureau. Stuttgart, 1870. S. 240—262.

[2]) Beschreibung des Oberamts Maulbronn. S. 178.

[3]) „Christlich bedencken und erjnnerung von Zauberey“ u. s. w. 1585. Abschnitt: „Von gemeinen gauckelbuben“.

sich der Sechzehnjährige, als er in Kreuznach unter Sickingens Schutz eine Schule aufgethan hatte, jugendlichen Verirrungen hingegeben haben mag. Dabei war er, wie der ganze Zaubermythus beweist und worauf wir noch ausführlich zurückkommen werden, ganz offenbar hervorragend mediumistisch begabt und wurde deshalb von Freunden des übersinnlichen Phänomenalismus', wie Wirdung und Sickingen, aufgesucht, obschon die Mangelhaftigkeit seines Wissens und die Unverschämtheit seiner Prahlerei Männern wie Trithemius und Rufus nicht verborgen bleiben konnte.

Nach der schlimmen Kreuznacher Affaire läßt er sein Pseudonym Sabellicus fallen; er wird in Heidelberg unter seinem wahren Namen inskribiert und gebraucht auf weiteren Zügen nur noch den falschen Vornamen Georg, bis er — durch den Erfolg kühn gemacht — auch diesen ablegt und der staunenden Mitwelt als der Zauberer Johann Faust gegenübertritt. — Als solcher tritt er uns im Jahre 1516 in Kloster Maulbronn entgegen. Darüber heißt es:[1])

„Im Jahre 1516 hatte Maulbronn einen Mann beherbergt, den zuerst die Volkssage und hernach eine lange Reihe deutscher Dichter dem Reiche der Wirklichkeit entrückt hat, der aber doch so gut wie jeder von uns Anspruch machen kann, gelebt zu haben: D. Johannes Faust aus Knittlingen. — Nach der Erzählung, die in Maulbronn noch geht, hat Faust hier, eine Stunde von seiner Heimat, zuletzt eine Freistätte gefunden, und wirklich bemerkt ein altes Verzeichnis der Äbte von Maulbronn zu dem Namen des Abtes Johannes Entenfuß[2]) (1512—1525), daß dieser seinem Landsmann Faust Unterschlupf gegeben habe. Entenfuß und seine unmittelbaren Vorgänger waren gar große Freunde von prachtvollem Bauwesen; wohl möglich, daß ihm Faust Hoffnung machte, die leeren Geldkisten durch Künste der Goldmacherei wieder gefüllt zu sehen. Noch vor wenigen Jahren befand sich zwischen dem Rebenthal und dem jetzigen Oberamtsgericht ein zugemauertes Laboratorium, das den Namen Faustküche trug, und auf dem östlichen Eckturm des Klosterzwingers, der bald Faustturm, bald von dem darauf befindlichen Sommerhaus Lustturm heißt, soll er ein schreckliches Ende gefunden haben."

Die Nachricht von Fausts Aufenthalt zu Maulbronn soll auch nach Sattler[3]) auf „guten Nachrichten" beruhen. Indessen ist nur Fausts Aufenthalt zu Maulbronn während der gedachten Zeit, keineswegs sein sagenhaftes Ende, das eine ganze Anzahl Orte gesehen haben wollen, nachgewiesen.

(Fortsetzung folgt.)

[1]) Schott: Beschreibung des Oberamtes Maulbronn. Vaihingen. 1841. 8°. S. 19.

[2]) Entenfuß war aus Unteröwisheim, 2 Stunden von Knittlingen, und Jugendfreund und Schulkamerad Fausts. Reichlin-Meldegg bei Scheible: Kloster. Bd. XI. S. 330.

[3]) Sattler: Historische Beschreibung des Herzogthums Würtemberg, III 192.

Dem Tag entgegen.

Novelle

von

Eva A. von Arnim.

„Ich hab von ferne, Herr, deinen Thron erblickt,
„Und hätte gern mein Herz vorausgeschickt,
„Und hätte gern mein müdes Leben,
„Schöpfer der Geister, dir hingegeben.

J. T. Hermes.

Frau Natalie lehnte den Kopf zurück in die Kissen des Fauteuils; sie gähnte unverhohlen, nicht einmal die Hand hob sie, es zu verstecken; das war ja nicht nötig, sie war eben allein, ganz allein, und das war entsetzlich langweilig. Ungeduldig traten die elegant beschuhten Füßchen den schwellenden Smyrnateppich, während die Hände im Schoß mit den blitzenden Ringen ein rastloses Spiel trieben. Als nun die große Uhr im anstoßenden Eßzimmer zu schlagen begann, horchte sie auf und zählte halblaut mit: „Eins, zwei, drei“ — — — und so fort bis sieben. „Und ich dachte, es wäre schon acht!“ seufzte sie und rang die Hände in stiller Verzweiflung; dann sandte sie einen ergebungsvollen Blick zu der buntgemalten Zimmerdecke empor, griff nach der weggeworfenen Stickerei und zog die Lampe ein wenig näher heran, doch im nächsten Augenblick flogen Seide, Nadel und Fingerhut schon wieder beiseite, der Sessel rollte zurück und sie schritt dem Nebenzimmer zu; es war doch möglich, daß sie sich vorhin verzählt hatte, vielleicht war es schon acht Uhr und damit die Erlösung nicht mehr fern. Leider bereitete nun der Augenschein dieser Hoffnung ein schnelles Ende; daß es mindestens noch eine Stunde dauern würde, bis einer der erwarteten Gäste erscheinen konnte, das war ihr zur schrecklichen Gewißheit geworden, als sie zurückkehrend im Rahmen der Thür stehen blieb und den kleinen, reich ausgestatteten Raum überblickte.

Zwanglos standen die Polstermöbel umher, regellos, doch nicht ungeordnet; bunter Damast bekleidete sie alle, aber auch nicht ein Stück glich dem andern in Form oder Farbe, hier ein kokettes Stühlchen mit vergoldetem Gestell und hochrotem Kissen, dort ein Lehnsessel in mattem bläulichen Ton, wie geschaffen für nebelgraue Träume, daneben ein purpurner Diwan, kurz, eine zusammengewürfelte Gesellschaft, das Ergebnis einer Laune; warum auch nicht? war es doch eine liebenswürdige Laune. Leise knisterte das Feuer im Kamin, ein süßer Duft durchwallte den Raum, der von einem rosigen Lämpchen freundlich erhellt, so behaglich und wohnlich wie möglich aussah, und doch erschien er der jungen Frau ungemütlich und verödet. Ein Frösteln durchlief ihre schöne, schlanke Gestalt, während ein halb scheuer, halb trauriger Blick den Kaminsims streifte. Dort stand hinter geschliffener Glasplatte die lebensvolle Photographie eines jungen Offiziers mit lachenden Augen und langem Schnurrbart. Zwei und ein halbes Jahr waren nun vergangen, seit jenem Sturz mit dem Pferde, der ihm das Genick brach und Natalie zur Witwe machte. Es war eine selten glückliche Ehe gewesen, der der Tod ein so jähes Ende bereitete, denn die so früh Vereinsamte war nicht nur schön und geistvoll, unter dem knappen dunkelblauen Gewand, das ihre Gestalt umschloß, schlug auch ein warmes Herz, — so warm und fröhlich, daß es eine Lust war.

Natalie richtete sich auf, der Spiegel drüben zwischen den dicht verhangenen Fenstern warf ihr Bild klar und deutlich zurück; sie nickte ihrem Spiegelbild zu.

„Hübsch bist du!“ rief sie leise, und ein Lächeln ließ die schimmernden Zähne sehen, „aber für wen?“ Sie trat dicht an den Spiegel und strich die rotbraunen Löckchen ein wenig aus dem feingeschnittenen, aber farblosen Gesicht.

„Schweißfuchs,“ murmelten die tiefroten Lippen, und die graugrünen Augen funkelten, „aber tadelloses Vollblut.“

Das hatte neulich der Rittmeister von Wellhof von ihr gesagt, was ihr eine wohlmeinende Freundin natürlich nicht vorenthalten konnte. Unleugbar war das eine Roheit, trotz der darin enthaltenen Anerkennung; Natalie fand das auch, und seit jenem Ausspruch war der Rittmeister sozusagen in Bann und Acht erklärt, obgleich er bis dahin unbestreitbar Aussichten gehabt hatte, Herz und Hand der Vielbegehrten zu erringen. Nun that sie kühl und fremd und war sogar ein paarmal für den Sünder nicht zu Haus gewesen; dem war es zwar recht peinlich, doch nahm er's auch nicht allzuernst, was die Sache selbstverständlich nur verschlimmern konnte.

Natalie hatte indessen ihr Spiegelbild einer eingehenden Musterung unterworfen und dies und jenes an der einfachen, aber mit sichtlicher Sorgfalt geordneten Toilette zurechtgerückt, dann schob sie den Fenstervorhang ein wenig beiseite und schaute durch den schmalen Spalt hinaus auf die beschneite Straße. Lautlos rollten die Wagen vorüber, nur ab und zu ein klingelnder Schlitten, dann alles wieder still; die Laternen warfen ihre langgestreckten Schatten über den in seiner winterlichen Decke doppelt hellen Erdboden, drüben aber unter den hohen schneebedeckten Bäumen lagerte tiefe Dunkelheit. Die Straße war nur an einer Seite von Häusern begrenzt, statt des interessanten oder neugierigen Gegenüber dehnte sich der große Park der Residenz scheinbar endlos vor den Blicken der Beschauerin aus. So dunkel und kalt lag auch das Leben vor ihr, dachte sie; das liebebedürftige Herz hatte eben niemand, dem es seinen Reichtum mitteilen durfte. Was lag ihr schließlich an der Bewunderung, die ihr so überreich zuteil wurde; um sich auf die Dauer davon befriedigt zu fühlen, war sie doch nicht eitel genug, aber dreißig Jahr, das ist kein Alter, um einen dunklen Weg allein zu gehen. Sie blickte den schnurgeraden, aber fast völlig finsteren Pfad, der das Dickicht des Parkes durchschnitt, hinab; war das nicht ein Lichtstrahl in der Ferne? Wirklich, der aufgehende Mond warf seinen Schein wie ein helles Band quer über den noch im tiefen Schatten liegenden Weg.

„Licht auf den Weg“, flüsterte Natalie, „warum immer an der Erde kleben? hinauf, hinauf!“

Sie wandte sich ins Zimmer zurück, das ihr nun plötzlich weit behaglicher erschien; mit wenigen Schritten stand sie vor einem kleinen Tischchen, das, mit Büchern, Broschüren und Zeitungen bedeckt, dicht neben dem Kamin stand; ein dickes Heft zog sie hervor, anscheinend eine Zeitschrift.

„Zwischen Himmel und Erde“ stand mit großen Buchstaben auf dem Deckel, darunter ein Pentagramm und in kleinerem Druck: „Organ der psychologischen Gesellschaft zu M.“

Die junge Frau ließ sich in einen Sessel sinken, den sie so nahe an das Feuer rückte, daß die glühenden Kohlen ihren Schein auf die engbedruckten Blätter warfen, als sie dieselben nun hastig suchend umschlug.

„Christentum und Mystik von A. Baron von Sassen.“ — Ja, das war es, was ihr eben durch den Kopf ging. Sie las es nicht zum ersten Mal, das zeigten die Bleistiftzeichen, die hier und da eine Stelle hervorhoben; so war auch das Motto des Aufsatzes mit einem Kreuzchen versehen; es lautete:

„Das nur heißt Leben:
„Ringen und Streben
„Auf dunklen Wegen
„Dem Tag entgegen!“

Flüchtig glitt Nataliens Auge über die ersten Seiten hin, achtlos blätterte sie weiter, der überwiegend philosophisch gehaltene Inhalt der Abhandlung mochte ihr mit seinem klaren, kühlen Für und Wider wohl nicht ganz zusagen. Augenblicklich wenigstens dürstete sie, wenn nicht nach Aufregung, so doch nach Anregung. Endlich traf sie auf einen Absatz, den ein Strich längs des Randes begleitete, dort begann sie aufmerksam zu lesen:

„Von Feinden, ja sogar von angehenden Freunden der Sache hört man unzählige Male die Frage: Die Existenz einer übersinnlichen Welt angenommen, was nützt die Beschäftigung mit derselben? Man hat sich über diesen Punkt nie recht beruhigen können, spricht von Neugier, Spielerei mit gefährlichen Dingen, Irrenhaus u. s. w. Und doch ist die Beantwortung dieser Frage für jeden, der ihr nur einigermaßen näher getreten ist, eine so überaus einfache. Schon allein der Beweis des Daseins der unsterblichen Seele, der sich auf Grund der oben angeführten Experimente den Materialisten gegenüber führen ließe, würde genügen, unseren Bestrebungen die Berechtigung zu sichern.

„Doch ich will nicht von dem reden, was sein könnte und doch nicht ist; denn es ist eine alte Geschichte, daß diejenigen, die die Empfindung ihrer unsterblichen Seele verloren und somit ihr kostbarstes Gut vergeudet haben, niemals zu überzeugen sind, daß das in ihnen Betäubte und für den Augenblick Vernichtete dennoch einst zur Rechenschaft gezogen werden könnte. Das aber ist eine Thatsache: Der Verkehr mit der übersinnlichen Welt gewährt dem erdenwallenden Kämpfer Zuversicht und Frieden; und sei es ein noch so schwacher Abglanz des strahlenden Jenseits, der Lichtschein ist doch da und beleuchtet milde den langen, dunklen Weg und giebt eine Ahnung von dem Ziel, zu dem die steinige Straße doch endlich führen muß. Ich möchte jene mystische Wissenschaft dem Mond vergleichen, der selbst nur der Widerschein einer fernen Sonne, dennoch dem Wanderer den finsteren Waldpfad erhellt.

„Das, was uns die Zukunft bringen wird auf dem Gebiete der Heilung Kranker, ist noch zu sehr von nebelhaften Schleiern umgeben, als daß es als Waffe wider unsere Gegner dienen könnte. Trotzdem ist es mir keinen Augenblick zweifelhaft, daß in dieser Hinsicht Geist und Wille großes leisten können, sofern lautere Beweggründe — —"

Natalie ließ das Buch in den Schoß sinken, das nun Folgende vermochte sie augenscheinlich für den Augenblick nicht zu fesseln, sinnend starrte sie in die Gluten, so traumverloren, als sei's das flammende Morgenrot der befreiten Seelen. An ihrem Geist zogen wechselnde Bilder vorüber, sie gedachte des erwarteten Freundes, und der dunkle Weg schien ihr gar nicht so trostlos; vielleicht wandelte es sich leicht und sicher an seiner Hand, an seiner Hand, die er ihr als Stütze fürs Leben bieten würde. Ja, er würde es thun, das stand beinahe fest, er zeichnete sie sichtlich aus, er, der Gesellschaftsscheue suchte eingestandenermaßen, um sie zu treffen, größere Festlichkeiten auf, lange Abende brachte er in ihrem Hause zu, allein mit ihr und ihrer alten Tante, philosophierend, disputierend oder auch wohl ganz schweigsam in seinem Fauteuil lehnend, im stillen Genügenlassen am traulichen Beisammensein.

Geraume Zeit mochte sie so gesessen haben, die Uhr im Nebenzimmer hatte längst die achte Stunde verkündet, da endlich erscholl die Klingel an der Eingangsthür und gleich darauf erschien das weißbeschürzte Zöfchen.

„Gnädige Frau, der Herr Hauptmann — — —"

„Schön, Auguste, ich lasse bitten, abzulegen."

Er trat über die Schwelle, langsamen, gleichmütigen Schrittes, klein und zierlich von Gestalt, aber trotz der eleganten Zivilkleidung in Gang und Haltung den gewesenen Offizier keinen Augenblick verleugnend.

„Guten Abend, gnädige Frau"; seine Stimme, weder besonders hoch, noch besonders tief, weich und müde, fast bis zur Klanglosigkeit verschleiert, hatte dennoch einen eigenen Reiz, vielleicht gerade durch diese Müdigkeit, diese vollkommene Leidenschaftslosigkeit, die nicht von eines Tages Arbeit, sondern von der Last eines Lebens herzurühren schien.

„Willkommen, Herr von Sassen!“

Man reichte sich die Hände, dann wanderte der tadellose Seidenfilz des Gastes auf ein Seitentischchen und sein Besitzer schritt dem Ofen zu. Dort stand er nun, die kalten Finger reibend und über dem Kaminfeuer wärmend, die Augen unverwandt auf die Glut gerichtet, diese großen, glänzenden, seltsam ruhigen Augen, denen die zusammenstoßenden Brauen einen schwermütigen Zug verliehen.

„Sie werden heute mit mir fürlieb nehmen müssen“, unterbrach endlich Natalie die tiefe Stille, „Tante Bertha hat sich erkältet und muß das Bett hüten.“

Eine Bewegung stummen Bedauerns war die einzige Antwort des schweigsamen Gastes.

„Draußen ist es so kalt,“ begann die junge Frau nach einer Weile wieder, die Nippesfiguren auf dem Kaminsims zurechtrückend, „drum ließ ich gut einheizen, ich weiß ja, daß Sie die Wärme lieben.“ Nichts als eine Verbeugung voll ritterlicher Dankbarkeit, dann wieder eine längere Pause.

„Ich erwarte heut noch einen Gast, Herr von Sassen,“ sagte Natalie endlich, sie war dicht neben ihn getreten und heftete nun den Blick voll unverhohlener Spannung auf sein gesenktes Gesicht, sie zögerte ein wenig, ehe sie fortfuhr, und eine leichte Verlegenheit malte sich auf ihren Zügen. „Es ist mein Hausarzt, Doktor Schmidt; ich hoffe viel Interessantes zu lernen aus Ihrem Gespräch mit ihm.“

Er lächelte, nicht spöttisch, etwas überlegen und halb wie in freundlichem Mitleid, dann wandte er sich zu ihr und sah sie voll an: „Sie fürchten sich, gnädige Frau, die Beschäftigung mit der übersinnlichen Welt erscheint Ihnen doch besorgniserregend? Sie dürfen es meiner Freundschaft schon zutrauen, daß ich Sie nur solche Pfade führe, die, gleichviel ob geistig oder leiblich, ungefährlich für Sie sind. Ihre Nerven sind doch auch sonst nicht die schlechtesten!“ und er lächelte wieder.

Lachend und voll verdächtigen Eifers stellte sie die untergeschobenen Beweggründe in Abrede, um sich schließlich mit einem erregten Seufzer in die Tiefen eines Polsterstuhles sinken zu lassen. Er folgte ihrem Beispiel und dem Winke ihrer Hand, der ihn zum Sitzen einlud. Einen Augenblick legte er die Hand über die Augen, das Haupt gesenkt, wie in tiefes Sinnen verloren, so daß nur die breite, gewölbte Stirn mit der tief einschneidenden Schnebbe des kurzgeschorenen dunkelblonden Haares und die edlen Formen des Hinterkopfes sichtbar blieben.

„Im Grunde genommen, gnädige Frau,“ begann er endlich sich emporrichtend, ihrem Protest schien er keinen Glauben zu schenken, „im Grunde genommen haben Sie ganz recht. Wohl glaube ich heut, meiner sicher zu sein, aber Gott allein weiß, wohin der Forschungstrieb oder um's beim rechten Namen zu nennen, wohin mein Egoismus mich noch führen mag. Griff ich doch schon einmal mit frevelhafter Hand nach einer jungen Seele und zerstörte im maßlosen Begehren mein einziges Kleinod, die Wonne meines Lebens — — Uebrigens gedachte ich heute nicht zu experimentieren," brach er schroff ab, „es ist viel zu kalt, man ist an solchen Tagen mehr als je durch die Materie gefesselt und niedergehalten. Aus diesem Grunde sandte ich am Vormittag meine Geige her, hoffentlich raubt mir der hochweise Herr Mediziner diesen Aufschwung nicht durch allzulanges Bleiben."

Man ließ nun den erwarteten zweiten Gast und alle übernatürlichen Dinge einstweilen beiseite und die Unterhaltung bewegte sich so recht gemütlich im alltäglichen Geleise dahin, bis Herr von Sassen plötzlich ausrief: „Gnädige Frau, jetzt ist's mir klar, woher mir dies rätselhafte Gefühl Ihrer Nähe kommt, da Sie mir doch augenblicklich ziemlich fern sind. Sie saßen in eben diesem Fauteuil, ehe ich kam, und dachten, — ja woran denn gleich? es ist ein bißchen unbescheiden, aber ich glaube, Sie dachten an mich!" Natalie errötete leicht. „Jawohl, Sie haben ganz recht," antwortete sie und langte die aufgeschlagene Broschüre herbei, „und dies hier las ich."

„Zuviel Ehre für mich, gnädige Frau. Und es hat Sie wirklich ein wenig interessiert, meine langweilige Abhandlung zu lesen? Ach, ich sehe schon, die angestrichenen Stellen haben Ihnen am besten gefallen. Hier dies Stückchen Mondscheinpoesie! Nun ja, Sie sind eben eine echte, rechte Frau — —"

„Aber Herr von Sassen!"

„Nicht diese beleidigte Miene! Es war aufrichtig gut gemeint, ich dachte, Ihnen etwas Angenehmes zu sagen. Ich glaubte, es wäre das höchste Ziel jeder Frau, ein Weib zu sein, in des Wortes schönster Bedeutung, sowie unsereins darnach strebt, ein ganzer Mann zu sein. Habe ich damit so ganz unrecht, gnädige Frau? nein, ich sehe, Sie stimmen mir bei. Verständnis für mancherlei Philosophie traue ich Ihnen zu, dessen können Sie sicher sein, mehr vielleicht als manchem Manne; aber wenn das Herz auch einmal zu Worte kommt und schließlich gar Recht behält, das gefällt Ihnen doch besser!"

So war denn der Friede hergestellt, sozusagen das Unheil im Keime erstickt und man plauderte in herzerfreulichster Einigkeit, als, wie ein schriller Mißklang, der Glockenton dazwischen fuhr, der den Einlaß begehrenden Doktor ankündigte.

Es war eine wunderliche und gar schweigsame kleine Gesellschaft, die sich eine halbe Stunde später um den Eßtisch reihte. Der dicke Doktor mit dem kahlen Schädel und der goldenen Brille konnte die Aehnlichkeit mit einem Bullenbeißer nicht verleugnen, der knurrend den Gegenstand seines Hasses und Mißtrauens umkreist. Er war der einzige, der viel und hastig aß, wobei er sich im stillen vornahm, der jungen Hausfrau bei seinem nächsten Besuch die Perfidie ihrer Einladung klar zu machen. Diese, im Gefühl der drückenden Situation, zerkrümelte verlegen ein Stückchen Brot nach dem andern, frug den Doktor nach dem Ergehen von Frau und Kindern, sprach vom Wetter und was dergleichen interessante Dinge mehr sind; Sassen dagegen begann augenscheinlich die Sache belustigend zu finden, er strich befriedigt den blonden Schnurrbart und in den sonst so schwermütigen, blauen Augen wetterleuchtete es voll Spott und Kampfeslust. Doktor Schmidt, dem der Baron von Sassen durch seine Schriften über Hypnotismus, Telepathie und verwandte Dinge wohlbekannt war, hatte denselben in seinem Innern schon lange als einen gefährlichen Feind auf diesem Gebiete betrachtet und war daher nichts weniger als angenehm überrascht, den bisher nie Gesehenen so unvermutet zu treffen; aber Messer und Gabel entfielen ihm und sein Mund öffnete sich in sprachlosem Entsetzen, als sich der Unheimliche freundlich lächelnd zu ihm wandte: „Es ist merkwürdig, Herr Doktor," begann er, sich behaglich zurücklehnend, „es ist merkwürdig, daß gerade Personen, die ihrem Äußern nach gar nicht dafür geeignet scheinen, ja, die sogar gern widerstreben würden, wenn sie nur könnten, sehr oft wunderbar empfänglich für Gedankenübertragung sind."

Der Angeredete rückte unruhig auf seinem Stuhl hin und her, war nicht mehr im stande, auch nur das Geringste zu essen, als Natalie ihm eine Schüssel reichte, und murmelte unverständliche Worte, indessen Sassen unbeirrt fortfuhr: „So war es mir z. B. sehr interessant, zu beobachten, wie Sie, Herr Doktor, meinen unausgesprochenen Weisungen folgten. Sie ergriffen die Gabel, das Glas Wein oder verbeugten sich vor unserer liebenswürdigen Wirtin, ganz wie ich es wünschte." Es war gut, daß die gewandte Hausfrau in diesem Augenblick die Tafel aufhob; der Doktor stieß empört seinen Stuhl zurück und verbat sich dergleichen Unsinn in fast beleidigenden Worten; dem anderen schien das wenig Eindruck zu machen, im Gegenteil sprach er die Absicht aus, den Aufgeregten zu hypnotisieren, das würde gewiß recht bemerkenswerte Thatsachen ergeben, und dabei lächelte er herablassend, das war dem Doktor doch über den Spaß.

„Mich, Herr Baron," rief er nach Luft schnappend, „mich lassen Sie ungeschoren mit Ihrem Hokus Pokus!"

„Ich bitte, Herr Doktor! — ereifern Sie sich nicht unnötig; aufdrängen werde ich mich Ihnen niemals mit meiner Überzeugung; aber ich möchte Sie doch an den Ausspruch Ihres berühmten Kollegen, Herrn Professor Dr. N. in München, erinnern, in dem er behauptet: wer übersinnliche Einflüsse abzuleugnen versucht, der stände überhaupt nicht auf der Höhe seiner Zeit!"

Natalie hielt es nun doch für geraten, einzugreifen; sie warf Sassen einen bittenden Blick zu und verlangte dann energisch Frieden. Es gelang ihr auch, die lauten Ausbrüche des Streites zu dämpfen; aber der Doktor schalt noch immer leise in sich hinein, als man sich schon lange wieder im Wohnzimmer häuslich niedergelassen hatte. Plötzlich fuhr sein Gegner herum, aus dem Wortschwall tauchten die Worte „zaubern, lügen oder trügen" auf.

„Ich will nicht hoffen, Herr Doktor, daß Sie Gottes Wort gegen mich zu Felde führen wollen." Er war vor den Erbosten hingetreten, seine gewöhnliche Ruhe hatte ihn ganz verlassen: „Galten Ihre Worte mir? Ich warne Sie!"

„Natürlich meinte ich Sie, Herr Baron; aber das muß Ihnen ja gleichgültig sein, die Spiritisten sind ja alle Gottesleugner, auch Sie sind kein Christ — —"

„Halt!" Ohne Kraftaufwand sprach Sassen dies Wort, aber mit großer Entschiedenheit, dabei flammten seine Augen und die zierliche Gestalt schien zu wachsen. „Richtet nicht, auf daß ihr nicht gerichtet werdet! So steht es in Ihrer Bibel, die auch die meine ist!"

Doktor Schmidt stand sprachlos vor den durchbohrenden Augen, die dieselbe zwingende Gewalt zu haben schienen, wie die leise, weiche Stimme, die nun schon wieder in größter Ruhe fortfuhr: „Sind Sie denn selbst ein Christ? Welchen Namen gab man Ihnen in der heiligen Taufe? Sie wissen es nicht mehr!"

Und er bewegte die Hände in einiger Entfernung von Stirn und Schläfen des gänzlich Verstummten, gleichsam Erinnerung und Gedanken wegfächelnd. Doktor Schmidt bot ein Bild tragikomischer Verzweiflung, als er auf Befragen seinen Vornamen nun wirklich nicht zu nennen wußte; Hülfe suchend blickte er von dem einen zum andern, kratzte sich hinter den Ohren und zog an den steifen Manschetten, vergebens, er konnte sich nicht besinnen, schließlich brach er in die angstvollen Worte aus: „Wenn das meine Frau wüßte!"

Natalie und Sassen konnten kaum das Lachen verbeißen, doch bald siegte die Gutmütigkeit der ersteren, und sie bat den Baron durch Zeichen, der unerquicklichen Szene ein Ende zu machen. Der fächelte seinem unglückseligen Opfer Luft zu und machte eine Bewegung, als nehme er ihm einen Schleier vom Gesicht. Das genügte.

„Gustav heiße ich", rief Doktor Schmidt aufatmend, „ja, Gustav, Gustav!" wiederholte er noch ein paarmal ganz vergnügt.

„Sie haben hier ein interessantes Beispiel von Halbhypnose gesehen", sagte Sassen; er that als habe man eine gern geleistete Gefälligkeit von ihm verlangt, und als müsse er nun bescheiden den Dank ablehnen, fuhr er fort: „Bitte, bitte, keine Ursache, ich habe es sehr gern gethan."

Der Doktor sah ihn ganz verblüfft an, dann zog er ziemlich unvermittelt seine Uhr, schützte einen Krankenbesuch vor, verabschiedete sich kurz von der Hausfrau und verschwand mit einem scheuen Blick auf den „Hexenmeister."

Sassen warf sich auf einen Stuhl und lachte leise, aber herzlich; doch nur einen Augenblick, dann war er wieder ernst wie zuvor; seine Heiterkeitsausbrüche glichen überhaupt stets nur kurzen, bleichen Sonnenblicken am dunkelbewölkten Herbsthimmel.

„Ein närrischer Kauz!" sagte er zu Natalie, die mit vorwurfsvollem Gesicht vor ihm stand, „mit solchen Leuten disputiert man nicht, die grault man einfach hinaus; und wie Sie sehen, genügt dazu eines der gewöhnlichsten Kunststückchen".

„Und Sie hatten wahrhaftig Lust, den Doktor zu hypnotisieren?"

„Glauben Sie im Ernst, gnädige Frau, daß es mir Vergnügen bereiten könnte, in der Philisterseele dieses Mannes zu wühlen? Verzeihen Sie meine Unhöflichkeit gegen Ihren Gast, aber an mein Christentum darf mir keiner rühren, das ist einmal mein wunder Punkt, und nun bitte ich um etwas Musik, das wird uns beiden wohlthun." — —

Ein süßes, flehendes Adagio war verhallt; Sassen ließ Geige und Bogen sinken, seine weitgeöffneten Augen schimmerten in feuchtem Glanz und seine Wangen begannen sich lebensvoller zu färben. Natalie, noch halb im Bann der kaum verklungenen Melodie, blätterte gedankenlos in dem Notenheft, das vor ihr auf dem Klavier stand. „Ich kann nicht anders, Herr von Sassen," sagte sie endlich, sich nach dem seitwärts Stehenden umschauend, „ich kann nicht anders, ich muß noch einmal das berühren, was Sie Ihren wunden Punkt nennen. Sind Sie wirklich ein Christ?"

„Wer ist ein Christ, gnädige Frau?" Er war jählings erbleicht, „wer darf nach Recht und Gewissen sich so nennen? Vor Jahren, ach, es ist lange her, da frug mich meine Braut dasselbe; ich Unseliger durfte ihr nicht einmal sagen, daß ich danach strebe, es zu sein, wie ich es ihr heute versichern könnte; der Wahrheit gemäß mußte ich bekennen, daß ich ein Gottesleugner sei, und sie entsetzte sich vor mir!"

„Sie waren verlobt?"

Natalie sah erstaunt zu ihm auf. Er antwortete nicht, stumm hob er die Geige empor, leidenschaftlich fuhr der Bogen über die Saiten, eine abgerissene Weise, zum Schluß ein schroffes, sprödes Pizzikato, ein Schauer lief durch seinen Körper.

„Wollen Sie es hören, gnädige Frau, wie ein armer Teufel sein Glück verlor?"

Und auf ihre stumme Zustimmung erzählte er dann mit seiner leisen, verschleierten Stimme, die, obgleich nur in Momenten der höchsten Leidenschaft sich zu vollkommener Klarheit entfaltend, dennoch so eindringlich, ja fast aufregend klang. (Fortsetzung folgt.)

Erkenntnis.

Von

Agemo.

Durch eigne That versank ich in des Lebens Wahn.
Ich bin's, der lebt und stirbt und wieder lebt;
Durchlaufen habe ich unzähl'ge Mal' die Bahn
Im Kreis des Rads, das seine Speichen senkt und hebt.

Gefangen bin ich, schmacht' in schweren Banden,
Gefesselt und verstrickt in Lebens Pein;
Mein Herz sehnt sich nach fernen Heimatlanden,
Hinaus aus dieser Nacht der Welt, dem Sein.

Zeit und Ewigkeit.

Eine Phantasie.

Von

Leopold Engel.

Es war eine lustige Gesellschaft, welche sich an einem Abend bei meinem jüngstverheirateten Vetter versammelt hatte, um die Geburtstagsfeier seiner jungen Frau würdig zu begehen. — Mit welchem Anstande wußte die junge Hausfrau sich in dem munteren Kreise zu bewegen, mit welcher Liebenswürdigkeit sorgte sie für die leiblichen Bedürfnisse ihrer Gäste! Nichts entging ihren Augen, und wo irgend an der reichen Tafel ihr wachsamer Blick einen leeren Teller oder ein leeres Glas bemerkte, sogleich beorderte sie mit leisem Kopfnicken oder leis geflüsterten Befehlen die bedienenden Geister, diesem Mangel abzuhelfen. War das wirklich dasselbe schüchterne Mädchen von vor drei Monaten? Diese Sicherheit des Auftretens, diese wohlthuende Ruhe, die alle ihre Anordnungen auszeichneten, ließen wahrhaftig den Verdacht aufkommen, es wären nicht ein und dieselbe Person, welche jetzt, einer Königin gleichend, das Zepter des Hauswesens mit unnachahmlicher Grazie führte und welche vor drei Monaten errötend und einem geängstigten Rehe gleich am Altar ein leises „Ja“ hauchte. Wahrhaftig, mein Vetter hatte Glück, viel Glück, vielleicht mehr, als er verdiente! — Er hatte ja auch Zeit gehabt, lange genug unter den Jungfrauen des Landes zu suchen und zu wählen. Er ist reich, unabhängig, hatte Zeit zu tausenderlei Vergnügungen, Bällen, Konzerten u. s. w., während unsereiner, ein armer, ins Joch der stets sich gleichenden Alltäglichkeit gespannter Kommis, nichts weniger als Zeit hat, sich nach einer anmutigen Lebensgefährtin umzusehen. Unsereiner muß zufrieden sein, wenn er bei der großen Lotterie des Ehespiels nicht gerade eine Niete erwischt, zum sorgfältigen Auswählen der Nummer ist aber keine Zeit. — Kein Wunder, daß mein Vetter so vergnügt strahlt in dem wonniglichen Behagen, von aller Welt um solche Frau beneidet zu werden. — In der That, sie ist auch eine Perle; jedermann bewundert diese glänzende Sonne, die sein Heim erleuchtet und erwärmt, wie selbstverständlich also, daß er, der früher soviel Zeit hatte für seine Freunde und lärmende Zerstreuungen, jetzt plötzlich gar keine überflüssige Zeit für diese findet, sondern sich nur seiner liebreizenden Frau allein widmete. Sehr begreiflich, nur allzubegreiflich, ich würde geradeso handeln.

Neulich erst hielt er mir eine glänzende Lobrede über sein Glück, und wenn man ihn so ansieht, wie er dort am Tische sitzt, das Auge sprühend, die Wangen gerötet, jede Bewegung seines reizenden Weibchens mit den Blicken verschlingend, wahrlich, dann muß man sich gestehen, der Mann ist glücklich. Und zwar soll dieses Glück ewig dauern, wenigstens beteuerte er dieses neulich mit solcher Bestimmtheit, daß ich an der Ewigkeit des Glückes nicht zu zweifeln wage.

Neben meinem Vetter sitzt ein älterer, würdiger Herr, mit hoher Denkerstirn und klaren, durchdringenden Augen, die vergnügt in die Welt hineinblitzen. Das ist der berühmte Astronom H., ein sehr geachteter, gelehrter Herr, dessen epochemachende Entdeckungen an dem gestirnten Himmel ihn berühmt gemacht haben, weit hinaus über die Grenzen unseres engeren Vaterlandes. Mit diesem trotz seiner Gelehrsamkeit recht gemütlichen alten Herrn ist jetzt mein Vetter in ein anscheinend recht anregendes Gespräch geraten, das augenscheinlich auch die Nächstsitzenden immer mehr interessiert. — Schade, noch kann ich nicht recht verstehen, was dort so lebhaft verhandelt wird, darf meine Aufmerksamkeit auch nicht ausschließlich nach dort richten, da ich ja Unterhaltungspflichten gegen meine ganz allerliebste kleine Tischnachbarin, einen Backfisch von etwas über 16 Jahren, zu erfüllen habe; — aber jetzt wenden auch die übrigen Tischgenossen ihre Aufmerksamkeit ausschließlich dem Astronomen zu, und — „Wie meinen Sie, mein Fräulein? — Ah, so, — Sie möchten auch gern zuhören, was dort die allgemeine Aufmerksamkeit so in Anspruch nimmt! O, sehr gern, jedenfalls wird der Herr Professor interessanter und lehrreicher zu sprechen wissen, als ich es vermag, wenn ich Ihnen die Annehmlichkeiten des letzten Balles oder Eisfestes zu schildern suche. Auch mir liegt daran, zu lernen, wo die Möglichkeit sich bietet. Bitte, hören wir also aufmerksam zu, was der Herr Professor spricht!"

Der würdige Herr hatte gerade ein Pause in seiner Rede gemacht, um sich mit einem Glase vorzüglichen Rheinweins zu stärken, jetzt setzte er das geleerte Glas wieder nieder und begann in liebenswürdigem Tone:

„Sie sprachen soeben, mein lieber Herr, von der Kürze dieses Lebens und bedauerten, daß die Zeit Flügel habe, die mit Windeseile entflieht, uns von dem so kurz genossenen Augenblick nichts als die Erinnerung zurücklassend, die auch nur allzubald in das Meer der Vergessenheit versinkt. — Ja, es ist wahr, die Zeit ist kurz bemessen, und für uns arme Erdenwürmer entschwindet sie nur zu schnell, aber vielleicht ist gerade das Bewußtsein, die Zeit nicht bannen, ihren stürmenden Flug nicht aufhalten zu können, die rechte Würze des genossenen Augenblickes, der uns schal und widerwärtig erscheinen würde, wenn nicht eine weise Führung es verstanden hätte, Schmerz und Freude nur tropfenweise durch die entschwindende Zeit uns zuzuführen, die sonst beide tödlich wirken könnten. Aber glauben Sie doch nicht, meine Herrschaften, daß alles, was die Zeit uns bringt, mit dem verrauschten Augenblick verloren sei; o nein, alles liegt wohl abkonterfei, von dem Tage der Schöpfung an bis zu dem jüngst verflossenen Augenblicke, aufgespeichert in dem Raume der Ewigkeit. Alles ist vorhanden in einzelnen Bildern, die nur des Augenblickes harren, um belebt vor die Seele des Beschauers zu treten. Wäre das nicht, so könnte die kühne Phantasie des Künstlers nicht in unbekannte Räume dringen, um dort, aus dem großen Sammelbecken aller Geschehnisse, einen schwachen Abglanz des einstigen Ereignisses sich zu erringen, und dieses dann in Worten oder Werken seinen Mitmenschen vor die Augen zaubern. Er ist der Berufene, der, mit durchdringendem Willen begabt und das geistige Auge geöffnet, hinausdringt in das Reich der Ewigkeit, dort sein inneres Auge sättigt an den herrlichen aufgespeicherten Schätzen und sodann wieder hinabsteigt zu seinen Menschenbrüdern, um ihnen den kostbaren Raub zugänglich zu machen und sie zu ermuntern, ein Gleiches zu thun. — Ich sehe, meine Herrschaften, Sie sehen mich alle recht verwundert an und verstehen nicht ganz, wie ich das alles meine. Ich habe aber nicht die Absicht, unverständlich zu sein, und will mich klarer fassen. — Die beiden Lebensfaktoren, ohne welche ein Leben, so wie wir es gewohnt sind, undenkbar sein würde, heißen Licht und Wärme. Das Licht ist es, welches uns erst die Freude des Daseins verschafft, die Möglichkeit, all' die Herrlichkeiten, womit die verschwenderische Natur uns umgiebt, zu bewundern, während die Begleiterscheinung des Lichtes — die Wärme — es ermöglicht, den Körper zu erhalten, ihn geschickt zu machen zur Behausung eines seelischen Ichs, das ohne ihn vorerst wohl nicht zur Selbsterkenntnis und Selbstbestimmung gelangen würde. Aber so schnell auch das Licht die ungeheuren Räume durcheilt, so brauchen seine Schwingungen dennoch eine gewisse, mathematisch teilbare Zeitgröße, bis es von seiner Quelle aus die Objekte erreicht, die seinen Strahlen ausgesetzt sind. Unsere Sonne z. B. steigt nicht dann als glühender Feuerball über den uns sichtbaren Horizont auf, wenn unser Auge diese majestätische Leuchte sich erheben sieht, sondern bereits eine kurze Zeit früher; die von ihr ausgehenden Lichtschwingungen treffen unser Auge später, als ihr Körper sich bereits in gerader Linie mit demselben befindet, und umgekehrt glauben wir die sinkende Sonne noch am Horizont, während sie sich in der That bereits unter demselben befindet. Dabei sehe ich ab von der bekannten Brechung des Lichtes in der Atmosphäre, die ihrerseits bei der aufgehenden Sonne gerade das Umgekehrte bewirkt. — Je weiter die Entfernung, um so größer wird der Unterschied zwischen wahrer und scheinbarer Bestrahlung. Fixsterne, welche in ungeheueren, unschätzbaren Entfernungen am nächtlichen Himmel blitzen, können vor Jahrzehnten bereits erloschen sein, ohne daß ihr Gefunkel für den Beobachter verschwindet. Der letzte Strahl, den eine plötzlich erlöschende Sonne in die Unendlichkeit hinausschickt, braucht vielleicht hunderte von Jahren, ehe er unsere Erdsphäre erreicht. — Nun ist es aber auch augenscheinlich, daß ein Wesen, begabt mit den Augen des Geistes, die nicht abhängig sind von den mangelhaften Bedingungen unseres Körpers, je weiter es sich von der Erde entfernt, nicht die Dinge sieht, wie sie sich gerade auf der Erde gestalten, sondern rückwärts in die

Vergangenheit schauen würde, so, wie die von dem Erdballe ausgehenden reflektierten Strahlen alle Ereignisse als Spiegelbild in das Universum hinaussenden. Die Erde ist umgeben von einem Gewirr von Schwingungskreisen, von denen jeder einzelne fernere Kreis eine andere frühere Zeitperiode bedeutet. Ist es dem gedankenschnellen, körperlosen, alles Irdischen entkleideten Geiste möglich, diese Kreise einzuholen, so wird er sich nach Belieben in die Urzeiten unserer Erde, bis zur jüngsten Vergangenheit versetzen können; ja, er wird die Geburt der Erde ebensogut beschauen können, als in nächster Nähe unsere hiesige gemütliche Tafelrunde. — Das Gleiche wie von unserer Erde, gilt von jedem Weltenkörper. Gelüstet es also ein Wesen, eine genossene Freude ewig zu genießen, so suche es als freigewordener Geistmensch nur jenen Ring zu erfassen, welcher einstens das Abbild jenes Freuden-Augenblicks in die Unendlichkeit führte, und er wird im Anschauen dieses Bildes, sich verlierend in die Ewigkeit, seine Freude ewig genießen können. — Zeit, meine Herrschaften, ist nur ein relativer Begriff, den wir uns geschaffen haben, denn wer sagt uns, daß das, was wir einen Zeitraum nennen, auch nur für andere höhere Wesen den Wert einer Zeitperiode besitzt? Wir sind gewohnt, die Sekunden wenig zu schätzen; für uns scheint eine Sekunde kaum beachtbar, und dennoch baut sich aus diesen Sekunden ein Jahrhundert allmählich auf. Betrachten Sie durch ein Mikroskop einen Wassertropfen, in dem Infusorien sich befinden. Sie können da sehen, wie in den von uns so wenig beachteten Sekunden ganze Generationen entstehen und vergehen, und doch bedeutet dieses Entstehen und Vergehen für jene kleinen Tiere ein Leben! Ein Leben, das nach unserer Schätzung nach Sekunden mißt, aber sicherlich doch auch Geburt, Jugend, Alter und Tod in sich schließt. Wie nun, wenn auf jenen Planeten, welche ebenfalls unsere Sonne umkreisen, gleiche Verhältnisse gelten hinsichtlich des Jahres, wie auf unserer Erde, d. h. daß ein Sonnenumlauf des Planeten für die Lebensdauer seiner Bewohner ein Jahr bedeutet, in welchem Altersverhältnis dürfte da ein Jupitermensch zum Erdenmenschen stehen? Er würde, die Umlaufszeit des Jupiter verglichen mit der unserer Erde, erst ein Jahr zählen, demnach noch in den Windeln liegen, während der Erdenmensch bereits fast 12 Jahre zählt. Verhielte sich das nicht ganz ähnlich, wie die Lebensdauer der Wasserinfusorien zur Lebensdauer des Menschen? Schreiten wir nun noch weiter zu den Sonnen, die sich um eine Centralsonne drehen (denn die Wissenschaft hat längst festgestellt, daß unsere Sonne eigentlich ein Sonnenplanet ist, der sich mit Tausenden anderer Sonnen um seine Centralsonne dreht): welche ungeheuren Zeitmaße erhalten wir da, vergleichen wir ein Sonnenjahr mit unserem elenden Kalenderjahr. Und doch müssen diese Zeitmaße meßbar sein, denn ein gewaltiger Wille zwingt alle diese Weltkörper zur regelrechten Umlaufszeit, ein Wille, der imstande sein muß, alle diese Zeiten zu überschauen, da er sie sonst nicht hätte feststellen können. Eine ungeheure Zeitverschwendung macht sich da geltend, gleichmäßig ruhig gleiten Körper ihre Bahnen, ohne sich zu verwirren, aber der Mensch kommt, wagt es, all das unermeßlich Große mit den unbedeutenden Maßstäben seines winzigen Erdenlebens messen zu wollen, spricht von Zeit und wieder von Zeit und will die Ewigkeit einschachteln in die engen Begriffe der 24 Stunden seines Tages. Er schafft sich den Begriff Zeit, und es giebt doch keine Zeit, nur Ewigkeit und Dasein.“ —

Hier schloß der Astronom und eine lebhafte Debatte schloß sich an das Gehörte. Auch meine kleine Nachbarin schlüpfte zu dem freundlichen alten Herrn, um sich noch eine Auskunft zu holen, wieviel Jahre wohl die Sonne brauche, um ihre Centralsonne zu umkreisen; und da die Hausfrau, meine schätzenswerte neue Cousine, soeben das Zeichen zur Aufhebung der Tafel gab, so benutzte ich den Augenblick, um in einem stillen Winkel des lauschigen Salons, der so reizende, von blühenden Blumen umgebene Sitzplätze bot, über das Gehörte nachzudenken.

Ah, da sitzt es sich behaglich! — Meine Cousine hat sich nämlich einen besonderen Schmollwinkel zurechtgemacht, eine Nische des großen Zimmers, völlig von blühenden Kamelien und exotischen Gewächsen umgeben. Es ist ein reizendes Spähwinkelchen, wo man, selbst ungesehen, den großen Salon mit all den Paaren, die jetzt gruppenweise und einzeln plaudernd denselben durchwandeln, überschauen kann. — Ach, wie behaglich ruht es sich doch auf dieser schwellenden Ottomane! — Ja, ja, mein Herr Vetter hat Geschmack, er versteht es, sich und andern das Leben behaglich zu machen. Wer es doch auch so haben könnte, wie zufrieden wollte ich dann doch sein, jetzt und allezeit! — Hm ja, allezeit! — Der Professor sagt ja, es gäbe keine Zeit! — Hm ja, nun denn also — jetzt und ewig! Ewig? — Alle Wetter, nein, das wäre doch verzweifelt langweilig, ewig so auf der Ottomane zu liegen; nein, nein, zeitweise wohl — aber ewig — brrr, das wäre zu viel! — Übrigens, mein Herr Professor, ich kann Ihnen doch nicht so ganz Recht geben. Warum soll es keine Zeit geben? Sitzen Sie nur einmal stundenlang wie angenagelt auf dem Kontorstuhle, da werden Sie schon sehen, daß es sehr wohl Zeit giebt und sogar recht lange Zeit, die dem Vorgeschmack der Ewigkeit nichts nachgiebt. So ein kleiner kaufmännischer Jahresabschluß z. B. dürfte Ihnen die Begriffe von Zeit und deren Wert doch einigermaßen begreiflich machen. — Ich wünschte eigentlich doch, einmal so einen Blick in diese geschilderten Zeitenkreise zu werfen, sei es auch nur, um Ihnen zu beweisen, daß Sie da sehr gelehrt Klingendes, aber eigentlich doch recht verdrehtes Zeug geredet haben. — Na, — das ist nur so ein frommer Wunsch, der doch nicht erfüllt wird — aber — hm, was ist das? — Ist die Luft hier so heiß? — mir wird so schwül — so — — sollte dieser merkwürdige Zustand eintreten, der mich schon manchmal erfaßte? Mir war sodann, als würde ich losgelöst von meinem Körper, ich fühlte ihn wohl, aber er schien mir dann nur wie ein schlotterndes Kleid anzugehören, das auch blos automatisch die Bewegungen des Körpers mitmacht. Mein eigenes Ich war alsdann ein anderes, freieres, das mit offenem Blick die verschlossensten Gedanken im Herzen der Menschen lesen konnte, noch ehe der Mund diese ausgesprochen hatte. Ein bekannter Spiritist sagte, ich hätte

Anlage zum Medium; darunter stellte ich mir immer ein nervöses, krankhaftes Individuum vor; aber das bin ich doch nicht und — jetzt, ja — jetzt packt es mich wieder kalt, — es friert mich, — ich werde mich ausstrecken auf die Ottomane, dann wird's vergehen, so — so. — Wie das in den Ohren braust, ein Schleier senkt sich über meine Augen — ach, ich glaub', ich sterbe. — — —

Nein, jetzt ist's vorüber. Ach, mir ist nun wohl, ich will aufstehen. — Doch was ist das? Ich schwebe in die Höhe, der Wille nur allein hebt mich, ohne daß ich ein Glied zu rühren brauche, und dort auf jener Ottomane, dort — liegt mein Körper ausgestreckt und scheint zu ruhen, während ich doch hier leibhaftig stehe, so gesund wie stets. Ist das ein Blendwerk, was soll das heißen? — Ah, da kommt ja der Professor, der Astronom auf mich zu. Merkwürdig, wie sanft er lächelt, welch verklärter Ausdruck des Antlitzes, das hatte ich vordem gar nicht bemerkt. Er reicht mir die Hand und spricht: „Mein lieber Freund, du wolltest einen Blick in jene Sphären werfen; nun gut, du bist jetzt frei von deinem lästigen Körper, laß ihn dort schlafen, bis wir wiederkehren, und gehe mit mir, um zu schauen von dem, was du vorhin gehört!"

„So soll mein Wunsch doch erfüllt werden?"

„Gewiß! Deswegen komme ich jetzt zu dir! Reich mir die Hand! — Jetzt durch die Kraft des Willens hinauf zum Äther! — — — Schau her, da liegt sie unter uns, — die Erde, — ein glänzender Ball, umstrahlt vom Glanz der Sonne, der ewigen Licht- und Wärmespenderin. Jedoch bevor wir ihren ersten Kreis verlassen, so höre erst noch folgendes: Du bist jetzt ein freier Geist, unabhängig von den Banden deines Körpers, und mußt erst lernen, in die neue Umgebung dich zu schicken. Die beiden Triebfedern, die dir in diesem freien Zustande alles schaffen und gewähren, heißen Wille und Liebe. Verstehe das letzte Wort in seinem wahren Sinne. Alles, was Thatkraft, Neigung, ernstes und begeistertes Streben, Lust zu einer Sache in sich schließt, umfaßt das eine Wort Liebe. Kein Wort begreift in sich so viel wie dieses, kein Wort ward aber auch mißbraucht wie dieses. Liebe als die treibende Kraft vereint sich mit dem festen Willen, und sodann steht auch die That vor deinem Auge. Im Leben widerstrebt die Materie der vollendeten That durch viele zu besiegende äußere Hindernisse, hier im Reich des freien Geistes ist der durch Liebe getriebene Wille auch schon Vollendung des Gewollten. — Nun komm, wolle mit mir enteilen in die Unendlichkeit, den Blick gerichtet auf den schimmernden Erdball, so siehst du alle Zeitperioden, die er durchstürmt, im Bild vorüberziehen, denn für das Auge des Geistes giebt es weder hindernde Entfernung, noch für den Geistkörper materielle Hindernisse. — Wolle also! — Was siehst du nun?" — — —

„Ich sehe die Völker der Erde, wie sie jetzt leben. Sie schaffen und raffen. Ach, welch ein Eilen und Treiben, welch geschäftiges Durcheinander, — welch Jagen nach Glück und Ehre, — nach Ruhm und Geld. — Genuß ist das Ziel, nach welchem alle streben, Macht und Herrschen das Bestreben der Menge, wie des Einzelnen. Es ist ein tolles Bild, dieses

Gehetze und Gerenne, dieses gegenseitige Überbieten an Schlauheit, List und, wie ich leider sehe, auch Betrug. — Sage, waren alle Zeiten so? Laß mich zurückschauen um 1000 Jahre!"

„Wolle nur!"

„Wohlan, ich will! — Ha, wie das wirbelt auf der Oberfläche. In toller Hast seh' ich im Augenblick die Jahrhunderte vorüberziehen, so schnell, daß ich sie fast kaum erfassen kann, doch jetzt, jetzt wird es ruhiger und klar. — Das ist das Reich des großen Frankenkaisers Karl. Ich sehe, wie dieser starke Glaubensheld die Völker zu bekehren sucht. — Ich sehe aber auch, wie Gewalt vollbringt, was Liebe, Sanftmut nur vollziehen sollte. Das war der Wille des Heilandes nicht, das Evangelium der Liebe mit Schwert und Blut zu verbreiten. Hier sehe ich die ersten Wurzeln eines Wahnes, der durch die Inquisition zur höchsten Blüte wuchs. — Nein, fort, ich eile weiter. — Die Jahrhunderte entfliehen wieder in rasendem Tanz, — jetzt sehe ich — ja — das ist Rom! — Das ungeheure Römerreich breitet sich aus vor mir! — Sei mir gegrüßt, du Cäsaren-Stadt, die uns den Inbegriff der Kultur des Altertums bedeutet! Aus dir leuchtete der Menschheit ganzes Wissen, das uns noch jetzt mit staunender Bewunderung erfüllt. — Laß mich genau dir in das Antlitz sehen. — Doch wehe, welch ein entsetzliches Bild der Verderbnis zeigst du mir! Unter dem glänzenden, äußeren Deckmantel des reifen Geistes Einzelner ein wüstes Chaos grauser Leidenschaften, Parteihaß, verderbte Sitten, Schwelgerei, Gewaltthätigkeit, Erpressung, Sklaverei erschaut mein Blick, wohin ich mich auch wende. Das sanfte Licht, das dort im Osten glüht und einer neuen Zeit Erwachen verkündet, jenes Licht, um das sich Scharen frommer Gläubigen sammeln, du suchst es zu ersticken durch unerhörte Grausamkeit. Ich will sie nicht mehr sehen, jene Zeit des trügerischen Glanzes — hinweg von ihr — hinweg! — Wieder fliehen die Jahrhunderte dahin, — jetzt sehe ich den Erdkreis wieder klar, — das ist die Zeit des Heidentums, ich sehe die Gemüter befangen von dem Aberglauben des Götzendienstes. Ist denn kein Volk auf Erden, das unsere Lehren von einem ewigen Weltenlenker treu bewahrt? — Doch ja, dort in einer Wüste seh ich ein Volk am Fuße eines Berges lagern, dessen Gipfel, umhüllt von Wolken, Geheimnisse zu bergen scheint. — Es ist der Sinai — der Gesetzesberg, den nur mit heiligem Schauer mein Blick erfassen kann. — Hier offenbart der Herr sich seinem Volke mit majestätischer Kraft, und kurze Zeit darauf — murrt schon das Volk. — — Doch laß das Ziel mich sehen, das verborgen weiter, tiefer in jenen dem Geist erschlossenen Räumen der Unendlichkeit. — Da, jetzt zeigt die Erde sich in ihrem Urzustande, Ungetüme ungeheurer Art bewohnen sie, doch weit und breit ist jetzt kein Mensch zu sehen, Jahrtausende entschwinden, gewaltige Erdrevolutionen stürzen Berge, schaffen neue. Wasser und Feuer ringt um die Herrschaft, Wolken, heiße Dämpfe wirbeln durcheinander, ein Dröhnen, Donnern, Tosen erschüttert des Erdballs Festen, der glühend, immer glühender wird. — Jetzt, das ist der Moment, da ihn der Sonne Schoß gebar, die Mächtige, die ihn noch jetzt erhält, schleudert ihn von sich in den unendlichen Raum, den sie selbst durcheilt, doch hält sie mit magnetischem Band ihn fest und zwingt ihn zum Umlauf, zur Ordnung nach gegebenen Gesetzen. — Warum, o Sonne, giebst du diesem Ball ein Leben, warum nur hast du diese Stätte geboren, auf der so großes, so unendlich tiefes Leid und Weh wird herrschen? Die Stätte, die dem Menschen nicht Heimat ist, nein, eine Fremde stets, die freudlos, schmerzvoll er bewohnen wird, gezwungen nur, nicht selbstgewählt?"

„Komm, eile wieder zurück zu jenem Zeitenringe, dem du angehörst, damit dir auf diese Fragen Antwort wird," so tönte ernst die Stimme meines Begleiters, „achte aber während des Fluges auf den inneren geistigen Kern des Menschen, wie dieser sich entwickelt im Laufe der Jahrtausende!" — „Nun denn, zurück also, von wo wir ausgegangen!" — — —

„Wir sind zurück; ich schaute und durchschaute die gesamte Vergangenheit der Erde in Blitzesschnelle!"

„Und wie sahst du den Menschen?"

„Ich habe erkannt, daß von den ältesten Zeiten an der Mensch dem sprießenden Baume gleicht, der auch erst Knospen, Blätter, Blüten treiben muß, damit die Frucht sich bilden kann!" —

„Ganz recht, und diese Frucht heißt „Freiheit des Geistes!" — O das ist eine köstliche Frucht, die ausgereift noch nicht am Lebensbaume prangt, doch deren ersten vielversprechenden Ansatz das Auge des ewigen, fürsorglichen Lebensgärtners wohl bemerkt. — Die Geistesfreiheit jedes Einzelnen ist mühsam erst erzogen worden durch den Druck der Völker, Zwang, dem zu entraffen die Geißel des Schicksals schonungslos einhieb auf längst entschwundene Generationen. Diesen geistigen Schatz, früher nur selten teilhaftig einzelnen hehren Geistern, zu verteilen an jeden Einzelnen, der Begehren trägt und frei sich von den Fesseln des Aberglaubens, Fanatismus, der Dummheit und Trägheit machen will, das ist das Ziel der Menschheit. Jetzt erst kann jeder die Freiheit des in uns schaffenden ewigen Geistes erlangen und in sich die strahlende Leuchte der Wahrheit entzünden aus eigener Kraft, um das höchste Ziel des Strebens zu erreichen, — ein echter wahrer Mensch zu sein. — Nicht jedem standen in früheren Zeiten Wege und Thore so geöffnet als wie jetzt. Mit Schmerzen und Kämpfen mußte die Menschheit sich durch Jahrtausende erringen, was nun Gemeingut geworden, denn das Erringen der Erkenntnis treibt auch noch jetzt den Menschen aus seinem Paradies des Friedens und der Glückseligkeit, wenn er zu früh von dem verbotenen Apfel nascht; und oftmals haben die Völker letzteres gethan, um die erlangte Kenntnis nur zum raffinierten Lebensgenuß zu nützen, oder auch sich in Verkehrtheit zu verstricken. Dann folgte stets die Geißel, vernichtet wurde scheinbar, — doch nur um wieder aufzubauen. — Die Zeiten, die darüber hinstürmten, kamen niemals in Betracht. Gilt es, das Glück des Ganzen zu erreichen, so schreitet die Vorsehung Schritt für Schritt, denn sie verfügt über Ewigkeiten, um zum Ziele zu gelangen."

„Und dieses Ziel, meinst du, wäre das Glück sowohl des einzelnen Geschöpfes als auch das der Völkerschaften?"

„Gewiß, das Glück, gefunden in der rechten Selbsterkenntnis und in dem Fortschreiten zur Vollendung des Geistes, unbekümmert um Zeit und Ewigkeit! Ein Jeder hat an sich da eine gewaltige Arbeit zu leisten, alle Kräfte anzuspornen, jede Gelegenheit zu ergreifen, sich innerlich zu vollenden, um das Ziel zu erreichen, ein echter, wahrer Mensch zu sein, d. h. wert und würdig zu werden, das Abbild seines Schöpfers genannt zu werden. Zu diesem Zwecke wurden Welten erschaffen, damit die Menschheit Raum gewinne, leiblich zu leben, und zu diesem Zwecke wurde ihm ein Körper gegeben, damit er, durch diesen gebunden, eine kurze Probe ablege, wie weit er seinen Geist entfesseln kann; trotz aller körperlichen Hindernisse. Durch seinen Körper lernt er erst äußerlich, dann innerlich empfinden. Was uns an unserem Fleische wehe thut, wird übertragen auf den innern Menschen. Erfahrung und Belehrung, Schmerz und Freude prägen unser Ich erst zu der Münze, die dem Charakter Wert verleiht; und sind wir so gestählt, ist unser Ich erwacht, so fällt das Körperkleid, um aufzusteigen in die Regionen des Friedens, des Lichtes, der fortschreitenden Vollendung, außer den Grenzen der Zeit, in den Schoß der Ewigkeit zum immerwährenden freudevollen Dasein.

Unsere Zeit ist zwar noch lange nicht das erträumte goldene Zeitalter, aber die Frucht ist auch noch nicht gereift. Während früher nur einzelne auserkorene Völker eine bestimmte Kultur erreichten, die die Freiheit des Geistes ermöglichen hilft, so steht jetzt der Erdkreis dem Einfluß offen, den Wissenschaft und Künste auf die Gemüter ausüben. Zwar wuchert auch das Unkraut unter dem gesäeten Weizen, doch kann es nicht mehr die goldene Geistessaat ersticken.

Kommt die Zeit der Ernte, so ist der goldene Völkerfrieden auch erschienen und alle Völker einen sich in einem Ziele, Menschen und Brüder zu sein im Lichte der Wahrheit.

Ich lese nun in dir zwei Fragen! — Die eine, was wird aus jenen, die Vorkämpfer unseres Jahrhunderts waren, sind diese ausgeschlossen von dem Genuß des nahen Zieles, können sie nie erreichen, was uns leichter wird zu erfassen? — Wie könnte das? — Giebt es nur Dasein in der Ewigkeit zum Zwecke der Vollendung, so ist auch der Begriff Zeit geschwunden und löst sich auf in Entwickelungsperioden, die wir Zeiten nennen, die Vertreter jener längst geschwundenen Geschlechter sind auch dann fortgeschritten im freien Geistesleben und genießen längst vielleicht, was wir noch suchen müssen; was wir noch mühsam uns erringen hier auf Erden; — durch den Körper zum Selbstbewußtsein zu gelangen, ist für jene eine Zeitperiode, die längst schon überwunden, längst vollendet.

Die zweite Frage lautet, ob die Menschheit sich bewußt ist solcher Ziele, die ich dir enthülle. — Die meisten sind es wohl nicht, doch schadet das nur wenig. Ein jeder Mensch, der jetzo auf dem Erdenballe lebt, der dort so glänzend dir zu Füßen liegt, nimmt ungeahnte Eindrücke täglich in sich auf, die kaum beachtet, dennoch Scherflein sind zum großen Schatze der Erkenntnis. In dem bewegten Umgang mit seinesgleichen, im alltäglichen Gespräch empfängt er Segnungen unseres freieren Geistessprühens, die Wunder noch in früheren Zeiten bedeuteten. Er sieht es nicht als Wunder an, benutzt, genießt die Früchte des geistigen Fleißes unserer Zeit; und kommt dann einst die Zeit, die man das Sterben nennt, so hat er in der Schule unseres schnelleren Lebens doch Schätze unbewußt gesammelt, die ihn befähigen können, fortzuschreiten auf der Bahn des inneren Lebens. — Es ist ja Zeit genügend in der Ewigkeit, wir zählen ja nicht die Jahre bis zum Ziel, wird es nur erreicht, dann kümmert keinen eine Kette irdischer Jahre. — Wohl dem, der sich bewußt ist, wohin die Erdenreise eilt, um sie zu nützen für das Dasein in der Ewigkeit. Verloren wird so viel an günstigen Momenten, denn der Mensch ist noch derselbe wie in früheren Perioden, er faßt die kurze Spanne, die wir Leben nennen, als sein Alles auf, will diese nutzen durch Genuß von allem, was an Freuden ihm sein Leben bietet, und hat darum wenig Zeit zum Suchen nach der echten Lebensperle. Ein Tropfen nur im Weltmeer ist seine Lebenszeit in der Ewigkeit. Bedenke das, wenn du zurückkehrst zu den Deinen, die dort unten im Tanz und Spiele sich ergötzen, Zeit zu vielen Dingen finden, die sie abgestohlen von der Vorbereitungsschule zu der Ewigkeit." — — —

Kaum hatte mein Begleiter ausgesprochen, als ich ein eigentümliches Ziehen in der Herzgegend empfand; das Bild der Erde, das noch soeben hellglänzend vor meinen Augen sichtbar war, verdunkelte sich, wurde immer matter, und gleichzeitig erstand anfangs in schwachen Umrissen, dann immer deutlicher das Abbild jenes lauschigen Winkels, in dem ich mich auf die Ottomane hingestreckt hatte. Während ersteres stets undeutlicher wurde, klärte sich das letztere immer mehr und — jetzt — ja wahrhaftig, ich ruhe ja ausgestreckt auf der Ottomane, genau so, wie ich mich erinnere, mich niedergelegt zu haben. — Habe ich geträumt? — Mir scheint es, und nein, doch wohl nicht. — Ah, ich höre ja Musik — wahrhaftig, man tanzt — und dort in jenem kleinen Zimmer am Ende des Saales haben sich die älteren Herren zusammengethan und spielen Karten. — Wo ist nur der Professor? — Ah, dort steht er an eine Säule gelehnt, allein, ruhig, niemand beachtet ihn, denn jetzt, wo alles, was jung ist oder sein will, der Göttin des Tanzes huldigt, hat man keine Zeit mehr für ihn und seine gelehrten Reden. — Sein Auge trifft mich, er sieht mich an so ernst, so bedeutungsvoll, — o, ich muß ihm einige Worte sagen, damit er sieht, daß seine Lehren nicht für mich verloren sind. Schnell gehe ich zu ihm und sage: „Lieber Freund, auch diese tanzenden Paare werden einst in der Ewigkeit die Zeit noch finden müssen, nach der Perle des wahren Menschentums zu suchen; mögen sie das Ziel dann nur erreichen!"

Verwundert schaut er mich an und sagt: „Ja, ja, junger Mann, — ganz recht — und — Sie tanzen nicht? Wollen Sie die Zeit der Jugend nicht benutzen?" — Lächelnd auf einige junge Mädchen weisend, fährt er fort: „Sehen Sie doch, welch ein Kranz reizender Damen!" —

Er hat mich offenbar nicht verstanden. — Ich glaube doch, es war wohl nur ein Traum! —

Unsere Dummheiten.

Eine Humoreske,

frei nach[1])

Eugène Nus.

*

Ja, sprach einst der Liebe-Gott auf einem Rundgang durch die Welten zu dem General-Direktor unsrer Milchstraße, — ja, was ist denn **das** für ein kleines Ding da? Das habe ich auch noch gar nicht gesehen!

— Herr, antwortete der hohe Beamte, es sind nun schon einige Millionen Jahrtausende her, seit Ihr zuletzt diese Gegend mit Eurem Besuch beehrt habt; seitdem haben unsre Sonnen Junge bekommen.

— Das da unten scheint mir aber recht schlecht geraten zu sein, meinte der Ewige.

— Ach ja, die kleine Erde ist allerdings nicht die bestgeratene in ihrer Familie; und sie wird jetzt immer schlechter, seitdem Menschen darauf leben.

— Ei, ei! sagte der Liebe-Gott.

— Ich bin schon nahe dran gewesen, dies Geschlecht ganz auszurotten, da es offenbar aus einem mangelhaften Keim entsprossen.

— Nur nicht gleich so ganz und gar! sagte der Allmächtige.

— Ich weiß, erhabener Vater, Ihr liebt keine Gewaltmittel. Ich habe es indes nicht verantworten mögen, einen Ball, der andern ein so schlechtes Beispiel giebt, kreisen zu lassen, ohne den großen Rat der Sternbilder um seine Ansicht zu befragen. Freilich, alle, mit Ausnahme des Skorpions, waren für Geduld.

— Die hat man wahrhaftig nötig und recht viel davon, seufzte der Welten-Schöpfer. Eine ganze Ewigkeit warte ich nun schon auf die Vollendung meines Werkes, aber jeden Morgen fängt's wieder von vorne an. Es scheint, daß ich mich nie zur Ruhe setzen soll.

— Und dabei giebt's dort unten Leute, die glauben, Ihr hättet überhaupt nur eine Woche lang gearbeitet und hättet von dem ersten Sonntag an die Arme übereinander geschlagen.

---

[1]) Nach dem Französischen auf Grundlage eines Auszuges aus „Nos bêtises“ (eigentlich Bestialitäten, Gemeinheiten) in Papus' „Science Occulte“, Paris 1891, S. 361 fg. bearbeitet; der Schluß ist hier hinzugefügt. (Der Herausgeber.)

— Ja, wer wird sich denn auch wundern, daß sich diese Kinder keinen Begriff von der Unendlichkeit machen können! Von mir pflegen sie sich immer seltsame Vorstellungen zu machen.

— Das eben ist's, was mich empört! Ich mag diesen Menschen von Zeit zu Zeit die besten und erleuchtetsten Lehrer zu ihrer Aufklärung senden, alle kommen bald von dort zurück, gequält, verbrannt, vergiftet, gekreuzigt, gesteinigt oder auf irgend eine andere Weise schauderhaft zugerichtet!

— Nur immer gelassen! sagte der Ewige. Sollte es denn wirklich auf der kleinen Kugel da viel schlimmer zugehen als auf anderen?

Darauf wandte sich der General-Direktor an einen hinter ihm herwandelnden Stern, welcher sich, der Befehle seines Herrn gewärtig, in respektvoller Entfernung hielt: — Laß den Direktor der 7,324,746 ften gelben Sonne heraufkommen!

Eine Sekunde später erschien dieser Beamte in unterthänigster Haltung.

— Es handelt sich um die Erde, redete ihn der General-Direktor an.

— Mach Deinen Bericht kurz und schnell, setzte der Liebe-Gott hinzu, ich habe noch sehr viel zu thun.

— Allerhöchster Vater, begann der Direktor unsrer Sonne, im System, das ich verwalte, macht mir dieser Erdplanet am meisten Kummer. Es ist fast unmöglich, dort Ordnung und Vernunft aufrecht zu halten. Alle großen Seelen, welche ich hinuntersende, um den Menschen Weisheit und Liebe zu lehren, werden stets verhöhnt und hingemartert; ihre Lehren werden immer wieder durch geistlose Verzerrung in den Händen selbstsüchtiger Priester zu Werkzeugen der Verdummung und Knechtung der Völker mißbraucht. In allen Stücken wird Euer erhabener Wille dort mißachtet. Schamlos tritt man die elementarsten Gesetze Eurer bewundrungswürdigen Natur mit Füßen. Nur die niedrern Tiere leben noch ihrer Natur gemäß, wenigstens solange ihnen dies die Hand des Menschen nicht erschwert. Das Höchste an Greueln aber leistet der Mensch, indem er dabei Eure Allmacht anruft; und die schauerlichsten Freveltaten werden dort in Eurem heiligen Namen verübt. Ihr seiet es, behaupten sie, der alle diese Scheußlichkeiten, Morde und andren Verbrechen vorschreibt. Während sich die Besseren darauf beschränken, Euch zu verfluchen, bleibt als einziger Trost für die Unglücklichen nur noch die Hoffnung, daß Ihr vielleicht gar nicht da seiet; denn man treibt die Grausamkeit der Barbarei sogar so weit, die hülflosen geängstigten Gemüter glauben zu machen, daß Ihr, nicht zufrieden damit, sie in ihrem Erdendasein fortwährend zu quälen, ihnen auch noch nachher ewige Höllenstrafen auferlegtet, im Vergleich mit denen ihre irdischen Leiden noch Annehmlichkeiten seien.

— Ich habe das schon oft gesehen seit Anbeginn der Welten, sprach der Liebe-Gott; man ruft mich in der Regel an, wenn man die größten Dummheiten begeht, und giebt mir dann die wunderlichsten Namen. Doch fahre nur fort, ohne Beschönigung!

— Alle Arten von Namen giebt man Euch dort, hoch erhabner Herr! Einige nannten Euch Moloch; sie sperrten, um Euch zu gefallen, junge Mädchen und kleine Kinder in eine riesengroße eherne Fratzengestalt ein, und ließen sie darin während ihrer Festtage ganz langsam braten. Andere legten Euch den Namen *Teutates* bei und glaubten, daß Ihr fordertet, man müsse Menschen auf großen Steinen langsam verbluten lassen. Noch andere stellten sich Euch als eine *Frau* vor, die ihnen als schreckliche Göttin beföhle, alles zu erwürgen, was ihnen unter die Hände fiel. Die aber, welche Euch *Jehovah* nannten, ließen sich überreden, daß Ihr ihnen geboten hättet, ganze Völkerstämme niederzumetzeln und auch nicht die Säuglinge an der Mutterbrust zu schonen; ja, sie glaubten, daß, wenn sie auch nur ein einziges Leben übrig ließen, Ihr selbst sie durch Eure Vertilgungs-Engel würdet umbringen lassen. Die zuletzt ihnen gegebene Religion des *Friedens* und der *Liebe* aber ward von Priestern wieder so verdreht, daß sie auf Scheiterhaufen zu Eurer Verherrlichung, ich weiß nicht, wie viele Millionen armer Menschen rösteten. Noch in unsern Tagen proklamieren Anhänger eben dieser friedfertigen, liebevollen Religion Euch als den Gott der Kriegsheere; und jeder Sieger eilt in seinen Tempel, um Euch die von Mordkugeln durchlöcherten Fahnen zu weihen und Euch Danklieder zu singen, daß Ihr ihnen so viel Feinde zum Abschlachten gabet. Ebenso fährt man auch noch zu unserer Zeit in einem alten Kulturlande dieses abscheulichen kleinen Erdballs jedes Jahr ein vermeintliches Bild von Euch auf einem heilig gehaltenen Riesenwagen umher und viele glauben, Euch sich selbst zum Opfer darzubringen, indem sie sich von den Rädern dieses Fuhrwerkes zermalmen lassen. Nicht sehr weit entfernt davon spricht man beim Schalle von Trompeten einen Unglücklichen heilig, der kein besseres Mittel fand, Euch in Euren Geschöpfen zu verherrlichen, als sich vom Ungeziefer aufzehren zu lassen.

— Das ist doch wirklich eine wunderbare Schwärmerei, sagte der Liebe-Gott. Dies ist der erste Planet, auf dem man so etwas ersonnen hat. Und dabei sagt man noch, mein Werk geringschätzend, es gäbe nichts Neues unter der Sonne!

— Und überdies, fuhr der Sonne-Direktor fort, die Thorheiten, die man Euch selber beilegt! Als *Saturn* sollt Ihr Eure eigenen Kinder haben verspeisen wollen; und diese Mahlzeit soll nur dadurch vereitelt worden sein, daß Euch die Mutter Felsblöcke statt ihrer Kinder vorsetzte. Als *Jupiter* sollt Ihr zur Erde hinabgestiegen sein, um dort allerhand tolle Streiche zu verüben. Als *Jehovah* sollt Ihr Abraham den Rat gegeben haben, seine Frau für schnödes Geld zu prostituieren, indem er sie für seine Schwester ausgab, und dergleichen vieles mehr.

— Dieser Planet scheint allerdings von einer Geistes- und Gemütskrankheit der schlimmsten Art ergriffen zu sein. Welches Mittel wendest du denn an, um diese Geistesstörungen zu heilen?

— Wir verwenden diesen Augenblick einige Einspritzungen von Wissenschaft.

— Sehr gut, und wie wirkt dies?

— O, es hilft wohl. Aber, geschwächt, wie die Gehirne dort nun einmal sind durch alle Schrecken ihrer Priesterlehren, können jetzt die Wirkungen der Wissenschaft selbst in geringen Dosen kaum ertragen werden, und sie fangen an, auf andere Art zu faseln.

— Nun, so geht es überall und immer in der Welt! Laß nur ihre Gelehrten jetzt nicht ebenso unduldsam und hochmütig werden, wie sonst ihre Priester. Erschrick aber auch nicht, wenn sich diese Symptome zeigen; und ja keine Änderung in der Behandlung! Fahre nur fort mit der Wissenschaft in starker Dosis. Sie heilt dieses Übel immer, obwohl sie es anfangs selbst hervorruft. Es ist die beste Arznei unserer Apotheke. Haben sie denn schon das Protoplasma entdeckt?

— Jawohl, erhabner Vater, doch wenn Ihr die Folgerungen wüßtet, die sie daraus ziehen!

— Warum sollte ich denn die nicht wissen?! Sie glauben zunächst, das Leben sei ein Mechanismus, in dem nicht sich Kraft *darstellt*, dessen Wirkung er ist, sondern der vielmehr, selbst *ohne* sinnvolle Ursache, erst die Kraft, den Geist, die Seele *verursacht*. Das ist gerade so thöricht wie die Kinderlehre, in der man mich als einen Töpfer vorstellt, der den Menschen aus Lehm bildet und ihn belebt, indem er drauf bläst, ebenso kindlich, weiter nichts! Diese Forscher ahnen noch nicht, daß bei jedem Schritte, den sie thun, nur *ich* es bin, den sie entdecken, und daß sie am andern Ende ihrer Fernrohre und Mikroskope nichts anderes wahrnehmen als *mich selbst*. Seit Anbeginn der Zeiten macht mich dies im voraus lachen!

Der Direktor der Milchstraße und der Herr unserer Sonne fingen ebenfalls zu lachen an, wie es sich für die Subaltern-Beamten schickt, wenn sie ihren Herrn in heitrer Stimmung sehen.

— Doch, da fällt mir ein, fuhr der Gebieter fort, was machst du denn mit ihren Seelen, wenn sie zu dir kommen? Ich hoffe, daß du sie nicht mit denen aus besseren Welten vermengst!

— Ich habe Befehl gegeben, antwortete der Direktor, sie an einem eignen Orte abzuschließen. Dort sucht man sie zunächst von ihren schlimmsten Dummheiten zu reinigen. Aber das ist fast unmöglich, so tief haben die falschen Vorstellungen und die lasterhaften Neigungen in diesem Wesen Wurzel gefaßt. Die Einen schelten darüber, daß es keine Hölle giebt für die, denen sie die Verdammnis androhten; die Andern sind entrüstet, daß sie dort das Paradies nicht finden, das man ihnen versprochen habe. Alle verlangen mit lärmendem Ungestüm die Verwirklichung ihrer Hirngespinste und verlästern Euch, erhabenster Vater, weil Ihr sie getäuscht habet. Die aber, welche an nichts glaubten, protestieren, daß man sie an diesen Ort bringt, da sie gar nicht tot seien, sondern nur träumten.

— Laß sie doch träumen, soviel sie wollen, und gieb auch den Andern alles, was sie nur verlangen!

— Wie das, erhabner Herr?!

— Ich habe dies Verfahren in verschiedenen Welten schon versucht, und es gelang vollkommen.

— Ihnen allen ihre Paradiese geben?! rief der Sonne-Direktor aus. Aber Ihr könnt Euch kaum denken, wie sinnlos und einfältig ihre Vorstellungen noch sind.

— Je sinnloser, um desto schneller werden sie ihrer überdrüssig. Dann werden sie bessere Ziele suchen, und auf diese Weise werden sie zuletzt doch einen richtigern Begriff bekommen von der Ewigkeit.

— Es sind aber welche darunter, die sich einbilden, daß sie die ganze Ewigkeit hindurch die zwölf Apostel und die vier Evangelisten anzuschauen und den Chor der Engel singen zu hören hätten.

— Warum nicht? Laß sie doch ihre Apostel anschaun, so lange das ihnen Spaß macht, und laß sie die Engel singen hören, bis ihnen die Ohren gellen. Mag auch mancher in seinem Paradiese selbst Jahrtausende lang hinbrüten, für sie alle wird schon der Tag kommen, wo sie schreien: „Nun genug, genug! Laßt uns hinaus, hinaus!“ Dann gieb ihnen den Thorschlüssel, und ich versichre dir, sie kommen dahin schon nicht wieder. Wenn sie aber so alles zur Übersättigung durchgekostet haben, werden sie sich von allem entwöhnen und sich schließlich von den Außendingen in ihr Inneres wenden und erkennen, daß sie dort allein ihr wahres Selbst, ihre Glückseligkeit und ihren Frieden finden. Dann werden sie auch aufhören, einander zu quälen und zu neiden und zu hassen; ein jeder wird dem andern helfen, für ihn sorgen und ihn trösten. Und wer endlich *mich* selbst *in sich* selber erkennt, der wird dann seinen *Gott* auch *über alles lieben*, und wird ihn in *jedem* seiner *Nächsten lieben* so wie in *sich selbst*.

Gnome.

Von

Friedrich Hetrich.

Wie ich auch dich forsche, göttliche Natur,
Üb'rall Schönheit und Vollkommenheit!
Nur der Mensch bewölkt die Sonnenflur
Durch die Schuld und Herzenshärtigkeit.

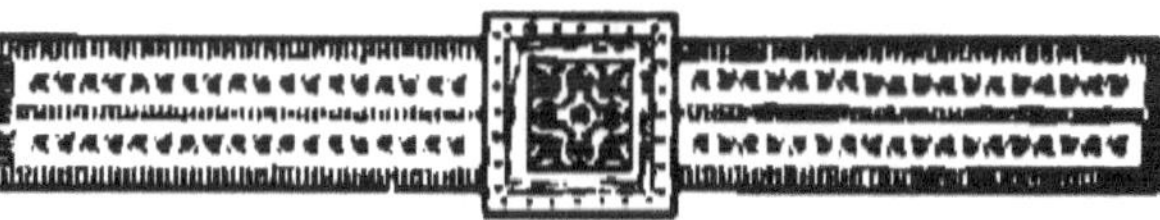

„Zu Gott!“

Durch die Nacht, dem Strahl entgegen,
Aufwärts, immer aufwärts nur,
Klomm ich hoch die fels'gen Stufen,
Unentwegt des Lichtes Spur!
Denn ich bin von deinem Wesen,
Bin ein Teil von deinem Geist;
Heiß im Busen flammt das Sehnen,
Das mich dir entgegen reißt!
Kann dich denken nicht und nennen,
Fühle nur, ich werde dein,
Immer mehr und mehr geläutert
Durch Millionen-faches Sein! —
Auf des Erdballs höchsten Stufen,
Rings umwogt vom Nebelmeer,
Schrei ich flehend dir entgegen,
Allgewalt'ger, hoch und hehr!
Kann dir's nicht in Worten sagen,
Marternd den Gedankenlauf,
Breite sehnend nur die Arme:
„Heil'ger Schöpfer, nimm mich auf!!!“

H. v. M.

„Zu Gott!"

Die Seelenlehre

vom Standpunkte der Geheimwissenschaften.

Von

Carl du Prel
Dr. phil.

Unser Wissen ist Stückwerk. Die Erfahrungswissenschaften, welche wir betreiben, sind weit davon entfernt, abgeschlossen zu sein; und es ist vorweg gewiß, daß immer neue Wissenszweige entstehen werden. Es kann also vorläufig auch keine Rede davon sein, daß unsere Philosophie, unsere Weltanschauung irgendwie vollendet sein könnte, und es ist dieß umsoweniger der Fall, als gerade die für die Begründung einer Weltanschauung wichtigsten Naturerscheinungen uns vorzugsweise dunkel und rätselhaft sind. Die Astronomie umfaßt das größte Weltstück und hat die exakteste Ausbildung erfahren; aber mit der Erkenntnis des bloß äußeren Naturschauplatzes ist philosophisch wenig gedient und im Anblick der Gestirne erfahren wir Eindrücke, die mehr oder weniger in der Gefühlssphäre stecken bleiben und wobei uns die Welt als ein großes Fragezeichen erscheint.

Schränken wir aber unseren Blick auf die Erde ein, so sind wir nicht minder mißlich daran. In der Mineralogie z. B. ist das Meiste klar und verständlich, aber philosophischen Gewinn können wir daraus nicht ziehen. In der Biologie dagegen, die ungleich wichtiger ist, wimmelt es von Rätseln. Der Mensch aber, die höchste aller irdischen Naturthatsachen, ist zugleich das größte aller Rätsel. Nicht einmal nach seiner physiologischen Seite ist er ganz begreiflich; die Psychologie aber, die sich mit seinen höchsten Funktionen beschäftigt, ist so sehr der Kampfplatz der Meinungen, daß die entgegengesetztesten Definitionen des Menschen vorliegen. Von der Psychologie hängt nun aber gewissermaßen das Schicksal der ganzen Philosophie ab; denn der Mensch kann nur erklärt werden aus seinen höchsten Funktionen heraus, die Natur aber nur aus ihrer höchsten Erscheinung, und das ist eben wieder der Mensch, welcher die Blüte der uns bekannten Schöpfung ist. Der Philosoph also, welcher Metaphysik treibt, ohne vorher der Psychologie gerecht zu werden, gleicht einem Botaniker, der in der Erklärung eines Obstbaumes von dessen Frucht absehen wollte.

Die Naturthatsachen sind nun einmal für die Erklärung der Welt nicht gleichwertig. Wir müssen also die Versuche, das Welträtsel zu lösen, vertagen, bis wir vorerst das Menschenrätsel gelöst haben, und zwar vor allem das Rätsel der menschlichen Seele.

Damit haben sich nun aber von jeher die größten Philosophen beschäftigt, und doch ist der Gegensatz zwischen Materialisten und Spiritualisten heute noch so scharf, wie je, ja sogar schärfer, weil beide Parteien zum immer präziseren Ausdruck ihres Stichwortes und seiner Begründung gelangen. Die Zweifler schließen daraus, daß die Seele zu den unlösbaren Problemen gehört, von denen es nicht nur heißt: Ignoramus, sondern sogar: Ignorabimus.

Sollen wir nun wirklich die Flinte ins Korn werfen? Ich glaube das nicht. Ein definitiver Verzicht, die Kardinalfrage aller Psychologie zu lösen, wäre erst dann geboten, wenn es bewiesen wäre, daß die Lösung der Seelenfrage auf dem richtigen Wege gesucht worden. Das ist aber eben nicht der Fall, und es läßt sich sogar beweisen, daß ein falscher Weg eingeschlagen wurde.

Es ist sehr erklärlich, daß man in der Erforschung des Seelenproblems von dem ausging, was uns über den Menschen bekannt ist; mit anderen Worten: daß wir den Inhalt unseres Selbstbewußtseins analysierten, um über die Seele klar zu werden. Man hielt es für ganz von selbst verständlich, daß Seelenlehre und Bewußtseinsanalyse identische Begriffe seien. Das war aber eine petitio principii, eine unbewiesene Voraussetzung. Es könnte ja immerhin sein — die Logik wenigstens hat gegen eine solche Hypothese nichts einzuwenden —, daß die Seele überhaupt nicht in unserem Selbstbewußtsein anzutreffen wäre; daß das Licht unserer Selbsterkenntnis nicht bis in die Tiefe unseres Wesens hinabreicht. Aber auch das ist möglich, daß das Thatsachenmaterial, auf dessen Grundlage eine Seelenlehre zu errichten ist, ungenügend erforscht, ja daß gerade die wichtigsten Thatsachen übersehen worden wären.

In der That sind beide Bedenken gerechtfertigt. Wir haben die Seele am unrichtigen Orte gesucht, und haben am richtigen Orte die entscheidenden Thatsachen übersehen.

Das erste Bedenken, daß die Seele überhaupt nicht in unserem Selbstbewußtsein liegt, läßt sich gar nicht abweisen. Denn was ist unser Selbstbewußtsein? Offenbar nur ein Spezialfall des Bewußtseins, von dem es sich nicht durch das Organ unterscheidet, sondern durch das Objekt. Das Selbstbewußtsein ist das nach Innen, auf unser eigenes Selbst, gerichtete Bewußtsein. Von beiden muß demnach das Gleiche gelten; das eine, das Bewußtsein, ist nun aber biologisches Entwickelungsprodukt. Es ist eine biologische Thatsache, daß die Entwickelung des Bewußtseins parallel geht mit der Zunahme an Organisation. Das komplizierteste Lebewesen, der Mensch, ist zugleich im Besitze des entwickeltsten Bewußtseins. Aber selbst beim Menschen ist das Bewußtsein kein fertiges, es bleibt hinter seinem Objekt, der Welt, zurück. Schon der Anblick des gestirnten Himmels belehrt uns, daß sich unser Wissen zu dem, was wir nicht wissen, verhält wie ein Tropfen zum Ozean. Nur weniges von dem, was ist, gelangt durch die Kanäle unserer Sinne in unser Bewußtsein. Wir wissen, daß alle unsere Sinne beschränkt sind, nicht bloß der Anzahl nach, sondern jeder einzelne bezüglich seiner Leistungsfähigkeit. Unser Auge ist nur für das siebenfarbige Spektrum, für die Farben des Regenbogens eingerichtet. Das Spektrum hat aber diesseits, wie jenseits, ein Verlängerungsstück von unbekannter Ausdehnung; es giebt ultrarote und ultraviolette Strahlen; solche, die auf einer zu geringen, und andere, die auf einer zu großen Anzahl von Ätherschwingungen in der Sekunde beruhen. Solche unsichtbare Strahlen lassen sich durch physikalische Apparate nachweisen, die empfindlicher sind, als die Retina. In ähnlicher Weise sind aber alle unsere Sinne beschränkt. Es giebt ferner Kräfte in der Natur, welchen überhaupt kein menschlicher Sinn korrespondiert, und die erst wahrnehmbar werden, indem sie sich in andere Kräfte verwandeln. Für magnetische und elektrische Vorgänge haben wir keine Sinne. Wir haben fünf Sinne; wenn aber die Materialisten in ihrem bescheidenen Kausalitätsbedürfnisse daraus schließen, daß die Materie nur fünf Eigenschaften habe, so könnte man mit gleichem Rechte sagen: es giebt keine Sonne, weil es Blinde giebt. Endlich ist aber noch zu konstatieren, daß wir überhaupt nicht die objektiven Naturvorgänge wahrnehmen, sondern nur deren Einwirkung auf uns, nicht Ätherschwingungen, sondern Licht, nicht Luftschwingungen, sondern Töne; wir haben also gewissermaßen ein gefälschtes Weltbild, nur thut dies unserer praktischen Orientierung keinen Eintrag, weil diese Fälschung gesetzmäßig in konstanter Weise verläuft.

Kurz, unser Bewußtsein erschöpft nicht seinen Gegenstand, die Welt, weder quantitativ, noch qualitativ; was aber eine künftige biologische Entwickelung bringen mag, wissen wir nicht.

Das Gleiche muß aber vom Selbstbewußtsein gelten, als einem bloßen Spezialfall des Bewußtseins, und zwar sogar in erhöhtem Grade; denn während dem Bewußtsein immerhin schon eine lange biologische Vergangenheit vorhergeht, so daß es vielleicht schon eine hohe Sprosse der Leiter bildet, ist dagegen von einem Selbstbewußtsein, oder wenigstens von einer eigentlichen Selbsterkenntnis, erst vom Menschen an die Rede; es bildet also die erste Sprosse, ist nur in seinem ersten Ansatz gegeben. Um so wahrscheinlicher also ist es, daß es sein Objekt, unser Selbst, nicht erschöpft. Damit ist aber jener Psychologie, die sich auf Selbstbewußtseinsanalyse beschränken will, das Urteil gesprochen; sie widerspricht der Entwickelung.

Unser Selbstbewußtsein beleuchtet nicht einmal die physische Seite unseres Wesens vollständig. Die organischen Funktionen, Verdauung, Ernährung, Wachstum, Herzthätigkeit ꝛc., verlaufen im gesunden Körper unbewußt. Aber auch in unseren rein psychologischen Funktionen, in Gefühlen und Gedanken, erfassen wir noch nicht das Wesen der Seele. Die Materialisten behaupten sogar, daß auch damit nur das Wesen unseres Körpers erfaßt sei, daß Gedanken und Gefühle nur Funktionen des Körpers seien. Nun ist es allerdings ganz unlogisch und nur eben bei den Materialisten gebräuchlich, das cum hoc in ein propter hoc zu verwandeln; aber unbestreitbar ist es ja, daß Gedanken und Gefühle an körperliche Zustände gebunden sind und parallel mit diesen verlaufen. Darauf beruht das Plausible des Materialismus. Da nun aber der Streit darüber, ob diese Gebundenheit ein bloßes Koordinationsverhältnis enthält oder ein Kausalitätsverhältnis, schon so alt ist, wie die Psychologie selber, ohne zu einem Austrag gekommen zu sein, so halte ich es für geboten, diesen Forschungsweg ganz zu verlassen und die Seele auf einem anderen Wege zu suchen.

Dem Bisherigen gemäß können wir dabei den Satz an die Spitze stellen: die Seele liegt nicht im Beleuchtungskreise unseres Selbstbewußtseins. Sie liegt im Unbewußten.

Hier könnte nun der Zweifler sofort versucht sein, zu folgern: wenn die Seele im Unbewußten liegt, so kann sie daraus auch nicht hervorgezogen werden; die Seelenfrage muß demnach vertagt werden bis zum Eintritt einer biologischen Vertiefung des Selbstbewußtseins.

Aber so schlimm steht die Sache denn doch nicht. Die Unbewußtheit der Seelenfunktionen erstreckt sich nur auf den Prozeß; vom Resultat aber fällt manches in unser Bewußtsein, wie wir noch sehen werden. Es ist nun eine ziemlich konstante Erscheinung, daß Unbewußtes und Bewußtsein nur abwechselnd zur Geltung kommen. Schon bei der genialen Produktion sehen wir die Verschleierung, im Hypnotismus aber die Unterdrückung des sinnlichen Bewußtseins als Bedingung solcher Phänomene, die dem Unbewußten angehören; das erinnerungslose Erwachen aber ist ein weiterer Beweis für diesen Antagonismus.

Dieser Antagonismus nun beweist unbestreitbar einen Dualismus in unserem Geistesleben; aber wir finden uns auch sofort vor die wichtige Frage gestellt, ob nur ein Dualismus innerhalb des Gehirnlebens vorliegt, oder ein Dualismus von Gehirn und Seele. Im ersteren Falle wäre mit einem Doppel-Ich zu rechnen, dessen beide Hälften von der physiologischen Psychologie umschlossen wären; im letzteren Falle dagegen müßten wir jene Definition des Menschen anerkennen, welche schon vor hundert Jahren Kant aufgestellt hat: Ein Subjekt, welches in zwei Personen zerfällt. Die eine Person unseres Subjekts wäre dabei physiologischer, die andere psychischer Natur. Ob nun diese Definition richtig ist, hängt ganz und gar davon ab, ob alle Geistesthätigkeit an das Gehirnleben gebunden ist, oder ob sich aus dem Unbewußten auch solche Funktionen hervorlocken lassen, die sich von den an das Gehirn gebundenen toto genere unterscheiden, für die wir also ein anderes Organ voraussetzen müssen. Erst in diesem letzteren Falle hätten wir im Unbewußten eine Seele gefunden.

Die Kantische Definition des Menschen ist ohne Einfluß auf die Psychologie geblieben, weil die Wissenschaft jenes Thatsachenmaterial, welches die empirische Grundlage für diese Definition bildet — und welches Kant leider auch nicht kannte — noch bis heute in unverantwortlicher Weise vernachlässigt. Die Thatsachen, um die es sich handelt, bilden den Gegenstand der Geheimwissenschaften, die bekanntlich noch heute das Aschenbrödel sind.

Unser Mißerfolg in Bezug auf die Seelenfrage liegt also in der That an den oben angegebenen zwei Umständen: zuerst hat man die Seele am falschen Ort gesucht, nämlich im Bewußtsein, statt im Unbewußten; dann aber, als man das Unbewußte in die Forschung hereinzog — und auch das erst in der jüngsten Zeit — hat man am richtigen Orte die unrichtigen Thatsachen betont, nämlich die, welche ein unbewußtes Gehirnleben, nicht aber die, welche ein Seelenleben neben dem Gehirnleben beweisen.

Wer die Thatsachen der Geheimwissenschaften anerkennt, findet sich daher auf die Kantische Definition des Menschen zurückverwiesen. Er nimmt sie nicht willkürlich an, sondern notgedrungen. Er wird dann sagen, daß die Seele unserem irdischen Bewußtsein unbewußt ist, daß ihre Funktionen nur abwechselnd mit den bewußten in die Erscheinung treten, daß diese Funktionen von den bewußten ganz und gar verschieden sind, und daß sie mit der Rückkehr des sinnlichen Bewußtseins wieder unbewußt werden.

Damit ist eine reale Doppelheit unseres Wesens gegeben, ein Dualismus von Seele und Gehirn — dessen monistische Auflösung uns noch beschäftigen wird — nicht bloß ein Dualismus innerhalb des Gehirnlebens. Das Bewußtsein, an die Sinne und das Gehirn als Organ gebunden, umfaßt nur die eine Hälfte unseres Wesens, die irdische Erscheinung; von dieser aber ist eine andere Wesenshälfte zu unterscheiden, die vorläufig als die nichtsinnliche bezeichnet werden mag. — Kant sagt:

„Ich gestehe, daß ich sehr geneigt bin, das Dasein immaterieller Naturen in der Welt zu behaupten und meine Seele selbst in die Klasse dieser Wesen zu versetzen." In Anbetracht der gleichzeitigen irdischen Natur des Menschen fährt er fort: „Die menschliche Seele würde daher schon in dem gegenwärtigen Leben als verknüpft mit zweien Welten zugleich müssen angesehen werden, von welchen sie, sofern sie zu persönlicher Einheit mit einem Körper verbunden ist, die materielle Welt allein klar empfindet." .... „Es ist demnach zwar einerlei Subjekt, was der sichtbaren und unsichtbaren Welt zugleich als ein Glied angehört, aber nicht eben dieselbe Person, weil die Vorstellungen der einen, ihrer verschiedenen Beschaffenheit wegen, keine begleitenden Ideen von denen der anderen Welt sind, und daher, was ich als Geist denke, von mir als Mensch nicht erinnert wird, und umgekehrt." [1])

Nun giebt es allerdings Leute, welche sagen, daß die „Träume eines Geistersehers" der vorkritischen Periode Kants angehören und nur eine Satire auf Swedenborg und den Geisterglauben seien. Diese Ansicht wird aber vollständig durch die Thatsache widerlegt, daß Kant 22 Jahre später, also nach dem Erscheinen der „Kritik der reinen Vernunft", Vorlesungen hielt, in denen er ganz die gleichen Ansichten aussprach, und zwar im Anschluß an Swedenborg, dessen Vorstellungen er „erhaben" nennt.[2]) Den wichtigsten Teil dieser Vorlesungen habe ich, weil sie sich in den Gesamtausgaben nicht finden, neu herausgegeben.[3]) Ein paar Aussprüche daraus will ich anführen:

---

[1]) Kant: Träume eines Geistersehers. 14. 20. 26. (Kehrbach).
[2]) Pölitz: Kants Vorlesungen über die Metaphysik. (1821).
[3]) Kants Vorlesungen über Psychologie. (1889). Vgl. d. Folgende S. 75. 76. 79.

„Das Leben besteht in dem commercio der Seele mit dem Körper; der Anfang des Lebens ist der Anfang des commercii, das Ende des Lebens ist das Ende des commercii. Der Anfang des commercii ist die Geburt, das Ende des commercii ist der Tod. Die Dauer des commercii ist das Leben. Der Anfang des Lebens ist die Geburt; dieses ist aber nicht der Anfang des Lebens der Seele, sondern des Menschen. Das Ende des Lebens ist der Tod; dieses ist aber nicht das Ende des Lebens der Seele, sondern des Menschen. Geburt, Leben und Tod sind also nur Zustände der Seele." .... „Mithin bleibt die Substanz, wenngleich der Körper vergeht; und also muß auch die Substanz dagewesen sein, als der Körper entstand." .... „Das Leben bei dem Menschen ist zwiefach: das tierische und das geistige Leben. Das tierische Leben ist das Leben des Menschen als Mensch; und hierzu ist der Körper nötig, daß der Mensch lebe. Das andere Leben ist das geistige Leben, wo die Seele, unabhängig vom Körper, dieselben Aktus des Lebens auszuüben kontinuieren muß."

Wie man sieht, enthält Kants Seelenlehre alle nötigen Bestandteile. Er lehrt, daß die Seele im Unbewußten liegt, und die Gleichzeitigkeit der beiden Personen unseres Subjekts; er lehrt Präexistenz und Unsterblichkeit. Unbekümmert darum hat die spätere Psychologie nur wieder die eine Person unseres Wesens erforscht, die mit der Geburt beginnt und mit dem Tode endigt, und so erklärt es sich, daß wir schließlich beim Materialismus anlangten.

Kant war sich aber auch darüber klar, daß die Geheimwissenschaften es sind, auf welchen die Seelenlehre aufgebaut werden muß. Darum eben trat er mit einem Geisterseher, mit Swedenborg, in Verbindung, was allerdings nicht ganz zu seiner Zufriedenheit ausfiel. Wir aber, bei ungleich reichhaltigerem Thatsachenmaterial, können die Seelenlehre im Sinne Kants restituieren.

Zuvor aber müssen wir uns darüber klar werden, was die Wissenschaft gegen die alte Seelenlehre einzuwenden hat, welche Fehler also in der neuen zu vermeiden sind. Die alte Seelenlehre ist dualistisch, sie unterscheidet im Menschen den sterblichen Leib und die unsterbliche Seele, ohne deren Verbindung erklären zu können. Die moderne Wissenschaft verlangt aber eine monistische Erklärung des Menschen. Darin hat sie Recht.

Die alte Seelenlehre sucht die Seele im Selbstbewußtsein, worin doch nachweisbar nur solche geistige Funktionen sich finden, die an ein körperliches Organ, die Sinne und das Gehirn, gebunden sind. Indem nun die berechtigte monistische Anforderung angewendet wurde auf eine am unrechten Orte gesuchte Seele, war der Materialismus nicht zu vermeiden. Einen Monismus des Menschen stellt man nämlich allerdings her, wenn man die an das Gehirn gebundene Geistesthätigkeit zur Funktion des Gehirns macht. Ein Monismus wäre aber auch dann hergestellt, wenn es gelänge, den Körper und den körperlich bedingten Geist, statt sie auseinander abzuleiten, aus einem gemeinschaftlichen Dritten abzuleiten. Wir nun, die wir ohnehin bereits eingesehen haben, daß die Seele nicht in den bewußtgeistigen Funktionen liegt, sondern im Unbewußten, besitzen eben an diesem Unbewußten dieses gemeinschaftliche Dritte, und eine solche Seelenlehre ist monistisch.

Um aber der an sie gestellten Anforderung ganz gerecht zu werden, muß die monistische Seelenlehre eine Seele nachweisen können, deren Verbindung mit einem Körper erklärbar ist, wobei also der Körper das

Produkt der Seele ist. Mit anderen Worten: es muß eine organisierende Fähigkeit der Seele nachgewiesen werden, vermöge welcher sie einen Körper zu bilden vermag. Nehmen wir diese Anforderung als erledigt an — sie soll sogleich berücksichtigt werden — so wäre damit das Unbewußte noch immer nicht in eine Seele verwandelt, sondern erst in einen blind organisierenden Willen. Diese Blindheit und bloße Willensnatur des Unbewußten wäre erst dann beseitigt, wenn ihm auch ein Vorstellen und Denken zugesprochen werden könnte, aber wohlgemerkt, ein solches Vorstellen und Denken, welches nicht zusammenfällt mit dem körperlich bedingten Vorstellen und Denken, sondern vom Körper ganz unabhängig ist. Das Unbewußte muß also nicht bloß organisierend, sondern so organisierend sein, daß es einen mit einem Erkenntnisapparat, Gehirn, versehenen Körper zu bilden vermag. Nehmen wir auch diese Anforderung als erledigt an — auch sie soll gleich berücksichtigt werden —, sind wir dann bei der Seele angelangt? Hat sich dann das Unbewußte in eine Seele verwandelt?

Noch immer nicht. Vielmehr haben wir noch immer bloß den Schritt von Schopenhauer zu Hartmann gethan, bei welchem das Unbewußte nicht mehr blind ist, sondern organisiert und vorstellt, aber mit der Weltsubstanz zusammenfällt. Es ist also nur der Materialismus überwunden und der blinde Pantheismus Schopenhauers, aber nicht der Pantheismus.

Eine mit Recht sich so nennende „Seelenlehre" muß nicht nur einen metaphysischen Wesenskern im Menschen nachweisen — wie Schopenhauer und Hartmann —, sondern eine metaphysische Individualität der Seele. Genügten wir auch dieser Anforderung — und auch das soll geschehen — erst dann hätten wir eine eigentliche Seele. Sie würde im Unbewußten liegen; aber weil sie die Vorstellungsfähigkeit hätte, wäre sie nicht selber unbewußt, sondern bloß für den irdischen Menschen ungewußt, dem Gehirn-Bewußtsein unzugänglich. Eine solche, an sich bewußte Seele verwandelt sich also in ein Subjekt.

Um nun aber dieses Subjekt vor der Verwechslung mit der Person des sinnlichen Bewußtseins zu schützen, um also zu betonen, daß diese Seele nicht in der Bewußtseinsanalyse zu finden ist und daß sie, wenngleich an sich bewußt, doch von unserer irdischen Person ungewußt ist, habe ich dieses Subjekt das transcendentale Subjekt genannt. Das hat mir nun manchen Vorwurf eingetragen, hauptsächlich von Solchen, die weder Kant, noch die Geheimwissenschaften kennen. Aber auch ein Kritiker, welcher Kantische Philosophie vom Katheder herab doziert, warf mir Mißbrauch der Kantischen Terminologie vor. Ich verweise ihn hiermit auf die „Kritik der reinen Vernunft", wo sich der Ausdruck „transcendentales" Subjekt dreimal findet[1]) und worunter Kant dasselbe versteht, was er sonst in zahlreichen Stellen das „intelligible" oder auch das „absolute"[2]) Subjekt nennt.

---

[1]) Kant: Kritik der reinen Vernunft. 296. 402. 499. (Kehrbach).
[2]) Kant: Prolegomena. § 46.

Das innere Wort.

Von

Johannes Bernhardt.[1])

Man redet heutzutage so viel vom innern Worte Gottes. Ist denn außer der heiligen Schrift oder der Bibel noch ein anderes Wort Gottes?

Ja, es ist außer der heiligen Schrift noch ein anderes und näheres Wort Gottes, so man das innere Wort nennet.

2. Hat denn solches innere Wort Gottes auch Grund?

Ja, Grundes genug in der heiligen Schrift selbst und in der Erfahrung.

3. Wie soll ich das verstehen?

Also, daß die ganze heilige Schrift aus dem inneren Worte geflossen und, eigentlich davon zu reden, nichts anders als ein Ausdruck des innern Wortes Gottes ist. Denn was solches lebendige Wort in den Propheten und Aposteln innerlich gesprochen, das haben diese äußerlich geprediget und aufgezeichnet, woraus dann die heilige Schrift oder das sogenannte Bibel-Buch entstanden ist.[2])

4. Haben nur die Propheten dieses innere Wort gehabt?

Obschon die Propheten, als außerordentliche Zeugen Gottes, freilich einen näheren Zugang zu Gott und demnach dieses Wort in einem höheren Grade und mehrern Ein- und Ausfluß gehabt, so hat es doch auch andern

---

1) Der Verfasser lebte 1661 bis 1720. Dieser Aufsatz ist ein Auszug aus seiner Schrift „Kurze und gründliche Unterweisung vom Innern Worte Gottes, um der Einfältigen willen in Frag und Antwort gestellet von Einem Liebhaber Desselbigen (I. Aufl. 1711, II. Aufl. 1712, III Aufl. 1726). — Die inneren Erlebnisse, von denen hier die Rede ist, werden fast ganz übereinstimmend von allen Mystikern aller Zeiten und aller Kulturvölker geschildert. Man könnte dies „praktischen Ideal-Naturalismus" nennen, denn es handelt sich hier nur darum, die ideale Natur im Menschen zu erwecken und zur Geltung zu bringen. Das innere Wort ist wesentlich nichts anderes als das, was man gewöhnlich „das Gewissen" nennt; es kann sich aber so entwickeln, daß es deutlich vernehmbare Auskunft giebt, nicht nur in allen ethischen Fragen, sondern auch in allen andern Lebenslagen, die für den Fragenden selbst oder für seine „Nächsten" von eingreifender Wichtigkeit sind. Dies „innere Wort" im Menschen ist der in ihm werdende und wachsende „Gott" oder, richtiger gesagt, der „Christus", d. h. das Einswerden im Geiste mit der Gottheit.

2) 1. Petri 1, 10. 11. 19—21; 2. Tim. 3, 16; Tit. 1, 3.

frommen und gottgetreuen Seelen daran nicht gefehlet, die es gewissermaßen Alle auch zu Propheten und Gottesfreunden gemacht hat.[1])

5. Hat denn dieses innere Wort auch im neuen Testamente fortgewähret?

Da hat es sich erst recht völlig in den heiligen Menschen hervorgethan, nachdem das Wort selbst Mensch worden.[2])

6. Vielleicht hat es sich aber nach der Apostelgeschichte Kap. 2 nur im Anfang des neuen Testamentes bei den apostolischen Zeugen Jesu Christi so sonderlich hervorgethan?

Nein, sondern auch bei allen wahren und rechtschaffenen Christen folgender Zeiten bis auf den heutigen Tag. Wiewohl freilich auch bei Jeglichem nach seiner Fähigkeit, und nachdem er sich dazu angeschicket hat.[3])

7. Sollten sich wohl noch heutzutage solche Leute finden, die dieses Wort wahrhaftig haben und Gott in sich reden hören?

O ja; und es werden solche meistentheils durch die wider sie ergehende Verfolgung genugsam bezeichnet, wiewohl auch noch manche im Verborgenen sein mögen, so dieser gnädigen An- und Einsprache gewürdiget werden.[4])

8. Was ist denn eigentlich dies innere Wort?

Es ist nichts anderes als eine unmittelbare freundliche Rede Gottes in Christo Jesu durch den heiligen Geist mit seinen Kindern in dem inwendigsten Grunde ihrer Seelen, zu ihrer täglichen Unterweisung und zu ihrem ewigen Heile; davon Tauler insonderheit und, die seines Geistes und Sinnes voll waren, sehr viel erfahren und geschrieben haben.[5])

9. Sind aber nicht auch solche Aussprüche zur Beweisung dieses innern Wortes anzuführen, welche solches allen Menschen zugelegt haben? (Siehe die Fragen 5 u. 6.)

Das innere Wort ist freilich auch in allen Menschen, aber nicht auf einerlei Art und Weise, sondern auf eine andere Art ist es in den noch Unbekehrten, auf eine andere Weise aber in den Gott gehorsamen Herzen.

10. Wie ist es denn in den noch Unbekehrten?

Als ein Richter der Gedanken und Sinne des Herzens, welchen Jedermann auch wider Willen hören muß, und der seinen Richterstuhl insonderheit in dem Gewissen des Menschen aufgeschlagen hat, welches in der That nichts anderes als Gottes richterliche Stimme in der Seele ist.[6])

11. Muß man denn der Stimme Gottes im Gewissen in allem gehorsam sein?

Ja, in allem, soviel man jederzeit kann, wenn man anders der freundlichen Stimme Gottes in sich gewahr werden und dieselbe genießen will, dazu die genaue Beobachtung jener die rechte Vorbereitung ist. (Siehe Fr. 19.)

---

[1]) 5. Mose 8, 3 (Matth. 4, 4); 5. Mose 30, 11—14 (Röm. 10, 6—8); 2. Mose 29, 39; 4. Mose 12, 6—8; 24, 3. 4; 1. Sam. 3, 1. 7. 21; 2. Sam. 23, 1—3; Nehem. 9, 20. 30; Hiob 4, 12; 33, 8; 42, 5; Jes. 50, 4. 5; Amos 3, 7. 8; Weisheit 7, 27.

[2]) Joh. 1, 14; Luc. 17, 20. 21; 1. Kor. 2, 7. 8; Kol. 1, 25.

[3]) Joh. 6, 45 (Jes. 54, 13); 1. Joh. 2, 20. 27; Hebr. 8, 10. 11 (Joel 2, 28. 29).

[4]) Psalm 31, 20. 21.

[5]) Weisheit 7, 21—28. Psalm 73, 25. 26; Luc. 21, 33; Röm. 8, 9; 2. Kor. 13, 5.

[6]) Röm. 2, 15—16; Hebr. 4, 12. 13; 1. Mose 4, 8; Weisheit 4, 20; 12, 1. 2.

12. Wie läßt sich denn das innere Wort in den Gott gehorsamen Seelen hören?

Als eine freundliche Vaterstimme, als ein recht evangelisches Fried- und Freudens-Wort voller Geist, Leben, Liebe, Huld, Gnaden und Seligkeit.[1])

13. Wie offenbart sich aber dieses Wort im Herzen solcher wahren Kinder Gottes?

Das lässet sich durch die Gnade Gottes besser erfahren als aussprechen. Um mit einem Worte aber darauf zu deuten, so gehet es fast damit zu, wie dorten stehet: 2. Kor. 4, 6; 1. Kön. 19, 9—13; Apostelgesch. 2, 1. 2.

14. Ist die Art der Offenbarung dieses Worts in allen Kindern Gottes gleich?

Nein, sondern in dem einen offenbart es sich mit einem stillen und sanften Sausen oder einer lieblichen, Leib und Seele durchdringenden Bewegung, in dem andern mit einem vernehmlichen und durchdringend-kräftigen, aber seiner Art und Herkunft nach unaussprechlichen Wort.[2]) Ja, in einer Person offenbart es sich jetzt so, dann anders, je nachdem die Person dann und wann vor Gott gestellet und seiner Einwirkung und Einsprache fähig und bedürftig ist.[3])

15. Läßt sich solches Wort zu allen Zeiten, und so oft man es begehret, hören?

Was die vernehmliche Stimme desselben anbelanget, so höret man solche eben nicht immerfort, am allerwenigsten, so man es etwa auch aus geistlicher Eigenliebigkeit über alle Kleinigkeiten gerne hätte, sondern mehr in wichtigen Angelegenheiten und in großen Leibes- und besonders Seelen-Nöten, darin es sich gemeiniglich bei gutwilligen Herzen das erste Mal dergestalten eröffnet. Dabei ist jedoch nicht zu leugnen, daß, je getreuer die Seele diesem innern Worte in allen seinen An- und Einsprüchen wird, und je näher sie Gott in Christo Jesu und seiner heiligen Nachfolge kommt, je mehr und öfter sie dasselbe auch in sich zu hören gewürdigt werde.[4])

16. Läßt sich solches auch zur Nachtzeit hören und vernehmen?

Ja, und zwar wohl am allermeisten[5]): Denn ob es schon an sich allezeit bereit ist, sich zu unserer Unterweisung in uns und von uns hören zu lassen, auch sich des Tags über in den Seinigen, so oft es ihnen besonders nötig, auf ihr demütiges und ernstliches Bitten und Begehren offenbaret, so eröffnet es sich doch am liebsten und am meisten dann, wenn alle Sinne und Affekte schweigen und in stiller Aufmerksamkeit mit einander einwärts in den Grund der Seele gekehret sind, was aber, wie es die Erfahrung lehret, bei der ohnehin stillen und geschlossenen Nacht viel füglicher als am offenen und alles gleichsam eröffnenden und vor die Sinne legenden Tag geschehen mag; wie denn auch ein einsamer und abgeschiedener Ort, insonderheit im Anfang, vieles dazu beiträgt.

17. So sollte es denn noch besser im Schlaf selbst geschehen können?

Da geschiehet es auch wohl bei denen, die dem Herrn ihren Schlaf in Wahrheit heiligen und in demselben auch ihr Herz zu ihm wachen

---

[1]) Matth. 5, 2. 22; Joh. 5, 39; 4, 5—26; 6, 63; 14, 15. 16; 17 ganz; 20, 11—29; 21, 4—19; Offenb. Kap. 2 und 3 ganz.

[2]) 2. Kor. 12, 1—4; Offenb. 1, 1—10. — [3]) Gal. 1, 12. 16.

[4]) Joh. 14, 15—23. — [5]) Weisheit 18, 14—16.

lassen; wie denn Wachsamkeit und innerste Aufmerksamkeit hierbei allerdings von nöten ist.[1])

18. Wie kann man aber gewiß und versichert sein, daß es wahrhaftig das Wort des lebendigen Gottes sei, was man hört?

So wie die Propheten und Apostel des göttlichen Worts in ihnen gewiß waren, so gewiß man der An- und Einsprache seines eigenen Gewissens in sich ist und sein kann, ja so gewiß ein Kind Gottes der Erhörung seines Gebets, der Innewohnung Christi und des Zeugnisses des heiligen Geistes von seiner Kindschaft und so ferner in sich ist: so gewiß kann man auch dessen in sich sein und bleiben. Denn es bezeuget und rechtfertiget sich selbst in den Herzen derjenigen, die es hören, gegen alle Ein- und Widersprüche der Vernunft und falschen bösen Geister, dergestalten, daß man getrost und freudig auch diesfalls mit Paulo sagen kann: Ich weiß, an wen ich glaube rc. 2. Tim. 1, 12.

19. Wie kommt man denn zu Anhörung dieses innern Worts, oder wie hat man sich dazu vorzubereiten und anzuschicken, daß man solches in sich hören und vernehmen möge?

Die beste und bewährteste Vorbereitung dazu ist, daß man zuvörderst seinem eigenen gottgeregten Gewissen in allem, was es uns ratet oder verbietet, getreulich und fleißig nachkommet.[2]) Darnach gehöret insonderheit dazu: 1) Verleugnung und Ablegung der Liebe des Irdischen.[3]) 2) Keuschheit und Mäßigkeit in allen Dingen.[4]) 3) Rechtschaffene Munterkeit und Wachsamkeit.[5]) 4) Unverdrossene Auswartung der Gott gelegenen Zeit und Offenbarungsstunde.[6]) 5) Am allermeisten aber ein ernstlich und unablässig inneres Gebet, welches jedoch mehr mit einem steten, stillen und gelassenen Seufzen, Hungern und Dürsten nach dieser Gnade, als mit vielen auch innerlichen Worten, und großer Wirksamkeit geschehen muß.[7])

20. Wie hat man sich aber äußerlich in Stellung oder Regierung seines Leibes dazu anzuschicken?

Anfangs ist es sehr gut, wenn man sich zu dem Ende in's Verborgene niedersetzet[8]) oder kniet[9]) oder leget[10]), je nachdem es ein jegliches zu Einsammlung und Beruhigung seiner Sinne am besten bei sich befindet; dabei man sich aber vor Schläfrigkeit und fremden Bildern und Gedanken wohl zu verwahren und dagegen ernstlich zu kämpfen hat.[11])

21. Wie hat man seine innerlichen Sinne und Gedanken dabei zu regieren? Hat man sie etwa in allerhand aufsteigende Betrachtungen von Gott und göttlichen Dingen zu führen, und also mehr in dem Haupt als in dem Herzen dabei zu wirken?

Zu einiger Vorbereitung können endlich solcherlei gute Betrachtungen wohl dienlich sein[12]), je näher man aber dem Gehör des innern Wortes

---

1) Hiob 33, 16—30. — 2) Luc. 14, 10—12. — 3) Luc. 14, 33.
4) Weish. 1, 4—7; Luc. 21, 34; Röm. 13, 11—14.
5) Psalm 37, 8. 9; Luc. 12, 35. 36.
6) Psalm 25, 5; Kap. 27, 14; Jes. 40, 31; Jak. 5, 7. 8.
7) Psalm 42, 2. 3; Weish. 9 ganz; Sir. 51, 18; Luc. 11, 9—13.
8) 5. Mos. 33, 3; Luc. 10, 39. — 9) 4. Mos. 24, 4; Psalm 95, 6.
10) Psalm 63, 7; 119, 5. — 11) Sir. 23, 2. 4; Esr. 14, 14. — 12) Sir. 6, 37.

kommen will, je mehr muß man seine auch innerliche Sinnen gefangen nehmen und zusammen halten [1]) und damit sich mit tiefster auch innerlicher Beugung und Demütigung in den Grund des Herzens versenken, als in welches sich das Wort sonderlich einsäet, einschreibet und ausspricht [2]), welches mit seiner magnetischen Glaubenskraft und Begierde dasselbige, wie ein hungriges oder durstiges Kind die süße Milch seiner Mutter aus deren Liebesbrüsten, an und in sich ziehet [3]), und aus dem auch unser Wort aufsteiget und geboren wird. [4])

22. Wenn man aber über alle solche Bezeugungen dennoch nichts vernimmt, wie hat man solches anzusehen?

Ist dein Herz und deine Bezeugung rechtschaffen, auch deine Angelegenheit von sonderlicher Wichtigkeit, so wird sich das Wort des Herrn gewiß in dir eröffnen, es sei nun mit einer deutlichen Stimme, oder mit heilsamen Gedanken, oder mit heiligen Bewegungen, je nachdem es ihm dermal gefällig und dir verträglich ist. Dabei hast du dich aber ja zu hüten, daß du dir nicht selbsten nach deinem eigenen Willen und Gefallen eine „göttliche" Antwort bildest, oder von einem fremden und falschen Geist einbilden lässest. Solltest du aber ja durchaus nichts vernehmen, so prüfe dich, ob nicht noch eine verborgene Schuld und Hindernis an dir sei und du noch eine heimlich herrschende Sünde in und an dir habest, die dich und deinen Gott von einander scheidet, welche du denn alsobald durch herzgründliche Demütigung, Bekenntnis und Buße abzuthun hast. [5]) Und ob auch dieses nicht wäre, oder auch darüber nichts erfolgen sollte, so werde dennoch nur nicht müde, dich stets zu ihm einzuwenden, er wird sich dir schon zu rechter Zeit mit seinem Wort der Gnade und der Liebe in deinem Inwendigen offenbaren. [6])

23. Du sagst: man soll sich hüten, daß man sich nicht eine göttliche Antwort von dem eigenen oder einem fremden Geist einbilden lasse; wie kann man denn dies von der Stimme Gottes in sich unterscheiden?

Die Stimme des eigenen Geistes giebt sich genugsam zu erkennen, indem sie gemeiniglich aus ungeduldiger Eigenliebigkeit von uns selbst in unsern Sinnen gestaltet und ausgedrückt wird, und das Herz unvergnügt lässet. [7])

Was aber die Stimme eines Feindes anlangt, er mag sich auch verstellen, wie immer er will, so ergeht doch solche niemals (wie die Stimme Gottes) in dem Grund des Herzens (in der eigentlichen Wohnung Gottes), sondern nur in der Vorkammer der Sinnlichkeit. Zudem ist sie kalt, ungeschmack und unkräftig; da hingegen die Stimme Gottes voller Macht, Kraft und Nachdruck ist. Jene lässet überdies das Herz allezeit leer, finster, trocken, dürre, hart, rauh, ungeschlacht und ungebessert; da hin-

---

[1]) 2. Kor. 10, 5; Phil. 4, 7. — [2]) Jer. 31, 33; Matth. 13, 19.
[3]) 5. Mos. 11, 18; Psalm 131, 2. — [4]) Hiob 8, 10; Matth. 12, 34.35.
[5]) Jes. 1, 12—18; Offenb. 3, 14—19. Siehe aber auch Psalm 22, 2—6.
[6]) Psalm 25, 5; 34, 6; 11 ganz; 42, 12; Habak. 2, 1. 4; Sir. 6, 18—37. Auch: Sprüche 2, 3—6; Hohel. 5, 1—4; Röm. 8, 26, 27.
[7]) Ezech. 13, 2—6; Kol. 2, 18; Sir. 34, 5.

gegen die Stimme Gottes jederzeit einen gnädigen Regen und Segen zur wahrhaftigen und täglichen Besserung und Erquickung desselben mit sich bringt oder nach sich zieht.[1]) Und ob jene schon auch zuweilen eine Lust und Ergötzlichkeit mit sich zu führen scheinet, so ist es doch nur ein Blendwerk und Kitzel der Phantasie, oder auch des subtilen Fleisches, oder eigenen Geist, womit dieser, wenn man ihm ja aus Übereilung und Unvorsichtigkeit einigen Platz giebt, nachgehends nichts als Unlust, Bitterkeit und Betrübnis erwecket. Demnach kann man solche falsche Stimme noch wohl von der Stimme Gottes unterscheiden, wenn man diese nur jemals wahrhaftig in sich gehöret und gefühlet hat.[2])

24. Ist es aber genug, daß man das Wort des Herrn also in sich höre, und darf man es dabei bewenden lassen?

Nein, sondern man muß demjenigen, was man von demselben zu seiner Unterweisung und so ferner gehört hat, auch getreulich und mit großem Fleiß nachkommen, (will man anders dieser Gnade nicht wiederum verlustig werden) und darinnen beständig fortfahren[3]), welches den gottliebenden Seelen um so viel leichter ist, nachdem dies Wort insonderheit alle dazu nötige Kraft in sich führet und mit sich bringt.[4])

25. Was hat man denn davon, wenn man dieses Wort also in sich höret?

All das Gute, was die ganze heilige Schrift und insonderheit der 19. und 119. Psalm (der von diesem innern Wort vornehmlich handelt) von dem Worte und Gesetze Gottes ausspricht, und was die Sprüche Salomo, das Buch der Weisheit und der weise Sirach von der göttlichen Weisheit, als dem Ausquell dieses Wortes, zeugen.[5]) Du magst sein, in welchem Stande, Alter oder Anliegen du immer willst, so wird dich solches allezeit an- und unterweisen, was du thun und unterlassen sollst, und dich lehren und führen, wie es dir dann und nun am nötigsten und seligsten ist und sein wird.

In dem Regentenstand wird es dich lehren, die besten Verfassungen in deinem Ort und Land zu machen und zu unterhalten, auch alle zweifelhafte Rechts- und Gerichtsfälle auf das beste und gründlichste zu unterscheiden.[6])

In dem Lehrstand wird es dich gelehrter machen denn alle deine Lehrer, es wird dir ohne deine sinnliche Mühe und Überlegung sagen und in den Mund geben, was du jetzt und nun zu heilsamer Überzeugung dieser oder jener Seelen reden sollst; ja es wird dich auch lehren, alle Geister recht gründlich und unbetrüglich zu prüfen und zu unterscheiden, und so ferner, und also einen wahrhaftigen Propheten, Priester und Gottesfreund aus dir machen.[7])

---

[1]) Psalm 68, 10; Offenb. 3, 20. — [2]) Joh. 8, 42—47; 1. Joh. 4, 1—6.

[3]) Jak. 1, 21—25; Joh. 7, 37; Kap. 8, 31. 32; Kap. 15, 4—7.

[4]) Joh. 6, 63; Phil. 4, 13.

[5]) Sprüche 3, 13—26; Kap. 8 ganz; Weisheit 6, 13 bis Kap. (7, 8, 9 u.) 10 ganz; Sir. 4, 12 bis Kap. 6, 18—37; Kap. 14, 21; Kap. 15, 1—10; Kap. 24 ganz; Kap. 51, 18; 5. Mos. 4, 33. 36; Kap. 5, 24; Baruch 3, 20 ꝛc.

[6]) Sprüche 8, 14—16; 1. Kön. 3, 16.

[7]) Psalm 119, 99; Sir. 39, 1; Matth. 10, 19. 20; Joh. 7, 38.

In dem Hausstand oder gemeinen Leben wird es dich lehren, dein Weib, Kinder und Gesinde göttlich zu regieren, deine Haus- und Feldgeschäfte auf das beste und dergestalten anzuordnen, daß sie dir an dem steten Umgang mit Gott und also an dem Geistlichen und Ewigen kein Hindernis seien.[1])

In Summa: es wird dich in guten und gesunden Tagen lehren, allenthalben und bei allem vor, in und mit Gott zu wandeln[2]), in kranken und Leidens-Tagen aber alles mit Geduld und demütiger Gelassenheit zu ertragen[3]), ja, auch endlich in der letzten Todesnot die sterbliche Hütte wohlgemut und mit Freuden abzulegen, und in deinen ewigen Ursprung wieder frei und siegreich einzugehen.[4])

Dieses alles, und noch mehr, als sich mit Menschen- oder Engels-Zungen aussprechen läßt, hat man von diesem Wort und also wahrhaftig einen Vorschmack des ewigen Lebens, da eine selige Seele Gott lauterlich und auf das allertrauteste und vollkommenste in sich sehen und hören wird.[5])

26. Warum ist denn dieses Wort sowohl vor altens als auch bis dahero[6]) noch so unbekannt geblieben?

Weil der arme gefallene Mensch, nachdem er sich einmal von dem lebendigen Gott und dessen wahrhaftigem Wort in sich ab- und auf die Kreatur hinaus gewandt, lieber alles mit Erweiterung seiner Sinnen außer sich, als mit Verleugnung, An- und Einziehung derselben sein Heil in sich hat wieder suchen wollen. Dazu dann die gleichgesinnten blinden und verführerischen Lehrer und Leiter viel geholfen, welche das arme Volk immerhin getrost auf das Äußere gewiesen[7]), und diejenigen, so auf das inwendige Wort und Kraftwesen in der That und Wahrheit gedrungen, verketzert und verfolgt haben[8]), bis endlich wegen der großen und immer steigenden Bosheit und Undankbarkeit dieses innere Wort den meisten Menschen verdecket und entzogen, und sie bis auf diese nunmehr aufgehende Gnadenzeit in ihrer Blindheit gelassen worden, außer etlich Wenigen und Einfältigen, welche den Herrn noch immer im Verborgenen gesuchet, und denen er sich dann auch bisher besagter Maßen von Zeit zu Zeiten geoffenbaret hat.[9])

27. Hebet aber dieses innere Wort das äußere Wort der Schrift nicht auf?

Durchaus nicht, sondern es richtet es vielmehr auf, indem eines mit dem andern harmonieren und überein kommen muß[10]), gleichwie eines aus dem andern, und zwar dieses aus jenem, geflossen.[11])

28. Was hat denn dieses innere Wort an sich für Vorzug vor dem äußern?

---

[1]) Hiob 29 ganz; Weisheit 7, 16—21; Sir. 14, 21—27.
[2]) 1. Mos. 17, 1. — [3]) Hiob 1, 21; Kap. 2, 10; Weish. 10 ganz.
[4]) Weish. 9, 13—19; Luc. 2, 25—32. — [5]) 1. Joh. 3, 1. 2; 1. Kor. 15, 28.
[6]) Laut der vielen und schweren Klagen Psalm 74, 9; Hos. 4, 2; Jes. 55, 10. 11; Psalm 14, 1—3; 53, 2—4; Röm. 3, 10. 18; Jerem. 10, 21; Joh. 8, 37. 38.
[7]) Jer. 7, 3. 4; Kap. 8, 8; Matth. 15, 1—20.
[8]) Jer. 26, 7; Kap. 43, 2; Weish. 2, 12.
[9]) Psalm 25, 14; Matth. 11, 25; 1. Kor. 1, 26. — [10]) 1. Joh. 1, 1—4.
[11]) 2. Tim. 3, 16. Daher fördert auch das innere Wort nur das Lehramt: Röm. 15, 18; 2. Kor. 3, 17.

So viel die Quelle Vorzug vor dem Bächlein, die Seele Vorzug vor dem Leibe, ja in gewissem Maße, so viel der Geist Vorzug vor dem Fleisch oder Buchstaben an und für sich selbsten hat[1]), so viel das evangelische Wort der Gnaden Vorzug hat vor dem Wort des Gesetzes[2]), und so viel derjenige, so mit eigenen Augen siehet, Vorzug hat vor demjenigen, der mit fremden Augen siehet.[3])

29. Kann man solches Wort, nachdem man es ein- und andermal gehöret, auch wieder verlieren?

Ja, wenn man dessen getreuer An- und Unterweisung nicht von Herzen gehorsam wird; wiewohl es sich auch aus andern (zur Frage 22) gemeldeten Ursachen eine Zeit lang verbergen und zurückziehen kann.

30. Kann man aber auch wiederum dazu kommen, wenn man es einmal verloren hat?

Ja, wenn man sich nur nicht selbst brandmalet und gefühllos machet und seinem noch je und je ergehenden Anklopfen in dem Gewissen nicht mutwillig widerstrebet, sondern sich in wahrer Herzensbuße und obangezeigter Ordnung (Fr. 19) bald, weil es noch heute heißet[4]), wieder zu ihm kehret und einwendet.[5])

---

[1]) Joh. 5, 37—40; Kap. 6, 63, mit 2. Kor. 3, 16 zusammen gehalten.
[2]) Hebr. 12, 18—25.
[3]) Joh. 3, 11. 32; Kap. 4, 39—42; Kap. 5, 37—44; Kap. 7, 37—39; 1. Kor. 2, 1—5; Jer. 23, 22.
[4]) Psalm 95, 8. — [5]) Offenb. 3, 19. 20.

Schutz.

Von

Menelos.

Hast du ein rechtes Leid,
Verhüll' dich in Geduld;
Das ist ein feines Kleid,
Und macht dich los der Schuld.
Sei du der Rose Bild
Mitten im Dornenhag –
Die Dornen sind der Schild,
Der sie beschützen mag!

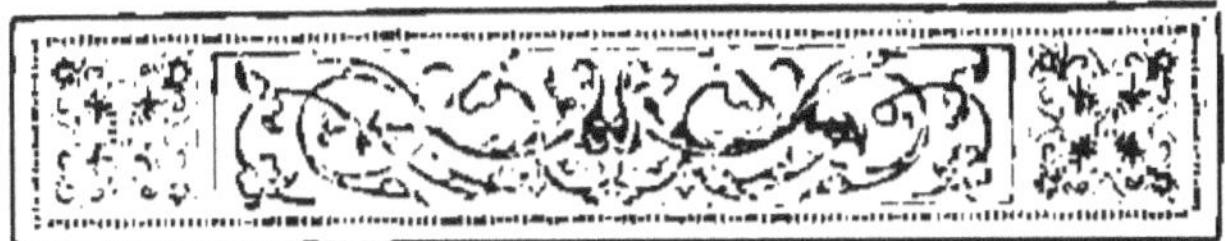

Du sollst nicht töten!

Ästhetische Rücksichtslosigkeiten.

Von

Ernst Hallier.

Wir leben in einer sonderbaren Zeit! Täglich hört man unser Zeitalter rühmen als dasjenige der Humanität und der feineren Bildung, und täglich ist man Zeuge der unmenschlichsten Grausamkeit gegen unsere Mitgeschöpfe. Die Zahl derjenigen ist keine geringe, welche die Jagd nicht ansehen als ein unvermeidliches Handwerk, ähnlich dem Metzgerhandwerk oder dem Kriegshandwerk, sondern als einen Sport und ein Vergnügen! Unbegreiflich! Sicherlich wird doch niemand behaupten wollen, daß das Metzgerhandwerk empfänglicher mache für Bildung des Gemütes, und daß der Soldat mit menschlicheren Gesinnungen aus dem Kriege zurückkehre. Und wie kann es bei der Jagd wohl besser sein, wo man nicht einmal im offenen, ehrlichen Kampf einem Feinde gegenüber steht, sondern mit feigen, hinterlistigen Schußwaffen aus sicherem Hinterhalt die meist völlig harmlosen Tiere bekämpft, die man nicht ohne die Hülfe der Hunde zu erbeuten vermag.

Gerecht waltet die Weltordnung über dem Menschengeschlecht!

Der Mensch klagt über die Verwüstungen der Nonne, des Kiefernspinners, der Wurzelmaus, der Feldmaus und zahlloser anderer Geschöpfe. Aber das fällt ihm nicht bei, den eigentlichen Urheber dieser zahllosen Kalamitäten, nämlich sich selbst, anzuklagen.

Was hat denn der Nonne so große Gewalt gegeben, als das Wegschießen und Wegfangen des Kukuks, der Stare und zahlreicher anderer Vogelarten! Wer ist denn Schuld an der Vermehrung der Wurzelmaus als der Mensch, welcher die Füchse, die Wiesel und andere nützliche Tiere ausrottet! Warum vermehren sich die Feldmäuse in so unglaublichen Zahlen, als weil man die Bussarde und alle größeren Raubvögel, ja selbst die Raben, Dohlen und Krähen wegschießt! Man sucht mit unsäglicher Mühe und mit großen Kosten über die Borkenkäfer Herr zu werden, nachdem man ihnen durch die Vernichtung der verschiedenen Spechtarten und der Spechtmeise den Weg zu so ungeheurem Überhandnehmen gebnet hat.

„Du sollst nicht töten!“

„Sprich, wie werd' ich die Sperlinge los?" so fragte der Gärtner,
„Und die Raupen dazu, ferner das Käfergeschlecht,
„Maulwurf, Erdfloh, Wespe, die Würmer, das Teufelsgezüchte?" —
„„Laß sie nur alle, so frißt Einer den Andern auf.""

Das ist ein treffendes Wort des großen Dichters.

Unglaubliches vollbringt der Mensch in seinem Wahn! Wenn ein Jäger auf seiner Laufbahn 50 Adler geschossen und auf diese Weise den König der Lüfte ausgerottet hat, so wird er nicht nur gefeiert vom blinden Volk, sondern auch von Organen wie die Gartenlaube, welche der europäischen Kultur vorauszuschreiten wähnen! Glaubt doch selbst ein Referent einer der besten Zeitungen[1]) bei Gelegenheit einer Besprechung von Hippels Arbeit über „die Tierquälerei in der Strafgesetzgebung" den heiligen Hubertus in Schutz nehmen zu müssen!

Was nützen denn die Tierschutzvereine, wenn sie nicht Front machen gegen die gefährlichsten Tierquälereiveranstaltungen, gegen die Jagd, wie sie jetzt betrieben wird, gegen das Vogelhalten, gegen die Menagerien, Tiergärten und andere Arten, die Tiere zum Sport des Volkes zu mißbrauchen, gegen die Abrichtung und Dressur der Tiere für Volkstheater und Volksgärten, gegen Wettrennen von Pferden und Hunden, gegen Hahnenkämpfe, gegen das Halten von Luxushunden und Hauskatzen, gegen die Abgeschmacktheit der Frauen, sich Vogelflügel oder ganze ausgestopfte Vögel auf den Hut zu setzen und gegen unzählige andere Dinge, die mit Grausamkeiten verknüpft sind.

Es giebt kein einziges Tier, welches nicht für diejenige Gegend, in welcher es lebt, im Haushalt der Natur, also auch im Haushalt des Menschen, von einigem Nutzen wäre. Das gänzliche Ausrotten der Adler in Gebirgsgegenden ist von sehr zweifelhaftem Wert, um von der Vernichtung der Eulen und der kleineren Raubvögel gar nicht zu reden. Auf dem herrlichen Rundgemälde von Berninger, welches das alte Memphis in Ägypten zur Zeit des Auszuges der Kinder Israel darstellt, schweben hoch oben über dem Palast des Pharao große Vögel. Es sind Lämmergeier, in den großen Stromgebieten heißer Erdstriche überaus nützlich durch Beseitigung der Tierleichen. Ihre Vernichtung hat in solchen Gegenden den Ausbruch ansteckender Krankheiten zur Folge. Während des vorigen Winters hätte das gefallene Wild zahlreichen Aasvögeln zur Nahrung dienen können, statt faulend die Luft zu verpesten. Bei den Pilgerfahrten der Islambekenner nach Mekka kommt häufig die Pest oder eine andere ansteckende Krankheit zum Ausbruch, welcher viele tausende von Pilgern zum Opfer fallen. Hätte man die Hyänen, die Schakals und andere nützliche Tiere geschont, so wäre dieser Übelstand entweder gar nicht vorhanden oder er würde wenigstens einen weit milderen Charakter zeigen, denn jene Krankheitsherde entstehen durch das massenhaft sich anhäufende gefallene Vieh. Die Bewohner von Kaschmir sind sehr erzürnt auf die Europäer, weil dieselben ihnen die Tiger wegschießen, welche dem zu großen Überhandnehmen der

---

[1]) Allgemeine Zeitung. München 1891 Nr. 218. Beilage Nr. 183 vom 8. August.

wilden Rinderherden Einhalt thun. Ähnliche Übelstände wie bei Mekka, wenn auch in kleinerem Maßstabe, herrschen in der Nähe aller größeren Städte. Wo eine Krankheit oder irgend ein anderes verheerendes Unheil die Menschheit befällt, da kann man in der überwiegenden Mehrheit der Fälle überzeugt sein, daß der Mensch selbst durch sein blindes Eingreifen in das Gleichgewicht des Naturlebens das Verderben heraufbeschworen hat.

Dafür zunächst ein Beispiel. Die Stubenfliege ist sicherlich ein wichtiges Glied im Haushalt der Natur, denn sie gehört zu den Aasvertilgern. Da sie ihre Eier in faulende Substanzen legt, so werden diese von den ausgebrochenen Larven verzehrt. Aber diese nützliche Rolle kann sie nur im Freien spielen. Im Zimmer, in der menschlichen Wohnung sollte man sich vor den Fliegen hüten wie vor der Pest, denn da sie sich auf alle faulenden Massen setzen, so tragen sie die Keime von zum Teil ganz entsetzlichen durch Bakterien hervorgerufenen menschlichen Krankheiten mit sich umher und setzen sie auf die Speisen, ja auf den Menschen selbst ab. Wenn man bedenkt, auf was für Substanzen sich die Fliege überall niederläßt, so muß man zugeben, daß sie in einer menschlichen Wohnung das ekelhafteste aller Ungeziefer ist. Mit Recht sagt Dr. Karl Francke in seinem soeben erschienenen vortrefflichen Werk,[1]) daß die Abwesenheit der Fliegen während der wärmeren Jahreszeit in der Wohnung eines Menschen ein zuverlässiges Prüfungsmittel für seine Reinlichkeitsliebe sei. Freilich ist die Vertilgung von Fliegen nicht leicht, denn, namentlich auf dem Lande in der Nähe von Stallungen und Düngerhaufen kommen täglich neue Scharen zum Fenster herein, wie denn Goethe sagt:

Tausend Fliegen hatt' ich am Abend erschlagen;
Doch weckte mich eine beim frühsten Tagen.

Man soll daher der Stubenfliege den Krieg erklären überall, wo man sie antrifft. Dazu hege man die insektenfressenden Vögel, d. h. man hege alle Vögel, denn auch die Körnerfresser bringen ihren Jungen Insektenlarven, Blattläuse und Würmer. Der beste Vertilger der Fliegen ist aber nächst dem Fliegenschnäpper die Schwalbe. Dieser in so mannigfacher Weise nützliche, zutrauliche Vogel ist ein wahrer Freund des Menschen. Eine Schwalbe zu töten oder ein Schwalbennest auszunehmen, wäre geradezu Frevel. Zu meiner großen Freude habe ich gesehen, wie in manchen Ortschaften die Schwalbe gewissermaßen Haustier geworden ist, indem sie frei aus- und einfliegt, auch im Hause nistet.

Ein ausgezeichneter Fliegenvertilger unter den Insekten ist als solcher wenig bekannt: ich meine die gewöhnliche Wespe, vor der die meisten Menschen eine so thörichte Furcht an den Tag legen. Im August v. J. hatte ich eine große Freude in Starnberg (Oberbayern) im Gasthaus zu den sieben Quellen an einem jungen Ehepaar, welches gerade beim Mittagsmahl saß und die Wespen mit kleingeschnittenem Fleische fütterte. Namentlich eine Wespe kam immer wieder, um neuen Vorrat zu holen. Die guten Leute hatten nicht die geringste Furcht vor dem Stich der Wespen und mit vollem Recht, denn keine Wespe sticht, wenn sie nicht vorher

[1]) Die menschliche Zelle. Leipzig 1891, S. 610.

gereizt worden ist. Daß in dem nahen Bernried während des vergangenen Sommers die Wespen sehr bösartig geworden sind und bisweilen Menschen gestochen haben, kann man den Tierchen wahrlich nicht verdenken; denn böse Buben hatten ihnen mutwillig sämtliche Nester zerstört. Ich wäre froh, wenn ich Wespennester in meiner Behausung hätte, denn ich bin wiederholt Zeuge davon gewesen, was für ausgezeichnete Fliegenvertilger die Wespen sind.

Die Wespe erhascht ihre Opfer im Fluge. Hat sie eine Fliege erhascht, so setzt sie sich mit ihr an eine Fensterscheibe, verzehrt das Genießbare und läßt das Ungenießbare zu Boden fallen. Also man fürchte sich nicht vor den Wespen, sondern halte sich ruhig, schlage nicht nach ihnen, sondern lasse sie gewähren; dann wird man nicht gestochen werden.

Freilich giebt es Leute, welche der Natur in solcher Roheit gegenüberstehen, daß sie alles Lebendige töten. So traf ich zu Anfang des Sommers ein gut gekleidetes Ehepaar mit einem etwa 10jährigen Mädchen. Ein schöner Goldkäfer lief über den Weg. Statt nun das Kind über die Schönheit, den zweckmäßigen Bau und die Nützlichkeit des Käfers zu belehren, feuerten die „lieben" Eltern dasselbe an, das harmlose Tier zu zertreten. Diesem Unfug zu steuern, kam ich zu spät; aber ich konnte mich nicht enthalten, in Gegenwart der Eltern dem Kinde zuzurufen: „Schämst du dich denn gar nicht, ein Geschöpf Gottes zu töten, welches dir nicht das Geringste zu Leide gethan hat?"

Im bayerischen Hof in Starnberg fütterte ich die Sperlinge, diese äußerst nützlichen, vielfach verkannten Vögel. Ein Bube von etwa 12 Jahren, Sohn begüterter Eltern, welche dort im Gasthof wohnten, schoß auf meine Gastfreunde mit einem Teschin. Und Leute, die ihre Kinder zu solchen Roheiten erziehen, wollen noch klagen über Verschlechterung ihrer Dienstboten und über Verwilderung des Volkes!

Die Jagd, wie sie gegenwärtig betrieben wird, gereicht dem Menschen wie der ganzen Natur zum Verderben. Wo hört man z. B. in Tirol noch einen Singvogel? Alles ist öde und still in den Waldungen. Vom Professor bis zum Hirtenbuben läuft alles hinaus und schießt, legt Leimruten und tötet alles, was in den Weg kommt. Und was gab ein Herr, der sich zu den Gebildeten zählt, mir zur Antwort, als ich ihm über diese Zustände mein Bedauern ausdrückte? „Ja, wir müssen doch zeigen, daß wir die Herren der Schöpfung sind!" O thörichte Einfalt! Hat Gott seine Geschöpfe dazu erschaffen, daß der Mensch seine Roheit an ihnen ausübe und sie vernichte?

Es giebt leider noch viele Leute, welche die Jagd für einen noblen Sport halten. Bei rohen Jägervölkern ist das der Fall, und das Mittelalter hatte von jenen diese Ansicht aufgenommen. Sollen wir denn in unserer angeblich so hohen Kultur die rohesten Auswüchse mittelalterlichen Lebens fortpflanzen? Die edelsten Naturen haben sich von jeher gegen die Jagd ausgesprochen; so, um nur einige zu nennen: Schiller in dem Gedicht „Der Gemsjäger"; Friedrich Theodor Vischer, der große Ästhetiker, welcher ein ausgezeichneter Scheibenschütze war, aber niemals auf ein Tier geschossen hat; ferner Hieronymus Lorm, welcher sagt:[1]) „Wer sich nicht schämt, kein Talent zum modernen Kavalier zu haben, der mag ohne Scheu eingestehen, daß die Jagd, als Vergnügen betrachtet, etwas Unmenschliches und Barbarisches sei, und daß er nicht einsehen könne, weshalb sie als Notwendigkeit nicht wie das Schlachten des Rindviehs und der Schweine ausschließlich denjenigen überlassen wird, die dafür eingelernt und bezahlt sind. Kann der Unterschied des Mordwerkzeuges in der That ein Vergnügen begründen? Ich las von einem tapferen französischen Offizier, der die blutigsten Gefechte in Afrika mitgemacht und im Laufe von zwanzig Jahren selten einen Tag hatte, an dem er sich nicht mit Säbel und Flinte gegen Araber hätte wehren müssen. Und derselbe Offizier fand es unbegreiflich, grausam, abscheulich, auf einen angstzitternden Hirsch zu schießen, den wehrlosen Auerhahn zu beschleichen, ein flüchtiges Häschen um seines armen Lebens willen zu verfolgen."

Ich bin mit diesem berühmten Schriftsteller vollkommen einverstanden: Die Jagd darf nicht verpachtet werden, sondern man muß sie auf die handwerksmäßigen, von der Regierung anzustellenden Jäger beschränken. Es ist unglaublich, was die Jagdpächter für Unfug anrichten! Einst hatten sich in den Sachsensümpfen in Thüringen in der Nähe von Jena einige Paare Kibitze niedergelassen. Leichtlich konnten sich diese schönen Vögel an der für sie günstigen Örtlichkeit einnisten und vermehren und der Gegend nicht nur einen neuen Naturzweig, sondern auch einen beträchtlichen Nutzen gewähren. Was aber hatte ein Sonntagsjäger, ein Friseur Namens Hahn zu thun? Er ging eiligst mit der Flinte hinaus und vernichtete die junge Ansiedelung. Ein Landwirt, Namens Helmbold, den ich fragte, weshalb er denn die für die dortige Gegend so nützlichen Krähen wegschieße, gab mir die überzeugende und geistreiche Antwort: „Daß sie wegkommen". An den südlichen Alpenseen, am Gardasee und am Lago maggiore haben sich im vorigen Sommer seltene südliche Vögel gezeigt; sogar Flamingos sollen gesehen worden sein. Statt nun abzuwarten, ob diese Vögel sich zur Zierde der ganzen Gegend ansiedeln würden, ist man hinausgezogen mit Mordgewehren, zu Wasser und zu Lande und hat die interessanten Gastfreunde gemordet. Oder wäre es kein Mord, wenn jemand, der nicht den geringsten Beruf dazu hat, dessen Handwerk es nicht ist, ein harmloses Geschöpf aus dem Hinterhalt tötet?

Eine große Zierde unsrer Meeresufer und inländischen Seengebiete sind die Möwen. Wie traurig, wenn man die Leichen dieser Vögel, die wohl von kleinen Fischen sich nähren, aber zumeist von solchen, welche für den Menschen ungenießbar sind, in Blumenläden, Putzläden oder gar auf Gräbern oder bei kirchlichen Feierlichkeiten in ausgestopftem Zustande sieht, — um der geschmacklosen und gefühllosen oder gedankenlosen Damen nicht zu gedenken, welche die Flügel oder auch wohl die ganzen Vögel auf ihren Hüten tragen! Solche Damen werden oft im Geschmack von

---

[1]) Der Naturgenuß, S. 111.

ihren Dienstmädchen beschämt. Als einst eine Professorsgattin in Jena sich mit sehr aufgedonnertem Kopfputz ins Theater begab, rief von der Galerie aus ein Dienstmädchen im thüringischen Dialekt dem andern zu: „Gucke, gucke, Ricke, die hat 'n ganzen Garten uf'n Koppe!"

Die Jagdfrage wird wohl gleichzeitig mit der Forstfrage ihre Lösung finden. Die Verstaatlichung des gesamten Forst- und Jagdwesens kann nur noch eine Frage der Zeit sein. Sollte ihre Lösung aber noch lange hinausgeschoben werden, so steht zu befürchten, daß der Mensch mit der gänzlichen Ausrottung der Vögel und der Säugetiere bereits vorher wird fertig geworden sein.

Mindestens ebenso grausam wie die Jagd ist das Gefangenhalten der Vögel im Käfig. Die wenigsten Leute denken daran, welche unerhörte Grausamkeit sie begehen, wenn sie diese freiesten Geschöpfe aus ihrem herrlichen Element herausnehmen und sie in enge Gefängnisse sperren. Am allermeisten trifft das die heimischen Vögel. Der Kanarienvogel ist seit Jahrhunderten bei uns gefangen gehalten und gezüchtet, er hat daher das Freiheitsgefühl vielleicht bis auf eine schwache Ahnung verloren. Wenn man aber einen heimischen Vogel seiner Freiheit beraubt, so ist das ebenso grausam, als wenn man einen Menschen an der Kette im dumpfen Gefängnis festschmiedet.

Im Frühjahr v. J. zog ich von München nach Schwabing hinaus. Dort freute ich mich, der Natur näher zu sein, früh schon zwischen zwei und drei Uhr den Jubelgesang der aufsteigenden Lerchen, später das süße Gezwitscher der Schwalben zu hören. Aber wie ward mir die Freude versalzen, wenn ich rohe Menschen hinausziehen sah auf das Wiesenfeld, ausgerüstet mit Leimruten und abgerichteten Lockvögeln, um bei der ersten Dämmerung des Morgens die liebliche Lerche wegzufangen, in demselben Augenblick, wo sie emporsteigen wollte, um mit Jubel das neue Licht zu begrüßen und dem Schöpfer zu danken.

Gleich in den ersten Tagen hörte ich zu meinem Entzücken den Schlag zweier Nachtigallen. Aber wie war ich enttäuscht, als ich bemerkte, daß dieselben bei einem meiner Nachbarn im engen auf dem Balkon hangenden Käfig eingesperrt waren und daß ihr Gesang nur ein Klagelied war über den Verlust ihrer Freiheit!

Wer es über sich gewinnt, heimische Vögel gefangen zu halten, und zwar meistens noch obendrein in Sonderhaft, der ist sicherlich kein wahrer Naturfreund, sondern er denkt nur an sich und an seinen augenblicklichen Sinnenkitzel. Ein Gartenbesitzer aber, der selbst auf kleinem Raum möglichst viele Nistkästchen und künstliche Nester für die heimische Vogelwelt anbringt, zeigt dadurch ein warmes Herz für Gottes Geschöpfe und bereitet sich selbst einen unversiegbaren Quell der reinsten Freuden. Ähnliche Freuden aber kann sich im kleinen jeder Mensch bereiten, wenn er auch nur über ein einziges kleines Dachfenster zu verfügen hätte, denn fast alle Speisereste unseres Haushalts dienen den Vögeln zur Nahrung. Auf diesen Punkt komme ich später noch zurück.

Gehen wir nun zunächst zu anderen Tieren über. Das Halten von

Luxushunden sollte unter allen Umständen erschwert werden. Der Hund ist einer der treuesten Gefährten des Menschen. Der Hund gehört aber nur dem Metzger, dem Jäger, dem Besitzer eines einsamen Gehöftes, dem Schäfer rc.

Durch das Halten eines Luxushundes begeht man nicht nur ein Unrecht gegen sich und seine Familie, sondern gegen die gesamte Einwohnerschaft. Wir wollen ganz davon absehen, daß manche Hunde bissig sind, daß sogar manches Menschenleben den Hunden zum Opfer fällt. Auch von der Hundswut wollen wir hier nicht weiter reden. Aber jeder Hund trägt im Innern seines Körpers eine ganze Anzahl der ekelhaftesten Parasiten umher, häufig außerdem noch andere auf der äußeren Haut. Niemals sollte man sich von einem Hunde lecken lassen, wenn man nicht Gefahr laufen will, den abscheulichsten Krankheiten ausgesetzt zu werden. Der Hund beherbergt allein drei verschiedene Arten von Bandwürmern, welche durch seine Zunge auf den Menschen übertragbar sind. Die Zahl der bösartigen Krankheiten, welche vom Hund auf den Menschen übergehen können, ist ausnehmend groß. Wer sich darüber belehren will, der lese die Schriften des Professors Zürn in Leipzig, welcher eine ganze Reihe von Artikeln veröffentlicht hat unter dem Titel: „Wider den Hund“.

Wer es nun nicht vermeiden kann, Hunde zu halten, der gebe ihnen wenigstens Gelegenheit, ihrem Naturtriebe zu folgen, sonst verfallen sie in dieselben Laster wie der Mensch, wie wir das ja leider zum größten Skandal täglich in den Städten an öffentlichen Orten sehen können.

Ein dringendes Bedürfnis wäre eine hohe Steuer auf das Halten von Katzen. Wir wollen davon absehen, daß die Katze ein Raubtier ist, welches besonders da, wo kleine Kinder im Hause sind, schon manches Unheil angerichtet hat. Ganz unglaublich aber ist die Anzahl der Vögel, welche alljährlich von den Katzen gemordet werden. Als Mäusefänger ist die Katze nur selten unentbehrlich. Eine gute, sauber gehaltene Falle thut dieselben Dienste mit größerer Sicherheit.

Für die Vereine gegen Tierquälerei giebt es unendlich viel zu thun. Die Tierwelt ist doch wahrlich von Gott nicht geschaffen zum Sport und zum Vergnügen des Menschen, sondern um ihrer selbst willen. Tierquälerei sind aber alle Wettrennen von Pferden, Hunden und anderen Tieren; — der Hahnenkämpfe, Stierkämpfe und ähnlichen Unfugs gar nicht zu gedenken. Nicht minder ist es Tierquälerei, wenn Tiere abgerichtet werden, um in Volksgärten und Tingeltangeln zur Belustigung des Publikums zu dienen. Die Zuschauer lachen über die Produktionen, ohne daran zu denken, welchen furchtbaren Schindereien und Qualen die armen Geschöpfe ausgesetzt werden, bevor sie irgend ein Kunststück erlernen, welches doch von äußerst geringem didaktischem Wert ist. Nur zu oft sind solche Schaustellungen dazu angethan, rohe Menschen in ihrer Gefühllosigkeit gegen die Tiere zu bestärken.

Auch die Menagerien sind wahre Tierquälerانstalten. Man lernt kaum etwas in ihnen, im Gegenteil bekommt man durch sie völlig falsche Vorstellungen vom Tierleben. So z. B. sind nach den Beobachtungen von Pechuel-Lösche und anderen berühmten Reisenden die sogenannten reißenden Tiere in der Wildnis gar nicht so gefährlich, wie die Tierbändiger und Jäger uns glauben machen wollen. Sperrt man aber ein Tier in einen Käfig, bringt es in ein ungewohntes, für dasselbe gefährliches Klima und setzt es allen möglichen Mißhandlungen aus, dann muß es ja toll werden. Bei solcher Behandlung fällt auch der Mensch in Raserei.

Mit den zoologischen Gärten steht es nicht viel besser als mit den Menagerieen. Man sollte nur solche Tiere halten, denen man ihre volle Freiheit gewähren kann. Die meisten Zoologen sind einig darüber, daß in einem solchen Garten gar wenig zu lernen ist. Eine gute Abbildung mit einer korrekten biologischen Schilderung ist weit lehrreicher. Die zoologischen Gärten werden ja auch fast immer gemißbraucht als Volksgärten mit Bier- und Weinkneipen, Biermusik, Feuerwerk u. dgl. Gottes Geschöpfe sind aber zu edel, um zu ihrer Qual dem Publikum als Belustigungsmittel zu dienen.

Aber auch das Ausstopfen der Tiere für zoologische Sammlungen und Museen ist im ganzen von keinem hohen Wert. Etwas ganz anderes ist es mit Skeletten und Spirituspräparaten. Kinder sollte man durchaus von der Jagd auf Käfer und Schmetterlinge zurückhalten. Durch solche Dinge werden sie nur zur Grausamkeit und zur Mißachtung der Natur angeleitet. Ein Knabe, welcher wirkliches Interesse für die Insektenwelt hat, wird in jeder Schulsammlung oder in einem Museum Gelegenheit haben, seine Formenkenntnisse zu bereichern. Die Hauptsache ist und bleibt die Beobachtung der Tiere im Freien, welche um so lehrreicher ausfallen wird, je weniger man die Geschöpfe in ihren Lebensverrichtungen stört.

Nur auf diese Weise wird der wahre Naturfreund seine Lust an der heimischen Tierwelt haben und sie studieren. Wie schöne Beobachtungen macht ein jeder, wenn er auch nur die Sperlinge füttert! Wie rührend ist es anzusehen, wenn die kaum flügge gewordenen Jungen von ihren Eltern gefüttert werden! Einst hatte sich ein junger weiblicher Sperling durch die obere Fensterklappe in eines meiner Zimmer verflogen. Ängstlich flatterte er hin und her. Vorsichtig öffnete ich das ganze Fenster. Sofort setzte sich das Sperlingsweibchen auf das Fensterbrett. Es war aber noch zu zaghaft, um den Flug ins Freie zu wagen, vielmehr schaute es sich nach allen Seiten um und ließ seinen Klageruf erschallen, immer lauter und ängstlicher. Endlich antwortete das Männchen von seinem gegenüberliegenden Dach aus. Sogleich kam es auch geflogen, berührte sein liebes Weibchen mit dem Schnabel und flog zum Neste; das Weibchen natürlich gleich hinterdrein.

Ähnliche Beobachtungen kann man fast täglich machen. — Wenn man die Tiere friedlich beobachtete, statt sie zu quälen und zu morden, so würde die Biologie längst eine hoch entwickelte Wissenschaft sein. Möchte jeder dahin streben, daß die Menschheit wieder wie in uralten Zeiten mit der Tierwelt in Frieden lebe!

Der wahrste Freund.

Dem Leben nacherzählt,

von

M. von Saint-Roche.

Einer jener grauen, bleischwerem Novembertage lag über der Hauptstadt, in deren farblosem Lichte alles trüber erscheint, und die des Menschen Herz wie in traumhaften Bann legen, als sollte es den Winterschlaf beginnen, wie Mutter Natur.

Auch in das trauliche Mädchenzimmer lugte zwischen dem Epheu, der das Fenster umrankte, nur ein Stück farbloser Himmel herein; kein einziger, goldner Strahl der Lebenspenderin hauchte Licht, Wärme, Hoffnung über das junge, geknickte Menschenkind, das regungslos auf den Knieen lag, das totblasse Antlitz auf den gerungenen Händen ruhend, die am nächststehenden Stuhl unwillkürlich einen Stützpunkt gesucht hatten, als der ungeahnte Schlag den Körper und nahezu das Herz gebrochen hatte.

Sie war nicht ohnmächtig; die Natur hatte dem jungen, gesunden Mädchen die momentane Wohlthat, die kurze Frist des Vergessens versagt. — Man klopfte oft an ihre Zimmerthüre, man rief ihren Namen, — sie hörte es nicht.

Neben der Herrin lag ein weißer, großer Seidenpudel und sah mit seinen schwarzen, ausdrucksvollen Augen unverrückt auf sie; leise wimmerte das gute Tier von Zeit zu Zeit, dann trat es noch näher und leckte sanft die Hände der Regungslosen.

Doch heute sah und hörte Luise ihren Liebling nicht; die Außenwelt war ihr entschwunden, in ein Chaos für sie versunken; die Welt ihres Herzens aber, so voll treuester Liebe und reinen, süßen Vertrauens für den Einzig- und Erstgeliebten, — die war zertrümmert zu dieser Stunde.

Sich jäh erhebend drückte sie die Hände an die pochenden Schläfen; war sie wahnsinnig? war's ein Traum? oder doch schreckliche Wahrheit?!

Thränenlos, brennend, weit geöffnet starrten die großen Augen in das Weite und fielen dann auf mehrere Bögen eng beschriebenen, blauen Briefpapieres, das, halb verstreut, umher lag.

Ein Wehlaut entrang sich der Brust; sie raffte die Papiere auf und den zarten Körper schüttelte ein Zittern; dann preßte die Ärmste sein letztes Liebeszeichen an das Herz.

Er, er hatte es ja selbst geschrieben, ihr Walter! Dem ihr Leben, ihr Lieben, ihr Glauben und Hoffen gehörte. Welch eine Welt des Schmerzes und der Angst hatte sie um ihn gelitten, seit er im August von ihr geschieden, um mit dem deutschen Heere gegen Frankreich zu ziehen! Wie war jeder Pulsschlag ein Gebet, Gott möge ihn beschützen, ihn ihr zurückführen, damit sie ihr ganzes fürderes Leben ihm als treuliebendes Weib angehören könne, — immer wieder mußte sie den Dolch in die tödliche Wunde stoßen, immer wieder mußten ihre Augen über die Zeilen fliegen:

„Er wolle sie nicht unglücklich machen," — ein schauerliches Lachen entfuhr der gequälten Leserin bei diesen Worten — „er habe eingesehen, daß ohne die genügende Vermögensbasis keine Ehe glücklich werden könne, und er gebe ihr ihr Wort zurück, sie solle ihm verzeihen! In diesen großen Tagen des Heldentums wolle er seinem eignen Herzen gegenüber kein Feigling sein; aber er bitte sie, ihr Freund bleiben zu dürfen" — ein verblichenes Veilchensträußchen fiel aus den Blättern, das schickte er ihr als letztes Liebeszeichen, als Abschied.

Verblaßt, welk — duftlos, — tot — wie ihr Leben, wie ihre Liebe. Sie warf das Haupt zurück und vergrub die Finger in dem wallenden, aschblonden, lockigen Haar; Nacht außen — Nacht innen — gepflückt — und verworfen.

Ein irres Lächeln glitt über die totblassen Züge, — sie nahm mit rascher Gebärde einen naheliegenden Hut, lauschte einen Augenblick, und eilte dann pfeilschnell hinaus, die Treppen hinab, in fliegender Hast durch die belebten Straßen, immer weiter, immer weiter, bis sie an den großen Waldgarten kam, der an die Stadt grenzte.

Sie sah nicht, wie sich die Vorübergehenden nach der Gestalt im schlichten schwarzen Kleide mit den wehenden Locken umwandten; sie hörte keine der Bemerkungen, als sie vorbeihastete; sie fühlte nicht den eiskalten Regen, der immer stärker, immer dichter herniederzurieseln begann — sie strebte nur einem Ziele zu, sie hatte nur einen Gedanken mehr.

Die Erde hatte nicht länger Raum für sie; sie glaubte an der Stirne das Brandmal der an ihr verübten, schmachvollen Untreue zu tragen, — alles ging unter in dem Gedanken daran, — Glaube, Eltern, — Gottvertrauen!

Als endlose Wüste, als unermeßliche Leere lag das Leben vor ihr, — Walter hatte ihr alles genommen. Sie fühlte nur mehr, daß sie ewiges Vergessen, ewige Ruhe suchte.

So irrte das arme Wesen weiter; ohne mit dem äußern Aug' zu suchen, ohne zu schauen, fand sie instinktmäßig den Weg, den Ort ihres Begehrens.

Durch die fahlgelben Wiesen des großen Parkes, die keine Blume mehr schmückte, rauschte in graubraunen Wellen der tiefe Mühlbach, der im Sommer die Landschaft so lieblich belebte, wenn seine Ufer lebendig grünten und die Vögel im Gebüsch sangen und zwitscherten.

Dicht daneben stand der alte, knorrige, große Weidenbaum; der Blitz hatte ihn gespalten und düster reckte er nun seine kahlen Äste in die naßkalte, neblige Luft. Unter ihm stand Luise einen Augenblick still; nochmals preßte sie die Hand mit dem Briefe an das Herz und küßte nun zum letztenmal die grausamen, todbringenden Zeilen.

Keine Seele war weit und breit.

Der Wind strich durch die Äste, daß sie leise rauschten und stöhnten; wie eine leise Stimme kam es von ihnen: „Du unglückseliges Menschenkind, blick auf zu mir! des Herrn Blitze haben mich zerklüftet, Sein Sturm rüttelt an meinem Mark, — aber Seine Hand läßt mich dennoch leben! Seine Macht läßt mich im Lenz neu grünen! Laß dich warnen, kehre um!“

Umnachtet von Schmerz, tot der Hoffnung, hörte Luise die Mahnung nicht. — Nochmals schweifte ihr Blick ringsum, wortlos Abschied nehmend vom Dasein; dann trat sie noch ein paar Schritte vor, — schon bespülten die hochgehenden Wellen ihre Fußspitzen, — sie schloß die Augen, breitete die Arme aus und war daran, sich vornüber zu neigen, da! — ein Ruck, ein stoßweises Zerren nach rückwärts, das vom Saum ihres Kleides ausging; — ihre wankenden Füße mußten dem Retter nachgeben, dessen scharfe Zähne fest in der Kleiderschleppe hafteten. Mit an den Boden gestemmten Füßen, sich mit ganzer Kraft an das Gewand hängend, zerrte und zog das treue Tier sie in schnellen, kurzen Rucken weg vom Uferrand, über den vorbeiführenden Kiesweg, bis auf die Wiese an der andern Seite. Es wallte und wogte vor ihren Augen, sie blickte nicht hinter sich und sank am Rasen vor Todesschwäche in die Kniee. Da erst ließ der Hund das Kleid los; ein freudiges Bellen rief die fast Besinnungslose ins Leben zurück; die Vorderpfoten auf ihre Schulter legend, leckte der Pudel der Herrin eiskalte Wangen, ihre Haare, ihre Hände, sprang eine kurze Strecke weg, um sie in fröhlichen Sätzen zu umkreisen, um sich dann nach seiner treuen Heldenthat sanft und demütig vor ihr niederzulegen, das aufmerksame Auge nicht von ihr wendend, ihre leiseste Bewegung beobachtend.

Der Hut des Mädchens war zu Boden gefallen und der Nordsturm fuhr durch die regenfeuchten Locken. Wie nach schwerem Traum strich sie mit der Hand über die Stirne, dann senkte sie das Haupt, es in das seidenweiche Haar des edlen Tieres drückend. Unbemerkt, unbeachtet war ihr der kluge Pudel gefolgt, war nicht von ihrer Ferse gewichen am vermeintlich letzten, schwersten Gange ihres Lebens, ihr ein *wahrer* Freund.

In krampfhaftem Schluchzen hob und senkte sich Luisens Brust, — endlich erleichterten Thränen ihr bis zur Verzweiflung gequältes Herz. „Dank Dir, mein treues Tier, Dank Dir!“ flüsterte sie, den schönen Kopf sanft liebkosend.

Noch zuckte und bebte ihre Seele unter der Geißel des irdischen Leides, und doch war ihr, als glätte eine sanfte Hand die Wogen ihres

Innern, als dränge ein mildes Licht ihr bis ins tiefste Herz, sie plötzlich mit einer klaren Erkenntnis erfüllend. Nicht mehr allein, nicht ganz verlassen fühlte sie sich mehr, sondern mit überwältigender Macht überkam es sie, daß sie gewagt hatte, Desjenigen zu vergessen, der die Liebe ist.

Diese Erkenntnis aber rief reuevolle Scham in ihr wach, und in ihrer Hilflosigkeit betete sie wie ein verirrtes Kind: „Vergieb, o Du milder Gott, vergieb mir, was ich thun wollte! Gieb meinem Herzen Kraft, daß ich's ertrage, laß meinem Leben den himmlischen Strahl, der mich rettete in dieser schweren Stunde, daß ich zu Dir finde, mich an Dich halte, an Dich allein! Meinen Schmerz aber, meine Schmach, die wandle Du, o mein Herr, in Segen für ihn! Deine Hand schütze ihn vor dem Kugelregen, Deine Macht erhalte ihn dem Leben, — nicht mir, — denn Dein Wille geschehe, mein Gott, nicht der meine!"

Sie blickte auf; eine schwere Last war von ihr genommen; wie neugeboren rang sich die Seele aus dem Weh empor und in selbstloser Liebe hatte sie Kraft zu opferwilligem Vergeben gefunden.

Ein zitternder Schauer überlief sie bei der Erinnerung an das, was sie noch vor einer Stunde gedacht, gethan; wie Verwunderung kam's über sie, daß ihr verzweifelter Schmerz die Stimme übertönen konnte, die nun so laut in ihrem Innern sprach, so sanft und doch so übermächtig, — das war Gott! — sie kam sich so klein, so schwach und elend vor, — dies Fühlen überwältigte sie.

Noch immer kauerte sie da auf feuchtem Rasen und lauschte dieser Stimme; und nach und nach ward es ruhiger und klarer in ihr. Zwar fühlte sie ihn stets noch, den zuckenden, nagenden Schmerz um den Verlornen, — aber eine andre neue, unendlich beruhigende Gewißheit hatte nun die Oberhand darüber. — Ihn, — Ihn hatte sie nicht verloren, den Ewigen, Unnennbaren! Ihn hatte die Qual ihres Herzens ihr erst recht zugeeignet als unwandelbaren, wahrsten Freund!

Der Tolstoianer.

Eine Entgegnung von

Wilhelm von Saintgeorge.

Mit dem letzten Dezemberheft hat Dr. *Conrad* die Leitung der bis dahin von ihm mit Geist und Umsicht redigierten Monatsschrift „*Die Gesellschaft*" abgegeben. Diesem letzten Hefte hat er wohl kaum mehr seine volle Aufmerksamkeit zugewendet; denn sonst würde er die kleine novellistische Skizze unter obiger Überschrift von *Neuschotz de Jassy*, welche sich in dies Heft eingeschlichen hat, wohl schwerlich ohne einen redaktionellen Eispfahl mit „*Nicht sicher!*" seinen Lesern in den Weg gelegt haben. Verdreht doch diese oberflächliche, nur auf den faden Sinnenkitzel berechnete Szenen-Schilderung in ganz unverständiger Weise die auf das höchste Ideal gerichteten Lehren Tolstois und spricht zugleich den idealen Aufgaben der Dichtkunst Hohn, indem sie die Menschennatur so recht in ihrer alltäglichsten Gewöhnlichkeit zeigt. Auch in der „Sphinx" freilich sollte wohl gelegentlich einmal eine solche Skizze abgedruckt werden, aber doch nur um in einer Nachschrift an den Pranger gestellt und als abschreckendes Beispiel der Journalistik gebrandmarkt zu werden. Möge uns gestattet sein, dieses Versäumnis hier kurz nachzuholen; denn dies geht uns sowie jeden an. Wir haben hier eben Das vor uns, was wir *überwinden* möchten, überwinden *müssen* — jenen Alltags-Realismus, der zuletzt immer zum Schmutz-Naturalismus führt.

In jener Skizze wird ein junger Docent geschildert, der sich für einen Anhänger Tolstois ausgiebt; dabei prahlt er ganz besonders mit dem Irrtum, daß Tolstoi die Enthaltung vom Geschlechtsgenusse als *jetzt* zu verwirklichendes Ideal aufgestellt habe und daß *er* es verwirklichen wolle. Aber eben so schwach wie die Theorien, die er vorträgt, sind auch seine Lebens-Weisheit und -Erfahrung. Er geht mit einer jungen, üppigen und reichen Witwe die Wette ein, daß sie ihn nicht seinen Grundsätzen untreu machen könne. Nichts ist nun dieser in ihn verliebten Dame leichter, als die Wette zu gewinnen; eine kindlich einfache Intrigue genügt, um ihn sich ihr zu Füßen werfen zu machen und um sie werben zu lassen.

Tolstoi selbst wird dabei als ein Schwachkopf hingestellt, der als ein „Siebziger" den Reiz am Geschlechtsgenuß verloren habe, aber auch von jungen Leuten die gleiche Entsagung fordere. Beides ist unrichtig; geht man aber auf die offenbaren Beweggründe solcher Entstellung der Thatsachen ein, dann erscheint diese als mehr denn als ein frivoles Spiel mit Unwahrheiten.

Zunächst also ist Tolstoi kein Siebziger und nichts weniger als ein Greis; er ist jetzt dreiundsechzig Jahre alt und steht in voller Manneskraft. Trotzdem er aber gleichwohl allem geschlechtlichen Umgange entsagt hat, fordert er dies nicht von *denjenigen* jüngeren Leuten, welche dessen noch ihrer wirklichen Natur gemäß bedürfen. Allerdings verlangt er dabei die Einhaltung des geringsten Maßes in der vernunft- und naturgemäßen Befriedigung dieses Triebes und dessen Durchgeistigung von höheren und höchsten idealen Zielen, wie sie wahrer Menschlichkeit geziemt; und zwar fordert er solche naturgetreue und vernunftgemäße Lebensweise von der *jetzigen* Menschheit auch, selbst abgesehen von allen höheren ethischen und ästhetischen Idealen, schon um der Gesundheit und der wahren Lebensfreude willen. Was Tolstoi bekämpft, ist nicht die *Liebe*, auch nicht die *natürliche* Geschlechtsliebe, sondern vielmehr die Unzucht und die Unnatur, welche mit diesem Triebe in und außer der Ehe getrieben wird.

Es mag hier aber wohl nicht überflüssig sein, die Ansichten und Forderungen Tolstois auszüglich zu wiederholen. Am Schlusse des Anhangs zu seiner „Kreutzer-Sonate" sagt er u. a.:

„Zwar hat niemand geradezu den Lehrsatz bestritten, daß man nicht ausschweifen solle vor der Heirat und nicht nach derselben, daß man nicht künstlich die Geburt von Kindern verhindern soll, daß man die Kinder nicht zum Zeitvertreib erziehen und nicht die Liebeshändel (in der Dichtkunst) höher als alles Übrige stellen soll, mit einem Wort, niemand bestreitet, daß Keuschheit besser ist, als Sittenlosigkeit; aber man sagt: „Wenn die Ehelosigkeit besser ist, als die Ehe, so müssen augenscheinlich die Menschen das wählen, was besser ist. Wenn aber die Menschen das thun, so wird das Menschengeschlecht aufhören. Jedoch die Selbstvernichtung kann nicht das Ideal des Menschengeschlechts sein."

.... In dieser Einwendung liegt ein weitverbreiteter alter Irrtum. Man sagt, wenn die Menschen das Ideal vollkommener Keuschheit erreichen, so vernichten sie sich selbst, und darum sei dies Ideal nicht wahr. Diejenigen aber, welche so sprechen, vermischen absichtlich oder unabsichtlich zwei verschiedene Gegenstände, — die Verhaltungsregel oder Vorschrift und das Ideal.

Die Keuschheit ist keine Vorschrift oder Verhaltungsregel, sondern ein Ideal, oder vielmehr eine Vorbedingung dazu.

Aber das Ideal ist nur dann ein Ideal, wenn seine Verwirklichung nur in der Idee, nur in Gedanken möglich ist, wenn es nur in der Unendlichkeit als erreichbar erscheint, und wenn demzufolge die Möglichkeit einer Annäherung an dasselbe endlos ist. Wenn das Ideal erreicht werden könnte, wenn wir uns seine Verwirklichung vorstellen könnten, so würde es aufhören, ein Ideal zu sein.

.... Die ganze Bedeutung des menschlichen Lebens besteht in der Fortbewegung nach der Richtung auf dies Ideal zu. Und darum schließt das Streben nach dem christlichen Ideal in seiner Gesamtheit und nach Keuschheit, als einer der

Vorbedingungen dieses Ideals, nicht nur die Möglichkeit des Lebens nicht aus, sondern im Gegenteil, das *Fehlen* dieses christlichen Ideals würde die Möglichkeit des Fortschritts, und folglich auch des Lebens, vernichten.

. . . .

Auf welcher Stufe ein Mensch auch stehen mag, immer ist für ihn die Möglichkeit vorhanden, sich diesem Ideal zu nähern und andererseits kann es keine Lage für ihn geben, in welcher er sagen könnte, er habe es erreicht und könne nicht mehr nach noch engerer Annäherung streben. — Solcher Art ist das Streben nach dem christlichen Ideal im allgemeinen und ebenso auch das nach Keuschheit im besonderen.

. . . .

Was aber sollen die Menschen thun, wenn sie den Kampf nicht bestanden haben und gefallen sind? Sie sollen ihren Sündenfall nicht als einen erlaubten Genuß ansehen, wie sie ihn jetzt ansehen, wo derselbe durch die Ceremonie der Trauung gerechtfertigt wird, auch nicht als ein gelegentliches Vergnügen, das man mit andern wiederholen kann, und nicht als ein Unglück, wenn der Sündenfall mit einer Niedrigstehenden und ohne Ceremonie erfolgt ist, — sondern man muß diesen ersten Sündenfall als den einzigen ansehen, als den Eintritt in eine *unverbrüchliche Ehe*.

Sollten Eheleute nun etwa durch ihr „Kulturleben" alles Gefühl und Bewußtsein dafür verloren haben, *welches* Verhalten der menschlichen Natur gemäß ist, so können sie dies ausführlich nachlesen in einem „Zweiten Nachworte zur Kreutzer-Sonate," welches Tolstoi in der „Freien Bühne für modernes Leben" (I. Heft 39, Berlin, den 29. Oktober 1890) veröffentlicht hat. Wir übergehen hier diese Einzelheiten. Daß Tolstoi aber sich gar keinen unausführbaren Illusionen hingiebt, geht unzweifelhaft dort aus seiner Bestimmung der Lebensaufgaben des Mannes und des Weibes hervor.

Die Frau — heißt es dort S. 1012 — ist außer der ihr durch ihre ganze Existenz verliehenen Möglichkeit, den Menschen, wie der Mann, zu dienen, durch ihre Organisation unausbleiblich zu jenem Dienste berufen und herangezogen, der allein aus dem Gebiete der Dienste des Mannes ausgeschlossen ist.

Der Dienst für die Menschheit zerfällt von selbst in zwei Teile:

1. die Verbesserung des Wohles der lebenden Menschen,
2. die Fortpflanzung der Menschheit selbst.

Zu dem ersteren sind vorzugsweise die Männer berufen, da denselben die Möglichkeit des anderen Dienstes versagt ist. Zu dem zweiten sind die Frauen berufen, da dieselben ausschließlich dazu befähigt sind.

Diesen Unterschied darf und muß man nicht — es wäre sogar sündhaft (d. h. irrig) — vergessen oder verwischen . . . . .

Nur durch seine *Werke* ist der *Mann* berufen, Gott zu dienen.

Nur durch ihre *Kinder* ist die *Frau* berufen, Gott zu dienen.

Daher wird und muß die Liebe zu ihren Kindern der Frau als Mutter stets eigen sein, eine ausnahmsweise Liebe, gegen welche vernünftig anzukämpfen ganz vergebens ist . . . . . Aber das Gebären, die Ernährung und Erziehung der Kinder wird nur dann der Menschheit nützlich sein, wenn sie nicht einfach Kinder zu ihrer Freude, sondern zu künftigen Dienern der Menschheit erzieht, wenn die Erziehung dieser Kinder im Namen der Wahrheit und zum Wohl der Menschen vollzogen wird, d. h. sie wird die Kinder so erziehen, daß sie die besten Menschen und Arbeiter für andere Menschen werden.

Eine ideale Frau wird nach meiner Ansicht diejenige sein, welche, nachdem sie sich die höchste Lebensanschauung der Zeit, in welcher sie lebt, *angeeignet* hat, sich ihrem Dienste als Frau, dem ihr unüberwindlich eingelegten Berufe hingiebt, eine möglichst große Anzahl von Kindern, welche nach der von ihr angeeigneten Weltanschauung für die Menschheit zu arbeiten befähigt sind, zu gebären, zu nähren und zu erziehen.

. . . .

Und „dabei," sagt ihr, „stirbt das Menschengeschlecht aus?!"

Erstens. Solange wir uns nicht ernstlich bemühen, keinen geschlechtlichen Umgang zu pflegen, wird es immer Kinder geben.

Aber warum denn lügen? Denken wir etwa beim geschlechtlichen Umgange daran, dem Untergange des Menschengeschlechts entgegenzuarbeiten? Oder denken wir nur daran, zu genießen? *Heraus mit der Wahrheit!* Ihr sagt, das Menschengeschlecht wird auf den Aussterbeetat gesetzt. Allerdings, der tierische Mensch. Und ist das etwa ein Unglück? Die antediluvianischen Tiere sind ausgestorben, auch der tierische Mensch wird aussterben — wenn man nach dem Äußeren, nach Raum und Zeit urteilt. Laßt ihn doch aussterben! Ich gräme mich um dieses zweibeinige Tier nicht mehr als um den Ichthyosaurus und dergleichen Getier — wenn nur das *wahrhafte Leben*, die Liebe *der* Wesen, welche der *Liebe fähig* sind, nicht aufhört. Und dieses hört nie und nimmer auf, wenn das Menschengeschlecht sich vermindert, weil es sich *aus Liebe* des *fleischlichen* Genusses enthält; sondern es wird unendlich intensiver werden, ja, es wird sich so steigern, daß ein Fortbestehen des Menschengeschlechtes für die ein wahrhaftes Leben Lebenden nicht mehr nötig sein wird.

Die fleischliche Liebe ist deshalb nur noch notwendig, damit die Möglichkeit bestehe, aus den jetzigen Menschen *solche Wesen zu bilden*.

Das Alles denke ich, ist deutlich genug. — Warum aber zeigt sich nun überall der böse Wille, Tolstoi gerade in diesen Forderungen der Natur mißzuverstehen?

Gegen den bloß theoretischen Asketiker hat fast niemand etwas einzuwenden, weil und insoweit er ideale, phantastische Forderungen stellt, die niemand ernst nimmt oder für ausführbar hält. Nun kommt aber Tolstoi und stellt durchaus keine übertriebenen Anforderungen, sondern vielmehr solche, von denen er sowohl in Theorie, wie Praxis zeigt, daß sie *durchführbar* sind und daß sie sogar der einzige Weg zu einer höheren Kulturstufe sind. Ihre Durchführung erfordert nichts weiter als den festen Willen, solche höhere Entwickelungsstufe zu erstreben und dazu sich möglichst seiner eigenen reinen Natur anzupassen. Das ist denen, die im Schlendrian ihrer Behaglichkeit nicht gestört sein wollen, peinlich. Es erfordert nicht nur, daß man sich darüber unterrichtet, was denn eigentlich die eigene Natur ist, es ist dazu auch ein besonnenes Horchen auf die Stimme der Vernunft erforderlich; nicht nur soll man den Mißbräuchen und der Unnatur entsagen, die das sogenannte Kulturleben in geschlechtlicher Hinsicht jetzt beherrschen, sondern schon um dieses zu ermöglichen, ist eine andere Lebensweise im Essen und Trinken, Arbeiten und Schlafen, Erholung und Geselligkeit von nöten und eine Änderung der herrschenden Gewohnheiten auf fast allen Lebensgebieten. Daß dies Tolstoi nicht allein verlangt, sondern auch zeigt, wie man dies machen muß, und dadurch praktisch auch den einzigen völlig befriedigenden Weg zur Lösung der sozialen Frage weist, das ist all denen, die das Gute und das Bessere nicht wollen, die nur sich und nicht die andern lieben, unbequem. Deshalb bekämpfen sie Tolstoi.

Für die Entstellung der Anschauungen Tolstois ist keine gültige Entschuldigung zu finden, denn sie sind sogar nicht nur in seinen theoretischen Äußerungen klar ausgesprochen, sondern auch von ihm schon dichterisch veranschaulicht. Eine wenigstens annähernde Darstellung seiner Lebensforderung hat Tolstoi in seiner kleinen Erzählung „Wandelt im Lichte" geliefert. Diese empfehlen wir besonders dem Verfasser jener vorerwähnten Skizze nachzulesen und mit dieser seine eigne zu vergleichen. Solche Gegenüberstellung kennzeichnet recht eigentlich den Gegensatz des Real- und des Ideal-Naturalismus.

Der Seelenfalter.

Von

Frank Forster.

Siehst du die Puppe leer am Wege liegen,
So sonnendürr, gleichwie ein morsches Kleid,
Denkst du des Falters wohl, der ihr entstiegen,
Und der Verwandlung in dem Lauf der Zeit.

So auch gedenk', wenn du zu Gräbern schreitest,
Des Seelenfalters, der dem Kleid entstieg:
Nicht Überwundnes sei, was du begleitest,
Dein Sinnen folg' dem Sieger und dem Sieg.

Mehr als die Schulweisheit träumt.

Ein Triumph des Okkultismus.

Als einen solchen darf man doch wohl die Thatsache bezeichnen, daß das „Berliner Tageblatt“, welches zu lesen gewissermaßen Bürgerpflicht jedes Bewohners der Reichshauptstadt ist, in seiner Sonntags-Beilage „Der Zeitgeist“ vom 21. Dezember 1891 „Einen Ausflug ins Geisterreich“ von seinem römischen Korrespondenten Dr. Hans Barth gebracht hat, und zwar nicht etwa gespickt mit Ironie und Ausfällen, wie der z. B. bei den „Münchener Neuesten Nachrichten“ so sehr beliebte: „Ja, die Dummen werden nicht alle“, sondern in Form eines wirklich ernsthaft gehaltenen mediumistischen Sitzungsberichtes. „Der Zeitgeist“ bringt so etwas! Man traut kaum seinen Augen. Fast möchten wir es wagen, diese Thatsache als Zeichen einer wirklichen Wendung des Geistes unserer Zeit aufzufassen. Und dazu sogar noch ohne den üblichen Kommentar seitens der Redaktion, daß sie „natürlich die ganze Verantwortung für diese unerhörten Dinge ihrem Korrespondenten überlassen müsse u. s. w.“

Wir gratulieren der Reichshauptstadt zu einem solchen Tageblatt, dem Tageblatt zu einer solchen Redaktion, der Redaktion zu einem solchen Korrespondenten, und diesem endlich zu einem Medium von solch' ungewöhnlicher Entwickelung, welches ihm Gelegenheit gab, den ersten Schuß in dem nun angebrochenen Kampfe abzufeuern.

Jawohl, den ersten Schuß! Denn jetzt, nachdem sich in Italien die offizielle Wissenschaft frei und offen auf dieses bisher von ihr für eitel Humbug gehaltene Gebiet geworfen hat, und die Thatsachen, als solche, einem Lombroso (siehe dessen Erklärung in der „Sphinx“, Dezember 1891) zum Teil wenigstens, feststehen, wird der heiße Kampf der Erklärer beginnen und der Physiker wird eine physikalische, der Physiologe eine physiologische, der Psychiater eine psychiatrische Erklärung herbeibringen. Und der Okkultist? Ja, der hat als „unwissenschaftlicher Mensch“ nach wie vor zu schweigen und sich in sein Schicksal zu ergeben, von der hehren Wissenschaft wegen seines „kindischen Geredes von Geistererscheinungen Verstorbener“ ausgelacht zu werden.

Nicht alle römischen Korrespondenten deutscher Zeitungen arbeiten für solch' fortschrittlich gesinnte Redaktionen, wie die des „Berliner Tageblattes". Der Bericht des Korrespondenten der Wiener „Neuen freien Presse", welcher an denselben Sitzungen Teil nahm, wurde von der Redaktion dieses Blattes als undruckbar zurückgewiesen. In Wien ist man — scheint es — noch in der Ära des Antispiritismus, für welchen bekanntlich dort hohe Herren eingetreten sind, deren Andenken durch entgegengesetzte Meinungen leicht getrübt werden könnte.

Und nun zu dem Inhalt jener Sitzungs-Berichte. Es sind zwei Sitzungen beschrieben, welche am 19. und 20. November 1891 mit dem Medium Lombrosos, einer kleinen runden Neapolitanerin von etwa 35 Jahren, im Hause des Chevaliers Cloiß in Neapel unter Gegenwart einiger Herren stattfanden.

Zuerst erfolgte genaueste Untersuchung des Sitzungs-Zimmers und der umliegenden Gemächer, dann wurden die Thüren verschlossen. Beleuchtung fand durch eine Hängelampe statt. Der Kreis wurde in üblicher Weise gebildet, die Hände des Mediums festgehalten und seine Füße dadurch kontrolliert, daß die nebensitzenden Herren die ihrigen darauf stellten. Den Lesern dieser Zeitschrift sind diese Sitzungs-Berichte so geläufig, daß wir kurz die Phänomene zusammenstellen können. Für die Herren Psychologen exakt-wissenschaftlicher Observanz haben natürlich solche Sitzungs-Berichte gar keine Beweiskraft, umsoweniger diese, welche von einem einfachen Zeitungs-Korrespondenten ausgehen, der „gar keine Übung im Beobachten solcher Phänomene besitzt, keine Fehlerquellen entdeckt, keine Kontrollversuche anstellt und endlich von Autosuggestion und Hallucination sehr wenig oder gar nichts weiß." Dessen sind wir uns hier vollkommen bewußt. Aber der durch eigene Erfahrung sachverständige Sphinxleser wird dem folgenden Bericht über die erhaltenen Phänomene gleichwohl sein Interesse nicht versagen.

Nachdem sich bei dem Medium Krämpfe eingestellt hatten, fing der in der Mitte des Zimmers befindliche runde Tisch an zu kreiseln, zu rollen und auf eine Höhe von $1^1/_2$ bis 2 Meter emporzuschweben.

Hierauf wurde halbdunkel gemacht und es begann die bekannte Erscheinung der tanzenden Flämmchen. „In jedem Gelenk völlig ausgebildete zarte Hände" fingen an, die Anwesenden am Rücken, an den Schultern u. s. w. zu berühren, laute Klopflaute bis zu der Stärke von Hammerschlägen erfolgten an den Wänden, am Plafond, an den Möbeln; Stöcke, Musikinstrumente u. s. w. flogen in der Luft umher, kurz, es „spukte" im ganzen Zimmer. Wären noch Schinkenknochen und Bratpfannen mit umhergewirbelt, der Spuk von Resau (welcher doch damals von dem nämlichen „Berliner Tageblatt" nur als Schwindel und „Radau" aufgefaßt ward) wäre fertig gewesen," sagt der Berichterstatter Dr. Barth.

Diesem Herrn wurde die Uhr aus der Tasche gezogen, auf den Tisch gelegt, das Zifferblatt plötzlich hell erleuchtet, die Uhr dann nach dem Plafond emporgetragen, dort geräuschvoll aufgezogen, der Deckel geöffnet und geschlossen, und schließlich kam sie wieder unversehrt in den Besitz ihres Herrn zurück.

Jedem Unbefangenen muß es auffallen, daß allemal, wenn es in solchen Sitzungen recht toll zugeht, wie hier, eine „Intelligenz“ genannt wird, die sich den „geschmackvollen“ Namen John King beilegt. Sollte etwa in der transcendentalen Welt das John-King-Spiel ein Vergnügen sein, das dem Blinde-Kuh-Spiel unserer Kinderwelt entspricht? Sieht nicht eine solche Sitzung einem Kinder-Vergnügen ähnlich, wie ein Ei dem andern, wenn — wie es auch hier der Fall, — der ganze Spuk nach den Klängen eines Tambourins in einem gewissen Takt vor sich geht?

Die anwesenden Herren waren denn auch dieses Teiles des gebotenen transcendentalen Programms bald überdrüssig und fingen an „Geister zu citieren“. Ein anwesender deutscher Bankier citierte seine verstorbene, in Neapel begrabene Gattin. Hier hat sich der Berichterstatter, aus begreiflichen Gründen, sehr vorsichtig ausgedrückt, so daß es nicht ganz klar wird, ob eine förmliche Materialisation eintrat, oder nicht. Der Bericht läßt es aber zwischen den Zeilen durchblicken, daß dies der Fall war; er spricht nämlich von einer „Erscheinung, welche auf den Mund des citierenden Herrn zwei für alle vernehmbare Küsse drückte.“

Professor Lombroso, später über dieses Phänomen befragt, glaubt es durch Gedanken-Übertragung und Hallucination erklären zu können. Hoffentlich hat er bald Gelegenheit, dasselbe selbst zu beobachten. Vermutlich wird dann seine Erklärung anders lauten.[1])

Auch der Berichterstatter selbst citierte, und zwar nicht laut in italienischer Sprache, wie jener Herr — worauf eben Lombroso seine Erklärungs-Hypothese gründen konnte —, sondern in Gedanken und in deutscher Sprache. Gleichwohl trat derselbe Erfolg ein.

Einen ganz ähnlichen Verlauf hatte die zweite Sitzung am darauffolgenden Tage. Wir dürfen in der That gespannt sein auf den Fortgang dieser Sitzungen, und namentlich auf die Haltung der italienischen und auswärtigen Gelehrten, welche denselben voraussichtlich anwohnen werden. L. D.

Anmeldung eines Sterbenden.

Ein gewöhnlicher Fall von Telepathie.

Schon bei Gelegenheit meiner Mitteilung einer visionären Anmeldung einer Feuersgefahr erwähnte ich ein Pensionat in Württemberg, wo sich jenes Vorkommnis zutrug. Den Unterricht in der englischen Klasse erteilte eine Engländerin. Dieselbe war, ihres sanften Wesens halber, unser aller Liebling. Da ich sehr große Freude an fremden Sprachen hatte, nahm ich, um rascher vorwärts zu kommen, Privatunterricht neben meinen regelmäßigen Klassenstunden. Zwischen Lehrerin und Schülerin bildete sich, da wir uns gegenseitig sympathisch waren, ein fast freundschaftliches Verhältnis aus. Miß Williams war eine vornehme Erscheinung mit regelmäßigen, edlen Gesichtszügen, und das Wunderbarste an ihr waren ein Paar schwermütige, dunkle Augen, die freudig leuchten zu sehen, ich mein

[1]) Näheres darüber bringen wir im nächsten Hefte. Der Raum im Gegenwärtigen gestattet uns nicht mehr, auch noch auf Lombrosos neueste Auslassung im „Zeitgeist“ vom 25. Januar d. J. einzugehen. (Der Herausgeber.)

besten Können einsetzte. Sie war ihrer Gesundheit wegen nach Deutschland gekommen. Die Luftveränderung hatte aber leider nicht den erwarteten Erfolg; denn von Tag zu Tag wurde Miß Williams Gesichtsfarbe durchsichtiger und blässer. Ein Besuch, den sie von der Heimat bekam, veranlaßte sie, nach England zurückzukehren. Darüber herrschte große Trauer unter den Schülerinnen, und es wurde manche Thräne bei ihrem Abschiede geweint.

Ein halbes Jahr war seitdem verflossen und wir waren ganz ohne Nachricht über ihr Befinden geblieben. Eine neue Lehrerin, welche die Schülerinnen in strenger Entfernung von sich hielt, hatte die Klassen- und Privatstunden ihrer Vorgängerin übernommen. Im Französischen hatte ich ebenfalls noch Extrastunden. Eine solche hatte eben begonnen; und es war etwa fünf Uhr abends, als ich am nächsten Tische vor mir plötzlich Miß Williams sitzen sah, einige Hefte vor sich, und mir wie gewöhnlich freundlich zulächelnd.

„Fehlt ihnen etwas, Mademoiselle?“ fragte mich meine französische Lehrerin, welche inzwischen meine Aufgaben durchgesehen hatte und nun bemerkte, daß ich unbeweglich nach einer Richtung starrte. — „„Wie kommt denn Miß Williams hierher, erwidere ich, sehen Sie, nicht wie freundlich Sie uns winkt!““

„Mademoiselle, sie sind zerstreut, und träumen am hellen Tag; ich bitte mir doch etwas mehr Aufmerksamkeit in der Stunde aus. Übrigens sehe ich absolut nichts; ich bitte Sie mir Ihren Aufsatz selbst noch einmal vorzulesen,“ erwidert die Lehrerin mit Strenge. Gehorsam komme ich diesem Befehle nach; aufblickend aber gewahre ich, wie Miß Williams sich erhebt, mir nochmals glückselig lächelnd zuwinkt, und dann durch das halbgeöffnete Fenster davonschwebt.

Erregt stehe ich auf. „„Entschuldigen Sie, Mademoiselle Renard, ich kann heute meine Stunde nicht zu Ende nehmen, ich fühle mich sehr unwohl.““ Besorgt ob meines bleichen Aussehens, begleitet mich die Lehrerin in den Schlafsaal, und ich legte mich dort völlig erschöpft einige Zeit nieder.

Am andern Tage, als wir Mädchen eben mit dem Essen fertig waren, verlas der Vorsteher ein soeben eingelaufenes Telegramm folgenden Inhaltes: „Gestern Abend verschied nach kurzem Krankenlager Miß Williams, erinnerte sich noch ihrer liebsten Schülerinnen und sendet letzte Grüße! Die beauftragten trauernden Verwandten.“ Tief erschüttert höre ich diese letzte Nachricht, da sie mir ja zu derselben Stunde noch erschienen war. Bedeutsam sah nun meine französische Lehrerin zu mir herüber und drückte mir gleich nachher mit stummer Abbitte die Hand.

Emma Sabell.

Giebt es gute Geister, die uns beschützen?

Erfurt in Thüringen, die Blumenstadt, ist mein Geburtsort. Vor zwanzig Jahren war die Stadt noch durch Festungswerke und Wälle eingeengt; dicht an solchem Festungswall stand die Fabrik meines Vaters, in welcher täglich 300—400 Arbeiter ein- und ausgingen. In früheren Jahrhunderten war das große Hauptgebäude als Kloster erbaut, den Petersmönchen gehörig, diente aber jetzt mit seinen vielen Nebengebäuden, Höfen und Gärten industriellen Zwecken. Mein Vater bewohnte, als er noch unverheiratet war, die Fabrik allein; der Portier hatte eine kleine Amtswohnung, die vom Hauptgebäude durch einen großen Hof getrennt war. Zu dieser Zeit ist meinem Vater ein unaufgeklärtes Erlebnis widerfahren, das er mir wiederholt erzählte.

An einem Winterabend saß er allein in seinem Wohnzimmer, die Fabrikräume und Hauspforten waren sämtlich durch den Portier geschlossen worden, die Arbeiter ihrem Heim zugeeilt, er war in dem großen, weitläufigen Fabrikgebäude das einzige lebende Wesen. — Mein Vater, in seine Lektüre vertieft, wurde plötzlich durch heftiges Klopfen an seine Zimmerthür gestört, stand auf, überzeugte sich aber, daß niemand zu sehen war; und in der Meinung, er habe sich getäuscht, nimmt er seinen Platz wieder ein und seine unterbrochene Beschäftigung wieder auf. Doch nach kaum 10 Minuten klopft es wieder an die Thür und diesmal stärker und heftiger als zuvor. „Es muß also doch jemand mich zu sprechen wünschen," denkt mein Vater; er geht wieder an die Thür, aber zu seinem Erstaunen ist auch dieses mal niemand zu sehen, obgleich er mit dem Licht bis zur Treppe geht und hinabruft: „Ist jemand hier?" Keine Antwort und kein Laut läßt sich hören. Er setzt sich also nochmals nieder; doch lesen kann er nun nicht mehr, die Gedanken beschäftigen sich mit dem Urheber des geheimnisvollen Klopfens, und in der Annahme, es könne sich vielleicht jemand im Haus versteckt halten und seinen Schabernack treiben, denkt er, es sei wohl nötig, das Haus gründlich zu durchsuchen. Dennoch nimmt er nach einigem Zaudern sein Buch wieder zur Hand, da — klopft es zum drittenmal und diesmal so heftig und lange, daß mein Vater rasch aufspringend hofft nun sicher den Störenfried zu erwischen, aber vergebens, auch diesmal ist keine menschliche Spur zu sehen und zu hören! Beunruhigt eilt er nun, nachdem er sein Zimmer geschlossen, zum Portier, und mit Laternen versehen, durchsuchen sie gemeinschaftlich das große Gebäude, vom obersten Boden bis in die Kellerräume, in jeden Winkel spähend; doch es ist alles umsonst, es findet sich nichts, und in der Überzeugung, daß dies „nicht natürlich" zugehen könne, kehren sie von ihrer Wanderung zurück. Doch welch' schauerliches Bild bietet sich nun den entsetzten Blicken beim Öffnen der Zimmerthür! Während seiner Abwesenheit ist der größte Teil der Zimmerdecke herabgestürzt und der Stuhl, auf dem er gesessen, liegt unter Trümmern begraben am Boden. Zweifellos hätte mein Vater hier einen frühen Tod gefunden, wäre er nicht durch das Klopfen veranlaßt worden, das Zimmer zu verlassen.

Wer hatte nun geklopft?

Giebt es gute Geister, die uns beschützen, oder war das Klopfen nur eine innersinnliche Wahrnehmung des Geretteten, dessen eigenes somnambules Bewußtsein ihn schützte? J. [illegible]

Bemerkungen und Besprechungen.

Gabriel Max'

Darstellung der „Seherin von Prevorst".

Professor Gabriel Max hat jüngst wiederum eine „Seherin von Prevorst" vollendet und zwar diesmal „im Hochschlaf" dargestellt. Das mit bekannter Meisterschaft ausgeführte Bild wurde Mitte Januar im Münchener Kunstverein ausgestellt. Man erblickt die Seherin im Bette liegend, mit geschlossenen Augen, die Arme in einer Haltung, welche das sie ganz erfüllende innere Leben andeutet. Vor ihr auf dem Bette liegen Bleistift und Papier; auf dem letzteren sehen wir den uns aus Kerners Tagebuch bekannten „Sonnenkreis" gezeichnet. Hierüber finden wir dort folgende Angaben:

„Am dritten Tage entwarf Frau Hauffe eine Zeichnung von zwei Kreisen. Sie entwarf diese ganze Zeichnung selbst in unglaublich kurzer Zeit, und gebrauchte zu den mehreren hundert Punkten, in die diese Kreise geteilt werden mußten, keinen Zirkel oder sonstiges Instrument. Sie machte das Ganze aus freier Hand und fehlte nicht um einen Punkt. Bei dieser Arbeit kam sie mir wie eine Spinne vor, die auch ohne sichtbares Instrument ihre künstlichen Kreise macht."

Es folgt dann eine ausführliche Darstellung der tiefsinnigen Bedeutung jener Kreise; das Ganze erinnert an die alt-indische Gedankenwelt.

Max äußerte sich: er habe dieses Bild nur deshalb gemalt, weil sich niemand sonst dieser Mühe unterzieht, er es aber für der Mühe wert hält, auch vom Standpunkt der Naturwissenschaft, das Andenken an die merkwürdige Frau Hauffe aufzufrischen.

Das Bild ist aber auch vom Standpunkte des Künstlers, wie des Okkultisten, gleich bedeutsam. Es soll durch Radierung demnächst vervielfältigt und weiteren Kreisen zugänglich gemacht werden.

Dkl.

Leixners Sociale Briefe*)

sind eine lebenswahre, frisch geschriebene Schilderung der Zustände Berlins und der Berliner. Für uns sind sie um so lesenswerter, weil sie von einem Manne her-

*) Dr. Otto von Leixner: „Sociale Briefe aus Berlin", Berlin W, Friedrich Pfeilstücker 1891. Drittes Tausend. 392 S. Preis M. 4. Dem gegenwärtigen Hefte liegt ein Prospekt über dieses Buch bei.

rühren, der einen lebendigen Gottesglauben besitzt und ihn in seinem Buche kräftigst und unverhohlen zum Ausdrucke kommen läßt. Offenbar hat sich der Verfasser redliche Mühe gegeben, von seinen Berlinern möglichst viel Gutes zu sagen, überall die noch vorhandenen guten Seiten hervorzuheben, und doch ist das Gesamtbild, da er auch die schlechten wahrheitsgetreu schildert, wenn er auch dann absichtlich nicht so grell aufträgt, als er es wohl könnte, ein überaus trauriges. Abgewendet von Gott lebt der Berliner, und es ist gleich, in welche Schichten der Bevölkerung man greift, ein ödes, schales, jämmerliches Leben des Strebens nach materiellen Gütern und der Genußsucht feinerer, meist aber allerrohester Art. Die Religion ist aus den Herzen ganz entschwunden oder zum Dogmenglauben und zum Kirchenbesuch aus Schicklichkeit herabgesunken. Wo gute Werke noch geübt werden, da geschieht es meistens nur aus Eitelkeit und selten aus Liebe zum Nächsten. Den Wenigen aber, bei denen nach Leixners Erzählungen sittlicher Halt noch zu finden ist, ruht er auch nicht auf dem unerschütterlichen Grunde festen Gottvertrauens, sondern auf der Resignation. Daher reißt jeder Wellenschlag der materiellen Strömung etliche der noch, aber nur lose verankerten Seelen in das Verderben hinein.

Besonders ausführlich ist Leixner gegenüber der Socialdemokratie. Nur zu wahr ist er, wenn er vom immer rascheren Umsichgreifen der socialdemokratischen Ansichten unter den Arbeitern, die sogar die wenigen noch Andersdenkenden zur Auswanderung in die Provinz zwingen, von der rasch fortschreitenden Verrohung der Jungen und Jüngsten unter ihnen, denen nichts mehr heilig ist und die in der ekelhaftesten Gemeinheit schwelgen, und von dem durch die besten philanthropischen Absichten veranlaßten, aber gänzlich hoffnungslosen Eingreifen Gebildeter in die socialdemokratische Bewegung berichtet. Es wälzt sich in dieser eine Sturmflut der Gemeinheit heran, die nicht bloß, wenn sie zur vollen Herrschaft kommt, die Kultur, sondern auch die Menschheit überhaupt vernichten müßte.

Leixner sucht die Mittel zur Abwehr dieser Gefahr nicht in den sogenannten „geistigen Waffen“, weil er sich sehr richtig sagt, daß Überredung und die besten Gründe versagen müssen, wo in den Köpfen jegliche Fähigkeit, zu überlegen, geschwunden ist und nur die blinden Leidenschaften walten, sondern findet sie in einem starken Staate, der schlimmsten Falles der Gewalt die Gewalt entgegensetzen kann, in einer weitgehendsten socialen Reform, ohne jedoch den Besitz enteignen zu wollen, vor allen Dingen aber (S. 391) „in einer sittlich-religiösen Erneuerung der höheren Schichten, herausgeboren aus dem warmen Gemüt, aus der Erkenntnis des tiefsten Wesens christlichen Geistes.“ Mir scheint aber, daß der Verfasser sich täuscht, wenn er glaubt, daß die höheren Schichten leichter zum wahren, lebendigen Christentume zurückgebracht werden könnten. Leichter wäre das nur insofern, als ihre Zahl geringer ist als die der socialdemokratischen Arbeiter. Sind die Besitzenden aber nicht dieselben Gottesleugner und Genußsüchtler wie die Leute aus dem Volke? Und ist der Besitz nicht immer schon das stärkste Hindernis gewesen, Gott zu finden?

Die zu Gott ernst sich Haltenden können durch ihr Wort und durch das Beispiel ihrer Thaten immer nur wenige Seelen, von den Reichen, wie von den Armen, zu Gott zurückgewinnen, und wenn eine Bewegung sich jetzt erhöbe, so innerlich machtvoll, wie einst die christliche, ehe sie zu genügender Bedeutung gelangt, wäre die gottesleugnerische, socialdemokratische Bewegung längst über alles Bestehende vernichtend hinweggebraust. Wie aber wäre zu helfen? Da ist nun leicht gesagt: Laßt uns auf Gott vertrauen, er wird schon alles zum Guten wenden! Das thut er schon in diesem und noch mehr im geistigen Leben, im Leben nach dem Tode, sicher. Hätten aber wir im Irdischen weilenden Menschen gar kein Mittel, womit wir als mit einem festen Stecken zwischen die Speichen des dem Abgrunde zurollenden Menschheitskarrens fahren und so diesen zum Anhalten bringen könnten? Ich wüßte schon ein solches Mittel, auf das noch niemand verfallen ist, und will es hier mitteilen: Was die Alchymie erstrebte, muß vollbracht werden. Die Edelmetalle müssen durch billige Massenerzeugung entwertet werden. Daß das möglich sein muß, weiß jeder, dessen Geist (noch nicht einmal erwacht ist, sondern nur) dem Erwachen sich nähert. Dieses also möge erstrebt werden und *wird erstrebt.* T. B.

Die Sonnenäther-Strahlapparate

des Professors Oskar Korschelt

sind eine Erfindung allerersten Ranges. *Wir* wenigstens zweifeln nicht, daß sie für den instrumentellen Nachweis des Vorhandenseins von „übersinnlichen,“ d. h. über die fünf Sinne der verbildeten Kulturmenschen hinausgehenden Kräften den ersten wissenschaftlichen Grund legen und damit aller psychischen Forschung unwiderstehlich die Bahn brechen werden. Es ist mittelst dieser Apparate geglückt, ohne Dazwischentreten menschlicher Nerven, bloß durch Instrumente, eben diejenige Kraftwirkung festzustellen, welche *Reichenbach* „das Od“ nannte, und welche man seit Mesmer allgemein als organischen (tierischen) oder Heilmagnetismus bezeichnet. — Wer sich über diese hervorragende Erfindung unterrichten oder durch diese Apparate Heilung suchen will, kann sich von Professor Korschelt selbst (Leipzig, Südstr. 75) kostenfrei dessen Prospekt kommen lassen oder durch jede Buchhandlung dessen kleine Schrift „Die Nutzbarmachung der lebendigen Kraft des Äthers“ (Berlin 1892 bei Lothar Volkmar) beziehen.

Wir werden noch wiederholt auf diese Erfindung zurückkommen müssen und werden auch die letztgenannte Schrift in einem unserer nächsten Hefte von einem Fachmanne besprechen lassen. Hier mag zunächst nur die Bedeutung der Strahlapparate als Heilmittel hervorgehoben werden. Zu deren Verständnis sei vorweg das Folgende bemerkt:

Alle Kraft und vornehmlich alles Leben auf der Erde stammt, wie jeder weiß, von unserer Sonne. Im (diffusen) Tageslicht sind die in den Sonnenstrahlen parallel wirkenden Kraftlinien zerstreut und dadurch fast vollständig ihrer ursprünglichen Kraftwirkung beraubt; sie wirken nach allen Richtungen *durch* und *gegen* einander. Korschelts Verdienst ist es nun, Apparate erfunden zu haben, mittelst welcher jene „lebendige Kraft des Äthers“ gesammelt und in beliebiger Richtung wieder *parallel* ausgestrahlt oder von solchem Sammelpunkte aus in alle Teile eines Raumes (Zimmers) *gleichmäßig* gerichtet werden. Diese Äther-Strahlapparate wirken auf alle Lebewesen (Menschen, Tiere, Pflanzen, ja selbst Krystalle) in erhöhtem Maße gerade so wie die Sonne selbst, jedoch ohne daß ihnen deren Licht und Wärme, die im Übermaße schädlich wirken, lästig werden können.

Durch zahlreiche Versuche ist nun nachgewiesen, daß die durch diese Apparate ausgestrahlte Kraftwirkung dieselbe ist, wie die des Od, des Mesmerismus oder Heilmagnetismus. Auch sind die heilwirkenden Erfolge dieser Apparate ganz dieselben; sie sind über alle Erwartung glänzend, und Gesunde werden, wenn sie nicht gerade zu den durch das Kulturleben und sittenlose „Erziehung“ völlig Abgestumpften gehören, durch diese Apparate zu erheblich gesteigerten, körperlichen und geistigen Kraftleistungen befähigt. Über die erstaunlichen, bereits erzielten Heilerfolge mag man sich aus den erwähnten Schriften unterrichten oder, wohl noch besser, durch eigene Versuche überzeugen. Wir warnen aber jeden, nicht von den ihm dabei gegebenen Anweisungen abzuweichen. Nichts ist thörichter als der alte Glaube, viel helfe viel; im Gegenteil, *zu viel* schadet *sehr.* Auch sind die stumpfsinnigen Kulturmenschen, denen alle feinfühlige Empfindung der Naturkinder abhanden gekommen oder systematisch ausgetrieben worden ist, besonders leicht versucht, zu glauben, solcher

Apparat wirke nicht, wenn sie seine Wirkung mit ihren Nerven nicht wahrnehmen können. Uns selbst hat unter anderem ein leichtsinniges den Anweisungen Zuwiderhandeln eine schlaflose Nacht verursacht, die stets unbehaglich ist, selbst dann, wenn sie, wie in diesem Falle, trotzdem merkliche Kräftigung bot.

Die Vorteile, welche solche Apparate vor dem menschlichen Heilmagnetismus haben, liegen auf der Hand. Der Heilmagnetiseur verbraucht seine eigene Lebenskraft, die sich zwar in ihm leicht wieder ersetzt, jedoch immer für ihn ein Verlust ist. Gefährlicher sind für ihn die körperlichen und seelischen Einflüsse, die er trotz aller Vorsicht und trotz alles Willensaufwandes doch von seinen Patienten stets mehr oder weniger aufnimmt, und deren Überwindung wieder für ihn einen Kraftaufwand bedeutet. Ist der Mesmerist gar ein innerlich leicht empfänglicher Mensch, so erhält er auch bei der Behandlung seiner Kranken oft so häßliche, widerwärtige Einblicke in deren Charaktere, daß fast jedem solchen Heilmagnetiseur trotz größter Menschenliebe sein Beruf schließlich zur großen Last wird.

Größer aber noch ist der Gewinn, daß für die Kranken selbst jetzt alle Schattenseiten des Heilmagnetismus überwunden sind. Bekanntlich hängt die Möglichkeit der Heilung durch denselben nicht bloß von der Kraft des Magnetiseurs ab, sondern — diese vorausgesetzt — nur von der Gleichstimmung des Wesens (Sympathie) desselben und seines Patienten. Manche Kranke können keinen Heilmagnetiseur finden, dessen Wesen dem ihrigen hinreichend „sympathisch" ist. Am schwersten aber wiegt der Übelstand, daß selbst die besten Heilmagnetiseure doch nur Menschen sind und als solche voll Unreinheiten und Unvollkommenheiten. Von diesen Mißstimmungen ihrer Seele und ihren Charakterfehlern geht bei jeder heilmagnetischen Behandlung etwas auf den Kranken über. — Alle diese Mängel vermeiden Korschelt's Strahlapparate.

Hübbe-Schleiden.

Gnade

ist, objektiv betrachtet, innere Kausalität (reifendes Karma), aber deren subjektive Gestaltung im Bewußtsein des Begnadeten ist in der Regel durch die Stimmung, welche das Wort „Gnade" bei dem Empfänger voraussetzt, ganz richtig gekennzeichnet.

W. D.

Das Gebet des Monisten.

Ein Gebet zu einem selbstsüchtigen Zwecke ist ein Diebstahl, eine Schlechtigkeit. Es setzt auch einen Dualismus in der Natur voraus und denkt sich diese ausgestattet mit menschlichen Leidenschaften. Wer aber mit Gott sich „Eins geworden" fühlt, der wird nicht betteln, sondern jede seiner Handlungen und seiner innersten Gedanken wird ihm ein Gebet sein.

Emerson.

Wiedergeburt und Wiederverkörperung

sind unbedingte Gegensätze. Die Wiederverkörperung findet nur so lange statt, bis die Wiedergeburt aus dem Geiste erreicht ist. Wer wiedergeboren ist, wird nicht wieder verkörpert.

H. S.

Anregungen und Antworten.

Was ist Ideal-Naturalismus?

An den Herausgeber. — Mit vieler Freude ersah ich aus dem Dezemberhefte, daß die schönere Ausgestaltung der Sphinx nun gesichert ist, und sie wird gewiß nach dem erweiterten Programm einen noch sehr viel größeren Leserkreis finden. . . . .

Bei den vielen Arten und Schattierungen des Idealismus wäre es sehr lehrreich und erwünscht, wenn Sie in der Sphinx weiter ausführen möchten, was Sie unter Ideal-Naturalismus verstehen.

Mit dem aufrichtigen Glückwunsche für das Gedeihen der neuen Sphinx . . .

J. G.

Der Ideal-Naturalismus ist nicht etwa eine Geistesrichtung, die allem bisherigen Streben nach dem Ziele der Vollendung sich entgegenstellt; durchaus nicht. Er will vielmehr auf dem Bisherigen weiterbauen. Was ihn aber hiervon unterscheidet und worin er über das bisher Gedachte und Gewollte hinausgeht, ist das immer klarer werdende Bewußtsein, daß jede Individualität das Ziel ihrer Vollendung als höchste Entwicklungsstufe thatsächlich erreichen kann, erreichen muß. Diese Erkenntniß war dem früheren idealistischen Streben fremd oder kam ihm doch als nebensächlich nicht recht zum Bewußtsein; diese ist aber der „Grundstein" des Ideal-Naturalismus, d. i. alles bewußten Aufwärtsringens und Vollendungsstrebens.

„Wir gehen von dem Grundgedanken aus, daß nicht Verehrung und Nachahmung der Natur, wie wir sie äußerlich um uns her noch verwirklicht sehen, das Ziel unseres Strebens sein soll, sondern nur dasjenige Ideal der höheren und höchsten Entwicklungsstufe, welches jeder natürlich geartete und geistig entwickelte Mensch mehr oder weniger klar bewußt in sich trägt, das in ihm lebt und ihn verfolgt wie sein Gewissen, das ihm sagt: so sollst du sein und so mußt du einst werden!

Auch hat jeder nicht nur dieses Bild seines eigenen Ideales in sich; die Geschichte und die Sage zeigen es ihm schon annähernd hier und da verwirklicht, für den einen in dem Vorbild eines Helden, für den andern in dem Geiste und Charakter dieses oder jenes großen Mannes, für die meisten auch wohl als ethisches Ideal in der Gestalt eines Christus. — Aber wir sind davon überzeugt, daß solche höhere Entwicklungsstufe sich allein dadurch verwirklicht, daß sie sich aus jeder gegenwärtigen, noch unvollkommenen Natur heraus fortbildet. Deshalb widersetzen wir uns all jenen Bestrebungen, die bei dem Unwahren, Gemeinen und Unschönen verweilen, indem sie betonen, daß dies doch nun einmal menschliche Natur sei, wie sie heute ist. Mag sie es sein! Wir können uns mit solcher Natur höchstens in ablehnendem Sinne befassen."

Wendet Jemand gegen den Grundgedanken des Ideal-Naturalismus ein, daß es für die Individualität des Einzelnen unmöglich, wissenschaftlich ganz undenkbar scheine, über den Tod ihres Körpers hinaus ihre Entwicklung zum Vollendungsziele fortzusetzen, so verweise ich auf die im wesentlichen übereinstimmende Anschauung von dieser Möglichkeit, wie sie sich in der Mystik aller Kulturvölker und in neuerer Zeit bei allen unsern größten Geistern findet, so bei Bruno, Leibniz, Lessing, Kant, Goethe, Jean Paul, Schopenhauer und unzähligen andern. Wünscht Jemand besonders meine eigene Auffassung dieser Thatsache und ihren Nachweis auf Grundlage darwinistischer Anschauungen und Haeckels „ontogenetischem Gesetz" kennen zu lernen, so nehme er meine kleine Schrift: „Das Dasein als Lust, Leid und Liebe" zur Hand. Doch ist natürlich Niemand, weder meine Mitarbeiter noch meine Leser, an meine besondern Ansichten gebunden. Ganz im Gegenteil; nur freies Streben, Denken, Forschen nach dem Wahlspruch „Kein Gesetz über der Wahrheit!" ist für jeden Einzelnen das wahre Geistesleben.

Diesem Zwecke also soll die „Sphinx" dienen. „Dabei soll unsere Monatsschrift sich, wohl fast konkurrenzlos, von anderen Zeitschriften nicht bloß dadurch hervorheben, daß sie von ihren Mitarbeitern den vollen Mut ihrer Überzeugung fordert und mithin auch unter andern Denen, welche übersinnliche Thatsachen erlebt haben, ein rückhaltloses Eintreten für dieselben gestattet, sondern vor allem dadurch, daß ihr die Unterhaltung und Belehrung ihrer Leser nicht ihr Selbstzweck ist. Diesen findet sie vielmehr darin, die metaphysischen, ethischen und ästhetischen Bedürfnisse zu wecken und zu heben," also nicht allein in ihren Lesern das Bewußtsein des Vollendungszieles wach zu halten, sondern auch die Überzeugung immer fester, immer klarer zu gestalten, daß die Individualität jedes Einzelnen dies Ziel erreichen kann, erreichen muß, erreichen wird.

Damit legen wir den „Grundstein des Ideal-Naturalismus."

H. S.

Seelen- und Geistesleben.

An den Herausgeber: Daß Sie den früheren, steif und akademisch klingenden Nebentitel der Sphinx gekürzt haben, halte ich für eine wesentliche Verbesserung. Mich wundert nur, daß Sie „Seelen- und Geistesleben" gewählt haben. Ich hätte vorgezogen: „Monatsschrift für Seelen- und Geisteskunde" oder „für die Kunde des Seelen- und Geisteslebens". Vielleicht auch statt Kunde — „Forschung oder Erforschung".

M. 23. I. 92. R. K.

Insofern die „Sphinx" sich nicht bloß mit der Erkenntnis des Wahren, Guten und Schönen, sondern auch mit deren lebendiger Verwertung befassen will, reichen wohl die Worte „Kunde" oder „Erforschung" nicht aus, sondern nur das „Leben" und Streben nach diesen Idealen. Dies bringt auch eine andere Zuschrift zum Ausdruck, die wir hier folgen lassen: (Der Herausgeber.)

An den Herausgeber. — Die Änderung des Nebentitels Ihrer Zeitschrift aus „Monatsschrift für die geschichtliche und experimentelle Begründung der übersinnlichen Weltanschauung auf monistischer Grundlage" in „Monatsschrift für Seelen- und Geistesleben" scheint mir vielversprechend, denn sie läßt erwarten, daß die „Sphinx" fortan alle schwülstige Gelehrsamkeit abthun und den besser kleidenden Rock der Einfachheit anziehen wird. Was an Gelehrsamkeit auf diesem Gebiete geleistet werden konnte, das haben Sie und Ihre Mitarbeiter in den 6 Jahren des Bestehens der Monatsschrift redlichst geliefert und Ihr für gelehrte Leute bestimmtes und für diese wohl auch zweckdienliches Werk „Lust, Leid und Liebe“ erscheint mir gewissermaßen als der Abschluß dieses vielleicht notwendig gewesenen Zeitabschnittes. Sie werden gewiß nun von der Theorie zur Praxis übergehen und Ihren Lesern zeigen, wie sie in sich Seele und Geist sollen „leben“ lassen. Das aber erreicht man ja nicht durch Gelehrsamkeit, sondern gerade im Gegenteil pflegt erst nach Abthun aller Gelehrsamkeit im Menschen das Suchen des Göttlichen in sich selbst zu beginnen. Zu diesem neuen Wege mein aufrichtiges Glückauf! T. S.

❦

Was soll man dabei thun?

An den Herausgeber. — Im Programm des Dezemberheftes kündigen Sie die Eröffnung einer neuen Abteilung für „Anregungen“ an. Möchten Sie nicht darin auch die Verhandlung von praktischen Fragen der Ethik zulassen, wie sie sich jedem alle Tage in den Weg stellen können? Ein solcher Fall, der mir in wenig abweichender Weise schon mehrfach vorgekommen ist, begegnete mir erst vor wenigen Tagen wieder; und ich muß gestehen, daß ich jetzt wieder, wie schon früher, mich durchaus nicht sicher fühlte, was ich dabei wohl am besten thun könnte. Freilich hat von vornherein der Grundsatz „gar nichts zu thun, sich niemals um andere zu kümmern, sondern nur um sich selbst,“ sehr viel für sich; stellt Tolstoi doch sogar, wenn auch mit anderen Schlußfolgerungen, das Wort der Bergpredigt: „Widerstrebet nicht dem Bösen“ als ganz allgemeine Lebensregel auf. Das mag nun gut sein oder nicht; ich fühle in mir jedenfalls das lebhafte Bedürfnis, wo ich irgend kann, andern Menschen zu helfen, ob dabei dann dasjenige, dem abgeholfen werden soll, ein Böses oder ein Irrtum, ein Leiden oder eine Thorheit ist, das scheint mir Nebensache. Der erwähnte Fall ist folgender:

Am frühen Morgen eines kalten unfreundlichen Tages führte mich mein Weg durch eine ziemlich abgelegene Straße unserer Vorstadt. Als ich in die Straße einbog, sah ich in einiger Entfernung einen Karren am Rande des Trottoirs stehen. Ein, wie mir schien, zerlumpt gekleideter Knabe, trat oder schlich sich an den Karren hinan, griff hinein, machte erst noch einige gemessene, aber große Schritte und lief dann spornstreichs davon. Er bog sehr bald in eine Seitengasse oder in ein Haus hinein, ich konnte dies in der Entfernung nicht recht unterscheiden. Um dem Kinde nachzulaufen, dazu war mein Abstand von demselben viel zu weit; und ich muß sagen, hätte ich auch selbst das Kind erwischt, ich hätte nicht sogleich gewußt, was ich dann hätte thun müssen. Sollte vielleicht einer oder der andere Ihrer Leser Rat wissen?!

Als ich an den Karren hinankam, sah ich, daß ein Korb mit frischem Brote darauf stand. Offenbar hatte der unglückliche Knabe eine Handvoll (etwa zwei oder drei) Brötchen daraus „gestohlen“. Ziemlich gleichzeitig mit mir trat auch ein Bäckerjunge, aus einem Hause kommend, an den Karren heran; er hatte das Brot auszutragen.

War nun jenes hungernde Kind überhaupt zu tadeln? Nach menschlichem Rechte offenbar, denn es hatte in die menschliche Einrichtung des Privateigentums eingegriffen; ebenso gewiß aber nach objektivem, „göttlichem“ Rechte nicht; denn der Hunger ist eine natürliche „göttliche“ Einrichtung, die doch unter allen Umständen den zeitweiligen menschlichen Einrichtungen vorgeht. Es ist nicht Schuld des Kindes, sondern Schuld des gänzlichen Mangels unsrer Kultur an einer sozialen Organisation, daß ein solches unglückliches Kind nicht eine Pflege genießt, die seinen ganz naturgemäßen Hunger stillt, und daß die Befriedigung solches notwendigen Bedürfnisses nicht jedermann gewährleistet wird.

Nun, in jenem Falle konnte ich ohnehin nichts machen, da der kleine „Sünder" für mich ganz verschwunden war; sonst wäre ich vielleicht mit ihm zu seinen Eltern gegangen und hätte gesehen, ob ich denen mit dem Nötigsten hätte helfen können. Einstweilen sah ich nur den geschädigten Bäckerjungen vor mir, der freilich von seinem Schaden noch nichts ahnte. Ich sagte ihm, was ich gesehen, und tadelte ihn, daß er seinen Brotkorb so offen, bloß mit einem Tuch bedeckt, allein stehen lasse. Darauf klagte er über die harte Behandlung, die ihm bei den Bäckersleuten widerfahre, für die er das Brot austrage, und sagte, man werde ihm den Wert des fehlenden Brotes von seinem geringen Lohne abziehen. Den Schaden ersetzte ich ihm, und zwar reichlich. Übrigens meinte er, ein solcher Diebstahl sei ihm noch nicht vorgekommen; sonst gingen hier mehr Menschen in der Straße; aber er wolle es seinem Herrn doch sagen.

H. K.

*

An den Herausgeber. — Sie wünschten, daß ich Ihnen aufschreiben möchte, was ich Ihnen mitteilte, als Sie mir von einer Einsendung hinsichtlich eines kleinen Gelegenheits-Diebstahls erzählten. Ich komme diesem Wunsche nach.

Mir ist vor einigen Tagen ein ganz ähnlicher Fall vorgekommen. Es war am hellen Tage, kurz vor Weihnachten, auf der Straße. Auf der andern Seite lud ein Mann Tannenbäume und -zweige von einem Wagen und trug sie in ein Haus. Ein kleines Mädchen stand dabei, das offenbar an den schönen, weihnachtsfestlich duftenden Bäumen großes Wohlgefallen hatte. Wieder schleppte sich der Mann, mit mehreren Bäumen schwer beladen, in das Haus; hastig griff die Kleine nach einem großen, schönen Zweige und lief damit, so schnell sie konnte, über die Straße einem Thorwege zu, vor dem ich eben vorbei ging, und lief, sich umschauend, mir gerade in die Arme. Ich hob sie samt ihrem schönen Tannenzweige in die Höhe — und sah in ein kleines Engelsangesicht. Nicht der Schreck über die plötzliche Gefangenschaft, noch der Ärger über die Vereitelung seiner Absicht konnten die Lieblichkeit des Kindes so entstellen, daß es mit dem schlanken grünen Zweige in der Hand nicht an einen Friedensboten erinnerte. Freundlich fragte ich das Mädchen:

„Du, darfst du das wohl, den Zweig da wegnehmen?"

„Lassen S' mi aus", bat das Kind, ängstlich nach der Hausthür drüben lugend, wo jeden Augenblick der Eigentümer wiedererscheinen konnte; dann ließ es den Zweig fallen.

Ich hielt das Mädchen mit einer Hand fest, ergriff den Zweig und sagte:

„Ich will dem Manne diesen Zweig abkaufen und dir schenken, wenn du mir sagen willst, was du damit willst."

Bei diesen Worten ging ich zum Wagen und als der Bauer herauskam, sagte ich:

„Das Mädel da hat so begehrlich auf die Zweige geschaut, diesen möcht' ich ihr kaufen."

Der Bauer forderte offenbar zu viel, aber er erhielt das Geld.

Freudestrahlend empfing das Kind jetzt das so eroberte Tannenreis.

„Nun erzähle mir aber auch, was du damit anfangen wolltest," erinnerte ich, mit ihm dem Thorweg zugehend, „bekommst du keinen Christbaum?"

„Das scho, aber i hett halt gern schon heut für mi ein's g'macht und der Sepp derft zuschaun" — und wieder erstrahlte ihr Gesicht.

„Aber du weißt doch, daß es unrecht war, dem Mann etwas wegzunehmen, zu stehlen." — Sie ward verlegen und antwortete nicht — „Und darum liefst du auch so eilig davon?!"

„Nein, nein," flüsterte sie scheu, „der Mann hat a so gnug Zweig'; aber wenn er mi derwischt hett, hett er mi doch g'schlagn."

Ich war etwas verblüfft: das war ein Stück sozialer Frage im Munde eines Kindes. Die Wurzel des Konfliktes lag aber doch darin, daß dasselbe etwas für sich begehrt hatte, was ohne Gewalt und Beeinträchtigung anderer zu erhalten unter den bestehenden Verhältnissen nicht möglich war. Nach kurzem Besinnen sagte ich:

„Dazu hätte er eben so viel oder so wenig Recht gehabt, wie du, gewaltsam oder heimlich etwas wegzunehmen. Hättest du ihn um einen Zweig gebeten, hätte er dir wohl einen geschenkt — wenn nicht, so hättest du warten sollen auf den schöneren Christbaum, den dir deine Eltern übermorgen schenken. Nun aber, wo ich dir den Zweig geschenkt habe, magst du dich auch an ihm freuen, obgleich du ihn eigentlich gar nicht nötig hast.“

Damit reichte ich ihr die Hand zum Abschied: — — da zuckten leise die gesenkten Wimpern des kleinen Angesichts, ihre Hand zitterte in der meinen, und ihr Mund stammelte:

„— — wenn ich — ihn aufgepaßt hab — schenk ich'n — Nachbars Sepp — der hat keinen — — —“ leises Schluchzen —.

Automatisch zog ich die Uhr — fast verstimmt!

„Behüt dich Gott!“ — Eilig ging ich weiter. F.

Die Vollendung der Individualität.

An den Herausgeber. — Trotzdem ich Abonnent und eifriger Leser der Sphinx bin seit dem Anfange ihres Bestehens, ist es mir bisher nicht möglich gewesen, der so oft in diesen Heften vertretenen Überzeugung von einer Vollendung der Individualität durch viele Daseinsstufen beizustimmen. Selbst die auf wissenschaftlicher Grundlage durchgeführte Darstellung solcher Wiederverkörperung in dem kürzlich erschienenen Buche „Lust, Leid und Liebe“[1]) hat meine Bedenken gegen diese Lehre nicht beseitigt.

Daß die Individualität, wenn sie wirklich verschiedene aufeinanderfolgende Lebensläufe durchmacht, sich dabei vervollkommnet, wäre ja möglich; daß aber eine solche Aufeinanderfolge von Daseinsstufen statthaben soll ohne Rückerinnerung, also ohne die Vortheile der in denselben errungenen Erfahrung und Erkenntnis, das ist mir unfaßlich; das scheint mir so gerechtigkeitswidrig, daß ich es mit der in jedem natürlichen, geistig und seelisch gesunden Menschen lebendigen Überzeugung von einer vernünftigen Weltordnung nicht in Einklang zu bringen vermag.

Warum soll der Mensch mit jeder seiner Neugeburten wieder von vorne anfangen? Warum soll er nicht bei jedem Wechsel seiner Daseinsverhältnisse fortfahren auf demjenigen Grade der Vollendung in Erkenntnis und ethischer Reife, den er sich mit zunehmendem Alter erworben, aber nur erworben hat, indem die bitteren Erfahrungen und vielen Mühen seines Lebens ihm in der Erinnerung haften? Es ist für mich nicht abzusehen, warum diese Methode, die, wie jeder aus seiner Lebenserfahrung weiß, auf dem kürzesten Wege zum Ziele führt, in der großen Weltordnung durch eine andere, ungewisse ersetzt sein sollte, die das Ziel erst in unabsehbarer Zeit, und vielleicht nie, erreicht?! Das scheint mir in einer Welt, in der sonst alles in irgend welchem kausalen Zusammenhange steht und in der überall Analogie zu finden ist, so unglaublich, daß ich nicht begreife, wie man einer solchen Auffassung Raum geben kann.

Berlin W., 22. Nov. 1891. B. K.

---

[1]) Das Dasein als Lust, Leid und Liebe. Die alt-indische Weltanschauung in neuzeitlicher Darstellung. Ein Beitrag zum Darwinismus. Bei C. A. Schwetschke und Sohn, Braunschweig 1891.

Der hier vorgebrachte Gesichtspunkt der „Gerechtigkeit der Weltordnung" ist zweifellos ein sehr schwer wiegender; aber sein ganzes Schwergewicht fällt ausschließlich auf die Wagschale für die Wiederverkörperung. Wenn all' die Ungleichheiten und die Ungerechtigkeiten in der Welt ohne früheres individuelles Thun oder Verschulden jedes Einzelnen, der darunter zu leiden hat, also durch grundlose Willkür eines „Gottes" verursacht würden, dann wäre doch solche Weltordnung die denkbarst ungerechte und grausame. Ein ewig andauerndes persönliches Bewußtsein aber wäre vollends eine teuflisch ungerechte Strafe selbst für die schwersten Vergehen. Man denke sich, ein jeder Mensch sollte in der eigenen Erinnerung seines persönlichen Wesens stets mit allen Thorheiten, Schlechtigkeiten oder gar Verbrechen, die er je begangen hat, belastet bleiben: kann es eine fürchterlichere Höllenqual geben, als solch ein nie-endendes Ahasver-Dasein?! Das sollte göttliche Gerechtigkeit und Liebe sein?!

Doch man stelle sich auch vor, jeder Peter Meyer und Fritz Müller sollte bis zum letzten, fernsten Ziele seiner göttlichen Vollendung immer in dem Selbstbewußtsein hängen bleiben, daß er Peter Meyer oder der Fritz Müller ist: Würde er jenes Ziel wohl je erreichen?! Daß dies in einer bewußt andauernden Persönlichkeit unmöglich ist, habe ich schon in meinem Aufsatze „Das Streben nach Vollendung" nachgewiesen; die Annahme der Wiederverkörperung ist die erste, wenn auch oft nur unbewußte Grundvoraussetzung all' solches Strebens. Wie unzählig viele, ganz neue Selbstdarstellungen der Individualität müssen wohl nothwendig gewesen sein, um aus dem erst als ein Wurm verkörperten Wesen einen Affen zu machen, aus einem Affen einen Hottentotten, und aus einem Hottentotten einen Goethe, einen Kant, aus diesen einen Christus?!

Aber so unmöglich wie bei der kausalen Fortentwicklung auf dem Wege zur Vollendung die bewußte Erinnerung des Erwerbes aller einzelnen Errungenschaften ist, ebenso unnötig ist sie dazu. Mit dem Schwinden solcher Rückerinnerung gehen selbstverständlich die „Vorteile" der Erlebnisse nicht verloren. Wäre dies der Fall, so könnte überhaupt gar kein Fortschritt in der Entwicklung stattfinden. Daß aber thatsächlich die Erinnerung aller einzelnen Erlebnisse und Erfahrungen, durch die man seine klareren Einsichten und Charakterverbesserungen erworben hat, keineswegs alle im Gedächtnis haften bleiben, weiß doch jeder schon aus seinem gegenwärtigen Leben; dennoch sind uns jene Errungenschaften unbewußt „zur anderen Natur" geworden. Die Anlagen nun des Geistes und Charakters wie des Körpers, mit denen wir in jedes einzelne Leben eintreten, sind nichts anderes als eben solche „Vorteile", die wir in früheren Lebensläufen uns errungen haben und die man wohl bildlich „unbewußte Erinnerungen" nennen könnte. In der Folge mehrerer Leben ist es gerade so wie in jedem einzelnen. Wir behalten nicht alle verschiedenen Eindrücke der Art und Weise, wie wir unsre Wesensvorteile errungen haben; das thatsächliche Ergebnis aber bleibt uns.

Übrigens setzt auch jede Persönlichkeit nach ihrem Tode für die ganze Zeit der paar Jahrhunderte, die sie gebraucht, um in den sogenannten Zuständen der „Hölle" und des „Himmels" ihren kleinen Kreislauf zu vollenden, ihr einheitliches Bewußtsein fort; und sie fährt auch beim Wechsel aller ihrer Daseinsstufen auf der höheren stets da fort, wohin sie in ihrem persönlichen Bewußtseinslauf schon vorgedrungen war. Aber jeder solcher Kreislauf ist nur ein sehr enger und verschwindend kleiner im Vergleich zu dem der Individualität. Dieser letztere beginnt beim All, hat seinen Mittelpunkt im Molekül und endet wieder in dem All. Wie könnte da wohl ein persönliches Bewußtsein durchgehen?! Ob schnellere oder langsamere Vollendung dieses Weltkreislaufes mit oder ohne durchgehendes Ich-Bewußtsein stattfinden kann, darum handelt es sich nicht; es ist dies vielmehr überhaupt ebenso unnötig wie unmöglich!

Hübbe-Schleiden.

Mitwirkung unserer Leser.

Wir erhalten vielfach Zuschriften aus unserem Leserkreise, daß irgend ein Aufsatz, dieses oder jenes Gedicht oder sonstiger Beitrag ganz besonders gefallen, oder auch einem besonders mißfallen habe; dabei aber sind gerade oftmals diejenigen Beiträge als gut bezeichnet, welche andern Lesern weniger zusagten und umgekehrt. Uns sind alle solche Mitteilungen sehr willkommen, denn je mehr eine Redaktion sich in unmittelbarem Verkehr mit ihren Lesern weiß, desto besser ist es für sie; und diejenigen Leser, welche mit uns nach dem gleichen Ziele streben, sollten uns möglichst mit Rat und That unterstützen.

Zunächst ist nun nicht zu vergessen, daß die „Sphinx" kein bloßes Unterhaltungsblatt ist und es sich nicht zur Aufgabe setzt, womöglich jedermanns Geschmacke Rechnung zu tragen, sondern unsre Monatsschrift soll nur dem Streben nach den höchsten Idealen dienen. Aber auf dem Weg zu diesem Ziele giebt es sehr viele Stationen oder Stufen. Können wir nun auch nicht all diesen gerecht werden, so möchten wir doch allerdings möglichst vielen dienen. In diesem Gedanken an andere Leser, die doch mit ihm nach demselben Ziele streben, aber noch auf einer niedrern Stufe stehen, möge man sich manches nicht ganz Mundgerechte doch gefallen lassen! Vielleicht aber könnte manches Unschmackhafte auch für Leser berechnet sein, die auf dem gleichen Wege schon weiter vorangeschritten sind; und dabei möge man auch nicht verkennen, daß die intellektuelle Ausbildung des Menschen nicht die einzige, auch nicht die höchste Schulung ist. Wissen und Können sind wertvoll, weise und gut sein wertvoller.

Deshalb möge man sich auch nicht an einer manchmal vielleicht nicht gerade meisterhaften Form stoßen, denn es ist eine allbekannte Thatsache, daß nicht nur die Meister des Schaffens geniale Gedanken haben, sondern daß solche in ursprünglicher Unmittelbarkeit auch bei denen hervorquellen, die nur den Vorzug haben, daß sie nicht „von des Gedankens Blässe angekränkelt" sind.

In der Gedankenwelt herrscht Solidarität und Allgemeinsamkeit. Möge daher jeder nach seinen Kräften helfen und mitwirken, alle wahren, guten und schönen Gedankenkeime zu befruchten und zur Reife zu bringen! H. S.

*

Reichtum.

Glaube nicht, daß du etwas besitzest; denn du selbst gehörst nicht einmal dir.

Strebst du nach Reichtum, wirst du gebunden; strebst du nach Armut, wirst du befreit. Dhammapada (62, 75).

*

Der Vollendete.

Er trägt den Staub der Welt und heißt doch Herr der Herren (im Reiche des Geistes). Er trägt der Welt Elend und ist doch König der Welt. Lao-tse (Tao-te-king).

*

Erkenntnis.

Ein einziger Augenblick wahrer Erkenntnis verschlingt eine Ewigkeit von Unweisheit. Dhammapada (115).

Für die Redaktion verantwortlich ist der Herausgeber:
Dr. Hübbe-Schleiden in Neuhausen bei München.

Verlag von C. A. Schwetschke & Sohn in Braunschweig. — Druck von Theodor Hofmann in Gera.

Sphinx

XIII, 74. April 1892.

Einiges und geistiges Christentum.

Von
Hübbe-Schleiden.

Die „Erfüllung des Christentums“ will uns Moritz von Egidy als „Einiges Christentum“ bringen! — ein so hochsinniger Gedanke, daß wohl jedem Wohlmeinenden dabei das Herz aufgehen und die Pulse schneller schlagen können! Es bedurfte für uns nicht erst der vielfachen Aufforderungen aus unserm Leserkreise, um in uns den Wunsch zu wecken, uns über diese Bestrebung auszusprechen. Dies kann hier freilich nur in wenigen kurzen Sätzen geschehen; doch wird dies genügen. Als Anhalt für unsere Beurteilung bietet sich uns ein „Aufruf“, den Egidy von Berlin am 21. Februar 1892 in alle Welt hinausgesandt hat, und von dem wohl auch die meisten unserer Leser irgendwie Kenntnis erhalten haben werden.

Einverstanden mit Egidy wird jeder Nachdenkende darin sein, daß ein „Einiges Christentum“ nur ein undogmatisches, unkirchliches sein kann, denn die Dogmen und die Konfessionen sind es ja bekanntlich, die die Christen von einander trennen. Doch, in welchem Grundgedanken sollen denn die wenigen Christen, welche sich über die Kirchenformen zu erheben vermögen, einig sein?

Egidy sagt: in der Kraft der Liebe, der wahren, brüderlichen Liebe. — Sehr schön! Aber darin waren bisher immer schon alle über die konfessionellen Unterschiede hinwegsehenden Christen einig, ja nicht allein diese, sondern alle wahren Geistesmenschen aller Religionen. Was also will nun Egidy Neues bringen?

„Die Zeit ist nahe,“ sagt er, „die Zeit ist erfüllet, das Reich Gottes kommen zu machen!“ Das „Reich Gottes“? Was stellt sich Egidy wohl beim „Reiche Gottes“ vor? Ist das „Reich Gottes“ nicht immer schon da für jeden, der in diesen Zustand eintreten will?! Und wer da betet: „Dein Reich komme!“ bittet doch nur, daß auch er hierzu befähigt werden möge. Das Reich Gottes ist die nächst höhere Wesensstufe über unser bloßes Menschentum hinausliegend. Doch, wie schon Jesus sagte: „Dies Reich ist nicht von dieser Welt“. Meint nun Egidy etwa, daß dies Reich Gottes sich plötzlich *doch* in dieser Welt verwirklichen werde?! — *Christlich* ist solche Erwartung mindestens *nicht*; und überdies wird sich der Hoffende getäuscht sehen! — Etwas anderes wäre das Auftreten eines neuen Messias; dieser aber würde gerade mit denen, die ihn erwarten, einen ebenso schweren Stand haben, wie einst Jesus mit den Juden.

Aber sehen wir selbst davon ab, ob das „Reich Gottes“ oder das „Einige Christentum“ sich objektiv für alle, oder subjektiv für jeden einzelnen allein verwirklichen kann; Egidy glaubt an die *Unsterblichkeit* der Seele im Sinne einer *Fortdauer* der Persönlichkeit *nach dem Tode*; wir haben die gleiche Überzeugung: ist denn aber nicht doch selbstverständlich, daß sich die Gemeinschaft der „einigen“ Geisteschristen um die *Person* Jesu, des Begründers des Christentums, schart?! und wird sich nicht diese Gemeinschaft wohl ebenso selbstverständlich wie eine Pyramide aufbauen, an deren Spitze eben Jesus steht?! Sollte nicht das Erklimmen dieser „Pyramide“ oder „Jakobsleiter“ der Eintritt in das „Reich Gottes“ sein?!

Doch was war und ist denn *Jesus*? Egidy antwortet: „Er war ein *Mensch*!“ Das war er zweifellos, auch nach den Evangelien; „aber“, sagt Egidy weiter, „er war *nur* Mensch!“ — Und was ist er jetzt? — Der Gefragte schweigt.

Egidy aber redet nicht von „Jesustum“, er will ja „Christentum“. *Was* ist denn nun ein „Christus“? *Wer* ist ein „Christus“, d. h. ein Gesalbter, ein „Messias“? Waren etwa Plato oder Luther oder Goethe auch Christusse? Gewiß nicht! Der Begriff des „Christus“ ist der eines Wesens, das noch ebenso hoch über einem Plato oder einem Goethe steht, wie diese über einem Botokuden, obwohl alle sich in menschlicher Gestalt darstellen.

Sicherlich ist die Menschengestalt die höchste Organisationsform auf der Erde. Aber was ist denn das, was den Menschen von den Tieren unterscheidet? *Äußerlich*, selbst als der höchstentwickelte Kulturmensch, ist er nur ein vollkommenes Tier trotz aller seiner raffiniertesten Erfindungen, und er kann teuflischer sein, als selbst das böseste gereizte Tier. *Innerlich* aber fühlt ein jeder Mensch in sich etwas, das ihn über seinen Verstand erhebt, und das ist die Autonomie seines *Gewissens*, sein *Selbstverantwortungsgefühl* und seine höhere *Vernunft*, die ihn geistige Begriffe und Verhältnisse erfassen läßt, die er niemals aus seinem sinnlichen Verstande ableiten kann. — Egidy sagt, er glaube an Gott, an eine Gottheit, die jeder sich denken könne, wie er möge. *Warum* glaubt er aber an Gott? Das äußere Leben kann ihn dazu doch sicher nicht bringen! Wenn man sieht, wie sich beständig alle Menschen, hoch und niedrig, plagen, und wie alle, mit nur ganz wenigen Ausnahmen, vom Leid erdrückt sind, ja wie oft gerade die geistig und sittlich allerbesten Menschen „schuldlos“ leiden, da könnte man äußersinnlich eher auf den pessimistischen Gedanken kommen, daß diese scheinbar so grausame und ungerechte Weltordnung nur die Erfindung eines Teufels sei. Und dennoch glauben wir an eine Gottheit und deren gerechte Weltordnung. Aber warum?

Wär' nicht das Auge sonnenhaft,
Die Sonne könnt' es nicht erblicken;
Läg' nicht in uns des Gottes eigne Kraft,
Wie könnt' uns Göttliches entzücken!

In erster Linie finden wir nur in uns selbst, in unserem Gewissen und unserer Vernunft, die innere Gewißheit von dem Dasein des göttlichen Wesens; erst durch Übertragung dieses sicheren inneren Gefühls nach außen können wir auch dort ein wahrhaft göttliches Wirken erkennen. Wenn nun einer in sich dieses göttliche Wesen zur höchsten Vollendung ausgebildet hat, ganz Gewissen, ganz Vernunft, ganz Wahrheit, Weisheit, Liebe und Gerechtigkeit geworden ist, dann hat er in sich die Gottheit ganz verwirklicht, dann ist er ein „Christus". Dieser also ist objektivierter Gott, so wie die Gottheit der subjektivierte Mensch ist, jener innerste Gottesfunke, der in jedem, auch dem niedersten Menschen schlummert und ihn über das Tier erhebt.

Egidy trumpft nun auf die neugeistliche Wissenschaft, und doch will er nichts von der Gottheit Jesu Christi wissen. Diese aber ist ja gar nichts als die logische Konsequenz gerade eben jener Wissenschaft. Ob alle Grundlehren des Darwinismus richtig sind, kann uns gleichgültig sein. Wenn man jedoch nur die Entwicklungslehre anerkennt, so ergiebt sich die Göttlichkeit eines Christus als ganz selbstverständliche Schlußfolgerung. Ob man sich dabei des durch Verschulden der Kirche mißliebig gewordenen Wortes „Gott" bedient oder von einem „Übermenschen" oder auch nur von einem „vollendeten Menschen" redet, ist ganz nebensächlich. An jener Bezeichnung stößt Egidy sich vielleicht nur deshalb, weil er die Begriffe „Gott" und „Gottheit" noch nicht wissenschaftlich aufgefaßt hat. Dies ist freilich nicht für jeden nötig; doch wer, wie Egidy, das Schlagwort „vernünftige Religion" auf seine Fahne schreibt und dabei dann das Wort „Gott" obenanstellt, der ist auch genötigt, den Begriff solch eines Worts genauer anzugeben.

Aber welchen Wert könnte der Glaube an die Gottheit haben, wenn man sich dabei nichts weiter als eine abstrakte allgemeine Urkraft vorstellt, die sich in Naturgesetzen äußert. Letzteres ist zweifellos der Fall. Zu dieser Urkraft aber kann kein Mensch in ein religiöses Verhältnis treten, denn dies ist stets ein persönliches. Das allein unterscheidet Religiosität von Tugend und Philosophie, daß diese zwar das beste Wollen und Erkennen sind, jedoch ohne Beziehung der eignen Persönlichkeit zur Gottheit; der Kernpunkt aller Religiosität dagegen ruht in dem Gefühl eben dieser persönlichen Beziehung zur Gottheit. Und während der Grundkern des Strebens und der Weisheit aller großen Kulturreligionen durchaus einer und derselbe ist, unterscheiden sie sich im wesentlichen nur dadurch, daß die persönliche Verbindung von seiten der Gottheit sich für jede einzelne Religionsgemeinschaft in der Person desjenigen Meisters darstellt, der für sie den Weg des Eingehens in die Gottheit neu gezeigt hat und vorangegangen ist. So ist auch das der einzig wesentliche Unterschied z. B. zwischen dem Buddhismus und dem Christentum, daß der buddhistische Mystiker sich in irgend welcher ferneren oder näheren Verbindung mit dem Buddha fühlt, so wie der wahrhaft religiöse Christ mit der Person Jesu, in der sich ihm die Gottheit darstellt.

In dieser Hinsicht bringt Egidy noch eine besonders wunderliche Äußerung vor. Er sagt: „Im Geiste geeint, harren wir der uns geborenen Führer, harren unserer Fürsten. Nur von ihnen geführt wollen wir eintreten in die neue Zeit." — Auch wir werden uns freuen, wenn unsere Fürsten ihren Völkern in der Nachfolge des Weges, den Christus gezeigt hat, stets mit gutem Beispiele vorangehen. Wer dazu aber erst als Unterthan der Bevormundung der Obrigkeit bedarf, der wird es wohl auf diesem Wege nicht weit bringen. Übrigens scheint es doch fraglich, ob gerade unsere Fürsten, deren Lebensaufgabe eine politische ist, sehr geneigt sein werden oder können, sich den Aufgaben des innern Geisteslebens hinzugeben. Letztere werden doch wohl kaum mit ersterer vereinbar sein, ganz abgesehen davon, daß die praktische „Nachfolge Christi" selbstverständlich stets ein „Leidensweg" ist, und ein solcher würde wohl vor allem der eines neuen Messias sein.

Am meisten hat uns an Egidys Aufruf befremdet, daß demselben eine Aufforderung zu Geld-Einzahlungen angefügt ist. Wozu dieses Geld verwendet werden soll, wird nicht gesagt, wahrscheinlich zur Agitation, und viel Staub läßt sich ja auf diese Weise aufwirbeln; auch wird es nicht schwer sein, damit die kirchlichen Gemeinschaften der nicht-katholischen Konfessionen zu lockern und zu untergraben. Solche Zersetzung des Protestantismus wird jedoch im wesentlichen nur der katholischen Kirche zu gute kommen. Einiges Christentum wird unserer Ansicht nach damit nicht gefördert, überhaupt niemals durch irgend ein äußeres Vorgehen, am allerwenigsten durch ein bekämpfendes, zerstörendes. Einiges Christentum ist immer nur geistiges Christentum!

Ich stand im Thalesgrunde.

Von

Frank Forster.

Ich stand im Thalesgrunde
Und maß den hohen Berg,
Da deucht er mich bedrohlich
Ein Riese, ich mich Zwerg. —
Und höher noch im Sinnen
Flog ich zum Sternenheer,
Weit über Bergeshöhen —
Da ward das Herz mir schwer. —
Bin ich der Wurm im Staube?
Klang mir's wie ein Verzicht; —
Da schwang gleich einem Adler
Mein Geist sich auf zum Licht. —
Auf einmal fühlt' ich selig:
Es bleibt der Berg ja stehn,
Und Sterne, nimmer endend
Gemess'ne Bahnen gehn! —
Doch du mit Geistesschwingen
Steigst über Berg und Stern,
Das All kannst du durchdringen,
Nichts ist zu hoch, zu fern. —
Und ist der Leib gebrochen,
Und frei dein freies Ich,
Magst an den Himmel pochen,
Und Sterne grüßen dich! —

Was die Welt braucht!

Von
Werner Friedrichsort.

„Was die Welt braucht, das ist nicht ein von den Theologen unter Berücksichtigung gewisser Auswüchse der Privilegienherrschaft „modernisiertes Christentum“, sondern die Verwirklichung neuer Rechtsideen, welche mit der Gottesgelahrtheit gar nichts zu thun haben.“ So schrieb unlängst ein Volksblatt gelegentlich der Besprechung einer neu erschienenen Broschüre.[1])

Tausende, Millionen denkender Menschen würden in diesen Worten ihre eigene Ansicht wiederfinden und sie bereitwilligst anerkennen, würden ohne Besinnen für die Verwirklichung ihrer Rechtsideen ihr Alles einsetzen, begeistert den Märtyrertod für ihre Überzeugung sterben und von Mit- und Nachwelt bewundert und geehrt werden; ja, wäre ihr Opfertod dann kein vergeblicher gewesen, hätte später oder früher Erfolg ihr Handeln gekrönt, so wäre in unvergänglichen Zügen ihr Name den Tafeln der Geschichte zum bleibenden Gedächtnis eingegraben. Und wofür hätten sie gekämpft? — Für die edelsten Ziele der Menschheit, für ihre Ideale, für das, „was die Welt braucht!“

Wirklich? — Braucht es die Welt? Verstehen wir, wie es der begeisterte Schreiber jener Besprechung gemeint, unter „Welt“ natürlich nur unser kleines, verschwindendes Sonnenstäubchen unter den Welten des All, verstehen wir auch unter „Welt“ nur einen kleinen, kleinen Teil der Bewohner dieser Erde, verstehen wir unter „Welt“ sogar nur die Angehörigen einer kleinen Partei unter diesem Teil; — denn wozu wären Kampf und Tod nötig, wenn den Opfermütigen nicht eine stärkere oder wenigstens gleich starke Partei gegenüberstände? Und haben wir dann den Begriff „Welt“ endlich so beschränkt, wie er der Wirklichkeit entspricht, ist es auch dann noch wirklich wahr, was in der Behauptung gesagt wird?

Wenige Zeit nur wird vergehen, „neue Rechtsideen“ werden auftauchen, und immer wieder wird der gleiche Kampf sich erheben zwischen

[1]) Norddeutsche Volks-Zeitung, 7. Jahrg. Nr. 75 unter „Reklame für die evangelisch-soziale Propaganda“.

dem Bestehenden und dem als Ideal Erstrebten, immer wieder wird das Erreichte befeindet werden von dem noch zu Erreichenden, „das Bessere ist der Feind des Guten!" — Und zu welchem Zweck der Kampf? Im Interesse dieser kurzen Spanne Zeit, die unser Leben ausmacht, im Interesse dieser Verkörperung, die in den meisten Fällen, kaum zur Entwickelung gebracht, ihre Bestandteile der Allmutter Natur zurückgiebt, im Interesse von etwas Vergänglichem und unter steter Zurücksetzung dessen, was „die Welt in Wirklichkeit braucht", und was nicht an Raum und Zeit, nicht an diese engbegrenzte Parenthese im Buche des Lebens gebunden ist!

Täuschung, Sinnenspiegelung ist alles, was uns umgiebt, mit diesen Trugbildern des Maja-Schleiers mühen wir uns ab, der Erforschung der Wahrheit verschließen wir uns, weil die bunten Flitter, mit denen Jahrtausende das Falsbild verhüllend umkleidet, uns zuwider sind, weil durch all den Tand nur wenige gebrochene Strahlen des ewigen Himmelslichtes zu uns dringen, unsere Nacht zu erhellen, in der sich's so gemächlich herumtappen läßt am Gängelbande kirchlicher Bevormundung, so unbemerkt sündigen, lügen und trügen und ungestraft des blendenden Glanzes der Wahrheit spotten läßt. Der Wenigen Stimme, die etwas davon erkannt, „die, thöricht genug, ihr volles Herz nicht wahrten", erstickte unter dem Beile des Scharfrichters oder im Qualm des Scheiterhaufens. Das waren Männer, die für wahre Ideale starben; sie versuchten es, die Geister ihrer Zeitgenossen auf das Ewige hinzuleiten, während deren individuelles Interesse all' deren Aufmerksamkeit in Anspruch nahm.

Wohl kommt für jeden die Stunde, wo er endlich austritt aus der Reihe der für irdisches Wohl Kämpfenden und nun die Gedanken richtet auf das, was kommen wird; aber das ist dann der Fall in der Schwäche des Alters, in der Ermattung und Verzweiflung des Krankenlagers; und dem Geiste, der dann in der „Matratzengruft" nicht mehr kräftig die Schwingen zu regen vermag, bleibt nichts mehr, als die kindlichen Tröstungen der Kirche, die leichte Aushülfe des blinden Glaubens an unverstandene Symbole. Mit aller Kraft, die dann noch geblieben, wird der bange Zweifel unterdrückt, und das, was ein Leben lang Gegenstand der Verspottung gewesen, ist dann der letzte Anker des Sterbenden. Wird der Mann, der da zum letzten Male die Hände faltet zum qualvollen Gebet, auch noch sagen: „Das, was der Welt not thut, sind sociale Fortschritte und nicht ein ernstes, volles sich Beschäftigen mit übersinnlichen Fragen?"

Nein. Notwendig ist es, daß jeder mit ganzer Kraft, noch im Vollbesitze aller Fähigkeiten, zu prüfen, zu wählen oder zu verwerfen, an die Aufgabe herantritt, die gerade jetzt mehr denn je eine zeitgemäße ist, wo die Bildung die weitesten Volksschichten durchdringt, so daß der Streit zwischen Wissenschaft und Religion die Niederlage der letzteren in ihrer jetzigen Gestalt als Staatsreligion unabwendbar macht. Die in das Gewand naiver Sinnbilder gekleideten Dogmen, das heilige Gefäß göttlichen Inhalts, wird durch die heutigen Angriffe des Skepticismus in Trümmer geschlagen. Lassen wir denen die Scherben, denen sie noch nicht Steine des Anstoßes geworden sind. Wir aber wollen uns den wahren Inhalt ferner durch kein Flicken, kein Modernisieren des altehrwürdigen, aber nun zertrümmerten Gefäßes noch verhüllen. Streben wir vielmehr nach gegenseitiger Ergänzung der Religion und Wissenschaft zum Heile der Menschheit!

Zur Mitarbeit hieran sind wir alle berufen; unter diesem Banner können sich alle Parteien einigen — im Streben nach „erlösender Vollendung“. Das ist die Aufgabe der Gegenwart; und wird sie gelöst sein, so wird die Erkenntnis des Wahren, die dann keines Dogmas mehr bedarf, die Norm alles Handelns sein. Dann „braucht die Welt“ nicht mehr die „Verwirklichung neuer Rechtsideen“ durch Kampf und Streit, dann wird dies Gottesreich auf Erden ein segensreicher Aufenthalt sein für die vorwärts und aufwärts ringende Menschheit bei ihrer Wanderung durch die Welt der Körper, hinauf, stets neuen Aufgaben entgegen!

Dem erlösten Dulder.

Von

Friedrich Fertrich.

Wie hast du doch gekämpfet
Mit ird'scher Qual und Not,
Bis mitleidsvoll gedämpfet
Nun all dein Weh der Tod!

Wir schau'n auf deinen Hügel
Mit thränendem Gesicht;
Du schwingst mit freiem Flügel
Dich auf zu reinerm Licht.

Wir nagen an den Mängeln
Des zeitlich-nicht'gen Teils,
Indes du unter Engeln
Genießt des ew'gen Heils!

Die junge Klosterschwester.

Eine Erzählung

von

P. K. Rosegger.

— und jagte sich aus dem Revolver eine Kugel in die Brust.

Ein Stümper in der Selbstverneinung. Schon während des Losdrückens reute es ihn, aber die Kugel war schon da, klopfte unsanft an, und ohne auf das Herein zu warten, sprang sie in die Brust. Wie einen Toten trugen ihn zwei Holzknechte hinab in das Vaterhaus, wo ein unendlicher Jammer entstand. Denn es war das einzige liebe Kind, ein schöner Jüngling von vierundzwanzig Jahren. Der unendliche Jammer währte nur eine Viertelstunde, um einer unendlichen Freude zu weichen, wie eine solche so groß und heftig in diesem sonst doch glücklichen Hause nie gewesen war. Die Kugel hatte das Herz verfehlt, war zwischen den Rippen hinein und rückwärts zwischen den Rippen hinaus gefahren, und der Arzt sagte, es sei nichts weiter als ein neumodischer Aderlaß, weil ja der altmodische nicht mehr beliebt wäre.

Der Vater kniete beinahe nieder vor seinem schwerverwundeten Sohne und rief: „Wer hat dir denn so wehe gethan, mein Julius, daß du mich auf solche Weise hast verlassen wollen? Kannst du denn nicht alles haben, was dein Herz begehrt?"

„Vater, verzeihe mir!" antwortete der junge Mann mit schwacher Stimme, „du bist ja mein guter, teurer Vater. Doch eben weil ich alles haben kann, schon darum ist mir so langweilig geworden auf der Welt, daß ich es nicht mehr ertragen konnte."

Weil die Mutter nicht mehr am Leben war, so wurde von der Stadt vermittelst Eisenbahn und Pferden eine barmherzige Schwester geholt, daß sie den Kranken pflege und betreue, oder wenigstens die Pflege überwache, denn der Vater hatte als Hammerherr seine täglichen Obliegenheiten.

Die barmherzige Schwester war im Brautstand mit dem Heilande, und in ihrer blühenden unschuldigen Jugend war sie auch bräutlich anzusehen. Das schwarze Klostergewand um den Leib selbst schien zu zagen ob der Schönheit, die es bewachen sollte, und das schneeweiße Schild ihrer Haube stand weit hinaus, ängstlich bestrebt, dieses rosige Gesichtlein vor irdischem Staube und diese sanften himmelblauen Augen vor den blen-

blendenden und versengenden Funken der weltlichen Sonne zu schützen. Das war die Klosterjungfrau, die barmherzige Schwester.

Nur so lange durfte sie bei ihm bleiben, als er sehr schwer krank war. Wenn er schlafend dalag und blaß war, der Atem schwach wie ein Lichtlein, das auslöschen wollte, da schaute sie von ihrem Platze am Tischrande auf ihn hin. Ganz verstohlen, als ob es etwas Unrechtes wäre, blickte sie ihn an. — Und es ist so schade um ihn. Ehe ich fort muß, will ich ihm noch etwas sagen, denn er hat keine Mutter und keine Schwester.

Und eines Morgens, als er in seinem weißen Hemde ziemlich aufrecht saß auf dem Bette und mit einem Silberlöffelchen den Thee schlürfte, in welchen sie ihm mürbes Gebäck hineingebröckelt hatte mit ihren zarten Fingern, da sagte sie: „Heute gehe ich fort, Herr Julius."

Er bat nicht, daß sie bleibe, er sagte nur ganz leise: „Ich bin noch krank."

„Wenn Sie mir nur das Eine versprechen wollten, Herr Julius —" Sie brach ab, es war nicht die rechte Art. Wieso konnte sie begehren, daß er ihr, die ihm so fremd war, etwas verspreche.

Der Kranke reichte ihr die magere Hand: „Ich werde es nie vergessen."

„Herr Julius, ich habe eine große Angst, daß Sie es wieder thun könnten. Sie sollten den ernstlichen Vorsatz fassen, das nicht mehr zu thun."

Er antwortete: „Es war aber doch etwas Gutes. Hätte ich's nicht gethan, so wäre ich nicht krank geworden. Und dieses Kranksein war das Beste, was ich je noch erlebt habe."

Die Schwester ging nicht darauf ein, sondern sagte: „Sie haben Ihr Herz zu sehr an die falsche Welt gehängt. Darum sind Sie früh enttäuscht worden und haben verzagt. Von diesem Leben darf man nichts Gutes hoffen, es ist ein irdisches Fegefeuer, daß wir in demselben gereinigt und gebessert werden und würdig der ewigen Seligkeit."

„Sie sind so jung, Schwester, und so gesund, und Ihr Auge schaut so froh und frisch, und Sie sprechen so! Sie müßten doch glücklich sein."

„Ich bin sehr glücklich."

„Also warum verachten Sie dieses Leben, in dem Sie so glücklich sind?"

„Das irdische Leben kann freilich nicht glücklich machen. Ich halte mich an den lieben Herrn Jesus. Der Heiland hat mir die Nichtigkeit dieser Welt gezeigt und mir das Kreuz gegeben. Ich bin nur so glücklich, weil ich entsage und mich völlig dem Leide ergebe. Wenn ich des Abends vor dem Einschlafen mir sagen kann: Heute hast du viel gelitten, so ist meine Seligkeit groß."

„Wenn Sie Ihr Glück im Leide finden, dann können Sie freilich unendlich glücklich sein auf Erden."

„Das darf ich freilich wieder nicht," flüsterte die Schwester. „Wenn ich ein Glücksbewußtsein hätte, das hieße ja nicht leiden."

Nach einem Weilchen fragte der Kranke: „Schwester, haben Sie auch in diesem Hause zu leiden gehabt?“ Denn sie war bedient und geehrt und von allen liebreich behandelt worden. Die Schwester antwortete rasch: „Mehr als irgend einmal.“ Doch sofort setzte sie bei: „Denn wenn man jemand leiden sieht, der nicht leiden will, das thut nicht wohl.“

Er reichte ihr wieder die Hand: „Wie Sie gut sind!“ Sie war aber in ihrem Ausspruche nicht ganz aufrichtig gewesen, daher nahm sie seine Hand nicht an.

Er fuhr fort: „Es ist doch eine verfluchte Welt. Gerade die Besten müssen am meisten leiden, weil sie auch das Weh der anderen tragen. Und wenn doch einmal ein Augenblick der Freude kommt, da müssen sie ihn ängstlich fliehen, weil das Glücksbewußtsein als solches schon wieder Unruhe und Leid macht. Das Bißchen, was süß, ist der Keim zahlloser Qualen. Es ist eine unergründliche Tiefe von Elend. Und das soll so fort gehen? Fast keiner erreicht die Größe, das Erlösungswerk an sich selber zu vollbringen!“

„Das Erlösungswerk für uns hat schon ein anderer vollbracht,“ antwortete die Schwester.

„Es ist seit zweitausend Jahren nicht besser, als es früher war.“

„Erst jenseits, Herr Julius!“

„Darum rasch hinüber! Ich wollte es ja, ihr haltet mich hier fest. — Schwester, liebe Schwester! Sie haben sich ins Kloster geflüchtet. Das Lebendigbegrabensein ziehen Sie den Freuden der Welt vor. Ich wollte einen Selbstmord begehen, Sie haben ihn begangen.“

Sie antwortete: „Mein Selbstmord heißt — jungfräulich bleiben.“

„Schopenhauer!“ rief der Kranke aus. „Aber die Natur will ein unsterbliches Menschengeschlecht, — ein Geschlecht von lauter Elenden, die immer wieder sterben und immer wieder geboren werden müssen.“

„Müssen?“

„Sterben müssen wir. Geborenwerden? In Zukunft wieder geboren werden, das ist unser eigener Wille. Verneinen wir den Willen zum Leben!“

„Jungfräulich sein,“ flüsterte sie.

„Aber die Natur sagt, Liebe wäre das Einzige, was sich der Mühe lohnte.“

„Der Natur muß man nicht alles glauben.“

„Sie sagt, Liebe wäre unsere Lebensaufgabe, unsere Pflicht und die höchste Lust, mit keiner anderen Freude vergleichbar.“

„Herr Julius, der Natur muß man nicht alles glauben!“ sagte die Schwester gedämpft. Es war ein halb erstickter Notschrei.

„Schwester, man muß ihr gar nichts glauben, man muß ihr feind sein. Ach, und wenn man so ganz allein ist in der Feindschaft gegen die starrgewaltige Natur, da muß man verzagen.“

„Sie sehen ja, daß Sie hierin nicht allein sind,“ antwortete die Schwester.

„Ich sehe, daß ich an Ihnen einen Genossen habe, Rosalia, und darum habe ich gesagt, daß mein Kranksein das Beste ist, was ich je erlebt habe.“

„Und weil mir angst war im Streite mit der Natur, darum habe ich gesagt, ich hätte in diesem Hause zu leiden gehabt mehr als irgend einmal. Aber jetzt, da ich Sie stark sehe, Julius, jetzt bin ich ganz mutig.“

„Wir wollen zusammenhalten, Rosalia!“

„Das wollen wir, Julius. Und recht für einander beten, das versprechen wir uns zum Abschied.“

„Zusammenhalten und auseinandergehen?“

„Wir können ja doch im Himmel zusammenkommen,“ sagte sie.

„Wozu bedürfte man im Himmel Kampfgenossen, wenn keine Natur zu bekämpfen ist?“

„Im Himmel keine Natur? Auch nicht ein bißchen eine?“

„Das Leben im Himmel ist ja ein übernatürliches.“

„Es ist wahr,“ entgegnete die Schwester leise. „Ach, ich fange schon an, sündig zu denken, ich muß bald zurück ins Kloster.“

„Was haben Sie denn in Ihren jungen Lebensjahren erfahren, daß Sie ins Kloster gegangen sind?“

„Was soll ich erfahren haben? Eine Base habe ich gehabt, und diese hat gemeint, ich sollte den Fehltritt meiner Eltern büßen und mein Leben lang beten, daß sie in den Himmel kämen. Daher gab sie mich früh ins Kloster!“

„Also wieder die Erbsünde! Und diese wollen Sie nicht weiter vererben. Gute, tapfere Schwester! Und da haben Sie denn viel nachgedacht über den Jammer der Welt?“

„Wir hören das in unseren Betrachtungen.“

„Und ist im Kloster denn immer der himmlische Frieden?“

„Ei, im Kloster nicht. Aber nach dem Frieden im Herzen sollen wir streben. Darum beten wir und üben gute Werke.“

„Und ist im eingesperrten jungen Blute denn nie ein Verlangen nach den Freuden der Welt?“

„Die Freuden der Welt sind nicht zu vergleichen mit den himmlischen Freuden.“

„Und wenn Sie arme Sünder pflegen, wie mich, die so weltlich sind — so weltlich!“

„Aber Sie verachten ja auch die Welt, Julius! Eben darum darf ich Ihnen vertrauen und darf Sie bitten: wenn Sie aus der bösen Welt davon wollen, gehen Sie nicht die finstere Straße abwärts, gehen Sie dem Himmel zu.“

„Giebt es im Kloster denn gar kein sündig Denken?“

„Ferne dem Abgrund ist Schwindel nicht gefährlich.“

„Ist kein unseliges Weltkind unter euch, das sich selbst zu täuschen sucht mit Entsagung?“

„Kein Weltkind, Julius, nur Jungfrauen und Büßerinnen.“

„Büßerinnen müssen wohl die größere Seligkeit genießen.“

„Wie meinen Sie das, Julius?“

„Weil den Himmel nur der erst recht würdigen kann, welcher vorher die Erde kennen gelernt hat.“

Hierauf schwieg Schwester Rosalie.

„Es muß ja so unruhig machen, immer von der Sünde zu hören und sie nicht zu kennen.“

„Wünschen Sie noch etwas, Herr Julius? Ich will Sie jetzt allein lassen, man läutet zur Messe.“

Er ergriff ihre zarte, weiße Hand: „Schwester, es ist furchtbar! Immer zwischen Todessehnsucht und Liebespein hin und her zu taumeln!“

„Julius, Sie müssen mir den Gefallen thun, öfters im Evangelienbuche zu lesen, ich lasse es Ihnen zum Andenken.“

„Ich nehme das Geschenk nur an, wenn ich Ihnen hingegen den Schopenhauer verehren darf.“

„Was soll ich mit Schopenhauer? Mein Leben ist Jesus.“

„Mir wäre so viel daran gelegen, daß Sie mich verstehen könnten. Nur Schopenhauer lehrt, wie man gegen die Natur siegreich kämpfen kann.“

„So will ich Ihnen zuliebe einmal ein ganz klein wenig aus dem Buche lesen. — Jetzt aber ruhen Sie, Herr Julius, Sie haben heute schon viel zu viel gesprochen.“

Es steht zu vermuten, daß die Schwester recht hatte. Denn der Genesende war in den folgenden Tagen überaus unruhig. — Hat sie nicht gefragt, ob denn im Himmel gar keine Natur wäre? Und diese Natur, nach der sich jeglich Wesen offen und heimlich sehnt, wie das Kind nach dem Busen der Mutter, diese Natur soll verleugnet, bekämpft werden, solange sie noch liebevoll ihre Arme nach uns ausstreckt? Was kümmern mich die Leiden eines zukünftigen Geschlechtes! Es soll sie ertragen, wie wir sie ertragen müssen. Wenn ich schon immer so viel *muß*, so will ich auch einmal etwas *wollen*. Ich wollte nicht wollen, da haben sie mich zurückgeschleudert in das Leben; gut, wenn sie mein Nein nicht gelten ließen, so will ich *Ja* sagen. — Es war gerade, als ob der junge Mann verzweifelte an seinem Pessimismus, so erwachte in ihm plötzlich die Weltlust.

Endlich war Julius so weit genesen, daß die Klosterjungfrau abreisen konnte. An einem schwülen Juliabende trabten die zwei feurigen Schimmel vor, und die junge Schwester stieg in den geschlossenen Wagen, um dem eine Stunde weit entfernten Bahnhof zuzufahren.

Herr Julius, noch ein wenig blaß, aber sonst aufrecht, stand vor dem Schlage, und beide waren schweigsam. Er hatte ihr danken wollen für die liebevolle Wartung, die unter ihrer Aufsicht ihm zu teil geworden war, er dankte nicht. Sie hatte ihn bitten wollen, ihren Dank dem zur Zeit auf einer Geschäftsreise befindlichen Herrn Vater auszurichten für das viele Gute, welches sie in diesem Hause genossen, sie bat nicht. Er schaute sie nur traurig an, sie schlug ihre Augen zu Boden und langte nach dem Rosenkranz, um unterwegs ihre Andacht zu verrichten.

Mittlerweile that der alte schwerfällige Kutscher bei den Pferden um und begann zu brummen: „Da haben wir den Bettel! Jetzt ist der Schimmel krumm! Der rechte Vorderfuß, just der! Accurat der rechte! Auf und auf geschwollen. Das kommt vom höllischen Reiten auf dem steinigen Bergweg. Ich laß keinen mehr her zum Reiten, und den Herrn selber auch nit. Ist mir alles eins. Die Rösser laß ich mir nicht ruinieren. Jetzt kann ich die Weißen ausspannen und die Rappen einspannen, die heut schon einmal haben hinauslaufen müssen. Eine saubere Wirtschaft! Na, kommt's, Bürschein!"

Damit spannte der Alte die Schimmel mit vieler Umständlichkeit los und führte sie um die Hausecke gegen die Stallungen.

Und als der Wagen allein dastand auf dem weißen Kiesplatze und nur der junge Herr Julius daneben, sprach dieser zum Schlage hinein: „Schwester, steigen Sie doch noch einmal aus. Die Rappen sind sicher noch auf der Weide, bis er sie bringt, das dauert eine Weile."

Die Schwester stieg aus, und sie gingen beide neben einander still durch den Wildgarten unter alten Ulmen und Linden dahin in Schlangenwindungen bis zur Holunderlaube. Hier wuchs aus dem Sandwege Gras hervor, und hier waren Spinnweben gezogen im Geäst und im Laubwerk, und auf dem moderigen Rundtische, der in der Laube stand, liefen geschäftige Waldameisen. Bis zu dieser Laube waren sie gegangen, und davor blieben sie ein wenig unsicher stehen. Sie brach das Schweigen und sagte ganz leise: „Diese Zeit war nicht ohne Gefahr, nicht wahr, Julius? Doch wir haben gewacht und gebetet und uns stets vor Augen gehalten, daß wir Bruder und Schwester sind vor Gott im Himmel."

„Du solltest nicht fortgehen, Rosalia," sagte er. „Ich weiß nicht, ob ich stark genug sein werde für das, was wir uns gelobt haben."

„Lies nur fleißig im Evangelium, ich werde es dann auch noch um so lieber thun."

„Darfst du denn an mich denken im Kloster?"

„Warum denn nicht? Du bist ja mein lieber Kamerad auf der Reise zu Gott. Und im Himmel werden wir uns gewiß noch näher stehen."

„Wenn wir uns bis dahin nur nicht zu sehr verändert haben," meinte Julius. „Gerade so, wie wir heute sind, möchte ich am liebsten bei dir sein."

„Wir müssen uns in acht nehmen, Julius. Wenn du dich vor mir nicht ganz sicher fühlen solltest, so gehen wir lieber rasch auseinander."

„Ich fühle mich ganz sicher," sagte er.

„Ich habe schon etwas gelesen aus Ihrem Philosophen. Der Mann sagt, daß die Natur schrecklich falsch wäre. Anfangs locke sie so fromm und kindlich, plötzlich sei man in ihrer Schlinge und sie ziehe unbarmherzig zusammen. Wir müssen uns in acht nehmen!"

„Wenn man sich der Gefahr bewußt ist, besiegt man sie am sichersten," sagte Julius. „Christus und der Philosoph haben uns zusammengeführt, daß wir Brüder und Schwestern seien und dieses elende Leben verleugnen. — Rosalia, unser Band sei in Ewigkeit!“ — Auf der Laubenbank saßen sie jetzt, Julius legte seinen Arm um die Mitte ihres Leibes, der mit dem schwarzen Gewande verhüllt war, und flüsterte: „Und auf daß unser Band geschlossen und gesiegelt sei in Ewigkeit, wollen wir uns jetzt den Bruderkuß geben.“ Auf die Stirn war er vermeint gewesen, der Bruderkuß, traf aber mit glühendsten Lippen auf den Mund, so schaurig süß und herb, daß die Schwester einen tiefen Seufzer that, dann mit wildem Schrei aufsprang und davon lief, gegen den Wagen hin, um zu fliehen. — Der Wagen stand nicht mehr an der Stelle. Er rollte mit den Rappen bespannt schon draußen auf der staubigen Straße; der Kutscher knallte mit der Peitsche in dem stolzen Bewußtsein, eine Klosterjungfrau im Kobel zu haben.

Die Klosterjungfrau aber mußte bis zum nächsten Morgen in dem Herrenhause bleiben, um endlich doch mit dem hinkenden Schimmel abzureisen gegen die dunklen Klostermauern — zu den Büßerinnen.

Rose und Distel.

Von

August Bulscher.

Ich ging lustwandeln am Blütenhag —
Es lachten die Blumen im Maientag —,
Da pflückt' ich die strahlende Rose.
Daneben die Distel im Schatten stand,
Ich nahm sie barmherzig dann auch zur Hand,
Bedenkend die ungleichen Lose. —

Sie steckten im Moose, ein seltsam Paar,
Die eine, die blühendes Lächeln war,
Besang ich in einer Epistel.
Die andere schaut' ich bedenklich an;
Und doch hat ihr Anblick mir wohlgethan,
Sie schaute so ernsthaft, die Distel. —

Und anderen Tages die Rose fiel
Entblättert, weil eben der Tag so schwül,
Die Distel stand frisch mir im Moose.
Drum merke: Du dauerst den Winter aus,
Wenn Ernst umblühet dein Schattenhaus —
Sei Distel, belächle die Rose! —

Uralt.

Dem
Fritz Lemmermayer.

Lange warst du schon gestorben,
Als die Mutter dich geboren;
Tief in Sarg und Gruft gebettet,
Lag dein Leib in Staub verloren.

Und dieweil an deinem Grabe
Deine Freunde trauernd stehen,
Hast du schon das Licht der Erde
Wieder irgendwo gesehen.

Schwimmst, zu neuem Leid erkoren,
In dem uferlosen Strome,
Schaust mit sehnsuchtvollem Herzen
Auf zum blauen Himmelsdome.

Liegst wieder tief im Streite
Mit dir selbst und mit dem Leben,
Neue Kämpfe, neues Hoffen,
Neue Schuld und neues Beben.

Siehst an dir vorüber gleiten
Dämmernde Erinnerungen,
Aus der Ferne klagen Töne
Uralt her und längst verklungen.

Wieder ziehn an deinem Karren
Graue, geisterhafte Reiter,
Bis du, ach, kein Ziel erkennend,
Niedersinkst — ein toter Streiter!

Dem Tag entgegen.

Novelle

von

Eva A. von Arnim.

(Fortsetzung.)

Fast zehn Jahre wird's nun her sein, ich war noch nicht 28 Jahre alt, da war mir die Welt schon gründlich zum Ekel; nicht, daß ich gar so gierig genossen hätte, nein, darin war mir mancher der Kameraden überlegen, aber gekostet hatte ich von allem und — — nun genug, ich war der Sache überdrüssig. Es wollte mir nicht gelingen, Glück oder Befriedigung zu erlangen, die Welt war eben himmelweit verschieden von der Vorstellung, die ich mir in grüblerischem Sinnen schon auf der Schulbank von ihr entworfen hatte, und da redete ich mich in eine Art von entsagungsvoller Stimmung hinein. Sie scheinen ungläubig, gnädige Frau? Ein Leutenant, der von Entsagung spricht, erscheint Ihnen als etwas Paradoxes. Sie meinen, ich hätte wohl einen Korb bekommen damals? Nicht doch! So weit hatten meine jeweiligen Schwärmereien nicht gereicht. Mit soldatischer Erziehung und martialischer Todesverachtung wird es Ihnen auch so unvereinbar gar nicht vorkommen, wenn Sie sich erinnern, daß ja auch Prinz Siddhartha, der Buddha der alten Inder, der Kriegerkaste angehörte. Mit den irdischen Dingen glaubte ich fertig zu sein, etwa so, wie man ein schnell durchblättertes Buch beiseite wirft; und so warf ich denn auch beiseite, was sich beiseite werfen ließ, was im kameradschaftlichen Kreise eines Regiments allerdings nicht sehr viel ist. Als man mich aber ein paarmal in meine Philosophen so vertieft gefunden hatte, daß ich weder für Pferde, noch für Mädchen Interesse zeigte, hielt man mich, gelinde gesagt, für übergeschnappt und ließ mich kopfschüttelnd gewähren in der tröstlichen Hoffnung auf die bekannte Vergänglichkeit derlei plötzlicher Passionen. Schopenhauer sagte mir von Anfang an sehr zu, als ich aber bis zu den Lehren des Buddha Gautama gelangt war, da glaubte ich den Stein der Weisen gefunden zu haben. Ich fand mich ganz gut zurecht in dieser philosophischen Religion oder religiösen Philosophie, zumal ich schon auf dem Gymnasium, von einem aufgeklärten Lehrer unterstützt, mit den veralteten Ideen über Gott und Unsterblichkeit fertig geworden war. Daß unsere eigenen Neigungen die Wurzel alles Leides sein sollten, gefiel mir ganz vortrefflich, meinen innersten Empfindungen waren damit Worte geliehen und: hänge dein Herz an nichts, so kannst du nichts verlieren! ward fortan mein Wahlspruch. Mit dem Gedanken an die Seelenwanderung oder, richtiger gesagt, an die Wiederverkörperung vermöge des nimmersatten Willens zum Leben konnte ich mich lange nicht befreunden, und ich war nahe daran, um dieser einen These willen den ganzen Buddhismus über Bord zu werfen. Ich konnte mich aber doch nicht von ihm trennen. Vielleicht war es der unbewußte Hochmut, der in dem Glauben an die Möglichkeit einer Erlösung aus eigener Kraft unter Verneinung jeglicher Vorsehung oder göttlicher Allmacht lag, der mich ganz besonders anzog, weil er meinem Charakter entsprach. Als ich mir die Sache genauer ansah, standen mir die Haare zu Berge bei der Vorstellung, daß die ganze entsetzliche Reihe von Leidenschaften und Enttäuschungen nach dem Tode noch einmal beginnen könnte, und die wahnsinnige Angst vor einer möglichen Wiedergeburt trug nicht wenig dazu bei, mich schließlich erst recht dem Buddhismus in die Arme zu treiben. — Doch Verzeihung, gnädige Frau, ich will Sie nicht weiter langweilen durch eine allzubreite Schilderung meines Gemütszustandes. Die Geschichte hatte schon Jahr und Tag gedauert, ich hatte es bereits recht weit gebracht im Töten aller auf mein persönliches Wohlbefinden gerichteten Wünsche und weidete mich an der Aussicht auf das Nirwana, das endliche vollständige Erloschensein, das ich nun vollständig gesichert wähnte, als mich eines Tages der Regimentskommandeur wohlwollend ins Gebet nahm und mir ernstlich riet, auf einige Monate Urlaub zu nehmen, da ich zum Erbarmen elend aussähe. Damit hatte er ganz recht, es war auch kein Wunder, essen mochte ich nicht, Fleisch nahm ich nach buddhistischer Vorschrift so gut wie gar nicht zu mir, und nachts ging ich, statt zu schlafen, grübelnd im Zimmer auf und nieder. Möglich auch, daß ich im Dienst zerstreut und schlaff war, und daß man mich deshalb los sein wollte. Ich glaubte zwar meine Schuldigkeit zu thun, war freundlich gegen jedermann, that überhaupt niemandem was zu leide, alles nach buddhistischer Lebensregel; ich glaube, meine Leute verehrten mich schwärmerisch und wären für ihren blassen Lieutenant gern durchs Feuer gegangen.

Da ich der Aussicht auf eine Reisezeit durchaus nicht abgeneigt war, nahm ich wirklich längeren Urlaub. Es war in den letzten Tagen des Mai und für den beabsichtigten Aufenthalt im Gebirge noch zu früh, so beschloß ich, den lange versprochenen Besuch bei einem früheren Regimentskameraden endlich zur Ausführung zu bringen, und meldete mich bei demselben für das bevorstehende Pfingstfest an. Er war viel älter als ich, ein etwas verschrobener, unpraktischer, alter Knabe, sonst aber seelengut und von jeher mein spezieller Freund. Seit dem Tode seiner Eltern hatte er das väterliche Gut übernommen; lange hatte ich nichts von ihm gehört und wußte nur, daß er noch immer unverheiratet war und ziemlich einsam hauste.

Wohl freute ich mich, als ich seinen Brief erhielt, der mir sagte, daß er mich mit Ungeduld erwarte, doch war diese ganz programmwidrige Freude schnell verraucht, und als ich meine Reise im Schoße eines staubigen, räucherigen Koupees angetreten, dachte ich an nichts weniger, als an das Wiedersehen mit meinem Freunde, sondern brütete über dem Hypnotismus, dessen Studium mich neben dem der indischen Religionen gerade damals auf das Lebhafteste beschäftigte.

Erst auf dem kleinen Provinzialbahnhof, mit den primitiven Gebäuden und den schnurgeraden, steifen, aber wunderschön blühenden Rotdornhecken, wachte ich auf. Und wieder ertappte ich mich auf einem ganz unerlaubten Wohlgefühl, als ich, in die verschossenen lehmfarbigen Kissen der altmodischen, aber himmlisch bequemen Chaise gelehnt, mit dem lauen Frühlingswind um die Wette dahinfuhr. Mit Staub und scharfem Luftzug brausten wir über das kleine Stückchen Chaussee, dann gings langsamer dahin auf weichem Waldwege durch reine Luft und frisches Grün. Herrliche, wohlgepflegte Pferde waren's, die mich zogen und die ihr altes, erblindetes Geschirr genau so wunderlich kleidete, wie den verwitterten Kutscher der nagelneue Livreerock. Jetzt wandte er sich mit wohlwollendem Grinsen herum, wies mit dem Peitschenstiel auf einen nahen Kirchturm und hielt mir eine längere Rede, aus der ich nur verstand, daß das Klockfelde, das Ziel meiner Reise sei.

Ich war schon wieder in meine gewohnte Lethargie verfallen, als wir vor der Thür des altersgrauen Schlosses hielten, das so recht kalt und unfreundlich in all der Frühlingspracht dastand.

Ich empfand die innigste Befriedigung darüber, daß mich das Wiedersehen meines Freundes ganz kühl ließ, um mir gleich darauf Vorwürfe darüber zu machen, denn das war ja auch eine Art Freude und Selbstgefälligkeit. Ja, es war eben weit gekommen mit mir. Eine Stunde später saß ich mit dem Grafen Otto, so hieß nämlich mein alter Kamerad, in der hohen düstern Halle; die Flügelthüren nach der weinumrankten Veranda waren zwar weit geöffnet, ich aber drehte dem Knospen und Duften da draußen beharrlich den Rücken zu und ließ mich gelangweilt über zweckmäßige Kuhfütterung belehren. So recht wie ein griesgrämiger, alter Thor.

Da plötzlich überkam mich ein Gefühl, so wonnig und süß, daß die Erinnerung daran mich noch in meiner Todesstunde entzücken wird, es rieselte durch meinen ganzen Körper wie ein elektrischer Strom, und doch war es nichts als ein leiser, kühler Luftzug, ein wohliges Wehen, das von hinten her meine Wange streifte. Ich wandte mich um und stand nun Auge in Auge mit ihr! — — Sie war unbeschreiblich reizend in ihrer weltfremden Befangenheit; nicht etwa errötend oder mit niedergeschlagenen Augen verharrte sie, hätte sie doch wohl selbst nicht gewußt, weshalb das; nein, die unschuldigen, lichtbraunen Augen sahen mich lange, lange erstaunt an; ich glaubte damals, sie wüßte nicht recht, ob sie mir auch einen Knix machen sollte, wie früher dem Herrn Pfarrer; später, da hat sie's mir freilich anders erklärt. Ganz geräuschlos mußte sie vom

Garten her eingetreten sein, denn sie stand noch in der offenen Thür, am Arme baumelte der schwarzbebänderte Strohhut und in den Händen hielt sie einen riesigen Fliederstrauß. Mir war's sofort klar, daß ich sie nicht zum erstenmal sah, und da es nicht in diesem Leben war, mußte es wohl in einem anderen gewesen sein. Es war seltsam, daß gerade in dem Augenblick, wo mir der Glaube an die Wiederverkörperung kam, mein Buddhismus den Todesstoß erhielt, an dem er sich langsam, leider nur zu langsam verbluten mußte.

Die Stimme des Grafen schreckte uns auf. „Ah, meine kleine Schwester!" rief er, stellte mich vor und frug: „Nun, willst du ihm nicht die Hand geben?" Schnell legte sie ihre Blumen auf einen der schweren eichenen Stühle, mit vergeblicher Vorsicht, es waren ihrer zu viele, sie kollerten alle auseinander und zur Erde; beide Hände reichte sie mir, dann half ich ihr den Flieder zusammensuchen und sie schenkte mir sogar ein abgebrochenes Träubchen fürs Knopfloch, weil ich gar artig darum bat, wie's sich für einen wohlerzogenen Lieutenant schickt. Ach, das liebe Mädchen!

Der alten Hexe, der alten Haushälterin meine ich, hätte ich am liebsten eins ausgewischt, als sie mit ihrem: „Comteßchen, Comteßchen, Comteß Christine!" in der Thürspalte erschien und sich nicht eher zufrieden gab, bis die zarte Gestalt zu ihr heraushuschte; das lichte Kleid flog und die blonden Zöpfe tanzten hinterdrein. „Sie ist doch ein liebes kleines Ding," sagte Otto, und der wohlwollende Blick, mit dem er ihr nachsah, zeigte, wie sehr ihm das von Herzen kam, „erst war sie mir eine rechte Last, als sie noch mit der unvermeidlichen Gouvernante einherging, nun habe ich mich so an das Schwesterchen gewöhnt, daß ich sie recht entbehren würde, wenn sie einmal heiraten sollte. Na, das ist so bald nicht zu befürchten, hier in *unsere Einsamkeit* kommen ja keine Bewerber."

Am Abend machten wir alle drei einen Gang auf einen nahen Hügel; am Rande eines Birkenwäldchens, das sich am Abhange hinzog, standen wir, als die Sonne glühend rot unterging. Christine hatte sich an den Arm des Bruders gehängt, sie lehnte sich an ihn und ihre Augen weilten träumerisch auf dem feurigen Ball, der am Horizont versank. Die Kirchenglocken begannen zu klingen, erst leise und weich, dann immer voller und voller, als fluteten sie unaufhaltsam näher, wie windgetriebene Meereswellen. Mir ward so feierlich zu Mute, daß ich die Hände faltete, und als Christine fragte, ob ich sie und Otto am andern Tage zur Kirche begleiten würde, versprach ich's ohne Besinnen, ich glaube, ich hätte noch weit mehr versprochen, wenn man's von mir verlangt hätte. Das Pfingstfest war eingeläutet, die Glocken schwiegen, wohl war die Sonne versunken, aber der ganze Himmel stand in Flammen — — ja, damals war die Welt noch schön!

Wir waren gar bald gut bekannt, Christine und ich; schon am ersten Abend stellten wir uns zusammen vor den Spiegel, um festzustellen, ob ich größer sei als sie, und sie hatte eine wahrhaft kindliche Freude daran, daß sie genau so groß war, wie ich. Sie war überhaupt ein Kind in vielen Dingen, trotz ihrer achtzehn Jahre, und doch fehlte ihr nicht ein gewisser Ernst, ein Etwas, das mich schließen ließ, sie sei in manchem ihrem Alter weit voraus.

Das Licht in der Hand, betrat ich bei sinkender Nacht mein Stübchen, droben im zweiten Stock; fast erschrocken wich ich an der Thür zurück, betäubender Duft wallte mir entgegen; auf dem Tische stand in bauchiger Vase ein riesiger Fliederstrauß, in dem ich denselben zu erkennen glaubte, den Christinens Hände vor einigen Stunden gehalten. Gern, so versuchte ich mir einzureden, hätte ich die Blumen hinausgesetzt, doch fürchtete ich der freundlichen Spenderin weh damit zu thun. Ich Verblendeter war mir nicht im entferntesten klar darüber, daß ich mir selbst wahrscheinlich am wehesten damit gethan hätte. Der Duft stieg mir schier berauschend zu Kopf und versetzte mich in ein trunkenes Wonnegefühl, wo blieb da mein Streben nach dem Nirwana? Da ist nicht Duft, noch Licht, da klingen keine Glocken, — — das Leben war es, das mich halten, das mich umgarnen wollte! Das Fenster stieß ich auf, daß es klirrend gegen die alten dicken Mauern fuhr, ich wollte mich nicht berauschen lassen: „Laß ab von mir!“ rief ich in die Stille hinaus. Vergebens, wohl strich der kühle Nachtwind um meine Schläfen, aber er führte denselben Blütenduft mit sich, alles erfüllt davon, da war kein Entrinnen. Ich schloß das Fenster wieder, das schwache Licht der sinkenden Mondsichel zitterte nun durch die altertümlichen Glasscheiben, vielfach gebrochen zu mir herein. Ich ballte die Faust: „Was leuchtest du da droben, Verführer!“

Endlich war ich zur Ruhe gekommen auf meinem Lager, doch nur zu kurzem friedlichen Schlaf, bald umtanzten mich wüste Träume in tollem Wechsel. Doch konnte ich mich am andern Morgen nur eines Augenblicks erinnern, wo ich mich von trüben Wellen umrauscht wähnte, die schließlich über mir zusammenschlugen.

Es war ein herrlicher, sonnengoldiger Pfingstmorgen, wir standen alle drei zum Kirchgang gerüstet auf dem Kiesplatz vor dem Schloß, das letzte Glockenzeichen erwartend. Christine konnte sich gar nicht satt sehen an meiner Uniform, die ich dem hohen Festtage zu Ehren angelegt hatte, sie hatte noch nie einen Offizier gesehen und mein goldgestickter Kragen erregte ihre ganz besondere Freude. Immer wieder umkreiste sie mich bewundernd, so daß ich mich schließlich nicht enthalten konnte, etwas gekränkt zu fragen, ob ich ihr denn in dem bunten Rock wirklich so viel besser gefiele. Da lachte sie so recht herzlich, dann aber sagte sie ganz ernst: „Seien Sie nicht böse, Herr von Sassen, ich bin wohl recht kindisch?“

Indem begann es auch schon zu läuten, schnell klopfte sie noch ihrem Bruder den Kalk vom Ellbogen, den er irgendwo im Vorübergehen mitgenommen, dann hüpfte sie leichtfüßig voraus, bis zur Gartenpforte am Kirchsteig. Der gute Otto sah recht wunderlich aus, wie er da so neben mir herschritt. Der Paletot schimmerte schon bedenklich grün im hellen Sonnenschein und der etwas vorsündflutlich geformte Cylinder war gegen den Strich gebürstet, dazu trug er Lackstiefel, juchtenfarbige Handschuh und eine Brillantnadel im weißen Halstuch. Beinahe hätte ich gelacht, er hatte aber sein Gesicht in so feierliche Falten gelegt, da schämte ich mich doch und sah lieber nach Christine hin, die nun ganz ehrbar neben uns ging, mit dem in violetten Sammet gebundenen Gesangbuch im Arm und dem großen Kirchenschlüssel in der Hand. Die strohköpfigen Dorfkinder sprangen an uns vorbei und rissen Mund und Nase auf bei meinem Anblick, trotzdem vergaß aber keines, dem Comteßchen einen guten Morgen zu wünschen; die nickte ihnen mit fast mütterlicher Freundlichkeit zu und entwickelte dabei eine Würde, die mich in Erstaunen setzte.

Als die rundbogige Thür der Kirche laut quiekend zurückwich, frug ich den Grafen leise nach der Qualität des zu erwartenden rhetorischen Genusses, da zuckte er die Achseln und gab mir die wenig logische Antwort: „Ja, weißt Du, früher ging ich auch nicht her, aber das Schwesterchen sieht es so gern." Und dann hielt er den Hut vors Gesicht und sprach im stillen ein andächtiges Gebet. Auch ich faltete die Hände, aber beten konnte ich nicht, das hatte ich eben verlernt; zu wem soll der beten, der keinen Gott hat? Ich ließ nun die Augen durch das Gotteshaus schweifen, durch dieses Gotteshaus, das so gar nichts an sich hatte von jenen feuchtkalten Schauern, die an Moder und Gruft mahnen; Sonnenschein, heller, fröhlicher Sonnenschein fiel durch die hohen Fenster und erfüllte den ganzen Raum mit Freude und Licht; die Sonnenstäubchen tanzten, ein leiser Lufthauch ließ die Totenkränze an der Wand rauschend erbeben, der Taufengel schwebte hernieder von der weißgetünchten Balkendecke, seine holzgeschnitzten Locken schimmerten wie lauteres Gold im Licht der Sonne, die seine grell gemalten Gewänder mit verklärendem Schein umwob; von der Schale in seiner Hand flatterte ein gesticktes Spruchband herab und darauf die Worte: Friede sei mit Euch!

Wo war mein Friede geblieben? Am liebsten hätte ich die Hände vors Gesicht geschlagen und bitterlich geweint. All mein Ringen und Streben hatte mir den Frieden nicht gebracht, ich war nur stumpfer geworden; also noch nicht genug der Entsagung! Weiter denn, immer weiter!

Die Orgel erklang, zwar versagte ein paarmal ein oder das andere Register, auch schnurrten einige Töne jedesmal, wenn sie angeschlagen wurden, die Schulkinder plärrten aus voller Kehle und die falschen Noten waren nicht zu zählen, aber es war alles so feierlich; ich glaube, der Eifer war es, mit dem jeder das Seine that, der das Ganze so herzerhebend machte. Auch Christine sang mit, ganz leise, mit ihrem herzlieben Stimmchen, wie ein Vöglein im Walde; ich sah zu ihr hin, der Graf saß zwischen uns und ich mußte mich vorbeugen, nicht rechts, noch links schaute sie, immer gerade aus, als wäre sie ganz allein. Das enganliegende schwarze Sammethütchen mit der großen Kinnschleife gab ihr etwas Frauenhaftes, das reizend mit dem kindlichen Zug um den Mund kontrastierte. Jetzt in der Tageshelle fiel es mir auf, daß nicht nur an den Schläfen die Adern bläulich durchschimmerten, sondern daß auch die groß aufgeschlagenen Augen von dunklen Ringen umgeben waren, was ihr einen Hauch von Schwärmerei und Schwermut, gepaart mit nervöser Reizbarkeit, verlieh.

Choral und Liturgie waren vorüber, die Predigt hatte begonnen, ich erinnere mich ihrer nicht, möglich, daß ich gar nicht zugehört habe; ich glaube aber sie war einfach und gut, selbst die Textworte waren mir zu wenig geläufig, um sich meinem Gedächtnis einzuprägen. Christine hörte mit rührender Aufmerksamkeit zu. Einmal, ihr Bruder hatte schon ein paarmal schlaftrunken genickt, beugte sie sich zu ihm und sagte ganz leise: „Bist Du müde Otto?“ und von da an paßte er auf, als wolle er die ganze Predigt zu Hause aufschreiben. Beim Schlußgebet bemächtigte sich meiner eine heiße Sehnsucht, auch einmal so recht von Herzen beten zu können, aber zu wem? ich sah wieder zu Christine hin, sie hatte die Hände gefaltet, ihre Lippen bewegten sich leise und die leuchtenden Augen waren aufwärts gerichtet, sie beugte nicht das Haupt wie die anderen alle, das war so ihre Gewohnheit, ich habe es später öfter heimlicherweise beobachtet, glaube aber nicht, daß sie deshalb weniger demütig war, sie suchte wohl nur Den da droben. Als wir vor der Kirche standen und die Dorfleute grüßend vorbeigingen, es war so eine Art herkömmlicher Defilier-Cour, sagte sie: „Nicht wahr, wir haben hier eine schöne Kirchenmusik?“ sie mußte unglaublich unmusikalisch sein, ich aber bejahte ohne Überlegen. Dann fuhr sie fort: „Hat das Fenster gegenüber Sie auch so geblendet, Herr von Sassen? Otto klagt immer so darüber. Er kann die Augen gar nicht offen behalten.“ Das gute Kind! Daß man aus langer Weile einschlafen könnte, kam ihr nicht in den Sinn. Vergnügt lief sie auf dem Heimweg im Garten umher, warf uns mit Flieder und Goldregen, während Otto die engen Handschuh von den angequollenen Fingern zog und nach seinen bequemen Alltagsstiefeln seufzte.

Ich blieb viel länger in Klockfelde, als ich anfangs gewollt, ich konnte mich, einfach gesagt, nicht trennen, aber wenn mir jemand gesagt hätte, ich sei verliebt, ich glaube, den Frechen hätte ich gefordert. Daß ich so lange brauchte, um dahinter zu kommen, war eigentlich ein Wunder bei einem, der wie ich in der großen Welt gelebt hatte; doch es war so, das ließ sich nicht nicht bestreiten, und daran war zumeist der mir eigentümliche Hochmut schuld, jene Selbstüberhebung, die mich glauben ließ, die Liebe mit all ihrem irdischen und himmlischen Zubehör sei für immer beseitigt in demselben Augenblicke, da ich sie als Hindernis auf dem Wege zum Nirwana erkannt und somit aus meinem Leben gestrichen hatte. Ich glaubte eben, zu können, was ich wollte, und das ist ja leider — oder vielmehr gottlob — fast immer eine Täuschung. Wie blind ich war, das beweist ein Vorfall gelegentlich einer Jagd am besten, der wohl geeignet gewesen wäre, sowohl Otto wie Christine aufmerksam zu machen, wenn sie nicht so vollkommen unbefangen gewesen wären. In der Folge ist's mir zwar ein Leichtes gewesen, ihr wenigstens die Unbefangenheit zu rauben, aber da war's auch mit der meinen vorbei und für uns beide zu spät. Graf Otto war ein seltsames Gemisch von mittelalterlichem Nimrod und weltverachtendem Philosophen; das ist kein Material, aus dem man einen scharfen Beobachter schmiedet; wenn man in Wasserstiefeln, zwischen dem Stall und der Bibliothek hin und her schwankt, hat man kein Auge für junge Liebe. Kurzum, wir waren alle drei blind.

Auf hohem Wagen über Straßenstaub und Schmutz hoch erhaben, sausten wir dem Wald entgegen zu besagter Jagd. Jener Tag war über alle Begriffe schön in all seiner frischen, grünenden Poesie, noch heute, mitten im winterlichen Graus, steigt er vor mir auf in unvergänglichem Reiz, ewig unvergeßlich, wie ein liebliches Märchen! Ach, da war ich ein herzlich schlechter Jäger!

Christine begleitete uns nämlich. Erst wollte ihr Bruder sie durchaus nicht mitnehmen; auf dem Pürschgange könne sie doch nicht mit ihm gehen; kleine Mädchen hielten niemals den Mund, verscheuchten das Wild, das Gewehr könnte auch losgehen u. s. w. Sie bettelte aber so lange, doch wenigstens mitfahren zu dürfen, bis er sich mit dem Versprechen zufrieden gab, daß sie, solange wir mordlustig umherstreiften, bei der Frau des Waldwärters bleiben wolle. Schließlich brummte er noch etwas von „hinten beim Kutscher sitzen“, da er selbst zu fahren beabsichtige; ich beeilte mich natürlich sofort, zu erklären, daß ich sehr gern hinten sitzen würde, und fuhr dann auch bald darauf neben dem verwitterten Johann dahin, reichlich entschädigt für die Unbequemlichkeiten des Dienersitzes, wenn sich Christine dann und wann mit einem holden Lächeln oder freundlichem Wort zu mir umwandte; gerade vor mir hingen die blonden Zöpfe über ihren Rücken herab, und ich hätte gar zu gern einmal angefaßt, ob sie wohl ebenso seidenweich seien, wie sie goldig schimmerten.

Nach einer guten halben Stunde hielten wir vor dem Waldwärterhäuschen. In der niedrigen Thür erschienen die Bewohner, mit den letzten Resten der Vesperstulle in den gebräunten Backentaschen, noch kauend, aber sehr dienstbeflissen.

„Schnell fertig gemacht,“ rief Otto, sich wuchtig von seinem hohen Sitz zur Erde schwingend, „der Herr Lieutenant will einen Rehbock schießen!“

Ich ließ es mir natürlich nicht nehmen, das federleichte Comteßchen vom Wagen zu heben, und begleitete sie auch in die düstere, dumpfige Stube, als die Waldwärterfrau sie hereinnötigte. Ein paar Kinder krochen da umher, die offenbar mit Kamm und Seife auf dem Kriegsfuße lebten, und es roch entsetzlich nach armen Leuten.

„Sie können unmöglich hier bleiben, Comtesse,“ wendete ich mich leise an Christine. „Ich setze mich draußen in die Laube,“ erwiderte sie ebenso. Besagte Laube war, nebenbei gesagt nur ein kahles Gerüst aus Bohnenstangen mit einigen dünnen, kränklichen Ranken als einzige Bekleidung. Als aber die Frau ihren Sprößlingen mit der Schürze die Nase putzte, indem sie sie zum „Guten Tag sagen“ ermahnte und Christine wirklich die schmutzigen Händchen ergriff, da wurde mir die Sache doch zu bunt, ich machte Otto klar, daß dies ein gänzlich ungeeigneter Aufenthalt für seine Schwester sei; und so kam es, daß wir bald darauf zu vieren, die Geschwister nämlich, der Waldwärter und ich, das Gehöft verließen. Nach eifrigem, leise geführtem Gespräch zwischen dem Grafen und seinem Untergebenen hielten wir auf einer kleinen Waldlichtung an; man bedeutete mich, ein sich nach rechts in die Kiefernschonung ziehendes, grasbewachsenes Gestell zu verfolgen, dann links bis zum Eichenkoll, geradeaus am kleinen Paddenpfuhl vorbei, na, und so weiter, bis da und dahin, wo abends ein starker Bock herauszutreten pflege. Da ich wegen mangelnder Ortskenntnis etwas unvernehmlich that, gab man mir Christine als Führer mit; das möglicherweise Unschickliche eines solchen tête à tête fiel natürlich keinem auf, und ich muß gestehen, daß ich selbst in dem Augenblick und in der ländlichen Umgebung nicht daran dachte, daß man für gewöhnlich mit jungen Mädchen keine einsamen Spaziergänge unternimmt. Die beiden andern schlugen sich nach links in die Büsche, während Otto mit heuchlerischem Seufzer meinte: „Na, vielleicht treffe ich auch irgend was an, zwei Schützen auf einem Fleck ist zu viel.“ Mir aber schien es mehr als wahrscheinlich, daß ich kein Wild antreffen würde. Das geheimnisvolle Gespräch von vorhin hatte mich mißtrauisch gemacht, wußte ich doch sehr gut, daß Jagdneid nur zu oft den Sieg über Gastfreundschaft davonträgt; merkwürdigerweise war ich trotz sonstiger Jagdpassion gar nicht gekränkt darüber. Leise auf den Zehenspitzen, die Hand auf dem Munde, um nur ja nichts zu verscheuchen, ging Christine neben mir her; dann und wann blieben wir stehen und horchten, es war alles still, nur ein Käfer umsummte uns leise und einmal schreckte in weiter Ferne ein fliehender Rehbock. Endlich hatten wir den uns bezeichneten Steinhaufen am Rande des Buchenwaldes erreicht, vor uns lag eine schmale Wiese und jenseits in fast schwärzlichem Dunkel die Kiefernschonung, die mit ihren letzten vereinzelten Ausläufern bis ins grasige Grün hineinreichte; von dort her sollte der Bock seinen Wechsel haben. Durch Zeichen verständigten wir uns, duckten uns nieder hinter einem verkrüppelten Stamm; die Büchse hatte ich von der Schulter genommen und hielt sie schußbereit in der Hand; wir lauschten gespannt, aber nichts regte sich. Christine kniete neben mir im Grase, ganz dicht neben mir, so daß ich jedes losgelöste Härchen auf dem weißen Halse, jede blaue Ader an der Schläfe verfolgen konnte. Es war einer der ersten lauen Tage, erhitzt vom Gehen hatte sie den Hut abgenommen, und ganz unbeschattet hob sich das edel geschnittene Profil hell und scharf von dem Baumstumpf hinter ihr ab, das sonst so blasse Gesicht zeigte ein wenig Farbe und die Lippen preßten sich in atemloser Erwartung aufeinander, ich glaubte deutlich zu sehen, wie sie das Öhrchen spitzte, während die Gazellenaugen das Dickicht zu durchdringen suchten. Ich weiß nicht, wie lange wir so gesessen; keinen Blick wandte ich von meiner reizenden Gefährtin, ich meinte fast, sie müsse es fühlen, doch spurlos glitt meine Bewunderung von ihr ab, „wie Wasser von dem Lotosblatt,“ nach blumenreicher, indischer Rede. Mir begann das Herz zu klopfen, vor Erwartung glaubte ich; doch war es sicher nur ihre Nähe, die mich so erregte. Ich drückte die Hand vor die Augen, sie nahm das als ein Zeichen, daß ich nun das Vergebliche unseres Wartens einsehe, und ließ ihre schlanke Gestalt ermüdet in sich zusammensinken. Doch nur einen Augenblick, da legte sich ihre kleine, warme Hand mit bedeutsamem Druck auf die meine, mit der andern wies sie nach oben. Ich schaute hinauf. Da, wo sich ein schmaler Streifen Himmelsblau über uns wölbte, zackig eingefaßt von überhängenden Baumzweigen, da, hoch in den Lüften, wie ein schwarzer Punkt, aber doch ganz deutlich, zog ein Raubvogel seine Kreise. Mechanisch legte ich die Büchse an und zielte, der Vogel kam immer näher, schon sah man den majestätischen Flügelschlag, es war eine große Weihe, ich wollte losdrücken, — vergebens — in meiner Zerstreutheit hatte ich vergessen den Hahn zu spannen, da war der günstige Moment vorüber, ich ließ die Arme sinken — enttäuscht sah mich Christine an.

„Warum schossen Sie nicht?“

„Es war zu weit,“ log ich mit kecker Stirn.

Fast im selben Augenblick ertönte aus der Richtung, wo wir die beiden andern vermuten konnten, ein Schuß, und Christine rief:

„Das war Otto! Nein, das ist aber zu toll; wir sind doch hergefahren, damit Sie etwas schießen sollten, Herr von Sassen, und nun alarmiert er den ganzen Forst; kommen Sie nur, jetzt ist hier doch nichts mehr zu erwarten.“

Sie stand auf und wir schritten dem Platze zu, wo wir laut Verabredung den Grafen finden sollten. Es dauerte auch gar nicht lange, so drang die Stimme des Waldwärters aus nächster Nähe zu uns und gleich darauf tauchte auch er selbst zwischen den Büschen auf, wie er eifrig demonstrierend und mit dem krummen Zeigefinger lebhaft gestikulierend vor seinem Herrn stand. Als ich näher trat, sah ich, daß zwischen beiden wirklich ein bereits ausgeweideter Rehbock lag. Mir wurde nun von dem Waldwärter aufs umständlichste auseinandergesetzt, warum gerade heute der Bock seinen Wechsel nicht am Steinhaufen vorbei, sondern irgendwo anders genommen habe, und Otto stand mit mitleidigem Lächeln dabei, daß nur unvollkommen die Freude über den eigenen Erfolg verdeckte. Ich freute mich von Herzen mit dem alten, guten Kauz; eine anerkennenswerte Selbstlosigkeit! Auch eine Errungenschaft fortgeschrittener buddhistischer Vervollkommnung, wie ich mir stolz sagte. Christine stand indes von ferne, und als ich zu ihr trat, da sah ich, daß sie Thränen in den Augen hatte; auf mein Zureden, sich das erlegte Wild doch auch anzusehen, antwortete sie mit weinerlicher Stimme: „Nein, Herr von Sassen, ich kann's nicht sehen, das liebe, schöne Reh.“

„Aber Comtesse, vorhin dieser Feuereifer und nun?“ fragte ich voll Staunen.

„Ja,“ fuhr sie fort und trocknete sich die Augen, „ja, so mache ich es immer, Otto will mich deshalb gar nicht mehr mitnehmen zur Jagd, nachher thut's mir immer so leid.“ Und sie schluchzte ganz vernehmlich. Wie froh war ich, nicht der glückliche Schütze zu sein. Durch die Versicherung, daß ein guter Schuß dem Tiere ein schnelles Ende und wenig Qualen bereitet habe, gelang es mir endlich, sie in ihrem kindlichen Kummer zu trösten.

Auf der Heimfahrt erzählte sie ihrem Bruder die Geschichte mit dem Habicht und bedauerte es so lebhaft, daß der Raubvogel so weit entfernt war, daß ich nicht umhin konnte, die Wahrheit zu beichten. Otto wollte sich tot lachen, doch fiel ihm an meiner Zerstreutheit, wie gesagt, nichts Besonderes auf. Christine aber war sehr empört über meine Lüge und nur schwer wieder zu versöhnen. Sie war sonst so sanft und gut, nur wenn einer die Unwahrheit sagte oder ein Tier quälte, da konnte sie ernstlich böse werden.

Sie vergab mir jedoch, als ich demütig um Verzeihung bat und Besserung gelobte; die Sonne ging nicht unter über ihrem Zorn, und wir lebten fortan in schönster Eintracht.

So gingen die Tage hin in Friede und Freude, in unglaublicher Ahnungslosigkeit. Wir streiften umher in Luft und Sonne; und der Garten des Paradieses kann dem ersten Menschenpaare nicht schöner erschienen sein, als uns der große, verwilderte Schloßpark. Mein bleiches, hohles Aussehen fing schon an, sich zu verlieren, wie mich der Spiegel belehrte; manchmal dachte ich stundenlang gar nicht ans Nirwana, dies sehnsuchtsvoll erstrebte große Nichts. Nicht daß ich es aufgegeben hätte, nein, dazu war ich viel zu hartnäckig, es war nur ein Vergessen, eine süße Narkose für den Weltschmerz, der, ich wußte es genau, vorhalten würde bis zu meinem Lebensende. — Und er hat's gethan — bis heut — und immer. —

Zu Christine hatte ich noch kein Wort gesprochen, von den mich bewegenden Ideen; wozu den lieben Kinderkopf damit beschweren, dachte ich, und wenn ich mit ihr zusammen war, hatte ich vollends alles vergessen. Desto mehr weihte ich Graf Otto in meine Mystik ein, und er hörte alles voll Interesse an, vom buddhistischen Glaubensbekenntnis bis zu Hypnotismus und Materialisation. Ich glaube nicht, daß er alles begriff, manches entging wohl seinem Verständnis, weil ihm die nötige philosophische Vorbildung fehlte, doch hörte er voll ehrfurchtsvollen Staunens zu, wenn ich von der Gestaltungskraft der Seele erzählte, die vermöge des Willens und der Vorstellung das einzige schaffende Prinzip der Welt sei. Manchmal riß er die runden, wasserblauen Augen auf voll ehrlicher Verwunderung, aber das Geheimnisvolle hatte einen ersichtlich großen Reiz für ihn, und ich glaube nicht zu irren, wenn ich vermute, daß er oft stundenlang in verstaubten Winkeln seiner Bibliothek nach längst vergessenen, nekromantischen Büchern wühlte.

Aus den für den Aufenthalt in Klosfelde von mir berechneten drei bis vier Tagen waren nahezu zwei volle Wochen geworden, und der Vollmond schaute nun in meine Fenster, wo zuerst die schmale Sichel ihr dürftiges Licht gespendet hatte. Da endlich ward es auch in meinem Innern hell, aber es war noch nicht der anbrechende Tag; damals wenigstens hielt ich den rosigen Schein vielmehr für eine unheilbringende Feuersbrunst, als für die erste Verkündigung des ewigen Lichts. Oh, über die unselige Blindheit!

Ein schwüler Tag neigte sich seinem Ende zu; vergebens hatten wir nach einem Gewitter ausgespäht. Die blauen, weißkuppigen Wolken zogen alle um uns herum, ohne sich zu entladen, und der Abend brach herein unter klarstem Himmel und schönstem Mondenschein. Im Hause war es unerträglich heiß, draußen gehen mochten wir auch nicht, es lag uns allen wie Blei in den Gliedern, so lagerten wir uns auf die Steinstufen der Veranda, wo wir den Sternenhimmel mit seinem viel tausendfachen Geflimmer über uns hatten. Kein Lüftchen regte sich; vor uns der Park in Todesstille, kein Flüstern im Laube, kein Lied der Nachtigall, nur eine große Fledermaus umkreiste uns mit lautlosem Flügelschlage. Drunten wechselten gespenstisch lange Baumschatten mit breiten, hellen Flächen, im Mondenlicht weiß wie frischgefallener Schnee, die köstlichsten Tanzplätze für Elfen und Feen. Seitwärts, wo die Bäume auseinander traten, bot sich ein Ausblick ins freie Land, meilenweit hin über Thal und Hügel bis zum fernen Horizont; dort hatte sich eine dunkle Bank gelagert, eine schwärzliche Dunstschicht, in der es dann und wann wetterleuchtend aufblitzte. Mir war es, als wälze sich der düstere Streif atemraubend auf meine Brust, wie ein furchtbares, unabwendbares Verhängnis. Und doch war die Nacht so schön, so märchenhaft schön!

Gesprochen wurde wenig, aber Christine war von einer seltsamen Ruhelosigkeit. Die Stufen auf und nieder, drunten den Weg entlang, ihre Gestalt umschwebte uns bald hier, bald da, im unsichern Schein wie ein nebelgewobener Schatten. Schon einige Tage hatte ich diese Unruhe an ihr beobachtet, besonders des Abends. Morgens sah sie dann bleich und müde aus und die Schatten unter ihren Augen waren tiefer geworden. „Bitte, Gräfin Christine," bat ich endlich, „ich möchte Ihnen den Stern zeigen, von dem wir gestern sprachen, bitte setzen Sie sich zu mir."

Sie that es, rückte aber so lange auf der Treppe hin und her, bis mein Schatten nicht mehr auf sie fiel und sie dem Monde wieder voll ins Gesicht sehen konnte; sie hatte eine besondere Vorliebe für ihn; Eitelkeit war es nicht, denn sie wußte wohl kaum, wie wunderlieblich das bleiche Licht ihre Züge verklärte.

So saß sie denn neben mir, die Händchen im Schoß gefaltet, den Kopf weit in den Nacken zurückgelegt, hell beleuchtet und in den großen, lichtbraunen Augen ein phosphoreszierendes Leuchten. Als ich die Hand ausstreckte, ihr den Stern zu zeigen, rief sie scherzend: „Nicht doch, Herr von Saßen, Sie stechen ja einem Engel die Augen aus." Und sie bog meinen Arm nieder. Wie ein Feuerstrom rann es bei der Berührung dieser kleinen, heißen Hand durch meinen ganzen Körper. Christine sah mich halb erschrocken an: „Sind Sie böse?" fragte sie leise, „Ihre Stirnader ist ja ganz angeschwollen." Ich schüttelte den Kopf. Mit ihrem Aberglauben wollte ich sie necken, aber ich brachte kein Wort heraus. Ich mußte, nur immerfort in das süße Gesicht blicken; wo nur hatte ich es früher gesehen? Vergeblich zermarterte ich mein Hirn, das allein wußte ich, wir hatten uns nahe gestanden, sehr nahe.

Auch sie sah mir forschend in die Augen, vielleicht grübelte sie über demselben Problem, wie ich. Der schöne Kopf glich in seiner Weiße und Bewegungslosigkeit, einem ernsten, sinnenden Marmorbild.

„O, wer dein Pygmalion sein dürfte," stürmte es in meinem Herzen, „tausendmal selig der, der dich zum Leben erwecken, dich in seine Arme schließen darf, tausendmal selig der, den du liebst!"

Ich preßte die Hände krampfhaft ineinander, um sie nicht gleich an mich zu reißen, gewaltsam wandte ich die Blicke, ich glaube, meine Zähne knirschten hörbar. War das Liebe —?

Als ich mich zurückwendete, saß sie nicht mehr neben mir, droben auf der steinernen Treppenbrüstung hockte sie neben dem Bruder und ihr Kichern drang zu mir herunter, wie das Girren der wilden Taube.

„Otto ist müde," rief sie herunter, „der gestrenge Hausherr befiehlt, daß wir sogleich zu Bette gehen." Ich erhob mich, im nächsten Augenblick hatte sie mir auch schon die Hand gereicht, eine „Gute Nacht" gewünscht, war davon geflattert, die Treppe hinauf und im Hause verschwunden. Wir folgten langsamer und mit Verwunderung sah ich, mit welcher Sorgfalt der grauköpfige Diener die Thür hinter uns verschloß und verriegelte, zuletzt legte er die Läden vor die Fenster, dann rüttelte er noch einmal an der verrammelten Thür und steckte schließlich den Schlüssel in seine Tasche.

„'s ist wieder so heller Mondschein heut," hörte ich ihn dem Grafen bedeutsamen Blickes zuflüstern und: „Recht so, Alter," war Ottos ebenso leise Antwort.

Ich blies mein Licht aus, als ich mein Zimmer betrat, war es doch ohnedem hell genug. In vollem Strom flutete der Mondschein über die altersmorschen Dielen, durch das offene Fenster drang der berauschende Fliederduft zu mir herein, — — ach, Fliederduft, süßer, sinnverwirrender Fliederduft — wie in jener ersten Nacht. Welche kurze Spanne Zeit und welche Veränderung! Damals freilich zog ich keine Vergleiche; auch nicht der entfernteste Gedanke schweifte zurück zum vergessenen Nirwana. Leben wollte ich, ich wollte mich berauschen und weit bog ich mich aus dem Fenster, mit voller Brust die Düfte der schwülen, berückenden Nacht zu atmen. In meinen Adern schlug und pochte es zum Zerspringen, gleich einem Strome glühender Lava rann das Blut durch meinen Körper, mächtig regte sich in mir der Wille zum Leben. Ich breitete meine Arme aus voll heißer Sehnsucht, laut hätte ich hinausschreien mögen in die Stille, wie der Hirsch draußen im Walde; das Leben war erwacht und forderte sein Recht.

Drunten im Park mit seinem köstlichen Helldunkel mußte es jetzt herrlich sein; Otto hatte mir gleich zuerst einen Schlüssel zu einer kleinen, versteckten Seitenpforte eingehändigt. „Wenn dich nach einem nächtlichen Spaziergang oder einer Jagd vor Tagesanbruch gelüstet," hatte er dabei gesagt, „aber ich muß dich bitten, schließe immer gleich wieder sorgfältig hinter dir zu." Ich versprach das auch, obgleich ich über seine Wichtigthuerei lächeln mußte. Den Schlüssel suchte ich nun hervor, ich mußte hinaus, die Mauern wurden mir zu eng.

Einen Augenblick zögerte ich noch und horchte, ob sich draußen im Korridor nicht wieder jene seltsamen Laute hören ließen, die ich schon seit etlichen Nächten belauscht. Wie ein Flattern und Rauschen war's gewesen, ein Huschen und Gleiten, wie von schleppenden Frauengewändern, aber kein Schritt wurde hörbar, nur glaubte ich manchmal ein schwaches Seufzen zu vernehmen. Das Ganze war mir jedoch nie so recht zum Bewußtsein gekommen, am andern Morgen wußte ich nie, was Traum und was Wirklichkeit war. An jenem Abend blieb aber alles still, und ich gelangte, ohne etwas Außergewöhnliches gesehen und gehört zu haben, über die fast tageshellen Treppen und Flure zum Pförtchen und ins Freie. Als ich dasselbe von außen wieder verschließen wollte, entfiel mir der Schlüssel, der verrostet, wie er war, sich gar nicht von dem Erdboden abhob und sogleich meinen Augen entschwand; alles Suchen war vergeblich, ich mußte mich schließlich begnügen, die Thür anzulehnen und beachtete nicht, daß sie sich von selbst, durch die eigene Schwere und eine etwas schiefe Lage wieder öffnete, so Mondschein und Nachtluft freien Eintritt gewährend.

Wie lange ich in den zugewölbten Baumgängen umhergeirrt bin, weiß ich nicht; mein Fuß schritt achtlos hinweg über die Tausende kleiner Fliederblüten, die schon welkend, in hellen Haufen den Boden bedeckten; meine Hände streiften Blätter von den Sträuchern, meine brennenden Augen vergrub ich in das kühle Grün, um es dann in alle vier Winde zu zerstreuen. Zuletzt wußte ich gar nicht mehr, wo ich war, bei all dem Hindämmern und Träumen.

Da schimmerte es in mattem Silberton vor mir durchs Gezweige und als ich näher trat, sah ich, daß es ein kleiner, melancholischer Weiher war. Dieser Teil des Parkes war mir völlig fremd, noch nie hatte ich an den schilfbewachsenen Ufern gestanden. Der ganze Teich war dicht mit Wasserlinsen bedeckt, nur an einer Stelle, die Frösche mochten dort gehaust haben, warf die dunkle Flut des Mondes verwaschenes Spiegelbild zurück.

Es war ein Gemälde von tief ergreifendem Reiz; zu meinen Füßen, das regungslose, mattschimmernde Gewässer, jenseits eine steile Höhe, gekrönt von alten Baumriesen, bis ans Wasser hinunter mit dichtem Gestrüpp bedeckt und darüber der Mond in mildem Scheine.

(Fortsetzung folgt.)

Möchte kein Engel sein!

Eine Humoreske.

Von

Hans Kindermund.

Die folgende Szene spielt in einer Kinderstube an einem Maiabend gegen 8 Uhr. Die Mutter versucht die Wißbegierde eines dreijährigen Philosophen in Schlaf zu lullen.

So, Willi, nun schlaf endlich ein; nun ist's genug!

Jsch bin aber doch nisch müde, Mama. Jsch mag nisch schlafen.

Artige Kinder, die gleich einschlafen, kommen in den Himmel.

Wie is denn der Himmel?

Der ist ein wunderschöner Garten da oben, wo Gott wohnt.

Wer wohnt da denn sons noch bei ihm?

O, nur gute Menschen und alle artigen kleinen Knaben und Mädchen, die thun, was ihnen ihre Mutter sagt, und die Engel.

Djennel? Wer is das?

O, die Engel, das sind ganz wunderschöne, hellleuchtende Wesen mit Kronen auf dem Kopfe, und die haben Flügel —

So wie die Maikäfer?

Nun, wohl nicht ganz so, aber doch —

Flieden sie denn oder hopsen sie nur, wie die Grashüpper, wenn man sie aufjagt?

O, die Engel im Himmel jagt niemand auf. Die sind gerade wie Menschen, nur größer und haben Flügel.

Tönnen sie denn aufflieden?

Gewiß.

Tönnen sie sisch mir auch auf die Finnerpitze setzen, wie Robbi und Mehlwürmer essen wie Robbi?

(Robbi ist ein Singvogel, der im Hause gehalten wird und so zahm ist, daß er aus seinem Bauer herauskommt und sich anfassen läßt, sich auch dem Kinde auf die Hand setzt.)

Nein, Willi, das thun sie nicht.

Hast du denn schon mal Ennel desehen?

Nein.

Mama, du machst mir wohl was weiß?! sagt der Kleine plötzlich ganz ernsthaft.

Nein, mein Willi, gewiß nicht!

Menschen, die was weiß machen, mach isch auch nisch leiden.

Aber, mein Willi, die Bibel erzählt uns viel von den Engeln.

Ja, aber wie trieden sie denn ihre Tleider an über die Flüdel?

Sie tragen ganz weite Gewänder.

Werden die denn darnisch zudetnöpft?

Ich glaube, wohl nicht.

Tönnen denn die danz tleinen Ennel sisch anziehen, ohne daß ihre Mama ihnen hilft und ihnen die Jatte zutnöpft?

Ja, ich glaube wohl.

Aber traden denn die tleinen Ennel teine Hosen, wenn sie so droß sind wie isch? (Willi trägt gerade seit kurzem sein erstes Paar Hosen.)

Nein, die tragen sie wohl nicht.

Huh — uh, isch möscht doch tein Ennel sein!

Warum denn nicht, Willi?

Nä, möscht' isch nisch!

Ganz entschlossen dreht er sich im Bette herum und legt sich auf die Seite. Für ihn steht es fest: entweder einen Himmel mit Hosen oder gar keinen!

Warum?

Von

Hans von Bosch.

Ihr süßen Augen
Voll lichter Pracht,
Ihr meine Sterne
In dunkler Nacht,

Warum so trübe,
So naß und stumm?
Ihr süßen Sterne,
Warum? — Warum?

O süße Lust,
Mein „Eigen“,
An deiner Brust —
Zu schweigen! —

Niemand kann
zwei Herren dienen!

Jesus der Künstler.

Traum eines Armen.

Von
Richard Dehmel.

So war's. So stand ich — dumpf, doch fühlend: stumm:
im roten Saal, reglos, in dunkler Ecke:
dumpf, starr und fühlend: schwer: Stein unter Steinen —
bang: starr, und fühlend! — —
Die schlanken Alabastersäulen leuchten;
vom hohen Saum der Purpurkuppel hängen
und glänzen weit ihr silbern Licht herab
im Doppelkreis die großen weißen Ampeln;
die roten Nischen bergen zarte Schatten
und spiegeln sich im blanken Pfeilerwerk.
Es ist so still . .
Und stumm gleich mir und unbewegt, von Nische
zu Nische, stehn Gestalten — Mann und Weib.
In weißer Nacktheit stehn sie schimmernd da;
die glatten Sockelblenden werfen Strahlen;
die roten Wände füllen lebenswarme
geheime Schmelze um den Rand der Glieder;
von Kraft und Ruhe träumt der reine Stein.
Sie sind so schön . . .
Ich aber hocke in der dunklen Ecke
und fühle meines Leibes Magerkeit
und meiner Stirne graue Sorgenfurchen
und meiner Hände rauhe Häßlichkeit.
In meinem Staub, in meinen Straßenlumpen
mißfarben angetüncht, so hocke ich
auf fahlem Postamente, steif und bang,
vor ihrer Nacktheit mich der Kleider schämend,
Stein unter Steinen . .
Nur Einer atmet in der stillen Halle.
Dort in der Mitte, auf dem mattgestreiften
eisblassen Marmor, liegt — im Dornenkranz,
blutstropfenübersät die bleiche Stirn —
ein Mensch und schläft. Sein weißer Mantel hebt sich
in langen Falten leise auf und nieder.
Im Silberlichte der Ampeln glänzen rötlich
der schmale Bart, das schwere weiche Haar.
Hinauf zur Kuppel hebt der milde Mund;
so lautlos schön . .
Nun kommt ein Seufzen durch den stummen Glanz.
Die stillen Lippen haben sich geöffnet.
Im blanken Alabaster spiegelt sich
des blutbesprengten Hauptes leise Regung.
Klar, langsam thun zwei große blaue Augen
empor zur Purpurwölbung weit sich auf.

sanft auf; und alles Rot und Weiß des großen
Gemaches überstrahlet dieser großen
verklärten Augensterne dunkeltiefes,
unsäglich tiefes, dunkles, sanftes Blau.
So steht er auf. . .
Da scheinen sich die Steine rings zu rühren,
die weißen Glieder eignen sich zu röten,
und war von Sehnsucht starr. Er aber wandelt.
Die Dornenkrone bebt; und wie er sacht
von Postament zu Postamente schreitet,
und Wen er ansieht mit den blauen Augen,
Der lebt und steigt in Schönheit zu ihm nieder;
Der lebt, Der lebt! —
Und steigend, wandelnd, aus den Purpurzellen,
in warmer Nacktheit leuchtend Leib an Leib,
folgt Paar auf Paar ihm von den Marmorschwellen,
so stolz, so stolz, umschlungen Mann und Weib.
Von ihren Stirnen, von den lichtbetauten
sorglosen Lippen ein Erwachen flieht,
der weite Saal erklingt von Menschenlauten,
es schwebt ein Lied.
Es schwebt und klingt: „So wandeln wir in Klarheit
und wissen aller Sehnsucht Sinn und Ziel:
in unsrer Schönheit haben wir die Wahrheit,
zur Freude reif, und frei zum kühnen Spiel!"
So schwebt das Lied. . .
Ich aber hocke in der dunklen Ecke
und fühle meiner Glieder Häßlichkeit
und meiner Stirne graue Sorgenfurchen,
und fühle neidisch ihre warme Nacktheit
und frierend ihren Jubel — ich ein Stein.
Von Pfeiler hell zu Pfeiler tönt der Zug,
des stillen Wandlers Dornenkrone bebt;
ich aber bebe mit in meinen Lumpen
und warte, warte auf die blauen Augen
und will auch leben, auch ein Freier wandeln,
nicht Stein, nicht Stein! —
Und näher glänzt und klingt es um die Säulen;
vom letzten Sockel folgt ein Mädchen ihm;
er kommt! er kommt! —
Und er steht vor mir. Da verstummt der Zug;
ich fühle ihre stolzen Augen staunen,
und fühle seine, seine Augen ruhn
in meinen — ruh'n — und will mich an ihn werfen
und will ihm küssen seinen milden Mund,
da brechen perlend seine Wunden auf,
die bleiche Stirn, die Lippe zuckt — er spricht,
ihm schießen Thränen durch den blutigen Bart,
spricht: „Deine Stunde ist noch nicht gekommen!" — —
Und ich erwachte; weinend lag ich nackt;
nackt wie die Armut.

Giordano Bruno.

Nach den Lichtstrahlen aus seinen Werken.*)

Von

Ludwig Kuhlenbeck.

Das Bekenntnis seiner Weltanschauung, welches Bruno dem Inquisitionsgerichte zu Protokoll gab[1]) und auf Grund dessen er am 19. Februar 1600 in Rom verbrannt ward, ist das folgende, und — fügen wir hinzu — ist auch das unsrige:

„Ich glaube an ein unendliches Universum, d. h. die Schöpfung der unendlichen Allmacht, da ich es der göttlichen Güte und Macht unwürdig erachte, wenn sie unzählige Welten schaffen kann, nur eine endliche begrenzte Welt geschaffen zu haben. Daher habe ich stets behauptet, daß unzählige andere Welten ähnlich dieser Erde existieren, welche letztere ich mit Pythagoras nur für einen Stern halte, wie die zahllosen anderen Planeten und Gestirne. Alle diese unzähligen Welten machen eine unendliche Gesamtheit aus im unendlichen Raume und dieser heißt das unendliche All, so daß eine doppelte Unendlichkeit anzunehmen ist, nach Größe des Universums und nach Zahl der Weltkörper.

In diesem unendlichen All setze ich eine universelle Vorsehung, kraft deren jegliches Ding lebt, webt und sich bewegt und in seiner Vollkommenheit dasteht, und diese begreife ich in doppeltem Sinne, einmal als allgegenwärtige Weltseele, wie die Seele überall ganz im Körper zugegen ist (und diese ist eine Spur und ein Schatten der Gottheit); sodann auf unsagbare Weise, insofern Gottes Wesenheit und Gegenwart und Allmacht in Allem und über Allem ist, nicht als ein Teil, nicht als eine Seele, sondern auf unerklärliche Art.

Sodann glaube ich, daß in der Gottheit alle Attribute Ein und Dasselbe sind, und mit anderen großen Philosophen und Theologen benenne

---

*) Lichtstrahlen aus Giordano Brunos Werken, herausgegeben von Ludwig Kuhlenbeck. Mit einem Vorwort von Moritz Carriere. Bei Rauert & Rocco in Leipzig 1891, VII und 142 Seiten. Wir geben hier aus dieser geistvollen Zusammenstellung nur ganz wenige Auszüge als Beispiele für die ganze Schrift, die wir unseren Lesern gern empfehlen. (Der Herausgeber.)

[1]) Docum. venetian. XI, Berti 343.

ich in ihm die drei Haupteigenschaften, Allmacht, Allweisheit und All-Güte oder auch Geist, Vernunft und Liebe, wodurch alle Wesen zunächst ihr Sein haben auf Grund der Vernunft und schließlich ihre Eintracht und Symmetrie auf Grund der Liebe. Diese Dreieinigkeit ist über Allem und in Allem, kein Ding ist unteilhaftig des Seins und kein Sein ohne Wesenheit, kein Ding ist schön ohne die Gegenwart der Schönheit, und kein Wesen kann von der göttlichen Allgegenwart ausgeschlossen sein."

Einen weiteren Ausdruck gab Bruno seinem Monismus unter anderm auch in folgender Gestalt[1]):

„*Das Universum ist ein Einiges, Unendliches, Unbewegliches.* Ein Einiges ist die absolute Möglichkeit, ein Einiges die Wirklichkeit, ein Einiges die Form oder Seele, ein Einiges die Materie oder der Körper, ein Einiges die Ursache, ein Einiges das Wesen, *ein Einiges das Größte und Beste, das nicht soll begriffen werden können, und deshalb* Unbegrenzbare und Unbeschränkbare und insofern Unbegrenzte und Unbeschränkte und folglich Unbewegliche.

Dies bewegt sich nicht räumlich, weil es nichts außer sich hat, wohin es sich begeben könnte; ist es doch selber Alles.

Es wird nicht erzeugt; denn es ist kein anderes Sein, welches es ersehnen und erwarten könnte; hat es doch selber alles Sein.

Es vergeht nicht; denn es giebt nichts anderes, worin es sich verwandeln könnte; — ist es doch selber Alles.

Es kann nicht ab- noch zunehmen; — ist es doch ein Unendliches, zu dem einerseits nichts hinzukommen, von dem andererseits nichts hinweggenommen werden kann, weil das Unendliche keine aliquoten Teile hat.

Es ist nicht Materie; denn es ist nicht gestaltet noch gestaltbar, nicht begrenzt noch begrenzbar.

Es ist nicht Form; denn es formt und gestaltet nichts anderes, — es ist ja Alles; es ist das Größte, ist eins und universell.

Es ist nicht meßbar und mißt nicht; es umfaßt nichts, denn es ist nicht größer, als es selbst; es wird nicht umfaßt, denn es ist nicht kleiner als es selbst. Es wird nicht verglichen; denn es ist nicht Eins und ein Anderes, sondern Eines und Dasselbe. Weil es Eins und Dasselbe ist, so hat es nicht *ein* Sein und *noch* ein Sein, und weil es dies nicht hat, so hat es auch nicht Teile und wieder Teile, und weil es diese nicht hat, so ist es nicht zusammengesetzt.

So ist es denn eine Grenze, doch so, daß es keine ist; es ist Form, doch so, daß es nicht Form ist; es ist Materie, doch so, daß es nicht Materie ist; es ist so Seele, daß es nicht Seele ist; *denn es ist Alles ununterschieden, und deshalb ist es Eines; das Universum ist Eines.*"

Dieser reine *Monismus* Brunos aber war zugleich ein *konkreter.* Er erkannte, daß das Dasein dieser Einheit — nicht ihr abstraktes Wesen —

---

[1]) Della causa, Wagner I, 280.

eine Viel-Einheit sei, und daher bekannte er sich folgerichtig auch zu einem relativen Individualismus. Ihm war völlig klar, daß, da Entwickelung der Wesenheiten oder Seelen stattfindet, diese nur eine fortwährende Wandlung in neuen Wiederverkörperungen sein kann. Dieses sprach er vielfach aus. Nur eine solcher Stellen ist diese [1]):

„Nimmer vergeht die Seele, vielmehr die frühere Wohnung
Tauscht sie mit neuem Sitz und lebt und wirkt in diesem.
Alles wechselt, doch nichts geht unter.

„Damit scheint mir übereinzustimmen, was Salomo sagt, der unter den Hebräern für den Weisesten gilt:

„Was ist das, was ist? Dasselbe was gewesen ist. Was ist das, was gewesen ist? Dasselbe was sein wird. Nichts Neues unter der Sonne.""

So reich wie Bruno in tiefster innerster Erkenntnis war, so groß war auch sein Schatz an praktischer Lebensweisheit. Dafür sei hier wenigstens ein Beispiel angeführt [2]):

„Nicht wer wenig hat, sondern wer viel begehrt, ist wahrhaft arm."

Aber wie bekannt und wie es auch nicht anders sein konnte, trat er dem Treiben, „gegen das die Götter selbst vergebens kämpfen", mit rückhaltlosem Spotte entgegen, so in folgender Auslassung [3]):

„Als ich (1576) nach Genua kam, stellten die Mönche von Castello den angeblichen Schwanz der heiligen Eselin aus, die den Herrn getragen habe, er war umwickelt und die Mönche schrieen: „Nicht anfassen! Küßt ihn! Es ist die Reliquie jener zu benedeienden Eselin, welche würdig erachtet worden, unsern Herrgott vom Ölberge nach Jerusalem zu tragen. Betet ihn an! Küßt ihn! Reicht Almosen! Ihr werdet hundertfältig zurückempfangen und das ewige Leben erwerben!"

„O heil'ges Eseltum! O heil'ge Ignoranz!
O heil'ge Dummheit! heil'ge Frömmelei!
Dir schafft die Seligkeit ein Eselsschwanz,
Doch Wissenschaft gilt dir für Teufelei!

Was frommt es euch, der fernsten Sterne Glanz
Zu prüfen oder in der Bücherei
Zu grübeln über der Planeten Tanz?
Das Denken bricht euch noch den Kopf entzwei!

Was nützt euch, Denkern, alles Spekulieren?
Ihr dringt nicht in das Herz der Mücke ein,
Und möchtet Mond und Sonne visitieren?
Vergeblich sucht ihr stets den Weisen Stein;

Kniet in den Staub und faltet fromm die Hände,
Denn die Vernunft ist eine Satansdirne;
Drum betet, daß Gott euch den Frieden sende,
Der sonder Zweifel wohnt im Eselshirne!"

---

1) Della causa, Wagner I, 245.
2) Reformation des Himmels, Kuhlenbeck, 160.
3) Spaccio und A l'asino Cillenico, Wagner II, 232 und 257.

Dem gegenüber würdigte Bruno alles Streben nach dem Wahren, Edlen, Hohen, wo immer es ihm in seiner Zeit begegnete, und dies ist mehr als anderwärts in Deutschland ihm zu teil geworden.

„Die göttliche Weisheit hat drei Wohnstätten; zum ersten eine unerbaute, ewige, den Sitz der Ewigkeit selber, zum andern die erst geschaffene, dieses sichtbare Weltall, zum dritten die zweitgeschaffene, die Menschenseele.

— — — —

Diese innere Welt, dieser Geistesbau, ruht auf sieben Säulen, auf den sieben freien Künsten, der Grammatik, Rhetorik und Poesie, der Logik, Mathematik, Physik, Ethik und Metaphysik.

Wenn wir einen Blick auf die Geschichte der Menschheit werfen, so glänzte dieser Bau zuerst bei den Ägyptern, Assyrern und Chaldäern. Danach bei den Persern, den Magiern, den Schülern eines Zoroaster; zum drittenmale bei den Gynosophisten; zum vierten in Thracien und Lybien, bei den Jüngern eines Orpheus und Atlas; zum fünften in Griechenland bei Thales und den andern Weisen; zum sechsten in Italien bei Archytas, Archimedes, Lucretius.

Jetzt aber zum siebentenmal baut er sich von neuem auf bei den Deutschen. Ich bin kein lügenhafter Schmeichler, wenn ich den volleren Reichtum des deutschen Geistes und seine helleren Augen preise. Seit das Reich zu den Deutschen gekommen ist, findet man hier mehr Genie und Kunst als bei andern Völkern. Wer war in fernen Tagen Albert dem Großen vergleichbar, wer dem Cusaner, der je größer um so weniger zugänglich ist? Hätte nicht der Priesterrock des letzteren Genie da und dort verhüllt und seinen freien Gang gehemmt, ich würde bekennen, daß er dem Pythagoras nicht gleich, sondern größer als dieser sei. Ist nicht Kopernikus, der Mathematiker, einsichtsvoller als Aristoteles und alle Peripatetiker in ihrer ganzen Naturbetrachtung? Welch edler Dichtergeist beseelte den Palingenius mit erhabener Einsicht? Wer seit Hippokrates war dem Arzte Paracelsus gleich, des Heilkunst bis an die Wunder heranreicht? . . .

— — — —

Göttlich, ja göttlich ist der Geist dieses Volkes, das nur in solchen Studien nicht schon den Vorrang einnimmt, an welchen es bislang noch kein Vergnügen fand!“

Sprüche in Versen.

Von

Hans Arnold.

Mensch, du Bewundernswerter, die Krone der Schöpfung bist du!
Mensch bist als Form du, als Welt, doch Größeres bist du dazu!
Gott bist du selber als Geist, wirst Gott, trägst Welt du zur Ruh

---

Denken und Wollen.

Wünsch'st du, daß schweiget dein Wille,
Damit du zufrieden sei'st,
Wünsch' dir Gedankenstille,
Die dir dies Glück verheißt.

Sinnlich und sittlich.

„Sinnlich", wer eigenem Willen Freund,
Dem die Form geht über das Wesen,
„Sittlich", wer eigenem Willen Feind,
Der vom Leibe zur Seele genesen!

Pflichtgefühl.

Pflichtgefühl ist das Gefühl der Schuldigkeit,
Und das kennt nur der, der kennt Gerechtigkeit.

Gut und weise.

Der Gute wird, je besser er ist,
Um so besser sprechen vom Guten,
Der Kluge wird, je weiser er ist,
Um so wen'ger sich Klugheit zumuten.

Jeder von seinem Standpunkte.

Ich hab' im Leben so oft gefunden,
Daß man für große Narren befunden,
Die die weisesten Menschen waren.
Doch fand ich, daß, die solch Urteil befunden,
Erst selbst von der Narrheit mußten gesunden,
Im Denken wie im Gebaren.

Kränkung.

Wenn jemand sich gekränkt fühlt, merke,
So fehlt es ihm an Seelenstärke!

Gekränkt sich fühlen kann nur der,
Der noch nicht ist des Stolzes Herr.

Das eingebildet, eitle Ich
Hört gar zu gern noch loben sich.

Sphinx XIII 74. — April 1892.

Des Edlen Seel' demütigt sich,
Und kennt darum Gekränktheit nicht;

Doch daß sie fühl' der stolze Wicht,
Dafür sorgt Gottes Weltgericht!

Schenkung.

Schenkst du, so schenke auch recht, thu' also dem Dank nicht nachlaufen,
Sonst möcht' man halten dafür, du wollest statt schenken verkaufen!

Dein Irrtum.

Plaudert jemand Geheimnisse aus,
Über die er zu schweigen versprochen,
So ziehe du folgende Lehre daraus:
Es bleibet nichts ungerochen:
Du selbst bist die Schuld, daß es also kam,
Drum schlucke den Ärger hinunter;
Du hielt'st ihn für einen ehrlichen Mann,
Du irrtest, das straft sich, nun glaube du dran!

Vergleich.

Wenn jemand stiehlt, wem, frage ich, giebst du die Schuld,
Dem, das ihn dazu trieb,
Oder ihm selber, dem Dieb? —
Wenn du dich ärgerst, dann, denk' an die Schuld doch des Diebs!
Ursach' laß Ursache sein,
Schuld bist du stets nur allein!

Wissen erlöst die Seele nicht.

Das Wissen erlöst die Seele nicht,
Es führt dich nur bis zur Thüre,
Dahinter erstrahlt erst das himmlische Licht,
Das die Seele zur Seligkeit führe.

Dies Licht ist mit Namen „Weisheit" genannt,
Es leuchtet aus Himmelshöhen.
Des Wissens Fackel, von dort verbannt,
Muß auf irdischem Boden stehen.

Denn das Wissen bleibt immer nur Kind der Welt,
Von der Form, der Materie, geboren;
Was an dieser geschieht, das ist das Feld,
Das das Wissen sich auserkoren.

Die Weisheit dagegen, ein Kind der Seel',
Vom Wesen dem Herzen geboren,
Durchleuchtet das Herz, daß es wandle ohn' Fehl
Den Weg, der dem Wissen verloren.

Den Weg, der da führet zur Glückseligkeit,
Zu göttlich erhabenem Frieden. —
Wer von Weisheit durchleuchtet, ist alle Zeit
So glücklich wie möglich hienieden!

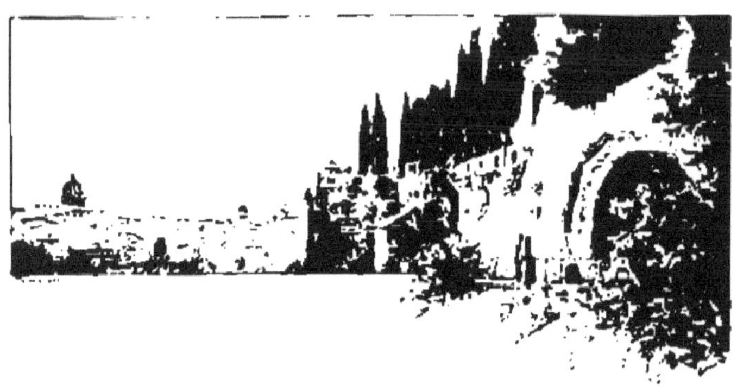

Wahrheit oder Wahn?

Erinnerungsblätter

von

Marie Const. Koch.

> Ein jedes Band, das noch so leise
> Die Menschen aneinander reiht,
> Wirkt fort in seiner stillen Weise
> Durch unberechenbare Zeit.
>
> August von Platen.

Es war an einem jener klaren, unbeschreiblich schönen Frühlingsabende des Südens, im März 1879, als ich zum erstenmal auf der Höhe des Mons Palatinus stand, inmitten der großartigen Reste einer großen Vergangenheit, umwoben von allem Zauber südlicher Natur. So völlig fesselten mich denn auch jene Eindrücke, daß ich die Welt um mich her vergaß. Groß, majestätisch senkte sich der rotgoldige Sonnenball hinter St. Peter hinab. Die ewige Stadt, im ersten zarten Schmuck des Frühlings, lag, von Purpurglut übergossen, zu meinen Füßen. Auf dem Plateau des Jupiter-Victor-Tempels, jener uralten Kultusstätte, welche Fabius Maximus in der Schlacht bei Sentinum 295 v. Chr. dem Gotte gelobt, und die selbst einem Domitian noch so heilig dünkte, daß er ihr die Richtung seines Palastes anpaßte, stand ich jetzt und sog mit Aug' und Seele die Schönheit des farbenfreudigen Landschaftsbildes ein, in welchem die ewig junge Natur mit den Resten antiker Kunst zu einer reizvollen Einheit verschmolz. Das Gesamtbild erhielt durch den erhabenen Bau St. Peters, dessen Kuppel eben von den scheidenden Sonnenstrahlen vergoldet ward, einen wunderbar schönen Abschluß.

Schon war der letzte Strahl verglommen, als ich noch immer regungslos an den Opferstein des Jupitertempels gelehnt stand, im Innersten ergriffen den Gedanken bewegend, wie naturgemäß dem Menschengeiste die Anbetung der Sonne als erste religiöse Äußerung gewesen sein müsse. War ich doch in jenem Momente nicht ungeneigt, selbst die Opferschale zu füllen und mit ihr dem erhabenen Gestirn den Scheidegruß zuzuwinken. Da klangen plötzlich in mein weltvergessenes Schweigen die mit sonorer Stimme gesprochenen Worte: „Oui, c'est divinement beau! c'est adorable!“ (Ja, das ist göttlich schön; das ist anbetungswürdig!)

Überrascht sah ich mich um und bemerkte in einer Nische des blühenden Gebüsches am Rande des Plateaus eine Dame in Trauerkleidern. Mit jener Anmut, die bereits aus ihrer Stimme geklungen, erhob sie sich jetzt und that einige Schritte mir entgegen. „Verzeihen Sie, daß ich Sie störte,“ sagte sie auf Deutsch, doch mit unverkennbar französischem Accent, „aber der Anblick war so göttlich schön, daß ich laut zu denken begann.“ — „„Sie störten mich keineswegs,““ entgegnete ich; „„vielmehr war ich angenehm überrascht, daß jemand meinen eignen Gedanken so entsprechenden Ausdruck gab.““

Eine Weile standen wir noch schweigend, die wundervolle Farbenfolge des verglimmenden Abendlichtes zu beobachten; dann schickte ich mich an, hinunterzugehen, denn nach Sonnenuntergang ist der Temperaturwechsel im Süden empfindlich. Auch die Fremde hüllte sich fester in ihren Mantel und schien den gleichen Weg einzuschlagen.

„„Haben wir vielleicht denselben Weg?““ fragte ich nun, als sie neben mir schritt. „„Mich dünkt, ich sah Sie im Garten des Hôtel de Russie.““ — „Wohnen Sie gleichfalls dort?“ fragte sie entgegen.

„„Ich habe den Winter im Süden zugebracht und bin vor kurzem hierher gekommen, das Osterfest hier zu verleben.““ Ich blickte dabei meiner Begleiterin aufmerksamer ins Gesicht, das, obschon von jugendlicher Form, doch äußerst durchsichtig, zart und schmal war. Große, dunkle Augen, deren Licht ebenso durch den Ausdruck sanfter Wehmut, wie durch lange, seidene Wimpern gedämpft schien, blickten unter einer edelgeformten Stirn hervor; seine Züge, die klassisch gewesen wären, hätte nicht Schmerz oder Krankheit frühzeitig tiefe Furchen um Mund und Augenwinkel gezogen, machten mein Interesse an der Fremden mehr und mehr rege. Jene unnachahmliche Feinheit und Grazie, jene Verbindung von Unbefangenheit und vornehmer Zurückhaltung, zeigte mir, daß ich eine Dame der besten französischen Gesellschaft vor mir hatte. So kürzte anregendes Gespräch unsern Weg nach dem Hôtel und von dieser Stunde an begann sich zwischen uns ein Band zu knüpfen, das in der Folge schon während der nächsten Wochen sich so befestigte, daß weder die verschiedene Nationalität, noch andere, im täglichen Verkehr sich bemerkbar machende Verschiedenheiten die Innigkeit unsrer Verbindung zu beeinträchtigen vermochten.

Die Marquise Adelaïde de Valcour war seit 1870 Witwe. In der Schlacht von Sedan war ihr Gemahl verwundet worden und wenige Tage später seinen Wunden erlegen. Der Umstand, daß das sächsische Armeekorps dem Truppenteil, in welchem der Marquis diente, in jenen blutigen Tagen gegenüber gestanden, schien ein neues Band zwischen uns zu werden. Waren doch uns beiden damals blutige Wunden geschlagen worden! Hatten doch unsre Truppen nach dem Zusammenstoß die gegenseitige Tapferkeit rühmend anerkannt. Einer der Tapfersten unter den Tapfern, als Anführer der Cuirassiers, hatte Marquis Dalcour die Ehre seiner Nation trotz des traurigen Ausgangs retten helfen.

Seine junge, seit Jahresfrist vermählte Gattin durfte, ihrer Entbindung entgegensehend, nicht zu seinem Sterbelager eilen. Erst seine Leiche hatte sie wiedergesehen und in der heimatlichen Grabstätte an der Seite eines totgeborenen Sohnes zur Ruhe gebettet. Seitdem lebte die Vereinsamte ganz ihrer Trauer, ihren Erinnerungen und stillem Dienste der Barmherzigkeit. Trotz ihrer Schönheit und Jugend, ihres Ranges und Reichtums, die ihr einen der ersten Plätze in der französischen Aristokratie sicherten, hatte sie jede Aufforderung zur Rückkehr in die Gesellschaft, jeden Antrag zur Wiedervermählung abgelehnt und acht Jahre ununterbrochen auf ihrem schönen, doch einsamen Landsitze in der Normandie zugebracht, bis eine zunehmende Schwäche der Brust sie veranlaßte, den dringenden Vorstellungen ihres Arztes Gehör zu geben und den Winter 1878 bis 79 im Süden zuzubringen. Sie stand jetzt in dem Alter, von dem der galante Franzose sagt „l'âge le plus intéressant de la femme“, etwa im einunddreißigsten Jahre. — Selbstverständlich rührte ich weder an ihre schmerzlichen Erinnerungen, noch suchte ich sonst ihre Vergangenheit zu erfahren, aber gerade diese Zurückhaltung machte sie allmählich vertraulich, und auf unsern Wanderungen in den mit allem Frühlingszauber geschmückten Villengärten oder auf Streiftouren in der Campagna öffnete sich mir ihre Seele so rückhaltlos, als sei es ihr besonderes Bedürfnis, nach so langer, schweigender Vereinsamung sich einem mitfühlenden Wesen aufzuthun. Sie ward mir dadurch, wenn auch ein stark ausgeprägter mystischer Zug ihre ganze Anschauungsweise beherrschte, von Tag zu Tag teurer.

Sehr viel Gewicht legte sie auf die Zahl elf, die, wie sie behauptete, in ihrem Leben eine merkwürdige Rolle gespielt habe. Im elften Monat des Jahres geboren, war sie im elften Jahre Waise geworden und hatte im zweiundzwanzigsten, kurz nach erreichter Volljährigkeit, ihrem Vormunde, einem stattlichen, hochgebildeten Manne, aus freier Neigung die Hand zu einem Bunde gereicht, dessen Glück ebenso ideal, wie kurz gewesen. Am 11. Mai 1869 hatte sie mit dem Geliebten den Bund des Herzens geschlossen, am 11. Juni war sie sein Weib geworden und am 11. September des folgenden Jahres bereits Witwe. Vielleicht trug die mystische Richtung ihres Wesens dazu bei, sie auch in unserer Freundschaft eine besondere Fügung erblicken zu lassen; war doch unsre erste Begegnung am elften Tage des März geschehen. Mir aber war es eine Genugthuung, diesem liebenswerten, hartgeprüften Wesen in seiner Vereinsamung durch warme Teilnahme Trost und selbst Freude zu gewähren. Denn zuweilen, wenn wir in gleichem Behagen an schöner Natur und herrlicher Kunst, in gleichem Interesse an allem, was das Herz erhebt, unsre Gedanken und Empfindungen gleichsam hinüber und herüber spielen ließen, durfte ich doch mit Freude wahrnehmen, wie die schönen Augen zu strahlen und die schwermütigen Linien um den holden Mund einem Lächeln zu weichen begannen.

Manch' köstliche Stunde, die mir unvergeßlich bleiben wird, verdankte ich diesem Zusammensein, denn eine hochbegabte Natur, wie mir in jenem bewegten Winter im Süden keine zweite vorgekommen, war Adelaide, alles in allem eine Frau, die dem Ideale vornehmer Weiblichkeit so nahe als möglich kam. Und poesievoll, zart und edel, wie ihr Wesen, war auch ihre Erscheinung. Gar manches Auge blickte ihr mit bewundernder Teilnahme nach, wenn sie über den Rasen des Parkes dahinschwebte und ihre hohe Gestalt im Trauergewande eine wehmütige Staffage zu der Frühlingswelt umher bildete.

Der laue, köstliche Frühling des Jahres 1879 begünstigte unsre Ausflüge in die gerade zu dieser Zeit unvergleichlich reizvolle Campagna. Der Strom der Vergnügungsreisenden sowohl, wie der Gesellschaftsdurstigen, welche Rom, die Weltstadt, im Winter unsicher machen, pflegt sich kurz nach Ostern zu verlieren, ein Umstand, der die Poesie unsrer genialen Streiftouren nicht wenig begünstigte. Nichts störte uns in unsern Gesprächen, wenn wir etwa in den Ruinen der Hadrians-Villa, in der ehemaligen Wandelbahn der Peripathetiker auf und ab schritten und unsre Phantasie sich in Wiederherstellung jener Zeit versuchte; kein lärmender Zug einer Reisegesellschaft, keine Geschwätzigkeit offizieller Führer störte den weihevollen Naturgenuß in den Gärten der Villa d'Este oder am Lago d'Albano; so fanden unsre verwandten Seelen in Natur und Kunst, wie im beiderseitigen Austausch, eine solche Fülle von Befriedigung, daß wir beide die Trennung von Woche zu Woche hinausschoben. Aber obwohl unser Zusammensein einen sichtlich erheiternden Eindruck auf meine Gefährtin machte, vermochte ich doch jenen mystischen Zug nicht zu bannen, der plötzlich, selbst inmitten heiterer Gespräche, in ihrem Wesen hervortrat. Immer wieder richteten sich ihre Gedanken mit Vorliebe auf die Zustände der übersinnlichen Welt und ihren Zusammenhang mit der Sinnenwelt. Und dabei sah sie zuweilen so vergeistigt aus, daß ich im Stillen ihre Vorahnung eines frühen Todes teilte.

Unvergeßlich bleiben mir unsre Gespräche am Abend vor dem Scheiden, als wir noch einmal in leichter Halbchaise unsre Lieblingsfahrt auf der Via Appia, der „Königin aller antiken Straßen", machten, die in feierlichem Schweigen, von den Trümmern der Grabmonumente des antiken Rom begleitet, die großartige Öde der Campagna durchzieht bis zur mütterlichen Stätte Albas. Die herrliche, ernste Landschaft ringsum, die wellenförmige, mit antiken Bauresten übersäete und von Zeit zu Zeit mit Gebüsch von Steineichen wie mit Oasen geschmückte Ebene, die vom Abendsonnenstrahl in alle Schattierungen von Rot und Gold gehüllt erscheint, das ferne, blaue Albanergebirge, das mit seinen lachenden, grünen Vorgebirgen und zerstreut am Hügel hinabkletternden, weißglänzenden Ortschaften zu jener ernsten Einöde einen Gegensatz bildet, wie Leben und Tod, wie Gegenwart und Vergangenheit: dies alles ist ein Gesamtbild ohnegleichen. Gerade an jenem Abende, nachdem ein Gewitter die Luft gereinigt und mit Düften erfüllt, glühte die Campagna, soweit das Auge reichte, in allen Tinten des Abendpurpurs, während im Westen die Kuppeln und Häusermassen Roms in flüssiges Gold getaucht schienen; eine Welt voll antiker Größe und wunderbaren Zaubers. Wir stiegen ab, wo links der Weg zur Grotte der Egeria im Thal des Almo sich abzweigt. Unterhalb des Eichenwäldchens, am Brunnenheiligtum, rasteten wir, und wieder wandte sich, von jener sympathischen Mythengestalt angeregt, das Gespräch auf die geheimnisvollen Zusammenhänge zwischen Natur und Menschenwesen, zwischen Geist und Materie. Schon stieg im Osten der Vollmond empor, in dessen Schimmer das edle, durchsichtige Antlitz der Freundin, vom Trauerflor umrahmt, mir fast geisterhaft erschien. Die großen Augen nach oben gerichtet, flossen tiefsinnige Worte von ihren Lippen, so daß ihr Anblick mich unwillkürlich an Ary Scheffers geistreiches Gemälde der Mutter des Augustinus erinnerte, wie sie zu Ostia, schon eine halb Verklärte, mit dem Sohne Ewigkeitsgedanken austauscht.

Andern Tags — es war am 12. Mai — schlug uns die Trennungsstunde. Ich kehrte in meinen Wirkungskreis zurück und die Marquise in ihr einsames Heim in der Normandie, das nun der Frühling mit seinem Zauber zu ihrem Empfang geschmückt hatte. Ein Versprechen, uns dort, wenn möglich, im Sommer wiederzusehen, erleichterte uns beiden den Abschied, doch — der Mensch denkt — Gott lenkt. Verschiedene Umstände verhinderten mich an einer Reise nach Frankreich, bis nach zwei Jahren; — doch davon später!

Einstweilen entspann sich zwischen uns ein reger Briefwechsel, ein geistiges Miteinanderfortleben, das uns beiden manchen Gewinn brachte. Adelaïdens Briefe waren so poesievoll, so voll tiefen Gehalts, wie ihr Wesen, aber ebenso klang auch jener mystische Grundton hindurch, der sich krankhaft steigerte. Glücklicherweise drang der Arzt im folgenden Sommer wieder auf einen Ortswechsel und empfahl das kleine, vornehme Seebad Houlgate. Hier war sie genötigt, ein verhältnismäßig angeregteres Leben zu führen, denn nicht ganz durfte sie sich dem Verkehr mit den ersten Familien des Départements verschließen, welche diesen lieblichen Ort den geräuschvolleren andern Seebädern der Normannenküste vorziehen. Adelaïde ward mit Aufmerksamkeiten und Sorgfalt umgeben. Wirklich schien die feine Geselligkeit ebensowohl wie die große Scenerie und die kräftige Seeluft, belebend auf ihre sensitive Natur zu wirken. Selbst ein Zug geistreichen Humors trat zuweilen in ihren Berichten über die fashionable Welt um sie her hervor, und in den feinempfundenen Schilderungen der reizvollen Küste und des belebten Meerbildes spiegelte sich die lebendige, feurige Naturauffassung, die ihr eignete. Allein der frühe Herbst rief ihre Sehnsucht nach dem einsamen Familienschlosse wieder so stark hervor, daß kein Widerspruch mehr fruchtete, und kaum dahin zurückgekehrt, verlor sie sich wieder in jene mystische Gefühlsschwärmerei, die an den Grabmälern ihres Glücks so reiche Nahrung fand. Je mehr ich aber versuchte, sie durch Zuspruch von mystischen Grübeleien ab und dem vollen, thätigen Leben zuzulenken, desto mehr bemerkte ich mit Schmerz, daß sich ihr Inneres mir zu verschließen begann. Sie ließ dann wohl lange Pausen in dem liebgewohnten Briefwechsel eintreten, und ich mußte, wollte ich mich nicht ganz um das mir so teure Vertrauen bringen, die größte Zurückhaltung und liebevollste Berücksichtigung ihrer Eigenart beobachten. — So waren mehr als zwei Jahre seit unserer ersten Begegnung verflossen, als ich plötzlich die Nachricht ihrer ernstlichen Erkrankung erhielt. Sie mußte sich in der That sehr leidend fühlen, da sie endlich der Mahnung des Arztes, ihr düsteres Schloß mit der behaglichen Wohnung im Faubourg St. Germain zu vertauschen, Gehör gegeben hatte.

Lebhaft, ja dringend äußerte sie den Wunsch, mich wiederzusehen, und sobald ich es vermochte, folgte ich ihrem Rufe, wie dem Drange des eigenen Herzens.

Um Mitternacht des elften Mai 1881, gerade zwei Jahre nach unserer Trennung, langte ich in Paris, Gare du Nord, an und durchquerte zum erstenmale — mit gemischten Empfindungen — die um diese Stunde noch sehr belebte Weltstadt. Um die Leidende nicht zu stören, stieg ich in einem Hôtel der Rue de la paix ab und eilte am andern Morgen, so früh als thunlich, nach dem Faubourg St. Germain. Allein die Sehnsucht hatte mich zu zeitig fortgetrieben; als ich auf der Place St. Clotilde stand, schlug die Uhr zehn. Eine Stunde mußte ich mir das Wiedersehen noch versagen, wollte ich der Freundin die Morgenruhe nicht verkürzen. Aus St. Clotilde, der „Kirche der Aristokratie“, tönten ernste Klänge, die mich eigentümlich ergriffen. Ein Totenamt ward gehalten. Ich trat ein und setzte mich still in eine Ecke. Es war eine schlichte, würdige Feier und ich — ohne zu wissen, wem sie galt — beging sie mit, in einer wunderbaren, immer sich steigernden Wehmut. Beständig mußte ich der kranken Freundin denken; — ihr galt meine Fürbitte, als der Segensspruch und die Weihe über dem Katafalk vollzogen ward.

Da schlug die Glocke elf. Geräuschlos erhob ich mich und verließ die Totenmesse. Wenige Minuten später stand ich vor der Pforte des kleinen Palais Valcour in der Rue Las Cases. Wie bei den meisten Hôtels der älteren französischen Aristokratie — der sogenannten Legitimisten — bildete auch hier ein Hofraum mit hoher Mauer und eisernem Portal den Zugang. Ich läutete; schwer öffnete sich die Pforte und aus der Loge trat der greise Thürhüter, ein lebendiges Stück aus der Zeit der Grand-Seigneurie, die jetzt kaum mehr vorhanden. Mit ernster Miene und steifer Haltung fragte er nach meinem Begehr. Ich reichte ihm meine Karte und konnte vor Bewegung kaum die Worte: „Melden Sie mich“ sagen. Der Name schien dem greisen Diener durch unsern Briefwechsel bekannt; sein Gesicht zuckte plötzlich und mit gedämpftem Tone fragte er: „Est-ce que Madame ne sait pas encore?“ . . . .

„Qu'y-a-t-il?“ unterbrach ich ihn angstvoll. Da fiel mein Blick auf den Trauerflor um seinen Arm, und es hätte nun nicht mehr der unter Thränen gestammelten Worte des im Dienste des Hauses ergrauten Mannes bedurft, mir die schmerzliche Bestätigung meiner Ahnung zu geben. Adelaïde de Valcour war vor drei Tagen gestorben. Die Nachricht mußte unmittelbar nach meiner Abreise eingetroffen sein. Zufolge des letzten Willens der Entschlafenen war die Leiche nach der Normandie übergeführt und zu derselben Stunde, in welcher ich in St. Clotilde dem Totenopfer für eine mir unbekannte Persönlichkeit beigewohnt, an der

Seite ihrer Lieben beigesetzt worden. So hatte ich doch unbewußt ihr die Leichenfeier gehalten. Am elften Mai, ihrem Verlobungstage, war sie an des Heißgeliebten Seite bestattet, war ihr das Grab zum Brautbette geworden.

Am andern Morgen reiste ich mit dem ersten Courierzug nach dem Calvados. In Lisieux, einer kleinen, lebhaften Industriestadt, nahm ich einen Einspänner und fuhr durch das weidereiche, blühende Auge-Thal nach dem Stammgute der Dalcours. Zu anderer Zeit wäre diese Fahrt durch die wohlgepflegten Landschaften der Normandie reizvoll gewesen; jetzt streifte mein Auge achtlos über die Frühlingsflur, hörte mein Ohr kaum den Sang, in welchem der normannische Bauer mit den Lerchen wetteifert, wenn er in reinlicher blauer Blouse, hinter den breitstirnigen Rindern hergehend, mit dem blinkenden Stahlpflug tiefe Furchen in den braunen, dampfenden Erdboden zieht.

Von ferne nach dem Turme des Schlosses Dalcour spähend, sah ich ihn endlich aus prachtvollen Buchengruppen hervorragen und bald lag der edle Bau aus gotischer Frühzeit mit seinen stattlichen Massen vor mir. An der Parkpforte teilte ich dem Thürhüter mein Begehr mit und ward die mir aus Adelaïdens Briefen wohlbekannte Buchenallee entlang zum Schlosse geführt, an dessen Doppelfreitreppe der nunmehrige Besitzer, der letzte männliche Erbe des Namens, mich empfing. Ich habe Sie erwartet, sagte er ernst; die Verstorbene hat Ihrer in ihren letzten Momenten gedacht. Bald darauf geleitete er mich zur letzten Ruhestatt der Freundin und ich legte ein Kreuz von weißen Rosen und Lilien darauf. Nachdem ich noch eine Zeitlang allein hier verweilt, ganz der Erinnerung und dem Schmerze dieses Wiederfindens hingegeben, kehrte ich durch den von Sonnenstrahlen durchzitterten Laubengang zum Schlosse zurück, bei jedem Schritte der Verblichenen denkend, die durch ihre lebendigen Schilderungen der Heimat mich hier so heimisch gemacht, daß ich mit Wehmut jeden ihrer Lieblingsplätze zu finden vermochte.

Der Marquis führte mich mit ritterlichem Anstande in das Boudoir der Entschlafenen; da stand die blauseidene Ottomane, auf der ihr schönes Haupt so oft geruht; der kleine gotische Prie-Dieu mit dem Brevier, das ich in Rom so manchmal in ihrer Hand gesehen. Da lag auf dem zierlich geschnitzten Schreibpult noch die Mappe, über welche geneigt sie so oft an mich geschrieben, und daneben ein in lichtblauen Sammet gebundenes Buch mit silbernen Initialen, ihr Tagebuch. Dieses überreichte mir der Erbe mit der Bemerkung, die Sterbende habe es mir bestimmt. In tiefster Bewegung empfing ich diese teure Gabe. Zugleich übergab er mir als letztwilliges Andenken ein Etui, mit dem Bemerken, es sei mir „zu täglicher Erinnerung“ bestimmt. Es enthielt einen feinen Goldreif von alter Arbeit, mit elf eingelegten Perlen, den einzigen Schmuck, welchen ich an der Heimgegangenen bemerkt, ein Brautgeschenk ihres Gatten. Ich habe das teure Vermächtnis seither täglich getragen. Das Tagebuch aber beschloß ich nicht früher zu öffnen, als bis ich es in rechter Stille zu thun vermöchte. (Schluß folgt.)

•

Lichtmärchen.

Dem
Walter von Appenborn.

Licht! vom Himmel flammt es nieder,
Licht! empor zum Himmel flammt es,
Licht! es ist der große Mittler
Zwischen Gott und zwischen Menschen:
— Als die Welt geboren wurde
Ward das Licht zuerst geboren;
Und so ward des Schöpfers Klarheit
Das Mysterium der Schöpfung.
Licht verschießt die heiligen Pfeile
Weiter immer, sicher immer.
Ariman sogar, der Dunkle,
Wird zuletzt vergeh'n im Lichte.

Platen.

Im fernen Morgenlande lebte ein Kind, das hieß Helianthe; es hatte ganz dunkle Augen, und nur wenn die Sonne hinein schien, — denn es konnte, ungleich den Sterblichen, in die Sonne blicken, ohne geblendet zu werden, — leuchtete und funkelte es in den nächtigen Augen, daß jeder, der es einmal gesehen hatte, es nie mehr vergessen konnte; so schön war es.

Im hellen Sonnenschein war das Kind lieblich und glücklich; und alle Menschen mochten es gerne anschauen, wenn es die Arme ausstreckte nach der Sonne, sie mit Liebesnamen anrief, und sie bat, nur nicht fortzugehen und es allein im Dunkeln zu lassen.

Vor dem Dunkel fürchtete sich Helianthe sehr. Wenn die Dämmerung anfing, freundlich ihre weißen Schleier über die Blumen und die Berge auszubreiten, dann weinte das Kind; und die Augen, die so schön im Sonnenlichte gewesen, sahen trübe und düster aus.

„Warum weinst du, Schwesterchen", rief da einst eine sanfte Stimme ihr zu. Es war die Stimme Hesperias, einer Tochter des Abendsterns.

Heliantens Traum.

Finster wandte sich Helianthe zu der Sprechenden:

„Ich hasse die Nacht und das Dunkel; solange die Sonne scheint, sehe ich nur sie, und die Vögel und Blumen und Menschen freuen sich mit mir. Kommt der Abend, dann steigen allerorten finstere Schatten auf, — dann sehe ich, wie die Sorge mit ihren vielen häßlichen Kindern, die am Tage geschlafen, sich erheben und sich hineinschleichen in die unbewachten Menschenherzen; dann höre ich schluchzen und stöhnen und meine Stirne wird von fremden Thränen naß, die irgend ein Unglücklicher in der Verborgenheit geweint. Wie kann ich da glücklich sein?" —

„Wenn du das Licht so sehr liebst, kleine Schwester, warum hilfst du uns nicht das Dunkel bekämpfen?" fragte Hesperia.

„Wie sollte ich das?" fragte die kleine Helianthe betrübt.

„Willst du es hören?" — entgegnete die Tochter des Abendsterns. — „Auch wir lieben das himmlische Licht, und es gab eine Zeit, so erzählte mir meine sanfte Mutter, da man noch kein Dunkel kannte. Goldene Helle überflutete die schöne Welt, und in ihren Strahlen badeten sich selige Geschöpfe. Lächelnd und liebend sah der Schöpfer dieser Herrlichkeit auf seine Welt nieder, denn sie war s e h r g u t. —

Da geschah es, — und bei diesen Worten ward das Sternenkind sehr traurig, — daß einer der Unseren, der strahlendste Stern, der Lichtbringer Lucifer genannt, das Lichtreich allein beherrschen wollte. Sein Stolz empörte sich dagegen, daß er als Teil des Ganzen mit seinen Strahlen d i e n e n sollte, die allgemeine Helle zu vermehren.

„Ich nur will Lichtbringer sein, rief er aus, und außer mir soll kein anderes scheinen." Er stürzte sich mit seinen goldenen Waffen in den Kampf. Das Ringen war furchtbar; alles Geschaffene beteiligte sich daran, und stolze Erdensöhne, die Titanen, wollten dem gewaltigen Sternenfürsten helfen, die Ordnung des Ewigen umzustürzen.

„Wenn wir eine neue Welt aus diesem Kampf gewinnen, so werden wir wie die Götter sein, und es soll als stolzes Vermächtnis von Geschlecht zu Geschlecht die Sage gehen, daß wir uns unsere Welt erkämpft haben!"

So klang ihr vermessenes Wort.

Der Ewige schaute mitleidig auf die Verblendeten hernieder: „Du sollst ein Reich besitzen, Lucifer, aber es soll das Reich des Dunkels sein, da du dich unfähig erwiesen, deine Lichtwaffen zu führen!" —

— So lautete der Richterspruch des Schöpfers, da die Empörer gefesselt vor seinen Thron gebracht wurden. —

— „Herrsche darin, bis deine Sehnsucht nach deinem Elemente so groß geworden sein wird, daß du dich freiwillig deiner Herrschaft begiebst und als dienendes Glied wieder der Helle angehören willst."

Und Lucifer übernahm grollend sein Reich. Wir aber, fuhr die Sternentochter fort, — die wir doch zu seiner Sippe gehörten, wir warfen uns dem Allmächtigen zu Füßen und flehten, daß es uns vergönnt sein möchte, manchmal in das finstere Reich hineinzublicken und dem Verbannten ins Gedächtnis zurückzurufen, von wannen er gefallen, damit die Sehnsucht nach seiner Heimat in ihm wach erhalten bleibe.

Der Ewige gewährte unsere Bitte. Allnächtlich schauen wir nun, meine Mutter und ich und unzählige andere Sterne aus unserem Geschlechte, mit sehnsüchtigen Augen hinunter in das dunkle Königreich, damit Lucifer, wenn er aus finsterem Brüten aufblickt, den Abglanz unserer Liebe und unseres Gedenkens schauen möchte und nicht vergessen, daß auch ihm eine Erlösung geboten.

Er hat nicht aufgehört, ein Feuergeist zu sein, auch nach seiner tiefen Erniedrigung. Oft macht sich sein heißes Empfinden Luft und er schreibt in feurigen Buchstaben große Dichtungen in seiner Sprache auf die zitternde Erde. Es klingt daraus ein Schrei der Verzweiflung und ein Nachhall der wilden Sagen von dem Gigantenkampf von ehemals.

Kaum einer versteht das Flammenlied, ob es im Norden erklingt, wo rings Eisberge starren, ob es im blühenden Süden ertönt, — er müßte denn selbst ein Dichter sein. Die Menschenkinder erschrecken davor und verwünschen die feindliche Macht, die es hervorstößt. Sie wissen nicht, daß diesem Liede, wie so vielem, was ihnen unverständlich bleibt, ein Zug tiefer unbewußter Sehnsucht nach wahrem Licht und Frieden zu Grunde liegt.

Einmal habe ich das Antlitz des Verbannten gesehen, fuhr Hesperia fort, als Nacht und Morgenröte sich die Hand reichten. Dann müssen wir Sterne ablassen von unserem Liebeswerke. Als alle Geschöpfe jubelnd die Wiederkehr des Tages begrüßten, da schaute Lucifer empor, und ich vernahm ein Stöhnen, jenem Seufzen vergleichbar, was die Kreatur bewegt, wenn sie sich ihres ängstlichen Harrens traumhaft bewußt wird.

Seit jener Stunde ist der Wunsch in mir mitleidstark erwacht: ich will nicht ablassen mit meinen schwachen Strahlen zu leuchten, ich will nicht müde werden zu hoffen, daß auch mein kleines Licht dazu beitragen möchte, einmal den Verlorenen *erlöst* zurückzuführen in unsere Arme."

„Ich will dir helfen, Hesperia," sagte bewegt das Sonnenkind. „Sage mir nur, wie!" —

„Sammle die Sonnenstrahlen, so viele du kannst, in deinen schönen Augen und laß sie niedergleiten in dein Herz. Dort verwandeln sie sich und heißen nicht mehr Sonne, sondern Liebe. Hast du einen Vorrat dieser verwandelten Lichtstrahlen in deinem Herzen, dann wird dir vor der Nacht nicht mehr grauen. Du wirst der Sorge entgegentreten können, wenn sie von den armen Menschenherzen Besitz nehmen will, und es ihr wehren. Du wirst die einsam Weinenden erkennen, die sich vor dir im Finsteren verstecken, um ungesehen zu leiden, denn die Strahlen leuchten immer noch in deinem Herzen trotz ihrer Verwandlung und hellen auch die tiefste Nacht auf.

Thust du also, kleine Sonnentochter, dann kämpfst du mit uns den guten Kampf, und ein ferner Tag wird scheinen, an dem geerntet werden kann, was wir gläubig gesät."

„Es wird der Tag sein," flüsterte Helianthe träumend, „an dem es keine Sehnsucht mehr giebt und droben am Himmel ein neuer Stern leuchten wird, den seit vielen tausend Jahren keiner mehr gesehen."

Okkultistische Forschung in Italien.

Von

Ludwig Deinhard.

I. Prof. Lombrosos Erklärung der mediamistischen Phänomene.[1])

Kaum hatte der genannte italienische Psychiater einigen Sitzungen mit der Eusapia Palladino beigewohnt, kaum hatte er einen kleinen Teil der spiritistischen Phänomene selbst beobachtet, als er auch schon das Bedürfnis fühlte, gegen die spiritistische Theorie öffentlich Front zu machen. Mit anerkennenswertem Freimut zwar gesteht er selbst zu, daß er in verschiedenen Büchern die Spiritisten geradezu insultirt, und daß er ihnen bezüglich der „Thatsachen, deren Sklave er nun selbst geworden", Unrecht gethan; als ganz und gar im theoretischen Materialismus steckender moderner Psychiater aber hat er nun sofort auch eine materialistisch-psychiatrische Erklärung zur Hand. Gleich im Beginn seines Aufsatzes sagt Lombroso folgendes:

„Die Dinge aber liegen so verworren, und, wie ich glaube, sind auch jetzt noch gewisse Behauptungen der Spiritisten durchaus haltlos. Ich verweise nur z. B. auf das angebliche Vermögen, die Toten sprechen und handeln zu lassen, während man doch genau weiß, daß diese, besonders nach einigen Jahren, nichts als einen Haufen organischer Stoffe bilden, und daß man demnach mit dem gleichen Recht verlangen könnte, daß auch die Steine dächten und sprächen."

Hier bereits rufen wir: Risum teneatis amici! Wann hätte wohl, verehrter Herr Professor, der Okkultismus sich jemals zu solcher Behauptung verstiegen, daß Leichname auferstehen und sprechen? Das ist allerdings das Glaubensbekenntnis der orthodoxen Kirche, aber niemals hat der Okkultismus dies gelehrt, den zu studieren Sie sich doch erst die Mühe nehmen sollten, ehe Sie über seine Theorien den Stab brechen!

Die Begriffe: Astralkörper, astrale Welt, Astrallicht u. s. w. sind, wie es scheint, dem Herrn Professor bis jetzt noch vollständig unbekannt. Weiter:

„Von vornherein bemerke ich, daß die Eusapia neuropathisch ist, daß sie in ihrer Kindheit am linken Scheitelbein eine Verletzung erhielt, tief genug, um einen Finger

[1]) Vgl. Berliner Tageblatt: Der Zeitgeist vom 26. Juni 1893.

hinunterzulegen, und daß sie infolgedessen fortwährend epileptischen, kataleptischen und hysterischen Anfällen ausgesetzt ist, in die sie namentlich während der mediumistischen Phänomene verfällt. Ebenso neuropathisch veranlagt waren bekanntlich auch die andern wirklich großen Medien, wie Home rc."

Hieraus den einfachen Schluß zu ziehen: Demnach müßten die mediumistischen Phänomene den Neuropathologen und Psychiatern längst bekannt und geläufig sein, gebietet doch eigentlich eine gesunde Logik. Ist dieses der Fall? In Deutschland ganz sicher nicht. Man erinnere sich nur der Kontroverse über „Die Mystik im Irrsinn" (Specht contra du Prel) oder gar der famosen Gutachten über „Suggestion und Dichtung", worin die meisten jener Gelehrten nur das spiritistische Gebiet streiften, um zu erklären, daß sie diesen Verirrungen des Menschengeistes sich natürlich grundsätzlich stets fern gehalten hätten. Geht nun nicht aus diesen wenigen Sätzen Lombrosos schon hervor, daß es hohe, ja höchste Zeit für die deutschen Neuropathologen wäre, sich gleich ihm wenigstens mit den Thatsachen des Mediumismus zu befreunden? Auf etwaige vorschnelle Erklärung dieser Phänomene durch diese Herren allerdings verzichten wir Okkultisten gern. Denn alle nur denkbaren antispiritistischen Theorien sind uns aus deren Zusammenstellung in Alexander Aksakows verdienstvollem Werke „Animismus und Spiritismus" wohl bekannt.

„Ich kann nun durchaus nicht unbegreiflich finden," — fährt Lombroso fort — „daß, wie bei den Hysterikern und Hypnotikern, die Erregung einiger Centren, verstärkt durch die Paralyse aller andern, eine Versetzung und Übertragung der psychischen Kräfte hervorruft, wie andrerseits eine Verwandlung in leuchtende und bewegende Kraft: und damit kann man auch verstehen, wie ein Medium mit seiner einfachen kortikalen und cerebralen Kraft z. B. imstande ist, einen Tisch zu heben, zu klopfen, Einen zu berühren, zu streicheln" u. s. w.

Wir finden also hier die Erklärung durch Animismus — eine Bezeichnung, für welche wir Herrn von Aksakow außerordentlich verpflichtet sind. Nur fehlt der Lombrososchen Auffassung dieser Vorgänge, die allerdings für den Psychiater charakteristisch ist, ein bedeutsames Moment, auf das wir oben schon hinwiesen. Es fehlt ihm der Begriff jener substantiellen Wesenheit der Seele, die Vorstellung eines plastisch-greifbaren, wenn auch für gewöhnlich den Sinnen unzugänglichen Astralkörpers, eines „Perisprit". Nach unserer bescheidenen Meinung paßt allerdings die animistische oder die dem Animismus verwandte psychiatrische Erklärung Lombrosos auf das von ihm beobachtete Thatsachen-Gebiet nicht, da dieselbe die Behauptung umfaßt, daß die anima des Mediums den ganzen kindischen Spuk bewirkt habe, dessen Zeuge Lombroso gewesen, während wir vielmehr die Ansicht vertreten, daß derartige Vorgänge gerade wegen ihrer Albernheit spiritistisch erklärt werden müssen, als ausgehend von unsichtbaren niederen Intelligenzen — den Elementarwesen des Okkultismus — welchen sich auf diese höchst läppische Weise zu manifestieren eben nun einmal Vergnügen zu machen scheint.

Die weiteren Erklärungen Professor Lombrosos einzeln zu verfolgen, haben wir eigentlich kaum Veranlassung. Denn nun hilft sich der italienische Gelehrte zur Klarstellung des Beobachteten mit Hypnotismus,

Suggestion und Hallucination, und überall tritt seine unvollkommene Kenntnis der Vorgänge zu Tage, die ihm freilich das Erklären erleichtert. Das Gebiet der Gedankenübertragung namentlich wird von ihm in einer Weise ausgebeutet, daß man bei der Lektüre seines Aufsatzes gewissermaßen Gedanken nur so im Raume des Sitzungs-Zimmers herumgeschleudert zu sehen glaubt:

„Durch Gedankenübertragung" — sagt er z. B. — „erklärt sich der Fall des Herrn Hirsch, der mit seiner verstorbenen Gattin zu verkehren wähnte. Sein Gedanke an die Verstorbene wurde auf die Verstorbene übertragen und vom Medium auf ihn selbst zurückgestrahlt, und da bei jedem Menschen der Gedanke die Gestalt eines, sich im Laufe der Ideen-Association rasch wieder verlierenden Bildes annimmt, so sah auch Hirsch das Bild der Toten; denn der Gedanke und die Erinnerung an sie war ihm lebendig und gewissermaßen gegenwärtig."

Diese ganze gelehrt klingende Auseinandersetzung ist aber hinfällig, wenn man aus dem Bericht des Dr. Barth entnimmt, daß „die Erscheinung mit zwei für Alle vernehmbaren Küssen auf Hirschs Mund schied"; und noch weniger stimmt sie zu dem früher erwähnten gelungenen Versuch Dr. Barths, eine ähnliche Erscheinung hervorzurufen dadurch, daß er in der, dem Medium unbekannten, deutschen Sprache an eine Verstorbene dachte. Bei diesen Sitzungen war allerdings Lombroso nicht anwesend. Hoffentlich hat er in der Zwischenzeit Gelegenheit gehabt, dieses und noch eine Menge anderer ihm fremd gebliebenen Vorgänge zu beobachten.

Zum Schlusse aber können wir es uns nicht versagen, dem italienischen Gelehrten auch einige Worte der Anerkennung zu zollen.

Es ist ja doch äußerst wahrscheinlich, daß Lombrosos Aufsatz in deutschen Gelehrtenkreisen, welche als Entschuldigung für ihre Unerfahrenheit in okkultistischen Fragen einfach die Betrugstheorie anzuführen pflegen, vielfach gelesen worden ist. Diese Herren dürfte folgende Stelle sehr nachdenklich gemacht haben:

„Der hauptsächlichste und am meisten gehörte Einwurf ist aber der: „„Warum gerade jenes Medium, Eusapia, so viel vermöge und andere nichts?"" Und aus diesem Unterschiede entsteht auch der, namentlich bei niederen Seelen natürliche Verdacht des Betruges — die einfachste und dem Geschmack der Menge entsprechendste Erklärung, welche obendrein alles Nachdenkens enthebt."

Wir können nur wünschen, daß Dr. Eduard von Hartmann diese uns sympathisch berührende Stelle aufmerksam gelesen habe, welcher in seiner „Geisterhypothese des Spiritismus (Seite 114) von dem „völlig von seinem Medium düpirten Crookes" gesprochen, und daß demselben auch die kürzliche Erklärung des englischen Gelehrten über dessen von ihm angezweifelte Experimente zu Gesicht gekommen ist.

Wir hoffen, daß Lombrosos Beispiel auf seine Kollegen in Deutschland anregend wirkt. Die deutsche Psychiatrie würde von solchen Studien — und diesen Standpunkt vertreten wir namentlich Herrn Dr. Specht gegenüber, der übrigens neuerdings durch seinen Beitritt zur deutschen Gesellschaft für psychische Forschung einen Anlauf hierzu genommen hat, — nur Nutzen ziehen. Also vivant sequentes in Germania!

II. Die erste lebendige Abschlachtung Lombrosos.

Mit steigendem Erstaunen haben wir in den Nummern 6 und 7 des „Zeitgeistes“ 1892 den Artikel des Dr. med. Albert Moll in Berlin: „Lombroso und der Spiritismus“ gelesen.

Zunächst mußten wir uns verwundern, daß Herr Dr. Moll, der offenbar selbst noch wenig Erfahrung in spiritistischen Fragen zu sammeln Gelegenheit hatte, überhaupt in dieser Sache das Wort ergriffen hat. Wir wundern uns darüber um so mehr, als ja Dr. Moll zu jenen Psychologen streng physiologischer Richtung zählt, für welche nach dem Vorgang von Prof. Charles Richet die Losung des Tages lautet: Experimentieren, alle Phänomene so exakt wie möglich feststellen; ehe dies aber geschehen, und zwar in Tausenden von Fällen, nur ja keine Erklärungen versuchen!

Trotzdem erklärt heute schon Dr. Moll, ohne eigentlich experimentiert zu haben. Und fragen wir nun, wie erklärt Dr. Moll diese von ihm nie gesehenen Phänomene, so lautet darauf die Antwort: Er stellt die Gleichung auf:

Medium = Taschenspieler + Betrüger.

Die Herren in Neapel — ich meine nicht Prof. Lombroso und dessen Kollegen, sondern diejenigen Herren, welche seit längerer Zeit Frau Eusapia Palladino kennen, ihre mediumistische Kraft jedenfalls mit Aufwendung großer Mühe und Geduld entwickelten und es endlich nach vielen vergeblichen Anstrengungen dahin brachte, heimische Gelehrte für diese Phänomene zu interessieren — diese Herren aber werden nach dem Urteil eines deutschen Psychologen und Arztes einfach monatelang von einer schlauen Taschenspielerin und Betrügerin, die sich für eine schlichte Frau aus dem Volke ausgab, schnöde hintergangen. Chevalier Chiaia, ein, wie Dr. Hans Barth mitteilt, bekannter und hochangesehener Ingenieur in Neapel, der hauptsächlich bei der Sache beteiligt zu sein scheint, und in dessen Hause auch wohl viele Sitzungen stattgefunden haben, wird, wenn er von Dr. Molls Urteil hört, gewiß belustigt sein, daß man ihn von Berlin aus zu belehren sucht, auf welche Weise er eigentlich in Neapel mit der Palladino hätte experimentieren müssen, um sofort hinter den taschenspielerischen Betrug zu kommen. Ja, wenn es in Berlin Berge gäbe, würden sie natürlich höher sein, als der Vesuv.

Professor Lombroso selbst hat bereits seine Antwort dem „Berliner Tageblatt“ eingesandt und dieses hat sie in seiner Nr. 123 vom 8. März morgens abgedruckt. Sie lautet:

Sehr geehrte Redaktion!

Ich habe zwar die Artikel des Herrn Dr. Moll gegen meine ersten Mitteilungen über den Spiritismus gelesen, halte aber jede Erwiderung darauf für überflüssig, da meine langjährige wissenschaftliche Erfahrung mich die absolute Nutzlosigkeit der Polemik über große wissenschaftliche Fragen gelehrt hat. Die Basis des Widerstrebens und der Kritik gegenüber jeder neuen Theorie ruht im „Misoneismus“, wie ich den Haß gegen das Neue heiße, und solange die Zeit zur Aufnahme gewisser Wahrheiten nicht reif ist, gehen viele Denker nur um die Sache herum, um die etwa darin enthaltenen Mängel und Fehler, aber niemals um die richtige Tragweite herauszufinden. So war ich selbst z. B. 29 Jahre lang in Italien der Lächerlichkeit ausgesetzt, weil ich mit Hunderten von Beweisen festzustellen gewagt, daß die Pelagra die Folge des Genusses von verdorbenem Mais ist — eine Thatsache, die heute anerkannt ist, ohne daß ich auch nur einen einzigen Beweis hinzugefügt hätte. Ebenso rief die Idee der Verschmelzung des geborenen Verbrechers mit dem Epileptiker und mit dem moralisch Kranken (pazzo morale) vor einigen Jahren auch in Deutschland einen Sturm des Widerspruchs hervor, während heute dieselbe Idee im Begriff ist, angenommen zu werden. Dasselbe Los wird auch meinen Forschungen — die heute niemand auch nur für wahrscheinlich hält — beschieden sein; und wäre es auch nicht so, so würde ich dennoch die Gerechtigkeit mehr von der Zeit als von der Polemik erwarten. — Hier bemerke ich nur noch das Eine, daß in den bewußten Sitzungen viele Experimente bei vollem Lichte vor sich gingen — daß außer mir noch fünf Irrenärzte teilnahmen, die noch skeptischer waren, als ich — daß endlich ein alter Irren- und Gerichtsarzt, wie ich, wohl imstande ist, die Simulation zu erkennen, das A-B-C der gerichtlichen Psychiatrie, mit der uns doch, infolge unseres Amtes, jeder Tag vertrauter macht.

Ergebenst
Professor C. Lombroso.

Turin, 4. März 1892.

Übrigens wollen wir nun nicht sagen, daß die Eusapia Palladino nicht gelegentlich mit betrügerischen Veranstaltungen ihren mediumistischen Leistungen nachhälfe. Vielmehr halten wir dies für fast selbstverständlich, denn es ist uns außer dem verstorbenen Daniel Home bisher kein öffentliches Medium bekannt geworden, das nicht neben seinen echten Kundgebungen auch künstliche Wunder zum besten gegeben hätte. Das weiß aber auch Chevalier Ciolfi selbst natürlich ebenso gut wie wir, und auch von Professor Lombroso ist wohl zu erwarten, daß er nicht so gänzlich unbekannt mit den Thatsachen und der Litteratur des Spiritismus ist, um das nicht ebenfalls zu wissen. Aber in Berlin freilich mag wohl kaum einer unter Hunderttausenden zu finden sein, der hiervon eine Ahnung hätte. Daher zweifeln wir auch nicht, daß, wenn die Palladino nach Berlin berufen werden sollte, sie dort bald „entlarvt“ würde von einigen aus der großen Schar derjenigen, die in dieser Hinsicht ebenso unwissend sind, wie sie geringes psychologisches Verständnis für das unglückliche Seelenleben eines öffentlichen Trance-Mediums haben. Noch weniger wird bei ihnen von einem Mitgefühl mit solchen seelisch Prostituierten die Rede sein können.

Nur auf eine Stelle des Dr. Moll'schen Aufsatzes, die uns besonders aufgefallen ist, scheint uns noch wünschenswert hier einzugehen. Dr. Moll schreibt zum Schlusse:

„Die weiteren Ausführungen Lombrosos scheinen mir nach dem Vorhergegangenen kein weiteres Interesse zu bieten. Er bespricht hier noch andere Leistungen der Medien und besonders das mediumistische Schreiben, das früher bei den Spiritisten als eine Leistung der Geister aufgefaßt, von Max Dessoir aber als sogenanntes automatisches Schreiben nachgewiesen wurde.“

Wirklich? Hat jemals ein Spiritist daran gezweifelt, daß die Leistung der Schreibmedien eine automatische sei? — Keineswegs! Aber darin gerade liegt der dreiste Schlag ins Angesicht der Logik, welchen diese Schule der Zaghaften, der „guten Kinder“ der Schulwissenschaft, beständig ausführt, um nur nicht der Stimme des natürlichen Gefühls und der unbefangenen Überzeugung freien Lauf zu lassen. Aus dem Mechanismus des Zustandekommens irgend welcher mediumistischen Leistungen ist niemals auf deren letzten Ursprung zu schließen, sondern einzig und allein aus dem *geistigen Inhalte* der Mitteilungen. Daß sich durch das automatische Schreiben eines Mediums oftmals dessen eigenes somnambules Bewußtsein geltend macht, bezweifelt wohl kein Sachkenner; das hat vor allem s. Z. schon Hellenbach meisterhaft klar nachgewiesen. Ebenso aber wie man hierbei sehr oft die telepathische Einwirkung sowohl andrer *lebender*, wie namentlich *verstorbener* Personen ganz unzweifelhaft beobachtet, so ist dies auch bei allen andern mediumistischen Vorgängen der Fall. Es mag wohl mit der Zeit gelingen, fast alle derselben, auch die physikalischen, durch willkürliche Beeinflussung solcher Medien von seiten starker Hypnotiseure hervorzubringen. Daraus aber folgt gerade, daß in *den* Fällen, wo solch ein Hypnotiseur *nicht* einwirkt, dies von seiten einer anderen *sehr starken* Willenskraft geschieht, während doch der Begriff des Mediums hauptsächlich in der *Schwäche* eines *eignen* Willens liegt. Diejenigen Gesichtspunkte endlich, welche aus dem *geistigen Inhalte* mediumistischer Mitteilungen mit unzweifelhafter Sicherheit auf deren Ursprung von verstorbenen Persönlichkeiten schließen lassen, finden sich bereits im Julihefte 1887 der „Sphinx" (IV, S. 17—29) festgestellt.

Rückblick.

Von

Leopold Engel.

Seh' zurück ich in mein Leben,
Finde ich dort eine Lehr',
Die das Schicksal mir gegeben
Eisern, bitter, aber hehr.

Mensch, du sollst dich stets bestreben,
Eine Welt dir selbst zu sein,
Frei vom Zwange, frei von Fesseln,
Dich durchschauend, klar und rein!

Nicht auf andre sollst du stützen
Deine Kraft, die in dir glüht,
Selbstbestimmend, selbsterfassend,
Nur ein hohes Ziel dir blüht.

Fühlest du den Götterfunken
In dir sprühn, der dich erhebt
Zu dem Schaffen reinen Geistes,
Flieh mit ihm, damit er lebt!

In der Harmonie Gefilde
Führt er dich in süßer Lust,
Wandernd fühlst du mit Staunen,
Flammend wächst er in der Brust.

Du erkennst dich selbst, die Menschen,
Liebst nur Wahrheit, hassest Trug,
Lernst ergründen alle Herzen,
Wie aus einem offnen Buch.

Doch je mehr du Seligkeiten
Fühlst in dem erkämpften Licht,
Fällt von dir der Menschheit Treiben,
Denn Verstehen find'st du nicht.

Einsam durch das Leben wandern
Mußt du, schweigsam, göttergleich!
Ach, so arm an Freunden, Lieben,
Doch im Herzen friedvoll, reich!

Fausts geschichtliche Persönlichkeit.

Von

Karl Kiesewetter.

(Fortsetzung.)

Faust taucht nach dem Jahre 1520 in Erfurt wieder auf, ohne daß man jedoch das Jahr genau bestimmen könnte; ja es bleibt sogar hier für Vermutungen ein sehr weiter Spielraum, insofern sich die obige Zeitangabe nur aus der Dauer der Amtsthätigkeit des Erfurter Guardians des Franziskanerklosters und Dompredigers Dr. Klinge, welche in die Zeit von 1520—1556 fällt, und dem ungefähren Todesjahre Fausts, 1539, erraten läßt.

Die Nachricht entstammt einer ungenannten Erfurter Chronik und wird von Motschmann in seiner Erfordia literata continuata[1]) beigebracht. Da das vermehrte älteste Faustbuch fast wörtlich mit der chronikalischen Nachricht übereinstimmt, so vermutet Düntzer[2]), daß der Verfasser der Chronik seine Faustanekdoten dem Volksbuch entnommen habe; dem steht aber entgegen, daß das älteste Faustbuch von 1587 kein Wort von Beziehungen Fausts zu Erfurt weiß, und daß der Verfasser des vermehrten Faustbuches somit aus einer diesbezüglichen Quelle geschöpft haben muß. Die Sache liegt also in Wirklichkeit wohl so, daß die Nachricht des vermehrten Faustbuches fast wörtlich der Erfurter Chronik — und nicht umgekehrt — entnommen wurde. Auch ist die Fausttradition noch heute in Erfurt so lebendig, wie sie es wohl nimmermehr sein würde, wenn Faust dort nicht wirklich gelebt und Aufsehen gemacht hätte, sondern — so zu sagen — nur hingedichtet worden wäre. Bemerken will ich noch, daß Pfitzer, dem offenbar viele aus Fausts Zeit herrührende Akten und Briefe zu Gebot standen, sagt, Faust habe seinen Freund, den Magister Caspar Moir (Major), bei seiner Versetzung an die Universität Erfurt begleitet.[3])

Motschmann sagt also: Sonst habe ich in vorgedachter Chronike gefunden, es sei dieser Dr. Kling gebraucht worden den beruffenen Schwartzkünstler Dr. Faußen von seinem Irrweg zu bringen. Ich will die Erzählung so, wie ich sie gefunden habe, hierhersetzen und das Urteil dem Leser überlassen:

---

1) Zweite Fortsetzung. S. 373—378.
2) Scheible: Kloster, Bd V. S. 78.
3) Widmann-Pfitzer'sches Faustbuch. Th. I. cap. 34.

Es machte aber der Mann der Possen so viel, daß die Stadt und das Land von ihm schwatzte, und mancher vom Adel auf dem Lande ihm gen Erffurth nachzogen, und begunte sich die Sorge zu finden, es möchte der Teuffel die zarte Jugend und andere einfältige verführen, daß sie auch zur schwartzen Kunst Lust bekämen und sie vor eine Geschwindigkeit halten mögen[1], und sich denn der Zauberer im Ancker[2] zu einem Juncker, der ein Papist war, hielt, als wurde Anleitung gegeben, daß sich doch der benachbarte Mönch Dr. Klinge an ihm versuchen möchte, ob er ihn vom Teuffel reissen und bekehren könne. Dieser Franziscaner thäte, fand sich mit herbey, redete erst freundlich, sodann hart mit ihm, und erklärte ihm Gottes Zorn und ewige Verdammniß, so ihm auf solchem Wesen stünde, sagte, er wäre ein fein gelehrter Mann und könnte sich mit Gott und Ehren wohl sonsten nehren, darum solte er sich von solcher Leichtfertigkeit, dazu er sich vielleicht in seiner Jugend den Teuffel hätte bereden lassen, abthun und Gott seine Sünde abbitten, solte hoffen, er würde also Vergebung seiner Sünde erlangen, die Gott keinem noch verschlossen hätte.

Dr. Faust sagte: Mein lieber Herr, ich erkenne, daß ihrs gerne gut mit mir sehen möchtet, weiß auch das alles wohl, was ihr mir jetzt vorgesagt, ich habe mich aber zu hoch verstiegen und mich mit meinem eigenen Blute gegen den Teuffel verschrieben, daß ich mit Leib und Seel ewig seine will seyn; wie kan ich denn nun zurücke, oder wie kan mir geholffen werden.

Dr. Klinge sprach: Das kan wohl geschehen, wenn ihr Gott um Gnad und Barmhertzigkeit ernstlich anruft, wahre Reu und Busse thut, der Zauberey und Gemeinschaft mit dem Teuffel euch enthaltet, und niemand ärgert, noch verführet. Wir wollen in unserm Kloster vor euch Messe halten, daß ihr des Teuffels wohl loß werden sollet.

Meß hin, Meß her, sprach Dr. Faustus, meine Zusage bindet mich zu hart; so habe ich Gott muthwillig verachtet, bin meineydig und treuloß an ihm worden, habe dem Teuffel mehr geglaubet und getrauet, denn ihm, denn ich zu ihm nicht wieder kommen, noch seiner Gnade, die ich verschertzet, mich getrösten kan. Zudem wäre es nicht ehrlich noch mir rühmlich nachzusagen, daß ich meinen Brieff und Siegel, so doch mit meinem Blut gestellet, wiederlauffen solte[3]; so hat mir der Teuffel redlich gehalten, was er mir hat zugesagt und verschrieben.

Ey, sagte der Mönch, fahre immer hin, du verfluchtes Teuffels Kind, wenn du dir nicht willst helffen lassen und es nicht anders haben. Gieng darauf von ihm zum Rectore Magnifico, zeigte es ihm an; hierauf ward der Rath auch hiervon berichtet und Faust aus Erffurth geschafft. Biß hieher gedachtes Chronicon."

In einer auf Seite 372 seines genannten Werkes befindlichen Anmerkung sagt Motschmann noch weiter:

„In jener Chronik werden noch viel specialia erzehlet, die sich mit Dr. Fausten in Erffurth sollen zugetragen haben: Als daß er sich bei dem großen Collegio hieselbst eingemiethet und mit seinem Großsprechen so viel erlanget, daß er sich auff öffentlichem Katheder dürffen hören lassen, da er den Homerum erkläret, und die darinne vorkommende Kriegshelden ordentlich beschrieben, wie sie ausgesehen, weswegen ihn die Studenten ersuchet, es durch seine Kunst dahin zu bringen, daß sie solche würcklich sehen könnten; Als er nun dieselbige auff eine Zeit ins Collegium bestimmet, sey immer einer nach dem andern von den gedachten Kriegshelden in's Auditorium hineingetreten, endlich sey auch der einäugichte Riese, Polyphemus mit einem feuerrothen langen Barthe, und einen Menschen, dessen Schenckel noch zum

---

[1]) Also schon damals war Geschwindigkeit keine Hexerei!

[2]) Ein „Zum Anker" genannten, noch stehendes Haus in der Schlössergasse.

[3]) Auf die mysteriösen Pakte werde ich zurückkommen.

Maule heraus gezottet, feuernd, kommen, der mit seinem Anblicke alle sehr erschrecket; der habe auch nicht wieder fortgehen wollen, sondern er habe mit seinem grossen eisernen Spiese auf den Erdboden gestossen, daß das gantze Auditorium erschüttert, ja er habe ein paar mit seinen Zähnen anpacken wollen.[1]) Deßgleichen wird erzehlet, daß nicht lange hernach eine Promotio Magistrorum gewesen, da in Beyseyn der Theologen und der Abgesandte des Raths der Discurs vorgefallen, daß so viele von denen Comoedien des Plauti und Terentii verlohren gegangen, die man bey der Jugend wohl brauchen könte, wenn sie noch vorhanden wären; da habe Dr. Faust sich erbothen, wenn es mit Erlaubniß derer Theologorum und ohne seine Gefahr geschehen könne, wolte er alle verlohrne Comoedien wieder vorlegen auf einige Stunden lang, daß man sie in Eil durch einige Studiosos könne abschreiben lassen. (Eine Prahlerei, die genau mit der von Trithemius bezüglich der platonischen und aristotelischen Schriften gemeldeten übereinstimmt.) Es hätten aber weder die Theologi noch Rathsherren solchen Vorschlag annehmen wollen. Ferner wird gemeldet, daß sich Dr. Faust öffters bey einem Juncker zum Ancker in der Schlösser-Gasse aufzuhalten pflegen, als man selbiger (Faust) nach Prag verreiset worden, und die bey dem Juncker versammelte Compagnie von ihm gesprochen und gewünschet, daß er bey ihnen seyn möchte, sey er bald geritten gekommen, da denn sein Pferd im Stalle nicht können satt gemacht werden, er aber habe aus dem Tische allerhand Weine, nach derer Gäste belieben, heraus gezapfet, biß er gegen Morgen mit seinem Pferde, welches durch helles Wiehern die Zeit des Abmarsches zu verstehen gegeben, sich gegen Morgen in die Höhe geschwungen und wieder nach Prag geritten. So soll er auch in seiner Wohnung bei St. Michael (der Michaelskirche), da er mit vielen Geschenken von Prag zurückgekommen, Gäste zu sich geladen haben, und da bey ihrer Ankunft nicht die geringste Anstalt zur Bewirthung gewesen, so habe er sie doch mit Hülfe seines Geistes auf das properste mit Essen, Trinken und Music tractiret." (Auch das Volksbuch von 1587 kennt diese Gasterei, welche in ihm sehr allgemein nach „Düringen" verlegt wird.)

Wie bereits gesagt, ist in Erfurt die Fausttradition noch sehr lebendig. Jedes Kind kennt dort das Haus Fausts und das von der Schlössergasse aus einmündende „Dr. Faustgäßchen", durch welches kaum 3 Fuß breite Gäßchen Faust mit einem mächtigen, von vier Pferden gezogenen Baumstamm gefahren sein soll. Als aber ein Mönch dazu kam und einen Exorcismus sprach (es soll der Augustiner Dr. Luther gewesen sein), verwandelte sich das Blendwerk in einen von vier Hähnen gezogenen Strohhalm. — Noch 1876 fand ich in Erfurt die Sage lebendig, daß

---

[1]) Dieser Vorgang kann vollständig historisch und durch die Laterna magica erklärbar sein, da an Materialisationen hier nicht zu denken ist. Denn zur Zeit Fausts war die Laterna magica und Camera obscura Einzelnen bekannt. So schreibt Fausts Zeitgenosse Cornelius Agrippa in seiner Philosophia occulta, Lib. I. cap. 6. „Es giebt gewisse Spiegel, durch die man in der Luft, auch ziemlich entfernt von den Spiegeln, beliebige Bilder hervorbringen kann, welche von unerfahrenen Leuten für Geister oder die Schatten Verstorbener gehalten werden, während sie doch nichts anderes sind als leere, von Menschen hervorgebrachte, alles Lebens entbehrende Spiegelbilder. Auch ist es eine bekannte Sache, daß man an einem völlig dunkeln Ort, in welchen nur durch eine sehr kleine Öffnung ein Sonnenstrahl dringen darf, auf einem in das Licht dieses Strahles gelegten weißen Papier oder einem flachen Spiegel alles sehen kann, was draußen im Sonnenlichte vorgeht." — Nach den schon genannten „Histor. Remarquen" übte Faust das gleiche Kunststück auch in Nürnberg aus, was, da er wirklich — wie wir sehen werden — dort weilte, leicht möglich ist.

Faust im Dr. Faustgäßchen und dem Anker, wo er zum Fenster heraussehe, spuke.

Einer bestimmten Angabe, daß sich Faust im Jahre 1525 in Leipzig aufhielt, begegnen wir bei Mag. Johann Jacob Vogel, welcher in seinen Leipziger Annalen ad ann. 1525 sagt[1]):

„So gehet auch die gemeine Rede, (welcher ein alt geschriebenes Leipzigisches Chronicon beipflichtet,) daß der bekandte Schwartzkünstler Dr. Johann Faust, vermittelst seiner Kunst, ein mit Wein gefülltes Faß, welches die Weißtittel heraus ziehen sollen, aus Auerbachs Keller auff die Gasse geritten."

Auffallend ist die Jahreszahl 1525, weil das Widmannsche Faustbuch dieses Jahr als das Anfangsjahr einer regeren Thätigkeit Fausts angiebt, insofern es in dem Abschnitt, „Zu welcher Zeit Doctor Faustus seine Schwartzkunst hab bekommen vnd geübet", heißt:

„In dem Jar aber nach Christi geburt 1525, da er sich schon zuvor mit Leib vnd Seel dem Teuffel ergeben hat, ist er erst recht auffgetretten, da er denn sich menniglich hat offenbahrt, auch Lande vnd Städte durchzogen, da man von jhme überall zu sagen hat gewußt."

Bemerkt zu werden verdient, daß das Faustbuch von 1587 keine Sylbe von einem Faßritt — weder in Leipzig, noch anderswo — weiß. Das vermehrte Faustbuch von 1590 kennt einen Faßritt in Leipzig, aber nicht aus Auerbachs Keller, desgleichen Widmann 1599 und Pfitzer 1674. Erst Vogel beruft sich 1714 mit seiner Angabe, daß der Faßritt aus Auerbachs Keller stattgefunden habe, auf eine alte geschriebene Leipziger Chronik. — Ich lasse Vogels Angabe in Ehren, aber deswegen braucht die Tradition von Auerbachs Keller doch keinen geschichtlichen Hintergrund in einem Aufenthalt Fausts daselbst zu haben.

Als beweisend für die Tradition sollen bekanntlich dort die beiden, den Faßritt und das darauf folgende Bacchanal darstellenden Bilder, welche die Jahreszahl 1525 und folgende Unterschriften tragen, gelten:

„Doctor Faustus zu dieser Frist,
Aus Auerbachs Keller geritten ist
Auf einem Faß mit Wein geschwind,
Welches gesehen viel Mutter Kind.
Solches durch seine subtile Kunst hat gethan
Und des Teufels Lohn empfangen davon."

und das Distichon:

„Vive, bibe, obgraecare, memor Fausti hujus, et hujus
Poenae: aderat claudo haec, ast erat ampla, gradu."

was Düntzer übersetzt:

„Trinke und lebe in Lust, doch denke des Faustus und seiner
Strafe, die lahm nachkam, aber gewaltig ihm kam."

Der Umstand, daß die Bilder die Jahreszahl 1525 tragen, soll ihre Entstehung in diesem Jahr beweisen; sie sollen restauriert worden sein in den Jahren 1636, 1707 und 1759.[2]) — Ich aber vermute, daß sie 1636 erst gemalt sind, weil die Tracht der Studenten auf denselben

---

[1]) J. J. Vogel: Leipzigisches Geschicht-Buch oder Annalen. Leipzig. 1714. Fol. S. 111.

[2]) Scheible: Kloster, Bd. V. S. 40.

genau jener Zeit entspricht, nimmermehr aber dem Jahre 1525, und ein in diesem Jahre lebender Maler konnte unmöglich eine hundert Jahre später übliche Tracht anticipieren. Aber die Sage von Auerbachs Keller wird durch den genannten Annalisten Vogel selbst widerlegt, welcher ad ann. 1530 sagt:

„Dieses Jahr ist Auerbachs Hof von Herrn Heinrich Stromer, sonst Auerbach genannt, der Philosophie und Medicin Doctore und Decano, vornehmen Rathsglied, auch Churfürstlich Brandenburgischen, Mainzischen und Churfürst Friedrich zu Sachsen gewesenen hochbestallten Leibmedico erbaut worden, wie Schneider S. 130 bezeuget."

Wenn aber Auerbachs Keller erst 1530 erbaut ist, so kann Faust nicht 1525 in ihm seine Schwänke getrieben haben. — Offenbar existierte zu Anfang des 17. Jahrhunderts eine auf Fausts Faßritt aus Auerbachs Keller — wie aus Vogel ersichtlich — bezügliche, freilich irrige Tradition, welche vielleicht im Jahre 1636 der spekulative Wirt benutzte, um in einer Zeit, wo Fausts Name in aller Mund lebte, und wo man jedes Wort der Volksbücher für baare Münze nahm, seinem Gastlokal erhöhte Anziehungskraft bei Einheimischen und Meßfremden zu geben. — Die Jahreszahl 1525 ist obiger Stelle bei Widmann oder der Tradition entnommen, um das Alter der Bilder glaubwürdiger zu machen, denn keine Ausgabe des Faustbuches sagt, daß der Faßritt in diesem Jahr geschehen sei.

Vermutlich in dem gleichen Jahre, 1525, treffen wir Faust in Basel an, wo der protestantische Theologe Johann Gast mit ihm speiste. Daß dies im Jahre 1525 geschah, macht eine Stelle der Dedikation des „Tomus secundus convivalium sermonum, partim ex probatissimis historiographis, partim exemplis innumeris, quae nostro saeculo acciderant, congestus, omnibus verarum virtutum studiosis utilissimus" wahrscheinlich. Denn in dieser Widmung an Dr. Conrad Humpracht sagt Gast, daß er mit demselben bei dem bekannten Baseler Buchdrucker Adam Petri logierte, der ihm in den kläglichen Zeiten des Bauernkrieges außerordentlich viel Gutes gethan habe. In diesem Buche[1]) erzählt nun Gast eine Anekdote, worin wir das Zauberpferd wiederfinden und sich die ersten Spuren von Mephisto und Prästigiar zeigen:

„Ein anderes Beispiel von Faust: Als ich zu Basel mit ihm im großen Collegium speiste, gab er dem Koche Vögel verschiedener Art, von denen ich nicht wußte, wo er sie gekauft oder wer sie ihm gegeben hatte, da in Basel damals keine verkauft wurden, und zwar waren es Vögel, wie ich keine in unserer Gegend gesehen habe. Er hatte einen Hund und ein Pferd bei sich, die, wie ich glaube, Teufel waren, da sie alles verrichten konnten. Einige sagten mir, der Hund habe zuweilen die Gestalt eines Dieners angenommen und ihm Speise gebracht. Der Elende endete auf schreckliche Weise, denn der Teufel erwürgte ihn; seine Leiche lag auf der Bahre immer auf dem Gesicht, obgleich man sie fünfmal umdrehte."

Unmittelbar vorher erzählt Gast eine andere Faustanekdote, welcher vielleicht ein Spukvorgang zu Grunde liegt:

„Vom Nekromanten Faust:

Einst kehrte er in ein sehr reiches Kloster ein, um dort zu übernachten. Ein Bruder setzte ihm gewöhnlichen, schwachen, nicht wohlschmeckenden Wein vor. Faust bittet ihn, ihm aus einem andern Fasse besser schmeckenden Wein zu geben, den er

---

1) Ed. 1548 p. 280.

den Vornehmen zu reichen pflegte. Der Bruder sagte darauf: ‚Ich habe die Schlüssel nicht. Der Prior schläft, und ich darf ihn nicht aufwecken.‘ Faust erwiderte: ‚Die Schlüssel liegen in jenem Winkel; nimm sie und öffne jenes Faß auf der linken Seite und bringe mir den Trunk!‘ Der Bruder weigerte sich; er habe keine Erlaubniß vom Prior, den Gästen andern Wein zu geben. Als Faust dies hörte, sprach er: ‚Binnen Kurzem wirst Du Wunderdinge erleben, Du ungastfreundlicher Bruder.‘ Am frühesten Morgen ging er voll Erbitterung weg, ohne zu grüßen, und sandte in das Kloster einen wüthenden Teufel, der Tag und Nacht lärmte und in der Kirche, wie in den Zellen der Mönche, alles in Bewegung setzte, so daß sie keine Ruhe hatten, was sie auch anfingen. Endlich beriethen sie sich, ob sie das Kloster verlassen oder es ganz zerstören sollten. Sie meldeten also dem Pfalzgrafen ihr Mißgeschick. Dieser nahm das Kloster unter seinen Schutz, indem er die Mönche heraustrieb, denen er jährlich, was sie bedürfen, zukommen läßt, indem er das Uebrige für sich behält. Einige behaupten, daß auch jetzt noch, wenn Mönche ins Kloster kommen, ein solcher Tumult sich erhebe, daß die Einwohner keine Ruhe haben. Solches weiß der Teufel zu veranstalten."

Auffallend ist, daß im Faustbuch ebenfalls mehrere Erzählungen vorkommen, wie Faust einem Wirt in Gotha, dessen Frau er verführt hatte, und einem alten Mann, welcher ihn seines Lasterlebens wegen zur Rede setzte, einen Poltergeist ins Haus bannt, und auch Melanchthon wird — wie wir bald sehen werden — mit einem ähnlichen Vorgang in Verbindung gebracht. Wir werden s. Z. auf die diesen Nachrichten vielleicht zu Grunde liegenden Thatsachen zurückkommen.

Drei Jahre später — im Jahre 1528 — begegnen wir einer merkwürdigen Nachricht in den Briefen des Heinrich Cornelius Agrippa von Nettesheym, wo dieser, damals im Dienste der Mutter von Franz I. stehend, erzählt, daß am französischen Hofe ein Zauberer erwartet werde, von welchem man sich alle die Zauberkünste versprach, die die Tradition Faust zuschreibt. Ich trage kein Bedenken, diese Nachricht auf Faust selbst zu beziehen, umsomehr, als ein Kapitel des Faustbuches angiebt, daß Faust im Dienste eines mit Karl V. im Kriege befindlichen Monarchen stand.[1]) Der Sache mag also wohl irgend ein wirkliches Faktum zu Grunde liegen. Allerdings hat Faust nach Melanchthons Nachricht geprahlt, dem Kaiser seine Siege in Italien durch Zauberei verschafft zu haben, allein diese Aufschneiderei beweist keineswegs, daß Faust im Dienste Karls V. gestanden hat; eher ist angesichts der zuverlässigen Nachricht Agrippas das Gegenteil anzunehmen. — Es heißt also in den Briefen des Agrippa[2]):

„Höre eine Sache, die eben so thörigt als gottlos ist. Man hat neulich mit großen Kosten einen Zauberer aus Deutschland kommen lassen, welchem die Geister gehorchen sollen, und von dem man hofft, daß er dem Kaiser ebenso Widerstand leisten werde, wie vormals Jannes und Jambres[3]) dem Moses leisteten. Man ist überzeugt, daß jener die ganze Zukunft überschaut, daß er um die geheimsten Entschließungen und Pläne weiß, daß er Gewalt genug besitzt, um die königlichen Prinzen durch die Luft zurückzubringen, — daß er feurige Heere, Wagen und Pferde hervorzaubern, Schätze hervorziehen und versetzen, Ehen und Liebesbündnisse trennen und unheilbare Krankheiten durch sein kräftiges Heilmittel heilen kann."

[1]) Faustbuch von 1587 cap.: „D. Faust ein guter Schütz".

[2]) Epist. Lib. V. ep. 26. d. ann. 1528.

[3]) Der lateinische Text hat unrichtig Mambres.

Im weiteren Verlauf knüpft Agrippa an die Aufzählung dieser Zauberkünste noch herzbrechende Klagen über den Aberglauben, welcher die Elemente, den Himmel, das Schicksal, die Natur, die Vorsehung, Gott selbst und das Heil der Königreiche dem Teufel, als dem angeborenen Feinde des menschlichen Geschlechtes, unterwerfe u. s. w.

Agrippa nennt allerdings den Namen Faust nirgends; trotzdem aber hege ich nicht das mindeste Bedenken, seine Notiz auf denselben zu beziehen, denn erstens lebte damals in Deutschland kein anderer berühmter Zauberer — auf Paracelsus kann die Nachricht nicht gehen, weil ihm die Sage nirgends derartige Dinge zuschreibt —, und zweitens sind die dem Zauberer hier zugeschriebenen Künste: die Luftfahrt, die zauberische Befreiung der Gefangenen und ihr Zurücktransport durch die Luft, das Ins-Feld-stellen gespenstischer Heere, das Bannen und Versetzen der Schätze, die magische Erregung von Liebe und Haß und endlich die zauberische Heilung von Krankheiten, alles Dinge, welche die alten Faustbücher ihrem Helden zuschreiben: Faust fährt durch die Luft nach Salzburg, München, Erfurt, Heidelberg und Prag[1]); er bringt einen in Konstantinopel gefangen gehaltenen Ritter durch die Luft nach Deutschland zurück[2]); er stellt den ihm nach dem Leben trachtenden Freiherrn von Hardt gespenstische Heerscharen entgegen[3]); er hebt in einer verfallenen Kapelle bei Wittenberg einen verbannten Schatz[4]); er stiftet einem adeligen wittenberger Studenten zu Gefallen Zauberliebe[5]) und heilt endlich einen Marschall zu Braunschweig von der Schwindsucht.[6])

Daran, daß sich die Notiz Agrippas auf den französischen Hof bezieht, kann kein Zweifel sein, denn Agrippa lebte, wenn auch bereits in Ungnade gefallen, bis zum Juli 1528 an demselben. Die königlichen Prinzen, welche der Zauberer durch die Luft zurückbringen soll, sind die beiden Söhne Franz' I., welche dieser beim Abschluß des Madrider Friedens (am 14. Januar 1526) Karl V. als Geiseln stellen mußte.

Einen indirekten Beweis, daß Faust Franz dem Ersten Dienste leistete, giebt uns das älteste Faustbuch von 1587, wo es in dem Kapitel: „Doctor Faustus ein guter Schütz“ heißt:

„Doctor Faustus ließ sich auff eine zeit, bey einem grossen Herrn vnd Könige in dienste brauchen, vnd war auff die Artillerey vnnd Geschütz bestellt, nahe war das Schloß, darin Faustus dißmal lage, von Keyser Karles spanischem Kriegsvolck belägert, darunter ein fürnemmer Oberst vnd Herr ware. Faustus sprach seinen Hauptmann an, ob es jme gelegen, er wolte gedachten Spanischen Obersten, welcher damals in einem kleinen Wäldlin vnter einem hohen Tannen Baume auff seinem Rosse hielte, oder einen hauffen von der Mähre herab schiessen, ob er jhn gleich des Waldes halben nit sehen könne. Der Hauptmann wolte es jme nicht gestatten, sondern sagte, er solte jhn sonsten mit einem nahen Schusse erschrecken. Da richtet Faustus sein Stücke, so er vor sich hatte, vnd schoß in gedachten Baum, darunter dißmals der Spanier zu morgen aß, dermassen dz die stücker vnd spreyssen vmb den Tisch flogen. Wenn aber

[1]) Widmannsches Faustbuch: I. T. cap. 33, 39, 41; II. T. cap. 21 u. 22.
[2]) A. a. O. II. T. cap. 20. [3]) A. a. O. II. T. cap. 15 u. 17.
[4]) A. a. O. II. T. cap. 9. [5]) A. a. O. II. T. cap. 1.
[6]) A. a. O. I. T. cap. 42.

von den Feinden ein Schuß inn die Vestung gethan ward, schawete Faustus daz er die grossen kugeln in seiner Hande auffienge, als wenn er mit den Feinden den Pallen schlüge: Er trat auch bißweylen auff die Mawren und fienge die kleinen Kugeln im Busen und in die Ermel mit hauffen auff."

Der „grosse Herr und König" kann nur Franz I. sein, denn wenn Heinrich VIII. 1528 dem Kaiser auch den Krieg erklärte, so kam es doch zu keinem Kampf mit den Engländern, und Heinrich II. von Frankreich kann ebenfalls nicht gemeint sein, da bei dessen Regierungsantritt Faust längst tot war. Gegen einen anderen König aber, als die genannten, hat Karl V. nicht gekämpft, und wir sind mithin berechtigt, angesichts der Nachricht Agrippas dieser Sage einen historischen Kern zuzusprechen. —

Nach dem Jahre 1528 tritt eine zehnjährige Pause in den zeitgenössischen Nachrichten über Faust ein, und erst der Wormser Stadtphysikus **Philipp Begardi** giebt uns 1539 in seinem Index Sanitatis[1]) weitere Kunde, wobei er des Zauberers als eines noch vor wenigen Jahren allbekannten, gegenwärtig aber verschollenen Mannes gedenkt. Er sagt:

„Es wirt noch eyn namhafftiger dapfferer Mann erfunden: ich wolt aber doch seinen namen nit genent haben, so will er auch nit verborgen seyn, noch unbekant. Dann er ist vor **etlichen jaren** vast durch alle landtschafft, Fürstenthumb und Königreich gezogen, seinen namen jedermann selbs bekant gemacht, und seine grosse kunst, nit alleyn der artzney, sonder auch der Chiromancei, Nigromancei, Visionomei, Visiones im Cristal, und dergleichen mer künst, sich höchlich berümpt. Und auch nit alleyn berümpt, sondern sich auch einen berümpten und erfarnen meyster bekant und geschriben. Hat auch selbs bekant, und nit geleugknet, daß er sey, und heyß **Faustus**, damit sich geschriben Philosophum Philosophorum. Wie vil aber mir geklagt haben, daß sie von im seind betrogen worden, deren ist eyne grosse zal gewesen. Nun sein verheyssen ware auch groß wie des Tessali.[2]) Dergleichen sein rhum, wie auch des Theophrasti: aber die that, wie ich noch vernimm, vast klein und betrüglich erfunden: doch hat er sich im gelt nemen, oder empfahen (das ich auch recht red) nit gesaumpt, und nachmals auch im abzugk, er hat, wie ich bericht (berichtet), vil mit den fersen gesegnet. Aber was soll man nun darzu thun, hin ist hin, ich will es jetzt auch dabey lassen, schau du nur weiter, was du zu schicken hast."

Wir empfangen von dem Faust des Begardi — und fast mit denselben Worten — das gleiche Bild, wie es Tritheimius von seinem Faust entwirft, und es kann kein Zweifel sein, daß beide Autoren die gleiche Persönlichkeit meinen. Bemerkenswert ist, daß uns hier die erste Angabe, Faust sei vor 1539 verschollen, entgegentritt, und daß Begardi den Charlatan Faust mit Theophrastus Paracelsus, gegen welchen er als Anhänger Galens feindlich gesinnt war, zu dessen Verunglimpfung zusammenstellt.

---

[1]) „Index Sanitatis. Eyn Schöns und vast nützlichs Büchlein, genant Zeyger der Gesundtheyt. — Durch Philippum Begardi der freyen Kunst und Artznei Doctorem, der zeit der löblichen Keyserlichen Reichstatt Wormbs Physicum und Leibartzt. Wormbs 1539." S. XVII.

[2]) Es ist der im zweiten Jahrhundert n. Chr. lebende Thessalus von Tralles gemeint.

(Fortsetzung folgt.)

Die Seelenlehre

vom Standpunkte der Geheimwissenschaften.

Von

Carl du Prel
Dr. phil.

(Fortsetzung.)

Das transcendentale Subjekt — ich würde es kurzweg die Seele nennen, wenn es nicht gälte, den Unterschied von der alten Seelenlehre zu betonen — steht nicht unvermittelt neben der irdischen Erscheinungsform des Menschen; denn indem es die organisierende Fähigkeit besitzt, ist der irdische Mensch seine Erscheinungsform. Das Organisieren und das transcendentale Vorstellen bilden ferner keinen Dualismus innerhalb des transcendentalen Subjekts, sondern bezeichnen nur zwei begrifflich trennbare Funktionsrichtungen desselben, die aber wegen der Einheit des Subjekts real verbunden auftreten, so daß das Organisierende im Denken, das Denkende im Organisieren sich zeigt. Diese Identität des organisierenden und denkenden Prinzips ist innerhalb der menschlichen Erscheinung, in der sich das transscendentale Subjekt darstellt, in der That nachweisbar.

Was zunächst den Nachweis betrifft, daß das Denken mit einem Organisieren verknüpft ist, so versuchte ich denselben in den Gebieten der Ästhetik und der Technik. Diese Aufgabe präzisiert sich aber für den, der die Seele im Unbewußten sucht, dahin, nachzuweisen, daß in der Besonderheit unserer ästhetischen und technischen Produkte ein uns unbewußtes organisierendes Prinzip aufgedeckt werde. Wenn wir sehen, daß das formale Einteilungsprinzip unseres Leibes, der goldene Schnitt, auch an griechischen Tempeln und gotischen Domen sich zeigt, wovon aber die Erbauer nichts wußten, so ist damit die Identität des denkenden und organisierenden Prinzips nachgewiesen. Das zeigt sich noch auffälliger in unseren technischen Erfindungen, bei deren Herstellung doch das Unbewußte ganz ausgeschaltet zu sein scheint. Trotzdem diese Erfindungen ganz im Lichte des Bewußtseins, sogar unter bewußter Anwendung der Mathematik, zu geschehen scheinen, so ist doch an den einfachsten Mechanismen bis zu den kompliziertesten Apparaten eine geistige Unterströmung nachweisbar, und daß diese vom Organisierenden ausgeht, zeigt sich deutlich darin, daß die technischen Apparate nur unbewußte Kopien der Natur sind, nur Organprojektionen, ohne daß doch die Erfinder eine Ahnung davon hatten. So ist z. B. in der Camera obscura keineswegs in bewußter Absichtlichkeit das Auge kopiert, sondern umgekehrt wurde die Einrichtung unseres Sehapparates erst verständlich, nachdem die Camera erfunden war. Es ist also mehr als ein bloßer Vergleich, wenn man sagt, das Objektivglas des Photographen entspreche der Krystallinse, die Blende der Iris, der Verschluß dem Augenlide, der elastische Auszug dem kontraktilen Augapfel, der Chemismus der photographischen Platte (vermöge des Bromsilberübergusses) dem lichtempfindlichen Sehpurpur der Retina. In der gleichen Weise wird das Gehörorgan verständlich, wenn man das Klavier zur Erklärung heranzieht, oder der Nervenapparat durch den Telegraphen. Sogar die neueste Erfindung, der Phonograph, hat ein organisches Vorbild am Menschengehirn, dessen Thätigkeit im Delirium oft mechanisch abläuft, so daß oft Wort für Wort lange Reden wiederholt werden, die einst vernommen wurden, aber dem Bewußtsein längst entschwunden waren.

Auch in der Thätigkeit des Künstlers — soweit sie genial ist, also aus dem Unbewußten kommt — zeigt sich die Mitbeteiligung des Organisierenden. Der Dichter bringt es zur anschaulichen Naturschilderung nur dadurch, daß er das Leblose belebt und beseelt, und die typischen Figuren eines Shakespeare oder Walter Scott sind keineswegs bewußte Nachahmungen, sondern ganz eigentlich Schöpfungen unter Mitbeteiligung der organisierenden Seele. Die Kraft, welche in unseren Geistesprodukten zum Bewußtsein kommt, ist also identisch mit jener, die unseren objektiven Leib gestaltet hat.

Noch ist aber der andere Nachweis zu führen, daß die Gestaltung unseres Leibes eine teleologische ist, d. h. mit einem transcendentalen Vorstellen verbunden ist. Die Biologie, die diesen Nachweis führen sollte, zeigt sich ihrer Aufgabe nicht gewachsen. Wir thun daher gut, von der Biologie ganz abzusehen, und den Nachweis auf anderen Gebieten zu führen: Hypnotismus und Somnambulismus.

Der Hypnotismus lehrt, daß organische Veränderungen durch Suggestion herbeigeführt werden können, daß Krankheitssymptome beseitigt und jene organischen Prozesse eingeleitet werden können, die der Arzt für angezeigt hält. Jene physiologischen Funktionen, die für uns unbewußt verlaufen und auch unserer Willkür entzogen sind, Blutumlauf, Sekretionen ꝛc. können durch Suggestion geregelt werden. Nun ist es aber ohne weiteres klar, daß nicht etwa der Arzt gleichsam durch magisch wirkende Worte in einen fremden Organismus einzugreifen vermag; vielmehr kann die Suggestion nur dadurch wirksam werden, daß sie vom Patienten acceptiert wird, und diese Fügsamkeit erzielt man eben dadurch, daß man ihn in hypnotischen Schlaf versetzt, also in einen widerstandsunfähigen Zustand. Daher die Möglichkeit sogar verbrecherischer Suggestionen.

Die Fremdsuggestion ist also nur darum wirksam, weil sie widerstandslos in eine Autosuggestion verwandelt wird, welche erst das eigentliche Agens ist. Der Patient beherrscht also sein organisches Leben durch die Vorstellung, und damit ist der Primat des Geistes vor dem Körper erwiesen. Der Materialismus, welcher umgekehrt den Geist zur Funktion des Körpers macht, ist also auf den Kopf gestellt.

Aus dem Eintritt organischer Veränderungen durch Autosuggestion bei hypnotisierten Patienten folgt nun zunächst die logische Möglichkeit, daß alle physiologischen Funktionen, auch die normalen, durch uns unbewußte Vorstellungen geregelt werden. Diese logische Möglichkeit aber verwandelt sich in empirische Gewißheit, wenn wir sehen, daß die Somnambulen ihre eigene Diagnose und Prognose vornehmen. Solche Fähigkeiten, selbst wenn sie in der Erfahrung nicht gegeben wären, müßten a priori wahrscheinlich sein für eine Seelenlehre, welche die Identität des Organisierenden und Denkenden nachweist. In einer solchen Seelenlehre stehen die medizinischen Fähigkeiten der Somnambulen nicht als isolierte Thatsachen, mit welchen man nichts anzufangen weiß, sondern sie nehmen ihren festbestimmten Platz in einem ganzen System verwandter Erscheinungen ein. Dieses System würde eine unerklärliche Lücke zeigen, wenn der medizinische Somnambulismus in der Erfahrung nicht zu finden wäre, und umgekehrt könnte sich der medizinische Somnambulismus nicht so ungezwungen in diese Seelenlehre begrifflich eingliedern lassen, wenn er nicht eine Thatsache der Erfahrung wäre. Wer aus der Organprojektion und aus der künstlerischen Produktionsweise die Einsicht gewonnen, daß das Vorstellen mit einem Organisieren verbunden ist, wird vorweg vermuten, daß auch das Organisieren von Vorstellung begleitet ist, wie bei den Somnambulen.

Man muß zugestehen: über nichts ist so viel ungereimtes Zeug geschrieben worden, wie über die menschliche Seele, sowohl von Spiritualisten, als hauptsächlich von Materialisten, gleichsam zur Bestätigung der Worte von Montesquieu: „Lorsque Dieu a créé les cervelles humaines, il ne s'est pas obligé de les garantir.“ Schließlich hat man, des Streites müde, die Flinte ins Korn geworfen, und unsere moderne, in den Makrokosmos vergaffte Wissenschaft weiß mit der Psychologie nichts mehr anzufangen. „Da gehen die Menschen hin — sagt der hl. Augustinus — und bewundern hohe Berge und weite Meeresfluten und mächtig daher rauschende Ströme und den Ozean und den Lauf der Gestirne, vergessen sich aber selbst daneben.“[1]) Aber, wie wir gesehen haben, ist auch in den Mikrokosmos die Einsicht nicht ganz versperrt; man braucht nur die Seele am richtigen Ort zu suchen und dort die entscheidenden Thatsachen zu erforschen, nämlich die der Geheimwissenschaften. In der Theorie hat schon Aristoteles dieses Programm aufgestellt.

Es gelte zu untersuchen, sagt er, ob die Seele „alle Zustände mit ihrem Körper gemein habe, oder ob ihr auch etwas Eigentümliches zukommt.“ „Das Denken — so fährt er fort — scheint noch am meisten der Seele allein anzugehören; wenn aber auch dieses eine Art von bildlichem Darstellen ist, oder wenigstens ohne solches nicht geschehen kann, so wird auch das Denken nicht ohne den Körper vor sich gehen können. Sollten Thätigkeiten oder Leidenszustände bestehen, welche der Seele allein angehören,

[1]) Augustinus: Bekenntnisse. c. 10.

so würde die Seele vom Körper trennbar sein; sollte aber nichts der Art sich ergeben, so wird auch die Seele nicht trennbar sein." [1])

Seit Aristoteles ist nun eine neue Wissenschaft aufgetreten, von der sich im Altertum kaum eine Spur findet, die Linguistik. Wir wissen es heute viel bestimmter, als Aristoteles es wissen konnte, daß in der That auch unser abstraktes Denken „eine Art von bildlichem Vorstellen" ist, daß alle unsere Begriffe aus ursprünglichen Anschauungen entstanden sind. Darum können wir auch im Denken keine Funktion sehen, welche der Seele als solcher und abgesehen vom Körper angehört. Begriffe sind verdichtete Vorstellungen, Vorstellungen aber sind Sinnesfunktionen; also gehört auch das abstrakte Denken indirekt der Leiblichkeit an. Eine wirkliche Seele, die vom Körper nicht etwa nur begrifflich, sondern real trennbar wäre — und so meint es Aristoteles — folgt also nicht einmal aus unserer höchsten bewußten Funktion. Wohl aber würden wir sie gewinnen, wenn ein Denken ohne sinnliche Vermittlung nachweisbar wäre.

Im bewußten Seelenleben ist nun davon nichts zu finden; hier ist alles mit den Sinnen und dem Gehirn verbunden. Darum eben haben wir in dem Suchen nach der Seele die Bewußtseinsanalyse preiszugeben.

„Der allgemeine Grund — sagt Kant in Übereinstimmung mit Aristoteles — warum wir nicht aus den Beobachtungen und Erfahrungen des menschlichen Gemüts die künftige Fortdauer der Seele ohne den Körper darthun können, ist: weil alle diese Erfahrungen und Beobachtungen in Verbindung mit dem Körper geschehen . . . demnach können diese Erfahrungen nicht beweisen, was wir ohne den Körper sein können." [2])

Demnach sind wir auf das Unbewußte verwiesen, die Seele zu finden. Innerhalb desselben aber erkennen wir die Realität der Seele ganz einwurfsfrei in den Thatsachen der Geheimwissenschaften. Die okkulten Phänomene sind in der Regel an bewußtlose Zustände geknüpft und kommen zu stande durch Kräfte, die im normalen Zustande latent sind. Damit ist die physiologische Psychologie abgelöst durch die transcendentale Psychologie. Diese setzt es sich zur Aufgabe, den Begriff des Unbewußten, der nur in negativer Weise bestimmt ist, nämlich als Gegensatz des Bewußtseins, in positiver Weise zu ergänzen. Sie lehrt, daß unser Unbewußtes individuell ist, daß aber unser Recht nur so weit reicht, es als Gegensatz des sinnlichen Bewußtseins aufzufassen, nicht des Bewußtseins überhaupt; daß es ferner allerdings ein Bewußtsein sui generis besitzt. Das alles bestätigen die Geheimwissenschaften durch Erfahrungsthatsachen. Sie zeigen uns ein Vorstellen und Denken, das nicht durch die sinnlichen Kanäle vermittelt ist, sondern aus einer anderen Region stammt, und wobei das Gehirn — soweit es mitbeteiligt ist — nur als rein passives Organ eine Rolle spielt. Das Unbewußte in der transcendentalen Psychologie zeigt Bewußtsein und Erinnerung, also die beiden Elemente, auf welchen der Begriff einer Persönlichkeit beruht. Die transcendentale Persönlichkeit ist aber für das irdische Bewußtsein latent, und von der irdischen

---

[1]) Aristoteles: de an. I, c. 1.

[2]) Kant: Vorlesungen über Psychologie. 85.

Persönlichkeit qualitativ verschieden; also muß die reale Doppelheit unseres Wesens im Sinne Kants anerkannt werden.

Zwar hat man versucht, diese Doppelheit unseres Wesens in eine bloß physiologische Doppelheit aufzulösen[1]), wobei also beide Wesenshälften vom Tode betroffen würden, aber dieser Versuch gelingt eben nur, wenn man von den wichtigsten Phänomenen der Geheimwissenschaften absieht. Der physiologischen Psychologie, welche wie durch eine falsche Weichenstellung den ganzen Zug unserer Gedanken über die Seele auf eine falsche Schiene abgelenkt hat, wird es niemals gelingen, etwa Fernsehen und Fernwirken aus der Leiblichkeit zu erklären. Sie unterläßt auch logischerweise den bloßen Versuch dazu, sondern sieht sich genötigt, die Phänomene zu leugnen; diejenigen aber, welche solchen Phänomenen begegneten, haben auch von jeher deren Beweiskraft für eine vom Körper trennbare Seele anerkannt. So z. B. Deleuze, einer der besten Kenner des Somnambulismus, welcher sagt:

„Die Erscheinungen, welche er (der Somnambulismus) uns vorführt, lassen uns zwei Substanzen unterscheiden, das doppelte Dasein eines inneren und eines äußeren Menschen in einem und demselben Individuum; sie geben den besten Beweis von der Unsterblichkeit der Seele und die beste Antwort auf den Einwurf, den man gegen ihre Unsterblichkeit gemacht hat; sie erheben die von den alten Weisen schon anerkannte und von Bonald so schön ausgedrückte Wahrheit, daß der Mensch eine von den Sinneswerkzeugen bediente Intelligenz sei, über allen Zweifel. . . Unter den Leuten, die sich mit Magnetismus beschäftigt haben, giebt es unglücklicherweise einige Materialisten; ich kann nicht begreifen, wie so manche Erscheinungen, deren Zeugen sie waren, wie das Sehen in die Ferne, der Blick in die Zukunft, die Einwirkung des Willens, die Mitteilung der Gedanken ohne äußere Zeichen, ihnen nicht als genügende Beweise für die Geistigkeit der Seele erschienen sind.“[2])

Diejenigen freilich, die den Weg nach Damaskus geflissentlich vermeiden, werden auch niemals Paulusse werden, und es bleibt ihnen unbenommen, sich ihrer Saulusnatur zu rühmen. Wenn sie sich aber einmal bestimmen lassen sollten, den Somnambulismus in seinen höheren Phasen zu beobachten, dann werden sie auch die Seele anerkennen. Georget in seiner „Physiologie du système nerveux“, worin er den animalischen Magnetismus verwarf und Materialismus docierte, versuchte kurz darauf selber, zu magnetisieren, und da er den Thatsachen des Somnambulismus begegnete, wurde er sofort zum Glauben an eine Seele bekehrt. Er konnte aber seiner Überzeugung nur mehr in seinem Testamente Ausdruck geben, dem er die größte Verbreitung zu geben bat, und worin er sagt:

„Ich hatte kaum die Physiologie des Nervensystems veröffentlicht, als neue Meditationen über ein sehr außergewöhnliches Phänomen, den Somnambulismus, mir es nicht mehr erlaubten, die in uns und außer uns vorhandene Existenz eines intelligenten Prinzips, durchaus verschieden von den materiellen Existenzen, zu bezweifeln, sagen wir Seele und Gott. Ich habe in diesem Punkte eine tiefe Überzeugung, auf Thatsachen begründet, die ich für unwiderleglich halte. Diese meine

[1]) Dessoir: Das Doppel-Ich.
[2]) Deleuze: Praktischer Unterricht über den tierischen Magnetismus. 97. 183.

Erklärung wird erst den Tag erblicken, wenn man an meiner Aufrichtigkeit nicht mehr zweifeln und meine Absichten nicht mehr wird verdächtigen können. Sollte ich sie nicht mehr selbst veröffentlichen können, so bitte ich inständig jene Personen, welche davon bei Eröffnung dieses Testamentes Kenntnis erhalten, d. h. also nach meinem Tode, ihr jede nur mögliche Publicität zu geben."[1])

Wo immer wir einem Forscher begegnen, der die Geheimwissenschaften kannte, da finden wir auch immer die gleichen Folgerungen gezogen, daß die Seele im Unbewußten liegt, daß sie individuell ist, und daß wir ein Doppelwesen sind. So schon im Altertum bei jenen Philosophen, die in die Mysterien eingeweiht waren, und so im Mittelalter bei den Okkultisten.

„Der Mensch — sagt Paracelsus — hat zwei Leiber, den elementarischen und den siderischen, und diese beiden Leiber geben einen einzigen Menschen. Der Tod scheidet diese beiden Leiber in ihrem Leben von einander."[2]) „Also merket auf, daß zwei Seelen im Menschen sind, die ewige und die natürliche; das ist zwei Leben; das eine ist dem Tode unterworfen, das andere widersteht dem Tode; also ist auch im Menschen das, was der Mensch ist, verborgen, und niemand sieht, was in ihm ist, was nur durch die Werke offenbar wird."[3]) . . . . „Im Schlafe, wo der elementare Leib ruht, ist der siderische Leib in seiner Generation, denn derselbe hat keine Ruhe, noch Schlaf; wenn aber der elementare Leib dominiert und überwindet, dann ruht der siderische."[4])

Erst die Geheimwissenschaften vermögen also eine Seelenlehre im Sinne des Aristoteles aufzustellen. Liegt nun aber diese Seele im Unbewußten, so ist es ein bloßer Schein, daß wir zu Lebzeiten nur das materielle Dasein führen und etwa erst mit dem Tode des eigentlichen Seelendaseins teilhaftig werden. Der Mensch als Doppelwesen führt vielmehr beide Existenzweisen gleichzeitig, und diese Verbindung, wie schon Augustinus sagt, ist das eigentliche Rätsel: „Modus, quo corporibus adhaeret spiritus, comprehendi ab hominibus non potest, et hoc tamen homo est."

„Der Mensch", sagt Pascal, „ist das wunderbarste Geschöpf der Natur. Er kann nicht begreifen, was Körper ist, weniger noch, was Geist ist, und am wenigsten, daß ein Geist mit dem Körper vereinigt sein kann; es ist dies der Gipfel der Schwierigkeit, und doch besteht eben darin sein Wesen."

Diese Verbindung eines transcendentalen Subjekts mit einem materiellen Leibe ist aber nur möglich, wenn die Seele organisierend ist.

Es hätte uns schon eine geringe Besinnung abhalten können, die Seele im Bewußtsein zu suchen; denn im Mutterleibe haben wir kein Bewußtsein, nach der Geburt kommt es erst im Verlaufe der Jahre zur Reife, ein ganzes Drittel unseres Daseins verfließt ohne Bewußtsein und unser ganzes Leben hindurch bleibt uns eine ganze Hälfte der Funktionen, die organischen, unbewußt. Wenn wir nun aber leben können ohne Bewußtsein, so muß die uns erhaltende Kraft vom Bewußtsein verschieden sein. Diese Kraft erkennen wir im Hypnotismus, mehr aber noch im Somnambulismus und Spiritismus als eine gestaltende und organisierende und zwar verbunden mit einem transcendentalen Bewußtsein, welches

---

[1]) Macario: du sommeil 148. — [2]) Paracelsus: de gen. stult.
[3]) Paracelsus: philos. sagax. I, c. 3. — [4]) Paracelsus: phil. sagax. I, c. 7.

reichere Beziehungen zur Natur verrät, als das sinnliche Bewußtsein. Die daraus fließenden höheren Fähigkeiten haben von jeher so sehr die Verwunderung der Okkultisten erregt, daß sie hieraus auf einen göttlichen Ursprung der Seele und auf deren Unsterblichkeit schlossen. „Die fernwirkenden magischen Kräfte — sagt van Helmont — haben wir in dem Teile von uns zu suchen, welcher das Ebenbild der Gottheit ist.“[1]) Dem Mythus, daß der Mensch nach Gottes Ebenbild geschaffen sei, haben sie also einen weit tieferen Sinn gegeben, als gemeiniglich geschieht. Sie bezogen ihn auf das transcendentale Subjekt, nicht auf den irdischen Menschen. Wird diese Ebenbildlichkeit vom irdischen Menschen verstanden, so behält Voltaire Recht: „Tant pis pour Dieu, si je lui ressemble.“ Aber nicht so van Helmont:

„Ich sage, daß der Mensch ein mit Vernunft begabtes Tier ist; der wahre Mensch aber ist kein Tier, sondern das wahre Bild Gottes.“[2])

Auf diese magischen Fähigkeiten, weil sie sich aus der Leiblichkeit nicht erklären lassen und doch einen Träger, eine Seele, voraussetzen, gründen die Okkultisten auch den Unsterblichkeitsbeweis.

„Es wohnt — sagt Agrippa — unserer Seele ein das All umfassender Scharfblick inne, der durch die Finsternis des Körpers und der Sterblichkeit verdunkelt und gehemmt ist, nach dem Tode aber, wenn die vom Körper befreite Seele die Unsterblichkeit erlangt hat, zur vollkommenen Erkenntnis wird. Daher wird manchmal den dem Tode Nahen und durch das Alter Geschwächten ein ungewohnter Lichtstrahl zu teil, weil alsdann die Seele weniger von den Sinnen gefesselt und schon gleichsam etwas von ihren Banden befreit und dem Orte, wohin sie wandern wird, näher stehend, dem Körper nicht mehr so unterworfen ist, als früher.“[3])

Aber diese magischen Fähigkeiten der Seele könnten niemals Gegenstand der Erfahrung werden, wenn das transcendentale Subjekt bei der Geburt seine transcendentale Natur einbüßen würde, wenn das irdische Dasein eine Unterbrechung und Ablösung des transcendentalen Daseins wäre, das erst im Tode wieder erworben würde. Bei einer solchen Annahme würden wir uns den Weg zum Verständnisse der Geheimwissenschaften versperren, ja es gäbe keine Geheimwissenschaften. Die okkulten Phänomene sind vielmehr nur unter der Bedingung möglich und begreiflich, daß wir gleichzeitig beide Daseinsweisen führen, das transcendentale und das irdische, wovon jenes diesem unbewußt ist. Die Annahme ist ganz unzulässig, daß wir durch die verschiedenen Operationen, wodurch wir selbst und andere uns in Ekstase versetzen, in transcendentale Wesen zurückverwandelt würden, infolge davon alsdann die magischen Kräfte eintreten. Wir können beispielsweise nicht annehmen, daß ein Magnetiseur durch Striche uns fernsehend zu machen vermöchte. Wohl aber können wir annehmen, daß der Magnetiseur uns in einen Zustand der sinnlichen Bewußtlosigkeit versetzt, und daß dann das latent bereits vorhandene transcendentale Bewußtsein eo ipso aus der Latenz tritt. Die beiden Personen unseres Subjekts — um mit Kant zu reden — müssen also

1) J. B. van Helmont: de magnetica vulnerum curatione. § 69.
2) Ebendort § 85. — 3) Kiesewetter: Geschichte des Okkultismus. 23.

gleichzeitig existieren, sonst wäre überhaupt kein Okkultismus möglich, und das transcendentale Bewußtsein taucht von selbst auf, wenn das sinnliche unterdrückt ist, wie die Sterne von selbst leuchten, wenn die Sonne untergegangen ist. Die Sterne kommen nicht etwa erst jetzt heran — wie noch unsere arischen Ahnen meinten —, sondern sie waren schon da, bestanden gleichzeitig mit der Sonne, durch deren Beseitigung sie lediglich optisch werden.

So haben es auch die Okkultisten von jeher verstanden. „Jeder Mensch — sagt Swedenborg — ist dem Inneren nach Geist.“[1])

Ja er geht noch weiter: „Jeder Mensch ist auch, während er noch im Körper lebt, hinsichtlich seines Geistes in der Gemeinschaft von Geistern, obwohl er nichts davon weiß.“[2]) Damit sagt Swedenborg genau dasselbe, wie Kant:

„Es wird noch bewiesen werden, daß die menschliche Seele auch in diesem Leben in einer unauflöslich verknüpften Gemeinschaft mit allen immateriellen Naturen der Geisterwelt stehe, daß sie wechselsweise in diese wirke und von ihnen Eindrücke empfange, deren sie sich aber als Mensch nicht bewußt ist, solange alles wohl steht.“[3])

Später aber, in seiner kritischen Periode, sagt er:

„Örter sind nur Verhältnisse körperlicher, aber nicht geistiger Dinge. Demnach ist die Seele, weil sie keinen Ort einnimmt, in der ganzen Körperwelt nicht zu sehen. Sie hat keinen bestimmten Ort in der Körperwelt, sondern sie ist in der geistigen Welt; sie steht in Verbindung und im Verhältnis mit anderen Geistern.“[4])

Mit diesen Worten von Kant und Swedenborg ist die Bedingung klar bezeichnet, unter welcher mystische Phänomene überhaupt möglich sind. Von einer übersinnlichen Welt können wir nur Kunde erhalten, wenn wir selber Geister sind, und zwar schon im irdischen Leben, und wenn wir als Geister mit anderen Geistern in Verbindung stehen. Diese beiden Bedingungen liefern den logischen Einteilungsgrund aller mystischen Phänomene; die einen gehören dem Somnambulismus an, die anderen dem Spiritismus. Im Somnambulismus lernen wir unseren eigenen Geist kennen, im Spiritismus die fremden Geister. Modern gesprochen ist also Kants Ansicht die, daß wir unbewußt sowohl Somnambule als Medien sind.

A priori leugnen läßt sich das offenbar nicht; denn unser sinnliches Bewußtsein kann gar nicht wissen, was im Unbewußten gegeben ist. Also kommt alles auf die Erfahrung an, ob vielleicht doch diese unbewußten Verhältnisse uns ausnahmsweise bewußt werden können. Dazu müßte noch eine dritte Bedingung hinzukommen: Transcendentale Einsichten, die wir als Somnambule aktiv gewinnen oder als Medien passiv empfangen, können uns bewußt werden, d. h. zu Thatsachen des sinnlichen Bewußtseins werden, wenn die Empfindungsschwelle verlegt wird, welche die Bruchfläche zwischen den beiden Personen unseres Subjekts bildet. Die

---

[1]) Swedenborg: Vom Himmel. § 433. — [2]) Ebendort § 438.
[3]) Kant: Träume eines Geistersehers, 21 (Kehrbach).
[4]) Kant: Vorlesungen über die Metaphysik. 254 (Pölitz).

Verlegbarkeit der Empfindungsschwelle ist nun eine biologische Thatsache, denn auf ihr beruht die Steigerung des Bewußtseins im Tierreich; und sie ist eine Thatsache des individuellen Seelenlebens, denn in jedem natürlichen oder künstlichen Schlafzustand tauchen Vorstellungen aus dem Unbewußten auf und gelangen ins sinnliche Bewußtsein.

Die Verlegbarkeit der Empfindungsschwelle beweist die reale Einheit der beiden Personen unseres Subjekts, und daß die Phänomene des Somnambulismus und Spiritismus mindestens in der biologischen Zukunft sich einstellen müßten, wenn sie nicht schon heute Erfahrungsthatsachen wären. Heute also würde Kant empirisch bestätigt finden, was er geahnt hat.

Das Verhältnis der beiden Personen unseres Subjekts ist nun aber derart, daß zwar uns die Seele unbewußt, richtiger ungewußt ist, nicht aber wir der Seele, denn wir sind ja das Produkt der organisierenden Seele. Darum erwachen wir aus dem Somnambulismus erinnerungslos, während umgekehrt das somnambule Bewußtsein als der größere Kreis den kleineren des sinnlichen Bewußtseins mit umfaßt.

Wir können also den Menschen mit einer Ellipse vergleichen, deren einer Brennpunkt — das transcendentale Bewußtsein — die ganze Fläche der Ellipse beleuchtet, während der andere — das sinnliche Bewußtsein — ein anderartiges Licht aussendet, das aber nur von halber Ausdehnung ist. Oder wir können uns mit einer Kugel vergleichen, deren stereometrischer Mittelpunkt den kubischen Inhalt beleuchtet, während an der Oberfläche der Lichtpunkt des sinnlichen Bewußtseins leuchtet, aber keinen Strahl ins Innere sendet.

Die physiologische Psychologie will das Rätsel des Menschen geometrisch lösen und beschränkt sich dabei auf die Frage, wie sinnliches Bewußtsein mit organischer Materie, dem Leibe, verbunden sein kann. Weil nun aber stereometrische Probleme sich geometrisch nicht lösen lassen, mündet die physiologische Psychologie bei dem Ignoramus, ja Ignorabimus ein. Die transcendentale Psychologie dagegen löst das Menschenrätsel stereometrisch. Für sie liegt das viel tiefere Problem vor, wie ein transcendentales Subjekt mit einem irdischen Körper verbunden sein kann; aber weil dieses Subjekt teleologisch zu organisieren vermag, erklärt sich der mit einem Gehirne versehene organische Körper, in welchem Gehirne wie in einem Kephaloskope die transcendentale Erkenntnisweise in eine sinnliche umgebrochen wird. Wir unsererseits haben also keinen Grund zu dem Seufzer: Ignorabimus.

Bei unserer theologischen Fakultät ist die Seelenlehre in der mittelalterlichen Scholastik stecken geblieben; bei der naturwissenschaftlichen ist sie materialistisch geworden, und bei der philosophischen ist die Seele pantheistisch zerflossen. Eine monistische und individualistische Lösung des Seelenproblems kann nur noch von der transcendentalen Psychologie mit den Geheimwissenschaften als empirischer Grundlage erhofft werden. Die moderne Wissenschaft sträubt sich noch dagegen; aber insofern ist sie nicht nur hinter den mittelalterlichen Okkultisten zurückgeblieben, sondern steht noch auf einem vorbiblischen Standpunkt; denn schon in der Bibel wird vielfach zwischen Seele und Ich — ψυχή μου und ἐγώ — unterschieden, und Paulus sagt:

„Denn welcher Mensch weiß, was im Menschen ist, ohne der Geist des Menschen, der in ihm ist?“ ¹)

Sogar von Cicero könnten wir lernen: „Intelligendum est, duobus quasi a natura nos indutos esse personis.²) Am deutlichsten aber findet sich diese Lehre bei Kant, und zwar in seinen „Vorlesungen“ aus der kritischen Periode. Als ich aber den wichtigsten Teil dieser Vorlesungen, die über Psychologie, 1889 neu herausgab, wurde dieses Buch — abgesehen von ein paar journalistischen Stimmen von der bekannten Oberflächlichkeit und Verständnislosigkeit — mit jenem großen Schweigen aufgenommen, in dem die ganze Verlegenheit der Gegner sich verriet. Man konnte mir den Nachweis nicht verzeihen, daß meine philosophischen Anschauungen, auf Grundlage der Geheimwissenschaften gewonnen, sich mit denen Kants decken, der intuitiv vorging. Man hat es mir verübelt, daß ich ein Buch wieder ans Licht zog, das man vorsichtigerweise in die Gesamtausgaben nicht aufgenommen hatte, in den öffentlichen Bibliotheken nicht angeschafft hatte und das im Buchhandel vergriffen war; ein Buch, worin Kant nicht nur Präexistenz und Unsterblichkeit lehrt, sondern auch die Geburt des Menschen als Inkarnation eines transcendentalen Subjekts hinstellt und das Jenseits als bloßes Jenseits der Empfindungsschwelle; worin Kant endlich, wenn er es auch nicht mit dem modernen Worte bezeichnete, lehrt, daß wir unbewußterweise Somnambule und Medien seien. Einen solchen Kant, der, da jetzt seine Ansichten empirisch bestätigt sind, heute ganz unbestreitbar und so gut wie Schopenhauer Spiritist sein würde, konnte man natürlich nicht brauchen, und da man mir eine Fälschung nicht vorwerfen konnte, blieb nur Schweigen übrig. Hätte ich dagegen einen alten Waschzettel Kants gefunden und mit einer gelehrten Abhandlung über dessen unzweifelhafte Echtheit herausgegeben, so wäre das allerdings ein ganz anderer Fall gewesen, und ich wäre alsdann dem Antrag einer Professur kaum entgangen. Den Lesern aber, die sich für transcendentale Psychologie interessieren, kann ich diese Vorlesungen Kants nur angelegentlich empfehlen.

Unvermeidlich werden nun aber die Geheimwissenschaften, weil sie eben auf Thatsachen beruhen, bald anerkannt werden; und ebenso unvermeidlich wird man alsdann auf Kant hinweisen, der ohne die Stütze solcher Thatsachen zur gleichen Weltanschauung gelangte, wie die ist, welche sich aus den Geheimwissenschaften ergiebt. Diesen Zeitpunkt anticipierend kann ich meine Abhandlung weiterführen.

---

¹) 1. Korinther 2, 11. — ²) Cicero: de off. I, 30.

Da die Zeit erfüllet war.

Eine Besprechung von

Wilhelm von Saintgeorge.

Der neueste Roman von Georg Ebers „Per aspera“[1]) ist in zweifacher Hinsicht für die Leser der „Sphinx“ von besonderem Interesse. Er prägt nicht nur wie jedes wahre Kunstwerk in seinem Grundzuge das Streben des Ideal-Naturalismus aus, es finden sich in ihm auch die Erfahrungen derer angewandt, welche „mehr wissen, als die Schulweisheit träumt“. Professor Ebers ist einer der so überaus seltenen Männer der Wissenschaft, welche sich nicht durch die materialistische Strömung des sogenannten „wissenschaftlichen“ Geistes der Gegenwart terrorisieren lassen; er hat den vollen Mut, seine unbefangene Überzeugung auszusprechen. Freilich, wie könnte er wohl sonst der hoch hervorragende Dichter sein, als welchen ihn die gebildete Welt auch über Deutschlands Grenzen weit hinaus verehrt!

Ebers giebt hier ein großartiges geschichtliches Gemälde aus einer der bewegtesten Epochen der Kulturentwicklung unsrer Rasse, aus der römischen Kaiserzeit, und wählt sich als abschreckenden Mittelpunkt im Hintergrund desselben eins der scheußlichsten Scheusale im Purpur, die jemals gelebt, Caracalla, den zweiten Nero. Vielleicht aber hat der Dichter diesen Wüterich doch nicht besser gezeichnet, als er wirklich war, denn die historischen Thatsachen sind unzweifelhaft, und solche tierische Wildheit, wie Caracalla sie zur Schau trug, kann in Wirklichkeit nicht ohne einen großartigen Grundzug gedacht werden. Dem Gewaltsamen liegt auch oft etwas Gewaltiges zu Grunde, das jedoch in schlechte und verderbliche Bahnen gelenkt ist. Nur eine überaus gewaltige Willenskraft kann einen Mann auch in den Stand setzen, sich einen ausgewachsenen Löwen anstatt eines Hundes als Haustier und Zimmergenossen zu halten; das aber that Caracalla. Als solch ungewöhnlich starke Persönlichkeit, ist es nun Ebers gelungen, uns selbst diese Menschenbestie menschlich nahe zu bringen, und er ermöglicht uns durch die feinsinnige Entwicklung der Beweggründe auch seiner verrücktesten Thaten, ein solches Wesen selbst in unsrer kleinlichen, schwächlichen Zeit zu begreifen. Dessen allgemein

---

[1]) Per aspera. Historischer Roman von Georg Ebers. 4. Aufl. Stuttgart, Deutsche Verlags-Anstalt. 1892. 2 Bände.

menschlicher Grundzug ist die Herrschsucht, nur gesteigert bis zum Wahnsinn, der vor gar nichts mehr zurückschreckt, und sollte er auch, um den persönlichen Willen durchzusetzen, ein ganzes Menschengeschlecht vertilgen müssen. Ohne aber den Charakter schönzufärben, weiß der Dichter diesen teuflischen Trotz großartig erscheinen zu lassen, so daß er nicht bloß als die selbstverständliche Folge unumschränkter Macht in den Händen eines Ungeheuers auftritt. Unter anderm wird dieser Eindruck dadurch erreicht, daß der Kaiser von der Schar jenes niedrigen Menschengewürms umgeben ist, das sich an alle Mächtigen und Großen hinanzuschmeicheln pflegt.

Der Alpdruck einer maßlosen Tyrannei ist die schaurige Grundstimmung unseres Dichtungsgemäldes. Dasselbe anzusehen würde für jeden feinsinnigen Menschen unerträglich sein, wenn nicht auf diesem Hintergrunde sich diejenigen Ideal-Naturen abhöben, welche die eigentlichen Träger der Handlung, die „Helden“ des Romans sind. Und solche über alles Gemeine und Alltägliche hoch hinausragenden Wesen darzustellen und sie doch als Menschen darzustellen, das ist ja, wie jeder weiß, gerade Ebers' hauptsächliche Dichtergabe. Daß er dazu, um zugleich vollkommen naturwahr sein zu können, in die Vergangenheit zurückgreift und vor allem in das Altertum, ist selbstverständlich. Damals gab es ebenso verlotterte Kulturzustände wie die unsrigen, das Gute wie das Schlechte in den Charakteren aber konnte damals freier zur Entfaltung kommen und gestaltete sich daher eher als bei uns großartig, während heute alles unter gleichmäßiger Schul- und Militärdressur zu alltäglicher Nichtigkeit, zu Gigerln und Marionetten, herabgedrückt wird. Ebers aber führt solches Zurückgreifen in die Geschichte stets mit meisterhafter Hand aus.

Alles, was Ebers für die weitere Öffentlichkeit schreibt, ist nebenher kulturgeschichtlich höchst belehrend, denn es ruht nicht nur auf einer umfassenden Kenntnis aller großen Züge des Völkerlebens in verschiedenen Zeiten und Ländern, sondern beherrscht auch alle Einzelheiten der verschiedenen Kulturzustände, Anschauungen und Gewohnheiten im Staats- wie im Privatleben. Dies Wissen aber wird nicht etwa mit langweiliger Gelehrsamkeit ausgekramt, es bildet vielmehr das fügsame Material in den Händen eines genial schaffenden Dichters, dessen Phantasie alles mit eigenem Leben zu erfüllen weiß und der vor allem auch das Menschenwesen kennt in seinen weiblichen wie männlichen Charakteren, in seinen feinsten wie seinen gewaltigsten Regungen, im Guten wie im Bösen.

Die moderne Realistik vermag leider solche wahre Dichtkunst nicht mehr zu verstehen und zu schätzen. Die jüngsten Naturalisten sind selber nicht mehr imstande, groß zu fühlen, und meinen daher, daß die Menschennatur keiner höheren Entwicklung fähig sei oder gewesen sei oder sein werde, als der der kleinlichen Alltäglichkeit, in der sie sich umherwälzen. Begreiflich ist es daher, daß sie alle erhabene Kunst anbellen, wie der Mops den Mond. Sie sind nicht fähig, so zu denken, zu empfinden und zu handeln, wie gerade die Ideal-Naturen in Ebers' Romanen. Und „was ich nicht bin, das kann ein andrer auch nicht sein“, das ist die Logik dieser Schwächlinge, die mit ihren Ketten rasseln. — Dieser

Alltags- oder Real-Naturalismus, der sich jetzt als jüngste „Geistesrichtung" aufthut, ist der Tod aller Kunst und Dichtung; er ist weiter nichts als Technik der Naturstudie, die an sich noch um keine Linie höher steht, als der alte Theaterkram der „Mache". So ein geschickter Alltags-Naturalist, sei er nun Versemacher oder Bildermaler, photographiert gleichsam sein eigenes Leben nur; er malt einen Schmutzhaufen genau nach der Natur, oder er schildert in langweiliger Getreulichkeit das, was in seiner kleinen Alltagsseele vorgeht, und dabei gelten ihm unklare Duseleien für ideale Stimmungen und Neigungen.

Für diesen Geschmack mögen allerdings die Ideal-Naturen einer Melissa, eines Alexander, einer Euryale oder andere, wie sie Ebers wieder in diesem Romane zeichnet, ungenießbar sein; wir aber freuen uns, daß er mit seinen Dichtungen nie in den Schlamm der kleinlichen Alltäglichkeit hineinzutauchen imstande ist. Und doch macht er bekanntlich keineswegs aus all seinen Figuren Helden, nicht einmal aus den geschichtlich berühmten; wohl aber weiß er uns z. B. einen Galen zum lebenswahren Bilde eines Meisters seiner Kunst und doch warm empfindenden Menschen zu gestalten und in der Persönlichkeit eines Philostratus den Denker und Gelehrten zu einem ebenso edeldenkenden Menschen wie gewandten Hofmann zu beleben. Meisterhaft indessen hat z. B. Ebers in der von ihm erfundenen Hauptfigur der Melissa veranschaulicht, wie selbst aus einem in den einfachsten Verhältnissen erwachsenen, lieblichen, schüchternen Mädchen ein heldenmütiges Weib werden kann; und sehr fein motiviert ist überhaupt ihr ganzes Verhältnis zu Caracalla, dessen Einleitung, schwankender Bestand und schließlicher Abbruch.

Als eine besonders wohlthuende Schönheit des Eberschen Romans verdient es auch hervorgehoben zu werden, daß er seine Leser nicht etwa zuerst gleich in die düstere Gesamtstimmung seines Gemäldes, wie sie sich in dessen Hintergrunde darstellt, einführt, sondern uns zunächst seine idealen Hauptfiguren in der freundlichen Umgebung der sonnigen Landschaft Alexandriens, oder des antiken Hauswesens, oder eines phantastischen Totenfestes darstellt. Nachher erst breitet sich hinter dem Ganzen der Grundton der brutalen Schreckensherrschaft aus, wodurch dann die wenigen Ideal-Naturen im Vordergrunde immer leuchtender hervortreten.

Allerdings ist es mir dabei vorgekommen, als ob man sich heutzutage selbst mit dichterischer Phantasie in solche Scheußlichkeiten, die doch thatsächlich geschehen sind, wie die meuchlerische Abschlachtung fast der ganzen männlichen Bevölkerung einer großen Stadt wie Alexandria, nicht mehr so recht hineinversetzen könnte, und dem gleichen Umstande mögen auch wohl einige Überraschungen in der Lösung der Verwicklungen unsres Romans zu gute zu halten sein. Indessen konnte ja die Darstellung nicht über ihren Höhepunkt hinaus gedehnt werden; schon deshalb mußten manche Ausspinnungen in ihrem natürlichen Verlauf gekürzt werden. Dabei steigert sich besonders der zweite Band unsres Romans in seiner gedrängten Kürze mehrfach zu dramatischer Anschaulichkeit, und einige der geschilderten Scenen könnten fast unmittelbar auf die Bühne übertragen werden; es sei beispielsweise nur an Caracallas Entschluß, alle Alexandrier zu morden, erinnert (II, 277). Zu äußerster Wut gereizt sitzt er auf seinem Throne und sinnt, wie er sich an der Stadt, in der man ihn verhöhnt, beschimpft hat, mit nie dagewesener Grausamkeit rächen könne. Den teuflischsten aller Menschen, die ihm vorgekommen, hat er sich als Werkzeug ausersehen; er hat ihn kommen lassen; im rechten Augenblicke seines höchsten Zornes, der noch durch eine ebenso rohe wie ungerechte Beschimpfung seiner kaiserlichen Mutter den Stempel der Berechtigung erhält, erscheint jener gerufene Zeninis, der sogar ihn selbst noch an satanischer Rachsucht und Grausamkeit übertrifft. Der Kaiser fragt ihn, wie man unter den Bewohnern der Stadt die Schuldigen finden und sie sicher bestrafen könne. Der Gefragte sagt schneidend: „Wir töten Alle!“ — Es folgt die nähere Erklärung des Wie. Der anfangs selbst erschreckte Kaiser sammelt sich; reichlicher Wein, den er getrunken, hebt ihn noch über seine eigene Brutalität hinaus; er macht kurzweg diesen Ratschlag zu seinem Entschluß; er schnellt von seinem Thronsessel empor, wirft den Pokal, aus dem er getrunken, von sich weit ins Zimmer und ruft wild auflachend: „Du bist mein Mann! Ans Werk denn! Das wird ein Tag!“ u. s. w.

Auf der Bühne würden die meisten der Ebersschen Scenen für die überreizten Nerven unseres heutigen krankhaften Publikums ein schauderhaftes Sensationsstück und für die Theaterdirektionen ein vortreffliches Zugstück geben; aber freilich wäre dieses schauderhaft; manche notwendige Scenen, die sich, als Roman gelesen, leicht durchfliegen lassen, würden auf der Bühne jeden feinsinnigen Zuschauer erdrücken.

Es kann hier nicht meine Absicht sein, den Verlauf des Romanes zu erzählen; zunächst aber möchte ich noch darauf hinweisen, mit welcher Einsicht und Geschicklichkeit Ebers die im Altertum noch allgemein verbreitete Kenntnis übersinnlicher Thatsachen und die Ausbeutung magischer Künste in seine Darstellung verwebt. Es durfte in diesem Kulturbilde antiken Lebens nichts in dieser Hinsicht fehlen, und wir finden Mesmerismus, Tempelschlaf, Astrologie, Totenbeschwörung alles richtig jedes an seiner Stelle dargestellt; auch fehlt dabei — damals gerade so wie heute — nicht die Untermischung echter Vorgänge mit künstlichen, betrügerischen Veranstaltungen bis zu einer mit Hilfe von Hypnotismus dargestellten fälschlichen Materialisation (I, 183). Vorzüglich ist besonders die Erklärung, welche Ebers seinem Magier in den Mund legt (I, 61):

„Die Toten leben. Was einmal war, kann nie und nimmer dem Nichtsein verfallen, so wenig wie aus dem Nichts etwas, was es auch sei, hervorgehen kann. Das ist so einfach, und das Gleiche gilt von den Wirkungen der Magie, die ihr anstaunt. — Was du, wenn ich es übe, Zauberei nennst, hat der große Liebesgott, hat der Eros in deiner eigenen Brust tausendmal gewirkt. Wenn dir bei der Liebkosung der Mutter das Herz aufgeht, wenn der Pfeil des Gottes auch dich trifft, und der Blick des Geliebten dich mit Wonne erfüllt, — wenn die süße Harmonie schöner Musik deinen Geist der Welt entrückt oder die Klage eines Kindes dein Mitleid weckt, so hast du die Wirkung der magischen Kraft in der eigenen Seele empfunden. Du kennst sie, wenn dich je eine geheimnisvolle Macht, ohne daß du den Willen aufgerufen hättest, antrieb, zu was es auch sei. — Und nun noch ein anderes. .... Verdunkelt sich am Mittag die Welt um dich her, so weißt du, auch wenn du nicht zum Himmel aufschaust, daß ihn eine Wolke bedeckt. Ganz ebenso fühlst du die Nähe einer Seele, mit der du in Liebe verbunden warst, ohne sie zu erblicken. Es gilt nur, das Organ, das ihre Anwesenheit erkennte, zu kräftigen und ihm die nötigen Anweisungen zu geben, — und du siehst sie und hörst sie; die Magie aber führt den Schlüssel, der den menschlichen Sinnen die Thore des Geisterreiches aufthut."

Diese *subjektive* Magie der *eigenen* Entwicklung ist die einzige relativ berechtigte; und selbst *diese* hat, wenn sie um der Lust ihres Besitzes willen erstrebt wird, nur Nachteil und Fluch zur Folge.

Doch mir bleibt noch die Hauptsache, den tieferen *geistigen* Hintergrund des ganzen Romanes zu erwähnen, übrig. Dieser zieht sich an dem Faden des Apostelwortes im Galaterbriefe (IV, 4) „*Da aber die Zeit erfüllet war*" durch die ganze Erzählung hindurch. Wie „sich die Zeit erfüllet" subjektiv und objektiv, an einzelnen Personen, Orten, Ländern, Zeitepochen, das veranschaulicht uns Ebers in diesem Romane. Wie dann, wenn „die Zeit erfüllet ist", die Religion der Liebe bloß durch deren innere Geistesmacht und selbst trotz unverständlicher dogmatischer Darstellungen in einzelnen und auch zugleich in vielen Menschenherzen einzieht und die Oberhand gewinnt, das ist der eigentliche Sinn des „Per aspera". Dieser Sinnspruch heißt vollständig: „Per aspera ad astra! — Auf steinigen Pfaden empor zu den Sternen!" oder wie es Ebers in die christliche Sprachweise übersetzt: „Unter des Kreuzes Last aufwärts zur Seligkeit hier und dort!"

Dieses Wort erfüllt sich an den jüngeren der Hauptgestalten, ganz besonders an der ideal gezeichneten Melissa, in dem guten Sinne, daß sie schließlich sich dem Christentume zuwenden. Im schlimmen Sinne aber „ward die Zeit erfüllt" für Caracalla, dessen Geist nach seiner schauderhaften Frevelthat des Niedermetzelns von wehrlosen Hunderttausenden mehr und mehr umnachtet wird, und den sehr bald darauf die ihn selbst mordende Rächerhand ereilt, die während eben jenes Blutbades gedungen ward. Für den, der zwischen den Zeilen zu lesen versteht, wird jedoch sogar für dieses unglückliche Scheusal, dessen „Schuld" durch die von vornherein auf ihn einwirkenden Verhältnisse und die in jedem Augenblicke ihn bestimmenden Umstände erklärt wird, eine befriedigende Lösung in der fernsten Zukunft in Aussicht gestellt. In jener Schreckensnacht nach dem Blutbade, wo ihn die Gedanken an die Gemordeten nicht ruhen lassen, hört er seinen indischen Leibsklaven erklären, wie die Individualität des Menschen in ihren Thaten fortwirke (das Karma). Lebt sie aber individuell in ihren Thaten fort, so wird ihr auch dereinst die Möglichkeit geboten werden, durch andere Thaten die jetzigen Greuelthaten wieder gutzumachen und sich die Vollendung zu erringen.

Wie nun oftmals große ernste Zeiten den Völkern dadurch zum Segen gereichen, daß sie die Massen der Gebildeten und Ungebildeten zur inneren Einkehr in sich selbst treiben, so ward durch das Blutbad auch für Alexandria „die Zeit erfüllet", daß die Religion der Liebe dort in vieler Herzen Aufnahme fand.

Das bunte Bild verrotteter Zustände, welches uns der Dichter als Symptome jener „Zeit, die sich erfüllet hatte,“ malt, ist ein schauriges. Entsetzlich aber wirkt es um so mehr auf denjenigen, der erkennt, daß nur wenige Pinselstriche stärker aufgetragen und die Farben etwas satter genommen zu werden brauchten, um jene Zustände nach dem Modell der unsrigen naturgetreu zu malen. Eben deshalb aber mag es auch für unsere Zeit bald heißen, „daß sie sich erfüllet hat“; und wer wird das beklagen? Wird unsere Kultur dabei verlieren, wenn das geistlose „Studieren“ des heutigen Alltags-Naturalismus endlich wieder durch die Kunst, die wahre, überwunden wird, die Herz und Geist erhebt? Wird unsere Wissenschaft verlieren, wenn sie endlich wird gezwungen werden, anzuerkennen, daß der Körper nichts als eine Darstellung der Seele und des Geistes ist? Wird unser Staatswesen verlieren, wenn endlich einmal unsere wirtschaftlichen und gesellschaftlichen Zustände sich organisieren werden? Wird das Geistesleben unsrer Zeit verlieren, wenn es endlich einmal wieder aus der äußerlichen materiellen Sinnesart zu innerer höherer Kraft erwachen wird? Möge das geschehen können ohne solches Blutbad, wie das, mit dem Caracalla Alexandria überschwemmte!

Schein und Sein.

Von

Felix Kiebmüller.

Wohl kommt die Blüte
oft über Nacht,
Wie rasch ein Auge
zum Licht erwacht
Und hell dem Morgen
entgegenlacht.

Doch hat zum Werden
sie lang gebraucht
Und war viel Wochen
in Nacht getaucht,
Dann hat die Sonne
sie aufgehaucht.

Auch wenn du lange
zu harren meinst,
Und schweres Dunkel
gar oft beweinst,
Kommt rasch die Blüte
am Morgen einst.

Es war ein Werden
in langer Nacht,
Aus dem die Blüte
des Glücks erwacht.
Wer lange weinet,
urplötzlich lacht! —

Mehr als die Schulweisheit träumt.

Die Suggestion
im Dienste der Berliner Kriminaljustiz.

Dem „Berliner Lokal-Anzeiger" (Nr. 51, vom 31. Jan. 1892, I. Beiblatt) entnehmen wir die folgende, höchst bemerkenswerte Berichterstattung:

In dem Mordprozesse Jarzyk hat eine denkbar interessanteste Episode stattgehabt. Ich habe dabei die Form im Sinne, in welcher es dem Gerichtspräsidenten gelang, den Mörder zum Geständnis zu bewegen. Zweimal steigt er von dem Richtersitze herab, tritt dicht vor die Anklagebank — so dicht, „daß der Atem beider Männer sich berührt", blickt scharf dem Angeklagten ins Gesicht — .— und dieser stammelt überwunden das Bekenntnis.

Es ist, wenn man sich diesen Vorgang ruhig überlegt, schlechterdings unmöglich, sich von dem Gedanken an Hypnose frei zu machen. Mit Allgewalt drängt dieser Gedanke sich auf. Man mißverstehe mich nicht. Die imponierende Geistesgegenwart des Richters, mit welcher er in diesem Falle nicht nur dem Rechte zu seinem Siege verhalf, sondern ein vermutlich sehr langatmiges Prozeßverfahren in erstaunlicher Weise abkürzte, will ich um alles in der Welt nicht zu einem beabsichtigten hypnotischen Coup degradieren. Ob man aber nicht, angesichts dieses im Gerichtssaale wohl noch nie gesehenen Schauspiels, mit einer gewissen Berechtigung an ein Brechen einer trotzigen, verstockten Willenskraft durch die Macht des Auges denken darf, das ist die Frage, welche ich hier aufwerfen möchte. Die vollständige Hypnose würde den Willen bändigen, ihn zum Sklaven machen. In einem solchen Zustande würde der Hypnotisierte unter dem Einfluß jenes Auges sich seines Willens überhaupt begeben und nach den modernen, wissenschaftlich begründeten Lehren von der Suggestion den Willen des ihn Bändigenden annehmen. Er würde nach dem Verschwinden dieses Einflusses sofort wieder in den Vollbesitz seiner eigenen Willenskraft zurückkehren und das, was er unter jenem Einflusse gesagt, zurücknehmen. (?) In diesem interessanten Falle, den wir im Sinne haben, ist das ausgeschlossen. Der Mörder hat sein „Ja", sein Geständnis ausgesprochen, er ist sich dessen bewußt, er nimmt nichts davon zurück, nachdem längst der Richter wieder seinen Platz am grünen Tische eingenommen hat. Von einer wirklichen Hypnose kann also nicht die Rede sein; es bleibt nur das übrig, was man vielleicht als eine beginnende Hypnose, als eine partielle Willensbändigung durch den Einfluß eines scharfen, durchdringenden Auges bezeichnen kann, ein Einfluß, der natürlich durch den ganzen ernstfeierlichen Charakter des Schwurgerichts-Verfahrens wesentlich unterstützt wird.

So viel steht fest, daß diese Episode im höchsten Grade interessant war und auch wiederum ein Beweis ist für das, was ich neulich an eben derselben Stelle gesagt, daß wir in der Ära der Überraschungen leben; daß heutzutage selbst die Gerichtsverhandlungen aus dem Rahmen der in feste Formen und Normen gepreßten Alltäglichkeit herausstreten, ganz neue Gesichtspunkte liefern. Das ist auch „fin de siècle" — wie man jetzt so gern sagt. Und die neuen Gesichtspunkte sind recht interessant. Einmal wird man daran erinnert, daß eine stark ausgeprägte Individualität, richtig angewendet, gegenüber den scharfbegrenzten Normen der Strafprozeßordnung, soweit diese nicht direkt verletzt werden, am Richtertische oft vortrefflich angebracht, für die Endzwecke des Rechtes sehr nützlich ist. Die vorgeschriebenen Fragen in der vorgeschriebenen Form hätten wahrscheinlich nicht erzielt, was dem inquisitorischen Wagemute des Richters gelang, der einen Augenblick aus den althergebrachten Formen heraustrat. Der andere Gesichtspunkt ist der: ob nicht in der That in kommenden Tagen, wenn wir erst über die psychologische und physiologische Tragweite der hypnotischen Vorgänge besser unterrichtet sein werden, als wir es heute sind, wirklich noch die Hypnose in der Kriminalpraxis eine gewisse Rolle zu spielen bestimmt sein wird.

So sehr wir uns darüber freuen, hier einem genialen Manne, und überdies einem Juristen zu begegnen, der sich mit kühnem Schritte einen Richtweg bahnt über die Serpentinen des althergebrachten Verfahrens hinweg, so können wir uns dabei doch eines Bedenkens nicht erwehren. Daß ein ins „Geständnis" hineinsuggerierter Angeklagter dieses, wenn es nicht wirklich zutreffend ist, sogleich nachher widerrufen würde, scheint uns noch recht unwahrscheinlich. Wenn dies aber nicht der Fall ist, so liegt die Beeinträchtigung der Gerechtigkeit wohl auf der Hand.

H. S.

Mark Twain über Telepathie.

Einen Brief des bekannten amerikanischen Humoristen Mark Twain (S. L. Clemens) über Gedankenübertragung oder geistige Telegraphie brachte schon die erste Nummer dieser Zeitschrift.

In folgendem geben wir eine ähnliche, dem „Light" vom 2. Januar 1892 entnommene Mitteilung desselben Schriftstellers, welcher für Vorkommnisse, wie das hier geschilderte, ungewöhnlich prädisponiert zu sein scheint. Es handelt sich nämlich auch hier um das psychische Problem der „Koincidenz", des Sich-Kreuzens von zwei Briefen desselben Inhalts:

„Anfangs der 70er Jahre lag ich eines Morgens in müßigem Hinbrüten zu Bett — es war der 2. März — als plötzlich ein neuer Gedanke siedend heiß mein Gehirn erfüllte. Derselbe war kurz gesagt der, daß jetzt die Zeit gekommen und Nachfrage entstehen müsse nach einem Buch, das sofort zu schreiben sei, einem Buch, das Beachtung und besonderes Interesse erregen müsse, kurz, ein Buch über die Silber-Minen von Nevada. Die „Great Bonanza" war damals ein neues Wunder, von dem jedermann sprach. Am allerbesten qualifiziert zur Abfassung dieses Buches erschien mir Mr. William H. Wright, ein in Virginia (Nevada) lebender Journalist, an dessen Seite ich selbst viele Monate lang gekritzelt hatte, vor zehn oder zwölf Jahren, als ich dort Reporterdienste that. Möglicherweise war er noch am Leben, vielleicht auch schon tot; ich konnte das nicht wissen, jedenfalls aber wollte ich ihm einmal schreiben. Ich begann also zunächst mit einem einfachen bescheidenen Vorschlag, er möge ein solches Buch schreiben; während ich dieses schrieb, wuchs unter der Hand mein eigenes Interesse an der Sache, ich wagte einen Entwurf beizufügen, wie ich mir etwa die Ausarbeitung dächte, war es doch ein alter Freund, an den ich schrieb, der meine guten Absichten unmöglich mißverstehen konnte. Ich ging sogar auf Einzelheiten ein und legte ihm eine ganz bestimmte Einteilung des Buches nahe. Eben war ich daran, den Brief in einen Umschlag zu stecken, als mir der Gedanke kam: wenn das Buch nun infolge meiner Aufforderung geschrieben würde und sich dann kein Verleger dafür fände, so wäre das sehr schlimm für mich; demzufolge beschloß ich, den Brief so lange zurückzubehalten, bis ich einen Verleger gefunden hätte. Ich legte also mein Dokument in ein Fach und setzte eine Notiz an meinen Verleger auf, in welcher ich denselben um eine Zeitbestimmung für eine geschäftliche Besprechung ersuchte. Dieser aber befand sich gerade auf einer weiten Reise. Meine Karte blieb also unbeantwortet und nach drei oder vier Tagen hatte ich die ganze Sache wiederum vergessen.

Am 9. desselben Monats brachte mir der Postbote drei oder vier Briefe, und darunter einen dicken, dessen Aufschrift eine Handschrift zeigte, die mir etwas bekannt vorkam. Zuerst wußte ich nicht recht, wo ich dieselbe hinthun sollte, bis mir plötzlich ein Licht aufging. Ich sagte nun zu einem mich gerade besuchenden Verwandten:

„Du, gieb acht, ich verrichte jetzt ein Wunder. Ich werde dir den Inhalt dieses Briefes genau angeben — Datum, Unterschrift, und alles — ohne ihn zu öffnen. Er ist von einem Herrn Wright in Virginia (Nevada) und ist datiert vom 2. März, also vor sieben Tagen geschrieben worden. Mr. Wright macht den Vorschlag, eine Schrift zu verfassen über die Silber-Minen, und fragt bei mir, als seinem Freund, an, was ich von dieser Idee halte. Er sagt, der Gegenstand sei auf die und die Art zu behandeln, die Einteilung der Kapitel müsse die und die sein, und hebt schließlich als Hauptthema des Ganzen die „Great Bonanza“ hervor.“

Darauf öffne ich den Brief und liefere meinem Gast den Beweis, daß ich Datum und Inhalt des Briefes wörtlich angegeben hatte. Mr. Wright's Brief hatte ganz einfach denselben Inhalt, wie mein Schreiben, das ich am nämlichen Tag verfaßt und aufbewahrt, und das noch im nämlichen Fach lag, in das ich es vor sieben Tagen hineingelegt hatte. Ein Zufall konnte dies unmöglich sein. Solch' verwickelte Zufälle giebt es nicht. Ja, für einen oder zwei der hier zusammengetroffenen Umstände lasse ich Zufall gelten, für den Rest aber, nein.

Jener hatte offenbar das Buch schon längere Zeit im Kopf; folglich war er es, und nicht ich, dem diese Idee zuerst gekommen war. Meiner Gedankenwelt war der Gegenstand ohnehin ganz fremd: ich war vollständig absorbiert durch anderes. Trotzdem war mein Freund, den ich wohl elf Jahre nicht gesehen, kaum an ihn gedacht hatte, im stande, seine Gedanken auf eine Entfernung von 3000 Meilen Landwegs auf mich loszuschießen, mein Gehirn damit anzufüllen, so daß ich damals für den Moment für nichts anderes Interesse hatte. Er hatte seinen Brief begonnen, nach Beendigung seiner Arbeit an der Morgen-Zeitung, etwas nach drei Uhr nachts, sagte er. Wenn es in Nevada drei Uhr ist, ist es in Hartford sechs Uhr.“

Ähnliche Geschichten hat Mark Twain schon vielfach erlebt. Erzählen konnte er sie früher nicht, denn niemand hätte von ihm, dessen Neigung zu Späßen allbekannt war, solche Dinge ernst genommen. Ihm waren sie aber doch ernst, und er ist auch längst Mitglied der Society for Psychical Research geworden. Es wäre recht zu wünschen, wenn mancher Leser dieser Twainschen Erzählung, dem vielleicht schon Ähnliches in seinem Leben vorgekommen ist, — und deren Zahl ist groß, man giebt nur meistenteils nicht weiter darauf acht, — dies auch öffentlich mitteilen möchte. Überzeugend aber für andere wirkt dies freilich nur dann, wenn durch Briefe, Notizen oder Zeugenaussagen, der vor dem Eintreffen gehabte Eindruck genau festzustellen ist.

Dvd.

Zweites Gesicht und Wahrtraum.

Zu den zahlreichen Mitteilungen über unerklärte Vorgänge aus dem Seelenleben, welche hier zur Veröffentlichung gelangen und oft genug bei ernsten Lesern Kopfschütteln, aber auch sinniges Nachdenken hervorrufen mögen, erlaube ich mir zwei Beiträge zu liefern, die mir der Niederschrift wert erscheinen.

Mein verstorbener Vater, mit dem ich im Jahre 1883 in Zürich öfter auf übersinnliche Dinge zu sprechen kam, hegte zwar lebhafte Zweifel an der Bedeutsamkeit von Erscheinungen, die mit jenen Dingen in Zusammenhang gebracht werden, er erzählte mir aber als verbürgte Thatsache folgendes Vorkommnis, das mit unserer eigenen Familie in engster Beziehung steht. Ein in meinem großväterlichen Dorfe ansässiger Jude sei mit einem Bauern über Feld gegangen. Plötzlich sei er erstaunt stehen geblieben und habe zu seinem Begleiter geäußert: „Wer ist denn auf Schulten-Hof gestorben? Wie merkwürdig, daß ich nichts davon erfahren habe.“ Als ihn der Bauer dann erstaunt frug, wie er zu solcher Rede käme, habe der Jude auf die nach dem nahe gelegenen Kirchdorfe, wo auch die Toten des andern Dorfes beerdigt wurden, hinführende Straße gewiesen und gesagt: „Siehst du denn nicht den großen Leichenzug dort. Ich sehe doch deutlich, daß der Sargwagen von Schultens Braunen gezogen wird.“ Der Bauer sah aber nichts, so sehr auch der Jude auf seiner Äußerung beharrte. Das merkwürdige Vorkommnis wurde dann auch im Dorfe bekannt, wo man, und zumal auf meinem großväterlichen Hofgute, den Visionär für geistig momentan gestört hielt, zumal auf dem Hofe alles gesund war. Kurze Zeit darauf starb plötzlich meine Großmutter. Der Tag des Begräbnisses war da, das Leichengefolge stellte sich ein und mein Onkel, als Ältester und Hoferbe, trat aus dem Hause, um nächst dem Sarge zu folgen. In dem Augenblick bemerkt er erst, daß die beiden Braunen vor den Sargwagen gespannt sind, er flucht, und von Natur ein herrischer Charakter, sagt er sich trotzig: „der verd . . . . . Jud' mit seiner albernen Hellseherei soll doch nicht Recht behalten.“ Er befahl einem Knechte, schleunigst andere Pferde einzuspannen. Das eine gleichfarbige Gespann ist aber bereits früh nach einer entfernten Kohlenzeche gefahren, das andere befindet sich auf einem abgelegenen Acker; ungleichfarbige Tiere aber mochte man ehrenhalber nicht vorspannen. Es wurde somit schnell in die Nachbarschaft geschickt, um ein paar Pferde zu entleihen, doch waren alle auf dem Felde beschäftigt und somit mußten die Braunen, wenn keine längere und peinliche Verzögerung eintreten sollte, beibehalten werden, eben jene Pferde, welche der Jude in seinem seltsamen „Gesichte“ schon genau bezeichnet hatte.

Mein nun verstorbener Hauslehrer, Dr. phil. Ludwig Becker, nachmals Chefredakteur der „Rhein- und Ruhr-Zeitung“ und dann der „Aachener Zeitung“, der in der ersten Hälfte der 70er Jahre bei uns auf dem Lande wohnte, erzählte mir aus seinem Leben folgenden Wahrtraum: Er habe als Student in Bonn mit einem Studiengenossen ein Zimmer bewohnt, und eines Nachts geträumt, er liege als Soldat mit dem Freunde auf dem Rande eines Hohlwegs. Plötzlich habe der Kamerad einen Schrei ausgestoßen, sei emporgeschnellt und dann köpflings in den Hohlweg hinabgefallen. — Später diente er mit diesem Zimmergenossen als Einjähriger in der gleichen Kompagnie. Beim Feldzug 1866, den er, Dr. Becker, als Vice-Feldwebel mitmachte, habe er (wenn ich nicht irre, während der Schlacht von Königgrätz) in der That mit jenem an einem Hohlwege gelegen; sein Kamerad habe plötzlich einen Schuß in den Kopf bekommen und sei mit einem Schrei tot die Böschung hinabgestürzt. Im selben Augenblick sei ihm, Becker, jener Traum, den er als Student in Bonn geträumt, mit erschreckender Deutlichkeit wieder eingefallen und mit Blitzesschnelle durch den Sinn gezogen.

Es sei noch bemerkt, daß mir Dr. Becker diese merkwürdige Begebenheit nur als solche erzählte, und daß er sich überhaupt davon fernhielt, in mir, als einem ihm zur Erziehung anvertrauten Knaben, Glauben an derartige übersinnliche Dinge zu erwecken, Dinge, an die er selbst kaum glauben mochte und die er lieber in das Reich des Zufalls verwies.

Wiesbaden. Schulte vom Brühl.

Ankündigung eines Sterbenden.

Ein ganz gewöhnlicher Fall von Telepathie

wird von dem „Grashdanin" in St. Petersburg berichtet. Vielleicht mag dieser hier unter der großen Menge solcher täglich überall vorkommenden Fälle deshalb erwähnt werden, um ihn als solchen gegenüber den heutigen mit Seelenblindheit geschlagenen „Kulturmenschen" zu bezeichnen.[1]) Daß solche gewöhnliche Vorkommnisse von der Tagespresse so selten berücksichtigt werden, liegt wohl nur daran, daß die Presse sich noch immer von der sogen. „Wissenschaft" terrorisieren läßt und alles, was die materialistischen Schreier nicht für thatsächlich erklären, totschweigt. Dieser Fall ist in einer Petersburger Familie geschehen, die der Redaktion des „Grashdanin" besonders gut bekannt ist. Aber auch in andern Familien, die nicht gerade aus lauter Dickhäutern bestehen, weiß man im Laufe der Jahrzehnte ähnliches zu berichten.

Die Frau des Hauses — so berichtet der „Grashdanin" — erwacht plötzlich in der Nacht nach einem festen, traumlosen Schlaf ohne jede Veranlassung. Sie hört die Uhr im Nebenzimmer 3 schlagen; kaum war der letzte Schlag verklungen, als sie plötzlich etwas Schweres im Nebenzimmer auf den Boden fallen hört. Sie fährt zusammen und horcht auf. Und nun hört sie ganz deutlich weiche, wie von Damenfüßen in Pantoffeln herrührende Schritte, die sich der Thür nähern. Sie erwartet, daß jemand ins Schlafzimmer eintreten wird, allein die Thür öffnet sich nicht. Da faßt sie sich ein Herz, gleitet in die Nachtschuhe, steckt ein Licht an und geht ins Nebenzimmer. Sie vermutete, daß die Schritte von ihrem Stubenmädchen herrührten, und geht daher direkt zum Zimmer der Magd. „Was hast du dort fallen lassen?" fragt sie die Magd, an der Thür stehen bleibend. Da keine Antwort erfolgt, geht sie zum Stubenmädchen hinein und sieht nun zu ihrem größten Erstaunen, daß die

[1]) Einige Tausende solcher Fälle hat die Londoner Society for Psychical Research gesammelt und davon viele Hunderte, exakt wissenschaftlich festgestellt, in ihren 2 Bänden: „Phantasms of the Living" bei Trübner & Co., London 1886, geordnet und überzeugend besprochen

Magd ganz fest schläft. Außer dieser konnte aber niemand in der Wohnung herumgegangen sein. — Drei Tage später bekommt die Frau aus der Provinz die Nachricht von dem Tode ihrer bejahrten Mutter. Diese war, wie es sich herausstellt, in derselben Nacht um 3 Uhr gestorben, gerade als die Tochter den Lärm und die Schritte im Nebenzimmer gehört hatte. J. S.

Wer redete?

Der in folgender Einsendung berichtete Vorgang scheint eine innersinnliche Wahrnehmung gewesen zu sein. Wer aber gab diese Vorhersage: das somnambule Bewußtsein der Wahrnehmenden oder ein fremdes?

Freiin Christiane von Wittgenstein, eine 82jährige Dame, lebte mit ihrer Gesellschafterin, Fräulein Dute, im Dorf Gilsa bei Zimmersrode in der Provinz Hessen-Nassau. Sie erkrankte anfangs Dezember 1891. Da die Pflege eine sehr angreifende war, kam am 14. Dezember eine Diakonissin, Schwester Elise, aus Wehlheiden bei Kassel, die abwechselnd mit Fräulein Dute die Nachtwachen übernahm. Am 26. Dezember war Fräulein von Wittgenstein sehr unruhig, schlief dann abends 11 Uhr ein, die ganze Nacht und den Tag des 26. hindurch, so daß Schwester Elise glaubte, der Tod würde gegen Abend eintreten. Deshalb legte sich niemand zu Bett, sondern Schwester Elise, Fräulein Dute und Frau Danz, eine Frau aus dem Dorfe, setzten sich gemeinsam ins Wohnzimmer, durch dessen geöffnete Thür man das Bett mit der noch immer Schlafenden sah. Gegen 1 Uhr begann diese zu röcheln. Alle drei springen in demselben Augenblick auf; da hört Fräulein Dute eine klare deutliche Stimme: „Um sieben Uhr!" Sie frägt die Schwester und Frau Danz, was sie gesagt hätten; beide versichern, nichts gesprochen und auch nichts gehört zu haben, und gehen in das Krankenzimmer. Das Röcheln dauert die Nacht hindurch; immer glaubt man, der letzte Augenblick sei gekommen, doch immer wieder zeigen neue Atemzüge, daß das Leben noch nicht entflohen ist. Gegen 6 Uhr morgens erzählt Fräulein Dute der Schwester, welche Worte sie um 1 Uhr gehört hatte. Während dann beide sich noch flüsternd über das in der Nacht Erlebte unterhalten, entringen sich rasselnde Töne der Brust der Sterbenden, die untere Kinnlade fällt herab — Fräulein von Wittgenstein ist tot.

Fräulein Dute und Schwester Elise blicken gleichzeitig auf die Uhr: es ist 7 Uhr, nicht eine Minute mehr oder weniger. Martha Lubowska.

Auf unsere Anfrage erhielten wir auch von Frl. Dute folgende Auskunft:

Gilsa, den 3. März 1892.

Dem Bericht von Fräulein Lubowska, den dieselbe mir in ihrem Konzept zeigte, habe ich nur das hinzuzufügen, daß ich die Sache Schwester Elise schon vor 5 Uhr erzählte. Woher die Stimme kam, kann ich nicht sagen, bin aber fest überzeugt, daß sie nicht die der Sterbenden war; sonst müßten die anderen sie auch gehört haben, da wir drei still, aber vollständig wach zusammensaßen und auf jeden Atemzug im Krankenzimmer lauschten. Auch kann ich die Art der Stimme nicht weiter erklären. Thatsache ist nur, daß, als um 1 Uhr die Atemzüge in ein Röcheln übergingen, wir alle drei aufsprangen und ich in diesem Moment hörte: „Um 7 Uhr!" gleichsam wie ein zurückhaltender Bescheid, als wäre jetzt noch nicht die rechte Zeit. Ich muß gestehen, daß ich im Augenblick des Vernehmens der Stimme die Worte gar nicht auf die Todesstunde bezog, sondern sie fast mechanisch aufnahm und erst dann damit in Verbindung brachte, als der Todeskampf sich bis gegen Morgen hinzog. Im übrigen ist dies das einzige Erlebnis dieser Art, das ich persönlich erfahren habe.

Auguste Dute.

Bemerkungen und Besprechungen.

Der ideale Sinn des Deutschtums.

Am Vortragsabend des 24. Februars war der „Allgemeine Deutsche Verband", der das Deutschtum im Auslande vertritt, in den Viktoria-Sälen in Berlin versammelt. Dr. Hugo Göring, Herausgeber der „Neuen deutschen Schule" und Mitglied der Schulkonferenz, sprach über das „*Deutschtum in der Schule*". In seinem $1^1/_2$stündigen, mit lebhaftem Beifall aufgenommenen Vortrag, der nach der stenographischen Aufzeichnung in den „Mitteilungen des Allgemeinen Deutschen Verbands" erscheinen wird, erklärte Dr. Göring das Deutschtum als den Gesamtbesitz an idealen Gütern, die das deutsche Volk in jahrtausendelanger Bildungsarbeit errungen habe und durch die Jugenderziehung fortpflanzen müsse: den deutschen Glauben, das deutsche Gemüt, die deutsche Zucht, Ehre und Sitte, den deutschen Stolz, das deutsche Recht, die deutsche Kunst und Wissenschaft, die deutsche Sprache und Dichtung, den deutschen Humor, die deutsche Kraft und Gesundheit und die deutsche Erziehung. Der Redner entwickelte jeden Punkt nach seiner geschichtlichen Entfaltung und in seiner Bedeutung für unsere Kultur und wies nach, in welcher Weise die Eigenart des deutschen Volkes in der Schule gepflegt werden müsse. Der Vortrag ergänzte in vieler Beziehung Dr. Görings Schrift „Die neue deutsche Schule".

Ein Zeichen der Zeitwende.

Von hervorragender Bedeutung ist eine lange mehrstündige Rede, welche unser geschätzter Mitarbeiter Professor *Joseph Schlesinger*, Rektor der Hochschule für Bodenkultur, als Abgeordneter im Wiener Reichstage am 5. November 1891 gehalten hat. Wir geben hier einige seiner Hauptsätze — nach dem stenographischen Berichte — wieder:

Nicht die hohe Summe von rund vier Millionen Gulden, welche für das Hochschulwesen eingestellt ist, ist es, wegen welcher ich das Wort ergreife, sondern dies ist vielmehr die *geistige Richtung*, welche an unseren Hochschulen herrscht. . . .

Es ist die hohe Aufgabe dieser Schulen, den Geist des Volkes nach jeder Richtung hin zum Höheren zu lenken, den Volksgeist in bessere Bahnen zu führen und für die gesammte Erhöhung der geistigen Kultur zu wirken.

Mit einem geschichtlichen Rückblicke wird nun der plattsinnige Materialismus dargestellt, wie er an den Hochschulen herrscht, und in den weitesten Kreisen vornehmlich das Strebertum fördert. Dann geht Schlesinger ausführlich auf seine Theorie der Raumkraft und auf seine Experimente ein, mit denen er gegen die herrschenden Anschauungen vom Raume und vom Trägheitsvermögen der Körper kämpft und aus denen er bereits in seinem Grazer Vortrage „Licht fürs Leben“ (besprochen im letzten Maihefte S. 313 f.) die weitestgehenden Folgerungen gezogen hat. Ferner giebt der Redner einen Überblick über den Stand der Erfolge des Hypnotismus mit Bezugnahme auf die Professoren von Krafft-Ebing und Forel und geht schließlich auf die Anerkennung der Gedanken-Übertragung durch Professor Richet in Paris ein. Daß Professor Schlesinger sich noch nicht getraute, den viel tiefer eingreifenden Fall der Bekehrung des Professor Cesare Lombroso zu erwähnen, zeugt von seinem Taktgefühl. Dies Material wäre für die Nerven seiner gegenwärtigen Zuhörer zu stark gewesen und würde deren Saiten überspannt haben. Aus seinen Schlußsätzen seien noch folgende hervorgehoben:

Der Geist der Naturwissenschaften, der bisher geherrscht hat, hat Früchte gezeitigt, die wir durchaus nicht als Früchte des Idealismus ansehen können, sondern es sind Früchte von verderblicher Kraft, von der Ausartung von Kräften der Menschheit zur Selbstsucht. . . . . . Sinkt der Materialismus, so werden auch die menschlichen Leidenschaften, die ja nie ausgerottet werden können und auch nicht ausgerottet werden sollen, weil sie einen Ansporn geben, Besseres zu leisten, in ruhigere Bahnen gelenkt werden, dann wird es auch möglich sein, die socialen Probleme, die unserer harren, mit Erfolg zu lösen, denn mehr als Gesetze es machen können, wird es das Gewissen und die innere Überzeugung des Menschen sein, eine höhere Überzeugung, als der Materialismus sie heute gewähren kann, welche Hilfe bringen wird.

Ich bitte daher Seine Excellenz den Herrn Unterrichtsminister, und ich richte über dieses Haus hinaus meine Bitte an die Gelehrten der sämtlichen Hochschulen: mögen sie die Anregungen, welche ich hier ausgesprochen habe, nicht ungehört an sich vorübergehen lassen.

Mögen sie dieselben aufnehmen als einen Fingerzeig, daß die Welt der Menschen noch eine bessere werden kann und eine bessere werden wird, wenn wir vom Materialismus uns abwenden und dem Idealismus uns zulenken. Ich empfehle daher Seiner Excellenz, er möge seine Aufmerksamkeit den Hochschulen zuwenden und dafür sorgen, daß unsere Gelehrten, die ja doch aus dem Steuersäckel des Volkes bezahlt werden, an die das Volk einen Anspruch hat, nicht vornehm über Erscheinungen hinausgehen und dieselben für verächtlich erklären, weil sie ihnen nicht passen.

Möge, sage ich, dahin gewirkt werden, daß die Gelehrten auch solche Erscheinungen in die Betrachtung und Erwägung mit aufnehmen, damit das Volk seinen Nutzen und sein Heil davon erreiche; und hiermit schließe ich.

Die Erklärung, welche hierauf der Unterrichtsminister Baron von Gautsch abgab, war allerdings wenig befriedigend und konnte es auch nicht sein. Ja, wir selbst möchten überhaupt niemals, aber zumal jetzt in Österreich nicht, eine Beschränkung des freien Forschens und Denkens eintreten sehen. Wenn die Zeit völlig gereift ist, wird mit der tieferen Einsicht ganz von selbst der Idealismus auch im Leben wieder zu seinem Rechte kommen. Der Materialismus ist aber als Läuterungsmittel des wahren höheren Idealismus ganz unentbehrlich.

Wir sind auch mit Josef Schlesinger darin nicht ganz einverstanden, daß er den theoretischen Materialismus für alle Erscheinungen des praktischen verantwortlich macht. Letzterer erscheint uns vielmehr thatsächlich fast unabhängig von dem erstern aufzutreten. Wir kennen hochsinnige Idealisten, die in ihrer Anschauungsweise durchaus Materialisten sind und andrerseits herrschte auch und herrscht wohl noch jetzt in den Kreisen des kindlichen, blinden Kirchenglaubens vielfach eine sehr verderbliche selbstsüchtige Gesinnung des praktischen Materialismus. Freilich ruht die Kirchenlehre ursprünglich auf einem kindlichen Idealismus; dennoch konnten wir den theoretischen Materialismus der exakten Forschungsmethode garnicht entbehren; er allein hat unsere Wissenschaft und Philosophie erst selbstständig gemacht und aus den engen Schnürstiefeln der Theologie erlöst. Daß nun diejenigen, welche eben erst die Kinderschuhe jenes Kirchenglaubens ausgetreten haben, sich zunächst an dem ersten besten Thatsachen-Material halten, an dem sie, sich übend, sehen und selbstständig denken gelernt haben, ist kein Wunder.

Wie aber alle Entwicklung im Kreislaufe oder in Spiralen aufwärts geht, so führt auch jeder Fortschritt auf der Bahn der freien Forschung und des selbstständigen Strebens zur Erkenntnis des eigenen Inneren; und dadurch erschließt sich dann von selbst ein höheres und tieferes Verständnis auch der kindlichen Symbole aller Überlieferungen und Dogmen, deren äußere Formen nur im ersten Ansturm sinnlich-geistigen Erwachens zerstört wurden. Der Geist lebt unzerstörbar und wird sich auch wieder Bahn brechen in höher geartetem Idealismus. Jedes gewaltsame Eingreifen staatlicher oder kirchlicher Behörden in diese freie Entwicklung wäre nur Hemmung und Rückschritt. H. S.

Das Mysterium der Zeitalter.

Alfons Louis Constant (Eliphas Lévi) sagt in „la science des esprits" über das Christentum:

„Die Menschheit ist christlich seit Beginn der Welt; denn Christus wurde vorherempfunden von Anfang an, von den Begründern aller Kulte und von den größten Geistern aller Zeiten. Der Inder nannte ihn Krischna und legte ihn an die Brust der Jungfrau Devanagi; der Ägypter betete ihn an unter dem Namen Horus, während er noch schlief an dem Busen der Isis; die Druiden erbauten einen Altar der Jungfrau, die ihn gebären sollte; Moses und die Propheten präludierten in großartigen Dithyramben zu der Epopöe der Evangelien; Platon erblickte flüchtig den Gerechten, als er ihn sterbend zeigte, vernichtet unter den Schlägen der Ungerechtigkeit; Diogenes suchte ihn in den Straßen Athens mit der Laterne am hellen Mittag; und auf ihn hat es Bezug, daß dort der Areopag einen Altar errichtete mit der Inschrift: „Dem unbekannten Gotte". Mohammed endlich erkannte ihn und dachte ihm zu dienen, indem er zu ihm betete auf seine Weise."

Was die letzterwähnte Verehrung Christi durch die Mohammedaner anbetrifft, so dürfte wohl die Äußerung des berühmten französischen Mystikers noch weit schärfer ausgefallen sein, wenn ihm, wie es wahrscheinlich nicht der Fall war, die dichterischen Perlen mohammedanischer Mystik bekannt gewesen wären. Zum Beweise dessen lassen wir ein Gedicht folgen aus dem Gülschen Ras (Rosenbeet des Geheimnisses) einem Lehrgedichte Mahmuds, in welchem die mystische Bedeutung des Christentums folgendermaßen dargelegt ist:

Weißt Du, was das Christentum? Ich will es Dir sagen.
Eigne Ichheit gräbt es aus, will zu Gott Dich tragen.

Kloster Deine Seele ist, drin die Einheit wohnet.
Selbst Jerusalem[1]) Du bist, wo der Ewige thronet.
Heiliger Geist dies Wunder thut, denn im heiligen Geiste,
Wisse! Gottes Wesen ruht als im eignen Geiste;
Gottes Geist giebt Deinem Geist seines Geistes Feuer,
Er in Deinem Geiste kreist unter leichtem Schleier.
Wirst Du von dem Menschentum durch den Geist entbunden,
Hast in Gottes Heiligtum ewig Ruh gefunden.
Wer sich so entkleidet hat, daß die Lüste schweigen,
Wird fürwahr, wie Jesus that, auf zum Himmel steigen. A. E.

Religion und Lebensweise.

Die Quintessenz der Lebensweisheit,

so nennt Johannes Freimann eine kleine Schrift, die er kürzlich in Berlin hat erscheinen lassen.[2]) Sie kennzeichnet sich treffend durch ihr Motto aus dem Briefe des Jakobus (I,25): „Wer durchschauet in das volle Gesetz der Freiheit und darinnen beharret und ist nicht ein vergeßlicher Hörer, sondern ein Thäter, derselbe wird selig sein in der That." Gegen Moritz von Egidy wird in ganz ähnlicher Weise Stellung genommen, wie in unserem Leitartikel dieses Heftes. Als Lebensweise wird die vegetarische empfohlen, besonders aber vor den alkoholischen Getränken gewarnt. Der Zielpunkt der ganzen Schrift ist die Erstrebung der „Wiedergeburt aus dem Geiste", und in diesem Sinne wird (S. 5) der treffende Satz vorangestellt: „Für den Mystiker ist Religion nicht Dogma, sondern Erlebnis". Eingedenk eben dieser Wahrheit aber wundert es uns um so mehr, daß Freimann seine Schrift mit einem Vorschlage zu einer Umgestaltung des apostolischen Glaubensbekenntnisses schließt. Damit würde ja nur zu 100 bestehenden Sekten die 101. hinzugefügt. Das geistige Christentum, auf dessen Grundlage allein die „Wiedergeburt" erstrebt werden kann, bedarf keines formalisierten Glaubensbekenntnisses. — Einige kleine Irrtümer, wie (S. 4) das Nirvana als Lehre des Buddhismus statt des Vedanta, sind ganz nebensächlich. H. S.

Suggestionismus und Homöopathie.

Über das Verhältnis dieser beiden Heilfaktoren war in No. 1 und 2 der „Allgem. hom. Zeitung" ein Vortrag von Dr. A. Pfander abgedruckt. Dazu liefert nun in der Nr. vom 7. März 1892 derselben Zeitung Dr. F. Carl Gerster in München einen sehr wertvollen Beitrag, der sich keineswegs auf die Beurteilung der Homöopathie allein beschränkt und dessen Lesung wir allen unsern ärztlichen Lesern, auch den nicht der Schulmedizin huldigenden, empfehlen.

Dr. Gerster geht von dem Gesichtspunkt aus: Keine Therapie ohne Suggestionismus. — Das eigentlich Wirksame bei der Suggestion ist keineswegs die Allosuggestion (Fremdsuggestion) an sich, sondern der Übergang der Allosuggestion in Autosuggestion. — Bei jeder therapeutischen Einwirkung muß der Arzt die psychische Persönlichkeit seiner Patienten berücksichtigen. — Keineswegs beruht die Wirkung aller Arzneimittel, auch nicht der homöopathischen, bloß auf Suggestion; die Wirksamkeit der letzteren ist aber bei homöopathischen Ärzten sowohl, wie auch Patienten viel leichter und größer als bei den allopathischen. — Zum Schlusse beurteilt und vervollständigt Dr. Gerster die von Dr. Pfander aufgestellten sechs Anforderungen an eine Krankenbehandlung, bei der man jede Suggestivwirkung ausschließen und die physische Wirksamkeit der Verordnungen prüfen will. H. S.

---

1) Jerusalem heißt Friedensstätte.
2) Bei Karl Siegismund, Mauerstr. 68, Berlin W. — 25 Pfg.

Ottmanns Bücherschatz

ist ein buchhändlerisches Unternehmen des letzten Jahres, von dem wir uns Gutes versprechen. Viktor Ottmanns Verlag in Leipzig hat es unternommen, eine Bibliothek zeitgenössischer Schriftsteller — ebenso wohlfeil wie die bekannten Volksausgaben unserer Klassiker u. s. w. — in Heften oder Nummern zu 20 Pfg. herauszubringen, und zwar so, daß auch Doppelnummern zu 40 Pfg. und dickere Bände zu 60 Pfg. oder 1 Mark erscheinen. Dieses Verdienst der Verlagshandlung wird noch dadurch erhöht, daß die Ausstattung dieser Büchersammlung höchst wohlgefällig ist und allen ästhetischen und hygienischen Anforderungen entspricht, sich auch vor allem durch gutes Papier, große Schrift und klaren Druck auszeichnet.

„Der überaus billige Preis der Bände soll auch dem Minderbemittelten die Anschaffung einer guten, sowohl den Zwecken der Unterhaltung als auch der Belehrung dienenden Büchersammlung ermöglichen. Wenn diese Bibliothek auch der Weltlitteratur angehört, so wird sie doch in erster Linie das deutsche Schaffen berücksichtigen und dann erst den fremden Schriftstellern bei sorgfältiger Auswahl Platz einräumen. „Ottmanns Bücherschatz" soll jedes litterarische Fach pflegen, aber mit Ausschluß des Langweiligen und Schädlichen; er wird Belletristik, populäre Wissenschaft, sociale und ethische Schriften, kurz die Behandlung aller Themata von allgemeinem Interesse umfassen."

In den als erste Bände erschienenen Schriften spricht sich entschieden das von uns hochgehaltene Streben nach dem Idealen in der Menschennatur aus. Es sind Wildenradts „Leonore", Amyntors „Cis-moll-Sonate," Helbergs „Höchste Liebe schweigt!" — Weitere Nummern sind: Nordaus „Paradoxe", Berths „Glück und Glas", Wachenhusens „Geopfert", Gissings „Demos", Drachmanns „Verschrieben" und einige kleinere Hefte. In dem gleichen Verlage erscheint seit vorigem Herbst das „Litterarische Echo, Rundschau für Litteratur und populäre Wissenschaft", herausgegeben von Viktor Ottmann (vierteljährlich Mk. 1,80). — Wir verweisen unsre Leser auch auf die diesem Hefte beigegebene Einlage der Ottmannschen Verlagshandlung.

R. S.

Sphinx-Register.

Pränumerations-Einladung.

Der Unterzeichnete hat zu den bisher erschienenen 12 Bänden der „Sphinx" ein „Materien-Register" verfaßt, welchem ein „Autoren-Verzeichnis" beigefügt ist.

Da in einem Sammelwerke, wie die „Sphinx" es ist, das Aufsuchen bestimmter Gegenstände mit ziemlichem Zeitverluste verbunden ist, wird die Herausgabe eines genauen alphabetisch geordneten Materien-Registers wohl den meisten Abonnenten und Abnehmern der genannten Zeitschrift eine willkommene Ergänzung und Zusammenfassung der einzelnen Jahresregister sein.

Der Gefertigte erlaubt sich nun zur freundlichen Subskription auf das erwähnte, im Formate der „Sphinx ausgeführte und autographisch mit Druckschrift hergestellte Materienregister höflichst einzuladen.

Der Subskriptionspreis wird ca. 1 Mark betragen. Bestellungen werden innerhalb dreier Wochen per Postkarte erbeten, um die Stärke der Auflage rechtzeitig feststellen zu können.

Gustav Gessmann,
Wien, V. Fockygasse 32.

Anregungen und Antworten.

Was soll man dabei thun?

An den Herausgeber. — Gestatten Sie mir, zu der im vorigen Hefte angeregten Frage der geeignetsten Behandlung eines Gelegenheitsdiebstahls eine kurze Bemerkung beizutragen.

So ganz unwesentlich scheint mir dabei die *Eigentumsfrage* doch nicht zu sein. Schon deshalb nicht, weil wir alle mit den gegenwärtig uns gegebenen Verhältnissen zu rechnen haben; selbst das unschuldigste, harmloseste Kind muß sich einmal in die Lebensumstände der menschlichen Kultur und Rechtsordnung hineinfinden. Allerdings kommt die Eigentumsfrage wohl erst in dritter Linie in Betracht.

Zu allererst, scheint mir, handelt es sich bei solchem Falle darum, ob das Kind *gegen* sein eigenes *Gewissen* gehandelt hat oder etwa sich nur vor Strafe fürchtet, eigentlich aber glaubt, ganz recht gethan zu haben und sich in seinem Gefühl keinen Vorwurf machen zu müssen. Am allerdringendsten scheint es mir wünschenswert, daß jeder sich gewöhnt, stets seinem Gewissen, seiner innern Stimme, streng getreu zu bleiben. Dies aber wird ihm *niemals* gestatten, *selbstsüchtig* zu handeln. In naher Verbindung damit steht ein zweiter Punkt.

Nächst dem sich subjektiv geltend machenden Gefühl des Gewissens ist das wichtigste im Menschen das sich objektiv äußernde Gefühl der *Liebe* (Caritas). Eine der stärksten Quellen, aus denen diese fließt, ist das *Mitleid* oder *Mitgefühl*. Bietet sich nun die Gelegenheit, in dem Stehlenden den Gedanken an die Schädigung des Bestohlenen anzuregen, so würde damit wohl der beste Stützpunkt gewonnen sein. Oftmals sind die Bestohlenen (wie auch im Fall des Bäckerjungen) gar nicht die Eigentümer, sondern deren ärmliche Angestellte. Der Gedanke an die Schädigung eines solchen *selbst* Notleidenden würde zugleich die Scham über die eigenmächtige Handlung und mithin das Gewissen des unbedachtsam Frevelnden wecken.

Aus den vorher erwähnten Gründen kommt dann aber drittens auch der Gesichtspunkt einer notwendigen Eingewöhnung aller Menschen in geordnete Kultur-Begriffe und -Verhältnisse in Betracht; und da steht zweifellos der Eigentumsbegriff obenan. Selbst dann, wenn etwas nicht mehr *Privateigentum* ist, wäre es doch jedenfalls *Gemeineigentum*; und wenn auch je die Produktion der *notwendigsten* Lebensbedürfnisse in den *Gemeinbesitz* überginge (also verstaatlicht würde), so wäre dennoch jedes Sich-vergreifen an Brot oder Tannenholz (Bau- oder Brennholz) ein Diebstahl und würde wohl, weil weniger entschuldbar, dann schwerer bestraft werden als jetzt ein leichtsinniges Eingreifen in fremdes *Privateigentum*.

Jede eigenmächtig eingreifende Auflehnung gegen bestehende Verhältnisse ist thöricht. Diese ändern sich thatsächlich nur mit den wechselnden Bedürfnissen der sich tonangebend geltend machenden Volkskreise. Begriffe aber sollten überhaupt nicht durch Gewalt geändert werden, sondern durch Vernunft. W. M.

Was thun? — Ethik und Ästhetik.

An den Herausgeber. — Die Versicherung, welche Sie auf Seite 94 des ersten Heftes der „*Sphinx*“ in dem neuen Verlage Ihren Lesern erteilen, daß Ihnen der schriftliche Verkehr mit denselben angenehm, ja sogar erwünscht sei, ermutigt mich in dankbarer Erinnerung an den früheren gelegentlichen Briefwechsel, mit dem Sie mich stets auszuzeichnen die Liebenswürdigkeit hatten, mich wieder einmal als getreuen und eifrigen Leser Ihrer Zeitschrift in Ihre freundliche Erinnerung zurückzurufen.

Da Sie in Ihrem neuen Programm die ethische und ästhetische Verwertung Ihrer — ich darf wohl sagen unserer — Anschauungen besonders betonen, hat es mich einigermaßen befremdet, daß im Abschnitt „Anregungen und Antworten" schon in diesem ersten Hefte, entgegen den anderen Äußerungen, die beiden ersten „praktischen Fragen der Ethik" unkommentiert geblieben sind. Jene „Verwertung" kann doch, sollte ich meinen, nur in der Praxis stattfinden. Und nicht immer liegen die Verhältnisse so überaus einfach, wie hier, wo der Erzähler selbst keinen Augenblick über die sittliche „Schuld" im Zweifel blieb und bleiben konnte. Tausendmal im Leben bin ich in weit schwierigerem Konflikt der Pflichten gestanden, wo obendrein von Thun und Lassen Wichtigeres abhing, als der Verlust einer Semmel oder eines Zweiges. Wer da, in oft dringenden Fällen, wo der Entschluß im Augenblick gereift sein muß, einen sicheren Fingerzeig wüßte, nach welchen Kriterien die richtige Entscheidung zu treffen ist! Weder Gelehrsamkeit noch Gewohnheit und Brauch können uns in solch innerem Dilemma den richtigen Weg weisen, und selbst wenn wir allein unser Herz, unser Mitleid, unser Ehr- und sittliches Gefühl hören und ihm folgen, werden wir nur zu leicht unter Freunden und Verwandten, unter den Gebildetsten, Wohlwollendsten, Besten statt Anerkennung herben Tadel ernten. In der heutigen Gesellschaft rein nach Christi Lehre zu handeln, ohne für verrückt gehalten zu werden, ist so sicher unmöglich, wie Christus selbst nur einen Tag unter uns wandeln könnte, ohne mit den Gesetzen des „christlichen" Staates in Konflikt zu kommen.

Vielleicht ist meine Anregung in dieser Richtung, die wohl Manches stillem Wunsche Rechnung tragen dürfte, auch Ihnen, sehr geehrter Herr, nicht unerwünscht, zumal zu einer Zeit, in der sich anfängt die Kulturfrage zur Gewissensfrage zuzuspitzen!

Ich weiß nicht, ob es Ihnen gelingen dürfte, durch die Verwendung von Kunst und Dichtung populärer zu werden. Fast bin ich neugierig, ob die beiden Kunstbeilagen — deren doch künstlerisch tief empfundene ethische Bedeutung die ästhetische Frage fast nicht aufkommen läßt, ja, bei denen die Macht des Eindrucks auf das Gemüt eine gewisse *freiwillige* ästhetische Beschränkung *erheischt* — Ihnen nicht einige „Mißtrauensvota" eintragen werden. Ich meinerseits kann dem Künstler für den Genuß, den er mir damit bereitet, nicht genug danken. Als wahrer Künstler wird es ihm genügen, wenn er hört, daß sein Werk einem Beschauer Thränen ins Auge gelockt hat! —

Glatz, den 13. März 1892. Max Krause.

Vielleicht genügen Herrn *Krause* die vorstehenden Fingerzeige von W. St. — Redaktionell jedoch haben wir die erwähnte „Anregung" im letzten Hefte absichtlich nicht selbst besprochen, weil diese Abteilung nicht ein sogenannter „Briefkasten" sein soll, sondern bestimmt ist, zum freien Gedankenaustausch unter unsern *Lesern* selbst zu dienen. H. S.

Zur Vollendung der Individualität.

An den Herausgeber. — Mit Bezug auf „die Vollendung der Individualität" teile ich durchaus die Bedenken des Herrn B. H. (Märzheft S. 94) und gestatte mir gegen Ihre Gegen-Bemerkungen folgendes geltend zu machen:

1. Das Wesen der Persönlichkeit liegt im Ichbewußtsein. Wer also die Kontinuität des Ichbewußtseins *dauernd* verliert, kann nicht für unsterblich erachtet werden. Die bloße Fortdauer einer, wenn auch individuell gedachten Kraft, auch wenn sie ohne Kontinuität ihres Selbstbewußtseins immerfort neue Persönlichkeits-

bewußtseinsformen erzeugen könnte, würde keinen erheblichen (sittlichen) Unterschied vom Materialismus begründen, der ja auch die Atome wenigstens als fortdauernde Ursachen eventueller neuer Bewußtseinsbildungen unsterblich sein läßt. Religiös-sittlichen Wert hat nicht die Fortdauer einer unbewußten, sondern nur die einer bewußten Individualität, die Fortdauer der Persönlichkeit. — Ob man dieser nach dem Tode noch eine Gnadenfrist zum „Ausleben“ von Jahrhunderten oder Jahrtausenden giebt, ist schließlich gleichgültig; und der Gedanke eines gespenstischen „Auslebens“ ist sogar unheimlicher, als derjenige eines endgültigen und vollkommenen Abschlusses bei Auflösung des Leibes.

2. Ewige Dauer des persönlichen Bewußtseins würde mir als „teuflische Strafe“ nur unter der Voraussetzung erscheinen, daß a) dies Bewußtsein in sich selber unerträglich wäre, etwa als bestienhafte oder satanische Selbstempfindung, und b) jede fernere Entwicklung zum Edleren oder überhaupt jedes eigentliche „Leben“ fortan abgeschnitten wäre, und c) dieses Leben lebensmüde werden könnte. Nun aber ist alles Leben auch im Diesseits bereits eine Abwechslung zwischen Arbeit und Ruhe, Schlaf und Wachen, an jedem Morgen erwachen wir, wie die Natur selber in jedem Frühling, neugestärkt und knüpfen in unserem Bewußtsein an das Gestern an, und nur dadurch wird es uns möglich, die Lehren des Gestern für das Heute und Morgen zu verwerten.

3. Einen logischen circulus vitiosus (Kreislauf) enthält die Behauptung, eine geistige Errungenschaft müsse ins Unbewußte versinken, um uns zum eigentlichen Besitz zu werden. Wer das wahre Wesen alles Seins in seinem Fürsichsein (Bewußtsein) sieht, kann dies nicht zugeben; wohl aber kann er zugeben, daß sie eine so starke und fortdauernde Tendenz zum Bewußtsein erlangt haben müssen, daß sie jedesmal, wenn die Bedingungen ihres Daseins gegeben sind, auch bewußt werden d. h. ins Dasein treten. Unbewußte Anlage (andere Natur) ist Bewußtseins-Tendenz.

4. Die etwaige jenseitige Rückerinnerung, im Diesseits ein Peter Müller gewesen zu sein, kann sich vielleicht mit Scham- und Reuegefühlen vergesellschaften, aber eben deshalb würde sie niemals eine Hemmung, sondern geradezu ein Sporn sein zur Ausbildung, Umbildung oder Weiterbildung der Persönlichkeit des Charakters.

5. Solche Worte wie „Weltkreislauf“ oder „Kreislauf des Bewußtseins“ sind für mich verstandesmystischer Nonsens. (Ich verwerfe aber jede Verstandes-Mystik und achte nur die Gefühls- oder Herzens-Mystik.) Daß der Weltlauf ein Kreislauf sein müsse, ist nicht beweisbar. Wäre er es, so wäre die Welt kein Lebendiges, alles wäre unabänderlich und das Sein kein ewiges Werden, sondern ohne Entwicklungswert. Denn ein Kreislauf kehrt in sich selbst zurück. Als Christ aber glaube ich, daß der Weltlauf einem unbedingt heiligen Werte zustrebt, einem Leben, das seiner nicht müde werden kann, dem Leben im „Reiche Gottes“.

6. Die einzige Bürgschaft freilich des Christen für eine heilige, unbedingt wertvolle und sittliche Weltordnung bildet der Glaube an seinen lebendigen (persönlichen) Gott, den Christus bezeichnet als Gott der Lebendigen und nicht der Toten. Dieser Glaube versöhnt uns auch mit dem Anblick rätselhaft unverschuldeter Leiden in diesem Leben, deren Grund wir nicht „in der grundlosen Willkür eines Gottes“, sondern in der von Gott seinen Geschöpfen, die als „Geschöpfe“ keine willenlosen Machwerke, vielmehr relativ spontane „Wesen“ (Kinder Gottes) sind, verliehenen Willensfreiheit erblicken. Denn wir hoffen, daß Gottes Liebe diese Leiden der Unschuldigen in Seligkeit auflösen wird. Mit dieser Hoffnung und diesem Vertrauen auf die Gerechtigkeit einer Weltordnung, die uns keineswegs in allen Richtungen erklärlich und begreifbar zu sein braucht, steht und fällt unser Unsterblichkeitsglaube, der kein Wissen ist und sein kann.

Jena, im März 1892. L. Kuhlenbeck.

Zur Beantwortung der hier berührten Gesichtspunkte verweise ich nur auf deren Erörterung in meiner kleinen Schrift „Das Dasein als Lust, Leid und Liebe" (Braunschweig bei Schwetschke, 1891). — Wieso man von einem „*ewigen* Werden" reden kann, das erscheint nun wieder mir — wie Dr. Kuhlenbeck sich ausdrückt — als „verstandesmystischer Nonsens". Ewig ist für mich nur das *Zeitlose*; aber auch selbst ein zeitlich unendliches Dasein, „das seiner nicht müde werden kann", scheint mir mindestens aller Erfahrung zu widersprechen. Warum sollte denn ein Weltall, dessen Dasein sich ebenso wieder in seine absoluten Ursachen auflöst, wie es aus diesen entstanden ist, das also sich im Bilde eines Kreislaufs darstellt, kein Lebendiges und ohne Wert sein? *Freut* sich nicht die jubelnd aufsteigende Lerche ihres Daseins?! und *genießt* nicht das spielende Kind sein Leben?! Zu erklären ist doch nur das viele Leid, in das die Menschen mit so willkürlicher Grausamkeit hineingeboren zu werden *scheinen*, und die trüben Schicksale, die fast jeden befallen. Da nun treffe ich wohl annähernd mit Dr. Kuhlenbeck zusammen in der Hoffnung, daß es jedem Menschen ermöglicht sein wird, sich bei richtiger Anstrengung seines bewußten („freien") Willens für sein zukünftiges Leben aus all seinen gegenwärtigen Leiden zu erlösen; nur begnüge ich mich nicht mit dieser *Hoffnung*, sondern habe jene Schrift der Darlegung meiner *Vernunftgründe* für diese Hoffnung gewidmet. Dabei aber habe ich dort auch auf naturwissenschaftlicher Grundlage die scheinbare Ungerechtigkeit der Weltordnung, die uns in den verschiedenen Geburtsanlagen, Umständen und Schicksalen und in den zahllosen im gegenwärtigen Leben nicht verdienten Leiden der Menschen entgegenstarrt, befriedigend erklärt, insofern alle solche Leiden und Zurücksetzungen nur die Folgen der in früheren Leben von uns selbst gegebenen Ursachen sein können. Nimmt man solche *Erklärung* der scheinbar so ungerechten Weltordnung und jene Hoffnung auf eine bessere Zukunft für jeden Einzelnen *nicht* an, so sehe ich keinen Ausweg aus dem trostlosesten Pessimismus. Wenn aber Dr Kuhlenbeck solche Erklärung, ohne eine andere vernünftige zu wissen, bloß deshalb nicht annimmt, weil sie nicht nach seinem Geschmack ist, so könnte man ihn um seine Genügsamkeit bei einem „Glauben" *ohne* Rechtfertigung, einem Glauben an einen Widerspruch, beneiden. — H. Sahl.

Wiederverkörperung.

Die Lehre von der Wiederverkörperung ist im Laufe der letzten sechs Jahre in der „Sphinx" in der mannigfaltigsten Weise behandelt worden. Sie wird aber vielleicht viele der Leser nicht angeheimelt haben, da die europäische Kultur ihr bisher fern gestanden hatte, obgleich mehrere unserer hervorragendsten deutschen Geister — was aber nicht viele wissen — Anhänger dieser Lehre gewesen sind. Gegen diese Lehre wird oft geltend gemacht, daß die Wiederverkörperung dadurch ihre Bedeutung verlöre, daß Erinnerungslosigkeit mit ihr verbunden sei. Aber gerade darin möchte ich eine ganz besondere Gnade der Vorsehung sehen. Oder macht sich jemand anheischig, die Erinnerung an alle von ihm jemals begangenen Thorheiten und Niederträchtigkeiten zu tragen? Ich glaube, man hat an denen dieses gegenwärtigen Erdenlebens vollauf genug. Die Einsicht aber, daß nicht nur unsere intellektuellen und moralischen *Fähigkeiten*, mit denen, sondern sogar die äußeren *Verhältnisse*, *unter* denen wir geboren, oder vielmehr wiedergeboren werden, das Ergebnis unserer ganzen bisherigen individuellen Vergangenheit sind, ist eine überaus trostreiche und verleiht uns eine Kraft zum Vorwärtsstreben, welche kein sonstiges philosophisches System, keine einzige der bisherigen Religionsformen in sich trägt. Diese Einsicht allein besagt uns, daß jeder seines Glückes Schmied ist, daß wir hier ernten, was wir einst gesäet haben, daß wir hier säen, was wir einst ernten werden. Darin liegt die ewige Gerechtigkeit, welche — glaube ich! — selbst für den Einzelnen nicht die kleinste Ausnahme erleidet. Allein diese Einsicht, wenn sie zum Allgemeingut der Menschheit geworden sein wird, führt uns besseren Gesellschaftszuständen entgegen. Alle sonstigen Experimente des Staates und der Kirche sind fruchtlos.

Hugo von Gizycki.

Guter Wille und Erfahrung.

An den Herausgeber. — Sie forderten mehrfach in den Heften der „Sphinx" zur regen Anwerbung von Abonnenten für dieselbe auf. Bezugnehmend hierauf, möchte ich Sie höflichst bitten, mir einige Probehefte zukommen zu lassen. Ich werde dann mein Möglichstes thun, und hoffe, daß es nicht ganz ohne Erfolg sein wird.

Ich benutze diese Gelegenheit, um Ihnen Mitteilung von einem Vorfalle zu machen, der gewiß auch für Sie Interesse haben wird. Um mit etwaigen Gesinnungsgenossen in hiesiger Stadt Fühlung zu erhalten, wollte ich in das hiesige „Tageblatt" das anliegende Inserat (Aufforderung zur Bildung eines Kreises für regelmäßige Zusammenkünfte. D. Red.) einrücken lassen, jedoch wurde die Aufnahme, zwar von der Expedition angenommen, von der Redaktion aber nachträglich verweigert ohne Angabe von Gründen. Mir war dieses Verfahren auffallend. Um eine polizeiliche Bestimmung kann es sich dabei nicht handeln, denn die „Hannoverschen Neuesten Nachrichten" haben keine Umstände in der Annahme ganz derselben Anzeige gemacht.

Hannover, 14. Dezbr. 1891. D. K.

Uns scheint sich die Verweigerung der Anzeige sehr einfach dadurch zu erklären, daß es sich in derselben um Experimente und Erfahrungen handelt, die sich auf das „Übersinnliche" beziehen. Wahrscheinlich befindet sich in der Redaktion oder in der Leitung der Expedition des „Hannoverschen Tageblattes" niemand, der Erlebnisse und Erfahrungen dieser Art gehabt hat. Alsdann ist es bei dem heute herrschenden Zeitgeiste nicht zu verwundern, daß man alle solche Vorgänge einerseits für raffinierten Betrug, andrerseits für dummgläubige Selbsttäuschung hält. Daß diese Herren aber, solange sie das glauben, sich allen darauf hinzielenden Anzeigen widersetzen, spricht wohl für ihren guten Willen ebensosehr, wie für ihre Unerfahrenheit auf diesem Gebiete. Der Herausgeber.

Ideal-Naturalismus?

Pfui! — Warum nicht Natural-Idealismus? M. D.

Sie begreifen die Bewegung doch zu subjektiv! Es sind nicht alle Wahrheitsucher von jener Hoheit der Gesinnung erfüllt, die z. B. Limburger Käse von den Naturalien ausschließen möchte. F.

Nicht Umkehr, sondern Einkehr!

Unter den vielerlei Besprechungen, welche das erweiterte Programm und das erste (März-) Heft dieses Jahrgangs unsrer Monatsschrift in der Tagespresse erfahren hat, tönt uns mancher freudige Zuruf als ebenso treffender, wie selbständiger Ausdruck unseres Programms entgegen. Beispielsweise sagt die „Heidelberger Zeitung" (Nr. 65, vom 17. März 1892):

„Die Sphinx empfiehlt dem Menschen die Selbsteinkehr, aber nicht mit salbungsvollen Worten, sondern indem sie ihm Thatsachen und darauf gegründete Spekulationen gleichsam als Leiter hinhält, an welcher er in das eigene Innere hinabsteigen kann, um den metaphysischen Kern seines Wesens zu erkennen. Nicht „Umkehr", sondern „Einkehr" lautet die Parole der kommenden Zeit. Wer rechtzeitig Anschluß an diese Parole gewinnen will, dem empfehlen wir angelegentlich die Sphinx." H. B.

Für die Redaktion verantwortlich ist der Herausgeber:
Dr. Hübbe-Schleiden in Neuhausen bei München.

Verlag von C. A. Schwetschke und Sohn in Braunschweig. — Druck von Christian Hofmann in Gera.

SPHINX

XIII, 75. Mai 1892.

Frühling!

Von

Hans von Mosch

Der Frühling ist erstanden;
Es lacht in Wald und Feld,
Befreit von starren Banden
Die junge Knospenwelt.

Der Odem weicher Winde
Umschmeichelt Strauch und Baum
Und weckt sie leis und linde
Aus ihrem Wintertraum.

Die ersten Falter schwingen
Im warmen Sonnenstrahl,
Die ersten Vögel singen, —
Der Frühling überall! — —

Der Frühling ist erstanden,
Die Stürme sind verweht, —
Und durch die Menschenherzen
Der Liebe Sehnen geht,

Der Liebe tiefes Sehnen,
Das Ahnen jener Welt,
Die durch das Frühlings-„Werde!"
Sich ewig jung erhält.

Das Evangelium des Kampfes.

Von

Adolf Engelbach.

Die soziale Frage wird gemeinhin aufgefaßt als eine grobmaterielle, als eine Frage des Besitzes. Ihrem eigentlichen Wesen nach ist sie eine moralische Frage. Immer befangen in der unrichtigen Auffassung des „Kampfes ums Dasein“ betrachtet die öffentliche Meinung sie als den Kampf der Besitzlosen gegen die Besitzenden, und so steht Egoismus gegenüber dem Egoismus. Dieser falsch verstandene „Kampf ums Dasein“ äußert sich in der Gegenwart mehr als je durch das rücksichtslose Niedertreten des Schwächeren durch den Stärkeren, mit anderen Worten: durch Anwendung der brutalen Kraft; hierdurch wird aber gerade der Egoismus des Schwächeren geweckt, und im großartigsten Maßstabe herangezüchtet, absichtslos natürlich, und er wird gestärkt vermöge des Widerstandes, bis die Kraft des Unterdrückten so gereift ist, daß sie sich der Kraft des Unterdrückers gewachsen fühlt und sich ihm, in gewissem Sinne vollberechtigt, gegenüberstellt.

Sobald dieser Kampf ums Dasein den Höhepunkt erreicht hat, nennt man ihn mit einem andern Namen; man nennt ihn dann „soziale Revolution“. Es geschieht dies naturgesetzlich ebenso, wie wenn im physischen Körper der Organismus nach und nach von einem Krankheitsstoffe ganz durchdrungen ist, die Krisis zum Ausbruche kommt. Eine solche soziale Revolution hat meist in ihrem Gefolge den „Umsturz des Bestehenden“. Wenn dann nicht starke g e i s t i g e Kräfte die Leitung übernehmen; wenn nicht die Vernunft über die entfesselten Leidenschaften die Herrschaft gewinnt, so ist auf längere oder kürzere Zeit ein Chaos zu erwarten, in welchem den besten Errungenschaften der Menschheit, wenn auch gerade nicht der Untergang, so doch irgend ein großer Rückschritt in Aussicht steht. Hier liegt einer der Punkte, von denen aus wir in der sozialen Frage eine moralische Frage zu erkennen haben. Dieser „Kampf ums Dasein“ soll nicht sein ein Wettkampf einzelner oder ganzer Gesellschaften, um unter diesem widerwärtigen Feldgeschrei die andern mit allen erdenklichen Mitteln und unter Ausschluß jeder *sittlichen* Regung niederzuzwingen: sondern er soll ein Wettlauf sein aller für einen und des einen für alle — nicht zur Vernichtung — sondern, um sich diesen Kampf gegenseitig zu erleichtern, beziehungsweise: die Mühen und Beschwernisse des menschlichen Lebens auf das möglich geringste Maß zurückzuführen, *damit jeder Mensch in den Stand gesetzt sei, sein Menschentum,* das ist, *den Keim seiner göttlichen Natur, zu entwickeln* auf der Bahn des unendlichen Fortschreitens des Menschengeistes. —

Wenn auch die herrschenden Kirchen im Laufe der Jahrhunderte nicht immer ihre Schuldigkeit gethan haben; wenn sie nicht auf der Höhe des Evangeliums standen; wenn sie, in elenden Wortstreit verstrickt, und in Haß und Herrschsucht keine Schonung kennend, die Perle so tief in den Schmutz traten, daß sie nicht mehr gesehen werden konnte: so ist dieselbe dennoch nicht zu Grunde gegangen, sondern sie wird, nachdem sie eifrig gesucht und wiedergefunden wurde, den Völkern gezeigt und in kostbarer Fassung als Juwel entgegengehalten werden. Das Evangelium ist eine Botschaft des Kampfes — „Ich bin nicht gekommen, den Frieden zu bringen, sondern das Schwert," und „kein Friede den Gottlosen" — eine Botschaft des Kampfes gegen jenen schalen Quietismus, der es Gott überläßt, sich selber zu verteidigen; eine Botschaft jenen nicht Kalten und nicht Warmen, welche Er „ausspeit aus seinem Munde"; eine Botschaft des Kampfes gegen die Selbstsucht im Menschen, sowie gegen alle Leidenschaften niedriger Art, welche das reine Menschentum verdunkeln und die Seele beflecken, und welche ihn hindern, den göttlichen Strahl des Logos in sich aufzunehmen. Aber das Evangelium ist auch eine Botschaft des Friedens, insofern es verlangt, *den Willen zu wenden* von seiner niedrigen zu seiner höheren Natur, was ausgedrückt ist in jenem Weihgesang der himmlischen Scharen: „Friede den Menschen, die guten Willens sind!"

Aus der Idee des Guten ist die der Gerechtigkeit geboren worden; aber nicht jene irdische Gerechtigkeit, deren Schwester die höchste Ungerechtigkeit ist und unter deren Maximen jene grausame Sentenz sich findet: Summum jus — summa injuria![1]) Nicht dieses Recht, sondern jenes göttliche Recht — fas — ist gemeint, welches darin besteht, das Gute zu thun — fari — und das Böse zu meiden — ne fas —! Auch nicht jenes Recht, dessen Altar das Schafott und dessen Oberpriester der Henker ist, im grellen Widerspruch mit dem Gebete Jesu: „Und vergieb uns unsre Schuld, wie wir vergeben unsern Schuldigern." — Es ist jenes göttliche Recht, welches nirgends geschrieben steht, als nur in unseren Herzen, davon das geschriebene Recht nur ein Schatten, eine schlechte Abschrift ist; jene Gerechtigkeit, welche sich nicht jenseits dieser Welt in einem erträumten Himmelreich befindet, sondern die in uns allen schlummert und zum Leben erweckt werden muß, damit alle des Himmelreichs teilhaftig werden können, das da ist „nicht hier und nicht dort", sondern

[1]) Das höchste Recht ist das größte Unrecht! (*Cicero*: De officiis I, 10. 33.)

„inwendig in euch“. — Daß diese Gerechtigkeit unter uns ihren Einzug halten kann, dazu bedarf es nur, daß wir alle jenes Wort erfüllen „Liebet einander“. Laßt es nicht bei dem Worte bewenden, das nur der schwache Ausdruck der höchsten Idee des Universums ist, sondern laßt dies Wort Fleisch werden, dann wandelt die Gottheit unter uns, oder vielmehr wir wandeln dann in der Gottheit.

O Du, der nur allein sich kennt,
In tiefstes Dunkel Dich verhüllst —
Der Götter Gott die Welt Dich nennt,
Weil Du den Kreis der Welt erfüllst:
O gieb, daß ewig heitrer Tag,
Der Tag des Friedens und der Schöne,
Zu Dir des Lichtes treue Söhne
Auf immerdar versammeln mag!

Wenn Dich ein Ideal erfüllt!

Von

Wilhelm Kessel.

Wenn Dich ein Ideal erfüllt,
Wie Menschen es so heißen,
Mit Zügen sanft und wundermild,
O laß Dir's nicht entreißen.

Es trügt oft eher, was ich thu,
Als was ich tief empfinde,
Wenn ich die Lösung auch dazu
Nicht augenblicklich finde.

Und nennt es auch der Realist
Nur Hirnspuk und Chimäre,
Genug, wenn Du nur glücklich bist,
Und wenn's auch Täuschung wäre!

Nur Täuschung wär's? O nein, o nein!
Es liegt nur tief begraben!
Was Du empfindest, das ist Dein,
Du kannst nichts sichrer haben.

Drum, wenn Dich auch der Chor verdammt
Und schmäht es süße Lügen,
O nein! was aus Dir selber stammt,
Das kann Dich nicht betrügen!

Was ist Theosophie?

Von
Franz Hartmann,
Dr. med.

Das Wort „Theosophie" ist aus den Worten Theos (Gott) und Sophia (Weisheit) zusammengesetzt und wird gewöhnlich als „Gottesweisheit" übersetzt. Um nun zu begreifen, was mit der Bezeichnung „Gottesweisheit" gemeint ist, wäre es vor allem nötig, die Bezeichnung „Gott" zu definieren. Da aber Gott für den Menschen ein Nichts ist, solange der Mensch selbst in göttlicher Beziehung ein Nichts ist, so ist auch der Begriff Gottes über alle Verstandesspekulationen erhaben und für die materielle Auffassung unerreichbar. Solange der Mensch Gott nicht in sich selber fühlt, kann er ihn auch nicht erfassen. Solange er von „Gott" nichts weiß, ist ihm auch der Sinn des Wortes „Gottesweisheit" unerfaßbar, und er betrachtet dieselbe als die Weisheit eines Wesens, das er nicht kennt und das ihm deshalb nichts angeht. Aus diesem Grunde ward der Name „Theosophie" ein Gegenstand des Spottes derjenigen, welche, da sie selbst keine geistige Selbsterkenntnis besaßen, auch die Möglichkeit einer solchen Erkenntnis verleugneten. Über die Frage: was man unter „Theosophie" versteht, ist an anderen Stellen schon vieles geschrieben worden, ohne die gewünschte Aufklärung zu bringen, und dennoch scheint uns die Beantwortung einfach zu sein:

„Gottesweisheit" oder mit anderen Worten „die höchste Weisheit" ist jedenfalls diejenige, durch welche der Mensch zu seinem höchsten geistigen Ziele gelangen, d. h. durch welche er das höchste Ideal in sich selber verwirklichen kann. Dieses Ziel kann er nur durch Erfüllung des Gesetzes erlangen, und deshalb besteht seine höchste Weisheit darin, das höchste Gesetz des geistigen Menschen zu befolgen und es in sich selbst zum Ausdruck und zur Offenbarung zu bringen. Um aber dieses Gesetz, welches die Grundlage des menschlichen Daseins und der ganzen Natur bildet, befolgen zu können, muß er dasselbe kennen lernen, und da die Thätigkeit dieses Gesetzes in seiner höchsten Wirkungssphäre eine geistige ist, so handelt es sich bei der Erlangung seiner Erkenntnis nicht bloß um eine auf äußere Sinneswahrnehmungen gegründete Theorie, sondern um eine innere Entfaltung und Vervollkommnung der eigenen Geisteskraft. Es ist somit diese Selbsterkenntnis das Ergebnis eigenen Wachstums des geistigen Menschen, ein inneres Erwachen zu einem höheren Grade des Selbstgefühls und Selbstbewußtseins, wodurch der Mensch sich über seine Tiernatur sowohl, als auch über den grübelnden, im Finstern tappenden Rationalismus erhebt und sich durch die Verwirklichung eines höheren Ideales in sich selbst seiner wahren Menschennatur und Würde bewußt wird.

Die praktische Theosophie ist deshalb nichts anderes als die geistige Selbsterkenntnis des Menschen. Sie ist kein Gegenstand der auf der Beobachtung äußerer Erscheinungen beruhenden Wissenschaft und kann selbstverständlich nur das Eigentum desjenigen Menschen sein, in welchem diese Erkenntnis zur eigenen Kraft geworden ist. Solange der Mensch von seinen tierischen Leidenschaften beherrscht wird, oder solange sein „Wissen“ bloß in Meinungen besteht, welche auf Trugschlüssen oder Vorurteilen beruhen, oder die er deshalb glaubt, weil sie ihm von anderen gelehrt wurden, ist er auch nur ein Sklave von Leidenschaften und Meinungen, und seine Erkenntnis ist nicht diejenige, welche durch das eigene Erkennen der Wahrheit entsteht, und wodurch er zur göttlichen Freiheit gelangt.

Unter diesen Umständen kann es nicht die Aufgabe der „Theosophie“ sein, von irgend jemand einen blinden Glauben an irgend eine Lehre, welche für etwas „Neues“ gehalten werden dürfte, zu verlangen; auch kann kein Mensch einen anderen, sondern nur jeder sich selbst zum „Theosophen“ machen; denn das geistige Licht muß in dem eigenen Innern des Menschen erwachen, wenn es sein Inneres erleuchten soll. Dasjenige aber, was der Erlangung der wahren Erkenntnis im Wege steht, ist einerseits die Selbstsucht, die Leidenschaften und alles, was aus der Tiernatur des Menschen entspringt und ihn hindert, sich über dieselbe zu erheben, andererseits sind es die Irrtümer, welche durch das Nichterkennen innerer Ursachen und die auf falscher Beurteilung äußerer Erscheinungen beruhenden Trugschlüsse entstanden sind. Vor allem aber ist der Erkenntnis der Wahrheit die falsche und bloß äußerliche Auslegung religiöser Allegorien im Wege. Was wir deshalb beabsichtigen, ist, soweit es in unseren Kräften steht, denjenigen, welche nach einem wirklichen geistigen Fortschritt trachten, ein klares Bild über die innere höhere Menschennatur zu verschaffen und ihnen behülflich zu sein, sich aus den Banden der Selbstsucht und den Irrtümern einer falschen Philosophie zu befreien.

Um vollkommene Gewißheit über die wahre geistige Natur des Menschen, die Veredlung, welcher der Mensch fähig ist, und seine magischen (geistigen) Kräfte zu erlangen, dazu giebt es nur einen einzigen Weg, nämlich dasjenige selbst zu sein, was man zu erkennen wünscht. Nur der Tugendhafte kann die Tugend, der Weise die Weisheit, der Mächtige die Macht kennen; um aber den Weg zur Ausübung der Theorie zu finden, dazu ist es vorerst nötig, die richtige Theorie zu suchen.

Es giebt zwei Wege, auf denen wir zwar noch keine Gewißheit, aber dennoch eine zuverlässige Anschauung der Dinge, welche sich der sinnlichen Wahrnehmung entziehen, erlangen können.

Der erste Weg ist derjenige der philosophischen Spekulation, wobei nicht nur die im gewöhnlichen Leben vorkommenden äußeren Naturerscheinungen, sondern auch die sogen. mystischen Ereignisse, die Thatsachen des Spiritismus, Okkultismus, Hypnotismus, Magnetismus u. s. w. in Betracht genommen werden müssen. Insofern dieses Philosophieren aber auf Schlußfolgerungen beruht, welche sich auf Thatsachen beziehen, die selbst noch der Erklärung bedürfen, ist dieser Weg auch nicht sicher und führt nur selten zum Ziele, sondern leitet meistens in ein Labyrinth von verkehrten Meinungen und häufig zum Aberglauben oder zur Narrheit, vorausgesetzt, daß man nicht durch fortwährende Enttäuschungen selbst zu der Überzeugung gelangt, daß die zur Erklärung mystischer Phänomene gewöhnlich angegebene Theorie nicht die richtige ist und daß man sich selber betrogen hat.

Der andere Weg ist, daß man dasjenige, was geistig erleuchtete Menschen, wie man sie in allen Nationen finden kann, über das wahre Wesen des Menschen und über die geheimnisvollen Erscheinungen in der Natur gelehrt haben, vom geistigen Standpunkte ausgehend prüft, ihre Lehren miteinander vergleicht und sich dadurch selbst befähigt, eine höhere Weltanschauung und Erkenntnis zu erlangen. Hierbei handelt es sich keineswegs um einen blinden „Glauben", sondern nur darum, daß man dasjenige, was man kennen lernen will, nicht schon von vornherein als ein „Nichtmögliches" verwirft. Wer sich weigert, an das Vorhandensein des Gegenstandes, den er untersuchen will, zu glauben, der wird sich auch nicht von dessen Eigenschaften überzeugen können. Wer in seinem Eigendünkel dasjenige verwirft, was er nicht schon zu wissen glaubt, oder was nicht mit seinen Vorurteilen übereinstimmt, der gleicht einem Menschen, welcher ein vor ihm stehendes Ding nicht sehen kann, weil er absichtlich seine Augen davor verschließt.

Die theoretische Theosophie besteht also darin, die Lehren der Weisen aller Nationen, der indischen Lehrer, der christlichen Mystiker, der Adepten und Heiligen miteinander zu vergleichen, den Kern der Wahrheit, welcher in allen Systemen enthalten ist, zu finden und zu untersuchen, inwiefern diese Lehren zur Erklärung mystischer oder nichtmystischer Thatsachen dienen können. Sie befaßt sich weder mit „wissenschaftlichen" Spekulationen, denen keine Wahrheit zu Grunde liegt, noch mit sogenannten „Offenbarungen aus dem Jenseits", sondern es ist ihr nur darum zu thun, über die wahre Natur des Menschen und dessen Stellung im Weltall ein Licht zu verbreiten, von dem jeder vorurteilsfreie Mensch aus eigener innerer Überzeugung erkennen muß, daß es die Wahrheit ist.

Deß Zukünftigen Wort.

Von
Franz Evers.

Sei einsam! der du mir ins Auge blickst,
der du zum Licht die Seelenarme breitest,
der du dich tief an ewiger Glut erquickst
und dir des Wandrers stillen Weg bereitest, —
des Wandrers, der zu mir die Schritte lenkt,
auf den die hellsten Sonnenstrahlen fallen, —
des großen Wandrers, der der Frühe denkt,
der einzieht in des Morgens weiße Hallen.
Sei einsam du! und laß die Welt versinken!
Dein Auge trägt der Gottheit tiefe Pracht!
Du sollst von meinem vollen Kelche trinken!
Berausche dich! und wandre durch die Nacht! —

Doch wenn dein Hirn von Schmerzen übertropft,
dann sei ein Mann, ertrage stolz und weiche! —
Er hat schon manches Herz zu Tod geklopft,
der Sonnendrang, der heiße, überreiche —
Dann grüße mit erhobnem Haupt die Nacht —
und klage nicht, daß sie dir hold gewesen —
wenn du auch nicht zum Lichte aufgewacht,
so bist du an dir selber doch genesen! —
Das sei dein Trost! — Mit ernstumlachten Lippen,
mit jenem Siegerblick geh zu ihr ein! —
Dir wars vergönnt, nicht nur vom Rand zu nippen,
nein, tief zu schlürfen meinen goldnen Wein! —

Mozart.

Von

R. Jilger.

Die hundertste Feier des Todestages Mozarts am 5. Dezember 1891 konnte nur zum hundertstenmal bestätigen, was die erste Feier ausgesprochen hat; Neues zu sagen vermochte sie nicht. Mozarts Gestalt steht fest und unwandelbar da, wie die einer griechischen Götterstatue; von allen Seiten ist sie beleuchtet und betrachtet und immer vollendet erfunden worden. Es giebt nichts Klareres als ihn, und das Klare soll man nicht erklären wollen; solch Unterfangen führt sicherlich zur Unklarheit, so wie Bemalung mit Kremserweiß eine reine Lilie nur besudeln kann.

Was hülfe es, wenn ich hier nochmals anfangen wollte zu reden von musikalischer Ästhetik im allgemeinen und Mozartscher Musik im besonderen, von dem Charakter einzelner Hauptwerke und der Stellung, die Mozart seinen Vorgängern und Nachfolgern gegenüber einnimmt? Selbst ein musikalischer Fachmann würde kaum Neues sagen können, geschweige ich, der ich von Musik nichts verstehe, sondern sie nur schlechtweg liebe.

Ich möchte hier nur einer Empfindung Worte verleihen, die ich schon lange im Herzen trage, und die auch andern gewiß keine fremde sein wird, wenngleich man sie heute selten ausspricht. Ich finde nämlich, daß unsere Zeit sich einen ganz gefährlich farouschen Anstrich giebt und mit Nationalökonomie und Ingenieurwissenschaft und sozialer Frage und naturalistischer Schule und Gott weiß was für hohen stahlgepanzerten Angelegenheiten sonst noch sich geriert wie jener französische Theaterheld Montjoie, der Mann von Eisen. Aber wenn ich dieses Eisentum genauer ins Auge fasse und untersuche, finde ich es doch nur erkünstelt und erzwungen; in Wirklichkeit ist das Herz des grimmen utilitarischen Geschäftsmannes immer noch das alte, wohlbekannte, weiche Menschenherz.

Denn der Mensch mag sich gebärden wie er will; er ist doch ein Idealist; nicht nur trotz alles Egoismus, sondern auch trotz aller hausbackenen Theorien von dem möglichst großen Quantum Wohlseins auf eine möglichst große Anzahl Individuen verteilt, trotz all seiner Plattheiten und Borniertheiten ist er ein unverbesserlicher Idealist. Das beweist er alle Augenblicke. Eben unsere heutige Feier ist wieder ein Beweis. Wie käme man dazu, sich in festlicher, ja andächtiger Stimmung zu versammeln, um einen Mann zu ehren, der vor hundert Jahren gestorben ist, ohne an der großen Eisenmaschine dieses Lebens auch nur ein einziges Rad geölt zu haben oder gar selber auf einen grünen Zweig gekommen zu sein? Während die pfiffigsten Techniker, die weisesten Finanzminister, die generösesten Gründer von Krankenhäusern, Wohlthäter der Menschheit im redlichsten Sinne des Wortes, klanglos zum Orkus gehen, wird ein Musikant der Held einer großen Huldigungsfeier; ein Mensch, der weiter nichts konnte, als an müßigen Abenden mit Violinen und Flöten unser Trommelfell in Schwingungen setzen. Giebt es eine größere Ungerechtigkeit in den Augen des Mannes von Eisen? Sollte man nicht erwarten, daß diesem ein James Watt, ein Amschel Rothschild, ein Warren Hastings oder mindestens ein Herm. Aug. Francke, ein Abbé de l'Epée der Säkularverehrung ungleich würdiger erscheinen müßten? Aber nein! Eben der Mann von Eisen selbst ist es, der vor diesen Männern zwar ehrerbietigst den Hut zieht, der sich aber vor einem Mozart auf die Kniee wirft. Er empfindet es, daß den Knechten, die den steinigen Acker dieses Lebens pflügen und düngen und besäen, der redlichste Lohn zukommt, daß auch dem befruchtenden Regen viel Dank zuzuerkennen ist: daß aber erst der völlig überflüssige Regenbogen das Bündnis mit Gott bedeutet.

Das Bündnis mit Gott, das ist es, das kann auch der Mann von Eisen nicht entbehren; es lebt etwas in ihm, was nach Himmelsbotschaft lechzt und sich nach Anbetung sehnt. Offenbarung lautet der christlich-theologische Schulausdruck für jenes Aufblitzen einer höheren, unartikulierten, der Logik nicht unterworfenen und dennoch unanfechtbaren Wahrheit in die niedere Welt des Begriffes und der verstandesmäßigen Folgerichtigkeit. Wohl ist mit diesem Schulausdruck viel heilloser Pfaffenmißbrauch getrieben, so viel, daß ein ehrlicher Mann sich fast scheut, ihn ohne eine umständliche subtile Definition in den Mund zu nehmen; doch bezeichnet der Ausdruck die Sache mit meisterhafter Prägnanz, und so will ich alter Heide es denn getrost wagen, ihn gleichfalls zu gebrauchen. Offenbarung wird uns auf den verschiedensten Wegen. An das Höchste knüpft uns nicht allein das Wort des sittlich begeisterten Propheten, der an unser Herz und unser Hirn appelliert und unsere Empfindungen läutert und unsere Gedanken reinigt; die sittlichen Elemente der menschlichen Seele finden ihre Ergänzung in anderen, die ebenso unerläßlich sind wie sie: in künstlerischen, ästhetischen; an das Höchste knüpft uns auch die Form des Bildners und der Ton des Musikers. Die Schönheit einer griechischen Säule, die Fülle eines Raphaelischen Gemäldes, die Melodie einer Mozartischen Arie sind Offenbarungen Gottes. Die Welt und ihr Utilitätsprinzip sinken hinter uns zurück, wir fühlen uns über uns selbst entrückt; nicht etwa besser, als ob wir eine gute Lehre zu beherzigen entschlossen wären, sondern freier, als ob wir selber Herr über das Gute und Böse geworden wären. Doch ist über die Offenbarung Gottes in der Schönheit so wenig wie in der Sittlichkeit mit Worten viel zu reden; auf Schritt und Tritt droht der dunklen Empfindung die Gefahr, in Mystik zu verdampfen oder in Dialektik oder Dogma zu erstarren. Was diese Empfindung sei, möge unerörtert bleiben; genug, daß wir aus Erfahrung ihr Vorhandensein wissen, daß wir uns mit der größten Gewißheit sagen können, diese und jene Formen- und Farbenverbindungen Raphaels, diese und jene Melodie- und Harmoniefolgen Mozarts üben auf uns eine Gewalt aus, welche durch die Prinzipien der Logik, der Nützlichkeit, der sogen. Natürlichkeit keineswegs berührt wird, sondern unbegründet, magisch, zauberhaft uns unterwirft. Unter allen Künsten wohnt der Musik die größte Zaubermacht inne, und die Sagen jeden Volkes wissen von wunderthätigen Musikern zu berichten, welche Tiere zähmten, Steine bewegten, ja sogar den Mond vom Himmel zogen. Solche beseligende Wundergewalt liegt darin, daß auf dieses c ein cis und nicht ein d folgt, daß die Harmonie, anstatt in den Grundton zurückzukehren, in eine fremde Tonart ausweicht, — daß jetzt die Posaune und jetzt die Geige und jetzt die menschliche Stimme so und nicht anders thut. Ja, noch mehr: das geringste Andersthun verwandelt sofort den göttlichen Segen in höllischen Fluch; statt dieses cis nur ein hundertstel Annäherung an ein c oder ein d — und alles ist aus: wie ein Kartenhaus fällt der ganze Wunderbau zusammen, mit Entsetzen fliehen wir von hinnen. Liegt da nicht ein Mysterium? Der Physiologe mag uns noch so gelehrt die Nerven des Ohrs unter dem Mikroskop zeigen, mag noch so gelehrt die Schwingungen der einzelnen Töne zählen — daß diese Schwingungen auf diese Nerven diesen Effekt machen, wird ihm ewig ein unerklärbares Wunder sein.

Dieses Wunder vollzieht sich in der Musik am häufigsten; bei ihr ist es an der Tagesordnung; — eine verzeichnete Form, eine grelle Farbe in der Malerei, ein Mißverhältnis in der Architektur beleidigen zwar auch, doch läßt sich der Mensch da viel gefallen; ein falscher oder unreiner Ton jedoch ist einfach unerträglich. Aber auch in der Musik, wo die platte, banale Richtigkeit die selbstverständliche Vorbedingung jeglicher Wirkung ist, auch in der Musik ist der Abstand von dem bloß handwerksmäßig Richtigen zu dem göttlich Inspirierten kaum zu ermessen. Es giebt Legionen von Opern und Symphonien und Quartetten und Liedern, die alle ebenso fehlerlos und kontrapunktisch gelehrt sind wie die Werke Mozarts und die dennoch niemals aus dem Spinngewebe verstaubter Bibliotheken hervorgeholt werden — niemals! Trotz allen Fleißes und allen guten Geschmacks ihrer Verfasser Kapellmeistermusik! Ihnen sind alle erdenklichen guten Eigenschaften zuzusprechen, wie jenem Pferde in der Fabel, das die feinsten Knochen, die festesten Sehnen, die stärkste Lunge, das edelste Blut hatte und nur leider an einem einzigen, verhängnisvollen Fehler litt, nämlich daran, daß es tot war. Warum lebt dieses Kunstwerk, — warum ist jenes tot? Physiologie vermag es nicht zu begründen, dennoch empfinden wir den Unterschied mit unzweifelhafter Schärfe. Auch viele von Mozarts Kunstwerken sind Kapellmeistermusik und längst verstorben und werden nur noch gelegentlich einmal durch die unverwüstliche Lebenskraft von Figaro, Don Juan und Zauberflöte zu einem Scheinleben galvanisiert. Diese jedoch und eine lange Reihe ebenbürtiger Geschwister sind ewig, ewig wenigstens in dem Sinne, wie der arme vergängliche Mensch dies unergründliche Wort überhaupt gebrauchen darf. Aus ihnen spricht nicht mehr das Talent, welches über das alte Thema eine neue Variation schreibt, indem es die alten bunten Steinchen des Kaleidoskopes zu einer neuen Figur durcheinander schüttelt, ohne auch nur ein einziges neues Steinchen hinzufügen zu können; aus ihnen klingt uns das Genie entgegen, welches vom Himmel des ewigen Vaters mit dem göttlichen Funken zu uns herniedersteigt. Auch hier dürfen wir nicht wagen, den Unterschied zwischen einem Kunstwerk aus erster und aus zweiter Hand in Worten klar machen zu wollen; die Sprache ist zu arm für die Bezeichnung solcher Begriffe, weil die Sprache nur Gedanken aussprechen kann, niemals aber das, was noch mehr als Gedanken im Menschen lebt. Carlyle sagt: Die echte Schönheit unterscheidet sich von der nachgemachten, wie der Himmel von Vauxhall. Das Bild ist ein Schuß ins Schwarze, wie nur jemals Carlyle einen gethan hat, der Himmel und Vauxhall!

Aus Mozarts Musik klingt mehr Himmel als aus der Musik irgend eines anderen Meisters, den einzigen Beethoven ausgenommen; und die reinste Himmelsmusik klingt eben da, wo die musikalische Gelehrsamkeit aufhört oder mindestens als solche sich nicht mehr geltend macht. Ein Terzett, wie das der drei Damen am Anfang der Zauberflöte hätte, was Gelehrsamkeit und Technik anbelangt, am Ende auch jeder Dorfschulmeister schreiben können, wenn er den guten Einfall gehabt hätte. Aber es kommt darauf an, den Einfall zu haben. Ein Dornstrauch bringt trotz aller Anstrengung nur Schlehen hervor, während der Feigenbaum von selbst die süßesten Feigen trägt.

Mozarts göttliche Musik zeigt in ihrer himmlischen Unmittelbarkeit besser als ich, mit meinen ästhetischen Abstraktionen und unzulänglichen Metaphern, was ich als Nutzanwendung anführen möchte; sie zeigt, daß Kunst und Physiologie, daß Schönheit und Nützlichkeit, daß Offenbarung und Einsicht wesentlich getrennte Provinzen im Staate „Mensch" sind und daß eine schnöde Usurpation seitens der Physiologie, der Nützlichkeit und der Einsicht das Gleichgewicht arg verschoben hat, und es dem armen Manne von Eisen so schwer macht, sich anbetend auf die Knie zu werfen. Wie viel glücklicher würden wir sein, wenn wir uns leichter von dieser Usurpation befreiten und nicht den Genuß eines Kunstwerkes so oft, so unleidlich oft mit der Frage verkümmerten: *Was bedeutet es? was sagt es uns? wie wirkt es auf unser Gemüt?* Das vermaledeite Gemüt, das sich immer da hervordrängt, wo es am wenigsten zu schaffen hat, und so oft nicht zu haben ist, wo es um Gotteswillen sich einstellen sollte! Leid und Freud unserer Mitgeschöpfe, alles, was in dem ungeheuren Kreise vom ersten Lächeln des Kindes bis zum letzten Seufzer des Greises beschlossen liegt, möge sich an unser Gemüt, an unser Herz wenden und

Thür und Thor weit offen finden, selbst Tier und Pflanze sollen nicht ausgeschlossen sein; die Kunst jedoch wendet sich an die Sinne: die bildenden Künste ans Auge, die Musik ans Ohr. (Die Dichtkunst nimmt eine Sonderstellung ein und ist, wie kein Geringerer als Goethe sagt: überhaupt nicht eine Kunst zu nennen; um jede Abschweifung zu vermeiden, lasse ich das Thema der Dichtung auf sich beruhen, um mit desto größerer Entschiedenheit zu wiederholen, daß die Kunst eine Angelegenheit der Sinne ist.) Ist denn das Auge und das Ohr etwas so Niedriges, daß wir glauben müßten, Himmelsboten würden nicht gut genug empfangen, wenn sie nicht in den Ehrensaal des Gemütes und Verstandes, sondern nur in dem dunklen Vorzimmer der Sinne begrüßt würden? Es ist eine unselige Verirrung des Christentums, die eine große Hälfte der Schöpfung Gottes, die Welt der sinnlichen Schönheit, zu Gunsten der Schönheit der Seele als Welt des Teufels und der Sünde zu brandmarken; eine Verirrung, die freilich durch die entgegenstehende Verirrung des Heidentums am Beginn unserer Zeitrechnung provoziert wurde, jenes Heidentums, welches außer Augenlust, Fleischeslust und hoffärtigem Wesen kaum noch ein Ideal hatte, die aber nichtsdestoweniger eine Verirrung ist. Seien nach achtzehn Jahrhunderten wir heute doch gelassener und harmonischer, und geben dem heidnischen Elemente in uns und außer uns die Ehre, die ihm gebührt! Rufen wir doch die armen Sinne aus ihrem dunklen Sklaven-Vorzimmer wieder herein zur Familie; sie sind wahrlich nicht schlimm, nicht sündhaft, nicht teuflisch, sondern ebenso göttlicher Natur wie Herz und Gemüt und Verstand. Wie könnten sie sonst von Gott geschaffen sein? Und sie sind so bescheiden, sie wollen keineswegs ihre bevorzugten Geschwister meistern, sie wollen sich nur nicht meistern lassen. Sie beanspruchen nur das Recht, welches im bürgerlichen Leben als ein so kostbares gilt, nur das Recht, von ihren Peers, von ihresgleichen und nicht von ganz jemand anders gerichtet zu werden. Das Ohr will nicht den Codex, der für Malerei gilt, anerkennen, die Malerei will nicht in Bezug auf ihre Stellung zur Arbeiterfrage geprüft, die Architektur nicht mit dem Maßstabe des Patriotismus gemessen werden. Die Musik will, wenn sie schön klingt, für schön gelten; ist das eine so unbillige Forderung? Muß denn bei jeder harmonischen Ausweichung, bei jeder Gegenbewegung, bei jedem neuen Motiv verstandesmäßig konstatiert werden, daß die Stimmung des Komponisten, die bisher etwa melancholisch war, durch diese Ausweichung ein bißchen aufgeheitert wird, bei jener Gegenbewegung sogar übermütig, bei diesem neuen Motiv indessen wiederum in einen Abgrund von Schmerzen zurückgeschleudert wird? Was für Zeug haben die ästhetischen Interpreten nicht alle aus der Musik herausgehört! Man sollte oft glauben, die Musik wäre ein Bilderatlas zu Spinozas Abhandlung von den Affekten!

Und Musik ist doch nur Musik, nur in ihren musikalischen Eigenschaften zu schätzen oder zu verwerfen; wenn diese genügen, ist allem genügt; wenn diese nicht genügen, dann vermag kein Surrogat, woher es immer bezogen sei, sie zu verbessern. Bei der Musik wird die Forderung, mit lediglich musikalischen Gewichten gewogen zu werden, noch am wenigsten angefochten; die Haut aber würde Ihnen schaudern, wenn ich erzählen wollte, welche Maßstäbe man jetzt an den Wert malerischer Kunstwerke zu legen pflegt, Maßstäbe, die aus allem, aus Theologie, Pathologie, Sozialismus, Armeebefehlen und Liebe, nur nicht aus den Begriffen von Form und Farbe entnommen sind. Die alten heiligen Grenzen nicht nur der Künste gegen einander, sondern auch namentlich der ganzen Kunst gegen den Intellekt oder das Gemüt oder die Moral oder wie alle die nicht künstlerischen Provinzen im Menschengeiste heißen mögen, zu verteidigen, dazu treibt Mozart uns fast mehr denn irgend ein anderer. Bei keinem Musiker feiert die reine Musik reinere Triumphe als bei Mozart. Halten wir ihn daher fest im Auge als einen Leuchtturm in dem uferlosen Meer verwirrter Kunstbegriffe; er kann in vielen einzelnen Punkten seiner Kunst vielleicht übertroffen werden, Beethoven hat ihn, wie oft! übertroffen; als Typus jedoch des reinen Künstlers steht er ewig unübertroffen da. Er braucht nur in seine Saiten zu greifen, um uns zu Sphären zu erheben, die von irdischen rubrizierbaren Leidenschaften nicht mehr berührt werden, in denen der Schmerz sich zu einem einfachen Adagio sänftigt und die Freude nicht über den Rhythmus eines Scherzo hinausgeht, in denen uns die Seligkeit eines göttlichen Friedens überströmt.

All-Eines.

Von

Friedrich Herzrich.

Und die Welt ist so schön,
Und dein Herz ist so reich:
Such' beides zu vermählen,
Und nichts kommt diesem Glücke gleich.

Und die Gottheit so hoch,
Und die Welt ist so weit:
All-Eines! — Licht und Liebe
In reinster Lust und Seligkeit.

Zweierlei ist not.

Eine metaphysische Plauderei.

Von

M. Halm.

*

> Wenn das Herz dem Verständnisse vorausfliegt,
> spart es dem Kopfe eine Welt von Mühe.
>
> [illegible]

Gott und Unsterblichkeit! Höchste Weltideen, ohne die der höhere Mensch nicht sein kann. Ich wiederhole, der **höhere** Mensch, denn Mensch nennt sich auch derjenige, welcher von Gott und Unsterblichkeit nichts wissen will.

Jener aber ist durchdrungen von der inneren Leuchte dieser zwei Ideen, in ihnen lebt und webt er, in ihnen sieht er Welt und Menschheit an, in ihnen allein fühlt und erkennt er sich und alles das, was da ist. Sie geben ihm die Möglichkeit, in Schmerz, in Opferwilligkeit und im Entsagen, in Qualen und Verzweiflung dennoch aufrecht zu bleiben; und darum fordere ich von Herzen jeden auf: Willst du ein wahrer Mensch sein, so **denke** wenigstens die Ideen Gott und Unsterblichkeit, wenn du sie schon nicht fühlen, nicht wollen kannst; — die Empfindung wird sich dann schon nach und nach einstellen.

Und jubelnd rufe ich: „Geliebte Menschen, ihr meine Brüder und Schwestern, laßt es euch verkünden: Gott **ist** — wenn wir ihn auch nicht zu begreifen vermögen; die Unsterblichkeit **wird** sein, sie ist schon, nur wir sind noch nicht sehend, hörend und wissend genug, um sie zu erkennen.

Mag jeder sich „Gott" denken, wie er will und seiner Art nach muß, nur **denke** er ihn; mag jeder seine Unsterblichkeit träumen so, wie er dazu veranlagt ist, aber er träume sie **wollend**.

Mir ist Gott die Wahrheit, die Liebe, die Schönheit, die Treue, die Gerechtigkeit; er ist mir alles Gute, und ich empfinde ihn im Licht des Morgens, wenn ich erwache, wie in der Freude, die ich am Leben habe; ich fühle, daß er in mir wohnt, wenn mich ein großes, erhabenes Gefühl ergreift, oder wenn mein Herz in heißem Liebessturm um das Leid anderer erzittert. Ach, und sein Licht hat mir geleuchtet aus dem seraphisch-schönen Antlitz jenes Wesens, dessen Liebe ich in übermenschlichem Entzücken als Offenbarung des Göttlichen entgegengenommen habe, und das ich lieben werde wohl durch alle Zeiten und Ewigkeiten.

Niemand soll meinen, daß Religion die Seele grautönig oder trübe stimmt; — die das thut, ist nicht echte Religion. Sie mag wohl Kirchentum sein; Religion aber, die ich meine, nämlich das Empfinden des Göttlichen, Unendlichen in uns: **diese** befreit von aller grauen Theorie des Pessimismus und durchsonnt glückselig unser Leben. Religion ist nicht die Form eines Kultes, sondern nur der Geist, der sie durchweht, der Wille jedes Einzelnen zur Seelenerhebung, Läuterung und Erhellung. Darum ist das alte Wort so wahr: Der Glaube macht selig. Und mit Recht sagt Constant (von Wurzbach):

> Das was du fühlst mit ganzer Glut,
> Das ist und bleibt dein eigen.

Ich habe mich einmal betrübt über eine Dame, die mir mein Unsterblichkeitsgefühl und meine Gottesfreude rund wegdisputieren wollte: „Ich habe ja nichts gegen Ihr starkes Lebensgefühl einzuwenden, welches Ihnen die Endlosigkeit Ihrer Individualität vorspiegelt; und was Gott anlangt, so ist diese Idee eine Vorstellung unseres Gehirns. Denken Sie sich 'mal den Menschen aus der Schöpfung weg, wo bleibt da die Gottesidee?“

„„Noch immer in den Wundern der übrigen Schöpfung mitten drin,““ platzte ich heraus.

„Haha,“ lachte die Arge, „wenn's dann nur eine Welt, eine Schöpfung, ein Universum giebt? Ist denn nicht alles, was wir erkennen, worin wir leben, vielleicht nur wieder eine Vorstellung unseres Gehirns? Es existiert nichts, wenn wir nicht existieren! Stirbt nicht alles für, also mit uns, wenn wir zerfallen?“

Ich wollte dieses stark verneinen, behaupten, daß das niemand wissen könne — da war sie schon mit einem leichten Gruß davongeeilt, die Unglückliche. Ich habe sie seither nicht wieder gesehen, jahrelang, bis neulich, wo ich sie in einem Konzertsaale wiederfand. Sie war kaum zu erkennen. Die Stirne voller Falten, eingehutzelt, und sie hatte einen bitteren Zug im Gesichte. Und sie ist doch gesund, gar nicht alt und in guten, glücklichen Verhältnissen. „Das macht das Fehlen wahrer Ideale,“ dachte ich bei mir, und Gott ist doch das höchste Ideal, so wie das Empfinden, Denken und Wollen der Unsterblichkeit die Ideale alle wiederspiegelt und ihrer Darlebung nähert. Ach, und wäre auch alles Illusion, was wir über Gott und Unsterblichkeit denken, fühlen: — daß dieses Denken und Fühlen Gottes und der Unsterblichkeit wirkt, daß es erhebend, beseligend, aufrechterhaltend, verjüngend und (den höheren Menschen) genialisierend wirkt — das allein schon würde die gesunde, natürliche Notwendigkeit dieser Illusion beweisen.

Aber unser Höchstes, Heiligstes und Bestes ist ja keine Illusion. Betrachte man nur ein Blatt, eine Blume, ein Käferchen, ein Schneekrystallchen; blicke man zum Sternenhimmel empor; greife man ins eigene Herz, dem die Brust, wie oft, zu enge wird und das in edler Leidenschaft vom Göttlichen, Unendlichen ein hehres Zeugnis giebt, und man erkennt den Geist, der uns und diese Welt gedichtet hat — den größten, unfaßbaren, allerwunderbarsten Dichter: Gott. Und wir, nach dem Ebenbilde Gottes Gestalteten, sind alle Dichter unseres eigenen Lebens. Mancher pfuscht daran herum, mancher bewältigt es meisterhaft; wir alle aber dichten die Schöpfung, sie betrachtend, mit und nach; und in dem Maße, als wir uns göttlich und unendlich fühlen, nahen wir der Vollkommenheit. Dieses sich ebenbildlich und verwandt Fühlen mit den höchsten Idealen ist — Religion. Wer, der sie so begreift, hätte noch etwas gegen sie einzuwenden?!

Maria von Mörl.
Autotypie nach einem Ölgemälde von
Gabriel Max.

Vision.

Eine Skizze von Hugo Grothe.

Ich lag in den Kissen. Eine einlullende Wärme beschlich mich. Ich fühlte, wie meine Glieder einschliefen, allmählich abstarben, sich gleichsam hoben und wie erlöst ohne Empfinden im unendlichen Raume dahinschwebten. Meine Sinne dämmerten in lasse Schläfrigkeit hinüber, nur meine Augen wachten.

Das fahle Mondlicht blinzelte ins Zimmer, es breitete sich über das lange breite Fensterbrett aus, tastete sich in bleichen blinkenden Lichtfäden über die Dielen, schien in leise sprühenden Funken über die weichen elastischen Haarbüschel der schwarz und gelbgestreiften Tigerdecke zu meinen Füßen geheimnisvoll zu knistern und haftete sich an der kahlen, grau getünchten Wand in Gestalt eines länglichen zitternden Fleckes fest.

Ein Hauch grausamer Kälte flutete mit den Mondstrahlen ins Gemach. Das rinnende blanke Silber der Lichtkörper quälte und blendete meine Sehnerven, weiterte meine Pupillen.

Ich schaute aus mit hellen seherischen Augen, ging wie im Traum an mir selbst vorüber, blickte in mich selbst. Alle Bilder meines Lebens stiegen vor mir auf. Ich sah die Adern meiner Kraft diese Bilder durchfließen und durchleuchten. Ich lugte nach meinem eigenen Wesen aus, zergliederte mein Sein und Werden, kostete noch einmal meine genossenen Freuden, litt noch einmal meine überstandenen Qualen.

Und auf einmal . . . meine Gedanken rollten nicht weiter . . . die Erinnerung staute sich und blieb an einer Nacht hängen, einer mondlichten eisigen Winternacht. . . .

Damals, ich stapfte durch den körnigen Schnee, drückte mich im Schatten vorspringender Dächer entlang. Mondflimmer goß sich über die rußgeschwärzten Häuser, umkleidete sie mit einem träumerischen schillernden Kleide.

Ich irrte durch die Gassen, ätzenden Kummer, stachelnde Reue im Herzen. Ich suchte nach einem Hause, zu dem ich einst gepilgert, bei leuchtender Sonne, — in dunkler Nacht. Ich sah mich unstät, die Lippen krampfhaft verkniffen, die Locken wie Greisenhaar, von Schneeflocken bestäubt. Ich wand mich vor Scham, peinigte mich in schwerer Zerknirschung, wie ich forschend einherschritt.

Und endlich . . . . Die flammende Leuchte der Sehnsucht wies mir den Weg. Ich fand das Haus wieder nach zwei langen dornenvollen

Jahren, das Haus, in dem mein Weib wohnte. Meine Geliebte, die sich mit der Leidenschaft einer noch unverstandenen einsamen und feurigen Natur an meiner Seele festgesogen hatte.

Diese hatte ich verlassen, schnöde, unbarmherzig, aus Unkraft, aus Liebe zu mir selbst, aus krasser Selbstbefriedigung. Nicht weil ich ihrer satt war, nicht weil der Genuß, sie zu besitzen, mir schal und abgestanden wurde, nein . . . nur sah ich bei der Gemeinschaft mit ihr meinen Geist schwinden und sinken wie ein in der Hitze sich jäh abzehrendes Licht . . . ich spürte im Banne des Fleisches meine Sehnen schlaffer werden, meine Wünsche nach dem ringenden Erkennen der Weltseele, des Schöpfungsgeheimnisses, mehr und mehr abmagern und verdorren.

So war ich von ihr gegangen, ohne Abschied, um wieder einzutauchen in den Strom reger Erfahrungsgier.

Und damals . . . in jener mondhellen Winternacht kehrte ich zurück, übersättigt vom Tisch des Lebens, in Sehnsucht nach einer Ergänzung meines Wesens, nach der allen hingebenden, alles verschlingenden Liebe.

Der Mond spielte mit den spitzen Thonscherben und grünen Glassplittern, die vor ihrem Hause auf der grob beworfenen Lehmmauer in die Höhe blinkerten.

Dort im ersten Stockwerk waren ihre Fenster. Ein gähnend schwarzes Dunkel starrte aus den Scheiben. Kein friedsames gelbes Licht wie sonst, wenn sie bis zur Mitternacht bei mühseliger Arbeit saß, ihre schmalen Wachsfinger die bunten Seidenfäden und die hellen Goldborten wie zahme geschmeidige Schlangen auf den weißen Damast legten.

Wie das rauschende Liebesglück, das ich einst in ihren Armen lebte, in meinen Gedanken wieder aufkeimte, kam es über mich wie ein Gebet für sie . . . Alle Gefühle sammelten sich, reinigten sich und fielen andächtig vor ihr nieder . . . Aufopferung für sie, sorgendes Fürgedenken sollte meine Schuld sühnen. Ich mußte ein neues Leben gründen, für sie, für mich . . .

Geleitet vom offenen Mondenauge schritt ich von dannen. Wie schmeichelnder Frost legte sich sein Schein auf meine Stirne. Die nahe Freude und Hoffnung des Wiedersehens sproßte herrlich in mir auf.

Und da . . . mir entgegen . . . zwischen den Häuserreihen flackerten Fackeln heran, pustenden dicken Rauch stießen sie aus. Die Flammen kamen näher, graue Gestalten schritten hinter einem Karren, der über den Schnee knirschte. Auf ihm streckte sich ein Körper mit einer verschabten rissigen Decke überbreitet.

Ich folgte dem Zuge wie gebannt, wie hingezogen zu dem rätselhaften vermummten Etwas.

Man hielt vor ihrem Hause. Sie hoben die Hülle. Ein Schlag durchzuckte mich . . . ich packte jäh die Hand, welche die Decke faßte, und starrte wirr, betäubt . . .

„Na, na . . . eine Dirne, die sich ersäuft hat," schrie man höhnisch und schüttelte mich ab.

Da lag sie, mein Weib, kalt, entseelt. Die feuchten aufgerissenen schleimigen Haarwellen wallten hinab in den weißen Schnee.

„Ich will dem armen Mädchen die Schminke abwischen," lachte einer der Träger und tupfte das nasse verronnene Rosa mit einem schmutzigen Taschentuch von ihren Wangen.

Ihre Augen waren nur halb geschlossen wie die einer Todmatten. Unter den dichten schwarzen Wimpern glänzten schmerzvoll die braunen irrblickenden Augen . . . Aller Schmerz, aller Jammer jener Stunde brach herb und stechend wieder auf mich ein . . .

Und jetzt . . . unmöglich . . . Siedeglut dringt mir ins Hirn . . . sie richtet sich auf, geht auf mich zu, spreizt die Arme, mich zu umfangen. Ihre Augen heben sich voll und begehrend.

Blaue Irisblüten nicken aus dem welligen Haupthaar, umspielen die zart gemeißelte Stirn. Ein Wald raschelnder Blätter wandert neben mir her . . .

Meine Vernunft wehrt sich hochaufbäumend . . . Nein . . . sie ist ja tot, verscharrt, verwes't . . .

Und doch . . . sie bückt sich, mich zu küssen mit einem wilden, herzzerfleischenden Kusse. Ich vermag es nicht, mich ihrer zu erwehren. Immer toller und stürmischer berühren mich ihre Lippen. Ein wahnsinniger Taumel befällt mich . . .

Endlich . . . ein Schrei ächzt aus meiner Kehle . . . ich fahre empor . . . Perlender Schweiß hängt an den Poren meines Körpers. Meine Augen streifen durch das Zimmer und folgen den Strahlen des Mondes . . .

Dieser gleitet flammelnd und gleißend nach einem Bilde an der Wand über meinem Schreibtisch, nach ihrem Bilde.

Durch die schwarze Gaze flimmert er hindurch, erhellt den Kopf der Unglücklichen, deren Leib und Seele ich gemordet, zittert über die Blumen und Blätter eines vergilbten Kranzes, der mitleidig, trauernd das Antlitz der schönen Toten umrahmt.

Zuspruch.

Von
Frank Forster.

Wenn deine Seele schwer umdüstert
Und müd' geweint dein Auge ist,
Tief innen noch ein Flämmchen knistert,
Das in der Nacht als Stern dich grüßt;
Hinüberzüngelt's in den Morgen,
Der schon am Thore wartend steht,
Und tröstend raunt's: O laß das Sorgen,
Weil Leid wie Lust vorübergeht.
Und mehr noch: Wer der Lust entbunden,
In Leid gebadet sein Gesicht,
Hat dunkel schon den Trost empfunden:
Je mehr hier Nacht, je mehr dort Licht! —

Der Wert der Persönlichkeit.

Von
Ludwig Kuhlenbeck,
Dr. jur.

Volk und Knecht und Überwinder,
Sie gestehn zu jeder Zeit,
Höchstes Glück der Erdenkinder
Sei nur die Persönlichkeit.
Goethe, W.-Ö. Divan.

Wenige Leser werden bestreiten wollen, daß es vornehmlich Nichtachtung der Persönlichkeit ist, woran unsere Zeit leidet. Am stärksten macht diese Nichtachtung sich in unserem politisch-sozialen Leben geltend.

Was Schiller im Anfang seiner Briefe über „ästhetische Erziehung" am modernen Wesen so klassisch gekennzeichnet hat, worüber Hölderlin in seinem „Hyperion" zumal mit Hinblick auf Deutschland, eine Elegie in Prosa schrieb, die Herabwürdigung des Menschen, der doch nur Selbst-Zweck sein soll und will, zum Mittel, zum Glied eines Mechanismus, das hat sich in der Gegenwart, im Maschinen-Zeitalter, bis zur Unerträglichkeit gesteigert. Nur die allerkräftigsten Individualitäten oder solche, die zufällig noch innerhalb der allgemeinen Mechanik des „Gewaltstaates der Not", wie Schiller den modernen Staat im Gegensatz zum (antikratischen) Idealstaat der Freiheit nennt, durch Geburt eine günstige Position erlangten, können für freie Entfaltung ihrer Persönlichkeit Raum gewinnen. Die große Mehrheit stöhnt und ächzt im Getriebe des Mechanismus, und der Jubelruf des Humanisten in der Morgenröte der Neuzeit, das „Es ist eine Lust zu leben", wird nirgends mehr gehört. Das 19. Jahrhundert ist dasjenige des Pessimismus.

Schiller und Hölderlin sahen nun das Ideal der Persönlichkeit im antiken Hellenentum; hätten sie nicht vorwiegend ästhetische Interessen gehabt, so hätten sie auch den alten Römersinn im Gegensatz zur modernen Untertanengesinnung auf dem europäischen Kontinent sehen können, wie denn mit Recht z. B. Ihering den überlegenen Geist der römischen Magistratur über die moderne Büreaukratie gerade in die größere Freiheit und Bedeutung der Persönlichkeit bei ersterer setzt.

Die kraftvollste politische Persönlichkeit, der es in unserer Zeit gelang, sich auf die Schultern der modernen Büreaukratie zu schwingen und dieselbe zeitweilig ihren gewaltigen Zwecken dienstbar zu machen, Fürst Bismarck, hat doch selber vor kurzem erst das treffende Wort gesprochen: „Die Büreaukratie ist es, woran wir kranken." Was ist aber Büreaukratie anderes als der moderne politisch-soziale Mechanismus, der auf die Dauer keine volle Persönlichkeit an seiner Spitze, geschweige denn innerhalb seines Betriebes duldet? In bezeichnendem Gegensatz dazu hat ein Führer der modernen Sozialdemokratie, also derjenigen Partei, welche die moderne mechanistisch-materialistische, den Wert der Persönlichkeit möglichst negierende Weltanschauung ganz besonders die ihrige nennen darf, erklärt: „die Büreaukratie ist das Einzige, was wir vom gegenwärtigen in den Zukunftsstaat mit hinübernehmen müssen"; und wer diese Partei aus der Nähe beobachtet, könnte erschrecken über die Gefahr, welche von ihr aus durch Massen- oder Cliquenherrschaft dem letzten Daseinsrest freier Persönlichkeiten droht, den der moderne Polizeistaat und die wirtschaftliche Maschinenära noch übrig gelassen.

Allein der Mensch wird nie zur Maschine werden, wie sehr sich auch mancher moderne „Philosoph" bemüht, zu beweisen, daß Persönlichkeit nichts sei als eine Illusion, nichts als das Resultat von unbestimmt vielen, zur bewußtseinschaffenden Maschine zusammengefügten Chemikalien. Aus den Reihen eben jener Sozialdemokratie gehen ja die Anarchisten hervor nur deshalb, weil Persönlichkeitsgefühl in unmittelbarster roher Urwüchsigkeit sie antreibt, absolute Unabhängigkeit, Autonomie — so nennt sich sogar ihr Parteiblatt — in der Aufhebung aller sozialen und politischen Ordnung zu suchen.

Auf allen Gebieten des modernsten Denkens und Dichtens wird indessen die Losung vernehmlich: „Rückkehr zum Individualismus!" Das so viel gelesene Rembrandt-Buch hat den Individualismus zum Stichwort und verdankt ihm wohl zumeist seinen staunenswerten Erfolg. Auch diese Zeitschrift, welche den Individualismus zu ihrer Devise gewählt hat, entspringt daher einem Bedürfnisse der Zeit; denn ein Bedürfnis ist allemal da, wo etwas mangelt. Es mangelt eben der Gegenwart am Persönlichkeitswert und an der richtigen Schätzung und Erkenntnis der Bedeutung der Persönlichkeit.

Der zunächst auftauchende nur sogenannte Individualismus ist bloß ein unzulänglicher Ausdruck dieses Mangels. Schiller und Hölderlin irrten übrigens, wenn sie gerade das sogen. klassische Altertum auch für die klassische Zeit der Persönlichkeit hielten und als solches idealisierten. Wahr ist nur, daß damals schon die Persönlichkeit praktisch weit mehr galt als in unserer Zeit und sich harmonischer entfalten konnte. Doch der tieferen Bedeutung der Persönlichkeit ist erst die deutsch-christliche Gemütsart inne geworden, sie ward im verrufenen Mittelalter entwickelt; war doch das ganze politische und wirtschaftliche Leben des Mittelalters gegründet auf persönliche Beziehungen; persönliche Treue und entsprechendes Vertrauen bildeten den Kitt der Lehnsverfassung; und beispielsweise ist die Ehre im deutsch-christlichen Sinn ein unverlorenes Stück mittelalterlichen Nachlasses, welches die grundsätzliche Anerkennung der wahren Persönlichkeits-Idee als Mitgift deutscher Gemütsart bezeugt. Das Christentum aber war es, das erst den Menschen in seiner Gottebenbildlichkeit zur vollbewußten religiösen Selbsterfassung seiner Persönlichkeit anleitete.

Die moderne Nichtachtung der Persönlichkeit ist nun, wie ich meine, ein bloß zeitweiliges Symptom der Entwickelungskrisis, in welche das Christentum mit der Wende des Mittelalters zur Neuzeit eingetreten ist, und die es noch nicht überstanden hat.

Wohl haben gleich beim Beginn dieser Krisis die genialsten Individualitäten, vor allem die sogen. deutschen Mystiker und Giordano Bruno das Ziel dieser Krisis vorauserkannt und den Wirklichkeitskern des Christentums, der eben mit der wahren Persönlichkeitsidee identisch ist, aus seiner dogmatischen Schale freigelegt. Doch ihr Jahrhundert und die drei nächstfolgenden waren ihren Einsichten und Gefühlen noch nicht gewachsen.

Die Erkenntnis ist nur scheinbar oft ein Gegner des Gemüts, in Wahrheit entspringt sie derselben einheitlichen Wurzel, und „was (noch) kein Verstand der Verständigen sieht, das ahn't (schon) in Einfalt ein kindlich Gemüt". So ahnten die alten Deutschen in ihren Wäldern, daß der sie sichtbarlich umfassende Naturgott ihr Vater war, daß sie selber keine Kreaturen, sondern freie Söhne Allvaters waren, und diese Ahnung machte gerade das deutsche Gemüt besonders geeignet für die christliche Offenbarung der Gotteskindschaft, die Lehre von Christus, dem Sohne Gottes, der doch auch der Menschensohn, der letzte Adam, d. h. der Idealmensch selber ist. Allein diese Lehre wurde ihnen zunächst in einer den Kern verhüllenden, ja vielfach widerspruchsvollen dogmatischen Form geboten in der Kirchenlehre, welche den Gott Christi, den Welt-Umfasser, den persönlich gedachten Welt-Geist verwechselte mit dem jenseitigen Monopolgott des alten Testamentes, einem „Macher" und „Herrgott" der Welt. Schon frühzeitig litt deutscher Grübelsinn an dem hierdurch gesetzten Widerspruch, schon in Scotus Erigena mühte sich das germanische Gehirn ab an dem Problem einer Schöpfung aus dem Nichts, und ketzerte im stillen pantheistisch oder richtiger panentheistisch. Endlich brach der Geisterfrühling der Renaissance herein, und die kräftigsten und freiesten Individualitäten wagten es wieder, lebendiges Wasser aus uralter Quelle zu schöpfen, in der Natur mehr zu sehen als eine natura naturata, nämlich Gott selber als natura naturans, und das Universum erstrahlte im neuen Licht.

> Da stieg der schöne Flüchtling aus dem Osten,
> Der junge Tag, im Westen neu empor,
> Und auf Hesperiens Gefilden sproßten
> Verjüngte Blüten Joniens hervor.
> Die schönere Natur warf in die Seelen
> Sanft spiegelnd einen schönen Wiederschein,
> Und prangend zog in die geschmückten Seelen
> Des Lichtes große Göttin ein.
> Da sah man Millionen Ketten fallen.

Die wahre Ära der Persönlichkeitsidee und eines individualistischen Sozialismus schien inauguriert zu werden. Aber die Fülle des neuen Lichtes war zu blendend für schwächere, an die bisherige Dunkelheit gewöhnte Augen. Nur ein Adlerauge wie dasjenige Brunos erkannte, daß auch in diesem neuen unendlichen Universum Gott wohnt und daß der Mensch d. h. die Persönlichkeit auch beim Zusammenbruch des geocentrischen Sphärensystems Weltmittelpunkt blieb; „denn wenn der Mittelpunkt nirgends ist, wenn auch die Erde nicht im Mittelpunkt steht, so ist er eben überall und somit auch im Herzen eines jeden." Die gottebenbildliche, ja gottinnige Persönlichkeit als Endziel aller Erkenntnis und allen Strebens bildet den Gegenstand seines eroici furori.

Indessen nicht Bruno, auch nicht der wenigstens seine Monadistik, d. h. seinen Individualismus nach der bloß metaphysischen Seite hin kopierende, gelehrte Leibniz, sondern der Talmudschüler Spinoza ward zunächst der Geisterführer aller derjenigen Elemente, die mit der Trennung von Gott und Natur, mit dem nur endlich-persönlichen Gottesbegriff und dem mittelalterlichen Weltbegriff ernstlich abrechneten und nicht etwa, wie die sogen. Cartesianer am sogen. Dualismus von Gott und Welt festhielten, oder der kirchlich-christlichen Transcendenz treu blieben. Spinoza aber übernahm von Bruno nur einige abstrakte, dürftige logische Formeln, und seine Substanz — eine bloß philosophisch zur Unpersönlichkeit verblaßte Metamorphose des jüdischen Monopolgottes, „der keine anderen Götter duldet neben sich" — absorbiert jede freie Individualität; die menschliche Persönlichkeit wird ihm zum bloßen „Zustand", „Modus", zur Welle, die sich im pantheistischen Ocean hebt und wieder senkt, und seine mit sogen. geocentrischer Methode geschmacklos argumentierende „Ethik" stellt selbst das sittliche Leben als bloßen Trieb-Mechanismus dar. Spinoza ist nun leider der Heilige, dessen Manen selbst der evangelische Theologe Schleiermacher zu Anfang dieses Jahrhunderts, insofern ein Nachfolger Lessings, „mehr als eine Locke opfern" zu müssen glaubte. Der Spinozismus wurde, indem die nur das äußerlich Gesetzliche der Natur beobachtende empirische Naturwissenschaft sich mit seiner nüchternen, den Zweckbegriff leugnenden mechanistischen Anschauung philosophisch ausstaffierte, zum modernen sogen. Monismus, dem Monismus Haeckels und Büchners. Das Bedenklichste an diesem Monismus ist dies, daß er die Persönlichkeit des Menschen für ein bloßes Phänomen, für einen durch die bloße Konstellation der einzigen Individuen, welche die moderne Naturwissenschaft kennt, der Atome erzeugten Bewußtseinsschein erklärt, der also selbstverständlich mit dem Tode, d. h. mit der Auflösung der ihn erzeugenden Atomengruppe, in Nichts zerfließt. Wenn somit dieser Monismus die Persönlichkeit des Menschen, des Mikrokosmos, leugnet, so leugnet er selbstverständlich erst recht diejenige des Makrokosmos, d. h. die Persönlichkeit Gottes. Doch nicht nur dieser naturwissenschaftliche Monismus, auch die Identitätsphilosophie Schellings, der abstrakte Idealismus Hegels und mehr noch die Neuhegelianer, welche wie z. B. Feuerbach dem Materialismus zustrebten, und nicht minder Schopenhauer und Hartmann standen durchweg sozusagen im Solde des Spinozismus.

Bei dieser herrschenden philosophischen Anschauung ist die bedrängte Lage der christlichen Religion, die um einen persönlichen Gott und eine göttliche Persönlichkeit gravitiert, begreiflich. Über diese christliche Persönlichkeitsidee werde ich kurz in einem folgenden Aufsatze reden.

Die Seelenlehre

vom Standpunkte der Geheimwissenschaften.

Von

Carl du Prel
Dr. phil.

(Schluß.)

Wenn wir mit Kant zwischen unseren beiden Wesenshälften unterscheiden, so könnte man allerdings versucht sein, die irdische Geburt als einen Fall, etwa Sündenfall, unseres transcendentalen Subjekts, und den Körper, um mit den Alten zu reden, als einen Kerker der Seele zu bezeichnen; aber diese Anschauung drückt das richtige Verhältnis nicht aus, denn aus den Thatsachen der Geheimwissenschaften ergiebt sich die Gleichzeitigkeit beider Existenzweisen. Das irdische Dasein kommt durch die Geburt zum transcendentalen Dasein, unbeschadet des letzteren, hinzu, und der Schein der Ablösung entsteht nur dadurch, daß eben unser irdisches Bewußtsein sich nur auf die irdische Situation erstreckt, das transcendentale Dasein aber für uns optisch verschwindet. Von einem Kerker der Seele ist also eigentlich keine Rede; wohl aber ist ein Vergleich zwischen dem sinnlichen und transcendentalen Bewußtsein gestattet, und dieser fällt allerdings zu Ungunsten des ersteren aus. Soweit sich die Seele im irdischen Leibe verkörpert, stellt sich ein Höheres in einem Niederen dar, und insofern kann man sagen:

„Ein grober Leib beschwert die Seele, und eine irdische Hülle schränkt die Thatkraft ein."[1])

Nehmen wir an, es würde, wie die alte Reinkarnationslehre sagt, eine menschliche Seele in dem Körper eines niederen Lebewesens wiedergeboren werden, so könnte sie keine menschlichen Fähigkeiten zeigen, sondern nur solche, die durch den Gebrauch der neuen Organe begrenzt sind. Was würde z. B. aus der menschlichen Vernunft in einem Körper ohne Hände? Helvetius sagt: daß, wenn die Natur unsere Handgelenke statt mit Händen und beweglichen Fingern mit einem Pferdehuf versehen hätte, so würden die Menschen ohne Kunst, ohne Wohnung, ohne Verteidigungsmöglichkeit in den Wäldern umherirren.[2]) Es ist auch gar nicht zu leugnen, daß der menschliche Verstand nur vermöge der menschlichen Organisation sich entwickeln konnte. Ohne Werkzeuge keine Civilisation; die Hand aber

[1]) Buch der Weisheit 9, 15. — [2]) Helvetius: de l'esprit. I, c. 1.

ist, wie Aristoteles sagt, das Werkzeug aller Werkzeuge. Ein Geist kann sich nur so weit manifestieren, als sein Körper es ihm gestattet, und insofern wird ein transcendentales Subjekt in einem irdischen Körper geschmälert; aber die Unbewußtheit unserer transcendentalen Erkenntnisweise für das sinnliche Bewußtsein bedeutet noch keineswegs, daß dieselbe bei der Geburt überhaupt aufgehört hat. Als Menschen sind wir nur in der Halbheit unserer Natur begriffen.

Man kann das Leben einen Traum nennen, insofern als die Welt als Vorstellung mit der Welt an sich sich nicht deckt. Man kann mit Giordano Bruno das irdische Leben im Vergleich mit dem künftigen einen Tod nennen und die Zeugung mit einem Lethetranke vergleichen, der das Vorleben vergessen macht[1]); aber alle Ausdrücke dieser Art geben leicht zu Mißverständnissen Anlaß und haben nur bedingte Geltung vom Standpunkt der Gleichzeitigkeit der beiden Personen unseres Subjekts. Das Gleiche gilt von dem Worte „Nachtseite des Seelenlebens“; denn jene Phänomene sind in mehrfacher Hinsicht als die geistesfreieren unseres Wesens zu bezeichnen.

Sehen wir nun zu, wie sich vom Standpunkte der monistischen Seelenlehre das Problem des Todes löst, ohne Zweifel das wichtigste Problem für ein Wesen, dessen Essenz Lebenswille ist, und für die Menschheit im ganzen, weil von der Auffassung des Todes unsere Lebensführung, also die Gestaltung unserer sozialen Verhältnisse, abhängt. In der That würden unsere sozialen Verhältnisse weniger zerfahren sein, wenn die Gesellschaft über das Problem des Todes einheitlicher dächte, also auch einheitlicher auf den Tod sich vorbereiten würde. Ist der Tod nur eine Entseelung des Leibes, dann besteht zu einer Vorbereitung überhaupt kein Anlaß, sondern nur zu jener Tugend aus Not, die man Resignation nennt. Wenn wir nur in unseren Werken fortleben, so steht es schlimm um die meisten Menschen, besonders die Schriftsteller; übrigens könnte es uns alsdann um den Nachruf nicht sonderlich zu thun sein, denn wie Martin Greif sagt:

Bald weiß Keiner mehr zu sagen,
Wer du warst und wie dein Bild,
Das sie weit hinausgetragen
In ein blühendes Gefild.

Ist dagegen der Tod nur eine Entleibung der Seele, so wäre das zwar ganz schön, aber innerhalb der alten Seelenlehre, der spiritualistischen, ganz unverständlich; denn eine Seele, die mit dem Körper zugleich begonnen hat, kann nicht unsterblich sein. Eine Ewigkeit kann keinen Anfang haben. Ein großer Sprung in die Finsternis bliebe zudem der Tod auch dann noch, weil diese Lehre über den Zustand nach dem Tode nichts auszusagen weiß.

Als Geschenk von außen kann die Unsterblichkeit wohl geglaubt, aber nicht bewiesen werden; bewiesen wird sie nur, wenn wir sie aus unserer derzeit bereits gegebenen Beschaffenheit ableiten.

---

[1]) Bruno: de tripl. Min. 33

Das leistet aber die monistische Seelenlehre. Uns ist die Unsterblichkeit nur die Fortdauer eines bereits Gegebenen, des transcendentalen Subjekts. Uns ist der Tod Entleibung der Seele, aber einer Seele, die schon vor dem Körper war. Uns stehen auch bezüglich des Zustandes nach dem Tode nicht bloße Phantasien zu Gebote; denn in den Geheimwissenschaften lernen wir Kräfte kennen, die in uns liegen, aber nicht am leiblichen Organismus haften, darum aber auch von der Auflösung des Leibes nicht betroffen werden, sondern vielmehr aus der Gebundenheit treten. Wenn man ohne Auge sehen kann, so bedeutet der Verlust des Auges nicht Blindheit; wenn man ohne Gehirn vorstellen und denken kann, so bedeutet die Auflösung des Gehirns in seine chemischen Bestandteile nicht die Vernichtung des denkenden Wesens. Wenn Kräfte vorhanden sind, die nicht am Organismus haften, so muß der Träger dieser Kräfte notwendig den Tod überdauern.

Es giebt nur eine physiologische Psychologie, sagen die Materialisten, und aus der Unmöglichkeit, Fernsehen und Fernwirken physiologisch zu erklären, schließen sie auf die Unmöglichkeit der Sache. Wenn nun aber doch Fernsehen und Fernwirken Thatsachen sein sollten, so giebt es neben der physiologischen Psychologie noch eine transcendentale. Die Seelenfrage ist also jedenfalls über das bloße Spekulieren hinausgewachsen und es ist nun eine Thatsachenfrage, um die es sich handelt. Solche können aber nie lange ungelöst bleiben, und so werden wir auch in Bezug auf das Problem des Todes nicht mehr lange in unserem derzeitigen Schwanken verharren. Wir werden aus den Erscheinungen, welche die organisierende Kraft der Seele beweisen, die Ungereimtheiten der physiologischen Psychologen erkennen, welche mit ihrer Zunge eben jenes organisierende Prinzip leugnen, das diese Zunge gestaltet hat und in Bewegung setzt. Daß eine organisierende Kraft ihr Produkt, den Körper, überdauern muß, versteht sich logisch von selbst, und wird empirisch durch die Geheimwissenschaften bewiesen. Der Philister freilich, weil er nach Bretano nur viereckige Dinge versteht, wird schwindelig bei dem bloßen Worte Geistererscheinung. Aber ist denn der Mensch nicht auch eine solche, und sind denn so außerordentliche Voraussetzungen nötig, um ein Gespenst für möglich zu halten? Ganz und gar nicht; die einzige nötige Voraussetzung ist vielmehr die, daß die Seele ihre organisierende Kraft nicht bloß bei der irdischen Geburt bethätigt, und daß sie diese Kraft durch den Tod nicht einbüßt. Das versteht sich aber doch wahrlich von selbst. Wenn ich sehe, daß jemand eine Kerze dreht, werde ich mir denken, daß er wahrscheinlich noch weitere drehen wird; und wenn die erste Kerze heruntergebrannt ist, werde ich daraus nicht schließen, daß nun der Künstler seine Fähigkeit verloren habe.

Für den Kenner der geheimwissenschaftlichen Litteratur ist die Leugnung der Phänomene so unbegreiflich, daß er wirklich nur Schopenhauer beipflichten kann, welcher den Gegnern vorwirft, sie seien nicht skeptisch, sondern unwissend. Perty veranschlagt diese Litteratur auf 30 000 Bände, und wenn sich auch nicht leugnen läßt, daß darin sehr viel unkritisches Material sich findet, so ist doch diese Litteratur beständig kritischer geworden. Man lese doch z. B. die „Phantasms of the Living" von Gurney, Myers und Podmore, oder die „Annales des sciences psychiques". Darin wird man schon genug Material finden, welches auf den Unsterblichkeitsbeweis hinzielt. Wer aber den höchsten Beweis haben will, den aus der Geistererscheinung, der lese Crookes, oder suche selber ein Medium auf. Aber die Gegner schauen nicht dahin, wohin man sie verweist, nur um fortgesetzt behaupten zu können, es sei dort nichts zu sehen. Sie schließen fest die Augen und dann leugnen sie die Sonne. Die Anzahl der Gelehrten, die sich entschließen konnten, den anrüchigen Spiritismus zu untersuchen, ist beschämend gering. Oft waren sie auch nur von der Absicht geleitet, den Schwindel zu entlarven, aber noch jedesmal wurde aus dem Saulus ein Paulus. So haben Crookes und Wallace unberührt von der chronischen Geisteskrankheit unserer Zeit, dem apriorischen Vorurteil, den Spiritismus untersucht und sind belehrt worden. So haben die Professoren Zöllner, Weber, Fechner und Schreiber spiritistische Experimente angestellt und sind ebenfalls belehrt worden. So haben in der jüngsten Zeit erst die italienischen Professoren Lombroso, Tamburini, Ascensi, Gigli und Vizioli den Gedanken gewagt, daß vielleicht die Natur doch reicher an Thatsachen sein könnte, als die Gelehrten es wissen, haben spiritistische Sitzungen veranstaltet, und zwei Sitzungen haben hingereicht, sie gleichfalls zu belehren. In dem darüber ausgestellten und unterzeichneten Protokolle vom 25. Juni 1891 sagt Professor Lombroso:

„Ich schäme mich sehr und bedauere, die Möglichkeit der sogenannten spiritistischen Thatsachen so hartnäckig bekämpft zu haben; ich sage der „Thatsachen", denn mit der Theorie selbst stimme ich noch nicht überein. Allein die Thatsachen bestehen nun einmal, und ich rühme mich, Sklave der Thatsachen zu sein." („Io sono molto vergognato e dolente, di avere combattuto con tanta tenacia la possibilità dei fatti così detti spiritici; dico dei fatti, perchè alla teoria ancora sono contrario. Ma i fatti esistono ed io dei fatti mi vanto di essere schiavo".[1])

Wenn man sich nun erinnert, in der Schrift „Genie und Irrsinn"[2]) gelesen zu haben, das Tischrücken sei ein Blödsinn, so wird man der offenen und ehrlichen Revokation Lombrosos um so mehr Hochachtung zollen. —

Der früheren scholastischen Seelenlehre klebte der Nachteil an, daß sie höchstens nur für das Ob der Unsterblichkeit hinreicht, das Wie aber dahingestellt sein läßt. Die Seelenlehre muß aber beide Fragen zumal lösen. Wenn sie Kräfte im Menschen aufweist, welche nicht leiblich bedingt sind, so sind es eben diese Kräfte, welche die Qualität des künftigen Daseins bestimmen, welches künftige Dasein — man muß das immer wiederholen — identisch ist mit der Präexistenz und mit dem unbewußten Dasein zu Lebzeiten. Diese Kräfte kommen nun aber in den Zuständen der Ekstase nicht zur ungehemmten Entfaltung; wir müssen sie also entsprechend gesteigert denken, um einigermaßen klare Vorstellungen über das künftige Leben zu erhalten.

Daß die transcendentale Psychologie die des künftigen Lebens ist,

---

[1]) Tribuna Giudiziaria vom 5. Juli 1891.

[2]) Lombroso: „Genie und Irrsinn". 270.

wird bewiesen: 1. durch die Aussagen der Ekstatiker selbst; 2. durch die Analogien zwischen Somnambulismus und Spiritismus, die sich vorweg erwarten lassen, wenn der Somnambulismus die teilweise, der Spiritismus die gänzliche Entleibung der Seele enthält.

Die Somnambulen vergleichen ihren vorübergehenden Zustand mit dem nach dem Tode. So die Auguste K.[1]) und die Seherin von Prevorst.[2]) Es besteht auch durchaus keine Schwierigkeit, sich den somnambulen Zustand als einen permanenten zu denken. Es giebt genug Beispiele, wo derselbe Wochen und Monate lang dauerte, und wobei die Somnambulen, weil sie auch noch die Geschäfte des Tages verrichteten, ein normales Ansehen zeigten.

Die Somnambulen stellen ihren Zustand über den des Wachens, sie betrachten ihn als den realeren und sprechen von ihrer irdischen Person mit Geringschätzung. Muratori berichtet von einem Mädchen, daß nach einem heftigen Fieber scheintot dalag, so daß man schon das Leichenbegängnis bedachte, bis sie einen Seufzer ausstieß und man sie zu sich brachte. Sie brach dann in Klagen aus, daß man sie einem Zustande von unaussprechlicher Ruhe und Seligkeit entrissen habe. Keine Freude dieses Lebens komme der von ihr erfahrenen im geringsten gleich. Sie habe das Jammern ihrer Eltern und die Unterredungen bezüglich des Leichenbegängnisses gehört, aber ihre Ruhe sei dadurch nicht gestört worden; auf Erhaltung ihres Lebens sei sie nicht mehr bedacht gewesen.[3]) Oft äußern die Somnambulen Betrübnis über das bevorstehende Erwachen. „Wie sollte ich nicht traurig sein," — sagt eine Somnambule — „da ich das Kleid, den schweren Körper, wieder anziehen muß?"[4]) Manche wollen ihre Autodiagnose nicht vornehmen, weil sie keinen Wert auf ihre Heilung legen; der Tod schreckt sie nicht, sie wissen, daß sie glücklicher sein werden, wenn sie den Körper verlassen.[5])

Der ekstatische Zustand zeigt eben vor dem leiblichen einen doppelten Vorteil, die Unterdrückung der leiblichen Beschwerden und die intellektuelle Steigerung. Die sinnliche Erkenntnisweise läßt uns die Dinge nur nach ihrer Äußerlichkeit erkennen; die Somnambulen dagegen werden von der inneren Substanz derselben affiziert. Sie erfahren von leblosen Dingen Einwirkungen, die im Wachen gar nicht vorhanden oder nur als Idiosynkrasien abgeschwächt gegeben sind. Pflanzen und Medikamente, sogar homöopathische, werden von ihnen auf ihre Zuträglichkeit oder Nachteil für ihren Organismus geprüft. Die unklaren Sympathien und Antipathien, von denen wir im Umgang mit Menschen geleitet werden, sind im Somnambulismus ausgesprochen; es ist die innere Substanz der Menschen, wovon die Somnambulen affiziert werden.

Mehr oder minder vollkommen zeigt sich bei ihnen das Gedanken-

---

1) Mitteilungen aus dem magnetischen Schlafleben der Somnambule Auguste K.

2) Kerner: „Die Seherin von Prevorst".

3) Muratori: „Über die Einbildungskraft". II, c. 9.

4) Bartels: „Grundzüge einer Physiologie und Physik des animalischen Magnetismus", 102.

5) Gauthier: „Traité pratique du magnétisme animal." 412.

lesen, welches demnach, nach der Entleibung gesteigert, als die Sprache der Geister sich ergibt. Ebenso können wir die Psychometrie auf das künftige Leben übertragen; es ist dies eine merkwürdige Fähigkeit sensitiver Personen, die sogar im Wachen vom leblosen Gegenstand anschauliche Bilder aus deren Vergangenheit empfangen. Das Gleiche gilt vom Fernsehen und Fernwirken. Telepathien und Telenergien jeder Art, die schon im Wachen ausnahmsweise vorkommen, werden im leibfreien Zustand noch gesteigert sein.

Ohne eine Gleichartigkeit aller transcendentalen Subjekte anzunehmen — welche sicherlich nicht vorhanden ist — werden wir doch die Intuition, die in der genialen Produktion an Stelle der Reflexion tritt, als eine transcendentale Fähigkeit beanspruchen. Aber auch die organisierende Fähigkeit der Seele müssen wir uns künftig gesteigert denken. Von einem rein geistigen Zustand, von einem Denken als Substanz, statt bloßem Attribut, können wir uns keine Vorstellung machen; wir werden uns also den künftigen Zustand nicht völlig körperlos denken. „Es ist nur eine Hoffart“ — sagt Baader — „ohne Leib sein zu wollen.“[1]) Nun sehen wir zwar im Wachen die physiologischen Funktionen dem Bewußtsein und der Willkür entrückt; der Somnambulismus aber zeigt sie von Bewußtsein begleitet, und im Hypnotismus zeigt sich deren Willkürlichkeit, indem die Autosuggestion organische Veränderungen hervorruft, eine Entdeckung, welche Kant vorweg genommen hat.[2]) Wir werden uns also — immer die Steigerung voraussetzend — den künftigen Leib nicht mit den Mängeln des irdischen behaftet denken. Die psychische Kurmethode, die kaum erst in ihren Anfängen gegeben ist, werden wir als eine Fähigkeit des Astralleibes, oder Ätherleibes, anerkennen müssen.

Sollten wir aber nicht ein Recht besitzen, das Wort Ätherleib im eigentlichen, naturwissenschaftlichen Sinne zu nehmen, den Äther als die Materie des künftigen Leibes anzusehen? Es spricht dafür manches, z. B. jenes Fernwirken der Somnambulen, wobei materielle Veränderungen nicht wohl ohne das Eingreifen eines Doppelgängers sich denken lassen. Sollte diese unwahrnehmbare, oft auch bis zur Sichtbarkeit verdichtete Materie des Doppelgängers nicht der Äther sein? Die Somnambulen würden alsdann eben jene Fähigkeiten besitzen, die sich aus der physischen Natur des Äthers ergeben: die Geschwindigkeit im Raume, die Durchdringung der Materie, Aufhebung der Schwerkraft. Fernsehen und Fernwirken könnten so geradezu eine naturwissenschaftliche Erklärung finden.

Bei spiritistischen Sitzungen nun gar begegnen wir Phänomenen, welche auf eine ätherische Natur der sich manifestierenden Wesen und Verwendung der Ätherbewegungen zu ihren Kundgebungen schließen lassen. Es bestehen also Analogien zwischen den Fähigkeiten der Somnambulen und der Entkörperten, und dies läßt auf die wesentliche Identität und nur graduelle Verschiedenheit beider Daseinsweisen schließen. Diese Analogien erstrecken sich auf die materielle Wirkungsweise und auf die intellektuellen

---

[1]) Baader, II, 15. — [2]) Kant: „Von der Macht des Gemütes“.

Fähigkeiten. Dem Gedankenlesen, dem Fernsehen in Zeit und Raum begegnen wir auch im Spiritismus. Auch die Analogie mit dem somnambulen Doppelgänger liegt vor, z. B. bei den direkten Schriften in verschlossenen Tafeln, wo sich eine leibliche Gestaltung der sich manifestierenden Intelligenz nicht mehr wohl abweisen läßt, besonders da in andern Fällen die bis zur Sichtbarkeit und Photographierbarkeit gehende Verdichtung der Materialisation eintritt, an der sogar Puls und Herzschlag geprüft werden können.

Diese Analogien zwischen Somnambulismus und Spiritismus nötigen uns zu dem Schlusse, daß wir nach dem Tode eben das sein werden, was wir zu Lebzeiten unbewußt sind. Wir sind schon zu Lebzeiten Geister und der Zustand nach dem Tode ist permanent und normal gewordener Somnambulismus.

In solcher Weise löst also die monistische Seelenlehre, auf den Thatsachen der Geheimwissenschaften aufgebaut, das Daß der Unsterblichkeit zugleich mit dem Wie. Je mehr wir diese Gebiete erforschen, desto klarer werden wir erkennen, daß der Tod nicht die Vernichtung der Individualität bedeutet, noch deren Auflösung in die Weltsubstanz, sondern daß wir mit gesteigerter Individualität fortdauern. Im Vergleich mit der transcendentalen Qualität der künftigen Existenz bezeichnet Giordano Bruno — eben weil er die Geheimwissenschaften kannte — das Leben als eine Schmälerung der Individualität:

„Was wir Sterben heißen, ist die Geburt zu einem neuen Leben, und oft wäre gegen jenes zukünftige Leben wohl das jetzige Tod zu nennen."[1])

Die Pythagoräer nannten den Tod ein Geburtsfest — *γενέθλια* — des Geistes; in den Martyrologien heißt der Todestag dies natalis und Angelus Silesius nennt den Tod „das Beste von allen Dingen". Als in der Erfahrung gegeben kennen wir nur die Annäherungszustände an den künftigen Zustand bei den Somnambulen, und, dem Wesen nach damit identisch, den Zustand der Entkörperten, soweit dieselben in das irdische Element zurücktauchen, was nicht ohne Einbuße an Geisterhaftigkeit möglich ist. Gleichwohl erkennen wir schon aus diesen Phänomenen die Steigerung der Individualität, sogar in leiblicher Hinsicht. Insofern ist der Tod eine Essentifikation unseres ganzen Wesens, der Erkenntnis sowohl, wie der Leiblichkeit.

In die monistische Seelenlehre fügen sich also die Thatsachen der Geheimwissenschaften ganz ungezwungen ein, und erscheinen nicht nur als möglich, sondern als notwendig. Dem Materialisten aber sind diese Thatsachen ganz unerklärlich, er verzichtet auf die Erklärung und motiviert den Verzicht durch die Behauptung, sein enger subjektiver Geisteshorizont sei zugleich der objektive Horizont der Natur.

Bei dem Widerstande, den die Unsterblichkeitslehre findet, sollte man meinen, sie sei ganz und gar undenkbar, und nur Gegenstand des Glaubens. Zerlegen wir sie aber in ihre Bestandteile, so ergeben sich zwei Fragen, die beide bejaht werden müssen:

---

[1]) Bruno: de tripl. Min.

1. Kann ein lebendes Wesen unter Wechsel der Form fortdauern? Das ist unleugbar und zeigt sich an der wohlbekannten Entwickelung des Schmetterlings aus der Raupe, also sogar innerhalb einer irdischen Existenz.

2. Kann ein lebendes Wesen seine Bewußtseinsform verändern und mit einem bis dahin latent gewesenen Bewußtsein fortdauern? Auch das ist nicht zu leugnen. In der Abwechslung von Wachen und Schlafen haben wir den Wechsel des Bewußtseins und den zwischen animalischen und vitalen Funktionen. Ausgesprochener noch zeigt sich der Dualismus des Bewußtseins im Hypnotismus und Somnambulismus.

Die Unsterblichkeit ist also physiologisch und psychologisch möglich. Dazu kommt ihre logische Gewißheit aus der Erkenntnis, daß wir das Produkt einer organisierenden Kraft sind, und ihre empirische Gewißheit, die der Spiritismus liefert. Wer aber diesen leugnet, hat eben noch einiges zu lernen.

Der Mensch ist vom Standpunkte der Geheimwissenschaften die Materialisation eines transcendentalen Subjekts. Als ein Teil der Natur ist er wohl das Gleiche, was diese ganze Natur zu sein scheint, die nicht aus Nichts entstanden, sondern nur die Materialisierung einer unsichtbaren Welt sein kann. So dachten die Mystiker[1]).

Die Bibel nennt diese Materialisierung unseres transcendentalen Subjekts Vertreibung aus dem Paradiese. Wir können den Mythus beibehalten, nur werden wir ihn im Sinne der Geheimwissenschaften auslegen, wie es Philo, Origenes, die Kabbalisten, auch Platon in seiner Ideenlehre gethan haben. Das Paradies geht der Geburt vorher und ist die Präexistenz. Der Sündenfall ist die irdische Geburt. Er hat die Vertreibung aus dem Paradiese zur Folge, d. h. durch die Geburt wird uns die transcendentale Existenz unbewußt. Die „Leibröcke von Fell", womit Gott den gefallenen Menschen bekleidet, sind die irdischen Körper, deren sie sich, als sie sie erkannten, schämten, während sie sich ihrer früheren Nacktheit, des ätherischen Leibes, nicht schämten. Durch den Sündenfall ist der Tod in die Welt gekommen. Gewiß, denn jede Materialisierung ist nur eine zeitliche und es muß ihr die Dematerialisierung, der Tod, folgen. Darum sollen wir eben das Leben benutzen, solche Güter zu erwerben, die den Tod überdauern. Das Programm unserer praktischen Lebensführung wird bestimmt durch die Erkenntnis der Entwickelungsfähigkeit des Individuums über den Tod hinaus. Es zeigt sich hier, daß die Wahrheit jedes tiefsinnigen Mythus darin besteht, daß er, ohne zu veralten, auf jeder Erkenntnisstufe in eine andere Auslegung hineinwächst; wenn eine naivere Auslegung unhaltbar geworden, stellt eine tiefere sich ein. Insofern ist unser Kinderkatechismus eben doch wahr.

Das geschichtliche Leben der Menschheit, unter dem Gesichtspunkt der transcendentalen Psychologie, stellt sich also in anderem Lichte dar, als unsere Kulturhistoriker es ahnen. Der Materialismus, wenn anders er logisch ist, kann im Menschenleben nur eine Absurdität sehen. Er hilft sich durch die Behauptung, auf das Individuum komme es der Natur überhaupt nicht an, sondern nur auf die Gattung. Das Individuum sterbe,

[1]) Saint-Martin: „Tableau natural." 25—26.

die Gattung nicht. Nun giebt es aber zahlreiche untergegangene Gattungen, und sogar in historischer Zeit ist der Didus ineptus ausgestorben, was leider nicht mit allen Ineptien geschieht. Angenommen aber selbst, das alle Gattungen sich erhalten, so ist doch durch die Abkühlung der Erde dem biologischen Prozesse eine notwendige Grenze gesetzt. Mag die Entwickelung des Lebens ein noch so hohes Ziel erreichen, die Kultur noch so hoch sich entwickeln, so kann sie doch nicht als ein vernünftiger Zweck der Schöpfung erscheinen. Durch diesen Gedanken macht mindestens die Astronomie einen Strich, da ja alle Weltkörper, auf welchen Leben sich regen mag, von begrenzter Dauer sind, womit die erreichte Kultur wieder verloren geht. Der Faden reißt immer wieder ab, die geschehene Arbeit war umsonst. Man kann also in keinen Punkt der Entwickelung einen Zweck, und auch in den Endpunkt keinen Endzweck legen.

Ganz anders aber stellt sich die Geschichte dar vom Standpunkte der transcendentalen Psychologie und Unsterblichkeit des Menschen. Dann liegt der Zweck der Geschichte nicht in irgend einem Endpunkte von beliebiger Höhe, sondern der Zweck erfüllt sich während des ganzen Prozesses. Es ist der Natur ausschließlich um das Individuum zu thun, nicht um die abstrakten Begriffe der Gattungen. Mögen Rassen und Völker aufeinander folgen und wieder vergehen, mag selbst der Stern verschwinden, auf dem wir wohnen, die Kulturarbeit war nicht umsonst gethan. Das erworbene geistige und moralische Kapital bleibt erhalten und wird davongetragen von den zahllosen Individuen, die bei seiner Ansammlung thätig waren.

Die Seelenlehre, wenn sie die transcendentale Psychologie mit in Rechnung zieht, erweist sich also von sehr weittragender Bedeutung. Sie löst alsdann nicht nur das Menschenrätsel, sondern teilweise sogar das Welträtsel. Der Weltzweck wird uns teilweise durchsichtig, wenn wir erkennen, daß die Welt eine Pflanzschule für Geister ist, die durch die Vertreibung aus dem transcendentalen Paradiese vielleicht mehr gefördert werden mögen, als im Paradiese selbst.

Zauber der Unschuld.

Wahrheit oder Wahn?

Erinnerungsblätter

von

Marie Gonsl. Koch.

(Schluß.)

Mit tiefer Wehmut schied ich von der Stätte, die mir aus Adelaidens Briefen so vertraut und nun durch ihr Grab so teuer war.

Der Marquis begleitete mich in seinem Phaëton nach Lisieux zurück und von hier reiste ich auf einige Wochen nach dem schöngelegenen Houlgate, das mir durch die Briefe der Freundin bekannt und durch die Erinnerung an sie liebgeworden. Hier, an der Küste des rauschenden Meeres, am Fuße der scharfkantigen Klippen, Falaises genannt, von wo aus sie so oft träumend hinausgeschaut in die vom Abendgold umsäumten Wogen — hier öffnete ich das Tagebuch der Freundin und las in tiefer Bewegung die Zeilen, welche mir das Bild der Verklärten lebhaft wachriefen und gar deutlich den Stempel ihres Innenlebens trugen. —

Seitdem sind volle zehn Jahre dahingegangen. Der Letzte des Hauses Valcour hat das Zeitliche gesegnet; das Stammgut ist in fremde Hände übergegangen. Wenn ich jetzt den eigenartigen, gedankenreichen Inhalt dieser Blätter enthülle, trete ich niemandem zu nahe. — Ich lasse hier einige derselben folgen*):

---

*) Das hier Mitgeteilte stellt nicht nur Wahrheit, sondern auch wirkliche Thatsachen dar. Kein Sachkundiger aber wird dabei an sogenannte Geister-Erscheinungen denken; es handelt sich vielmehr um telepathische Einwirkungen des persönlichen Bewußtseins eines Verstorbenen auf seine mit ihm innig verbundene Gattin. Solche Fälle sind bereits vieltausendfach exakt wissenschaftlich festgestellt. Wir erinnern nur an die zwei dicken Bände der Phantasms of the Living von Gurney, Myers und Podmore (bei Trübner & Co. in London 1887). Auch wird keiner unserer Leser in seinem Bekanntenkreise weit umherzufragen haben, um jemanden zu finden, der Ähnliches selbst erlebt hat. Dabei handelt es sich eben nicht um äußersinnliche, auch für Dritte wahrnehmbare Vorgänge, sondern um rein subjektive (innere) Erlebnisse, die aber den Beteiligten sich ganz wie in der objektiven Welt geschehend darstellen.

(Der Herausgeber)

Schloß Dalcour, 12. Juni 1880.

Ich habe in verwichener Nacht einen merkwürdigen Traum gehabt. Fast möchte ich's nicht Traum, sondern Offenbarung nennen, so lebendig war die Traumerscheinung, so bedeutsam für mein inneres Leben. Wonne und Weh durchschauern mich noch, während ich daran denke. — Ich war gestern abend bis gegen elf Uhr im Gartensalon geblieben. Der Vollmond schien durch die geöffnete Verandenthür; ich konnte deutlich den Teich mit den weißen Wasserlilien schimmern sehen. Lindenblüten und Flieder dufteten vom Garten her. Dies Gemisch von Düften muß mich eingeschläfert haben, denn meine Kammerfrau sagt, sie habe nach ängstlichem Suchen mich hier auf dem Divan gefunden. Auf ihren Ruf habe ich sie mit großen Augen, doch ganz schlaftrunken, angeschaut und mich von ihr in mein Schlafgemach bringen lassen. Davon aber weiß ich selbst nichts. Mir ist nur erinnerlich, daß ich am Morgen mit etwas schwerem Kopfe erwachte und mir sogleich lebendig jenes Traumes bewußt ward. Er hat mich den Tag über nicht verlassen, und ich muß ihn heut Abend noch niederschreiben, ganz so, wie ich ihn erlebte, den lieben, süßen, wunderlichen Traum. — War ich *in* mir, oder *außer* mir? ich weiß es nicht! War mir doch, als sei ich körperlos, als lebe und empfinde allein noch der Geist. Ja, der Geist ist doch das *wahre Leben*; er beherrscht die Materie! Ich will zwar keineswegs den Einfluß der Leiblichkeit auf das geistige Element in uns, den ich noch oft genug spüre, leugnen, doch weit stärker wirkt jedenfalls die psychische Macht. Sie kann töten und lebendig machen. Mich hat die Erscheinung dieser Nacht förmlich neu belebt. Ich fühle mich zum erstenmale seit langer Zeit wieder wohl, fast heiter! mein ganzes Sein scheint mir vergeistigt. Ist dies die unmittelbare Einwirkung einer höheren, geistigen Macht auf meine Natur?

Ich hatte so lebhaft der vergangenen Zeit gedacht! es war ja gestern ein bedeutungsvoller Jahrestag. Auf dem Divan hingestreckt, konnte ich den Rasenplatz bis zum Weiher hinab überschauen. Und wie ich so das träumerische Mondlicht darauf spielen sah, mußte ich lebhaft jenes Abends vor zwölf Jahren gedenken, da meines Gatten Arm mich zum erstenmale umfing, da wir mit einander den Weiher entlang wanderten und er die weißen Rosen der Hecken niederbog und sie mir ins Haar und an der Brust befestigte. Wir sprachen von der süßen Gegenwart, von der glückverheißenden Zukunft; sein treues Antlitz über mich gebeugt, saß er neben mir in der Rosenlaube und flüsterte Worte, wie nur die Liebe sie eingiebt. — Und als ich so, in jene Erinnerung versenkt vor mich hin schaute, war mir plötzlich, als würde sein Bild lebendig, als stände er vor mir, nur bleicher als im Leben, sonst leibhaftig, wie er war, der geliebte Mann, edel und schön! und seine tiefen Augen blickten liebevoll zu mir nieder; seine Stimme sprach in jenem tiefen, klangvollen Tone, der mir das Herz durchbebte: „Ich habe dich lange warten lassen müssen, meine arme Ada, aber nun bin ich wieder bei dir und halte dich im Arme. Nun laß' uns wieder mit einander reden wie damals, da ich dir den Ring an den Finger steckte. Du küßtest den Ring, und ich küßte den Finger; es waren selige Zeiten.“ Und mein Gatte, mein einzig, ewig geliebter, bog sich über meine Hand und preßte seine Lippen darauf wie damals. Wonnig, doch seltsam durchschauerte mich sein Kuß. Die lieben Lippen, deren Druck ich fühlte, waren nicht heiß, wie damals, nein, kühl und feucht. Auch sein Arm, der mich so eng umfaßte, war kalt, und obgleich ich mich an ihn schmiegte atmete ich doch schwer. — War es der Nachthauch, der mich durchschauerte?

Wir standen auf und schritten, wie damals, Eines ans Andere gelehnt, die Buchenallee entlang; die Heimchen zirpten — sonst alles still! die Vöglein, im Gezweig geduckt, hatten die Köpfchen unter die Flügel geborgen. Mir war so selig und doch so weh zu Mute, daß ich nicht zu sprechen wagte; nur die Frage drängte sich mir auf die Lippen: „Sag, Geliebter, wo bliebst du so lange? mir war recht bang nach bei!" — Da legte er den Finger an die Lippen und sah mich ernst, fast traurig an, daß ich nicht weiter fragen mochte. Und was bedurfte ich mehr? — war ich doch bei Ihm! verstanden wir uns doch wieder — wie damals — ohne Worte! — Seltsam! in dem Traum eines kurzen Schlummers erlebt der Mensch oft mehr als im wachen Zustand während Tagen, ja Wochen. So schien es mir, als ob die ganze selige Zeit unserer Brautschaft und unseres kurzen, süßen Eheglücks mit allen wichtigen Ereignissen in schneller Reihenfolge, Bildern gleich, an meinem Geiste vorüberzöge, doch mit größter Klarheit und Lebendigkeit. Was ich in Jahresfrist erlebt, — war jetzt in eine kurze Stunde zusammengedrängt, ja vielleicht in wenige Minuten, und doch war die Empfindung des Erlebten so deutlich, daß ich es Wort für Wort wiedergeben könnte. Mir scheint, solang die Seele sich in diesem eigentümlichen Zustande befand, folgten ihre Ideen einem andren Gesetze der Verschmelzung als im Wachen. Gewiß ist, daß jene Ideenverbindung zugleich einen geistigeren und doch kühneren, energischeren Flug nahm als gewöhnlich. Denn im Alltagsleben denkt man gleichsam in Worten, während ich in jenem Zustand ohne Worte, nur durch Inspiration, dachte und empfand. Die Bilder, deren sich unsre Seelen statt der Worte bedienten, hatten zuweilen etwas Hieroglyphenartiges; gleichwohl verstanden wir uns wie durch die klarste Wortsprache. So deutete er auf den Perlenreif an meinem Arme — sein Brautgeschenk — und ich wußte, daß er sagen wollte:

„Du hast elf thränenreiche Jahre verlebt, seit ich von Dir genommen ward." Ja, sagte ich schmerzlich — nicht in Worten, nur mit dem Blick, doch er verstand mich — warum bleibst Du so lange fern? Da zog er mich fest an sich, als wolle er sagen: „Ich bin Dir nahe, ganz nahe; die Entfernung ist nur scheinbar." Und wie sein Auge sich in das meine versenkte, war mir, als spräche er: „Wir Alle, Überirdische und Irdische, leben und weben in jener verborgenen Schöpfungsmacht, in jenem geistigen Elemente, in welchem wir, ob auch sichtbar getrennt oder stufenweis verschieden, doch Alle Eins, innerlich verbunden sind. Und je reiner und feiner diese Innerlichkeit, desto mehr werden wir fähig, den geistigen Zusammenhang zu empfinden und so die leibliche Trennung zu überbrücken. Der Körper, der vorher gewissermaßen dunkel, nur auf die sichtbare Welt zu wirken und nur von dieser Eindrücke zu empfangen vermochte, wird von jenem geistigen Fluidum durchdrungen, gleichsam durchleuchtet. Die Schranken der Endlichkeit fallen, und, erhaben über Zeit und Raum, tritt unser Wesen, sobald es in dies allgemeine Lebenselement aufgenommen ist, in Wechselwirkung mit der geistigen Welt, der Welt des Lichts. Aber ein solcher Zustand kann für das irdische und menschliche Wesen nur ein vorübergehender sein; erst auf einer höheren Daseinsstufe wird er dauernd." „„Du bist auf einer höhern Entwicklungsstufe,"" entgegnete mein Blick, der an dem seinen haftete, „„aber bist Du glücklich? Welche Anziehungskraft kann selbst die vollkommenste Daseinsstufe haben, wenn sie die festgeschlungenen Herzensbande, die tausend Verbindungen löst, die uns ans Erdendasein knüpfen?"" — „Diese Bande sind nicht gelöst," erwiderte er; „sie sind nur für das Irdische unsichtbar — nicht deutlich fühlbar — geworden und auch dies nur für die kurze Erdenspanne" — — — — In diesem Augenblicke verbarg sich der Vollmond hinter einer Wolke. Ich fühlte es plötzlich wie einen Schleier über meine Augen sinken; die geliebte Gestalt ward nebelhaft, wie in immer weitere Ferne gerückt. Da faßte mich unsägliche Angst: „„Renauld,"" rief ich — „„mein Renauld, wo bist du?"" — Und dann verließ mich das Bewußtsein.

Marion sagt, sie habe meinen Ruf vernommen und mich totenbleich, mit emporgerichtetem Oberkörper und ausgestreckten Armen gefunden. — War das alles nur Traum? — wars Wirklichkeit? O, daß er wiederkehrte, Nacht für Nacht, dieser selige Traumzustand! Ich würde die Trennung leichter ertragen! — —

So weit die ersten Tagebuchblätter! Ich überschlage die folgenden. Adelaide, nach jener Nacht empfindsamer und nervöser als zuvor, ward von ihrem Arzte nach dem vorerwähnten Seebade geschickt, das ihre Nerven wesentlich stärkte und ihrem Geistesleben wieder eine gesündere Richtung zu geben schien.

Der Herbst kam und mit den kühleren Tagen, den langen Abenden und starken Seenebeln stellte sich bei Adelaiden wieder eine stille Schwermut, ein unüberwindliches Sehnen nach ihrem Heim ein. Da dies in jener Jahreszeit in der That behaglicher und für ein an allen erdenklichen Komfort gewöhntes Wesen wie Adelaide jetzt gesundheitlich vorteilhafter schien, widerstrebte der Arzt ihrem Begehr nicht länger. Ihr Tagebuch spricht in rührender Weise die Freude des Wiedersehens jener geliebten Stätten aus. Wieder wandelt sie im Park, am Weiher, durch die Buchengänge, und das tote Laub zu ihren Füßen, die letzten Herbstblumen — alles ruft ihr die Vergangenheit lebendig zurück. Und wieder wirken seltsame Mächte auf sie ein, wie folgendes Blatt beweist:

Schloß Dalcour, Oktober 1880.

Endlich — endlich ist jener süße Traum wiedergekehrt. Ja, mein Arnauld, Du warst wieder bei mir! Hat mein Sehnen Dich zu mir gezogen? Hat es den Abgrund zwischen hüben und drüben zu überbrücken vermocht? —

Die Nacht war taufrisch. Wieder lag Vollmondglanz auf dem Rasenrondell vor dem Schlosse und glitzerte im Strahl des Springbrunnens. Scharf zeichneten sich die Schatten der schlanken Türme auf dem weißen Kies der Wege ab. Vom Fenster meines Schlafzimmers konnte ich jeden Lichtstrahl, der durch die Baumwipfel zitterte, jedes fallende Blatt beobachten. Leise rauschte der Wind und trieb mit den Blättern sein Spiel. Mir kam jenes deutsche Lied zu Sinn, das die Freundin mir zuweilen sang. Ich liebe die deutschen Lieder; sie sind so eigenartig und wehmutvoll. Ich begann es leise für mich zu summen:

„Der Herbstwind treibt die Blätter von den Bäumen;
Kahl steht der Wald.
Kein Vöglein mag nun länger drinnen säumen;
Kein muntrer Laut, kein süßes Lied erschallt.

Ich seh' dich zittern, spielen und verwehen,
Du welkes Laub!
Des Lebens Gleichnis muß ich drinnen sehen;
Ein wenig Lust — viel Leid — des Todes Raub!

Doch was vergänglich nur, zieht Erde nieder.
Es mag vergeh'n!
Der Lebenskeim erzeugt ein Neues wieder.
Was unvergänglich ist, wird aufersteh'n!"

Als ich die letzte Strophe summte, war mir, als vernähme ich leises Geräusch von Fußtritten im raschelnden Laube. Ich blickte die Buchenallee hinab und sah den Schatten einer männlichen Gestalt. Sie kam näher, wurde deutlicher; jetzt fiel der volle Mondstrahl darauf — — ja, er war's, mein Arnauld. Er grüßte und winkte, schweigend, ernst — und mein Herz flog ihm entgegen. Wie ich hinunter gekommen, weiß ich nicht; nur daß ich bei ihm war, daß sein Arm mich umfing, daß seine Lippen auf den meinen ruhten, seine Augen mit dem guten, treuen Blicke auf meinem Antlitz hafteten, wie ehemals. Und dann war mir's, als würde unter seiner Berührung mein Körper ganz ätherisch. Ich fühlte mich in die Luft emporgehoben. Wir wandelten jetzt nicht mehr, sondern schwebten miteinander durch den Raum. Wie Kräfte einer höheren Welt fühlte ich's auf mich einströmen; die Pforten des Unsichtbaren schienen sich mir aufzuthun, und — was das Wunderbarste — der Leib, die sterbliche Behausung meiner Seele, den ich im wachen Zustande als etwas von dieser völlig Unterschiedliches erkenne, schien mir jetzt aufs innigste mit der Seele verbunden; da war kein Kampf, kein Widerstreben, kein Hemmnis zwischen beiden, — vielmehr eine Harmonie, die beide Wesenheiten zur Einheit verband, den Leib teilhaftig jener höheren Fähigkeiten und erhaben über Zeit und Raum erscheinen ließ. Und wieder verständigten wir uns ohne Worte.

Wie die göttliche Weisheit sich in ihren Offenbarungen an die Menschen gleichsam einer Sprache in Bildern bediente; wie sie durch Inspiration ihren Willen kundgab — so ward mir jetzt durch eine rasche Folge von Vorstellungen vieles klar, was ahnungsvoll in meiner Seele schlief. Ist dies die Sprache der Geister? Liegt das Innerste der Seele klar vor dem Blick des andern? — Zwischen uns war es so! — Zwar hat auch der Traum eine Bildersprache, allein ich möchte sie die „Natursprache der gebundenen Seele" nennen im Gegensatz zu der Klarheit der Offenbarung, die ich empfing.

Auch im Traume reden wir und teilen uns andern mit, doch scheint mir dies nur ein Stammeln aus unbekannten Regionen, verglichen mit der klaren Seelensprache, die wir miteinander führten. — Seltsam! was mir bisher nie recht kund geworden, weil niemand es genau zu berichten vermochte — alle kleinen Nebenumstände jener unseligen Kämpfe, Renauds Verwundung, die Leidenszeit bis zu seinem Tode — alles dies ward mir jetzt so völlig klar, als sei ich dabei gewesen. Denn wir schwebten über jener Stätte — einer mir völlig unbekannten Gegend; gleichwohl wußte ich, es sei das Schlachtfeld von Sedan. Wie sehr habe ich nach Renauds Tode gewünscht, den heiligen Fleck Erde zu besuchen, der mit dem Blute des Teuersten getränkt ward und immer mußte ich es mir versagen. Nun kenne ich ihn! — Denn als ich heut Morgen Abbé Morrin, der als Feldpropst die Tage von Beaumont und Sedan mit durchgemacht, die Gegend beschrieb — den Hügel, auf welchem der feindliche Feldherr mit seinem Generalstabe hielt, die zerstörte Eisenbahnbrücke — die Stellung unserer Truppen auf dem rechten Maasufer — als ich die Wälder von Condé und La Garenne, das Gehölz la Marfée ihm schilderte: da bekreuzte er sich und empfahl mir, Franz von Sales' „Vie dévote" zu lesen — was ich ohnehin thue. Fühlte ich mich nicht zu leidend für solch eine traurige Reise, ich bräche sofort dahin auf, mich zu überzeugen, inwieweit die Erscheinungen der vergangenen Nacht mit der Wirklichkeit übereinstimmen. — Ich zweifle nicht, dort jeden Weg und Steg zu erkennen. — —

Ich schauderte, als jene schmerzlichen Ereignisse mir nun so deutlich wurden. Renaud verstand mich und führte mich sanft vorüber. Nun schwebten wir aufwärts in die weite, grenzenlose Schöpfung; es schien, als wandelten wir mitten im Gebiete ungezählter Welten. „Wohin führst Du mich?" fragte ich, als wir Hand in Hand durch ungemessene Räume schwebten. Er deutete abwärts und wir näherten uns wiederum der Erde. Allmählich ward die Gegend mir wieder vertraut; ich sah den Buchenwald, den Weiher tief, tief unter uns, das Schloß mit Zinnen und Türmen blickte wie ein Kinderspielzeug aus dem Grün hervor. Plötzlich war mir's, als ob Renaud mich sanft auf ein Wölkchen bettete, das über der Heimatflur dahinsegelte — und als ich, zu mir kommend, die Augen öffnete, lag ich in meinem Bette.

Diesmal hat Marion, die im angrenzenden Kabinett schläft, nichts vernommen. Nur daß ich bleich und übernächtig ausgesehen, behauptet sie. — Und doch ist mir wohl im Gemüte. Ich fühle mich wunderbar getröstet. Ist dies die Ahnung naher Auflösung? —

Wirklich vollzog sich nach dieser zweiten Traumerscheinung eine Wandelung in der Seele meiner Freundin. Ihre tiefe Schwermut und zu Zeiten heftige Todessehnsucht wich mehr und mehr innerer Stille. War dies in der That nur die Ahnung des nahen Todes, welche ihr den Mut des Ausharrens gab? oder gelangte sie allmählich zu jener Stufe innerer Vollendung, auf welcher der Tod nicht mehr als trennende Macht erscheint? — Ihre Tagebuchblätter aus jener Zeit atmen Ruhe; kein stürmisches Verlangen nach neuer Offenbarung, sondern ein stilles Gewißsein der geistigen Nähe des Geliebten spricht daraus.

So war ihr der Winter in gewohnter, einförmiger Weise auf ihrem Landsitze vergangen. Ihr hochgebildeter Geist fand in sich selbst, wie in der reichen Bibliothek ihres Hauses, in der Korrespondenz mit wenigen, vertrauten Freunden, wie in der Fürsorge für ihre Untergebenen so vielfache Beschäftigung, daß sie nicht nach Abwechselung begehrte. Ihre Briefe an mich nahmen einen ruhigen Grundton an, verhehlten aber gleichzeitig nicht ein fühlbares Sinken der Körperkräfte. —

Schon zauberte das ungewöhnlich zeitige Frühjahr 1881 die ersten Blätter und Blüten auf Baum und Strauch; der Park des Château Valcour war mit grünen Schleiern überhangen. Das Osterfest kam mit mildem, klarem Frühlingswetter. Adelaïde hatte die Gräber ihrer Lieben geschmückt und, was sie während der langen Wintermonate sich hatte versagen müssen, das glaubte sie am Auferstehungsfeste thun zu dürfen — ein Stündchen an der teuren Stätte zu verweilen. Die Abendsonne schien so mild; die Luft war still. Adelaïde setzte sich auf die Bank am Kopfende der Grabstätte. Mochte nun der Duft der Blüten, womit sie die Gräber geschmückt, sie betäubt haben — genug, sie kehrte nicht zurück, und die bestürzte Dienerschaft, die den Park nach allen Richtungen durchsucht hatte, fand die Herrin in todähnlichem Schlafe. Man trug die Bewußtlose ins Haus und brachte sie zu Bett. Der schleunigst herbeigerufene Arzt blieb bis zum Erwachen der Leidenden, die erst in den späten Morgenstunden zu sich kam und tiefe Erschöpfung zeigte. Sie war sanft, wie immer, doch sehr ernst. Was in ihr vorging, sprach sie nicht aus, aber die Blätter ihres Tagebuchs zeugen davon. — — —

Da das Schloß mit seinen weitläufigen Gängen und hohen, großen Räumen im Frühjahr feucht und kalt war, verlangte der Arzt jetzt dringend die Übersiedelung nach Paris, wenigstens bis zum völligen Eintritt der warmen Jahreszeit. Adelaïde fügte sich geduldig. Es scheint, sie lebte von da an ganz im Gedanken an ihren nahen Tod. Das beweisen die folgenden, letzten Blätter ihres Tagebuchs.

Paris, 12. April 1881.

Ich glaube, daß meine Tage gezählt sind, und befehle meine Seele in Gottes Hand. Der Übergang zwar ist sehr ernst, und dunkel die Brücke, die ins Jenseits führt. Selbst das volle Vertrauen auf die Gnade, ja selbst die Sehnsucht nach dem Tode schließt nicht das Bangen vor dem Sterben aus. Keiner vermag diesem Momente zu entrinnen — arm und reich, hoch und niedrig — alle müssen die geheimnisvolle Schwelle überschreiten, die ins unbekannte Reich führt! — Leidet man dabei oder nicht? Keiner vermag davon Kunde zu geben! — Doch mir ist jenes Land kaum mehr ein unbekanntes! Der Prozeß des Todes kann nicht unsere geistige Beschaffenheit wesentlich verändern; er verklärt sie nur. Das haben jene Offenbarungen mir klar gezeigt. Unsere Seele, groß angelegt, doch hier an die Materie gefesselt und in ihren Fähigkeiten noch durch das irdische Sein beschränkt, wie sollte sie nicht, freigeworden von den Schwächen der Endlichkeit, zu immer höhern Zielen sich erheben können? Habe ich doch in jenen nächtlichen Offenbarungen bereits erfahren, daß unser geistiges Sein, angezogen durch die Liebe eines nach Anlage und Zustand vollendeteren Wesens, sich auf Momente bereits von den Banden der Körperlichkeit, der Zeit und des Raumes zu befreien vermag. — Es waren selige Momente! Sie ließen mich den zukünftigen Zustand als einen herrlichen ahnen. Tod ist Neugeburt für höhere Lebensbedingungen.

Allein jener Zustand läßt sich eben nur ahnen. Kann doch jede Stufe des Seins nur von denjenigen Kräften, die ihr eigen sind, ganz begriffen werden. Ich danke aber Gott, daß Er durch wunderbare und liebliche Offenbarungen mich auf das Jenseits und auf die große, weihevolle Stunde des Hinübergangs vorbereitet hat. Wenn ich bisher noch in Zweifel gewesen, ob jene Offenbarungen nur Träume seien, oder ob sie einen tiefen Sinn und hohen Zweck haben, so bin ich dessen jetzt im Innersten gewiß. Ja! es giebt ein Hereinragen der übersinnlichen Welt in das irdische Leben! das habe ich am Ostertage deutlich gespürt.

Ich war den ganzen Tag über mit dem Gedanken an Auferstehung und Wiedersehen beschäftigt gewesen. Abends weilte ich noch an den Gräbern; wie lange, weiß ich nicht. Der Duft der Blumen mag mich betäubt haben, so daß ich, ohne es zu fühlen, aus der Erinnerung, in die ich versunken war, hinüberschlummerte in jenen wunderbaren Traumzustand, der die Erinnerung zur Wirklichkeit zu machen scheint. Ich fühlte plötzlich eine Hand über meine nassen Augen streichen; eine liebgewohnte Stimme sprach: „Weine nicht! wir sind nicht lange mehr geschieden.“ — Reinald! rief ich und schmiegte mich an seine Brust, geh' nicht wieder fort oder nimm mich mit Dir! — „Noch nicht,“ sagte er mild, „aber bald!“ — Wieder haftete mein Auge wie gebannt an seiner Erscheinung — so ganz er selbst, das edle Antlitz, die hohe Gestalt — jedoch verklärt.

Ist dies ein Beweis, daß unser zukünftiger Leib das Abbild des gegenwärtigen sein wird, nur frei von den Gebrechen irdischer Leiblichkeit? Eine geheime, süße Ahnung sagt mir, daß diese Erscheinung des Geliebten eine Botschaft des nahen Todes sei. — Welch ein Gedanke! Bin ich bereit zum Übergange in das höhere Sein? „Die Erde ist ein unvollkommener Weltkörper und mit ihrem mannigfachen Leid bestimmt zur Läuterung der Seelen“ — so sagte der Geliebte — „nur der geläuterte Geist vermag sich zum unermeßlichen Wohnsitz höherer Wesen emporzuschwingen und der Herrlichkeit teilhaftig zu werden, welche keine Worte ausdrücken.“ — Welch ein Verklärungsschimmer umleuchtete ihn bei diesen Worten!

In jenem Momente ward mir völlig klar, daß der zukünftige Zustand ein immerwährendes Fortschreiten von einer Klarheit zur andern — ein Wachsen in der Wahrheit, ein Leben in völliger Gottinnigkeit sein müsse. Welche Seligkeit mag allein schon in der Abwesenheit aller physischen Mängel, in der immer völligeren Erkenntnis und geistigen Durchdringung des Alls liegen!

Und welche wunderbare Heiterkeit, welch ungestörte, selige Ruhe wirkt wohl die Liebe, welche dort alle Wesen eint und mit dem Urgrund alles Seins verbindet! Ich empfand, was Dante in seiner geistreichen, tiefsinnigen Vision sagen will; in immer höhere, lichtere, reinere Kreise schwingt die Seele sich auf, zu immer innigerer Gotteserkenntnis und Gottesnähe. — Ich fühlte den Vorschmack der Seligkeit. Nur Eines fehlte noch zu vollkommenem Wohlgefühl. Mit dem Instinkt der Liebe oder vielmehr mit jener unmittelbaren Wahrnehmungskraft einer höhern Existenz erriet er meinen Wunsch. Und plötzlich öffnete sich eine sonnendurchschimmerte Wolke; ich sah — doch nur von fern — einen engelhaften Knaben, dessen Züge mir vertraut schienen. „Unser Kind!" rief ich und breitete die Arme nach ihm aus. Da streckte Renauld mit mildem Ernste die Hand zwischen uns, ich sah das Kind nicht mehr. Er beugte sich tröstend über mich: „Bald! bald ist alles vorüber!" — Und ich bebte beim Klange seiner Stimme, denn so, ganz so hatte er zu mir gesprochen an jenem Schmerzenstage des Abschiedes. So haftete damals sein tröstender Blick auf mir; so klang sein Ton, als er sprach: „Bald, bald sind wir wieder beisammen!" — Plötzlich fühlte ich einen Schleier auf mich niedersinken und dumpfe Schwere legte sich auf meine Glieder. — So fanden mich meine Leute, vom Nebel eingehüllt, halb erstarrt. —

Ich habe dem Willen meines treuen Arztes und Beraters, bis zum Eintritt beständig milder Witterung meine Wohnung in Paris zu beziehen, keinen Widerstand entgegengesetzt, so schwer es mir ward, diese geliebten Stätten zu verlassen. „Nur auf wenig Wochen", vertröstete er mich. Nun wohl! Lebend oder tot — ich kehre zu Dir zurück, mein Renauld. An unserem Verlobungstage, am 11. Mai, will ich wieder hier sein. . . . . .

Dies sind Adelaïdens letzte Aufzeichnungen. Rasch nahmen ihre Kräfte ab; sie mußte jede geistige Anstrengung, jede Erregung vermeiden. Ihre Worte waren prophetisch gewesen; am 11. Mai ward ihre Hülle in der Familiengruft an der Seite des Gatten beigesetzt. —

Und jetzt, nachdem zehn Jahre dahingegangen, seit sie diesen Blättern ihre tiefen, großen, eigenartigen Gedanken anvertraute; jetzt, da ich dieses ernste Vermächtnis wiederum durchblättere und seinen Inhalt überdenke — jetzt finde ich keine Worte, die meine Empfindung besser verdeutlichen könnten, als die in diesem Tagebuche ausgesprochenen: „Der Geist ist das wahre Leben".

Die neue Lehre.

Von

Bruno von Germar.

Gleich wie der Morgensonne lichter Schein,
Der uns nach langer dunkler Nacht erstrahlet
Und goldnes Licht auf alles Leben malet,
So brach ein neues Wissen über uns herein.

Der Schleier hob sich, und der Nebel schwand,
Der über unserm Dasein noch gelegen.
Ein neues Leben blüht auf allen Wegen,
Das Dies- und Jenseits reichen sich die Hand.

Das Unergründliche, das unser Leben
Auf allen Wegen ungeahnt umgiebt,
Das in uns wirkt, in uns liebt,
Dies höchste Sein erreichet unser Streben.

Dem Tag entgegen.

Novelle

von

Eva A. von Arnim.

(Fortsetzung.)

Noch was war das dort drüben? Was regte sich da? Ein Häuflein weißer Birkenstämme blinkte von dort herüber, zusammengedrängt wie eine Schar beim Tanze aufgescheuchter Elfen. War es denn möglich, erhielten sie Leben? Nein, jetzt sah ich's genau, es war eine weiße Frauengestalt, die am jenseitigen Ufer zwischen den Bäumen dahinschwebte; nun hielt sie an und hob die Arme mit sehnsuchtsvoller Gebärde gegen den Mond, dann glitt sie weiter und verschwand hinter dem Gestrüpp.

Schnell wandte ich mich, um den Teich in entgegengesetzter Richtung zu umkreisen, so mußte ich ihr begegnen. Einige hundert Schritt weit mochte ich den dicht mit Unkraut überwachsenen Weg verfolgt haben, als ich bei einer alten Kastanie anlangte, deren knorriger Stamm fast wagerecht über das Wasser hingestreckt war, so daß die Krone eintauchte und die zahlreichen weißen Blüten auf der dunklen Flut schwammen; weithin schimmerten Hunderte von abgefallenen Blättchen, wie zerstreute Perlen.

Eine weiße Gestalt saß auf dem krüppelhaften Stamm über der Tiefe schwebend, das lange faltige Gewand floß hernieder bis zum trügerischen Wasserspiegel, während der emporgestreckte Arm, den der weite Ärmel zurückfallend frei ließ, einen kahlen, zackigen Ast umschlungen hielt. Hell schien der Mond durch die lückenhafte Krone der Kastanie, das aufwärts gewandte Gesicht mit den geschlossenen Augen und dem schwärmerischen Zug um den Mund scharf beleuchtend. — Da wußte ich, was für Schätze man dadrinnen im Schloß so sorgfältig unter Schloß und Riegel hielt: Gräfin Christine war mondsüchtig.

Fast hätte ich einen Laut des Entzückens ausgestoßen, so schön und zugleich überraschend war der Anblick der Ersehnten; doch noch zu rechter Zeit fiel es mir ein, daß der Schreck und das plötzliche Erwachen ihr gefährlich werden konnten. Einige Minuten wartete ich ganz still und geduldig, immer in der Hoffnung, daß sie ihren unsichern Sitz verlassen und in meine Nähe kommen werde, doch vergebens. Indes schien es mir, als würde sie unruhig; vielleicht fühlte sie meinen Wunsch, das schoß mir wie ein Blitz durch den Kopf. Ich streckte meine Hand aus gegen sie und konzentrierte meinen ganzen Willen auf den einen Gedanken. Und wirklich, sie erhob sich mit einer kleinen, zwanglosen Bewegung, dann stand sie aufrecht, mit kleinen, langsamen Schritten, den Kopf halb zurückgewendet, als verließe sie nur ungern ihren Platz, näherte sie sich dem Ufer. Mir klopfte das Herz fast hörbar, ein Fehltritt und sie stürzte in die dunkle Flut; aber sicher legte sie den kurzen, nur wenige Spannen messenden Weg zurück, in einigen Sekunden, Sekunden, die mir wie endlose Stunden voller Qual und Angst erschienen. Endlich stand sie vor mir auf festem Boden, ich atmete auf; sie war gerettet. Mir war's, als wäre sie nun mein und stürmisch zog ich sie an mich. Fest hielt ich die weiche, biegsame Gestalt in meinen Armen, ihr Herzchen fühlte ich klopfen an meiner Brust, willenlos lehnte ihr Kopf gegen meine Schulter und wie ein breiter, flimmernder Strom flüssigen Metalls floß ihr gelöstes Haar an mir herab. Ich beugte mich zu ihr nieder, mit heißen Küssen bedeckte ich die geschlossenen Augen und den blassen, lieblichen Mund und flüsterte tausend Schmeichelnamen in ihr Ohr, die ungehört verhallten.

„Herzliebe Seele, Christine, meine Christine!"

Da schrak sie empor, entsetzt starrten mich die weitgeöffneten Augen an, noch einen Kuß drückte ich auf ihre zitternden Lippen, dann war sie meinen Armen entschlüpft und im Dunkel verschwunden, ehe ich mich recht besann; ebensogut hätte ich versuchen können, den leichten Mondenstrahl oder den wehenden Wind festzuhalten, wie diese leichte Gestalt im flatternden Gewande, die sich mir unwiderstehlich entwand. Ich versuchte ihr zu folgen, mit heißer Stirn und klopfendem Herzen, doch vergebens, nach etlichen hundert Schritten durch verschlungene Laubgänge stand ich atemlos angesichts des lichtgebadeten, in tiefer Stille ruhenden Schlosses, dem ich mich auf vielen Umwegen, ohne es zu merken, wieder genähert hatte; da stand ich nun vor dem Pförtchen, wieder wie vor wenigen Stunden, jetzt war es fest geschlossen und von ihr keine Spur.

Vermutlich war Christine im somnambulen Schlaf durch diese Thüre ins Freie gelangt, und hatte sie dann später auf ihrer Flucht instinktiv hinter sich zugeschlagen, so daß sie von selbst ins Schloß sprang; ich war somit ausgesperrt und wenn ich nicht die Nacht draußen zubringen wollte, mußte ich mich entschließen, den verlorenen Schlüssel, der da noch irgendwo herumliegen mußte, zu suchen.

„Ausgesperrt!" das war ein recht ernüchterndes Wort; und als ich nach langer Mühe den Schlüssel endlich hatte, da war mein Rausch verflogen und still schlich ich auf mein Zimmer. In der finstersten Ecke warf ich mich auf einen Stuhl und schlug die Hände vors Gesicht. „Herr, mein Gott, wohin ist es mit mir gekommen," stöhnte ich und gleich darauf lachte ich auf, laut und höhnisch, daß es schauerlich von der hohen Decke wiederhallte. Ich rief Gott, den Herrn an, ich, der ich an keinen Gott glaubte; nichtswürdige Gewohnheit das! oder hatte neulich der Pastor in der festlichen Kirche mich vielleicht bekehrt mit salbungsvollen Worten zu albernem Aberglauben, der, gut genug für Kinder und Frauen, von mir längst überwunden, vergessen bei den Kinderschuhen lag.

Ich hatte mich verliebt, das stand jedenfalls fest, keine noch so selbstgefällige Überhebung vermochte das hinwegzuleugnen; und die Liebe, diese weltbewegende Macht, erschien mir als eine jämmerliche Schwäche. War es möglich, daß ein Paar schöne, unschuldige Rehaugen, das Lächeln eines süßen Mundes mich das Ziel des Nirwana vergessen machten? Eine zarte Mädchenhand sollte mich zurückhalten von meinem Ziel? So weit war ich schon vorgedrungen auf dem wunschlosen Wege zum großen Nichts, und nun! Nur zu gut fühlte ich, daß nichts so sehr mich an die Erde fesseln konnte, wie gerade Liebe, die, einmal erwacht, mächtiger als ich selbst werden mußte. Ach, und es war ja doch alles umsonst hier auf Erden, nichts als Leiden, nichts als Verwickelung in Qual und Begierden. Da half nur die Flucht, fort, weit fort; noch war es Zeit; so wiegte ich mich in trügerischer Hoffnung. Zu meiner Schande muß ich es gestehen, mir kam auch nicht der entfernteste Gedanke an irgend eine Schuld Christine gegenüber. Daß die Trennung von mir ihr Kummer verursachen, daß sie sogar Ansprüche auf mich und mein ganzes Leben haben könnte, die durch mein Benehmen gerechtfertigt erschienen, daran dachte ich nicht; ich dachte nur daran, daß es mir unendlich schwer werden würde, das geliebte Mädchen zu verlassen und in heißem Kampfe wanderte ich in der Stube auf und ab. Verführerische Bilder in glühender Farbenpracht durchgaukelten meine Phantasie, an allen Ecken und Enden erhoben Dämonen ihr Haupt, hier der Ehrgeiz, dort die Sucht nach Pracht und Genuß, nach Schönheit und Leben, Welt und Menschen. Ach, nicht für mich, was fragte ich nach alledem, nur für sie, für sie allein. Wenn ich sie mein nannte, mußte ich da nicht arbeiten, alle zu überflügeln? wer sie besaß, durfte nur der ersten einer sein; alles was mein, wollte ich ihr zu Füßen legen, sie ihrer Schönheit würdig zu schmücken. Wie herrlich mußte die Seele des weltfremden Kindes sich entfalten unter meiner Führung durch diese große, reiche Welt; wie würde sie staunen ob all der nie gesehenen Wunder! Kunst und Weisheit wollte ich sie lehren, herrliche Länder wollte ich ihr zeigen, jeder mußte sie lieben und bewundern und mich beneiden. „O, Christine,“ rief ich leidenschaftlich, „Wonne, Leben, Himmel und Erde, Ein und Alles!“ Wie wollte ich sie hüten, sie hoch und heilig halten, keiner dürfte sich ihr nahen, ich schlüge ihn zu Boden, keiner dürfte auch nur eines ihrer goldenen Haare berühren, das wäre ein todeswürdiger Frevel. Aber auch von ihr würde ich verlangen, daß sie keinem anderen einen Blick ihrer süßen Augen, ein Lächeln ihres Mundes schenke, ich würde es nicht ertragen, ich wäre fähig, sie eigenhändig zu erdrosseln. Der Stuhl, auf den ich mich stützte, krachte unter meinen Händen, ich schleuderte ihn in eine Ecke. Schon wieder am Rande! Und so mußte es immer sein, nichts als Sünde und

Verzweiflung; leben heißt leiden, darum fort mit dem Leben. Einen Augenblick dachte ich an Selbstmord, um den Gedanken gleich darauf wieder von mir zu werfen, ich mußte ja wiedergeboren werden zu neuem Leben mit demselben heißen Durst der Leidenschaft, der doch nimmer zu stillen; umsonst, ich mußte da wieder anfangen, wo ich hier aufgehört und so fort von Leben zu Leben in steter Unersättlichkeit. Und doch, wog nicht eine Stunde seligen Glückes in ihren Armen reichlich eine Ewigkeit der Qualen auf? So trieb ich einher auf dem Strome meines Liebestraumes, gleich steuerlosem Kahne, sicher, am nächsten Riff zu zerschellen, am alles zermalmenden Felsen der Verneinung. Stunde um Stunde verkündigte die Uhr vom nahen Kirchturm her in unaufhaltsamer Unerbittlichkeit, endlose Stunden für mein Leid und doch so verzweifelt kurz, als die letzten unter einem Dache mit ihr.

Als der Tag endlich anbrach in bleicher, grauer Morgendämmerung, da hatte ich ausgerungen, mein Wille hatte gesiegt, meine glühende Stirn war erkaltet, blaß und hohläugig schaute mir mein Spiegelbild entgegen, es würgte mir in der Kehle und meine Zähne schlugen klappernd aufeinander vor Aufregung und Erschöpfung. Ich öffnete das Fenster, ein Strom dichten Nebels schlug mir feucht entgegen und vor mir lag die gestern so liebliche Landschaft trübe verschleiert im öden Einerlei. Verklungen und verrauscht Frühling und Lebensfreude, ein verwehter Traum, von dessen Wahrheit nichts zeugte, als ein langes flimmerndes Haar, das sich an meinen Ärmel geheftet hatte. Ich hielt es zwischen den Fingern, weit streckte ich den Arm aus dem Fenster und ließ es fallen — langsam entschwebte es im wallenden Nebel, ab und zu noch einmal aufglitzernd — nun war es fort, nichts mehr zu sehen, nichts, nichts; — aber nein, drinnen im Herzen schrie es laut, das konnte kein Nebel ersticken, kein Wind verwehen, das war unsterblich.

Hastig warf ich meine Sachen in den Koffer, von Furcht gejagt, daß mich mein Entschluß gereuen könnte, dann eilte ich hinunter; eben erklang die Glocke, die die Tagelöhner zur Arbeit rief; wenn ich in einer halben Stunde fahren konnte, war es noch möglich, den ersten Zug zu erreichen, und das war nötig, denn ich durfte Christine nicht wiedersehen, wenn nicht all' meine Vorsätze zu nichte werden sollten.

Der alte Diener, der mir im Treppenflur begegnete, fuhr entsetzt vor mir zurück, als habe er ein Gespenst erblickt, dann fragte er: „Sind der Herr Baron krank? ich werde gleich zum Herrn Doktor schicken.“ Ich versuchte ihn auszulachen, was mir gar schlecht gelang; und als ich ihm erklärte, daß ich abreisen wolle, und ihn anwies, meinen Koffer herunter zu holen, gehorchte er nur widerwillig und kopfschüttelnd.

Graf Otto sah mich zwar auch etwas erstaunt an, als ich ihm meinen plötzlichen Entschluß mitteilte, gab sich aber mit der Erklärung zufrieden, daß mir die „Klockfelder Luft“ nicht bekomme, und bestellte mit sehr zerstreuter Miene das Anspannen; sein Reitpferd hatte nämlich Kolik, wie ich nachher erfuhr.

Wir schüttelten uns die Hände, einen Gruß an Christine bat ich ihn zu bestellen, dann saß ich im Wagen, die Pferde zogen an. „Auf Wiedersehen!“ — rief der Graf hinter mir her, das übrige verschlang das Knirschen der Räder im feuchten Kies; fröstelnd lehnte ich mich in eine Ecke, der Nebel hatte sich zu feinem Regen verdichtet und überschüttete mich mit Tausenden winzig kleiner Kristallperlen. Alles Frühlingsleben war wie weggewischt, es sah aus, als sei der Welt all ihr Grünen und Blühen verleidet; auch mein Frühling war zu Ende, aber da war kein Sommer zu hoffen.

Als ich auf der Station am Billetschalter stand, fiel mir erst ein, daß ich gar nicht wußte, wohin ich eigentlich wollte. Nun, schließlich war es ja ganz gleichgültig, und so löste ich ein Billet nach der nächsten großen Stadt. — Brausend entführte mich der Zug, starren Auges blickte ich auf die vorüberfliegenden Wälder und Felder, ohne auch nur den geringsten Eindruck zu empfinden; das eintönige Rattern wiegte mich allmählich in eine Art schmerzloser Betäubung, aber kein Schlaf senkte sich auf meine brennenden Lider und als nach stundenlanger Fahrt am Horizont geschwärzte Schornsteine und graue Mauern auftauchten, als um mich her hier und da schrille Pfiffe das Nahen meines Reiseziels verkündeten, da erhob ich mich, an allen Gliedern wie zerschlagen, von meinem Sitz und stand dann wie ein Träumender im Gewühl der Bahnhofshalle, wo die Gepäckträger sich um meine Gunst bemühten. Eine Atmosphäre von Kohlendunst und ekelerregenden Speisedüften lagerte über den Straßen; die Menschen hasteten aneinander vorbei in atemloser Geschäftigkeit, sie mußten wohl alle einen Lebenszweck haben, warum sonst die Eile? wunderbar! soviel tausendfältige Unvernunft auf einem Fleck, welcher Wahnsinn sich ans Leben zu hängen! Warum müht ihr euch? Werft doch alles von euch! — — Ja, was wollte ich denn eigentlich hier? Zum Straßenprediger fühlte ich keinen Beruf, aber was sollte ich wo anders, es war eben alles einerlei. Das Nebenzimmer im Hotel bewohnte ein junges Ehepaar, den ganzen Abend vernahm ich durch die dünne Wand ihr Geflüster und früh am nächsten Morgen weckte mich ihr Kichern und Kosen; das war nicht zu ertragen, das Bündel geschnürt und weiter. Ach, es war ja nirgends besser! So floh ich von Ort zu Ort.

Eines Tages lag ich im Sande des Ostseestrandes, die Wellen bespülten fast meine Füße, immer neue wälzten sich heran in ungezählter Folge, eintönig rauschend, im Sonnenschein glitzernd; ich schloß meine müden Augen. War das nicht ein Bild meiner Zukunft, ein Bild jener entsetzlichen Reihe von Wiedergeburten, denen ich nicht zu entgehen vermochte? denn mit der Ertötung meiner Wünsche hatte es ein Ende. Fort, fort von hier! ich konnte den Anblick des Meeres nicht mehr ertragen, dessen Wellen ich ebenso machtlos gegenüberstand, wie meinen eigenen Leidenschaften.

In einer süddeutschen Stadt war es, da saß ich im Winkel einer Kirche; ein blonder Kopf, die flüchtige Ähnlichkeit einer schlanken Gestalt hatte mich hineingelockt, nun sahen mich die traurigen Augen der Märtyrer an den gemalten Fenstern so vorwurfsvoll an — —, ob Christine wohl auch so vorwurfsvoll blickte, wenn sie meiner gedachte? Weihrauchwolken stiegen empor zum spitzbogigen Kreuzgewölbe, der Priester las die Messe, ich verstand nichts; wie dumpfes Murmeln klang es an mein Ohr. — Da fuhr ich empor, ein Wort verhaßten Klanges hatte mich getroffen: „— — und das ewige Leben, Amen!“ Wie von Furien gepeitscht, floh ich von dannen.

Endlich war ich des Fliehens müde, es war ja doch vergebens, wer den Frieden nicht im eigenen Herzen trägt, der wird ihn nirgends finden.

In einem Bauernhause in Oberbayern hatte ich mich eingenistet; einsam und verborgen lag es da, auf grüner Matte zwischen himmelhohen Bergen. Man verwöhnte und verhätschelte mich dort über alle Maßen; vom Bauern, der sich manchmal gern ein Räuschlein trank und der alten Bäuerin mit dem weißen Haar und frischen Gesicht bis zum rothaarigen Seppei sagten sie mir alle nach einander, daß ich „so a gualer Herr sei“, bis ich's zuletzt wirklich glaubte, und das that mir so unbeschreiblich wohl. — Auf dem gedielten Vorplatz unter dem überspringenden Dach saß ich eines Tages; neben mir lag Schopenhauers „Welt als Wille und Vorstellung“, in der Hand hielt ich meinen buddhistischen Katechismus; aber keines von beiden wollte mir so recht schmecken, und bald wanderte der Katechismus zu seinem Vorgänger auf die sauber gescheuerte Bank. Ich faltete die Hände im Schoß und atmete in tiefen Zügen die reine leichte Luft; zu meinen Füßen krabbelte lallend der kleine Lenzei; er richtete sich an meinem Knie hoch und ließ mich sein hölzernes Pferdchen bewundern, ich freute mich auch mit ihm, ich war ja „so a gualer Herr“. Das Kind hatte ein gar reizendes Blondköpfchen, so flimmernd gerade und so licht, wie jenes Haar, das damals im Nebel versank. Ach Christine! und Klockfelde stand vor mir mit jenem Gemisch von Reichtum und Verfall, wie es eben nur in seiner Einsamkeit möglich war. Ja — Einsamkeit; wenn es nun nicht immer so einsam blieb, wenn z. B. einmal Manöver da wäre, man würde die junge Gräfin bewundern, umwerben, sie würde sich vielleicht verheiraten. — Nein, das durfte nicht sein, nun und nimmermehr, da hatte ich denn doch das erste Anrecht. Da fiel mir mit einemmale ein, daß ich das wohl verscherzt haben dürfte, als ich wie ein Dieb heimlich davon schlich. Wo hatte ich all' die Zeit nur mein Ehrgefühl gehabt, war es nicht meine erste Pflicht, für all' meine Thaten voll und ganz einzustehen, wenn es sein mußte mit meinem Leben? und wie hatte ich gehandelt? o, schlecht, grundschlecht!

Ich hob den Lenzel auf meinen Schoß und strich ihm die Löckchen aus der Stirn, das war ihr Haar, aber ihre Augen hatte er nicht; ach, wie entzückend mußte das erst sein!

„Morgen reise ich,“ rief ich aus und die Berge erglühten rosig im Abendscheine, der Lenzel jauchzte laut, die Grillen zirpten und der Brunnen rauschte gar nicht mehr melancholisch, sondern ganz fröhlich.

Das war mir ja längst klar, meine Liebe war nie und nimmer zu erhöhen, warum sollte nun etwas so Großes und Herrliches nicht eine Stufe zu meiner Vervollkommnung werden? Wir konnten vereint weiter streben, daß mir doch das nicht eher eingefallen! Hand in Hand mit ihr ins Nirwana einzugehen, erschien mir jetzt als höchstes Glück; und ich zitterte bei dem Gedanken, daß sie vielleicht „Nein“ sagen könnte.

All mein Hochmut, all mein Selbstbewußtsein war dahin, im selben Augenblick, da ich erkannte, daß ich ohne Christine rettungslos zu Grunde gehen mußte. Sie war mein Anker, meine Hoffnung, mein Weg zum Höheren und Besseren; deutlich glaubte ich es zu fühlen, sie war mein guter Engel; und so war es auch, nur anders, ganz anders als ich geträumt.

Es läßt sich nicht beschreiben, was ich auf meiner langen Reise litt, gefoltert von bangen Zweifeln, fiebernd vor Ungeduld und dennoch machtlos, zum unthätigen Warten verdammt, ich glaube, ein Gang durch nächtliche Gefahren oder ein wilder Ritt wären mir eine Wohlthat gewesen gegenüber dieser Eisenbahnfahrt, deren scheinbare Langsamkeit sich durch nichts beschleunigen ließ. Ohne mir eine Nachtruhe zu gönnen, strebte ich vorwärts, es war mir unmöglich, etwas zu genießen, und ich fühlte mich schließlich so matt, daß ich glaubte umsinken zu müssen, wie der Reisende, den angesichts der Fata morgana der Tod im Wüstensand ereilt. Endlich hatte ich die kleine Station nahe Klockfelde erreicht, und ich atmete auf, trotzdem die Sonne heiß auf meinen Kopf herniederbrannte und die verstaubten, glutversengten Hecken auch gerade keinen erfreulichen Anblick darboten. Doch wartete meiner hier noch eine nichts weniger als angenehme Überraschung. Klockfelder Fuhrwerk war natürlich nicht da, denn ich wollte ganz überraschend kommen und hatte deshalb gar nicht geschrieben; Extrapost, die ich sogleich bestellte, war nicht zu haben, wie mir der Gepäckträger erklärte, indem er die perlende Stirn trocknete; er vertröstete mich zwar auf die Rückkunft der beiden einzigen, disponiblen Pferde, die mir, sobald sie dann gefüttert und gewässert seien, zu Diensten ständen. Nein, das war unmöglich, noch länger zu warten, das war nicht zu ertragen. So machte ich mich denn unter Zurücklassung meines Gepäcks, trotz Müdigkeit und Mittagsglut, zu Fuß auf den Weg.

Ich habe nichts gespürt von Staub und Hitze, mein zitterndes Herz trieb mich unermüdlich vorwärts. Stärker denn je überfielen mich die Zweifel an meinem Glück; und mein Gewissen sagte mir, daß ich eine Abweisung wohl verdient habe. War Christine nicht vielleicht überhaupt noch zu sehr Kind, um solche Liebe zu empfinden, wie ich sie beanspruchte? Ach, wenn sie nur „Ja“ sagte, ihr Herz wollte ich dann schon wecken.

Endlich nach stundenlangem Marsche lag Klockfelde vor mir; das graue Haus mit dem hohen, steilen Ziegeldach schaute so unfreundlich und stolz wie je über die Wipfel der Parkbäume hinweg, aber ich begrüßte es doch mit Freuden und kurz entschlossen schwang ich mich über den Gartenzaun ins kühle Grün, so den Umweg über die Landstraße vermeidend.

Ich stürmte vorwärts dem Schlosse zu; da, ich fühlte es mehr, als ich's sah, bemerkte ich unter den überhängenden Zweigen eines alten Baumes, auf einer mir wohlbekannten Bank ein lichtes Frauenkleid. Ein leiser Schritt näher — ja, sie war es, meine Christel, mein geliebtes Mädchen.

Halb von mir abgewandt, beugte sie sich über etwas mir nicht Erkennbares, das sie auf dem Schoß hielt; Haltung und Ausdruck gaben ihr etwas Madonnenhaftes, sie war schöner denn je, nur so bleich und abgezehrt war das süße Gesicht, ein so schmerzlicher Zug lagerte um den blassen Mund, daß es mir ins Herz schnitt, und ich mußte mir obendrein sagen, ich sei an allem schuld. Mein Bangen war bei ihrem Anblick geschwunden wie Nebel vor der Sonne; der Schmerz der Liebe stand zu deutlich in den großen, fragenden Rehaugen geschrieben, als daß ich noch hätte zweifeln können; sie war auch das Kind nicht mehr von damals, der Ausdruck der Sehnsucht und stummen Ergebung, mit dem sie jetzt die Hände faltete, war ihr früher nicht eigen. Voller Seligkeit und zugleich voll tiefen Schmerzes wurde ich gewahr, daß mein Kuß in jener Nacht die Knospe ihres jungfräulichen Herzens gesprengt hatte; voll tiefen Schmerzes, denn ich konnte mir nicht verhehlen, daß ich ihr das, was ich ihr genommen, den Kindessinn, das blinde Vertrauen, die glückliche Unwissenheit, niemals ersetzen konnte und wenn ich ihr mein alles und mich selbst zu Füßen legte.

Sie beugte sich wieder nieder und streichelte ihren kleinen Hund, den sie, wie ich nun sah, auf dem Schoß hatte, dann ließ sie ihn zur Erde gleiten und stand auf. Ihre Augen hefteten sich mit durchdringendem Blick auf das mich verbergende Gebüsch, ich weiß nicht, ob sie mich bemerkt hatte, oder ob sie meine Anwesenheit nur ahnte, jedenfalls hielt ich nicht länger an mich, mit wenigen Schritten stand ich vor ihr. Sie starrte mich an mit großen, ungläubigen Augen, als sähe sie eine Erscheinung, kein Wort, kein Laut des Erstaunens kam über ihre Lippen, aber als ich ihre Hände küßte und sie mit heißem Blicke anschaute, da errötete sie dunkel; ich hatte das noch nicht bei ihr gesehen, es war das erste Mal, ich hatte es sie gelehrt. Mit einer sanften, aber entschiedenen Bewegung machte sie sich los und trat einen Schritt zurück; wie fremd und kalt klang es: „So überraschend, Herr von Sassen? Mein Bruder wird sich freuen, Sie wiederzusehen. Er ist im Schlosse.“ Und damit ließ sie sich wieder auf die Bank nieder; eigentlich wäre ich wohl verabschiedet gewesen, ich sah es aber zu deutlich, daß sie sich nur setzte, weil ihre bebenden Kniee sie nicht mehr trugen, das machte mir Mut zu fragen: „Und Sie, Gräfin Christine? Freut es Sie nicht ein bißchen, daß ich wieder hier bin?“

„Gewiß,“ es kam fast tonlos heraus, „zumal da Sie ohne Abschied gingen.“ Mit herzzerreißendem Ausdruck sahen mich ihre Augen an, sie war doch zu wenig Weltdame, um sich vollständig zu beherrschen.

Ich fürchtete, daß ich nicht länger imstande war, an mich zu halten und hatte mir doch vorgenommen, den Weg pflichtmäßiger Rechtlichkeit diesmal nicht zu verlassen, also dem Bruder zuerst meine Wünsche zu offenbaren. Ich erwiderte denn auch nur: „Verzeihen Sie mir das, Gräfin, ich hoffe, Ihnen heute noch alles erklären zu können.“ Und da sie keine Miene machte, mich zu begleiten, ging ich allein von dannen; sie nickte mir zu, rief dann ihren Hund heran und war darin so vertieft, ihn zu liebkosen, daß meine Hoffnung, sie werde mir nachschauen, eine vergebliche blieb. Kaum war ich aus ihrem Gesichtskreis, als ich in Sturmschritt verfiel, das Schloß so schnell wie möglich zu erreichen.

Der alte Diener wies mich auf meine Frage in die Bibliothek; ich verbat mir jegliche Meldung und in langen Sätzen sprang ich die Treppe hinauf. Mit leisem Knarren wich die schwere, eichene Thür zurück, die weiten, düsteren Räume der Bücherei thaten sich vor mir auf; Staubluft und Modergeruch wallten mir entgegen von den wandhohen Schränken, gefüllt mit der Weisheit und Thorheit vieler Jahrhunderte. In der tiefen Stille drang das Nagen des Holzwurmes an mein Ohr, mit seinem einförmigen Ticken dem unaufhaltsamen Pendelschlage der großen Weltenuhr Zeit vergleichbar. Hätte ich den entrinnenden Minuten „Halt“ gebieten können! Ich, der ich kostbare Wochen ungenützt verstreichen ließ, geizte nun mit jeder Sekunde. Graf Otto saß an einem mit Büchern beladenen Tisch, den Kopf in die Hand gestützt, über einen großen Folianten gebeugt, er blickte erst auf, als ich dicht vor ihm stand. Mit vollständig abwesendem Ausdruck starrten die wasserblauen Augen geradeaus; ich glaube kaum, daß er mich im ersten Augenblick überhaupt sah; es machte mir den Eindruck, als schaue er durch mich hindurch, durch Wände und Mauern, bis in die entlegenste Gedankenferne. Endlich, ich legte meine Hand schwer auf seine Schulter, fand er Sprache und Besinnung wieder, war aber gar nicht verwundert über meine Anwesenheit, bot mir nicht einmal die Hand zum Willkommengruß, vielmehr, als sei ich nicht länger als eine Stunde fortgewesen, sagte er: „Gut, daß Du kommst, ich habe hier gerade eine schwierige Stelle, die mich sehr interessiert. Das mußt Du mir erklären.“

Und dabei wies er mit der linken Hand auf die aufgeschlagenen Seiten, während er die eine Ecke des alten Buches zwischen den Fingern der rechten auf und nieder blättern ließ. Ein kurzer Blick belehrte mich, daß es die Schriften des Nostradamus seien, in die er sich versenkt hatte. Erst später habe ich so recht eingesehen, wie gründlich ich ihm den einfältigen Kopf verdreht hatte, noch heute spuken meine halbbegriffenen Lehren in seinem Hirn herum, noch immer ist er nicht ganz davon genesen. Der gänzliche Mangel an Staunen seinerseits brachte mich vollständig außer Fassung. Meine Erklärung hatte die Antwort auf seine verwunderte Frage sein sollen, nun wußte ich nicht, wo anknüpfen; aber die Minuten verflogen, und ich hatte ja Eile, brennende Eile. Ich schlug also den Folianten mit einem kurzen „Ein andermal“ energisch zu und schob ihn beiseite. Da that er einen tiefen Atemzug, stand auf und reckte die langen Glieder, wie im Erwachen von schwerem Traum. Nun sah er mit einem Schlage, wie staubig und erhitzt ich aussah, bedauerte mich wegen der weiten Wanderung, machte mir Vorwürfe, daß ich nicht um einen Wagen depeschiert und hätte mich schließlich unter einem Schwall von Worten auf eines der jedenfalls ungelüfteten und ungesäuberten Gastzimmer geführt, wenn ich nicht entschiedenen Protest eingelegt hätte. „Laß das jetzt," sagte ich, „ich habe Wichtiges mit Dir zu reden." Und dann schüttete ich mein ganzes Herz vor ihm aus, alles, was tief drinnen gekocht und gebrodelt, kam nun ans Tageslicht; alles erzählte ich, wie ich Christine liebgewonnen, wie ich in bangen Zweifeln an meiner Liebe geflohen, und wie ich nun zurückgekehrt im Gefühl, ohne sie nicht leben zu können. Nur jener Mondnacht und meines zusammengebrochenen Glaubensbekenntnisses erwähnte ich nicht. Er hörte mir nachdenklich zu, als ich geendet, sagte er ganz trocken: „Hm, davon habe ich gar nichts gemerkt." Dann nach einer Weile: „Du willst also die Kleine heiraten?"

Voller Ungeduld drängte ich ihn zur Entscheidung. Niemals, weder vor- noch nachher, sah ich eine so überlegene Miene bei ihm, wie damals, als mein Glück an seinem Worte hing. Er fing an, mich auszufragen, ob ich Schulden hätte, wie es mit meinem Vermögen stände und so weiter; alles Dinge, die er längst wußte. Das war zum rasend werden, ich stampfte mit dem Fuße.

„Na ja," sagte er schließlich, „die Kleine kriegt ja auch einen ganz netten Batzen Geld; aber ich habe doch nur die eine Schwester. — — — Hast Du denn schon gefragt, ob sie Dich auch will?"

„Nein. Und Du hättest nichts dagegen, wenn ich sogleich" — —

„In Gottes Namen!"

Das ließ ich mir nicht zweimal sagen, ich drückte ihm die Hand und lief eilends die Treppe hinunter, immer zwei Stufen zugleich. Drunten in der Halle erwischte mich noch der bürstenbewaffnete Friedrich, er meinte, ich könnte mich so unmöglich vor der Comtesse sehen lassen; obgleich ich die Wahrheit dieses Argumentes zugeben mußte, stand ich doch eine wahre Höllenpein aus bei diesem erneuten Aufenthalt.

Endlich stand ich wieder auf dem Platz, wo ich Christine vorhin begrüßt; noch saß sie auf der Bank, als ich mich näherte, stand sie aber auf.

Ich faßte ihre Hand und bat sie zu bleiben und mich anzuhören. Willenlos wie ein Opferlamm willfahrte sie meinem Wunsche; so saßen wir denn neben einander, ihre Hand lag zitternd in der meinen und die Farbe kam und ging auf ihren Wangen, während sie stumm zu Boden blickte.

„Was wollen Sie?" fragte sie endlich leise, fast tonlos. „Was ich will? Dich will ich, Deine Liebe und Dein Leben, alles, was Du zu geben hast!"

Sie schlug die Hände vors Gesicht, ein thränenloses Schluchzen erschütterte ihren Körper, aber keine Antwort kam über ihre Lippen. „Christine, hast Du mich lieb, wie ich Dich? sprich, willst Du mein werden!" drängte ich.

Da ließ sie die Hände sinken und schaute mich an mit großen, traurigen Augen, ein wehmütiges, zärtliches Lächeln umspielte ihren Mund. „Sie fragen noch?“ sagte sie, „Sie fragen und wissen doch so genau, daß ich Ihnen verfallen bin auf Gnade und Ungnade.“

Ich zog sie an mich. „So traurig sagst Du das, wärst Du lieber frei?“ „Altwich!“ ihre Augen strahlten, ihre Wangen glühten rosig, ihr Köpfchen lehnte an meiner Schulter. „Altwich, ich kann Dich nimmer lassen!“

Ich beugte mich nieder, den süßen Mund für solche Worte zu küssen, aber nein, das ging nicht an. „Schenke mir heute, was ich Dir einst eigenmächtig raubte,“ flüsterte ich bittend in ihr Ohr, „ich darf es ja nicht wagen. Herzliebe Seele, küsse mich!“

Sie rührte sich nicht. Ich stand auf und gab sie frei. Die Augen gesenkt, rang sie in ratloser Verwirrung die Hände.

„Soll ich gehen, Gräfin?“ Da schlang sie beide Arme um meinen Hals und leise wie ein Hauch berührten mich ihre Lippen. „Ach, Altwich, wie laut schlägt Dein Herz!“

„Ja, laut und stark und nur für Dich, mein Leben!“

Das waren selige Stunden, die glücklichsten meines Lebens; so etwas läßt sich gar nicht beschreiben, ist ja auch nicht nötig. Wer selber glücklich ist, denkt eben allemal lieber an eigenes, als an fremdes Glück; und wer da einsam und verlassen, bei dem heißt's erst recht: Wozu die Tantalusqualen?

Schade war's nur, daß das eigentliche rechte, ich kann's nicht anders ausdrücken, das bewußtlose Glück von so kurzer Dauer war. Als das Denken wieder anfing, entfloh mein Seelenfrieden gar zu schnell. Ich war maßlos in meinem Begehren nach Liebe; wenn mir aus den Augen meiner Braut die große, unendliche Liebe entgegenstrahlte, dann verließen mich wohl die Dämonen, war ich aber auch nur auf Stunden allein, so begann ich an meinem Glücke zu zweifeln, und die Zweifel brachten mich dann in folgerichtiger Reihe zu der alten Verneinung alles Irdischen.

Als mein Urlaub zu Ende ging, kehrte ich schweren Herzens in meine Garnison zurück. Man fand mich dort sehr verändert: ich war auch ein anderer Mensch geworden, nur eines fehlte mir noch, ich hatte immer noch nicht den gefunden, in dessen Hände ich vertrauensvoll mein Geschick legen durfte, wenn meine Macht aufhörte; und das war es auch, was mich noch manchmal des Nachts ruhelos umhertrieb, — die abergläubische Ehrfurcht vor der Macht meines eigenen Willens. Freudig that ich meinen Dienst; ich leerte manches Glas mit meinen Kameraden auf das Wohl meiner Braut, die, wie man behauptete, ein wahres Wunder von Schönheit und Liebenswürdigkeit sein müsse, da es ihr gelungen, mich so gänzlich zu bezaubern; aber mir wurde heiß und kalt bei dem Gedanken, mein Kleinod in diesen großstädtischen Kreis zu bringen, und ich verbarg schon jetzt voll eifersüchtiger Furcht ihr Bild vor jedem fremden Auge.

Ich dachte an Christine und las Schopenhauer. Ja, ich las Schopenhauer! Manchmal zwar, wenn mir seine Auffassung der Liebe, im Gedanken an mein heiliges Glück, ein Gefühl ekelhafter Erniedrigung erweckte, dann flog er kräftig geschleudert in eine Ecke, um — — nur zu bald wieder hervorgeholt zu werden.

Ich merkte es gar nicht, daß die Macht der Gewohnheit hierbei eine große Rolle spielte, ebensowenig wie ich gewahr wurde, daß ich mich mehr und mehr in die so sehr gefürchteten Leidenschaften verstrickt hatte.

Als das Manöver zu Ende war, eilte ich natürlich ohne Verzug nach Klockfelde. Unsere Hochzeit sollte erst im nächsten Frühjahr sein; Otto war durchaus nicht zu bewegen, seine kleine Schwester früher herzugeben. O, hätte er es doch gethan! vielleicht — — ach nein, da giebt's kein „Vielleicht", ist doch das in unserem Charakter begründete Verhängnis unerbittlicher, als das herrschsüchtigste Fatum.

Es war an einem klaren Oktober-Sonntag, da legte ich in selbstherrlicher Vermessenheit in Christinens Seele den Grund zu jenem Entsetzen, das mit rasender Schnelle wachsend, das Ende herbeiführen sollte.

Wir saßen auf der Bank unter der alten Linde, wo ich sie einst zurückkehrend fand und wo sie dann meine Braut ward. Ihre Hand lag in der meinen, es war so still um uns und in uns, das war die letzte Friedensstunde. „Weißt Du noch," begann sie endlich, „weißt Du noch, wie wir uns zuerst gegenüberstanden? In der alten Halle war's, — und solch schöner Frühlingsabend!"

„Wie sollt' ich nicht, mein lieber Schatz." Ich küßte ihre Fingerspitzen.

Sinnend schaute sie zu Boden, ihr Fuß schob das abgefallene Laub zusammen in träumerischem Spiel. „Damals blühte der Flieder," hub sie wieder an, „und nun welken die Blätter — — ach, laß sie welken!" Dabei sah sie mir mit sorglosem Lachen in die Augen und lehnte sich zutraulich an meine Schulter. „Weißt Du noch," fing sie nach einer Weile wieder an, „weißt Du noch, ich stand vor Dir und sprach kein Wort; Du hieltest mich gewiß für ein recht thörichtes, kleines Mädchen, ich mußte aber immer darüber nachdenken, wo ich Dich schon gesehen hatte; ja, denke Dir, ich kannte Dich schon!"

Ich horchte auf, hatte ich doch ganz das Gleiche empfunden. Ich sagte es ihr.

„Siehst Du," fuhr sie fort, „da habe ich mich doch nicht getäuscht. Zuerst hatte ich nur eine dunkle Erinnerung, aber nach und nach wurde alles klarer, ich weiß es jetzt ganz genau; wir waren beide so traurig. Du wolltest fort, wir nahmen Abschied."

Ich sprang auf, wie ein Schleier fiel es von meinen Augen, mit Macht packte mich das Erinnern einer rätselhaften Vergangenheit, ich fühlte wieder das Beben ihres schlanken Körpers, als sie schluchzend an meiner Brust lag, ich wollte mich losreißen, die schwere Stunde zu verkürzen, aber weinend umschlang sie meinen Hals und wollte mich nicht gehen lassen, ich küßte ihre Stirne ein letztes Mal, dann — —

„Altwich, wie geht das zu?" Christinens Stimme weckte mich von schwerem Traume. — Wie das zuging? Mir war es nun klar. Wir hatten uns geliebt vor langer, langer Zeit schon; getrennt, gestorben, wiedergeboren und wiedergefunden. Die gleiche Leidenschaft trieb uns wieder ins Leben, wir hatten das gleiche Ziel, da mußten wir uns ja wiederfinden, das Sehnen vom einen zum andern bildete die unlösliche Kette, die uns verband, erhaben über Zeit und Raum für immer und ewig.

Ich zog Christine neben mich auf die Bank, ihre Augen hafteten forschend, gespannt, voll Wissensdurst an meinen Lippen, von denen sie im liebendem Vertrauen die allein gültige Wahrheit erwartete.

„Sieh," sprach ich, „dies Leben hier, dies Dir bewußte Leben ist nicht Dein erstes; Deine Seele war zuvor schon verkörpert. Wie oft bereits, wann, wo, auf dieser Erde oder in einer anderen Welt? das ist uns verborgen. So ist es auch mit mir, so überhaupt mit allen Wesen. Für gewöhnlich kommt uns das gar nicht zum Bewußtsein; keine Erinnerung verbindet ein Leben mit den anderen, gleich wie dunkle Nacht jeden Tag von dem nächsten scheidet. Wir haben uns einst gekannt, geliebt und im Augenblick des Wiederfindens hat das Gefühl der Zusammengehörigkeit blitzartig die Nacht erhellt, uns jene ferne Abschiedsstunde zeigend, gleich darauf in finsterer Erinnerungslosigkeit alles übrige verbergend. Ja, wir fanden uns wieder! unsere Liebe, mächtig, leidenschaftlich, weil erhaben über Zeit und Tod führte uns zusammen, vielleicht über Jahrtausende hinweg! Verstehst Du mich, Christine?"

Sie nickte; auf ihrem Gesichte las ich deutlich den Gedanken: Das ist eine wunderbare Geschichte, aber du sagst es, da muß es wohl wahr sein. Ich fuhr indessen fort: „Wir leben, weil wir leben wollen. Dieser unselige Lebensdurst ist es, der die ganze Welt erschuf, diese große, unglückliche Welt. Er ist es, der uns immer wieder ins Leben treibt, zu immer neuem Jagen nach unerreichbaren Phantomen von Glück und Seligkeit."

Sprachlos starrte sie mich an, als wenn ich irre redete. „Das Leben ist nur Leid," fuhr ich fort, „und alles Leid entspringt aus unseren Neigungen, die niemals Befriedigung finden."

„So unglückselig bist Du?" unterbrach sie mich, und ein trauervolles Lächeln umspielte ihren Mund, „ach, Lieber, Geliebtester, hab doch Geduld mit mir, ich will Dich glücklich machen!"

„Das ist ja alles doch umsonst, herzliebe Seele; komm, streben wir selbander dem Nirwana zu."

„Nirwana? was ist das?"

„Nirwana, so nannten es die alten Inder, die Meister und Lehrer des einzigen Heils. Nirwana heißt: „Erloschen sein". Auslöschen muß die Seele, wie ein herabgebranntes Licht verlischt, wenn nichts mehr die Flamme nährt; das nur ist Friede. Vergeblich habe ich lange danach gerungen, all' meine Wünsche, Leidenschaften und Begierden habe ich nach und nach ertötet, damit die Flamme meines Lebens ungespeist verlöschen möchte. Ich konnte es ja nicht erreichen ohne Dich, Christine; unsere Liebe ist zu groß und stark. Nicht Du oder ich, keiner allein vermag es sich loszulösen, nur Hand in Hand werden wir ins Nirwana eingehen; solange einer noch im Leben weilt, muß ja der andere stets wiederkehren. Sprich, willst Du diesen Weg gehen mit mir, Christine, meiner Seele Leben und mein ewiger Tod!"

„Altwich, Du lästerst!" Sie stieß es atemlos hervor.

„Christine, Du bist ein Kind!" Mit einer kurzen Bewegung befreite sie sich von meinen umschlingenden Armen und vorgebeugten Leibes schaute sie mich an, mit großen angstvoll erweiterten Augen.

„Altwich, Du glaubst an keinen Gott?" Wie ein Schrei klangen die Worte, wie ein Schrei jäher, entsetzlicher Erkenntnis.

„Gott" — — ich wagte es nicht, ihrem Blicke zu begegnen, einen Augenblick hielt ich inne, alles totenstill, es war, wie wenn einer zögert, die Schwelle zu überschreiten, — — herbstlich gefärbte Sträucher schimmerten durch die gelichteten Zweige herüber, ein gelbes Blatt sank lautlos vor mir zu Boden — da richtete ich mich auf. „Gott? nein Christine, ich habe keinen Gott!"

Stumm schlug sie die Hände vor das erbleichte Gesicht und sank kraftlos zurück gegen die Lehne der Bank. Ich erzählte ihr nun von den Lehren des Buddha und von der Heimstätte jener Religion, die mir schon manches Jahr hindurch das Christentum ersetzt hatte, von Indien, dem Lande der Märchen und Wunder. Mit Bedacht wählte ich alles so, wie es mir geeignet schien, ihre jungen Augen zu blenden. Ich sprach von lauen Mondnächten am Ufer des Ganges, von duftenden Blumen und bunten Schmetterlingen. „Aber auch giftige Schlangen giebt es da," warf sie leise und tonlos ein. Die indischen Tempel beschrieb ich ihr mit den zahllosen Buddhafiguren und der Schar andächtiger Beter, da rief sie: „O, Du hast doch einen Gott," und wie versteckter Jubel durchklang es ihre Stimme, „Du nennst ihn Buddha, ich Jesus Christus; was thut der Name schließlich, im Grunde ist's derselbe. Befiehlt doch Dein Gott Liebe und Entsagung wie der meine!"

Das liebe Kind erschien mir überhaupt nur von dem einen Gedanken beseelt, in meinen Worten nach einer Entschuldigung zu suchen; der Hoffnungsschimmer, daß ich vielleicht doch nicht ein so verworfener Gottesleugner sei, hatte sie wohl immer noch nicht verlassen.

Ich sagte ihr, daß Buddha nichts heißt als der „Erleuchtete", daß er Jahrhunderte vor Christi Geburt schon gelebt, daß er nur Mensch gewesen, nur ein weiser Mann; daß nur der Überglaube des gemeinen Volkes ihm göttliche Verehrung zolle und zu ihm bete, und daß seine Lehre jetzt in ganz entstellter Form zu Tage trete. Dann sprach ich von esoterischem Buddhismus und suchte ihr klar zu machen, wie die ganze Welt eigentlich nichts als ein Denken sei, das über sich selbst denke.

Vergeblich suchte sie mir zu beweisen, daß, meine Anschauung der Weltordnung zugegeben, doch ein Schöpfer nötig sei, um den Anfang aller Dinge zu erklären. Ich brachte sie fast zur Verzweiflung mit den fragen, wer denn nach ihrer Ansicht wieder den Schöpfer geschaffen habe und weshalb, wenn es etwas Ewiges giebt, dieses Ewige ein persönlicher Gott sein müsse, ein Gott, dem nicht einmal Allmacht und väterliche Güte eigen sei, denn wie könnte er sonst die tausendfältige Sünde zulassen.

Ja, es ist wahr, man konnte sich entsetzen vor meinen Reden. Christine schwieg auch endlich, einsehend, daß doch alles umsonst; gesenkten Hauptes, die Hände im Schoß gefaltet, blickte sie tieftraurig vor sich nieder.

Ich wollte sie zu mir heranziehen, um durch Liebkosungen ihr verlorenes Vertrauen wiederzugewinnen; aber sie schob mich mit großer Entschiedenheit zurück, und ich fühlte, wie bei meiner Berührung ein Schauer durch ihre Glieder lief. Das heiße Blut stieg mir zu Kopf, ich wollte zornig aufbrausen, doch ihr scheuer Blick ließ mich mitleidig innehalten.

„Christine, Du weisest mich zurück?“ fragte ich vorwurfsvoll, „ist das Deine Liebe?“

Da ließ sie sich wohl von mir küssen, aber ihre Lippen blieben kühl und wie ein gehetztes Reh entfloh sie, als ich sie freigab.

Wir berührten das streitige Thema nicht wieder, ich bemerkte, daß meine Braut ängstlich jedes Wort vermied, das noch einmal zu ähnlichen Erörterungen Anlaß geben konnte; aber ich merkte auch sehr gut, daß sie stets bei meiner Annäherung zurückzuckte und daß manch scheuer Blick mich traf; ich sah es wohl, ich war ihr unheimlich.

Ich war außer mir darüber, oft zitterte ich in ohnmächtiger Wut, und doch erschien sie mir nie lieblicher, nie begehrenswerter als gerade in diesem scheuen Zurückweichen, das meine Leidenschaft zu ungeahnter Größe aufstachelte.

Der gute Otto merkte natürlich nichts von alledem, obgleich Christine bleich und bekümmert einherging; mir aber war dieser Zustand geradezu unerträglich, er sollte und mußte ein Ende nehmen. Mein Entschluß stand fest.

Schon lange hatte ich gewünscht, Christine zu hypnotisieren. Mich selbst in diesen Zustand zu versetzen, war mir bisher nicht gelungen. Bei der Selbsthypnose verläßt die Seele sozusagen freiwillig den Körper und vermag sich von der Materie ungefesselt zu den Höhen der Erkenntnis zu erheben, von dort das All erschauend. Was mir selbst versagt blieb, das wollte ich nun durch die Seele meiner Braut genießen, durch diese Seele, die ich als mein unumschränktes Eigentum betrachtete; und zugleich gedachte ich, durch Suggestionen dies, mein rechtmäßiges Eigentum zur Unterwerfung zu zwingen, mit Gewalt die Herrschaft zu erobern, die mir verweigert ward.

Das war aber nicht so leicht gethan; in Ottos Gegenwart konnte und wollte ich mein Vorhaben nicht ausführen und seit jenem Sonntage floh meine Braut das Alleinsein mit mir. Aber endlich kam doch die Stunde, die meinem ungeduldigen Begehren Erfüllung brachte.

(Schluß folgt.)

Fausts geschichtliche Persönlichkeit.

Von

Carl Kiesewetter.

(Fortsetzung.)

Eine weitere kurze Notiz über Faust, welcher hier als fahrender Schüler bezeichnet wird, finden wir bei dem berühmten Arzt und Naturforscher Conrad Geßner in Zürich. Derselbe schreibt am 16. August 1561 an seinen Freund, den kaiserlichen Leibarzt Krato von Krafftheim[1]):

„Aus jener, der Zauberer, Schule, gingen die hervor, welche man fahrende Schüler nannte, unter welchen der eben noch nicht lang verstorbene Faust in hohem Ansehen steht."

Wir begegnen also auch bei Geßner Faust als einem Manne, der den Charakter des Vaganten nicht abstreifen kann. Daß Geßner im Jahre 1561 Faust noch nicht gerade lange verstorben sein läßt, darf uns nicht beirren, seinen Tod vor 1540 zu setzen; denn abgesehen davon, daß in jener behäbigen Zeit zwanzig Jahre eben kein langer Zeitraum erschienen und Geßner wohl nach Hörensagen schrieb, setzt Wier, welcher Faust persönlich kannte, in Übereinstimmung mit Begardi Fausts Tod vor das Jahr 1540.

Eine der wichtigsten Nachrichten über Faust verdanken wir Melanchthon, und zwar ist es dessen Schüler Johann Manlius (Mennel) aus Ansbach, welcher uns dieselbe in seiner 1562 zu Basel vollendeten, aber erst daselbst 1590 in Oktav herausgegebenen Schrift: „Locorum communium collectanea"[2]) mitteilt, einem Buche, das analog den Lutherschen Tischreden die Gespräche des Melanchthonschen Kreises enthält. Daselbst heißt es (S. 38):

„Ich habe einen, Namens Faustus, gekannt aus Kundling, einem Städtchen nahe bei meiner Heimath. Als er zu Krakau studirte, hatte er die Magie erlernt,

[1]) „Epistolarum medicinalium Conradi Gesneri, philosophi et medici, Tigur. Lib. III. 1577. 4°. L. I. ep. I, p. 2."

[2]) Locorum communium collectanea a Johanne Manlio per multos annos pleraque tum ex lectionibus D. Philippi Melanchthonis, tum ex aliorum doctissimorum virorum relationibus excerpta et nuper in ordinem ab eodem redacta. — Die an den König von Böhmen gerichtete Widmung ist von Michaelis 1562 datiert.

wie sie dort früher stark getrieben wurde, wo man öffentliche Vorlesungen über diese Kunst hielt. Er schweifte weit und breit umher und sprach von vielen geheimen Dingen. Als er zu Venedig Aufsehen erregen wollte, kündigte er an, er werde in den Himmel fliegen. Der Teufel hob ihn also in die Höhe, ließ ihn aber auf die Erde fallen, so daß er von diesem Fall fast den Geist aufgegeben hätte; aber er starb dennoch nicht. Vor wenigen Jahren saß dieser Johannes Faustus an seinem letzten Tage sehr betrübt in einem Dorfe des Herzogthums Würtenberg. Der Wirth fragte ihn, warum er so betrübt sei wider seine Sitte und Gewohnheit, denn er war sonst ein schändlicher Schelm, der ein liederliches Leben führte, so daß er ein und das andere Mal fast wegen seiner Ausschweifungen umgekommen wäre. Darauf erwiderte er dem Wirth in jenem Dorfe: „Erschrick diese Nacht nicht!“ In der Mitternacht ward das Haus erschüttert. Da Faustus am Morgen nicht aufgestanden, und fast der Mittag gekommen war, ging der Wirth mit andern Hinzugerufenen in sein Zimmer und fand ihn neben dem Bette liegen mit umgedrehtem Gesicht; so hatte ihn der Teufel getödtet. Als er noch lebte, hatte er einen Hund bei sich, welcher der Teufel war. — Dieser Faust entrann in unserer Stadt Wittenberg, als der vortreffliche Fürst, Herzog Johann, den Befehl gegeben hatte, ihn gefangen zu nehmen. Auf dieselbe Weise entwischte er in Nürnberg; als er sich zu einer Mahlzeit niedergesetzt hatte, begann er zu schwitzen[1]) und stand sogleich vom Tische auf, indem er dem Wirth seine Schuld bezahlte. Kaum aber war er vor der Thüre, als die Gerichtsdiener kamen und nach ihm suchten. — Dieser Zauberer Faustus, eine schändliche Bestie und Cloake vieler Teufel, prahlte, daß er alle Siege, welche die kaiserlichen Heere in Italien erfochten, durch seine Magie errungen habe. Und dies war die unsinnigste Lüge, wie ich der Jugend halber bemerke, damit sie nicht gleich solchen Leuten zufalle.“

Betrachten wir uns dieses Zeugnis nun etwas näher. Auffallend ist zunächst, daß — von älteren hier nicht zu berücksichtigenden Forschern abgesehen — selbst Reichlin-Meldegg diesen Bericht als von Manlius und nicht von Melanchthon herrührend ansieht. Doch ist diese Auffassung leicht zu widerlegen, da der Berichterstatter von dem seiner Heimat benachbarten Städtchen Kundling als dem Geburtsort Fausts spricht, und Bretten, die Heimat Melanchthons, nur eine Stunde, Ansbach aber, der Geburtsort des Manlius, in Luftlinie über 140 Kilometer von Knittlingen entfernt liegt. Mithin kann kein Zweifel sein, daß Melanchthon und nicht Manlius spricht.

Man hat aber auch das Zeugnis des Melanchthon deshalb zu verdächtigen gesucht, weil die scheinbar abergläubische Färbung desselben dem Ansehen und der Würde des Reformators schade. Da nun aber das ganze, dereinst sehr viel gelesene und auch 1574 von Huldreich Ragor ins Deutsche übersetzte Buch des Manlius von ähnlichen Dingen wimmelt, so haben bereits Caspar Peucer, Melanchthons Schwiegersohn, und Camerarius aus dem gleichen Grund die Lauge ihres Zornes über den

---

1) D. h. Faust ahnte, daß ihm etwas Böses bevorstehe; das unbestimmte Vorgefühl setzte sich in eine ihm den Schweiß austreibende Angst um, die ihn nötigte, den unheildrohenden Ort zu verlassen. Derartige Beispiele sind in der Geschichte nicht selten. Ich erinnere nur daran, daß, als Johann Friedrich der Großmütige nach der Schlacht bei Mühlberg im Erdgeschoß des goldenen Ankers in Saalfeld in Haft war und vor Angst darin nicht bleiben konnte, die Decke einfiel, als der Kurfürst kaum das Zimmer verlassen hatte.

ehrlichen Manlius ausgeschüttet, welcher im täglichen Verkehr mit dem Reformator dessen Äußerungen und Gespräche fleißig aufnotierte, um die Brosamen nicht verloren gehen zu lassen. Es ist heute wohl überflüssig, Beweise dafür beizubringen, wie sehr Melanchthon im dicksten Teufelsaberglauben seiner Zeit befangen war, und wir können im Gegenteil die ungekünstelte Teufelsgläubigkeit der Erzählung gerade als ein charakteristisches Zeichen ihrer Echtheit betrachten. Ja es ist sogar nicht unmöglich, daß der um Neujahr 1509 die Universität Heidelberg beziehende Melanchthon ein Studiengenosse Fausts war, welcher am 15. Januar desselben Jahres sich zu Heidelberg das Baccalaureat der Theologie erwarb. Die Angabe Melanchthons, daß der Name des Zauberers Johann Faust gewesen sei, möchte ich unter diesen Umständen sogar zur Bestärkung meiner oben geäußerten Annahme, daß Georg Sabellicus-Faustus nur ein nom de guerre gewesen sei, heranziehen.

Daß Faust, nachdem er in Heidelberg Theologie studiert, in Krakau und nicht, wie die Faustbücher wollen, in Wittenberg oder Ingolstadt, sich der Magie ergab, dürfen wir als erwiesen ansehen, da außer Melanchthon noch Johann Wier die gleiche Angabe macht, und in Krakau — wie früher in Salamanca und Toledo[1]) — die Magie wirklich gelehrt wurde. Allerdings war dies nur die sogenannte natürliche Magie, d. h. ein Gemisch von rudimentären Kenntnissen auf dem Gebiete der Chemie, Physik, Optik, Mechanik des Magnetismus und Hypnotismus, sowie von naturhistorischen Fabeleien des Plinius, Pseudo-Albertus Magnus u. s. w. Wer aber den Geist jener Zeiten kennt, der ist sich klar darüber, daß es dabei nicht blieb, sondern daß auf den Zauberschulen auch wohl — öffentlich oder geheim — uralte, von den Juden (die Zauberschulen sind

---

[1]) Die erste Erwähnung der Zauberschulen zu Salamanca und Toledo finde ich zuerst am Schlusse der kleinen Schrift: De artibus magicis ac magorum maleficiis opus praeclarissimum, eximii sacrae legis disquisitoris Magistri Bernhardi Basin, Caesaraugustanensis Ecclesiae Canonici. Paris. 1506. 8°. Auch heißt es bei Cardanus: De subtilitate, lib. XIX. pag. 976 ed. m. d. a. 1558: „Vigebat olim in Hispania haec ars publiceque docebatur in Salamantica academia, nunc vero publicis legibus sublata est. Unde ibi aliqua adhuc artis experimenta supersunt.“

Nach dem „Historisch rc. Curiositäten“ von Vulpius soll sich die Zauberschule zu Salamanca in einem Eckhause der Straße St. Pablo befunden haben. Wo früher der Teufel docirt habe, befänden sich jetzt schöne Gärten und Zimmer. — Wahrscheinlich handelt es sich um einen alten Mithraskult, was nicht ausschließt, daß man sich später an so verrufener Stätte zu magischen Konventikeln zusammenfand. Auch in Frankreich soll eine solche Zauberschule bestanden haben, und zwar nach Balthasar Bekkers „Bezauberter Welt“ S. 140 zu Vincester (Vincennes?). Hier lehrte nach der Sage der Teufel jährlich zwölf Schülern die Schwarzkunst und bedingte sich als Lehrgeld den Scholaren aus, welcher von einem umgedrehten Rad herabstürzte. Der bekannte Valvassor schreibt in seiner „Ehre des Herzogthums Krain“, 1. T., S. 664, Wunderbares über diese französische Teufelsschule. Auch in dem zauberberühmten Finnland, zu Abo, befand sich eine Zauberschule. Dort ist auf einem Berg ein Loch, worin eine von der Natur gebildete Bank steht, wie in einem Auditorium; dort hielt der Teufel Schule. Vgl. Berkenmeier „Curiöser Antiquarius“, T. I. S. 836.

an Orten, wo im Mittelalter die Judenschaft einige ihrer seltenen Pflegestätten fand) aus dem Orient importierte Zauberkünste gelehrt wurden, welche in jener Teufelsperiode ganz verzweifelt nach Schwefel rochen.

Die Erzählung von dem Luftflug und der mißglückten Himmelfahrt Fausts zu Venedig hatte Melanchthon wohl vom Hörensagen, und es ist unmöglich, zu entscheiden, ob derselben nur eine prahlerische Auffrischung des ebenfalls mißglückten Fluges von Simon Magus seitens Fausts, oder ein wirkliches Ereignis, eine mißglückte Luftschiffahrt[1]) oder eine spiritistische Levitation zu Grunde lag. Was den Bericht des keineswegs eine chronologische Ordnung innehaltenden Melanchthon über den Tod Fausts anlangt, so geht aus demselben hervor, daß Faust auf irgend eine auffallende Art starb, woraus die Sage sein diabolisches Ende machte[2]), und zwar verschied er, wie wir Melanchthon wohl glauben können, in einem württembergischen Dorf und nicht, wie die Faustbücher wollen, in einem Dorfe bei Wittenberg.

Der Faust begleitende Hund, welchem wir schon bei Gast begegneten und aus dem die Sage einen Teufel machte, der Prästigiar der Faustbücher, scheint historisch zu sein. Bekanntlich war ein schwarzer Pudel, Monsieur, auch Cornelius Agrippas steter Begleiter. Auch aus diesem machte der Aberglaube der Zeitgenossen einen Teufel, und Agrippas Schüler Johann Wier sah sich noch 1563 genötigt, seinen Lehrer gegen diese Beschuldigung zu verteidigen und den Beweis zu führen, daß „Monsieur“ ein ganz gewöhnlicher Pudel gewesen sei.[3])

Ein wichtiger Punkt der Erzählung Melanchthons ist der, daß der Reformator den Aufenthalt Fausts in Wittenberg verbürgt, von welchem die Faustbücher so viel erzählen. Leider ist es unmöglich, auf Grund dieses Zeugnisses festzustellen, wann und wie lange sich der Zauberer daselbst aufhielt. Nur so viel steht fest, daß dieser Aufenthalt Fausts in Wittenberg vor das Jahr 1532 – oder in die erste Hälfte desselben

---

[1]) Im 16. und 17. Jahrhundert beschäftigte man sich bereits mit dem Problem der Luftschiffahrt. Man vergleiche aus dem 16. Jahrhundert die Werke von Agrippa, Cardanus und Porta, aus dem 17. die von Simon Stevinus, Athanasius Kircher und Caspar Schott.

[2]) Auffallende Naturereignisse fallen nicht selten mit auffallenden Todesfällen zusammen. Ich erinnere daran, daß z. B. während der Beisetzung Ludwigs II. von Bayern der Blitz in den Turm der Begräbniskirche schlug. — Etwas Ähnliches — allerdings in ganz anderer Sphäre — erlebte ich am Nachmittag des 27. Juni d. J., als ich einer Schwurgerichtssitzung in Meiningen beiwohnte, in welcher der Raubmörder Hücher aus Barchfeld zum Tode verurteilt wurde. Während sich die Geschworenen zur Beratung zurückgezogen hatten, verdüsterte ein aufziehendes Gewitter den Saal derart, daß man während des Verlesens des auf „Schuldig“ lautenden Wahrspruches kaum die Gesichtszüge der im Saale Anwesenden erkennen konnte. Doch war in der Natur alles totenstill in Übereinstimmung mit dem atemlosen Schweigen im Saale. Als nun auf Aufforderung des Präsidenten der Staatsanwalt seinen Antrag stellte und die Todesstrafe verlangte, zuckte beim Aussprechen des Wortes „Todesstrafe“ ein blendender Blitz, welchem sofort ein betäubender Schlag folgte. Der Blitz hatte in eine der hinter dem Landgerichtsgebäude eine Allee bildenden Kastanien geschlagen. — Derartige Fälle geben und gaben vielen Anlaß zur Sagenbildung.

[3]) J. Wier: De praestigiis Daemonum. Lib. II. cap. 5

fallen muß, weil Johann der Beständige am 16. August 1532 starb. Die Annahme, daß Faust vor 1525 in Wittenberg gelebt haben müsse, weil Melanchthon Johann den Beständigen, der in diesem Jahre Kurfürst wurde, Herzog nennt, ist nicht notwendig geboten, da Melanchthon von diesem Fürsten auch noch nach dessen Tode als von Herzog Johann spricht.[1])

Eine Flucht Fausts, der wegen seiner schlechten Streiche lange vor seinem Wittenberger Aufenthalt[2]) schon aus Kreuznach hatte flüchten müssen, mag sich auch in Nürnberg wiederholt haben, und die Prahlereien, dem Kaiser die italienischen Siege erfochten zu haben, sehen dem „Heidelberger Halbgott" und „Quellbrunn der Nekromanten" sehr ähnlich, obschon wir denselben thatsächlich wohl unter den Fahnen Franz I. zu suchen haben.

Wir werden unten noch einmal auf Fausts Treiben in Wittenberg, auf seinen Verkehr mit Melanchthon und auf seine Flucht zurückkommen.

Im höchsten Grade auffallend ist es, daß ein Literar- und Kulturhistoriker wie Düntzer mehrfach behauptet, Faust sei in Luthers Tischreden nicht erwähnt.[3]) Er wird im Gegenteil ganz ausdrücklich erwähnt. Es heißt daselbst[4]):

„Da über Tisch zu Abends eines Schwarzkünstlers, Faustus genannt, gedacht ward, sagte Dr. M. ernstlich: „Der Teufel gebrauchet der Zäuberer Dienst gegen mich nicht, hätte er mir gekonnt und vermocht Schaden zu thun, er hätte es lange gethan. Er hat mich wohl oftmals schon beim Kopf gehabt, aber er hat mich dennoch müssen gehen lassen. Ich hab ihn wohl versucht, was er für ein Gesell ist. Er hat mir oft so hart zugesetzet, daß ich nicht gewußt hab, ob ich todt oder lebendig sei. Er hat mich auch wohl in Verzweiflung gebracht, daß ich nicht wußte, ob auch ein Gott wäre, und an unserem lieben Herrgott ganz und gar verzagte. Aber mit Gottes Wort hab ich mich seiner erwehrt. Es ist auch sonst keine Hülfe noch Rath, denn daß Gott (mit einem Wörtlin durch einen Menschen gesprochen, oder das einer sonst ergreift) einem hilft. Hat man aber Gottes Wort nicht, so ists balde um uns geschehen, denn da kann er die Leute nach seinem Willen reiten und treiben."

Die in Bezug auf Faust von Luther gebrauchten Worte: „der Teufel gebrauchet der Zäuberer Dienst gegen mich nicht" und die ganze Rede geben klar zu erkennen, daß Luthers Tischgenossen vermutet hatten, Faust habe Luther durch magische Künste zu schädigen versucht, oder könne wenigstens einen derartigen Versuch machen, weshalb man fast in Versuchung kommen möchte, in Luther den frommen Theologus des Faustbuches zu sehen, der den Zauberer wegen seines ärgerlichen Lebens strafte und zum Dank dafür einen Poltergeist ins Haus gebannt erhielt. Wenigstens erzählt Luther davon[5]), daß ihn der Teufel durch sein Rumpeln zu schrecken gesucht habe, wenn er des Nachts im Rempter seines Wittenberger Klosters studiert habe.

---

[1]) Corpus Reformatorum 8711. S. 401.

[2]) Ein mir befreundeter Professor an der Universität Halle nahm sich die Mühe, die alten Wittenberger Matrikeln durchzugehen. Doch findet sich in ihnen der Name Faust nicht, ein Beweis, daß derselbe nicht in offiziellen Beziehungen zu dieser Universität stand.

[3]) Scheible: Kloster, Bd. V. S. 60 u. 63.

[4]) Tischreden, ed. Förstemann, Bd. I, S. 60. — [5]) A. a. O. Bd. III. S. 93.

Die oben aus den Tischreden wörtlich citierte längere Stelle über Faust und die Macht des Teufels stimmt genau mit einem Teil des Wortlautes der in dem Widmannschen Faustbuch auf die Vorrede und Zeitbestimmung des Lebens von Faust folgenden „Erzehlung, was D. Luther von D. Fausto gehalten hab", überein, denn es heißt in derselben:

„Es hat auff ein zeit Doctor Martinus Luther ein gastung gehalten, da hat man des D. Fausti vber tisch gedacht, was er in kurtz für schalckheit getrieben hätte, darauff sagt Doctor Luther ernstlich, er mache dieser Faustus, was er wolle, so wirdts jhm an dem ende wieder reichlich belohnt werden. Denn es steckt nichts anders in jhm, denn ein hoffertiger stoltzer vnd ehrgeitziger Teuffel, der in dieser Welt einen ruhm will erlangen, doch wieder Gott vnd sein wordt, wieder sein eigen Gewissen vnd Nechsten, aber was nicht bleiben wil, das fahre nur stracks zum Teuffel, denn kein hoffertigers Thier nie entstanden, vnd darüber so hoch gefallen ist, als der Teuffel, ey warumb wolt dann Faustus seinem Herrn nicht nach ohmen, auff das er sich zu letzt auch an dem Kopf stosse."

Es läßt sich nicht leugnen, daß der Ton der Einleitung dieser „Erzehlung" echt lutherisch ist. Und nun folgt die wörtlich mit der obigen übereinstimmende Stelle:

„Aber das sage ich, er, noch der Teuffel gebrauchen sich der Zauberey nur nicht wieder mich. Denn das weiß ich wol, hette der Teuffel zuvor langst mir vermacht schaden zu thun, er hette es lang gethan, er hat mich wol offtmahls schon bey dem kopff gehabt, aber er hat mich dennoch müssen gehen lassen, ich hab jhn wol versucht, was er für ein Gesell ist, er hat mir offt so hart zugesetzet, das ich nicht gewüst hab, ob ich Todt oder lebendig were. Er hat mich auch wol in verzweiffelung gebracht, das ich nicht gewüst, ob auch ein Gott were, vnd an vnserm lieben Herrn GOTT gantz vnd gar verzagte, aber mit GOTTes wort hab ich mich seiner erwehrt, es ist auch sonst kein hülff noch Rath, denn das Gott, mit einem wörtlein durch einen menschen gesprochen, aber das sonst einer ergreifft, einem hilfft, hat man aber GOTTes wort nicht, so ists bald mit vns geschehen, denn da kan er die leut nach seinem willen reiten vnnd treiben."

Man sieht, daß diese wörtlich in den Tischreden zu findende Stelle sich an diesem Ort und in diesem Zusammenhang sehr natürlich ausnimmt, während sie in den Tischreden isoliert und ohne Zusammenhang steht, daß man fast vermuten könnte, der Herausgeber der Tischreden habe hier mancherlei unterdrückt, vielleicht weil er glaubte, es beeinträchtige Luthers Würde, wenn derselbe so viel von dem verrufenen Teufelsbraten Faust spreche.

Es heißt nun bei Widmann unmittelbar im Anschluß an obiges Citat weiter:

„Also sind in dieser mahlzeit von diesem Fausto viel disputationes fürgelauffen, Vnder denen auch einer sagte, wie Dr. Faustus so erfahren were, das er wüßte, was in künfftig geschehen solte. Darüber antwortet Doctor Martinus Luther, ja der Teuffel weiß der Gottlosen gedanken, denn er gibts jhnen ein, er siehet und regieret aller Menschen hertzen, die nicht mit GOTTES wort verwahret sindt, ja er helt sie in seinem strick gefangen, das sie reden, gedencken und thun müssen nach seinem willen, 2. Timoth. 2, vnd am andern zun Corinth. am vierdten, darumb ists kein wunder, ob schon Faustus etwas zuvor ersehen kan, denn der Teuffel hat auch mit dem Bäyerischen Krieg.

solches leichtlich errathen können, denn er hat gesehen, das Pfalzgraff Ruprecht stoltz und reich, darzu kühn war, das er auch Keyser Maximilian verachtet, entgegen daß Maximilian ein hoch Adelich auffrichtig Gemüth hette, deshalben er hoch zu loben gewesen, darüber ist der Krieg entstanden."

Es ist hier von dem Anno 1503 beginnenden Landshuter Erbfolgestreit die Rede, den Faust prophezeit haben soll. Wir haben es hier offenbar mit einem Mythus zu thun, da ja der um 1490 geborene Faust damals noch eine Knabe war. In den Tischreden findet sich hiervon keine Spur, wohl aber eine Parallelstelle zu Luthers oben hervorgehobener Antwort, denn es heißt [1]):

„Sanct Augustinus schreibt von Einem, der da hat können sagen, was Einer im Sinn gehabt, als wenn einer an ein Vers aus dem Virgilio gedachte. Aber den Vers hat ihm der Teuffel zuvor eingegeben, wie er denn der Gottlosen Gedanken weiß, was sie im Herzen haben. Denn er reit und treibt sie, wirkt in ihnen, wozu und was er will, nach all seinem Gefallen."

Nach einer noch etwas weiter gehenden, doch unbedeutenden Ausführung über Gedankenlesen heißt es nun bei Widmann weiter:

„In solchem gespreck sagt ein ander, wie Doctor Faustus newlich bey einem Graven in Beyern gewesen, da hab er jhm zu gefallen ein schön Jagwerck angerichtet, das auch allda allerley thier erschienen weren, aber nicht natürlich. Darauf sagt Doctor Luther, das jhm ein stattlicher von Adel einmahl lassen auf sein Schlos beruffen, sampt etlichen gelehrten zu Wittenberg, und darauff eine Hasenjagt bestellet, da were von allen, so dabey gewesen, ein grosser schöner Haß vund Fuchs gesehen, der lauffen kommen were, da jhm aber der Edelmann auff einem Klepper mit geschrey nachgeylet, were das Pferdt plötzlich vnder jhm darnieder gefallen, und gestorben, vnnd der Haß were in die lufft gefahren vnd verschwunden, vnnd were solches ein teuffelisch gespenst gewest. Hierauff sagt ein ander, das er wüste, das vnbenante Edelleuth im Landt zu Düringen, einmahl am Hörselberg des nachts Hasen geschreckt, vnd jhr bey acht gefangen hetten, wie sie nun heimkommen, vnd die Hasen auffhencken wolten, so warens des Morgens eitel Pferdtskopff gewesen. Darauf antwortet Doctor Luther, es kan wol seyn, das der Teuffel die Pferdtskopff bey dem Schindtwasen versamlet, vnnd mit denen ein spott angerichtet, vnd ist vermutlich, Doctor Faustus werde sein gejagt auch nicht angefangen haben, das er es ohne gespött wirdt haben lassen abgehen, denn der Teuffel spottet aller Menschen künste, er ist ein stoltzer geist."

Beide Erzählungen stehen, allerdings ohne die Hinweise auf Faust, dafür wieder isoliert und ohne Zusammenhang, auf ein und derselben Seite der Tischreden [2]), wo es heißt:

„Einer vom Adel (nach der lateinischen Handschrift Erasmus Spiegel) ließ D. Martin Luther aufs Land in seine Behausung holen sammt etlichen Gelehrten zu Wittenberg und bestellte eine Hasenjagd. Da ihm aber der Edelmann auf einem starken gesunden Klepper nacheilte, fiel das Pferd plötzlich unter ihm dahin und starb, und der Hase fuhr in die Luft und verschwand, denn es war ein teuflisch Gespenste." — „Anno 1546 ward D. M. L. zu Eisleben über Tisch gesagt, daß Edelleute im Lande zu Thüringen einmal am Hörselberg des Nachts Hasen geschreckt und ihrer bei acht gefangen hätten. Wie sie nun heim kommen und die Hasen aufhängen, so wären des Morgens eitel Pferdköpf gewesen, so sonst auf dem Schindleichen liegen."

[1]) Ed. Förstemann, III, S. 50. — [2]) Ebenda S. 27.

Die ganz im Sinne und in der Sprache Luthers gehaltenen Hinweise auf Faust bei Widmann fehlen abermal bei den unzusammenhängenden Erzählungen der Tischreden, und mir wird es persönlich zur Gewißheit, daß man bei deren Redaktion jede Erwähnung Fausts ängstlich auszumerzen suchte und dabei die oben citierte Stelle übersah, welche nun infolge ihrer ganz isolierten Stellung selbst Düntzer entging. — Bei Widmann folgt nun unmittelbar auf die Erzählung von der Hasenjagd nachstehende Stelle.

„Es sagt auch einer darauff, wie D. Faustus sich ein weil zu Gotha hab gehalten, da er nun hinweg kommen were, denn er war mit seinem Wirt in uneinigkeit geraihen, da sey in des Wirts Keller ein solchs grumpel und gespenst worden, das niemandt bey nachts mit einem liecht hab hinab gehen können, sondern es sey ihm allewey ausgelescht worden, so hörr man noch die gantze Nacht in dem Keller binden, das man zuvor nie gehört hab."

Diese Stelle fehlt in den Tischreden, dafür folgt unmittelbar auf die Erzählung von der Hasenjagd am Hörselberg die Sage vom Teufel als Anwalt eines Landsknechts, wie der Teufel den Zechbruder holt, wie ihn der Altvater als Sau verspottet, und wie er in den Bergwerken spukt. Dann ist plötzlich von Poltergeistern die Rede[1]):

„Da gefragt wurde, ob auch Poltergeister wären, denn Osiander verneint es und mißbilligte, antwortet Dr. M. L.: Er muß abermal etwas Sonderliches haben. Gleichwol muß man bekennen, daß die Leute vom Teufel besessen werden, und ich habs erfahren, daß Geister umhergehen, schrecken die Leute, hindern sie am Schlafe, daß sie krank werden."

Hier ist nun vermutlich die Fausts Poltergeist betreffende Stelle ausgefallen, denn in den Tischreden ist ganz unvermittelt und ohne Zusammenhang von Poltergeistern die Rede, dann aber folgen in den Tischreden wie bei Widmann die fast wörtlich übereinstimmenden Erzählungen von dem Spuk in Pfarrerhause zu Süptitz bei Torgau; von dem Spuk, welchen Luther auf der Wartburg erlebte; von dem den Probst Jakob von Bremen in Magdeburg neckenden Spuk und von der Frau, welche dem Teufel einen unsäuberlichen Kontrawind entgegenblies. Dann wird Faust abermals mit folgenden, in den Tischreden fehlenden Worten erwähnt: „Nun war aber allda D. C. J.[2]), sagte, wie D. Faustus solte einen Spiritum familiarem haben. Darauff wart folgende geschicht also mit unter andern erzehlt;" worauf die in den Tischreden gleichlautende Erzählung von dem Abt folgt, welcher dem im Kloster hausenden Spiritus familiaris eine Schelle anhängt.

Zum Schluß wird bei Widmann des damals lebenden berühmten italienischen Magiers Luccas Gauricus, Erzbischof zu Civitavecchia, erwähnt[3]) und zwar in einer etwas andern und ausführlicheren Weise, als es in den Tischreden geschieht. Bei Widmann heißt es:

---

[1]) Ed. Förstemann: III, S. 34.

[2]) Nach einer alten handschriftlichen Randbemerkung des Dr. Chr. Irenäus aus Schweidnitz, Pfarrer zu Aschersleben, Eisleben, Weimar und Mansfeld.

[3]) Lucas Gauricus, geboren zu Florenzo 1475, lebte um 1560 in Venedig, nachdem er Frankreich und Deutschland bereist hatte, und war mit Papst Paul III., welcher ihn zum Bischof von Civitavecchia machte, befreundet. Er verkündete dem

„Darauff sagt D. Luther, ja er kan sich in eines Menschen gestalt verstellen, aber das ist gewiß, wer den Teuffel zu gast ladet, der wirdt sein nicht also loß. Denn D. Lucas Gauricus, der schwartzkünstler aus Italien, hat auff ein zeit im beysein vieler guter Herren, da ich auch gewesen, bekennet, das ihm auff ein zeit sein geist erschienen sey, vnd mit gewalt an ihn gewolt, er solle auß Italien sich in Teutschland thun, da einer vber ihn sey, Doctor Faustus genannt, von diesem würde er viel sehen. Auff solche anmuthung hat er geantwortet, es würde sich nicht schicken, das ein Teuffel den andern außtriebe. Dieser Gauricus, wolt sich mit der heiligen Schrifft behelffen, vnd wolt bewehren, das die Schwartzkunst, oder zuhaltung vnd gemeinschafft der geister in der h. schrifft nicht verboten sey, denn es stehe geschrieben, des Weibes samen sol der Schlangen den kopff zertretten, darauß denn folgen solte, das der Mensch gewalt über den Teuffel hette, das er jnen müste kommen, wenn er wolte. Vnd sagt darüber D. Luther, das wil ich ob Gott wil, darauff nicht wagen. Diese und andere mehr kurtzweilige vnd fröliche erzehlte gesprech, da man dieses D. Fausti gedachte, habe ich auß einem besondern schreiben, so mir bekannt, wollen erzehlen und anziehen, vnd ist hierauß abzunehmen, das D. Faustus schon in einem ansehen gewesen, er hat sich aber damahls zu Magdeburg bey den Thumbherren enthalten, die ihn in einem grossen wehrt gehalten haben."

In den Tischreden heißt es dagegen[1]):

„Dr. M. wurde angezeigt, wie daß N. N. den Teuffel sehe, der sich verstellete in einen Menschen. Da sprach der Doktor, wer den Teufel zu Gast ladet, der wird sein nicht los. Denn Dr. Lucas Gauricus, der Schwarzkünstler, den er aus Italien hatte holen lassen, hat mir öffentlich bekennet, daß N. N. mit dem Teufel sei umgangen, und daß er sich mit der heiligen Schrift behelfen wollte. Er thäte Recht daran, denn es stünde geschrieben: des Weibes Samen soll der Schlange den Kopf zertreten. Daß der Mensch Gewalt über den Teufel hätte, daß er ihm müßte kommen, wenn er wollte, das will ich Dr. M. L. nicht darauf wagen."

Thatsache ist, daß in den Tischreden, wie sie uns vorliegen, auf eine geheimnisvolle Weise zwischen Luther und Gauricus von einer sicher bekannten aber ungenannten, des Teufelsumganges geziehenen Persönlichkeit die Rede ist, welche recht gut auf Faust und Mephistopheles paßt, und die Stelle bei Widmann kann sehr wohl die vollständigere Wiedergabe des Gespräches sein. Dieser Umstand und die oben mitgeteilten machen mir es sehr wahrscheinlich, daß die Widmannsche „Erzehlung was D. von Dr. Fausto gehalten hab" mehr als eine nachträglich gemachte Zusammenstoppelung von allerlei Zaubergeschichten aus den Tischreden unter Einmengung Fausts sei.

Tod Heinrichs II. von Frankreich aus den Sternen im voraus, starb zu Rom 1558 und wurde auf dem Kapitol begraben. Während seines Aufenthaltes am Pariser Hof, soll er Katharina von Medicis die Nachfolger Heinrichs II. bis zu Heinrich IV. im Zauberspiegel haben sehen lassen. Er schrieb einige astrologische Bücher.

[1]) Ed. Förstemann, T. III, S. 64. (Schluß folgt.)

Die Seelenlehre des Okkultismus.

Von
Raphael von Koeber.
Dr. phil.

Lichtenberg sagt einmal: „Wenn es ein Werk von etwa zehn Folianten gäbe, worin von nicht allzugroßen Kapiteln jedes etwas Neues, zumal von der spekulativen Art, enthielte, und wovon jedes etwas zu denken gäbe und immer neue Aufschlüsse und Erweiterungen darböte: so glaube ich, könnte ich nach einem solchen Werke auf den Knieen (von Göttingen) nach Hamburg rutschen, wenn ich überzeugt wäre, daß mir nachher Gesundheit und Leben genug übrig bliebe, es mit Muße durchzulesen". Der Herausgeber zweier okkultistischen Zeitschriften in Frankreich, „L'Initiation" und „Le Voile d'Isis", Gérard Encausse (dessen Pseudonym Papus ist), hat nun in seinem neuesten umfangreichen Buche[1]) der Welt eine „Encyklopädie des Okkultismus" geliefert, die, auf ihrem Gebiete, jenem Lichtenbergschen Ideale einer Summe alles Wissenswerten sehr nahe kommt und ebenfalls wert wäre, daß man ihretwegen eine ähnliche Rutschfahrt unternähme.

Das Werk ist ein Muster von Fleiß, Ausführlichkeit, Klarheit und Übersichtlichkeit; dabei mit großer Eleganz und Anmut geschrieben, so daß es trotz seines über das Gewöhnliche hinausgehenden Umfanges nie ermüdet. Eine Erklärung der im Text gebrauchten zahlreichen okkultistischen Ausdrücke und drei sorgfältig ausgearbeitete Inhaltsverzeichnisse erleichtern die Lektüre und machen das Werk zu einem bequemen Hand- und Nachschlagebuch, das seinesgleichen in der okkultistischen Litteratur sucht.

Das Vorwort, welches mit zu dem Lesenswertesten des Ganzen gehört, bildet ein offenes Schreiben Ad. Francks an den Verfasser, worin der greise französische Gelehrte seine Ansichten über den Okkultismus ausspricht und, obgleich selbst kein erklärter Anhänger desselben, den Bestrebungen der jüngeren Philosophengeneration, die vom kurzsichtigen Positivismus, Atheismus und Pessimismus überwucherte Wissenschaft in die höhere und lichtere Bahn der Mystik wieder einzulenken, seinen Segen erteilt.

Versteht man, sagt Franck, unter okkulter Wissenschaft den im grauesten Altertum der Menschengeschichte sich verlierenden Urquell, die ewige Grundlage alles

---

[1]) Papus, Traité méthodique de Science occulte. Paris (bei Georges Carré) 1891. 1092 Seiten.

Wissens, die über die Schranken der gewöhnlichen Wissenschaft erhabene, von dieser wesentlich verschiedene, *eine* unveränderliche wahre Wissenschaft überhaupt, so muß die Annahme einer solchen ins Reich der Träumereien verwiesen werden: sie widerstreitet der Vernunft und dem Begriffe einer natürlichen Entwickelung der Menschheit. Will man dagegen die mehr auf *Intuition* und *Analogie* als auf Reflexion und Erfahrung sich stützenden allerersten wissenschaftlichen Errungenschaften und Entdeckungen mit dem Namen einer occulten Wissenschaft bezeichnen, so läßt sich gar nichts dagegen einwenden. Gewiß herrscht eine Analogie zwischen den Gesetzen der Natur und denen des Denkens; und da diese Gesetze sich nie verändern und vom Menschen geahnt, gleichsam gefordert werden, ehe derselbe sie zu erkennen und zu beweisen vermag, so unterliegt es keinem Zweifel, daß auch das entfernteste Altertum bereits im Besitze richtiger Naturanschauungen und wissenschaftlicher Vorstellungen gewesen sei, welche wir durch Überlieferung überkommen und als Fundament zu unserer Wissenschaft benutzt haben.

Durchaus verwerflich ist das kulturhistorische Dogma der Positivisten, wonach der menschliche Geist in seiner Entwickelung mehrere *scharf von einander getrennte* Phasen durchlaufe und in jeder derselben von Vorstellungen oder Vorurteilen *nur Einer* Gattung gänzlich beherrscht und erdrückt werde. Dieses Dogma setzt voraus, daß die Gesetze, denen das menschliche Denken unterworfen ist, nicht *alle gleichzeitig* im Denken enthalten sind, sondern *allmählich* in ihm auftreten oder entstehen. Was sind aber diese Gesetze anders, als das *Denken selbst*? Was ist das Denken anders, als die *Einheit* und *Gesamtheit* seiner Gesetze?

Jener Grundsatz der positivistischen Geschichtsphilosophie beruht demnach auf einer falschen Voraussetzung, welche die Einheit des menschlichen Geistes nicht begreift und zerstört. Wie die Natur, so ist auch das Denken ein von vornherein fertiges, alle seine Prinzipien und Gesetze von Anfang an in sich tragendes Ganzes, zu dem nichts Neues mehr hinzukommen kann. Was man Entwickelung und Fortschritt nennt, ist — in der Natur bloß Differenzierung, Sonderung, Klärung der ursprünglich vermengten und ungegliederten Stoffe; im menschlichen Geiste — die Entfaltung, Ausbreitung, Steigerung und Vertiefung des *Bewußtseins*, welches die bereits vorhandenen Schätze des Denkens sich nacheinander zu eigen macht. Allein das Bewußtsein, es mag sich noch so sehr vertiefen, erreicht mit seinem Senkblei den Grund des Unbewußten nie und bleibt immer ärmer, als das letztere. Demnach muß auch die auf *bewußter* Erkenntnis aufgebaute Weltanschauung ärmer, d. h. flacher sein, als die unmittelbar aus den Eingebungen des Unbewußten geschöpfte.

Unsere moderne Weltanschauung ist das Ergebnis des bewußten Wissens, daher zersplittert, zusammenhangslos und flach wie dieses. Im Altertum dagegen lag umgekehrt eine intuitiv gewonnene und im Vergleich zur neueren bei weitem vorurteilsfreiere und tiefere Weltanschauung allem Wissen *zu Grunde* und bestimmte die Richtung und Methode der bewußten Erkenntnis. Daher die Geschlossenheit, Kühnheit und Sicherheit der Wissenschaft aller alten Kulturvölker. Vor keinem Problem schrak sie zurück und strebte, mit vollem und gerechtem Vertrauen zu ihrer

Methode, namentlich nach Erforschung des Verborgenen, Unsichtbaren, Übersinnlichen, über dessen Realität sie nie im Zweifel war.

Nach diesem ihren Hauptziele könnte man die alte (morgen- und abendländische) Wissenschaft oder Philosophie überhaupt, häufig selbst in ihrer exoterischen Gestalt, als okkulte Wissenschaft bezeichnen, im Sinne einer Scientia occultati, d. h. einer Wissenschaft vom Verborgenen. Das System jedoch, von welchem Papus in seinem Buche handelt, ist Okkultismus im engeren und eigentlichen Verstande: es ist die Eine, Gott, das Universum und den Menschen umfassende uralte, sich durch Tradition fortpflanzende Wissenschaft par excellence, die angeblich in den Tempeln Indiens und Ägyptens ihren dunkeln Ursprung hatte, von den Priestern und den Eingeweihten geheim gehalten wurde, und obendrein, wie gesagt, auf die Geheimnisse der göttlichen, kosmischen und menschlichen Natur, auf die Beziehungen des Sichtbaren zum Unsichtbaren gerichtet, demnach in dreifachem Sinne okkulte Wissenschaft war: in Rücksicht ihres Daseins, ihrer Methode und ihres Gegenstandes: sie war verborgen (scientia occulta); sie verbarg durch die Form des Unterrichts ihre Wahrheiten (sc. occultans); sie erforschte das Verborgene (sc. occultati) (S. 63 ff.).

Die Methode, nach welcher die okkulte Wissenschaft aus der Erscheinung das Wesen der Dinge, die allgemeinen Gesetze und Prinzipien alles Sichtbaren zu erkennen suchte und oft auch wirklich erkannte, war die Methode der Analogie. Auf diese mußte das Altertum und besonders der Orient ganz naturgemäß verfallen, dank seiner religiös-metaphysischen Weltanschauung, deren Grundidee die monistische Formel ausdrückt: Alles in Allem. Auch die großen Denker des Abendlandes unserer Zeitrechnung, die alle mehr oder weniger vom Geiste des Orients angehaucht waren, wie Bruno, Leibniz, Schelling, Hegel, Schopenhauer, Fechner, Hartmann, haben ihre tiefsten Wahrheiten durch Analogie gefunden und sie auch meistens als Analogieschlüsse vorgetragen. Als solche sind auch viele der bedeutendsten Entdeckungen in den „exakten" Wissenschaften zu betrachten, z. B. die Descendenz- und Selektionstheorie, das biogenetische Gesetz, die Cellularpathologie, die Spektralanalyse.

Wer einmal von der Idee der Einheit und Harmonie des Universums durchdrungen ist, der kann an der absoluten Sicherheit der Analogiemethode gar nicht zweifeln. Ja, sie ist so selbstverständlich und natürlich, daß jeder von uns sie bei den alltäglichsten Handlungen und Kombinationen gleichsam instinktiv anwendet, und kein Forscher würde sich je der Mühe irgend einer Induktion unterziehen, wenn er nicht an die Gültigkeit der Analogieschlüsse glaubte, durch welche doch allein alle Induktion zu Ende geführt werden kann.

Was ist nun die Lehre der okkulten Wissenschaft vom Leben, von der Natur des Menschen und dessen Zustand nach dem Tode?

Die letzten Bestandteile des menschlichen Körpers sind bekanntlich die Zellen. Zellenkomplexe bilden Organe, welche sich ihrerseits zu verschiedenen Organ-Systemen verbinden, deren jedes eine besondere

Funktion des Körpers zu verrichten hat. Die Zellen müssen erhalten, genährt und erneuert werden. Das eine Prinzip, welches, mittelst des Blutkreislaufes, dies besorgt und den Organen die verbrauchte Kraft wieder zuführt, ist das, was man Leben nennt.

Ohne Blut kein menschliches Leben. Man sieht, daß diese Erklärung, so richtig sie ist, das Problem des Lebens als solchen noch lange nicht löst. Denn wodurch wird das Blut in Bewegung gesetzt? Durch die Atmung, und diese hat zur Bedingung die Luft. Die Luft ist für die Menschen und die meisten lebenden Wesen das, was das Blut für die Zellen: sie ist gleichsam das Blut unseres Planeten. Aus dieser Analogie folgt von selbst die weitere: die auf der Erde lebenden Wesen sind Zellen der Erde, welche selbst demnach ein lebender Organismus ist, als dessen Knochengerüste das Mineralreich, als dessen Gehirn die Menschheit betrachtet werden muß.

Aber auch bei der Luft, die unsere Erde umgiebt, dürfen wir offenbar nicht stehen bleiben. Die Erde samt ihrer Atmosphäre und die übrigen Himmelskörper sind ja ebenfalls bloße Teile oder „Zellen" einer größeren Einheit, des Universums, und müssen, gleich den Körper- und Erdenzellen, ihr Lebenselement haben. Dieses kann kein anderes sein, als das Sonnenlicht. Hier sind wir an der Grenze unseres Wissens, weil an der Grenze unseres Weltsystems, obgleich wir begreifen, daß für Wesen höherer Art ein Hinausgehen auch über diese Erkenntnis zur absoluten Lebensquelle, der Gottheit, wohl möglich ist.

In der Sonne haben wir also den eigentlichen uns erkennbaren Herd des Alllebens gefunden: das Leben ist die verwandelte, in zahllosen Formen erscheinende, sich individualisierende Kraft der Sonne (S. 121—134).

Die freie Sonnenkraft steigt zur Erde nieder und zerschellt gleichsam an der Materie in Kräfte sehr verschiedener Art: in physische, chemische und psychische, welche in die Materie eingehen, sich in den Formen der sinnlichen Natur bethätigen und entwickeln und zuletzt wieder zu ihrem Ursprung, der Sonne, aufsteigen.

So empfängt der Mensch von der Erde Lebenskraft und giebt der Erde dagegen Vernunft, Geist; die Sonne gießt ihr Licht über die Erde aus, diese aber schickt der Sonne das Licht als Seele zurück. Im Menschen vollzieht sich die Wandlung des Sonnenlichtes in Seele; und jedesmal, wenn ein Mensch, also eine „Nervenzelle" der Erde, stirbt, wird der Erde und der Sonne eine Seele geboren, ganz dem analog, daß — wie Claude Bernard nachgewiesen — die Entstehung eines Gedankens mit dem gleichzeitigen Absterben einer Nervenzelle zusammenfällt (S. 138).

Zwei Wege durchläuft also die Leben spendende Kraft: den Weg nach unten oder in die Materie, und den nach oben oder aus der Materie, durch immer höhere, vollendetere Formen hindurch, zurück zu ihrer Quelle. Im ersten Falle wird die Kraft gefesselt, eingewickelt, involviert; im anderen entfesselt, entwickelt, evolviert. Aus periodisch wiederkehrender Involution und Evolution besteht der Prozeß alles

Lebens, jedes einzelnen Individuums sowohl, als einer einzelnen Rasse; eines Planeten sowohl, als des Universums.

Hier ist der Punkt, in welchem die okkultistische Entwickelungslehre sich von der modernen unterscheidet: während diese die Entwickelung als einen in *gerader* Linie endlos fortschreitenden Prozeß faßt, nimmt jene eine *Kreis*- oder vielmehr *Spiral*bewegung der Kraft an, ein *abwechselndes* Auf- und Niedersteigen, Erscheinen und Verschwinden, Aufblühen und Verwelken, Thätigsein und Ruhen, — aber jedesmal auf einer *höheren* Stufe, die zu ersteigen das Wesen in seiner Ruhe- oder Schlummerperiode heranreift. Das Weltgesetz der periodischen *Wiederkehr* aller Wesen, aller großen und kleinen Welten, folgt, wie man sieht, aus dem okkultistischen Begriff der Entwickelung mit Notwendigkeit. —

Weder die landläufige dualistische Annahme, der Mensch sei eine Zusammensetzung von Leib und Seele, noch die Behauptung des materialistischen Monismus, alles Seelische sei nur eine Modifikation des Körperlichen, sind imstande, uns irgendwelche befriedigende Erklärung all der Vorgänge zu geben, die wir sowohl im Menschen selbst, als in der Außenwelt durch ihn hervorgerufen täglich beobachten. Von der gänzlichen Unhaltbarkeit dieser beiden Theorien wird man jedoch erst dann überzeugt, wenn man versucht, mit ihrer Hülfe die Rätsel zu lösen, an denen die sogen. Nachtseite des Menschenlebens so überreich ist. Der Okkultismus und mit ihm viele Philosophen des Altertums und der ersten christlichen Zeiten haben eine Anthropologie, die, bei all ihrer Kompliziertheit, ungleich verständlicher und der Erfahrung entsprechender, als die moderne ist, und uns wirklich einen Schlüssel auch zu den dunkelsten Erscheinungen der menschlichen Natur in die Hand giebt.

Das Gesetz: Alles in Allem, worauf die Methode der Analogie fußt, gestattet, von der Beschaffenheit des kleinsten Teiles des menschlichen Körpers auf die Beschaffenheit des ganzen Menschen zu schließen. Als Beispiel diene uns der Finger. Was nehmen wir an ihm wahr, wenn er zerlegt ist? Erstlich sein Fundament oder die Knochen, sodann den Bewegungsapparat oder die Muskeln und Nerven, drittens die Gefäße, welche dem Finger das ihn am Leben erhaltende Blut zuführen. Ist der Finger paralysiert, so hört seine *Bewegung* auf, nicht aber das *Leben*; ist dagegen die Blutzufuhr unterbrochen, so fängt er an abzusterben (es tritt *Nekrose* ein), was jedoch nicht verhindert, daß der Finger sich nach wie vor *bewege*. Leben und Bewegung sind demnach von einander zu unterscheiden: jenes hat seine nächste Ursache im Blut, diese (d. h. die *bewußte* Bewegung) im Gehirn. Die Körperregion, in welcher das zur Erhaltung des Organismus nötige Blut bereitet wird, ist die mittlere, die Brust; der Kopf, die oberste Region, ist der Sitz des Gehirns, des Bewußtseins, des bewußten Willens, unter dessen Leitung unser Leben für gewöhnlich steht. Die untere Gegend des menschlichen Körpers endlich ist die Werkstatt, worin die Aufnahme, Aufbewahrung und Verarbeitung all des Materials stattfindet, aus welchem die grobe äußere Hülle des Menschen, der Leib, besteht.

So haben wir gefunden, daß der gesamte menschliche Organismus, dem Finger (wie auch jedem anderen einzelnen Gliede) analog, dreiteilig ist oder drei Centra hat. Auf diese Betrachtung gründet der Okkultismus seine Annahme, daß auch nicht zwei, sondern drei Prinzipien das Wesen des Menschen ausmachen, d. h. daß der sichtbare Körper und der Geist, das eigentliche Wesen, durch ein Prinzip vermittelt werden, das dem Leben als solchem, dem unteren, durch den Intellekt und das Bewußtsein noch nicht erhellten Leben vorsteht und dessen Bestimmung lediglich in der Bildung oder plastischen Gestaltung der organischen Materie liegt. Dieses mittlere Prinzip, das halb körperlich, halb geistig ist, bezeichnet der abendländische Okkultismus mit dem Namen „Astralkörper“ oder „Astralleib“; die Kabbala nennt ihn „Ruach“, der esoterische Buddhismus „Linga sharira“, der französische Spiritismus „Périsprit“. Im Deutschen können wir dies kurzweg als Seele bezeichnen.

Ohne Astralleib keine Verbindung zwischen Körper und Geist, keine Bewegung, keine Offenbarung des Lebens; ohne Seele kein bewußtes, vernünftiges, geistiges Leben; ohne Körper kein irdisches Leben überhaupt.

Die Bedeutung und Rangordnung der drei Grundteile Leib, Seele und Geist läßt sich am besten verdeutlichen durch das Bild eines fahrenden Gespanns wie den beigegebenen Figuren 1 bis 6. Der Wagen ist der physische, an sich unbewegliche Körper; sein Lenker ist der Geist. Die Kraft aber, welche den Wagen zieht und von dem Geiste gelenkt wird, das Pferd, ist die Seele (der Astralleib). — Fehlt das Pferd, so kommt der Wagen, trotz des Lenkers, nicht von der Stelle. — Läßt der lenkende Geist aber seiner Seele die Zügel schießen, so geht das Pferd mit ihm und dem Wagen durch. — Ausnahmsweise kann ferner die lenkende Seele auf ihrem Sitze gebunden werden und ein Fremder (ein Hypnotiseur) sich des Gespanns bemächtigen; dann sind Pferd und Wagen so lange in dessen Gewalt, bis er dem rechtmäßigen Besitzer seine Freiheit wiedergiebt und ihm die eignen Zügel wieder überläßt. — Es kann auch vorkommen, daß der Lenker sein Pferd zwar ausspannt (seinen Astralleib von seinem Körper loslöst), aber die Zügel in der Hand behält; dann gehorcht das Pferd noch seinem Willen, ohne ihn jedoch mit seinem Wagen fortzubewegen. — Schläft indessen andernfalls der Geist (das klare Willensbewußtsein) ein, so kann doch die Seele noch mit dem Leibe in Verbindung bleiben, aber sie irrt unverantwortlich, haltlos umher und wird die Beute beliebiger fremder Einflüsse. — Wenn endlich der Wagen zertrümmert wird, so bleibt er auf der Straße liegen, während der Lenker sein Pferd besteigt und davonreitet (S. 187—194).

Es ist leicht zu erkennen, was mit diesen Gleichnissen gemeint ist.

Das mit Führer und dem Wagen ausreißende Pferd (Fig. 2) ist das rohe sinnliche Leben, wenn es nicht mehr durch die Vernunft gezügelt wird, wenn die (niederere) Seele über das höhere Prinzip, den Geist, die Oberhand gewinnt; es ist die Leidenschaft, die mit dem Kopfe durchgeht und dem Menschen auch den physischen Untergang bereitet.

Figur 1.

Das fahrende Gespann.

Leib, Seele und Geist.

Figur 2.

Das Pferd geht durch.

Die wilde Seele reißt den Menschen hin im Zorn.

Figur 3.

Der Kutscher ist gefesselt.

Ein Hypnotiseur bemächtigt sich der Zügel, mit denen jetzt er die Seele lenkt.

Figur 4.

Die Zügel dehnen sich.

Die zeitweilig vom Körper losgelöste Seele wird vom eignen Geist gelenkt.

Figur 5.

Der Kutscher schläft ein.

Die Zügel der Seele dehnen sich ohne die Führung des eigenen Geistes; die Seele irrt umher und fällt fremden Einflüssen anheim.

Figur 6.

Der Tod.

Der Kutscher läßt den Wagen zertrümmert zurück.

Der Geist schwingt sich, getragen von der Seele, auf und fort.

Im magnetischen oder hypnotischen Zustande (Somnambulismus) sind die Seele und der Leib das Werkzeug eines fremden Willens (Fig. 3): dies illustriert der geknebelte Wagenlenker, der höchstens noch durch seinen Ruf das Pferd zum Stehen bringen kann. In der That sieht man bisweilen, daß Suggestionen strafbarer Handlungen erfolglos bleiben, wenn die Stimme des Gewissens noch stark genug ist, um mit der Suggestion zu kämpfen, und das Subjekt eher in Ohnmacht sinkt, als es den Befehl erfüllt.

Das Bild des ausgespannten Pferdes, das vom wachen Kutscher gelenkt wird (Fig. 4), stellt die zweifellos vorkommenden Fälle von Fernwirken und Fernwahrnehmen dar, das bewußte Heraustreten der Seele (des Astralkörpers) aus der Hülle des sichtbaren Leibes (Magie, Auto-Somnambulismus, Seherschaft).

Das Schlafen des Kutschers und Davonlaufen des Pferdes (Fig. 5) versinnbildlicht den Irrsinn und die Mediumschaft. — Unter dem letzten Bilde (Fig. 6) aber ist natürlich nichts anderes zu verstehen, als das Ende unsrer Fahrt durch das irdische Leben, als der Tod.

(Schluß folgt.)

Dein andres Ich.

Von

Charles Futtgerald.

Liebet eure Feinde!

Sobald bei deines Feindes Namen noch
Der Rachegeist, der Haß, dich zwingt ins Joch:
Nimm nicht des Feindes Namen in den Mund,
Auf daß mit seinem Namen nicht der Groll,
Herniedersteigend in der Seele Grund,
Sie niedrig denkend mach' und unruhvoll.

Doch wenn der Geist der Liebe dich durchflammt,
Mit Läut'rungsarbeit übt sein Engelamt:
Nimm deines Feindes Namen in den Mund,
Im Gleichmaß haltend deiner Pulse Schlag,
Damit im Liebesstrome, was im Bund
Mit trüber Leidenschaft, versinken mag.

Wie weh, wie wohl dir wird! wie im Gemüt
Dir eine sonnig heitre Welt erblüht!
Wie Schnee im März zerschmolz des Feindes Schuld,
Und Blumen sprossten, da der Eishauch wich:
Die Selbsterkenntnis, Demut und Geduld.
Reich' ihm die Hand! Er ist dein andres Ich.

Zur Lösung des Rätsels.

Ein Beitrag zur Lehre des Hypnotismus.

Von

Eugen Dreher,
Dr. phil.,
weiland Dozent an der Universität Halle.

Wenn Schiller im „Spruch des Confucius" (1799) seinen Weltweisen sagen läßt: „Und im Abgrund wohnt die Wahrheit", so müssen wir zugeben, daß eine tiefe Wahrheit in dieser Sentenz liegt, wenn man unter dem Abgrunde die Summe aller derjenigen Erscheinungen versteht, welche sich nicht den Fesseln der Schule anbequemen, sondern die zunächst den Forscher zurückschrecken, das „vertraute Gesetz in des Zufalls grausenden Wundern" zu suchen. Gerade dort, wo die Natur scheinbar widersinnige Gebilde erzeugt, wo sie das Walten ihrer ehernen Gesetze selber Lügen zu strafen scheint, wo fremdartige und unheimliche Phänomene sich dem Blicke des Forschers darbieten, da eröffnet sich ein reichhaltiger Quell der Erkenntnis, dessen richtige Deutung nicht nur das Staunenerregende zu lösen vermag, sondern auch einen einheitlicheren Gesichtspunkt für die gesamte Wissenschaft eröffnet.

Wie so die Mißgeburten nicht wenig dazu beitragen, die Organisationsverhältnisse des Körpers verstehen zu lernen, der Wahnsinn und der Traum ein unverkennbares Licht auf das Seelenleben werfen, so ist der Hypnotismus dazu berufen, uns, um es bildlich auszudrücken, einen Blick in den Mechanismus unserer Seele zu gestatten, der tiefer in das unheimliche Getriebe ihrer Räder dringt, als man vordem zu wagen hoffte. Aber das Unheimliche schwindet für uns in dem Maße, wie der grübelnde Verstand es erkennt und als notwendig dem Weltganzen harmonisch unterordnet.

Daß dieses höchste Ziel der Forschung in unabsehbarer Ferne liegt, kann uns nicht daran hindern, die Sonde der Kausalität, soweit wir es eben heute schon vermögen, in das Meer der Erscheinungen zu senken, dessen ganze Tiefe wir freilich nie ergründen werden, da es dem menschlichen Denken versagt ist, den Urgrund der Dinge zu begreifen. Unser von Voraussetzungen ausgehendes Denken ist eben ein endliches —

vor und hinter uns liegt die Unendlichkeit mit ihren ewigen Rätseln und ahnungsvollen Schaudern.

Aber schon der bunte Teppich der Phänomene, der sich um die nackte Wahrheit schlingt, reizt gewaltig zur Forschung, wenngleich es dem Menschen versagt ist, das Wesen der Dinge von Angesicht zu Angesicht zu schauen und so der Gottheit teilhaftig zu werden. —

Wohin wir aber auch den Blick wenden, nichts ist dem Physiologen und Psychologen interessanter als der Hypnotismus mit seinen wie Wunder klingenden Erscheinungen. Wer hätte heute nicht von den sonderbaren Innervationen gehört, welche während kataleptischer Zustände in der Hypnose unter dem Einfluß des Operateurs verlaufen, durch welche der Patient befähigt wird, unglaubliche Stellungen einzunehmen und innezuhalten! Wer wüßte nicht: wie das sensibele Nervensystem des Hypnotisierten viel schwächer oder viel energischer reagiert als im normalen Zustande, wenn der Magnetiseur es verlangt! Wer hat nicht von den Visionen gelesen, die in der Seele des Magnetisierten auf die Einflüsterungen des Hypnotiseurs hin auftauchen und jenen in eine Welt der auffallendsten und berückendsten Täuschungen versetzen, die ihm dieser vorzaubert!

Aber was noch sonderbarer ist, was man geradezu als unheimlich bezeichnen kann: das streng logische Denken, das daraus fließende Urteil und vor allem die Willenskraft des Patienten sind während der Hypnose so stark herabgesetzt, daß er wie das gehorsamste Kind nach Möglichkeit allen Wünschen, selbst den albernsten des Hypnotiseurs willigst Folge leistet, wenn die Befehle nur nicht allzusehr seinem Naturell widerstreben, in welchem Falle sie nicht gerade selten so gut wie nicht von ihm beachtet werden. Aber was noch viel wunderbarer klingt, ist die Thatsache, daß der Hypnotisierte selbst nach dem Erwachen noch bis zu einem höchst auffallenden Grade unter der Herrschaft des Magnetiseurs steht, wenn dieser ihm während der Hypnose eine Suggestion erteilt hat, der er nach dem Aufwachen nachkommen soll. Gewisse Anomalien, ja selbst Krankheiten entstehen und verschwinden so beim Patienten, je nachdem der Hypnotiseur es seiner Versuchsperson einflüstert und befiehlt.

So fremdartig uns die Erscheinungen des Hypnotismus aber auch berühren, immerhin stehen sie nicht derartig isoliert da, daß keine verbindende Brücke sich von ihnen zu anderen längst schon bekannten psychischen und physiologischen Thätigkeiten schlagen ließe. So haben die hysterischen Phänomene, manche Wahnsinnsmanifestationen, der natürliche Somnambulismus („natürlich“ im Gegensatze zu dem hypnotischen Somnambulismus genannt), selbst das gewöhnliche Traumleben vielfache Ähnlichkeit und Verwandtschaft mit den hypnotischen Erscheinungsformen, wie dies schon früher nachgewiesen worden ist.

In jüngster Zeit ist nun ein kleines Werk von Dr. Friedrich Karl Jordan „Das Rätsel des Hypnotismus und seine Lösung“ (Berlin, Dümmler, 1892) erschienen, welches insofern als ein recht beachtenswerter Beitrag zu der Lehre des Hypnotismus bezeichnet werden muß, als der Verfasser, von feinsinniger Beobachtungsgabe geleitet, es mit vielem Erfolge unternimmt, Erscheinungen des normalen Lebens mit denen der Hypnose in Einklang zu bringen, wodurch der Hypnotismus selbstverständlich an Fremdartigkeit verliert. —

Von geringerer Bedeutung, wenngleich immer noch recht beachtenswert, ist der *Lösungsversuch* des hypnotischen Rätsels, den Jordan unternimmt. Dieser Versuch erscheint uns aber deswegen doch *bedeutsam*, weil Jordan seine Zuflucht zu der Annahme eines gewissen Dualismus der Seele nimmt, welcher die Wirkungen der Suggestionen ermöglichen soll. Die Annahme eines Dualismus im Seelenleben ist nun zwar keineswegs neu, so daß Jordans Hypothese auf besondere Originalität nicht Anspruch erheben darf. Immerhin gereicht es dem Verfasser genannter Schrift zum Verdienste, daß er die Hypothese eines Dualismus im Seelenleben auf Grund kritischer Betrachtungen annimmt und bis zu einem gewissen Grade auch selbständig begründet, wo die Mehrzahl der Psychologen und Psycho-Physiologen dieser Annahme selbst heute noch kein Bürgerrecht in der Wissenschaft einräumen wollen.

Und doch weisen die psychischen Erscheinungen unverkennbar auf einen Dualismus im Seelenleben hin, den *Jakob Fries* im echten Sinne Kants schon dadurch aufgedeckt hat, daß er in seiner „Psychologie“ am Zustandekommen der Sehperceptionen unwiderleglich nachwies, daß ein unbewußtes Agens unserer Seele, von ihm mit wenig Glück die „*produktive Einbildungskraft*“ genannt, die Sehbilder konstruiert, die wir alsdann *bewußt* gewahren. Ich nenne Fries' Ausdruck: „produktive Einbildungskraft“ unglücklich gewählt, weil man darunter leicht die auch *unbewußt* schaffende Phantasie verstehen kann, welche dieser Forscher jedoch keineswegs meint.

Doch wie ist dieser Gegensatz von *bewußt* und *unbewußt* in der Psyche zu verstehen?

Pflüger gelangte auf Grund seiner Vivisektionsversuche zu der Hypothese einer besonderen „*Rückenmarkseele*“, welche, an sich *bewußt*, wie die eigentliche Hirnseele, im Gegensatze zu dieser die Reflexbewegungen einleiten sollte, wodurch diese den Stempel der *Zweckmäßigkeit*, des *Beabsichtigten* trügen, – also auch eine Zweiheit im Seelenleben. — Sehen wir jetzt jedoch zunächst, in welchem Sinne Jordan den Dualismus der Seele faßt, da sich in seiner Ansicht im großen und ganzen die Auffassung der heutigen „*Suggestionstheoretiker*“ von diesem Dualismus spiegelt. — Beim Erklärungsversuche des Rätsels des Hypnotismus lautet es in genanntem Werke:

„Daß überhaupt der geistige Apparat eines Hypnotischen sich in einem erheblich veränderten Zustande befindet, ist sicher, wenngleich die Suggestionstheoretiker diesen Umstand zu einseitig betonen. Vor allem geht jenes daraus hervor, daß dem Hypnotischen die freie Entschließung mangelt. Diese, oder sagen wir: der Wille, geht von einem Teile der geistigen Thätigkeit aus, den wir passender als Oberbewußtsein u. s. w. das wache Ichbewußtsein nennen können. In allen den Zuständen nun, in denen die Thätigkeit der Lebensstoffe gehemmt ist, so daß das körperliche Leben unterdrückt erscheint und eine gewisse Lähmung sich kundgiebt (in der Hypnose, dem Schlafe, der Ohnmacht), ist auch das wache Ichbewußtsein mehr oder weniger vollständig außer Thätigkeit gesetzt. Aber wie das körperliche Leben nicht gänzlich aufgehoben ist (in diesem Falle würde der Tod eintreten), so treiben auch noch gewisse geistige Kräfte ihr Spiel. Es ist nämlich das wache Ichbewußtsein der Kontrolleur über ein anderes, viel reicheres und vielseitigeres Bewußtsein, für welches der Name „Unterbewußtsein" der bequemen Redeweise wegen angenommen werden mag. — Dieses ist in der Hypnose lebendig, untersteht aber einer fremden Führung."

Der Unterschied zwischen einem „wachen Ichbewußtsein" und einem „Unterbewußtsein" ist jedoch, wie schon bemerkt, zu wenig von Jordan begründet und durchgeführt worden, um hier näher auf ihn einzugehen. Auch sieht man nicht ein, warum von einem „wachen" Ichbewußtsein gesprochen wird, da es doch ein und dasselbe Ich, unser Selbst, ist, welches im wachen Zustande wie im Traume percipiert, empfindet und denkt. — Schon im Jahre 1877 machte ich in einem Werke: „Der Darwinismus und seine Stellung in der Philosophie" (Berlin, Peters) die Annahme von sich unbewußt vollziehenden Seelenprozessen durch den Nachweis verständlich, daß gewisse, bis zu einem bestimmten Grade abgeschlossene Nervenbezirke mit selbständigem und eigenartigem Bewußtsein begabt sind, womit die geistigen Thätigkeiten dieser Nervenbezirke dem Ich, als von ihm nicht herrührend, unbewußt erscheinen müssen, obwohl sie an sich bewußt verlaufen. Auch zeigte ich dort daß die specifischen geistigen Funktionen dieser Nervenbezirke sehr erheblich von denen des individuellen Ichs in vielen maßgebenden Punkten abweichen. —

Die Annahme dieses Dualismus im Seelenleben hinsichtlich bewußt und (relativ) unbewußt sich vollziehender Thätigkeiten ist es nun, welche ein helles Streiflicht auf alle hypnotischen Phänomene wirft, wie ich dies in einer Broschüre: „Der Hypnotismus, seine Stellung zum Aberglauben und zur Wissenschaft" (Berlin und Neuwied, Heuser, 1889) ziemlich eingehend nachgewiesen habe. In dieser Schrift habe ich an der Hand der Erfahrung erörtert, daß unsere Seele keine unzerlegbare („einfache") Einheit ist, was zunächst nur von dem (individuellen) Ich, dem Hauptbestandteile der Seele, gilt, daß vielmehr, um es bildlich aber kennzeichnend auszudrücken, im Seelenmechanismus viele an sich selbständige Räder eingreifen, die jedoch als Bewußtseinssphären untergeordneten Ranges mehr oder minder dem (individuellen) Ich dienen und unterworfen sind. Die Gesamtseele ist mithin eine Art von staatlichem Organismus, und zwar eine Monarchie im wahrsten Sinne des Wortes. Der Monarch aber ist das individuelle Ich. Dieses übt nun nicht immer gleiche Herrschaft aus. Oft ist, wie z. B. im Traume, sein Urteil so geschwächt, daß es die unglaublichsten Phantasmagorien als Realitäten hinnimmt, sein Wille so gelähmt, daß selbst die meisten der von ihm mit aller Energie beabsichtigten Innervationen gar nicht zu stande kommen und sogar vorgegaukelte Phantasiebilder für richtige Gedächtnisbilder trotz alles Besinnens angenommen werden. Das Unbewußte überwuchert vielfach in diesen Fällen im Seelenleben, und dies um so mehr, je mehr das Ich darauf verzichtet, die Zügel der Herrschaft wieder zu ergreifen oder straffer zu ziehen.

Ähnliches ist nun auch während der Hypnose der Fall. Dies benutzt der Hypnotiseur und richtet seine Befehle an das Unbewußte, um es der Einfachheit halber so zu nennen, welches, an Gehorsam gewöhnt, diesem nun Folge leistet, da es die Herrschaft des Ichs vermißt.

Der Hypnotiseur richtet daher seine Befehle mit Erfolg an die von dem Ich schwach oder gar nicht mehr beeinflußten Seelenkräfte. — Und wir selbst thun bisweilen das Gleiche. Wir sagen uns z. B. wiederholt und eindringlich: „Morgen früh mußt Du schon um 5 Uhr erwachen!“ und schlafen ruhig ein.

Das uns umfangende Traumgesicht versetzt uns in andere Länder und andere Zeiten und verwirrt völlig die uns umgebende Wirklichkeit. Das Ich lebt ganz und gar in den Traumvisionen und denkt gar nicht mehr des erhaltenen Befehls. — Aber dennoch erwachen wir zur richtigen Zeit, da das Unbewußte der Seele der Weisung gehorcht und uns durch plötzliches Erblassen des Traumgesichtes oder auf eine andere Weise aus dem Schlafe schreckt. —

Es wäre demnach keineswegs unmöglich, daß die relativ unbewußt arbeitenden Seelenräder das Ich noch dann beeinflussen, wenn dieses wieder zur vollen Herrschaft gelangt ist, und zwar ohne daß das Ich sich über diesen Einfluß klar wird. (Vollzug der posthypnotischen Suggestion.)

Die Thatsache aber, daß während der Hypnose, wie während des Schlafes, die Großhirnrinde verhältnismäßig blutarm, die subkortikalen Hirnteile jedoch blutreich sind, bestätigt die hier bloß skizzierte Hypothese. Denn nach psychiatrischem Befunde soll der Sitz des Bewußtseins (nach unserer Deutung der des individuellen Ichs) in der Großhirnrinde (gewöhnlich in der des linken Gehirns) zu suchen sein, während die Auslösung der Sinnesenergien, wie: Licht, Farbe, Ton, Wärme, Geruch u. s. w. mit ihren räumlichen Gestaltungen, die Konstruktion der Wahrnehmungen der äußeren Sinne also, in den unter der Hirndecke gelegenen Nervencentren erfolgt.

Daß aber das Gedächtnis, welches bei den psychischen Manifestationen der Hypnose mit die hervorragendste Rolle spielt (soweit es nicht die Thätigkeit des Ichs selber ist und so als bewußt bezeichnet werden muß, was jedoch nur in sehr beschränktem Maße der Fall ist), relativ unbewußt und lokalisiert zu stande kommt, beweisen die verschiedenen Erscheinungsformen der Aphasie (Sprachlosigkeit) und die sogenannte, von Munk richtig gedeutete „Seelenblindheit“. Überall liegen hier Störungen eigenartiger Gedächtnisthätigkeiten vor, die noch nicht völlig zergliedert und gesondert worden sind, die aber jetzt schon mit Sicherheit herausgestellt haben, daß specifische Gedächtnißbilder an besondere Hirnteile gebunden sind, wobei die dritte linke Stirnwindung, die linke erste (obere) Schläfenwindung und das Occipitalhirn wesentliche, aber verschiedenartige Dienste leisten, wenn nicht das Herz auf der rechten Seite liegt, in welchem

Falle die entsprechenden Windungen der rechten Seite des Hirns die psychischen Funktionen der linken Halbkugel übernehmen. —

Die Erscheinungsform des „Doppel-Ich", auf die besonders französische Irrenärzte als auf ein zwiefaches individuelles Bewußtsein bei gewissen Geisteskrankheiten hingewiesen haben, erklärt sich dem Erörterten zufolge durch den, aus dem Traumleben schon bekannten Umstande, daß, wie bereits angedeutet, das Ich bisweilen statt von Gedächtnisbildern von reinen Phantasiebildern bedient wird, die es auf Treu und Glauben für richtige Erinnerungen hält. Hierdurch entstehen aber zwei, oft völlig gesonderte Vorstellungskreise, bei denen ein und dasselbe Ich bald von Phantasiegebilden, die es für Erinnerungen nimmt, bald von richtigen Gedächtnisbildern umgeben ist, was den Schein von zwei individuellen Bewußtseinssphären aufkommen läßt.[1])

Das Prinzip der Arbeitsteilung, und zwar einer nicht nur auf materiellem, sondern auch auf geistigem Gebiete, ist es also auch im Seelenleben, welches dem Ich eine ebenso reiche wie vielseitige Erscheinungswelt erschließt und die hierauf zu gründende Kenntnis ermöglicht.

Diese Betrachtungen über das Wesen der Seele beleuchten zwar zur Zeit hell genug die Probleme der Hypnose, sind aber noch lange nicht eine ausreichende Lösung des Rätsels des Hypnotismus, welches noch anderer, als des hier gebotenen Schlüssels bedarf. — Als Ersatz hierfür erstreckt sich jedoch das Streiflicht dieser Hypothese auf alle psychologischen und physiologischen Probleme, wobei natürlich der Grad dieser Beleuchtung für die einzelnen Probleme sehr verschieden ist.

Das uralte Rätsel: „Was ist der Mensch?" — läßt sich nun hiernach zum nicht geringen Teil mit den sinnig-paradoxen Worten Shakespeares beantworten:

„Du bist nicht du selbst,
Denn du bestehst durch Tausende von Körnern,
Aus Staub entsprossen."

Setzen wir statt der Atome, an die (als „Körner") Shakespeare ohne Zweifel gedacht hat, Zellen und sprechen wir diesen, wie viele Forscher heute schon bei Zugrundelegung der Descendenzlehre und der Embryologie thun, Bewußtsein oder „Seelen" zu, so müssen wir den großen Dichter und Menschenkenner bewundern, der aus dem Wissen seiner Zeit die weitgreifendsten Folgerungen zu ziehen und dem farbenreichen Teppich seiner Dichtungen kunstgerecht einzuweben wußte.

[1]) Vergl.: Der Grund der Erscheinungsform des „Doppel-Ich" von Dr. Eugen Dreher. „Natur". Halle a. S. Nr. 43. 1891.

In „Drei psycho-physiologischen Studien" (Leipzig, Verlag von B. Konegen, 1891) giebt der Verfasser nähere Nachweise über die gewollten und die nicht gewollten Innervationen, von denen hauptsächlich die letzteren bei der Hypnose in Frage kommen. (Der Herausgeber.)

Mehr als die Schulweisheit träumt.

Ein sinnbildlicher Wahrtraum.

Die „Influenza" brachte mir einen hübschen Traum. — In der Nacht vom 6. auf den 7. Tag träumte mir, ich hielte meine Krankheit in der Hand, in Gestalt eines schwarz-grauen Klumpens, ähnlich einem Klumpen vulkanischen Tuffsteins.

Da fiel ein Stück davon ab, etwa der dritte Teil, und verschwand. Gleichzeitig sagte eine Stimme: „Der Rest wird nun auch bald mürbe werden und zusammenkrümeln."

Damit hörte der Traum auf; ich schlief traumlos und erquicklich und war mir für einige Minuten noch bewußt (d. h. traum-bewußt), daß ich den Genesungsschlaf schlafe. Am Morgen fühlte ich mich im ersten Moment wie gesund; als ich mich dann aber bewegte, merkte ich freilich, daß ich noch krank war, aber immerhin erheblich besser, und es ging die Genesung regelrecht von statten.

Beersheba-Springs, Tennessee, O. Pfitzmacher.
1. Februar 1893.

Der eigene Doppelgänger.

I. Im Sommer 1885 befand ich mich als Erzieherin auf dem Rittergut Manschwitz bei Friedland in Oberschlesien und ging einst nach dem Mittagessen, während dessen ausschließlich landwirtschaftliche Dinge verhandelt worden waren, in den Garten, um meine älteste Schülerin zu rufen. Über einen weiten Rasenplatz schreitend, sah ich dieselbe unbeweglich, mit gesenktem Kopf auf einer von den Kindern selbst verfertigten Schaukel sitzen, das heißt auf einem langen Brett, welches an Stricken zwischen zwei Bäumen hing. Da ich auf meinen wiederholten Anruf keine Antwort erhielt, trat ich rasch heran und sagte ziemlich ärgerlich: „Grete, warum antwortest du nicht?" In diesem Augenblick wandte die Gestalt mir ihr Gesicht zu, ich erkannte mich selbst, und wie ich daraufhin entsetzt noch einen Schritt näher gehe, ist die Schaukel leer. —

II. Im Spätherbst desselben Jahres, als ich jenes wunderliche Ereignis des Sommers, welches ganz ohne Folgen für mich geblieben war, fast vergessen hatte, kehrte ich abends zwischen 10 und 11 Uhr zu Fuß und allein von Schloß Friedland nach dem dreiviertel Stunden entfernten Manschwitz zurück. Wir waren in Friedland sehr heiter gewesen und hatten durchaus nicht an Geistergeschichten gedacht. Ungefähr in der Mitte und zugleich auf dem höchsten Punkt der Landstraße befindet sich ein hohes Kreuz, mit welchem der Volksmund allerlei unheimliche Gerüchte verbindet, obwohl ich, die ich schon hundertmal abends daran vorbeigegangen war, nie etwas Unnatürliches dort bemerkt hatte. An jenem Abend war Vollmond, und ich sah schon von weitem dem Kreuz gegenüber eine Gestalt auf einem Chausseesteine sitzen. Einen Landstreicher vermutend, faßte ich den Dolch, ohne welchen ich abends nie ausging, fester und schritt ruhig vorwärts. Beim Näherkommen entdeckte ich eine weibliche Gestalt, die zusammengekauert zu schlafen schien; und in der Erwägung, daß es bitter kalt sei und jenes Wesen bei einem Schlaf im Freien Schaden nehmen könnte, ging ich auf dasselbe zu, um es zu wecken. Mit Befremden erkannte ich an dem Geschöpf, dem ich eben die Hand auf die Schulter legen wollte, den Anzug, den ich selbst trug. In diesem Augenblick hob es den Kopf, sah mich mit meinem eigenen Angesicht starr an und war verschwunden. Es überlief mich eisig, ich verließ die Chaussee und schlug einen Feldweg ein, ungeachtet der Gräben und Steine, die ich bei demselben in den Kauf nehmen mußte.

Ich füge hinzu, daß auch diese Erscheinung keineswegs der Vorbote eines Unglücks oder besonderen Glückes gewesen ist. M. Lebewska.

*

Telepathie.

Anmeldung eines Sterbenden.

Mein jetzt verstorbener Vater war von Jugend auf mit einem Knaben aus der Nachbarschaft durch das engste Band der Freundschaft verbunden gewesen. Diese Freundschaft hatte alle Stürme des Lebens überdauert und sich stets als echt bewährt. Da trennte die beiden Freunde das Geschick: meines Vaters Jugendgespiele, der sich indes durch Heirat mit unserer Familie verschwägert hatte, verließ die Vaterstadt und ging nach St. Petersburg, wo er in den russischen Staatsdienst eintrat. Aber auch jetzt lockerte sich das Band der innigen Freundschaft nicht, wie das ja so oft der Fall ist, wenn zwei Freunde örtlich getrennt werden. Durch regen Briefwechsel blieben die beiden in stetem geistigen Verkehre; auch Geschenke wurden hin und her geschickt: so übersandte der Freund meines Vaters diesem noch etwa ein Jahr vor seinem Tode sein Porträt, ein kleines Pastellbild, das sich noch heute in meinem Besitze befindet.

Mehr als zwanzig Jahre waren nun bereits seit der Trennung der beiden Freunde vergangen, als mein Vater die Nachricht von der schweren Erkrankung seines Freundes erhielt. Wie gern wäre er zu ihm geeilt; doch das ging nicht wohl an! — Bald darauf geschah es, daß meinen Vater, der sich bereits zum Schlafen niedergelegt hatte, eine seltsame Unruhe wieder vom Lager auftrieb. Er erhob sich, zündete Licht an und ging mit der brennenden Kerze in der Hand ins Wohnzimmer hinunter, ohne daß er recht wußte, weshalb er das that. Als er dort eintrat, sah er seinen Freund in der einen Ecke des Zimmers stehen. Mein Vater erstarrte vor Schrecken und blieb an der Stelle gewurzelt. Da schritt die Gestalt des Freundes geräuschlos auf ihn zu, dicht an ihm vorüber, wobei mein Vater einen kühlen Lufthauch zu verspüren wähnte, und verschwand sodann durch die Thüre. Mein Vater ahnte, was geschehen sei. Nach einigen Tagen erhielt er auch die Nachricht von dem Tode seines Freundes: dieser war in derselben Stunde gestorben, wo sein Bild meinem Vater erschienen war. Hans Denkes.

Maria von Mörl,

geboren am 16. Oktober 1812, lebte in Kaltern an der Etsch unweit Meran. Sie war von allen Stigmatisierten dieses Jahrhunderts diejenige, bei der sich die Wundenmale Christi am längsten anhaltend zeigten. Diese Stigmatisation trat bei ihr schon am 4. Februar 1834 ein und blieb ihr bis zu ihrem Tode am 11. Januar 1868. An Idealität glich sie der Katharina Emmerich (1774—1824), bei der die Wundenmale jedoch nur von 1812—1819 ununterbrochen und von da an bis zu ihrem Tode alljährlich nur während der Passionszeit flossen. Maria von Mörl war aber nicht, wie diese, eine Nonne, sondern stand nach dem Tode ihrer Eltern bis zum Jahre 1848 dem Hauswesen vor, in dem sie sich aufs sorgsamste ihrer jüngeren Geschwister annahm und mit Hülfe ihres Beichtvaters um 2 Uhr jedes Tages, wenn sie aus der Ekstase erwachte, alles auf das Beste und Verständigste zu ordnen pflegte.

Daß die Stigmatisation physiologisch durchaus möglich ist, das ist wissenschaftlich von den ersten Autoritäten wie Professor von Krafft-Ebing nunmehr nachgewiesen, seitdem es gelungen ist, bei empfänglichen Personen Stigmatisationen durch hypnotische Suggestion künstlich nachzumachen. Somit hat die Wissenschaft jetzt die frühere Leugnung dieser unzweifelhaften Thatsache authentisch widerrufen. Die physiologische Mechanik der religiösen Stigmatisation ist ganz dieselbe, wie die der wissenschaftlichen, nur ist die Ursache in jenem Falle die Selbst-Suggestion der Stigmatisierten unterstützt durch die entsprechenden übersinnlichen Einflüsse. Was im einen Falle die Person des suggerierenden Professors that, das thut in der religiösen Ekstase die Person Jesu Christi.

Übrigens zeigten sich bei der Mörl auch viele andere magische Erscheinungen, außer Fernsehen und Fernwirken sogar allerhand spukartige Vorgänge, wie das freischwebende Sich-zu-ihr-hinbewegen von leichteren Gegenständen. Es ist dieses ein Beweis für die bekannte Thatsache, daß selbst da, wo sich der Geist des Menschen in die höchsten Regionen erhebt, gleichzeitig sich die niederen Affinitäten im Gebiet des Körperlichen geltend machen, selbst in unschöner und unzweckmäßiger Weise.

Über Maria von Mörl finden sich nähere Angaben in dem zweibändigen Werke: „Die Tiroler ekstatischen Jungfrauen“ (Regensburg 1843 bei Manz, hauptsächlich Band I, S. 6—48). Der Verfasser dieses Buches war der preußische Regierungsrat Wilhelm Volk (Pseudonym: L. Clarus), ein Protestant, der 1855 in Aigen bei Salzburg zur katholischen Kirche übertrat. Außerdem sind zu erwähnen: Görres, „Christliche Mystik“ II, 494—510, III, 468 und V, 397; Felsecker, „Reise nach Rom“ (Sulzbach 1847); Ennemoser, „Der Magnetismus im Verhältnis zur Natur und Religion“ (S. 137 ff.), und Perty, „Die mystischen Erscheinungen“ (1. Aufl. 734, 2. Aufl. II, 434). Das Ölbild von Professor Gabriel Max (in der Größe von 54×67 cm), das wir in diesem Hefte autotypisch wiedergeben, war bisher, vom Künstler zurückgehalten, der Öffentlichkeit noch nicht zugänglich; es stellt die Mörl im Sarge auf Grundlage einer kleinen Photographie in geistig lebendiger Auffassung dar. Die Stigmatisation ist durch den Fleck mitten auf der Hand gekennzeichnet. H. S.

Vorahnung der Todesart.

Diese Erscheinung zeigt sich nicht selten bei Menschen, so daß sie ganz bestimmt und wiederholt erklären, sie fürchteten, auf diese besondere Weise sterben zu müssen, oder öfter bei Erwähnung des Todes sagen: „Hoffentlich sterbe ich nicht gerade dieses Todes; jede andere Art scheint mir erträglicher.“ Und gerade die gefürchtete Todesart ist in der Regel das ihnen gesetzte Schicksal. Ein ganz ähnlicher Fall hat sich letzthin bei einem Hunde in einer mir nahestehenden Familie ereignet.

Harras, eine große wunderschöne, verschnittene Dogge, war eine kluges, treues Tier, der Liebling aller Hausbewohner und Besucher. Diejenigen, die er kannte, verstand er gut, wenn sie mit ihm deutsch oder englisch redeten; Französisch machte auf ihn keinen Eindruck. Er war ein großes, starkes und durchaus nicht feiges Tier; nur eine Schwäche hatte er: man durfte mit nichts auf ihn zielen, nicht einmal mit einem Schlüssel oder auch nur mit dem bloßen Finger. Dann verkroch er sich sofort; und dennoch war er nie zur Jagd benützt worden, war auch nie etwa angeschossen worden oder sonst anliebsam mit Schußwaffen in Berührung gekommen.

In diesem Jahre war das Tier zehn Jahre alt, erkrankte aber vor einiger Zeit an einer starken Drüsenanschwellung am Halse; diese Krankheit nahm trotz sorgfältigster Pflege unter ärztlicher Behandlung in den ersten Tagen des April so zu, daß nicht nur alle Hoffnung auf Genesung ausgeschlossen war, sondern das Leben für das arme Tier nur eine Plage war unter beständig folternden Schmerzen und Krämpfen. Die letzten Nächte wachte man bei diesem treuen Tiere wie bei einem Menschen, um ihm etwa mögliche Linderung zu verschaffen; aber sein beständiges Heulen und Winseln war nicht anzuhören; so ward denn beschlossen, ihn von seinen Qualen zu erlösen. Aber wie? Jedenfalls schnell und schmerzlos, nur nicht durch eine Schußwaffe!

Der Arzt wurde herbeigezogen. Man versuchte dem Tiere Strychnin zu geben. Am Abend vorher hatte es noch mit Behagen eine schöne Wurst gefressen; in ein Stück von ebensolcher Wurst ward nun Strychnin gethan, doch so, daß es nicht äußerlich bemerkbar war. Das Tier war aber nicht mehr zu bewegen, diesen Bissen anzurühren; es konnte nicht mehr schlucken. Dann ward Blausäure in Erwägung gezogen; aber niemand mochte und durfte es wagen, dem sich in Krämpfen wälzenden Tiere das Cyankali zu injizieren, da die Gefahr der eigenen Berührung mit dem sofort tötenden Gifte dabei zu groß war. Indessen steigerten sich die Qualen des armen Tieres, und so blieb denn schließlich keine andere Art seiner Erlösung übrig, als es zu erschießen. Ein richtig gezielter Schuß in nächster Nähe aus einem Revolver durchbohrte seine Hirnschale, durchdrang das Groß- und Kleinhirn, und das schöne Tier verendete augenblicklich. Nur noch ein einziger treuer und vielleicht wohl dankbarer Blick auf seinen Herrn, und es war tot; — es war erlöst von seinen Schmerzen und von der sein ganzes Leben es quälenden Furcht vor Schußwaffen.

12. April 1892. Hübbe-Schleiden.

Unendlichkeit

ist göttlich und auch menschlich. Das Unendliche ist unbegreiflich aber auch das wahre Menschenwesen ist uns unbegreiflich. Das wahrhaft Menschliche schließt das Göttliche ein. Der Mensch hat in sich Kräfte, die bis zur Unendlichkeit entwickelt werden können. Alle „Kinder Gottes“ sind nicht nur sein „Ebenbild“, sie tragen ihn selbst in sich, und dies sogar, trotzdem sie auch noch so sehr, ihren niederen Trieben folgend, das Wahre, Gute und Schöne in sich unterdrücken und verunstalten. Die bis heute weitaus überwiegende Neigung der Menschennatur ist auf das bloß Menschliche, wenn nicht gar Tierische gerichtet. Wie zu allen Zeiten so finden sich aber auch heutzutage Menschen, die ihr Sinnen ganz auf das Übermenschliche, das Göttliche, gerichtet haben; diese streben das Unendliche in sich zu verwirklichen.

Der „Himmel“ ist ein Zustand unendlicher Reinheit und Vollkommenheit; dieser ist des Menschen Bestimmung. Und nur solange der Mensch dies noch nicht erkannt hat, richtet er sein Trachten noch auf niedere irdische Interessen, anstatt auf die geistige Vollendung, die er mit der Zeit erreicht und in der Ewigkeit vollendet.

Red. d. Sphx. — 25. III. 92.

Bemerkungen und Besprechungen.

Autorität oder Selbstbestimmung?

Zur Beleuchtung der Kaiserrede.

Dies ist Titel und Inhalt einer bedeutungsreichen kleinen Schrift, die Findel in seinem eigenen Verlage herausgegeben hat.[1])

„Wir können nicht umhin (heißt es dort auf S. 7) zu gestehen, daß wir, obwohl wir einen durchaus entgegengesetzten Standpunkt vertreten, von dem kräftigen, entschlossenen Ton der Kaiserrede sympathisch berührt werden. Kraft ziert den Mann!"

Mit den politischen Gesichtspunkten dieser Schrift können wir uns hier nicht befassen; diese fallen nicht mehr in den Rahmen unserer Monatsschrift. Es sind dort aber einige sittlich-geistige Begriffe in so meisterhafter Weise klar entwickelt, daß wir wenigstens zwei dieser Sätze hier anführen wollen:

„Freiheit ist nicht Willkür, ihre Voraussetzung ist Handeln aus eignen Beweggründen; sie bildet somit einen direkten Gegensatz gegen das Prinzip der Autorität, welche um ihrer selbst willen gebietet und als eine uns fremde und äußere Macht Gehorsam fordert." ... (S. 13.)

Freier Wille ist bewußter Wille. — Vortrefflich ist aber ganz besonders die Kennzeichnung der verschiedenen Stadien auf der Bahn des Strebens nach Vollendung (S. 12):

„So gelangen wir zu den drei großen Richtungen der Gegenwart, zwischen denen jeder nach Einsicht und Gewissen wählen, entscheiden muß: 1. Gott oben, außer uns, als das Prinzip der Macht, dem gegenüber es nur knechtische Unterordnung giebt; 2. Gottlosigkeit (Atheismus) Vereinzelung der Menschen in getrennte (egoistische) Individuen ohne gemeinsamen Mittelpunkt, also Recht des Stärkeren, tierischer Kampf ums Dasein, Willkür; 3. Gott innen, als sittliches Gesetz oder Ideal, als Quelle des Rechten, Wahren und Guten, als gemeinschaftlicher, einigender Mittelpunkt."

Wir haben schon gewählt. Wie viele Jahre seines Lebens der eine und der andere von uns gebraucht haben mag, die ersten beiden

---

[1] Leipzig 1892, Verlag von J. G. Findel, 33 Seiten, 50 Pfg.

Stufen zu durchlaufen und zu überwinden, ist unwesentlich. Die „Sphinx“ aber hat sich von Anfang an für die Verwirklichung des letzten Ideals entschieden.

H. S.

Die Religion und Moral der Zukunft.

Der Glaube an die Wiederverkörperung der menschlichen Individualität und die Überzeugung, daß er bestimmt sei, einst der Grundstein einer neuen geläuterten Religion und Moral zu werden, ist bei keinem europäischen Kulturvolk der Gegenwart so lebendig, wie bei unseren westlichen Nachbarn. Diesen schönen Glauben haben die Franzosen von ihren Vorfahren, den alten Galliern, ererbt und durch das Denken „erworben, um ihn zu besitzen“, und gerade ihm verdankt auch ihre Philosophie der letzten Jahrzehnte jenen frischen, jugendlichen, heitern, humanen und wahrhaft religiösen Charakter, der sie so vorteilhaft von der an Altersschwäche darniederliegenden, von Pessimismus und Atheismus infizierten deutschen unterscheidet.

Was ist denn — hört man immer fragen — an der Reinkarnationslehre so Erhebendes und Anziehendes, daß man ein Volk oder einen einzelnen Menschen beneiden sollte, dessen Leben, Denken und Wirken von ihr durchdrungen und getragen wird?

In dem eben erschienenen hübschen Büchlein von Courtépée[1]), das uns eine genußreiche Stunde verschafft hat und hiermit bestens empfohlen sei, findet der Leser eine klare und bündige Antwort.

Gelten lassen, daß der Mensch mehr als einmal geboren werde, heißt, sagt Courtépée (S. 132, 142), die göttliche Weisheit, Liebe und Gerechtigkeit anerkennen, welche keinen Sünder verwirft und auch dem moralisch tief Stehenden den Weg zur Vollkommenheit nicht absperrt, indem sie ihm die Möglichkeit giebt, sich in den nächsten Wiederverkörperungen zu bessern und somit die alten Schulden zu tilgen.

Ergebung, Hoffnung und Standhaftigkeit im Unglück; Demut und Bescheidenheit im Glück; Gelassenheit, Mitleid, Milde und Barmherzigkeit: diese für das Wohl und Seelenheil des Einzelnen und des Ganzen so unendlich wichtigen Tugenden fließen unmittelbar aus jener Anschauung und müssen, auf Grund derselben, ebenso leicht zum Ausüben sein, als sie jetzt den meisten schwierig und fast unnatürlich erscheinen.

Es ist ein Irrtum, daß die gangbare Unsterblichkeitslehre der christlichen Gottesidee und den Forderungen der Moral und Religion besser entspreche, als der von der Kirche nicht gelehrte, aber freilich auch nicht verbotene Glaube an die Wiederkehr der Wesenheit und die endliche Erlösung aller. Vielmehr ist das Gegenteil wahr.

Man kann — wie ja auch Leibniz und Lessing es versucht haben — die Darstellung von den ewigen Höllenstrafen dialektisch, d. h. künstlich, äußerlich plausibel machen: immer aber wird sie, als eine barbarische

[1]) Pierre Félix Courtépée, L'unité de la vie passée, présente et future ou l'immortalité individuelle et collective. Paris 1892 (Petite bibliothèque de la „Lumière“), 218 Seiten in 16°.

und mit einer reinen Religion unvereinbare, unserer Vernunft widerstreben und unser Gefühl empören: eine *nicht ewige* Schuld kann Gott nicht *ewig* strafen wollen. Ebensowenig wird er freilich auch Verdienste eines kurzen Menschenlebens ewig und überschwänglich belohnen. Der ewige „Himmel" ist genau so vernunftwidrig und ungerecht, wie die ewige „Hölle". Außerdem aber hat die Lehre von der Fortdauer der Seelen in einem körperlosen, weltentrückten, glückseligen Zustande offenbar keine andere Quelle als den *Egoismus*, der selbst in seinen edelsten, d. h. weniger abstoßenden Formen nie die Triebfeder echter Moralität und die Grundlage einer reinen Religion sein kann, und den zu bekämpfen, ja, mit der Wurzel auszurotten die eigentliche Aufgabe aller Religion und Moral ist.

Wir sterben nicht, um gleich selig zu werden, sondern um — nach einer kurzen Rast — mit frischen Kräften und in neuer, besserer Gestalt wieder unsere Arbeit im *Dienste der Menschheit und ihres Fortschritts* aufzunehmen. Das letzte Ziel dieser Arbeit ist die Verwirklichung jener Ideale, die den Besseren aller Zeiten stets vorschwebten; mit einem Wort: die Gründung des „Gottesreiches", dessen Bürger alle je dagewesenen Menschen sein werden.

Wie oft muß man also ins Leben wiederkehren, bis man die Vollendung eines *solchen* Bürgers erlangt! A. K.

Aus Urdas Born.

Dies ist der Titel des neuesten Bandes im „Verein der Bücherfreunde". — „Schilderungen und Betrachtungen im Lichte der heutigen Lebensforschung" von Dr. *Theodor Jaensch*.[1]) Es sind dies naturwissenschaftliche Skizzen in idealistischem Sinne und gemeinverständlich geschrieben mit ebensoviel Geschmack wie Sachkenntnis. Auf eine *innerliche* Betrachtung der behandelten Gegenstände läßt sich der Verf. allerdings nicht ein, so wenig wie dies die Naturwissenschaft selbst thut. Dennoch empfehlen wir diese hübschen Darstellungen gerne, indem wir zugleich diese Gelegenheit benutzen, dem uns oft entgegengetragenen Mißverständnisse zu begegnen, daß wir Gegner der Naturforschung seien. Durchaus nicht! Ganz im Gegenteil erscheint uns die feinsinnige verständnisvolle Naturbetrachtung als eine sehr wünschenswerte *Grundlage* des innern Geisteslebens. Nur soll man die ungleich wichtigeren Gesichtspunkte des letzteren nicht über nebensächliche Einzelbetrachtungen der *Natur*forschung oder auch der *Kultur*forschung aus den Augen verlieren.

Weise wohl ist Wodan, wenn er blickt hinab
In Urdas Silberwoge.

Urda, Werdande und Schulda sind die Schicksalsmächte (die Parzen) in der Edda; *Urda*, das Gewordene, ist die Vergangenheit, *Werdande* ist die Gegenwart, und *Schulda*, das (Sein-) Sollende, die Zukunft.

Sehr hübsch ist gleich das erste, „botanische Märchen", womit Jaensch seine Skizzenreihe einleitet; besonders interessant und vielen Lesern neu wird aber auch die

[1]) Der Mitgliedbeitrag beträgt vierteljährlich 3,75 M. für geh. und 4,50 M. für geb. Lieferungen. Dafür werden jährlich 6 bis 8 Werke von zusammen etwa 150 Bogen geliefert. Wir verweisen hierzu auch auf den diesem Hefte beiliegenden Prospekt der Verlagsbuchhandlung von *Friedrich Pfeilstücker* in Berlin W.

letzte Studie über leibliche „Unsterblichkeit" auf Grundlage der Anschauungen von Wilhelm Preyer und August Weismann sein. Freilich wenn durch diese jemand sich verleiten lassen wollte, nun zu glauben, daß den menschlichen Persönlichkeiten keine Seelen zu Grunde lägen, welche nach dem Tode fortbestehen, dann wäre dies für ihn sehr zu beklagen. Aber darum handelt es sich hierbei nicht, sondern zunächst um etwas anderes, nämlich nur um die Erklärung der individuellen Vervollkommnung, wie sie sich in der Evolution schon anfänglich unzweifelhaft darstellt.

Auf den untersten Stufen der organischen Entwickelung ist höchst wahrscheinlich alle Fortbildung noch, ebenso wie in der unorganischen Welt, gebunden an die leibliche Fortdauer des individuellen Daseins. Die wissenschaftlichen Versuche, solche Andauer des individuellen Lebens nachzuweisen, sind ein bleibendes Verdienst der genannten Forscher. Sobald allerdings über das bloß organische Leben hinaus sich höhere Kraftpotenzen der Individualität entwickeln, haben wir es nicht mehr bloß mit physikalischer und physiologischer Kausalität zu thun; denn jede Kraftpotenz hat ihre eigene Daseinsebene, auf der die Kausalität in ihrer eigenen, besonderen Art fortwirkt. So geht schon die Organbildung über die Ebene der einfachen Lebensfortdauer im Keimplasma hinaus. Noch höher liegt die individuelle Willensausbildung im Tierreich, und noch wieder höher liegt die seelisch-geistige Entwickelung der menschlichen Persönlichkeit. Auch diese aber ist ebensowenig möglich ohne Fortdauer eines Wesenskernes der geistigen Persönlichkeit, wie die Entwickelung des einfachen Zellenlebens ohne Fortdauer des Lebens im Keimplasma. H. S.

Die Seherin von Prevorst im Hochschlaf.

Diese neueste Darstellung der Frau Hauffe, der Somnambule Justinus Kerners, welches Bild von Gabriel Max wir im Märzhefte (S. 86) schon erwähnten, war unter andern auch in Prag in der Kunsthandlung von Nicolaus Lehmann ausgestellt und hat dort in künstlerisch maßgebenden Kreisen berechtigtes Aufsehen und allgemeine Bewunderung erregt. Es ist darauf vom Kunstverein von Böhmen für die Gemäldegalerie im Prager Rudolphinum angekauft worden. H. L.

Spiritistische Familienkreise.

Selbstüberzeugung von der Unsterblichkeit.

Die Zahl der spiritistischen Kreise in Deutschland und in Österreich hat sich in den letzten Jahren erheblich vermehrt. Ich kenne größere Ortschaften, in denen im Winter wenigstens ein Viertel der Erwachsenen „Zirkel sitzt". Es ist daher eine Schrift, wie die vorliegende, die eine genaue Anleitung zur Errichtung und Leitung spiritistischer „Zirkel" giebt, ein wahres Bedürfnis geworden, und man kann Hans Arnold und seinem Verleger Spohr nur dankbar sein, daß sie dieses Bedürfnis jetzt durch einen gut geschriebenen und ausgestatteten „Leitfaden" befriedigt haben.[1])

Es liegt in der Natur der Sache, daß ein fertiger, harmonischer Kreis mit trefflichen Kundgebungen sich nicht nur aus Scheu vor dem Spott der Öffentlichkeit verborgen hält, sondern er schließt sich auch zumeist gern vor Neulingen ab, die durch Teilnahme an solchem „Zirkel" die Praxis des Spiritismus erlernen möchten, weil die neu Hinzukommenden doch die notwendige Harmonie, auch bei dem besten Willen, mehr oder weniger stören und die mühsam erlangte Höhenstufe der Kundgebungen wieder herabdrücken. Die zahlreichen Personen, die solchen geistigen Verkehr zu

[1]) Wie errichtet und leitet man spiritistische Zirkel in der Familie? Ein Leitfaden für die selbständige Prüfung der mediumistischen Phänomene von Hans Arnold. Leipzig, Verlag von Max Spohr (ohne Jahrzahl). Preis M. 2.—

haben wünschen, aber die Herbeiführung derselben aus den oben genannten oder anderen Gründen in bereits bestehenden Zirkeln nicht erlernen können, werden an dem Arnoldschen Buche einen trefflichen und zuverlässigen Leitfaden haben. Befolgen sie die darin gegebenen Regeln genau, so wird ihnen auch der gewünschte Verkehr mit „Geistern" nicht ausbleiben. Daß der Verkehr dann auch ein geistiger werde und bleibe, dafür müssen sie freilich noch durch ihr eigenes Verhalten — während der Sitzungen nicht nur, sondern auch in ihrem Leben überhaupt — Sorge tragen.

Was den Menschen am meisten nötig ist, das ist die Überzeugung von der persönlichen Unsterblichkeit der Seele. Denjenigen nun, welche Vernunft-Gründen unzugänglich sind und auch nicht glauben können — und das sind die meisten —, bleibt nur der praktische Versuch durch den Verkehr mit den Abgeschiedenen. Wie sie denselben erlangen können, auch wenn sie die spiritistische Litteratur gar nicht kennen und der Beihilfe erfahrener Spiritisten entbehren, das eben lehrt ihnen Hans Arnold in dieser seiner Schrift.

Leopold Engel.

*

In Hans Arnolds Leitfaden für die selbständige Prüfung der mediumistischen Phänomene: „Wie errichtet und leitet man spiritistische Zirkel in der Familie?" ist, wie es scheint, die Erfahrung einer vieljährigen spiritistischen Praxis verwertet. — Das Schriftchen behandelt mit anerkennenswerter Gründlichkeit alle wichtigen Fragen, die denjenigen, welche zum erstenmale den Boden des Okkultismus betreten, auftauchen. Unsere zur philosophischen Betrachtung, mehr als zum praktischen Versuch, hinneigende deutsche Eigenart besitzt nicht jene Geduld und Ausdauer im Probieren und Immer-wieder-probieren einer Sache, welche den Engländer und namentlich den Nordamerikaner zum Erfinder par excellence befähigen. Gerade aber diese uns Deutschen im allgemeinen mangelnde Eigenschaft der zähen Ausdauer ist notwendig zum Bilden erfolgreicher Zirkel. In Deutschland hört man fortwährend in Okkultistenkreisen den Stoßseufzer: „Ja, wenn wir nur erst Medien hätten!" Und da wartet man denn lieber, bis endlich einmal so ein aus dem Auslande versprengtes Medium auftaucht und Sitzungen ankündigt zu Preisen, die sich heutzutage nur die Berühmtheiten der medizinischen Fakultäten für eine Konsultation zahlen lassen. — Help yourself! ist unser Rat den deutschen Okkultisten gegenüber. Entwickelt euch eure Medien selbst! — „Wie denn? Und dauert das nicht viel zu lange?" — Versucht es nur, es wird schon gehen; aber zuerst studiert das spiritistische ABC von Hans Arnold!

Dsd.

*

Materialismus oder Spiritismus?

Die Überlegenheit des letzteren über den ersteren, sobald es sich um eine Ergründung des Menschenwesens handelt, ist schon so oft in Schriften und auch fortwährend in diesen unseren Monatsheften nachgewiesen worden, daß man nachgerade denken könnte, es müsse nun der Worte wohl genug sein, und man könne kaum noch etwas Neues über diese Lebensfrage vorbringen; es bleibe eben nur noch übrig für alle, die dieser Beweisführung noch bedürfen, daß sie selbst sich durch die That, durch spiritistische Versuche, von der Wahrheit der Thatsache des persönlichen Fortlebens überzeugen. Dennoch halte ich diejenige der neuesten Schriften von Hans Arnold, welche als Titel die Frage unserer Überschrift trägt[1]), für nichts weniger als überflüssig und auch für eine der besten und gemeinverständlichsten über diesen Gegenstand. Derselbe ist hier als Erzählung in lebendige Gesprächsform eingekleidet; und treffend sind darin geschildert die Wandlungen einer Menschenseele bei der Ausbildung

[1]) Hans Arnold: *Materialismus oder Spiritismus?* Aufzeichnungen aus dem Leben eines Unbekannten. Leipzig, Max Spohr, 1892. Preis M. 2,00.

des Kinderglaubens, bei ihrem Eintauchen in den Schlamm des theoretischen und praktischen Materialismus und bei ihrer endlichen Erlösung aus dieser eignen Höllenqual. Übrigens ist es ja gerade Arnold, der jetzt durch seine gleichzeitig in demselben Verlage herausgegebene Schrift: „Wie errichtet und leitet man spiritistische Zirkel in der Familie?" zum praktischen Selbststudium angeregt hat. In der That ist jene andere, uns hier vorliegende theoretische Schrift nur die notwendige Ergänzung dieser praktischen, jene das Wesen, diese die Technik behandelnd.

Beide Schriften sähe ich gern in den Händen eines jeden, der sich noch nicht völlig und unzweifelhaft davon überzeugt hat, daß das persönliche Bewußtsein nach dem Tode irgendwie fortlebt und daß ein Verkehr mit den „Verstorbenen" möglich ist. Eine andere Frage freilich ist die, ob solcher Verkehr auch immer heilsam ist, sei es für die Verstorbenen oder selbst für die Überlebenden. Allen denjenigen aber, die nur deshalb an ein Fortleben nicht glauben, weil sie bloß einseitig an den materialistischen Thatsachen haften blieben und die spiritistischen nur durch entstellende Berichte einer feindseligen Presse kennen, allen diesen möchte ich die Bücher Arnolds warm empfehlen.

Das Eine muß jedoch als unerläßliche Bedingung hier betont werden. Wer sich von irgend einer Wahrheit überzeugen will, muß sie mit aufrichtigem guten Willen suchen. Wer von vornherein sich einredet, die Sache müsse ganz so sein, wie er sie haben möchte, und wer nicht zunächst in unbefangener Prüfung ohne Vorurteil auf die ihm dargebotenen Anschauungen eingehen will, für den ist alles „Forschen" nicht bloß Zeitvergeudung, sondern auch Verhärtung und Verdummung! H. S.

Der geschichtliche und der ideale Faust.

Wir sind von einigen unserer Leser brieflich darauf angeredet worden, warum wir in unserer Monatsschrift, die doch dem Idealismus dient, uns mit einem so wüsten Gegenstande befassen, wie die Berichte über die so widerwärtige Persönlichkeit des Zauberers Faust, der für die größte deutsche Dichtung doch nicht viel mehr als den Namen hergegeben hat. — Uns wundert, daß nicht alle unsere Leser dies herausgefunden und uns nachempfunden haben. Wirkt das Schöne nicht doch erst durch den Kontrast des Häßlichen?! Wenn alles ideal ist, dann giebt es kein Ideal mehr; deshalb aber wird einem das Ideal erst recht wertvoll durch den Vergleich mit seinem verzerrten Gegenstück. Daß jedem unserer Leser jenes edle Menschenbild vertraut ist, welches Goethe uns in seinem „Faust" vorführt, das dürfen wir wohl annehmen. Kann dieses Lebensbild allein zum idealen Streben anregen, so wird auch das abschreckende Fratzenbild des „zaubernden" Hochstaplers Faust nur nach der gleichen Richtung hin wirken können.

Heutzutage aber hat für uns dies letztere Bild noch weiter zweifach einen besonderen Wert: Es mag zur Warnung allen denen dienen, die in thörichter Wundersucht den übersinnlichen Thatsachen nachjagen, nur um ihr Sensationsbedürfnis zu befriedigen, oder die gar dem eitlen Wunsche Raum geben, mehr zu können als andere, und als etwas Besonderes angestaunt zu werden, sei es nun als Medium oder als hypnotisierender Zauberkünstler. — Ferner jedoch bietet sich in diesem „Zauberer" Faust hier auch eine Delikatesse für den heutigen Alltags-Realismus, der in seiner sogenannten Kunst und Dichtung sich nicht über die schmutzige Wirklichkeit erheben will und kann. Mag jetzt der Leser diese Wirklichkeit des Faust vergleichen mit der von Goethe gezeichneten Ideal-Natur! Es kann dann danach jeder leicht entscheiden, ob er der jetzigen platt-realistischen Geistesströmung in unserer jüngsten Litteratur und Malerei den Vorzug geben will oder der Wahrheit des Ideal-Naturalismus aller wirklichen großen Künstler, Dichter und Weisen. H. S.

Anregungen und Antworten.

Eigener Geist oder fremde Geister?

An den Herausgeber. — Bezugnehmend auf Ihre Aufforderung in den Heften der „Sphinx" erlaube ich mir, Ihnen einige Zeilen zu unterbreiten behufs Aufnahme in die neue Abteilung: „Anregungen, und Antworten".

Ich wurde als Materialist zum Spiritismus und von diesem gelegentlich zum Antispiritismus bekehrt. Als ein Kind unserer Zeit war auch ich der realistischen Strömung verfallen und hatte den Glauben an eine intelligible Welt und an eine individuelle Seele längst zum alten Eisen geworfen. Da schlug um das Jahr 1880 der „spiritistische Schwindel" in der Trautenauer Gegend, in der ich damals lebte, stark um sich; ich wurde — meine Stellung erlaubte es bei dem herrschenden Terrorismus gegen die Spiritisten nicht — nur so „unter der Hand" Zeuge einiger Erlebnisse in einem „Zirkel". Verblüfft zog ich mich, da man mir das Gefährliche meines Beginnens von maßgebender Seite klar legte, vom Zirkel zurück, und obwohl ich die Ansicht der Spiritisten über die Natur der Kundgebungen mit Vorsicht aufnahm, so bekam doch mein Glaube an die Unfehlbarkeit der modernen Päpste „Büchner und Vogt" ein großes Loch. Keine Ahnung davon, daß über die wunderbaren Erscheinungen, deren Zeuge ich gewesen, eine umfangreiche Litteratur bestehe, dachte ich kaum mehr an die Sache, mich lediglich mit der Unerklärlichkeit der Phänomene zufriedenstellend, bis nach Jahren mein durch die Trautenauer Ereignisse für Mystik rege gemachter Geist auf die spiritistische Litteratur gelenkt wurde. Die von mir zuerst gelesenen Werke Kardecs, sowie diejenigen geistesverwandter Schriftsteller waren allerdings geeignet, mich zum gläubigen Spiritisten zu machen. An der Richtigkeit der aus realen Thatsachen gezogenen Konsequenzen Kardecs und Konsorten nicht mehr zweifelnd, nahm ich das verlockende Evangelium dieses modernen Propheten mit Befriedigung in mir auf, obzwar die zu vielen Reminiscenzen an Ormuz und Ahriman einen Mißton in der Weltanschauung Kardecs nicht verkennen lassen. Das Widersprechende in den spiritistischen Offenbarungen, selbst in Kardinalfragen, einerseits mußte die Halt- und Wertlosigkeit solcher Kundgebungen ans Licht ziehen; anderseits aber wurde durch die Arbeiten erleuchteter Denker (Hellenbach, Du Prel) auf dem Gebiete der Transcendental-Psychologie das geheimnisvolle Subjekt im Menschen mit Kräften ausgerüstet gefunden, die die vage Theorie der Spiritisten zum mindesten als überflüssig, wenn nicht gar für die Sache verderblich, erscheinen lassen. Doch das sind Sachen, die jeder weiß. Eine Frage die sich vielleicht mancher Leser der „Sphinx" gestellt und deren Lösung von Interesse sein dürfte, ist die: Wenn das transcendentale Subjekt, sagen wir in den meisten Fällen, die Quelle der spiritistischen Erscheinungen ist, wie kommt es dann, daß die sich kundgebende „Intelligenz" sich immer unter dem Namen eines sogenannten Verstorbenen einführt, niemals aber, was doch ganz natürlich und der Sache förderlich wäre, sich als das unserer Erscheinung zu Grunde liegende Geisteswesen kundgiebt, das in dramatischer Spaltung sich mit seinem durch den Organismus zu Stande gebrachten tagwachen Sinnesbewußtsein unterhält?

Kann vielleicht jemand darüber eine befriedigende Antwort geben?

Wöllsdorf, am 25. Feber 1892. Eduard Niesner.

Idealismus und Vernunft.

An den Herausgeber. — Sie sind Idealist?! Was ist Idealismus? Nun, es ist doch jenes Streben, jenes Kämpfen und Ringen, jenes Suchen nach Wahrheit, jenes freudige Bekenntnis, jener Jubelruf des freien Geistes: „Wahrheit und Vollendung sind nur bei dir, du großer Gott, allein!“ In dem Eingangsgedichte des Märzheftes „Hinauf“ und in Ihrem Aufsatze „Das Streben nach Vollendung“ ist ausgesprochen, was aller Idealisten Herz bewegt, empor zum Äther zieht. Es lebt ein Gott hoch über uns und aller menschlichen Schwäche und Thorheit, ein ewig schaffender, nie begriffener Weltgeist, und unsere unsterbliche Seele ist sein und muß zurück zu ihm, zum Licht. Sie lassen nun die großen Geister Goethe, Kant, Lessing &c. für die Unsterblichkeit sprechen und äußern dann selbst Ihre Ansichten über Vollendung nach dem Tode &c. Dabei kommen Sie zu dem Ergebnis, daß wir in einem Menschenleben nicht reif werden können zum Licht, daß nur durch Wiederverkörperung, durch mehrmaligen Eintritt in das leibliche Dasein jener Grad von Vollendung erreicht wird, der uns frei und bereit macht zum Aufschwung nach den Sternen. „Wer dieses Ziel in seinem gegenwärtigen Leben nicht erreicht, wird so lange mittelst Wiederverkörperung vor dieselbe Aufgabe dieses leidenvollen Daseins gestellt werden, bis endlich auch in ihm das Erlösungsbedürfnis voll erwacht und ihn zu göttlicher Vollendung führt &c.“ „Wiederverkörperung ist die gegebene Voraussetzung des Strebens nach Vollendung.“ Ich lege mir diese Ihre Worte so aus: Sicher ist, daß der Mensch in diesem Leben nicht jenen Grad göttlicher Vollendung erreicht, der ihn reif macht zum Licht; sicher ist es auch, daß wir je nach dem Stande unserer geistigen Vollkommenheit und sittlichen Reife eine längere oder kürzere Zwischenzeit, eine Läuterungs- und Prüfungszeit durchmachen müssen, ehe wir zu Gott gelangen können. Aber sicher ist auch, daß in metaphysischen Dingen der Mensch verzweifeln muß. Da müssen wir mit dem ringenden „Faust“ bekennen:

„und sehe, daß wir nichts wissen können“.

Nun treten Sie aber auf mit der bestimmt vorgetragenen Behauptung der Wiederverkörperung. Da kann ich Ihnen nicht folgen und weiß überdies, daß viele mit mir Ihre Ansicht nicht teilen. Was nach dem Tode mit uns vorgeht, wer weiß es? Wer will sich vermessen und sagen: „Ich weiß es!“ Nur das Eine wissen wir Idealisten und hoffen es zuversichtlich, daß einst wir sollen frei werden, daß einst fallen werden alle Schleier, die hier die Wahrheit uns verhüllen, daß wir Genesung trinken werden am ewig sprudelnden Urquell alles Seins, daß einst wir alle Rätsel lösen werden, alle Fragen des dunklen Erdendaseins. Gewiß, wir können hier nicht vollkommen werden, und darum müssen wir alle eine Zwischenzeit durchleben, um doch endlich eingehen zu können zu Frieden und Ruhe!

Sie selbst haben in Ihrem Programm gesagt: „Wir bilden uns nicht ein, zu wissen, was das Wesen aller Dinge ist; wir wissen vielmehr, daß kein Sterblicher die reine Wahrheit weiß, noch wissen kann;“ aber trotzdem treten Sie mit der Hypothese der Wiederverkörperung auf und stellen sie als sicher hin. Wir sind eben noch in der Welt und sind noch gefangen in den Banden dieses Daseins. Und doch, das ist wieder unser Glück! Denn wüßten wir schon jetzt das Wesen aller Dinge, dann brauchten wir nicht mehr zu kämpfen und mit „saurem Schweiß“ zu sagen, was wir nicht wissen, dann wären wir schon wie Gott und würden uns schwerlich ihm, dem Großen, Unerforschlichen, Erhabenen demütig unterordnen. Doch eben dieser Kampf, dieses heiße Ringen zum Licht soll unsere Kräfte stählen und entfalten, soll uns würdig und fähig machen, einst genießen zu können das hohe Glück, Gott gleich zu sein.

Aber wozu die vielen Worte?! Im allgemeinen stehe ich ja doch auf Ihrer Seite und bekenne mit Ihnen, daß es hier keine Vollendung giebt für uns, und daß wir deshalb durch eine Zwischenstation hindurchmüssen noch vor unserem Endziel, auf der wir noch einmal all' unsere Kräfte sammeln können zum letzten Stück des Weges, auf dem wir ablegen müssen alles, was noch Unvollendetes an uns ist, was noch an Staub erinnert, um dann reif und frei, im festlich glänzenden Gewand eingehen zu können zum „himmlischen Jerusalem“, dem Ziel und Ende unserer Pilgerschaft. Sie aber, hochverehrter Herr, wollen noch das Wie und Wo dieser Zwischenstation kennen; ich stehe still wie vor einem verschleierten Bild und bekenne mit Faust, daß wir nichts wissen können.

Wittenberg, den 22. März 1892. G. Th.

❖

Idealismus — möchte ich sagen — ist: seinem höchsten Ideal gemäß zu leben im Denken, Reden, Handeln. Warum soll aber dies Ideal ein negatives sein?! Warum soll ich von vornherein sagen: mein Ideal ist, etwas nicht wissen zu können?! Die vollendete, abstrakte Wahrheit ist freilich bei der Gottheit allein; sie ist die Gottheit. Aber ist nicht eben diese göttliche Vollkommenheit das Ziel unseres Strebens?!

Mir scheint, daß ich meine Vernunft nicht dazu habe, um mich träge und trotzig mit dem alten Verzweiflungssatze zu begnügen, „daß wir nichts wissen können“. Diesen legt Goethe seinem „Faust“ ja auch nur anfangs in den Mund, ehe er durch das Leben zur Vollendung kommt. Ich meine aber, daß uns nichts besser als eben die Vernunft-Erkenntnis aus der Hölle des im Finstern tappenden Pessimismus retten kann, der nur deshalb verzweifelt, weil er nicht die vollkommene Gerechtigkeit und Liebe der Weltordnung gegenüber jeder einzelnen Individualität erkennt.

Ich löse mir dies Rätsel der anscheinenden Ungerechtigkeit der Weltordnung durch die alt-indische Philosophie. Eine andere die Vernunft befriedigende Erkenntnis ist mir bisher nicht bekannt geworden. Weiß jemand eine solche, so bitte ich ihn, sich damit zu melden. Sollte ich selbst je irgend eine bessere Lösung finden, so würde ich sicher mit derselben nicht zurückhalten. H. B.

❖

Korschelts Äther-Strahlapparate.

An den Herausgeber. — Gestatten Sie, daß ich auf Ihren Artikel „Die Sonnenäther-Strahlapparate“ im März-Hefte der „Sphinx“ mir einige Bemerkungen erlaube.

Herr Professor Kapp hierselbst, welcher sich lebhaft für den genannten Apparat interessiert und mit Herrn Professor Korschelt deshalb mehrfach korrespondierte, teilt meine Ansichten in diesem Punkte vollkommen.

Die Wirksamkeit des Apparates ziehe ich keinen Augenblick in Zweifel, möchte aber doch einen Unterschied gemacht sehen in dem Vergleich zu der Wirksamkeit des Heilmagnetismus. Zunächst sind es doch wohl zwei verschiedene Kräfte, die entwickelt werden, hier eine mechanische, dort eine organische. Die lebendige Nervenkraft von Mensch zu Mensch erscheint mir keineswegs in allen Fällen ersetzbar durch einen Apparat. Was nun die Gefahren der magnetischen Behandlung betrifft, von welchen

Sie sprechen, möchte ich mir angesichts meiner eigenen Erfahrung in zehnjähriger Praxis und derjenigen meines im 78. Lebensjahre stehenden Schwiegervaters, Herrn Kramer, einiges zu erwidern erlauben. Erstens sagen Sie, „die Kraft des Magnetiseurs erschöpfte sich“. Wo dieser Fall eintritt, verbietet sich das Ausüben der Praxis. Bei meinem Schwiegervater und mir aber z. B. hat sich die Kraft gerade durch die langjährige Anwendung gesteigert, gleich dem in Gebrauch befindlichen Mineralmagneten, gegenüber dem unthätigen. Zweitens sprechen Sie von den Gefahren der Krankheits- und Charakterübertragung auf den Magnetiseur oder den Patienten. Ein auf sich übertragender Magnetiseur denke ich, sollte ebenfalls nicht Praxis ausüben. Weder Herrn Kramer, noch mir ist solcher Fall gegenseitiger Übertragung je vorgekommen.

Im großen und ganzen habe ich die feste Überzeugung, daß die ursprüngliche Nervenkraft als Heilmittel nicht durch einen Apparat völlig ersetzt werden kann.

Düsseldorf, den 23. März 1892. L. Tormin.

❦

In einem Aufsatze über meine Sonnen-Äther-Strahlapparate in „Zur Guten Stunde“, 1891/92, Heft 14, sage ich:

„Nach zahlreichen Versuchen ist die Wirkung des Apparates und des Heilmagnetiseurs auf dieselben Personen stets die gleiche, so daß also hiermit zum erstenmal eine physikalische Erklärung des bisher so rätselhaften Heilmagnetismus gegeben ist. Ein Heilmagnetiseur ist eine Person, welche imstande ist, positive Ätherteilchen gleichgerichtet von sich, namentlich von den Fingerspitzen, auszustrahlen. Je nach der Herkunft der Ätherteilchen, je nachdem sie nämlich vom Heilmagnetiseur aus der Atmosphäre angezogen und wieder ausgestrahlt werden oder durch Abschleuderung aus den Molekülen des eigenen Körpers, besonders der Haut, ausgestrahlt werden, giebt es also zwei Arten Heilmagnetiseure: solche, die mit fremder, und solche, die mit eigener Kraft arbeiten. Das stimmt auch mit der Erfahrung. Manche Heilmagnetiseure können nämlich viele Personen hintereinander behandeln, ohne besonders erschöpft zu werden, das ist die erste Art, und andere werden von wenigen Behandlungen stark erschöpft, das ist die zweite Art. Die erste Art wirkt rein mechanisch und in keiner Weise anders, als eine Äther-Strahlscheibe; bei der anderen macht sich aber noch eine feinere, psychische Einwirkung geltend.“

Letztere wird natürlich auch bei der ersten Art, zu welcher alle längere Zeit berufsmäßig den Heilmagnetismus ausübenden Personen gehören *müssen*, nie ganz fehlen. Trotzdem beruht die *Hauptwirkung* solcher *ausdauernder* Heilmagnetiseure auf ihrer Fähigkeit den atmosphärischen Äther gleichgerichtet auszustrahlen, und es ist doch wenigstens die Möglichkeit vorhanden, daß Heilmagnetiseur und Strahlscheibe identisch *wirken*, daß der Heilmagnetiseur also eine lebendige Strahlscheibe ist.

Wenn das so ist, so muß auch ein solcher mit fremder Kraft arbeitender Heilmagnetiseur in seiner Wirkung vom Wetter abhängig sein, weil die Zahl der Ätherteilchen in der Atmosphäre ebenfalls vom Wetter abhängt, d. h. bei gutem Wetter groß, bei schlechtem Wetter gering ist. Das hat nun auch z. B. Hansen von sich behauptet, wie in Zöllners „Wissenschaftlichen Abhandlungen“, die mir augenblicklich nicht zur Hand sind, irgendwo zu lesen ist.

Leipzig, den 30. März 1892. Oskar Korschelt.

❦

Auf mehrere bei mir eingelaufene Anfragen erwidere ich hier, daß auf alle die, welche für mesmerische (heilmagnetische) Beeinflussung nicht empfänglich sind, wohl auch die Äther-Strahlapparate keine sehr merkliche Wirkung ausüben werden.

Hübbe-Schleiden.

Wesen und Form.

An den Herausgeber. — Gestatten Sie mir in Bezug auf Ihr Werk „*Lust, Leid und Liebe*" wegen eines Punktes anzufragen, der mir einer Aufklärung zu bedürfen scheint.

Die fortdauernde Individualität erscheint in den verschiedenen Ausdrucksweisen verschiedener Stellen bald als der beharrende Wesenskern oder substantielle Faden, an dem die wechselnde Entwickelung der Formen verläuft, bald als die sich im Wechsel der ein- und austretenden Stoffe behauptende Form. Im ersteren Falle ist es die (wenn auch nur relativ zu verstehende) Substanz im Vergleich zu den wechselnden Accidentien an ihr, im letzteren Falle dagegen ein (wenn auch nur relativ) konstantes Accidens, das im Wechsel der unter ihm fortlaufenden Substanzen sich erhält.

Ihre Beweise oder Beispiele oder Analogien (wie die Meereswelle) sprechen *nur für die letztere* Auffassung; wo Sie aber auf die metaphysischen Konsequenzen Ihrer Beweisführung übergehen, vertauschen Sie die letztere Auffassung unvermerkt mit der ersteren, die doch das gerade Gegenteil bedeutet. Beide Auffassungen schließen sich meines Erachtens aus; gilt die eine, so gilt die andere nicht, und umgekehrt. Wollen Sie trotzdem eine Synthese beider, so müßten Sie erst den Gegensatz herausarbeiten und dann seine Überwindung zeigen, während er jetzt verschleiert wird. Wollen Sie keine Synthese, so müssen Sie sich für die eine Seite der Alternative entscheiden. Wählen Sie die letztere, so fallen Ihre metaphysischen Konsequenzen hinweg; wählen Sie die erstere, so fällt die Beweiskraft der gewählten Beispiele und Analogien hinweg.

H. E.

✤

Einen Gegensatz der Betrachtungsweise, wie er hier aufgestellt wird, kann ich als *Monist* (im geistigen Sinne des Wortes) durchaus nicht für berechtigt anerkennen. Jede dualistische Unterscheidung von Wesen und Form ist für mich *ganz unmöglich*. Will man meinen Monismus eine „Synthese" nennen, so habe ich nichts dagegen; das ist eine theoretische Formfrage, die nebensächlich ist. Für mich sind aber *Wesen* und *Form* immer *eines und dasselbe*; in der Form ist stets das Wesen ganz enthalten; sie ist das Wesen, indem sie es darstellt, und daher besteht die Dauer und die Kontinuität des Wesens auch allein in derjenigen der Form. Aber freilich fragt es sich: was ist *Form*?

Natürlich ist die *Form* niemals ein „Accidens", ein Baumaterial, wie ich deutsch sagen möchte; sie bildet sich vielmehr nur jeweilig als *Summe* aller augenblicklichen, fortwährend wechselnden, äußeren und innerlichen, „stofflichen" und „geistigen" Accidentien, aus denen sie beständig sich umbildend und neubildend sich aufbaut. In diesem unausgesetzten Wechsel solchen Materials ihrer „Eigenschaften" (im weitesten Sinne des Wortes) besteht allein auch das *Wesen* der Individualität; denn dieses ist gerade unaufhörliche Veränderung, Entwickelung.

Wenn wir irgend eine Form für (relativ) unverändert bleibend halten, so wird solche Täuschung nur dadurch hervorgerufen, daß wir begrifflich von den Einzelheiten abstrahieren, daß wir also nur das Ganze, eben das *Wesen* als *Form*, in das Auge fassen, nicht aber die unaufhörlich, schneller oder langsamer wechselnden „Accidentien"; und es wechselt auch nicht *jeden* Augenblick *jedes* Partikelchen, aber das relativ längere oder kürzere Verharren und Wechseln irgend eines „Accidens" betrifft mit der Form immer auch das *Wesen*, auf dessen dynamisch-kausaler Kontinuität allein auch die Kontinuität der *Form* beruht.

Selbstverständlich kann es sich weder bei dem Begriffe „Form", noch bei dem der „Accidentien" bloß um solche Erscheinungen handeln, die unseren noch sehr unvollkommenen, äußeren Sinnen *unmittelbar* zugänglich sind. Das persönliche Bewußtsein ist z. B. eine hauptsächliche Teilsumme von Accidentien der menschlichen Individualität, die gewöhnlichen heutigen Normalmenschen aber können ein solches weder sehen noch betasten. Nach dem Tode des Körpers besteht nun meiner Anschauung nach sogar die Persönlichkeit ausschließlich als Bewußtsein fort, und den feinsinniger veranlagten Naturen kann ein solches Selbstbewußtsein sich dann auch telepathisch in der Gestalt seiner Selbstvorstellung sichtbar machen; in mediumistischen Sitzungen wird dies auch gröberen Sinnen zu teil, und die Gestalt solchen Bewußtseins der „verstorbenen" Persönlichkeit kann dann sogar wohl durch den Tastsinn wahrnehmbar gemacht werden.

Nebenbei bemerke ich nur, daß es ja auch so etwas wie einen Astralleib oder Ätherleib geben mag. Hierüber herrscht von alters her ein Streit zwischen dem Brahmanismus und dem Hinayana-System des Buddhismus; jener anerkennt einen solchen sukshma sharira, dieses nicht. Die Lösung dieser Frage in dem späteren Mahayana-System des Buddhismus, dem ich folge, kann man auch wohl eine „Synthese" nennen. Zu dem immanenten Monismus des Vedanta füge ich noch den transcendentalen hinzu.

Übrigens ist also niemals zu vergessen, daß kein Körper, weder der Zellenleib noch der Astralleib, selbst die Wesensform ist; er ist immer nur deren zeitweilige Darstellung, und der erstere noch überdies stets eine unvollkommene.

Ferner muß hier doch auch das wieder betont werden, daß nicht jedes Wesen, welches seiner Form nach eine Natureinheit ist (wie z. B. eine Welle), auch eine Wesenheit (Individualität) sei. Jede Wesensform stellt sich durch eine Summe vieler andern Formen, jede größere Einheit als die Summe vieler kleineren Einheiten dar. Nun kann die größere Einheit ebenso wie diese kleineren, aus denen sich ihr Körper aufbaut, eine selbständige Individualität (Wesenheit) sein; dies ist bei den Menschen, Tieren und Pflanzen der Fall, denen allen ebenso selbständige Wesenheiten zu Grunde liegen wie jeder Zelle ihrer Körper; und ebenso selbständige Individualitäten, wie es jede Zelle ist, sind auch die Moleküle, aus denen die Zelle wieder ihren Leib aufbaut. Die größere Einheit aber kann auch bloß ein Aggregat von Individual-Einheiten sein (der Wellenberg ist ein solches von Wassertropfen) oder auch eine Kolonie, ein Staat solcher Natureinheiten. Dieses nennt man einen Kormos. Ein solcher ist beispielsweise jeder Baum; ein Baum ist keine Pflanze, sondern ein Pflanzenstaat. Die Unterscheidungs-Merkmale für den einen und den andern Fall ergeben sich aus der Tabelle 1 meiner Schrift. Insofern also hier die durchlaufende Welle die den Weltprozeß durchlaufende Individualität veranschaulicht, ist sie kein Beispiel, sondern nur ein Gleichnis.

Hübbe-Schleiden.

Milde.

Wer, voll Eigennutz, dem Schwachen wehe thut, der wird im Tode nicht Glückseligkeit erfahren.

Dhammapada (131).

Der Wandervogel.

Kein Leiden giebt es mehr für den Vollendeten; die Lust hat ihn verlassen, seine Fesseln sind zerbrochen. Dem Wandervogel gleichend zieht er von Haus und Heim.

Dhammapada (90, 91).

Schein und Sein.

Den Frömmlern erscheint Fasten als Leben; den Frommen das Leben als ein Fasten.

Persischer Spruch.

Für die Redaktion verantwortlich ist der Herausgeber:
Dr. Hübbe-Schleiden in Neuhausen bei München.

Verlag von C. A. Schwetschke und Sohn in Braunschweig. — Druck von Theodor Hofmann in Gera.

SPHINX

XIII, 76. Juni 1892.

Der Glaube des neunzehnten Jahrhunderts.

Von

Hellenbach.

(posthum.*)

Die Geschichte der Menschheit lehrt, daß das Gute nur durch das Übermaß des Schlechten zu stande gebracht wird, und daß der Grund dafür in dem Egoismus der Nationen, Dynastien und Individuen zu suchen sei, welche unbekümmert um die fremden Interessen und die Folgen in der Zukunft nur durch die Vorteile des gegebenen Augenblicks geleitet werden.

Die Verschiedenheit der Zeitepochen, der Kultur und Religion hat daran nichts geändert und darauf keinen wesentlichen Einfluß geübt. Die Geschichte der römischen und der französischen Republik, der asiatischen Despoten und abendländischen Cäsaren des Altertums, wie auch der englischen, türkischen und russischen Dynastien in diesem Jahrtausend, enthält fast nichts, als eine ununterbrochene Kette von Verbrechen und Grausamkeiten, von Intriguen und Korruption; die Formen sind mit der Zeit milder geworden, das Wesen der Sache ist geblieben. Das Volk wurde damals, wie jetzt, nur durch Gewalt und zeitliche Strafen im Zaume gehalten. Es muß immer so gewesen sein, weil die Religionsstifter, wenn auch vergeblich, bestrebt waren, durch Verheißung ganz unverhältnismäßiger Belohnungen und Strafen in einem anderen Leben dem unausrottbaren Egoismus einen edleren transcendentalen zu substituieren.

Nichtsdestoweniger haben sich alle geoffenbarten und nicht geoffenbarten Weltanschauungen als unzureichend diesbezüglich erwiesen, und

---

*) Diesem Aufsatze schließen sich noch sechs andere an, die mit diesem zusammen ein Ganzes bilden. Wir werden dieselben fortlaufend in diesen Heften zum Abdrucke bringen. Die Redaktion dieses Nachlasses hat gütigst Freiherr Dr. Carl du Prel übernommen. (Der Herausgeber.)

zwar wahrscheinlich darum, weil man von der inneren Wahrheit dieser Lehren und von der Unfehlbarkeit ihrer Verkünder nicht überzeugt war. Der Dieb und Mörder hofft der zeitlichen Vergeltung zu entgehen; wäre er vom Gegenteil überzeugt, so würde er wahrlich weder stehlen, noch morden. Die zukünftigen Belohnungen und Strafen genügten nicht einmal für die Gläubigen, zumal die Gottheiten durch Opfer und priesterliche Vermittelung wieder ausgesöhnt werden konnten.

Es giebt allerdings Beispiele von uneigennützigem Patriotismus auf dem Throne und im Volke, und, was bemerkenswert ist, ganz unabhängig von Religion und Erziehung. Die Jungfrau von Orleans handelte frei von allem Ehrgeize aus reinem Patriotismus, denn sie wollte nach der Krönung Karls VII auf dem Gipfel des Ruhmes in ihre Hütte zurückkehren und wurde nur gegen ihren Willen und zu ihrem Unglücke auch ein zweitesmal aufgehalten (als ihr Schwert brach). Dagegen erhielt das Scheusal Nero eine vorzügliche Erziehung, während Heinrich IV unter Karl IX aufwuchs, die Bartholomäusnacht erlebte, dreimal seinen Glauben wechselte und doch ein wohlwollender Monarch war. Die Charaktere sind eben verschieden. Wer aber von einer zukünftigen Vergeltung fest überzeugt ist, wird sich höchstens vorübergehend von der Leidenschaft hinreißen lassen, im großen Ganzen aber seine Lebensführung gewiß dementsprechend einrichten. Bis jetzt waren nur die zeitlichen Folgen maßgebend.

Rücksichtsloser Egoismus heißt „gebotener Kampf ums Dasein“, rücksichtslose Ausbeutung eines Volkes durch das andere heißt „Patriotismus“. Gewaltthätigkeit, Hinterlist, Betrug, in früheren Zeiten auch Mord, vollzogen durch die Staatsgewalt, ist „Staatsraison“. Welche Verbrechen mohammedanischer und christlicher Fanatismus begangen haben, ist allbekannt; es geschah im Interesse der Kirche. Die unzweifelhaft eingetretene Milderung der Sitten und Formen ist aber gewiß nicht der Religion zuzuschreiben, denn der Glaube an den göttlichen Ursprung derselben war in früheren Zeiten allgemeiner als jetzt, und doch hat mit zunehmendem Zweifel die Humanität zugenommen. Aber auch in der Vergangenheit waren die Religionen nur für das Volk berechnet; für die Priester und Staatslenker waren sie nicht maßgebend, wie die Geschichte beweist.

Zoroaster, der älteste uns bekannte Stifter einer geoffenbarten Religion, personifizierte alles Gute und Schlechte in zwei Gottheiten. Das Nützliche und Schöne war das Werk des Ahuramasda, das Schädliche und Böse das des Angramminjus; das erstere solle man pflegen, das zweite bekämpfen. Seine Moral war schön und einfach, sie wurde aber kaum befolgt, obschon das irdische Leben nur die Folge einer Unvollkommenheit oder Verschuldung der Seele, die Rückkehr zu Ahuramasda durch einen moralischen Lebenswandel bedingt und die Folgen böser Handlungen geradezu fürchterlich waren, sowohl in diesem als in jenem Leben.

Die Geschichte der Baktrier und Perser beweist, daß Menschlichkeit und Gerechtigkeit dennoch nicht geübt wurden; die maßgebenden Faktoren glaubten wahrscheinlich nicht an die Existenz oder die Mitteilung des

Ahuramasda. Der Glaube, den Moses gelehrt, steht hinter jenem Zoroasters weit zurück. Jehova war ein fürchterlicher Gott, doch darf man nicht übersehen, daß Moses an der Spitze eines so verwahrlosten Volkes stand, daß er die aus Ägypten wandernde Generation durch einen vierzigjährigen Aufenthalt in der Wüste absterben ließ, weil er sie nicht für geeignet hielt, ein Land zu erobern und einen Staat zu gründen. Niemand wird behaupten, daß der jüdische Glaube einen günstigen Einfluß auf dessen Anhänger geübt habe. Weder die Assyrer, noch Ägypter, noch Römer sind auf die Juden gut zu sprechen. Die Verbrecher-Statistik der neuen Zeit weist nach, daß im Verhältnis zur Bevölkerung das jüdische Element fast das zehnfache Kontingent liefert, insbesondere was das von Moses klar ausgedrückte Verbot des „falschen Zeugnisses" betrifft. Hierbei ist zu bemerken, daß dieses Mißverhältnis gerade im Lande des formell orthodoxen Judentums zu Tage tritt, in Österreich. Moses war so, wie Mohammed, weit mehr ein zielbewußter Gesetzgeber als ein inspirierter Prophet.

Nicht anders steht es mit den Lehren der Brahmanen. Die Reformation des indischen Glaubens durch Buddha kann insofern zu den geoffenbarten Religionen gezählt werden, als dieser behauptete, sich aller seiner früheren Existenzen zu erinnern, wodurch ihm die Nichtigkeit und Wertlosigkeit des Lebens klar wurde, dessen er sich durch ein beschauliches Leben zu entledigen hoffte. Buddha verhält sich zu dem alten Glauben der Brahmanen (welche denselben Mißbrauch von ihrer Stellung machten, wie die Priester der katholischen Kirche) etwa wie Luther zum Papsttume. Den Egoismus der Gläubigen hat aber auch der Buddhismus nicht einzuschränken vermocht, obschon nach ihm nur eine selbstlose Aufopferung vom irdischen Leben befreien konnte. Die Lehren Zoroasters, Moses' und Buddhas tragen keine Schuld; denn Christus hat gewiß eine Lehre voll Nächstenliebe aufgestellt, wie sie nach Beseitigung der meisten Evangelien und nach Redaktion der übriggebliebenen auf uns gekommen ist. Und was hat die Kirche aus ihnen gemacht! Die Thaten der Sultane verschwinden gegen die Grausamkeiten und Anmaßungen der Päpste, und wenn der Glaube auf die vermeintlichen Stellvertreter Christi keinen Einfluß geübt, so war ein solcher auf die übrigen Gläubigen nicht zu erwarten. Buddha und Christus schufen Religionen des Trostes für Leidende, ihre Anweisungen auf die Zukunft haben sich aber als ein zu schwaches Motiv erwiesen, den Egoismus zu vernichten. Mohammed lehrte den Fatalismus und versprach den im Kampfe Gefallenen ewige sinnliche Freuden, um ein kriegerisches eroberndes Volk heranzuziehen, was ihm auch vollkommen gelang; denn in hundert Jahren hatten die Araber vom Euphrat bis ans atlantische Meer alles erobert, selbst Spanien unterworfen; was er an Moral gelehrt, wurde von ihm selbst nicht immer, geschweige denn von den Gläubigen, beachtet. Er war ein sehr sinnlicher Mensch, und wenn seine Leidenschaften mit seiner Moral und Gesetzgebung in Konflikt gerieten, so erzählte er von der Erscheinung des heiligen Gabriel, der ihn speziell dazu ermächtigte, seiner Sinneslust freien Lauf zu lassen. Er erkannte Moses und Christus als Propheten, behauptete aber, daß Juden und Christen von den Lehren abgewichen seien, worin er gar nicht unrecht hatte.

In den Augen der streng monotheistischen Mohammedaner mußten die Christen mit ihrer Dreifaltigkeit und ihrem Heiligenkultus als Götzendiener erscheinen; auch ist der Glaube der Mohammedaner mit der Vernunft weit mehr vereinbar, als der mystische Aberglaube der Christen, besonders der damaligen Zeit.

Die ersten Kalifen der Araber ließen den Besiegten die Wahl zwischen Koran und Gleichberechtigung, Tribut und Duldung, oder Tod, während der christliche Kaiser Basilius, der zweite Porphyrogenitus, 15 000 Bulgaren des Augenlichts beraubte. Eine glänzende Ausnahme machte der vielgeschmähte Dschingischan, der alle Priester aller Religionen gleich achtete und duldete, obschon er sich nur zu einem ganz reinen Monotheismus ohne alle Formen oder Gebräuche bekannte. Er war der mächtigste Monarch aller Zeiten, benahm sich als Sieger, besonders China gegenüber, mit seltener Mäßigung, und die späteren Grausamkeiten der Mongolen waren das Werk seiner Nachfolger und deren Feldherren.

Die neueste Religion, die Offenbarungen der Medien und der Somnambulen, wie sie etwa durch Davis, Allan Kardec und andere in den Buchhandel gebracht worden, erreichten gleichfalls nicht ihr Ziel, trotz der fabelhaft schnellen Verbreitung ihrer Lehren, welche in Jahrzehnten mehr Anhänger fanden, als die älteren Religionen in Jahrhunderten. Stifter und Anhänger dieser modernen und auch aller älteren Religionen übersehen, daß diese Kundgebungen sich von Träumen gar nicht unterscheiden; so wie es einige Träume giebt, welche ein höheres Anschauungsvermögen verraten, so giebt es auch einige Offenbarungen dieser Art, welche nicht ohne Wert sind; im großen Ganzen aber sind sie doch nichts als Träume.

Daher kommt es auch, daß die Gläubigen in viele Sekten zerfallen. Vorläufig ist ein Einfluß nicht fühlbar, und erst einer späteren Zeit mag vielleicht eine Sichtung und Läuterung dieser massenhaften Produkte vorbehalten sein.

Was den alten Religionen und deren Reformatoren nicht gelang, nämlich den Egoismus einzudämmen, gelang auch den Philosophen nicht. Sie glaubten fast alle an ein anderes Leben, fast alle behaupteten, daß der zukünftige Zustand von unserer Lebensführung abhänge, sie waren also diesbezüglich in Übereinstimmung mit den Priestern. Diese letzteren drohten überdies noch mit ewigen Strafen, versprachen ewigen Lohn, appellierten also an den Egoismus der Menschen, und doch war alles vergebens! Die Anhänger der verschiedenen Religionen und Sekten haben, wenigstens im großen Durchschnitte, für zeitliche Vorteile immer die zukünftigen, wenn auch ewigen Freuden aufgeopfert, was nicht anders zu erklären ist, als daß keine der Religionen und Philosophien jenen Grad von Sicherheit und Evidenz hatte, der zur Bannung aller Zweifel und Gründung einer festen Überzeugung geführt hätte. Erziehung und

Gewohnheit erzeugen allerdings in allen Religionen einen wertlosen Formalismus, welcher mehr oder weniger beobachtet wird, ganz unabhängig von dem inneren Werte der Lehre, und ebenso sind es Erziehung und Gewohnheit, welche die Sitten mildern. Insofern können Religionen einen veredelnden Einfluß üben, aber als Dogmen haben sie nichts genützt, eine Überzeugung konnten sie nicht schaffen, und der Glaube mußte durch das schlechte Beispiel der intelligenteren Klassen erschüttert werden.

Das vermeintliche Wohl der Kirche und die Staatsraison haben förmlich gewetteifert, alle Laster und Verbrechen zu sanktionieren, wenn diese in ihrer Konvenienz lagen. Die Religion der gebildeten Menschen aller Zeiten und Nationen war, wenn auch unter Beobachtung anerzogener Formen und Gewohnheiten, dem inneren Wesen nach ein ewig schwankender Zweifel. Diesbezüglich darf man sich keiner Illusion hingeben. Sylla trug ein Bildnis Apollos immer auf der Brust und raubte gleichzeitig die Schätze seiner heiligen Tempel; der Bandit geht in die Messe, bevor er seinen Raub ausführt; die vornehme Dame fastet am Charfreitag und besucht ab und zu die Kirche, um es nicht ganz mit dem Himmel zu verderben, etwa wie man Nummern setzt oder ein Los nimmt, weil es vielleicht doch gewinnen könnte. Diese mangelnde Gewißheit fördert zwar die ethische Entwickelung unseres Charakters, weil sie die Tugend zu einem wirklichen Verdienst stempelt, sie erschwert aber den Kampf ums Dasein. Der Zweifel ist bei der großen Zahl von Glaubenslehren und metaphysischen Ansichten wohl begreiflich und zu entschuldigen. Kant war ein Denker, welchem niemand Kenntnisse und Urteilskraft im ungewöhnlichen Grade absprechen wird. Sein Freund und Biograph Hasse berichtet, daß er dreimal über seine Ansicht vom Leben nach dem Tode interpelliert wurde; einmal sagte er, er erwarte „nichts Bestimmtes“, das anderemal „er habe gar keine Kenntnis von dem, was folge“, und das drittemal sprach er sich für eine Art von „Metempsychose“ aus. Selbst ein Kant wußte nicht, was den Menschen erwartet, man kann also mit Beruhigung annehmen, daß die anderen es auch nicht wußten; aber er leugnete nicht die Möglichkeit, daß es einmal offenbar werden könne, er zeigte selbst an, von woher ein Aufschluß über das Menschenrätsel zu erwarten sei.[1])

Soll die Religion wirklich einen entscheidenden Einfluß auf die Handlungen der Menschen üben, so muß sie zum Unterschiede von den früheren nicht ein möglicher, vernünftiger, opportuner oder wahrscheinlicher, sondern ein sichergestellter, daher überhaupt kein Glaube mehr sein, sie muß den Zweifel beseitigen und zu einer Überzeugung allerdings zunächst nur für die intelligenteren Klassen führen, weil es einen langen andauernden Kampf mit der geistlichen Hierarchie geben wird.

Wenn man den allen Religionen gemeinsamen Kern herausschält,

---

[1]) Die betreffenden Stellen Kants finden sich in den „Träumen eines Geistersehers“ und in seinen „Vorlesungen über Metaphysik“. d. V.

nämlich die Schlacken beseitigt, welche Priester und Kommendatoren im Laufe der Zeit zugefügt, so ergeben sich Sätze, die mit den Ansichten der Denker zusammenfallen; es herrscht zwischen beiden volle Übereinstimmung. Wenn man aus den Lehren eines Zoroaster, Buddha, Laotse, Confucius, Kapila, eines Pythagoras, Sokrates, Plato, Christus, Paulus, Tertullian, oder der Neuplatoniker und Kabbalisten das allen Gemeinschaftliche heraushebt, ergeben sich drei wesentliche Sätze:

1. Der Mensch ist nicht die höchste Stufe der Entwickelung in der Welt; es kann höherstehende Daseinsformen, es kann ein höchstes Wesen geben.

2. Die Geburt des Menschen ist nicht der Beginn, der Tod nicht das Ende seiner Existenz.

3. Der Zustand nach dem Tode steht im innigen Zusammenhange mit unserer Lebensführung.

Diese Anschauung tritt als Offenbarung, Tradition oder philosophische Lehre auf, ohne nähere Begründung; sie war und ist der instinktive Glaube der Menschheit. Die so ziemlich isolierte Opposition des Materialismus ist gleichfalls der *Zweifel*, eine Überzeugung ist nicht vorhanden, weil die Begründung dem Materialismus ebenso fehlt, als den Glaubenslehren.

Soll die Behauptung der Fortdauer unseres Daseins und der Folgen unserer Lebensführung nicht ein toter Buchstabe bleiben, wie mehr oder weniger alle bisherigen Glaubenslehren, so müßte deren Wahrheit *bewiesen* werden; daß sie den Kern aller bedeutenderen Religionen und Philosophien bilden, ist noch kein Beweis. Sollte ein solcher gelingen, so würde das nicht ohne Einfluß auf die Zustände der Menschheit sein, im Wege der Erziehung würde ein schwankender Glaube zur sichergestellten Überzeugung und zum Gemeingute werden, weil die steigende Intelligenz und Bildung, welche den bestehenden Religionen so verderblich wird, die Menschen immer mehr befähigt, ein selbständiges Urteil zu fällen. Es macht einen großen Unterschied, wenn man den Kindern einen Glauben beibringt, der bei reifendem Urteile immer mehr erblaßt und endlich ganz entschwindet, oder ob man sie in einem Glauben erzieht, welcher bei zunehmender Urteilskraft immer mehr erstarkt. Jedermann weiß, daß Heinrich VIII von England ein unmoralischer, blutdürstiger Tyrann war, und man weiß auch, warum er die anglikanische Kirche gestiftet; dennoch leistet diese gerade so viel und so wenig, als jede andere. Bei der großen Verschiedenheit der Glaubensbekenntnisse und der Emanzipation der intelligenteren Klassen können die Massen des Volkes durch die bloße Autorität der Priester nicht mehr zusammengehalten werden; nur eine *allgemein* anerkannte, rationelle und begründete, *nicht auf Offenbarung* beruhende Lehre wird einen entscheidenden Einfluß üben können. Europa befindet sich thatsächlich in einem solchen Zustande der Zerfahrenheit in Bezug auf Religion und Metaphysik, daß die Reaktion nicht lange ausbleiben kann; die Unzweckmäßigkeit, welche durch den Mangel eines allgemein anerkannten und wirksamen Moralprinzipes erwächst, beginnt sich sehr fühlbar zu machen.

Es entsteht nunmehr die Frage, ob und wie ein Umschwung der Verhältnisse herbeizuführen sei?

Thatsache ist, daß der bisher eingeschlagene Weg, auf Grundlage einer vermeintlichen Offenbarung einen Glauben zu schaffen, oder aus einem göttlichen Willen, aus Stoff, aus Protoplasma oder Monaden das Welt- und Menschenrätsel zu erklären, nicht zum Ziele geführt hat, daß demnach ein anderer eingeschlagen werden müsse. Die Fortschritte in den Naturwissenschaften haben so viele Legenden der verschiedenen Glaubenslehren ad acta gelegt, und es muß sich endlich ein Rest ergeben, welcher mit den zu Recht bestehenden Naturgesetzen und der Erfahrung im Einklange steht. Dies ist der Weg, welcher zur Auffindung und Aufstellung von Sätzen führt, die den Zweifel wenigstens über die wesentlichen Punkte der menschlichen Bestimmung und Zukunft zu bannen vermögen. Der Kreis, innerhalb welchem sich menschliches Hoffen und Glauben bewegen, wird in immer engere Grenzen gezogen werden.

Der Leser mag vielleicht glauben, daß diese zuversichtliche Sprache nicht am Platze und nicht zu rechtfertigen sei, und doch ist dieser Teil des Zukunftsbildes weit bestimmter und gründlicher zu erweisen, als der frühere. Es ist weit leichter, aus Wirkungen auf die Ursachen zu schließen, als die Motive menschlicher Handlungen abzuschätzen; die Gesetze der organischen und unorganischen Natur sind weit durchsichtiger und verläßlicher, als die Gesetze der sozialen Bewegung. Es ist nicht geradezu unmöglich, daß Rußland mächtige Goldadern im Ural, einen Colbert als Finanzminister und einen Napoleon als Feldherrn fände, wodurch der Fortschritt um 100 Jahre zurückgeworfen werden könnte; wohl aber ist es unmöglich, daß eine Kraft oder Substanz aus dem Nichts erstehe oder in dieses zurücksinke, daß die Äquivalenz der Kräfte aufgehoben werde, oder eine Wirkung ohne Ursache sein könnte. Auf Grundlage dieser Sätze und einer ununterbrochenen Reihe von Beobachtungen kann der Glaube des nächsten Jahrhunderts aufgebaut werden. Dieser Glaube wird den Stuhl Petri so gut wie den des Kalifen und des Dalai Lama wegfegen; ja noch mehr, die Regeneration unserer metaphysischen Ansichten wird mit der unserer sozialpolitischen Zustände zusammenfallen, weil der Zusammenbruch der modernen Weltanschauung den unserer gesellschaftlichen Zustände fördert, und umgekehrt der letztere die Bildung verallgemeinert und die öffentliche Meinung emanzipiert.

Meine Zuversicht, daß unsere Weltanschauung schon im nächsten Jahrhunderte einer gründlichen Reform entgegengehe, findet ihre Begründung hauptsächlich in dem Umstande, daß sich zwischen den wissenschaftlichen Ausbau unserer Naturerkenntnis und jenes Gebiet, welches man gewöhnlich mit dem Ausdrucke „Metaphysik" bezeichnet, ein drittes Glied einschiebt, welches eine sinnliche Wahrnehmung, also Gegenstand der Erfahrung ist, und dennoch außerhalb unserer Naturgesetze liegt; denn daß deren Gültigkeit nur für unsere Anschauungsform in Kraft besteht, ist selbstverständlich, da jene der Erfahrung entspringen, welche letztere von unserer Anschauungsform wieder abhängt. Die Naturgesetze haben nur relative Gültigkeit.

Wenn wir z. B. bei jemand eine außersinnliche, uns unbegreifliche Wahrnehmung beobachten, so ist diese oder eine andere mystische Thatsache einerseits eine Erfahrung und andererseits steht sie im Widerspruch mit den uns bekannten Naturgesetzen. Diese Thatsache gehört weder in das Gebiet der Physik, noch der Metaphysik, insofern man unter dieser dasjenige versteht, was außerhalb der Erfahrung liegt, wie es Kant in seinen „Prolegomena zu einer jeden künftigen Metaphysik" andeutet. Nach Kant dürfen „die Quellen einer metaphysischen Erkenntnis nicht empirisch sein", sie „soll nicht physische, sondern metaphysische, d. h. jenseits der Erfahrung liegende Erkenntnis sein".

Kant unterscheidet eine äußere und eine innere Erfahrung, die erstere gehört der Physik, die zweite der Psychologie an, während die Metaphysik Erkenntnis a priori ist. Wird diese Einteilung beibehalten, so müßte eine „Transcendental-Physik" eingeschoben werden, welchen Namen Zöllner auch thatsächlich für dieses Gebiet gebrauchte. Daher kommt es denn, daß sowohl Kant, als Schopenhauer ein so großes Gewicht auf diese Thatsachen legten, welche von den diis minorum gentium ignoriert, unterdrückt oder bekämpft werden. Wir kommen am Schlusse auf dieses Gebiet zurück, wollen aber vorerst den Glauben des nächsten Jahrhunderts innerhalb der uns bekannten und allgemein anerkannten Naturgesetze aufbauen. Daß dieser Glaube sich mit den Thatsachen deckt, welche jenem problematischen Gebiete angehören, kann nur zur Bekräftigung dieses Glaubens dienen!

Den thörichten Schulweisen.

Von

Felix Riedmüller.

Mit Phrasen, Freund, ist nichts gethan,
Sieh dir die Sache ernsthaft an;
Wirst du ein rechter Weggenoß,
So fehlt der Schlüssel nicht zum Schloß.
Drückst du nicht feige dich herum,
Erreichst du auch das Heiligtum. —

Das Schimpfen ist der Spatzen Art,
Der Fuhrmann flucht auf stein'ger Fahrt,
Doch wer des Forschers Weg versteht,
Weiß bald, daß er nicht irre geht.
Geht er den schmalen Weg hinauf,
Thut sich die enge Pforte auf! —

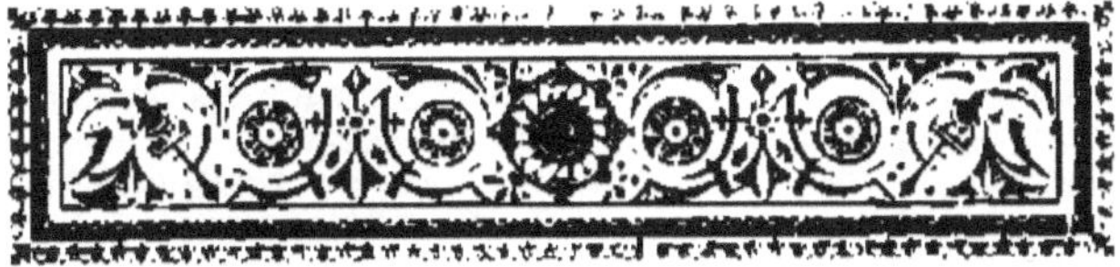

Das Wesen der Dichtkunst.

Eine Betrachtung.

Von

Fritz Lemmermayer.

Der Hang zum *Mystischen* ist den einzelnen Menschen ebenso angeboren wie ganzen Völkerschaften und stirbt nicht ab, weder in Epochen einer sogenannten Aufklärung, noch in Epochen wie im Mittelalter, dessen Lebensinhalt die Mystik in ihrer Tiefe und Schönheit, wie in ihrer Verzerrung gewesen ist. Niemals hätte es einen *Religionsbegründer* geben können, keinen Confucius und keinen Buddha, keinen Christus und keinen Mohamed, es wäre weder die griechische Mythologie, noch die nordische Götterlehre möglich gewesen ohne die Neigung der Völker zu solchen Gegenständen, die, außerhalb aller menschlichen Beobachtung liegend, mit dem undurchdringlichen Schleier der Maja ewig verhüllt sind. Kein Volk würde seinem Religionsstifter Glauben geschenkt haben, wenn er nicht von mystischem Geiste erfüllt gewesen wäre.

Jedoch nicht allein die Religionen, welche naturgemäß auf die intelligible Welt angewiesen sind, erkennen wir in ihren Lehren und Kulten als durchaus mystisch, auch die *Wissenschaften*, auf den Erfahrungen des realen Lebens zumeist beruhend, wurzeln tief in der Welt des Wunderbaren. Und nicht bloß die der Phantasie einen breiten Spielraum gewährende *Geschichtschreibung*, in ihren ersten Äußerungen aus einem sonderbaren Gemisch von Mythe, Historie und Kosmogonie bestehend, sogar die exakten Wissenschaften, allen voran Astronomie und Chemie, waren während vieler Jahrhunderte von dem geheimnisvollen Hauche der Mystik durchdrungen. Die *Astronomie* entsprang der Astrologie, deren Aufgabe die Deutung der menschlichen Schicksale aus den Gestirnen war, und die *Chemie* verdankt ihre gegenwärtige Bedeutung ganz und gar der Alchymie, welche in dem Brauen des Lebenselixirs, zur Verschönerung und Verlängerung des Daseins bestimmt, ihre Aufgabe suchte.

Daß die *Dichtung*, und mit ihr jede Kunst, von ihren ersten Keimen bis zur vollendeten, blütenreichen Ausreifung durch die Mystik ihre gewichtigste Anregung empfing, erhellt schon aus dem einen Umstande, daß bei allen Völkern und zu allen Zeiten ihre Quelle hinführt zur Religion und deren sinnenfälligen Formen. Die massigen *ägyptischen* Pyramiden, wie die heiteren *hellenischen* Tempelbauten und die düster-großartigen gotischen Dome, die Götzenbilder der alt-heidnischen Völkerschaften, in ihrer grotesken Häßlichkeit erschreckend und bewunderungswürdig, die idealen Götterstatuen der schönheitstrunkenen griechischen Meister, wie die ergreifenden Darstellungen aus der Passion und Legende, welche sich an die berühmten Malernamen des Mittelalters und der Renaissancezeit knüpfen, die Ilias wie die Edda, die Schöpfungen der griechischen Tragiker wie die Komödie Dantes, die Dramen Shakespeares und Calderons wie Goethes Faust, der Don Juan Mozarts, wie die Missa solemnis Beethovens und Wagners Parsifal, also die vornehmsten Werke der Architektur, Plastik und Malerei, der Dichtung und Musik — sie alle sind nicht allein von mystischem Ideengehalte erfüllt, sondern verdanken Ursprung und Entstehung einem tief mystischen Drange, welcher, unbefriedigt von den Erscheinungen der wahrnehmbaren Welt, nur in der Verbindung phänomenaler Anschauung und Probleme mit nomenalen, im geistigen Betrachten und Erkennen sub specie aeternitatis Befriedigung suchte und fand, einem Drange, der selbst ausgeprägt realistischen Naturen wenigstens zeitweise zu eigen sein kann, einen Newton beispielsweise dahin brachte, sich in seinen letzten Lebensjahren beinah ausschließlich mit den Vorhersagungen des Propheten Daniel zu beschäftigen, einen Diderot befähigte, im Turme von Vincennes das Orakel des Plato zu befragen.

Der flache Materialismus unserer Zeit, für den es hinter dem Stoff keinen Geist, hinter der Physis keine Psyche, hinter dem Sinnlichen nichts Übersinnliches giebt, leugnet und belächelt eine solche Auffassung und Erkenntnis; er hat nicht bloß das wissenschaftliche und soziale Leben verwahrlost, er ist auch verheerend in das Gebiet der Kunst, insbesondere der Dichtkunst eingedrungen, wo er sich als Realismus oder sogenannter „Naturalismus“ breit und protzig macht und den tief innerlichen Kern ihres Wesens verkennt und verunglimpft.

Nach Schönheit ringt der Künstler, auch der gesteigertste unter allen, der Dichter. Er sucht sie wie sein tägliches Brot. Voll und rein kann er sie nicht schauen und schaffen, sonst müßte er sterben. Das hat ähnlich schon vor Jahrhunderten ein weiser deutscher Dichter gesagt. Etwas Irrationales ist der Erdenschönheit immer eigen; wo sie makellos und rein ist, dort ist sie nicht mehr irdisch. Ihr Reich ist nicht von dieser Welt. Man lasse sich nur von aller Urweisheit, von der Mythe belehren. Die Musen sind Götterkinder und Apollo, ihr Führer, der Gott der Jugend und Schönheit, ist zugleich der Gott des Todes. Und auch das Reich des Dichters ist nicht von dieser Welt, mit wie festen Füßen er immer auf ihr stehen mag und wie reich die Fülle des Stoffes ist, mit der sie ihn überschüttet. Darum ist er so schlecht untergebracht an dem Tische des Lebens, darum ist unser Klima nicht das Dichterklima, darum kommt er zu spät zur Verteilung der Güter; aber der Himmel ist für ihn beständig offen und liegt ihm näher, als der Froschpfuhl. Schillers „Teilung der Erde“ ist ein unsterbliches Gleichnis. Den Stoff liefert ihm die Welt, die große, der Makrokosmus, und die kleine, die Menschenwelt, der

Mikrokosmus. Er ringt mit dem Stoff und rastet nicht, bevor er ihm nicht die möglichst vollendete Schönheit verliehen hat. In diesem Ringen der Künstlerseele liegt etwas Titanisches, und unschwer mag es geschehen, daß der Künstler von seiner eigenen Phantasie geschleift werde, wie Phaëton von den durchgehenden Sonnenrossen. Die Sehnsucht nach der Schönheit ist die Sehnsucht nach dem verlorenen Paradiese, ist Gottesbewußtsein, ja ist Gott selbst, der in dem Dichter sich regt. Darum würde der Tod Gottes auch den Tod der Kunst bedeuten. Und wenn der Dichter, eh' er den letzten Weg durch das Jammerthal geht, fragt: was ist die Schönheit? so wird er antworten: die Schönheit und damit zugleich Zweck und Aufgabe der Kunst ist, war und wird sein die Überwindung des Leides eben durch die Kunst.

Und die modernsten Naturalisten, die Marktschreier und Budenherolde? Sie bedeuten das Gegenteil von dem Gesagten, sie sind das Hinterteil des Dichters, ihre Wahrheit ist Unwahrheit, und ihre Schönheit Häßlichkeit. Unter den Deutschen hat dieser „Naturalismus" keine Wurzel fassen können. Das Volk der „Dichter und Denker" kann seiner Wesenheit gemäß nicht „naturalistisch" werden. Das deutsche Volk ist ein mystisches, d. h. ein innerliches Volk, das Volk der Gotik, der Musik, der Lyrik. Die Befähigten und Genialen, welche früher einer langweiligen und süßholzraspelnden Litteratur gegenüber notgedrungen dem Naturalismus das Wort sprechen mußten, haben sich von dieser „Richtung" abgewendet, als sie sahen, zu welchen Irrtümern sie führte, zu welchen Anmaßungen, Mißbräuchen, Entstellungen und Roheiten sie Veranlassung gab. Der ursprünglich richtige Kunstbegriff wurde auf den Kopf gestellt. Die Naturalisten wurden abgeschmackte und lächerliche Kunstfeinde, die selbst nicht wissen, was sie wollen, und sich im eigenen Hause nicht mehr auskennen. Für sie liegt der Froschpfuhl schon näher als der Himmel. Sie quaken und glauben, die Harmonie der Sphären ertöne. Sie bilden Schulen und Cliquen. Nun ist aber jedem, der von Litteraturgeschichte mehr weiß, als er auf der Schulbank gelernt hat, bekannt, daß die Dichtung überall in Verfall war, wo sie sich in Schulen und Cliquen auflöste. Jedes Genie war ein einsamer Mensch, auch wenn er sich reinen und pietätvollen Herzens den Glauben an einen großen Vorgänger als an eine unantastbare Autorität bewahrte. Die Neuesten wissen davon nichts, sie glauben nur an sich. Sie wiederholen einige Schlagworte, die weder das Publikum noch sie selbst verstehen; Naturalismus, Verismus, Symbolismus, Individualismus — alles zufällige Marken für ihre Ware, alles Geschäftskniffe. Sie wollen zur Bude locken. Da heißt es von neuen Werten, neuen Stoffen, neuen Leidenschaften, neuen Physiologien und Psychologien, neuen Methoden, neuen Richtungen — alles das ist Schwulst und Phrase. Das zu Tode gehetzte Wort „modern" wird mit Papageiengeschwätzigkeit wiederholt; aber die wahren Gattungen, gut und schlecht, werden darüber vergessen. Was nicht „modern" ist oder scheint, das gilt und taugt nicht. Nun, heute Mode, morgen Moder! Das Moderne ist der Feind der Kunst. Die Kunst dient nicht dem augenblicklichen Geschmacke, der zufälligen Mode, der gerade bestehenden Kunkel und Krämerelle, sie dient den ewigen Symbolen der Menschheit. Das Echte und Gute ist das Alte, welches immer neu bleibt. Es mag Religionsformen viele geben, aber es giebt nur eine wahre Religion; es mag Abarten der Moral geben, aber es giebt nur eine Moral; es mag Künsteleien unzählige geben, aber es giebt nur eine Kunst. Sie ist nicht alt und nicht neu, sie gehört weder der Vergangenheit, noch der Zukunft an, für sie besteht nicht die Schranke von Zeit und Raum. Sie stammt vom Anbeginne her: am Anfang war das Wort, heißt es tiefsinnig im Evangelium Johannis. Aber das Wort (Logos) ist nicht allein Geist, es ist Bild, Dichtung. In ihrer innersten Wesenheit ist die Kunst unveränderlich; sie ist der ruhende Pol in der Erscheinungen Flucht; sie geht nach einem unverrückbaren Gesetz, wie die Sterne gehen am Himmel. Die äußeren Formen kann sie wechseln, wie der Mensch die Kleider; Kolorit und Kostüm ändern sich, das milieu, wie die Franzosen sagen, wird anders. Medea mag sich meinetwegen in eine Banquierstochter, Othello in einen Kavallerieoffizier verwandeln. Aber im Kern bleibt sie unberührt, ist sie a priori, das Ding an sich, für das es eben nicht Zufall, nicht Laune, nicht Geschmack und Mode giebt. Es ist ähnlich wie mit dem Menschen, dessen Charakter durch Verhältnisse und Ereignisse, deren Gesamtheit sein Schicksal ausmacht, beeinflußt wird, während seine essentielle Natur, sein besonderes, wahres, inneres Wesen, sein persönlicher, intelligibler Charakter, das buddhistische Karma, unter allen Umständen gleichbleibt.

Es giebt nichts Unhaltbareres als die jetzt modischen naturalistischen Doktrinen. Wenn Zola diese herunterorakelt, ist er ein Bettler; wenn er aber, just wie die großen Alten, in einem konzentrierten Bilde das Menschenleid erschütternd aufzeigt, so ist er ein König. Nicht Theorien machen den Dichter, noch weniger Nervenzuckungen, pathologische Exzesse, Krämpfe und Ekstasen. Nein! wenn er seines hohen Priesteramtes mit Genie und Edelsinn waltet, so wird ihm, wie sich ähnlich Friedrich Hebbel ausdrückte, alles Dichten Offenbarung, dann hält in seiner Brust die ganze Menschheit mit ihrem Wohl und Wehe ihren Reigen, jedes seiner Gedichte wird ein Evangelium, worin sich irgend ein Tiefstes, was eine Existenz oder einen ihrer Zustände bedingt, ausspricht. Das Wort, das er seinen Gestalten in den Mund legt, ist nicht der bloße Spiegel seiner eigenen Zustände, es ist das Echo der Natur selbst. So umfaßt ein Dante mit seiner Phantasie die obere, mittlere und untere Welt, und er schaut kraft seiner Intuition Dinge, von denen sich der gemeine Verstand nichts träumen läßt. Er weiß, daß es arme Thoren sind, für die es nichts giebt als den Bettel der Alltagsbeobachtung, die das Reale, Sinnenfällige für die einzige Wahrheit halten und deren Stumpfsinn einer höheren Wahrheit verschlossen ist.

Gewiß ist freilich, daß der Dichter das Leben darstellt, wie es sich offenbart in der Sage, der Überlieferung, der Geschichte, der Gesellschaft. Leben aber ist Tag und Nacht, Sommer und Winter, Freud' und Leid, Lächerliches und Erhabenes; und Leben ist Dämmerung, aus welcher dem

Dichter die schönsten Sterne aufsteigen. Und aufgefangen im sinnbildlichen Hohlspiegel der Kunst wird das Leben zur Komödie und Tragödie. Mit anderen Worten: der Dichter veranschaulicht, stets von innen nach außen, das Unendliche an der singulären Erscheinung. Wenn er die echte Poesie besitzt, so sucht er das Außerordentliche gewöhnlich zu gestalten und das Besondere der Menschen und Zustände zu zeigen, wodurch das Allgemeine sich erst als wahr und wirklich beglaubigt. In diesem seinem Verfahren braucht er nicht ängstlich und nicht rücksichtsvoll zu sein. Er enthüllt nur mit unerbittlicher Wahrheit die Klüfte und Risse, welche die Natur und das Menschenleben erfüllen und durchziehen, ohne zu mildern, was herb, und ohne zu glätten, was rauh ist; er sei, um ein Wort Schopenhauers zu gebrauchen, „bis auf das Einzelne herab *wahr*, wie das Leben selbst". Das Groteske soll grotesk, das Erhabene erhaben, das Liebliche lieblich, das Furchtbare furchtbar, kurz, jeder Gegenstand mit der ihm allein zukommenden Farbe charakterisiert werden. Nicht von dem Ideale menschlicher Vollkommenheit und nicht von dessen Zerrbild der absoluten Verruchtheit gehe der Dichter aus, sondern vom Menschen, wie er leibt und lebt, mit allen seinen Tugenden und Lastern; er stelle einen Spiegel her, in welchem sich der Mensch bald erheiternd, bald erschreckend ähnlich finden kann. Und immerhin stehe er seiner Zeit nicht als Fremdling gegenüber. Er atme nur mit ihren Lungen. Nicht allein was er in seiner eigenen Brust empfindet, auch was in ihr treibt und drängt, bringe er ihr zum Bewußtsein, das Zerstreute zusammenfassend und das Chaos ordnend, — erhebend, indem er lächerlich macht oder vernichtet. Und wenn er mit bewegter Fülle vorzutragen weiß, mit Geist und Gemüt, mit Leidenschaft, Humor und Anmut, allem und jedem in königlicher Freiheit den Stempel seiner Individualität aufdrückend, dann ringt er sich zu dem empor, was man den Stil nennt. — Mag man, wenn man will, diese Darstellungsweise *naturalistisch* nennen. Neu ist sie nicht. Man erkennt sie am deutlichsten in *Shakespeare*, dem Meister der Meister.

Mit den „naturalistischen" Regeln im modernen Sinne hat sie nichts gemein. Im Gegenteil, was sich jetzt Naturalist nennt, ist naturalistisch nur im Unwesentlichen und Äußerlichen; im Wesentlichen und Innerlichen aber verstößt es gegen jenes große Kunstgesetz der Wahrheit, welche die Schönheit und zugleich die Sittlichkeit ist. Denn die höchste Schönheit ist auch die höchste Sittlichkeit. Es giebt nichts Sittlicheres als die Madonnen Raffaels und die Passionen Albrecht Dürers. Ästhetik und Moral sind durch eine herrliche Einheit mit einander verknüpft. Auch davon weiß der moderne „Naturalist" nichts. Für ihn giebt es nur das Gewöhnliche und Gemeine, und je gewöhnlicher und gemeiner er's auszudrücken vermag, desto größer ist sein Triumph, desto größer ist sein Sieg im Lager der Partei, und desto größer ist seine Niederlage in den Augen derer, welchen die richtige Erkenntnis von Wesen, Zweck, Würde und Bedeutung der Kunst zu eigen ist. Hebbel hat diese niedrig-naturalistische Abart, ahnungsvoll vorausschauend, sehr drastisch und treffend gekennzeichnet. Er sagt: „Der Maler spuckt aus und malt's hin. Der Betrachter wendet sich mit Ekel ab, denn er glaubt wirklichen Speichel zu sehen; da klatscht der Künstler in die Hände und denkt: ich bin ein zweiter Zeuxis."

Man sollte meinen, das sind einfache und verständliche Sätze, deren Wiederholung überflüssig ist, weil sie Gemeingut aller sind. Aber dem ist nicht so. Der Geist der Frivolität schleicht durch die moderne Welt und widersetzt sich dem Wahren. Er muß ausgerottet werden mit Stumpf und Stiel. Es wird geschehen. An die Stelle eines brutal zersetzenden Materialismus muß der Idealismus treten, der kahle und unfruchtbare Rationalismus muß durch die Mystik ersetzt werden. Der Idealismus: sein inneres Wesen drückt am besten der christliche Haussegen aus, Glaube, Hoffnung und Liebe, Eigenschaften, ohne die weder die Kirche, noch das Leben, noch die Kunst bestehen kann. Die Mystik: das Streben nach innerer Vollendung, nach einem höheren, reineren, harmonischeren Dasein. Die Kunst geht diesen verheißungsvollen Weg. Er sei der unsere. Und was immer geschehen mag, wenn uns auch das Mißgeschick nachzieht, wie das Gewitter den Bergen: wir wollen beharrlich sein!

Das Originelle!

Von

Charles Buligerald.

Die Mode klagt, es sei vorbei
Die Zeit der Originale,
Es gelte nur das einwandsfrei
Handgreifliche, Triviale.

Gesetzt, die Klage wäre wahr —
Wer soll den Wink benutzen?
Dieselben, die Verstand und Haar
Stets nach der Mode stutzen.

Dieselben, die nicht Eigenart
An irgend jemand leiden
Und fordern, daß man seinen Bart
Nach ihrem müsse schneiden.

Dieselben, die um jeden scheel
Herumsehn, sich mokieren,
Der nicht wie sie, an Leib und Seel',
Sich läßt etikettieren.

Was will das also, daß ihr schreit
Aus diesem Ton, Frau Basen?
Ihr seid nur mit euch selbst im Streit!
Zupft euch doch an den Nasen!

Das Selbst.

Von

Carl Busse.

Ich hab' kein Auge zugethan
Die ganze Nacht, die ganze Nacht,
Mir hat ein irrer Fieberwahn
Ein wunderbares Bild gebracht:

Der Nebel wogte kreuz und quer,
Da kam ein Glanz, das Dunkel wich,
Und in das Schweigen rings umher
Sprach eine Stimme: Kennst Du mich?

Und vor mir stand ein großer Mann
Und fragt', ob ich sein Antlitz kenn'. —
Dein Antlitz, Fremder? Steh mich an!
Barmherz'ger Gott, wer bist Du denn?!

Welch Sternbild nennst Du Vaterland?
Denn hier auf Erden liegt es nicht,
Und doch — Du warst mir einst bekannt,
Du hast mein eignes Angesicht!

Du bist Ich selbst, Du spürst mein Leid,
Es hebt sich in mir mehr und mehr,
Einst war ich Du, doch das liegt weit
Und ist wohl ein Jahrtausend her.

So sprich ein Wort! — Die Stimme sprach,
Sie sprach mit meiner Stimme Ton:
Du weißt es nicht, denk nicht erst nach,
Wohl sind es tausend Jahre schon!

Doch wohnt der andre fort und fort,
Der Du einst warst, in Deiner Brust
Und leitet Dich mit leisem Wort,
Verborgen Dir und unbewußt.

Nur manchmal, daß er sich empor
Aus Deiner Seele Tiefen ringt,
Wenn still die Mitternacht den Flor
Ums denkensmüde Haupt Dir schlingt.

Dann streift Dich scheu ein Hauch von mir,
Dann wirst Du manchmal es gewahr,
Daß einst ein andres Ich von Dir
Wohl wandernd schon im Leben war,

Daß nur nach dem, was es erlebt,
Sich richten wird Dein neuer Pfad,
Daß alles, was sich jetzt erhebt,
Nur Früchte sind der ersten Saat.

Ein einzig Wesen ich und Du,
Vereinigt stets und doch getrennt,
So gehn wir neuen Bahnen zu,
Die keines Menschen Sprache nennt. . . . . .

Mein Haupt war schwer, mein Haupt war heiß,
Das Dunkel kam, der Glanz verblich
Und in das Schweigen sprach nur leis
Die Stimme noch: Nun kennst Du mich!

Die christliche Persönlichkeitsidee.

Von

Ludwig Kuhlenbeck.

Von der philosophischen Selbstbehauptung des Christentums bin ich felsenfest überzeugt im scharfen Gegensatz zu Eduard von Hartmanns angeblicher „Selbstzersetzung“ desselben. Sie bedingt also die Wiederherstellung der wahren Persönlichkeitsidee und ihre philosophische — oder sagen wir lieber, ihre wissenschaftlich- erkenntnismäßige Rechtfertigung. Es gilt, die Idee der Persönlichkeit zur Hauptformel der Philosophie zu entwickeln. Ich glaube nun, daß diese Aufgabe nicht mehr lange auf allseitige Anerkennung zu warten hat. Mit der ganzen Leidenschaft seines philosophischen Dichterschwungs ergriff sie Giordano Bruno, zu ihrer modern-wissenschaftlichen Begründung finde ich die ersten Ansätze in den Schriften von Im. Herm. Fichte, Herm. Ulrici, Moritz Carrière und Herm. Lotze, sowie in der neuerdings mit der Entwickelungslehre und spiritualistischen Erfahrungs-Seelenkunde kombinierten Phase eines sogen. konkreten oder relativ individualistischen Monismus, wie sie vornehmlich vertreten wird durch du Prel, der vom Mikrokosmus, und durch Hübbe-Schleiden, der vom Makrokosmus ausgehend zum relativ-metaphysischen Individualismus kommt. Allerdings unterscheidet Hübbe-Schleiden[1]) noch die Individualität von der Persönlichkeit; ihm ist die Persönlichkeit nur das, was die Stammgeschichte dieses ursprünglich lateinischen Wortes andeutet, die zeitweilige Maske, durch welche hindurch eine unpersönliche Individualität, als wahres Wesen, zu uns spricht, und eine bloße Rolle, welche ausgespielt wird. Obwohl er aus spiritistischen Gründen an eine Fortdauer der Persönlichkeit nach dem Tode glaubt, meint er doch, daß sie schließlich „als widerstandslose Kraftschwingung“ sich erschöpfen, daß „ihr Geisteslicht erlöschen wird, indem die unbewußte Individualität sich neu verkörpert.“[2]) Auch ihm ist also die Persönlichkeit ein bloß vorübergehender Zustand (modus), wie dem Spinoza.

Diese Auffassung von der Persönlichkeit entspricht freilich der deutschchristlichem mit nichten; als Antithese brauche ich nur den Satz eines, wie selbst Katholiken oft zugegeben haben, im edelsten Sinne deutsch-christlichen Dichters und Denkers hierherzusetzen, nämlich Schillers, welcher zu Anfang seines 11. Briefes über die ästhetische Erziehung schreibt:

[1]) „Lust, Leid und Liebe“, ein Beitrag zum Darwinismus, Braunschweig 1891.
[2]) S. 64 ebendaselbst.

„Wenn die Abstraktion noch so hoch, als sie immer kann, hinaufsteigt, so gelangt sie zu zwei letzten Begriffen, bei denen sie stille stehen und ihre Grenzen bekennen muß. Sie unterscheidet im Menschen etwas, das bleibt, und etwas, das sich unaufhörlich verändert. Das Bleibende nennt sie seine Person, das Wechselnde seinen Zustand.“

Die Person ist für Schiller das Unsterbliche, das Ewige, und damit zugleich das „freie Principium“ des Menschen. Ich möchte nun glauben, daß Hübbe-Schleiden lediglich in der Terminologie abweicht, übrigens aber mit seiner Individualitätsidee auf der richtigen Fährte ist; — auf der Fährte ist, obgleich vielleicht noch etwas pantheistische und aus der Philosophie des Unbewußten oder Schopenhauers blinder Willenswelt oder aus dem unpersönlichen Buddhismus stammende Nebel ihm die wahre Persönlichkeitsidee verhüllen. Der deutsch-christliche Persönlichkeitsbegriff deckt sich nicht mit dem einer bloß als Naturkraft im Schoße des Unbewußten wurzelnden Monade. Aus Nichts wird nichts. Also kann Bewußtsein nur aus Bewußtsein hervorgehen. Nur einem (göttlichen, urewigen) Geiste kann der Geist des Menschen entspringen!

Das wesentlichste Moment dieser Persönlichkeitsidee ist die Freiheit, welche hier wie überall identisch ist mit Unerschaffenheit und Unendlichkeit. Der Mensch ist eine Person heißt: Er ist keine aus dem Nichts hervorgerufene Kreatur, sondern ein freier Gottessohn, seiner selbst Schöpfer und sein eigenes Entwickelungsprinzip. Darum ist auch dieser Persönlichkeitsbegriff die Vorbedingung der Verantwortlichkeit; und jede Weltanschauung, welche ihn verleugnet, muß die Verantwortlichkeit leugnen, und nicht nur, wenn sie gerecht sein will, Strafrecht und Vergeltung beseitigen wollen, sondern auch Gewissen und Reue für Illusionen erklären, mag sie nun übrigens einen bewußten allmächtigen Gott oder den unbewußten Weltwillen als letzte Ursache aller Thaten, „die keine anderen Götter duldet neben sich“, verantwortlich machen.[1])

Freiheit aber, wenn sie nicht blinder Zufall sein soll, ist sehende Freiheit, also ist Persönlichkeit, ihres Selbstes bewußte Schöpfungsthat, die sich selber verwirklichende und sich ihrer selbst in dieser Selbstverwirklichung inne werdende Individualität. In diesem leicht hingeschriebenen und leicht zu lesenden, aber vielleicht schwer zu „hirnenden“ Satze liegt der Persönlichkeit ganzes Geheimnis. In gewissem Sinne zu „verstehen“, d. h. begrifflich zu zerlegen und bekannteren Begriffen zu subsummieren, ist er überhaupt nicht, darum aber mit nichten eine Phrase. Sein Inhalt kann nur nicht begrifflich erläutert, er muß erlebt werden; und darin liegt seine Mystik, wie der Kern aller Mystik. Denn

„spricht die Seele, so spricht doch schon die Seele nicht mehr!“

Freiheit, Ewigkeit, Unendlichkeit, und wie Schopenhauer es in unschöner scholastischer Terminologie nennt, „Aseität“, oder Persönlichkeit

[1]) Dies hat in zutreffender Abfertigung des Judentums, dessen Nationalgott keine anderen Unsterblichen neben sich gestattet, Schopenhauer vortrefflich ausgeführt im I. Bande seiner Parerga und Paralipomena, S. 133—138 der Frauenstädtischen Ausgabe, wo besonders die Anmerkung über die Judenreligion zu beachten ist.

und Individualität sind schließlich ein und dasselbe Mysterium, wie das Leben, das Schaffen und Werden. Dies alles ist kein übertragbares, diskursives Wissen, das eben nur totes Wissen ist, sondern kann nur im Selbsterlebnis erfaßt werden. Ewig wird der schaffende Genius ein Geheimnis bleiben nicht ihm selber, sondern dem nicht-schaffenden bloßen Zuschauer; und ewig bleibt jede besondere Persönlichkeit ein Geheimnis für jede andere. Die deutsch-christliche Idee der Persönlichkeit ist also nicht der Inbegriff von der und jener Summe von Gedanken, Gefühlen und Thaten, den man analysieren oder auch, sozusagen, vivisezieren kann, denn

„Da habt ihr die Teile in der Hand, —
Fehlt leider nur das geistige Band,"

sondern ihr Gegenstand ist das für die Außenwelt undurchdringliche Geheimnis, das Freie, das Heilige, der Genius, ja, der Gott im Menschen. Denn wenn der Mensch keine *Kreatur*, kein Machwerk eines jenseitigen Herrgotts, sondern eines inwendigen Gottes, der Natur, die ihm selber immanent ist, also Selbst-Erzeugter ist, so ist er Gott in Gott, und so meint es auch der „Cherubinische Wandersmann":

„Ich, als ich Ich noch war, da war ich Gott in Gott,
Drum kann ich's wieder sein, wenn ich nur mir bin tot;"

— nur daß in diesen zwei Zeilen noch vieles andere liegt, das zu entwickeln hier noch nicht der Ort ist.

Das nur möge hier klar werden, daß die wahre Persönlichkeitsidee eine, wie man es nennt, immanente Gottesidee voraussetzt, nicht den heteronomen Monopolgott, der „keine anderen Götter duldet neben sich", sondern Ihn, dessen Allmacht nichts zu verlieren fürchtet, wenn er sich nicht nur verdreifacht, sondern wenn ihm

„aus dem Kelch des ganzen Wesenreiches
schäumet die Unendlichkeit,"

der Allvater von ungezählten freien Gottessöhnen, von dem *Carrière* dichtet [1]):

„Selbst erschaffen uns im freien Leben
Läßt aus Deiner Freiheit Werdelust,
Gönnet gern des eignen Herzens Weben,
Gern die Götterkraft der Menschenbrust."

Nur weil wir in Ihm sind, weil wir *seines Geschlechts* sind, haben wir das Leben, und nur weil Er *in uns* ist, wie Er in Allem ist, ist Er allwissend.

Auf dieser „Mystik" der Persönlichkeitsidee beruht auch die wahre „Ehre", welche es verbietet, in das Geheimnis der fremden Persönlichkeit einzudringen und dieselbe, auch wenn sie dem Erdenleben längst entschwunden ist, in Bestandteile zerlegen zu wollen, wie es die moderne Biographistik sich manchmal in eitlem Bemühen erfrecht. Auf ihr beruht die *Selbstachtung*, die Basis aller Tugenden.[2])

---

[1]) Gott, Gemüt und Welt, Stuttgart, S. 9.

[2]) Mit dem „*Selbst*", auf dessen *Achtung* der Verfasser hier Gewicht legt, ist wohl das des „*reinen idealischen Menschen*" gemeint, den nach dem schillerschen Schlußsatze des Verfassers jeder Mensch wenigstens als Anlage in sich trägt. — Vgl. auch meine Bemerkung auf S. 371. (Der Herausgeber.)

Diese Persönlichkeit ist kein unwandelbar einfaches Seinselement, sondern Einheit in der unabzählbaren Vielheit der endlosen Weiterentwickelung eines in Gedanken, Gefühlen und Thaten webenden Fürsichseins im unaufhörlichen Werden. Ihre Selbstachtung wird daher auch das Selbst in anderen achten müssen, und sei es selbst in dem, dessen Freiheit sich bis dahin dem Bösen zugewendet hat. Denn das Kausalitätsgesetz ist nur der äußere Schein des kontinuierlichen Werdegesetzes, das innerlich Freiheit ist, und jene Notwendigkeit ist mit dieser Freiheit Eines und Dasselbe. Obzwar daher zunächst „das Böse fortzeugend Böses muß gebären", so weißt du doch nicht, ob ihm schließlich nicht doch jener Funke aus dem harten Kieselstein entspringen, und jene Rose dem Dornenstrauch entblühen wird, welche Bruno die Reue nennt[1]), die Erinnerung des göttlichen Ursprungs.

Denn es ist klar, daß die Persönlichkeit in dieser Bedeutung zwar um der Freiheit willen die Quelle der Selbstsucht und eines solchen Ich-Bewußtseins sein muß, dem Hübbe-Schleiden mit Recht einen nur endlichen Charakter beilegen würde, — aber auch die Quelle einer ganz anderen „Suche" seines Selbst sein kann und soll, wie sie zur Vollkommenheit führt durch selbstverleugnende Hingabe an das Ideal, in dem sie, ohne es zu wissen, ihr eigenes besseres Selbst bejaht, nämlich jener „Suche", die Bruno in einem seiner Sonette unter dem Bilde der Jagd des Aktäon meint, und zu jenem Flammentode, den Goethe meint, wenn er im Geiste der eroici furori Brunos singt:

„Sagt es niemand, nur dem Weisen,
Weil die Menge gleich verhöhnt,
Das Lebend'ge will ich preisen,
Das nach Flammentod sich sehnt.

In der Liebesnächte Kühlung,
Die dich zeugte, wo du zeugtest,
Überfällt dich fremde Fühlung,
Wenn die stille Kerze leuchtet.

Nicht mehr bleibest du umfangen
Von der Finsternis Beschattung,
Und dich reißet neu Verlangen
Auf zu höherer Begattung.

Keine Ferne macht dich schwierig,
Kommst geflogen und gebannt,
Und zuletzt des Lichts begierig
Bist du Schmetterling verbrannt.

Und solang' du das nicht hast,
Dieses: Stirb und werde!
Bist du nur ein trüber Gast
Auf der dunklen Erde!" (Divan: Selige Sehnsucht.)

[1]) Reformation des Himmels (Bestia trionfante), Leipzig 1889, S. 199.

In dieser Persönlichkeitsidee wurzelt der Christlichkeits-Optimismus, der einen Giordano Bruno zu folgendem, an die besten Saiten der deutsch-christlichen Religiosität anklingenden Worten ermutigt[1]):

„Aber wenn wir unser eigenes Sein und Wesen tiefer bedenken und uns erinnern, daß wir alle Kinder des Einen und besten Vaters sind, so dürfen wir nichts anderes glauben, schätzen und hoffen als dieses: daß alles vom Guten stammt, gut ist und durch das Gute zum Guten geführt werden soll, von seinem Heil durch sein Heil zu seinem Heil."

Denn alles Böse trägt die Selbstverneinung im eigenen Busen.

So sei denn unsere Losung: Achtung vor der Persönlichkeit, Wiederherstellung des Glaubens an ihre irdische und überirdische Bedeutung, an ihre Göttlichkeit und Ewigkeit, mit einem Worte an ihre heilige Mystik! In dieser Losung werden wir uns wiedererkennen auf allen Gebieten, wo menschliche Persönlichkeit sich entfalten kann und soll, im politisch-sozialen Leben, in der Wissenschaft, in der Kunst, in der Religion. Überall werden wir rufen: Bahn frei für jede Persönlichkeit, soweit sie nicht selber andre in ihrer Selbstentfaltung hemmen will und eben deshalb unseren Haß und unsere Feindschaft herausfordert! Denn in der Idee der Persönlichkeit allein liegt die Triebkraft nicht nur jeglicher Freiheit, sondern auch jeglicher Gerechtigkeit, und jeglicher sittlichen Wahrheit und Schönheit.

Vor allem aber müssen wir, um den modernen, die Persönlichkeit allgemein hemmenden sozialen und wirtschaftlichen Mechanismus und die mechanistische Weltanschauung zu überwinden und die Vorzüge des antiken Lebens mit seiner Schönheit und des mittelalterlichen mit seiner Treue und Innigkeit wieder zu gewinnen, zu verbinden und zu höherer Lebensgestaltung, zur Ausprägung eines besseren Menschheits-Typus zu gelangen, um das Heroentum, den Übermenschen der Zukunft, vorzubereiten, wiederum der Wahrheit inne werden, welche die Natur uns sozusagen mit hunderttausend Stimmen zuruft: „Nur weil das Ganze den Teilen dient, dürfen sich die Teile dem Ganzen fügen."[2])

Der Mensch ist Selbstzweck. „Und", sagt Schiller weiter, „jeder individuelle Mensch trägt der Anlage und Bestimmung nach einen reinen idealischen Menschen in sich, mit dessen unveränderlicher Einheit in allen seinen Abwechselungen übereinzustimmen die große Aufgabe seines Daseins ist."

„In jedem lebt ein Bild
Des, das er werden soll,
— Solang' er das nicht ist,
Ist nicht sein Friede voll."

[1]) Del infinito, W. II, 15.

[2]) Schillers Briefe über ästhet. Erziehung. Reclam 12. S. 6.

Der Wert des Lebens.

Ein Mysterium.

* * *

Unter dieser Aufschrift hat kürzlich Rudolf Lothar eine dramatische Dichtung (in gereimten fünffüßigen Jamben) in E. Piersons Verlag (Dresden) herausgegeben. Sie ist tief durchdacht und ruht auf einer weiten philosophischen Grundlage. Auf der Bühne freilich möchten wir dies Werk nicht sehen, schon deshalb nicht, weil uns aller Theaterkram in Verbindung mit diesen dem großen Publikum doch unverständlichen Gedankenperlen stören würde. Für die Lesung aber hat die dramatische Form den großen Vorteil gedrängterer Kürze, als sie eine Abhandlung gestatten würde; und die Dichtung macht vieles anschaulich, was in theoretischer Abstraktion nur den geistig geschulten Eingeweihten zugänglich sein würde; ganz begreifen freilich werden andere auch wohl die poetische Veranschaulichung nicht, doch sie empfinden sie.

Im Vorspiel schließen „Schuld“ und „Tod“ den Vertrag, daß Jene Diesem ungezählte Milliarden von Menschen zum Opfer bringen wolle, dafür aber solle der Tod einen Menschen leben lassen, bis er den „Wert des Lebens“ in der Erlösung von aller Schuld durch die selbstlose Liebe erkannt. Dieser Eine wird im Drama Wilfried genannt. Hier einige Proben, welche Charakter und Sinn der Dichtung veranschaulichen mögen!

Die Schuld:
Seit Anbeginn
Ist mein das Leben!
Seit Anbeginn
Ersteh' ich, erwachs' ich
Mit jedem Wunsch,
Mit jeder Begier,
Mit jedem Gedanken
Ans eigene Selbst!
Mich zeuget das Hirn,
Mich zeuget das Herz,
Mich heget die Brust;
Und mein ist der Kampf;
Und mein ist das Sterben
Nach vorwärts, nach oben!
Und mein ist die Krone des Sieges!

Die Schuld:

Laß Einen mir leben!
Er ringe sich durch,
Durchs Leben zu mir,
Von Schuld zu Schuld,
Bis ich ihm erscheine! ....
Dann magst du zermalmen
Das einzige Hirn,
Dem herrlich sich kund thut
Der Wert des Lebens!
Wer hat je empfunden
So grausam dein Nah'n?
Wer hat je verstanden,
Was du ihm genommen?
Doch jener mag's wissen,
Was du ihm raubst! —
Verstehst du mich wohl,
Und gilt der Handel?

Der Tod:

Er gilt!

Die Schuld:

Den Auserwählten,
Den führe mir zu!
Und zeige ihm du
Des Lebens Tiefen!
Ich stehe dabei.
Was ist so tief
Wie das Menschenherz?
Auf diesem Grunde,
Da wohne ich —
Da führ ihn hinab!

Der Tod:

Er soll es vollbringen,
Das höchste Werk —
Dann steh' ich vor ihm!

Die Schuld:

Dann sei er dein!

Der Tod:

Nun komm in die Schlacht!

Die Schuld:

Nun komm!

Wilfried:

Ich kenn' nicht Hölle und nicht Himmelreich,
Ich kenn' ein Reich nur, wo wir alle gleich:
Das Reich der Schuld! — Ich habe es durchmessen
Und Höll' und Himmel ganz dabei vergessen.
Und jenes Wort, das alle Qualen trägt,
Das ehern an die Brust des Menschen schlägt,
Mit seinem grellen Ruf das Herz zerreißt —
Ich will es euch verkünden, wie es heißt:
Es ist die *Schuld*! — Warum erbleicht ihr nicht,
Warum verhüllt ihr nicht das Angesicht
Bei diesem Schreckenswort? — Ihr armen Blinden,
Soll ich des Wortes Flammenschrift entzünden?

Was kniet ihr hier und betet fromm ergeben,
Daß euch des Lebens Sünde werd' vergeben?!
Ihr banget vor der Sünde, vor dem Fluch,
Der sie bestraft nach eurem heil'gen Buch! —
Doch von der Schuld, die über allem steht,
Da löst euch keine Reue, kein Gebet,
Da löst euch nur die *That* und das *Erkennen*.
Und wenn ihr sie erkannt, dann wird entbrennen
Die heil'ge Lohe, die die Welt durchbrandet,
Bis sie am seligen Gestade landet.

.... Ich hab' geliebt, doch was ich hielt für Minne,
War nur ein Hin- und Widerspiel der Sinne; ....

Denn ich war blind, und mir war unbekannt,
Daß Liebe ist ein Aufsichselbstverzichten!
. . . . Vor meinen Richterstuhl bin ich geladen
Und was ich that, das soll gesühnet sein!
Und was ich that, ich that es nur für mich!
Und dies ist meine Schuld! Mein Gläub'ger ist —
Das Leben! — Und nun erst beginnt die Frist,
Wo ich die Schuld mit meiner That will zahlen
Und auf mich nehmen aller Menschen Qualen.
Ich hab' mit überstarker Hand gerissen
Am Schleier, der verhüllt das tiefste Wissen —
Der Schleier fiel — weh mir, was ich gesehen!
Und doch darf ich erhob'nen Hauptes stehen -
Ich kenn' des Lebens Schuld und seine Pflicht,
Ich kenn' die Nacht und kenne auch das Licht!

Was man für sich erstrebt und thut, ist Schuld,
Vergeben kann sie keines Gottes Huld!
Was man für andre thut, für andre schafft,
Wie man das Heil der andern wirkend mehrt,
Wie man den andern leiht die eigne Kraft,
Das ist des Lebens Inhalt, ist sein Wert!
In meinen Knochen fühl' ich frisches Mark,
Ich recke mich und fühl' mich riesenstark.
Mein Blick ist klar! Ich seh' das Leid zu lindern. —
Und du, du willst an meiner Bahn mich hindern?

Der Tod:

Ich will's! — — Du riefst mich oft in schwerer Not,
Erlösung hätt' geschienen dir der Tod.
Ich aber ließ von Schuld zu Schuld dich treiben,
Begnügt' mich bloß zur Seite dir zu bleiben!
Die Last ward schwer, du aber trugst sie hoch;
Die Nacht ward lang, zum Lichte kamst du doch.
Siehst du im hellen Strahle rings die Welt,
Von der Erkenntnis Himmelsglanz durchhellt?
Siehst du, was es da rings zu schaffen giebt,
Wenn man als wahrer Mensch die Menschen liebt?
Du bist der wahre Mensch, durch Schuld gereinigt,
Im Geiste mit dem Weltengeist vereinigt! . . . .

Wilfried:

Laß ab von mir! Kennst du Erbarmen nicht?
Ich trag' in hocherhobner Hand das Licht;
Ich will ein Lehrer werden der Verirrten!
Und die Erkenntnis machte mich zum Hirten,
Der seine Herde schützen soll und wahren
Vor reißendem Getier: vor den Gefahren,
Die jeder Mensch in Selbstsucht sich bereitet. —
Ich hab' in mir die Selbstsucht ausgereutet,
Und durft' erst dann mich einen Menschen heißen. —

Du lehrtest mich, daß nichts verloren geht,
Daß alles unvergänglich, was besteht.
Es lösen sich im Staube meine Glieder,
Doch die Atome finden all' sich wieder.
Die Kraft, die ich in meinen Muskeln spannte,
Der Geist, den ich in meinem Hirne brannte,
Sie leben fort in wechselnder Gestalt —
Und über diese hast du nicht Gewalt.
So lebt das Wort, das meinem Mund entwich,
Durch aller Zeiten Rollen ewiglich.
Mein Denken stirbt in dieser Stunde nicht,
Für alle Zeiten flammend bleibt das Licht!
Erlösung von sich selbst, vom eignen Bann,
Das ist das Erbe, das ich lassen kann
Der Menschheit! — Ihr mein letzter Gruß!

(Er stirbt.)

Der Tod:

So stirb! Auf deinen Nacken meinen Fuß!
Du wolltest mich um meine Qual betrügen?! —
.... Nun, Thörin Schuld, nun fandest du Genügen:
Er sah dir voll und ganz ins Angesicht —
Und was er sah, war Licht, war Licht, war Licht!

Das Leid.

Von

Franz Forster.

Bezähme dich und laß die Zeiten wandeln,
Mit deinem Gram stehst niemals du allein.
Frag all' die Menschen, die die Welt bevölkern,
Ob nie das Leid vor ihnen auferstand!
Und tausendfach erklingen dir die Seufzer,
Und tausendfach ein vielgestimmtes Ach!
Wo Strahlen sind, da wohnen auch die Schatten,
Dem holden Tage folgt die bleiche Nacht.
Und *jenes* Leid, das sich *verschwiegen* krümmet,
Ist *tiefer* noch, als was der Mund *bekennt*! —

Die Seelenlehre des Okkultismus.

Von

Raphael von Koeber.
Dr. phil.

(Schluß.)

Wenn wir die drei Grundteile unseres Wesens, Leib, Seele und Geist, nun genauer betrachten, so bemerken wir, daß sie noch einer feineren Einteilung fähig sind.

Die plastisch-bildende oder individualisierende Kraft kann sich als solche nicht eher bethätigen, d. h. ihren Stoff in wirkliche Formen gießen, als bis dieser Stoff aus seinem ursprünglichen Zustande der Gärung in den einer gewissen Beruhigung übergeht, als bis die unsteten, wogenden Lebenskeime der organischen Materie sich fixieren und sozusagen feste, greifbare Steinblöcke werden, aus denen die astrale oder seelische Kraft ihre Gebilde baut.

Die Seelenkraft ist freilich das Leben; aber seine Äußerungen sind zu verschieden, als daß eine genauere Sonderung derselben überflüssig wäre. Zum mindesten ist eine solche nötig in Rücksicht des bloßen Zellenlebens und des Lebens der Pflanzen und Tiere. Das animalische Leben ist eine Vergeistigung der unteren Lebensformen, und kann das Astralleben im engeren Sinne genannt werden: auf dieser Lebensstufe vollzieht sich der Übergang zu dem nächsthöheren Prinzip, dem Geiste.

Stünde der Mensch in seiner jetzigen Beschaffenheit auf der Spitze der Wesenshierarchie, wäre in ihm das Ideal der geistigen Natur bereits verwirklicht, gäbe es keine Gottheit, zu der wir als dem Endziel alles unseres Lebens hinaufstrebten, so müßte man allerdings sagen, daß die menschliche Seele und das ihr analoge makrokosmische Prinzip die höchste denkbare Staffel der kosmischen Entwickelung sei. Nun giebt es aber eine Gottheit und giebt es, nach der okkultistischen Lehre, eine Welt übermenschlicher Wesen, die uns zur Zeit zwar noch verborgen ist, aber nicht ewig verborgen bleiben soll, und in welche einzugehen wir, nach Vollendung unserer Lehrzeit, sei's auf Erden, sei es anderwärts, berufen sind. Wenn also unsere Seele einer Vervollkommnung entgegengeht, so muß sie hierzu beanlagt sein, d. h. sie muß Potenzen eines höheren, übermenschlichen Geistes in sich bergen, die zur menschlichen Seele in einem analogen Verhältnisse stehen, wie diese zum Astralleibe und wie der

Astralleib zum physischen. Demnach ist der „Geist", gleich dem Leibe und der Seele, ein Gesamtbegriff, unter welchem der Okkultismus neben dem menschlichen Geiste in seinem gegenwärtigen Zustande auch dessen zukünftige sublimierte Entwickelungsformen faßt: den Geist des übermenschlichen Wesens und den göttlichen Geist. Die Seele ist das persönliche Leben, der Geist aber ist gleichsam die Seele der Seele.

Und die menschliche Seele im engeren Sinne, — was ist sie? Das unterste der geistigen Grundteile unseres Wesens, gleichsam die Materie des „geistigen Leibes". Andererseits ist sie aber die Seele des Astralleibes, der mit ihr durch ein Astralleben verbunden wird und selbst die Seele des physischen Leibes ausmacht, welche wiederum ein physisches Leben zur Voraussetzung hat.

Wir fassen in einer Tabelle die eben gemachte Ableitung der sieben Prinzipien unseres Wesens zusammen und fügen in Klammern deren indische Benennungen hinzu:

III. Der geistige Leib: Geist, Seele der Seele; Prinzip der Erkenntnis.	7. Göttliche Seele (Atma)	— die Seele des geistigen Leibes.
	6. Übermenschliche Seele oder „Engelseele" (Buddhi)	— das Leben des geistiges Leibes.
	5. Menschliche Seele Persönlichkeit	— Materie des geistigen Leibes.
II. Der Astralleib: Seele, Prinzip des Instinkts, des Gedächtnisses, der Leidenschaften.	(Manas)	— Seele des Astralleibes.
	4. Animalische Seele (Kama Rupa)	— Leben des Astralleibes.
	3. Der Astralleib im engeren Sinne	— Materie des Astralleibes.
I. Der physische Leib: Sitz aller leiblichen Bedürfnisse.	(Linga sharira)	— Seele des physischen Leibes.
	2. Leben im Sinne von Lebenskraft; das Leben als solches (Djiwa oder Prana)	— Leben des physischen Leibes.
	1. Der Körper (Rupa)	— die Materie des physischen Leibes.

Einige Bemerkungen über die Lokalisierung und die Eigenschaften dieser Prinzipien sind zum Verständnisse des Weiteren nötig.

Denken wir uns den menschlichen Körper als eine gerade senkrechte Linie, durchschnitten von drei wagerechten, so wie es das nachstehende Schema zeigt. Die Abschnitte a, b, c deuten die drei scharf von einander getrennten physiologischen Regionen unseres Körpers an: die Bauch-, Brust- und Kopfregion. Die Zahlen drücken die sieben Grundteile unseres Wesens aus. Die großen Buchstaben bezeichnen die drei großen Einheiten, in welche der Okkultismus die einander subordinierten Prinzipien einteilt: den physischen Leib, den Astralleib und den geistigen Leib.

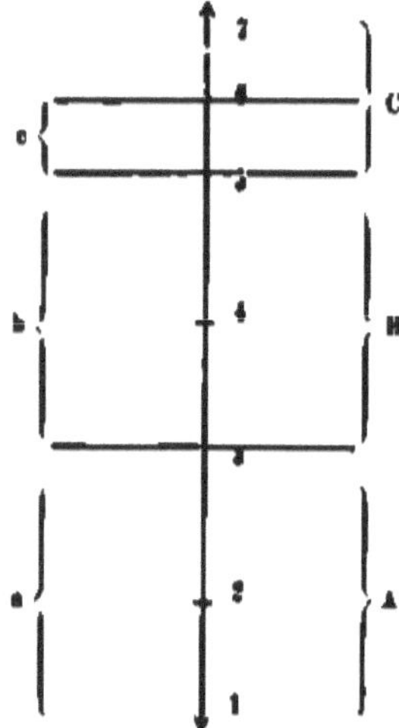

Der zweite Grundteil (Djiwa oder Prana, oder das organische Leben als solches, die Lebenskraft, die Vitalität) kann bei Lebzeiten des Menschen offenbar den Körper nie verlassen. Wohl vermag dies aber, wie wir bereits wissen, der dritte Grundteil (der Astralkörper im eigentlichen Sinne, Linga sharira). Dieses ist, wie man aus unserem Schema ersieht, beiden Teilen A und B, bezw. a und b *gemeinsam*, als die obere Grenze jenes und die untere dieses. Ebenfalls gehört der fünfte Grundteil (die geistige Persönlichkeit) sowohl B als C an. Wir haben dieses Prinzip die *Materie* des geistigen Leibes (C) genannt. In A und B sehen wir *alle* Grundteile *voll* entwickelt, so daß A und B mit a und b zusammenfallen. Anders ist es bei C: während dieses die obersten Grundteile (5, 6 und 7) *wirklich* umfaßt, kommt seiner sinnlichen Darstellung (c) nur der fünfte Grundteil *ganz* zu; das sechste oder das wahre *Leben* der Seele (die Moralität, Spiritualität, Buddhi) ist noch als bloßer der Entfaltung harrender Keim in ihm enthalten, was seine Lage an der äußersten oberen Grenze des menschlichen Körpers andeuten soll; und 7., der göttliche Geist, die Seele der Seele (Atma), liegt völlig außerhalb des Gebietes alles Sinnlichen und zieht von seiner Höhe, wie ein Magnet, alle empfänglichen besseren Seelen zu sich hinan, ohne je selbst in die Körperlichkeit einzugehen: der Mensch hat zum Göttlichen *empor*-, nicht aber das Göttliche zum Menschen *hernieder*zusteigen. Und ist jenes dem Menschen gelungen, so hat er das erreicht, was jenseits unserer Erscheinungswelt, demnach — um Nietzsches Ausdruck, jedoch in einem anderen Sinne, zu gebrauchen — „jenseits von Gut und Böse" liegt und von der indischen Philosophie Nirwâna genannt wird.

Nach alledem müssen wir sagen, daß, streng genommen, der Normalmensch (Schopenhauers „Fabrikware der Natur“) bloß aus fünf Grundteilen besteht. Der sechste ist bis jetzt bei sehr wenigen, bei den allerbesten und seltensten Individuen der lebenden Menschenrassen, und auch erst im Puppenzustande bemerkbar. Der siebente ist der Grundteil der entferntesten Zukunft unseres Geschlechts, und gehört eigentlich nicht mehr zu den Grundteilen des menschlichen Wesens, insofern der Mensch über die Schranken seiner Natur hinausgehoben wird, d. h. aufhört, Mensch zu sein, sobald dies Grundteil in ihm sich verwirklicht. Dies ist der Zustand der Heiligkeit oder Vollendung, die alle einst erlangen sollen, und die in der gegenwärtigen Weltperiode nur die wenigen göttlichen Individuen wirklich erlangt hatten, welche zu verschiedenen Zeiten als Verkünder des Heils und als Vorboten des Gottesreiches unter den Menschen aufgetreten waren. —

Diese Ansichten des Okkultismus über die Natur des fertigen lebenden menschlichen Individuums werden auch in phantastischerer Weise durch das Bild unserer Figur 7 versinnbildlicht, die einen dicht über der Erde schwebenden Ballon captif darstellt. Der Grundteil, durch welches der Mensch sich von den übrigen unter ihm stehenden Wesen unterscheidet, ist die „Unsterblichkeit“ seiner persönlichen Seele. In welchem Sinne ist nun unsere Seele unsterblich? Was wird aus ihr nach dem Tode?

Die Geburt ist der Tod des Embryos, der Eintritt eines menschlichen Individuums in das zweite Stadium seiner Entwickelung, auf welchem die meisten noch viele Wiederverkörperungen durchzumachen haben, ehe ihr geistiges Leben die nächsthöhere Stufe erreicht. Auch der zweite, der eigentliche Tod des Menschenleibes ist eine Geburt, und zwar nicht im allegorischen Sinne; er ist, nach der tiefsinnigen Auffassung des Okkultismus, ein der Geburt zum irdischen Leben ganz analoger Vorgang: dort, wie hier, wird das Band zerschnitten, durch welches der neue Ankömmling noch vor kurzem an den Mutterleib geknüpft war, und es bildet sich sofort ein anderes, das den „Neugeborenen“ an die Welt bindet, deren Bürger er nunmehr geworden ist.

Wie wir, nach Analogie, von einem dreifachen Leib, einem dreifachen Leben, einer dreifachen Seele gesprochen, so können wir auch von drei „Nabelschnüren“ sprechen, welche nacheinander den Menschen mit dem Lebensherd seiner jeweiligen Welt verbinden. Wenn, mit dem Ablauf des embryonalen Lebens, die physische Nabelschnur reißt, bildet sich die vom nächsthöheren Centrum unseres Körpers, von der Brust, ausgehende unsichtbare astrale, welche, physiologisch gedeutet, nichts ist als die Thätigkeit der Atmungsorgane, die dem Menschen das Lebenselement, die Erdenluft, zuführen. Zugleich entwickelt sich im Leben die dritte, geistige oder psychische „Nabelschnur“, die auch im Geistes-Mittelpunkt, im Kopfe, ihren Ausgangspunkt hat und unseren geistigen und seelischen Körper mit der Geisteswelt verbindet. Das Abreißen dieser letzten „Nabelschnur“ aber ist der irdische Tod, das Freiwerden des geistigen Lebens.

Was geschieht denn bei unserem Übergang zum dritten Leben, während Geist und Seele zu den höheren Regionen, woher sie stammen, emporsteigen, mit dem physischen und dem seelischen Menschen?

Ganz allgemein ausgedrückt: auch die niederen Bestandteile unseres Wesens kehren zurück zu ihrem Ursprung: der Körper wird „Erde“, d. h. zerfällt in die stofflichen Elemente, aus denen er zusammengesetzt war; das Leben aber ergießt sich in die Natur, geht in das Allleben und aus diesem wieder in andere Formen ein.

Da wir jedoch mit dem Tode nicht sogleich in den Zustand vollkommener Vergeistigung versetzt, d. h. nicht sogleich von dem Ballast befreit werden, der unsere Seele zur Erde herunterzieht, so kann auch die obige Erklärung nur zum Teil gelten. Was an uns bloße Materie ist (der erste niederste Grundteil) und die niederen Lebenskräfte (der zweite und dritte Grundteil), das allerdings löst sich im Momente des Sterbens von der Seele los. Das mittlere Prinzip (der vierte Grundteil) jedoch spaltet sich, dem Okkultismus zufolge, in zwei Teile, von denen der untere mit den gröberen Elementen hienieden zurückbleibt, der obere dagegen, an dem Geiste haftend, zur astralen Welt emporsteigt. Hier, in dieser mittleren Region, vollzieht sich die endgültige Läuterung des Menschengeistes (fünfter Grundteil), wonach dessen schlackenloser, vom Astralleib gänzlich losgelöster Rest mit den beiden höchsten (dem sechsten und siebenten) Grundteilen sich über die astrale Welt zur göttlichen erhebt.

Und die Seele, der Astralleib? Was wird aus ihm? Nachdem er, antwortet der Okkultismus, eine Zeit lang ein Schattendasein zwischen „Himmel“ und Erde geführt, geht er den Weg alles Endlichen: er löst sich auf. Der Astralleib im großen und ganzen ist nicht nur der Sitz des animalischen Lebens, sondern auch der Instinkte, der Leidenschaften, des Gedächtnisses, kurz, aller niederen Äußerungen der Seele; er ist das, was man mit dem Worte „Persönlichkeit“ bezeichnet, unser „Ich“, im Unterschiede von unserem unpersönlichen „Selbst“, das durch die beiden höchsten Prinzipien repräsentiert wird. Nur dies „Selbst“, der „Geist“, hat ewige Fortdauer, während das „Ich“ vergänglich ist.

Es ist klar, daß ein Vergängliches sich nicht wiederverkörpern und ein Unpersönliches nicht nach Art einer Persönlichkeit mit uns verkehren kann. Und doch nimmt der Okkultismus sowohl die Wiederverkörperung, als auch die spiritistische Lehre von einem Verkehr mit den Abgeschiedenen an! Wie erklärt er beides?

Was sich wiederverkörpert, ist nach ihm allein das höchste, über dem menschlichen „Ich“ liegende und das eigentliche Wesen des Menschen ausmachende Prinzip, das mit der Gottheit zusammenhängt und, wie die Schnur die Kügelchen des Rosenkranzes, alle Individuen eines Wiederverkörperungskreises aneinander knüpft, ohne in deren freie Bewegung, d. h. Entwickelung, hemmend einzugreifen und ohne eigentlicher Bestandteil der einzelnen Individuen zu sein. Daher fehlt uns jede Erinnerung an unsere früheren Lebensläufe, was gar nicht zu verstehen wäre, wenn statt des unpersönlichen Wesens das frühere „Ich“ sich wiederverkörperte. Was hingegen in den mediumistischen Sitzungen citiert, als sogenannter „Geist“ erscheinen und in Verbindung mit uns treten kann, ist nichts als die Persönlichkeit, das in der Astralwelt zurückbleibende „Ich“, der gröbere, mit dem vierten Grundteil behaftete Überrest, die persönliche Seele (im Gegensatz zum individuellen, aber unpersönlichen Geiste).

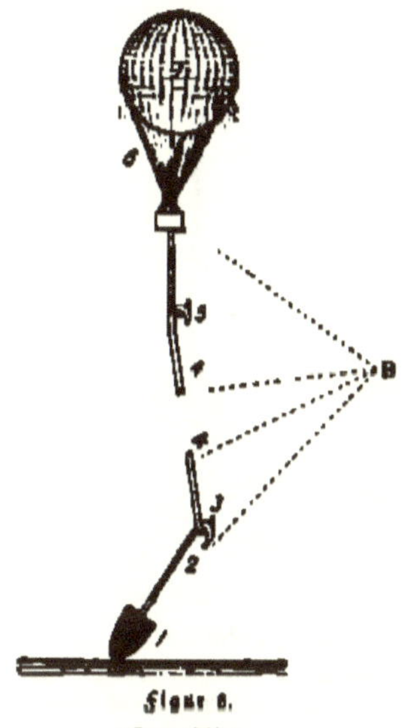

Figur 8.

Der Tod.

Die spiritistische Ansicht von der Scheidung der menschlichen Grundteile im Tode.

Um diesen Punkt dreht sich der ganze Streit zwischen Okkultismus und Spiritismus. Im Grunde streiten beide nur darum, ob in den sich mediumistisch geltend machenden Wesen Verstorbener sich nur deren persönliche Seele darstellt oder auch ihr höchstes, individuelles „Selbst“, der Geist. Den Unterschied dieser Anschauungen stellen unsere Figuren 8 und 9 dar. Wir lassen diese Sache auf sich beruhen. Unsere Aufgabe bestand lediglich darin, ohne Randglossen eine kurze und treue Wiedergabe der okkultistischen Psychologie zu geben, wie Papus sie in dem ersten Teile seines Werkes meisterhaft darlegt.

*

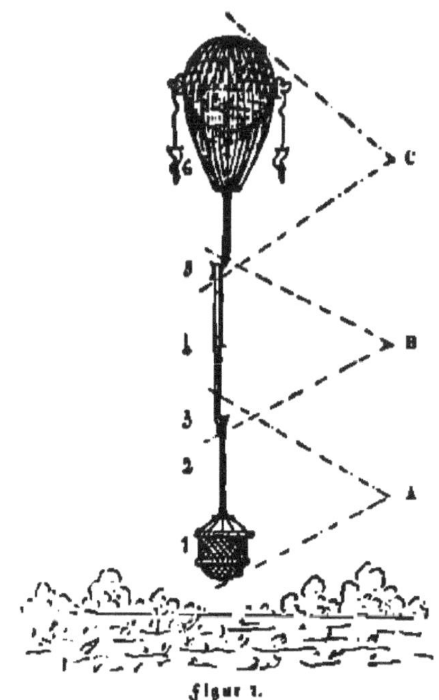

Figur 1.

Sinnbildliche Darstellung des Menschenwesens.

Die siebenfache und die dreifache Unterscheidung der Grundteile (Kraftpotenzen) des lebenden Menschens.

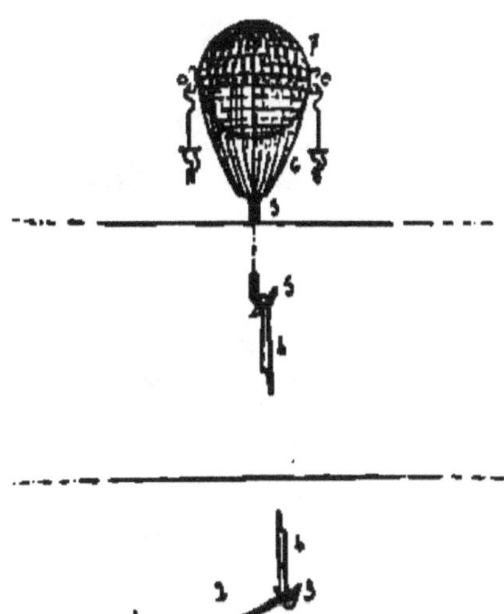

Figur 9.

Der Zustand nach dem Tode.

Die okkultistische Ansicht von der Scheidung der Grundteile des Menschenwesens.

Zwei Frauen.

Nach dem Leben gezeichnet.

Von

M. von Saint-Roche.

Endlich war es doch so gekommen, wie die arme Frau längst gefürchtet hatte; sie hatte lange gegen die anschleichende Krankheit gekämpft und sich tapfer gehalten, wenn Schmerz und Schwäche den abgearbeiteten und abgesorgten Körper niederdrücken wollten; da kam ein Morgen, wo sie nach unruhiger Nacht mit zagender Stimme gestand, nimmer aufstehen zu können.

Vor dem Bett, in dem kleinen Stübchen des Rückgebäudes, stand mit tief bekümmerter Miene ihr Mann; er war zum Fortgehen gerüstet, und neben der Sorge um die Leidende zeigten seine Züge einen nervös unruhigen Ausdruck. Er schaute auf die Schwarzwälderuhr und suchte dann wieder das kleine Mädchen zu beruhigen, das er im Arm hielt und das die Ärmchen nach der Mutter streckte. Sie hatte seinen Blick bemerkt.

„Du mußt gehen," sagte sie, und ihre Stimme verriet, wie sehr sie in ihrer Hilflosigkeit das Gegenteil wünschte, „du mußt gehen, es ist ja schon halb Acht, du darfst dich nicht versäumen, wo du kaum erst in die Stelle eingetreten bist, man möchte dir's verübeln, und — du könntest am Ende — wieder den Posten verlieren," — sie zitterte und das Weinen stand ihr nahe.

„Aber, lieber Schatz, sieh nur nicht gleich so schwarz; so unmenschlich werden sie doch nicht sein. Ich kann dich nicht verlassen, samt dem Kinde, wo du so krank und elend bist." —

„Hast du eingefeuert?" unterbrach sie.

„Längst schon und auch Frühstück gemacht, willst du nicht etwas zu dir nehmen, es würde dir vielleicht gut thun?"

„Dank dir," wehrte sie ab, „ich kann nicht, mir ist — zu — schlecht." — Dann legte sie den schmerzenden Kopf ermüdet in die Kissen und schloß die Augen.

Er seufzte tief auf und starrte einige Minuten ratlos vor sich hin.

„Soll ich einen Arzt holen?" fragte er sie dann mit leiserer Stimme und beugte sich zu ihr herab, ihre heiße Hand erfassend.

„Nein, nein!“ wehrte sie fast heftig ab, „Gott hilft schon wieder,“ sie schlug die Augen auf, sah in sein ehrliches, treues Gesicht und gewahrte, daß die seinen feucht schimmerten.

Er litt um sie, — sie fühlte plötzlich gar nimmer, wie erbärmlich elend sie war, sie fühlte nur mehr sein Leiden, seine peinigende Sorge, seine Angst. Im warmen Bestreben, ihm dies zu erleichtern, dünkte sie sich plötzlich stärker; sie lächelte dem zarten, blondlockigen Mädchen zu und winkte ihm, es neben sie zu legen. Dann streckte sie den Arm, zog seinen Kopf herab und drückte einen Kuß auf seine Stirne: „Lieber Hans, laß dir's nicht schwer fallen, ein paar Tage Ruhe und es ist überwunden; und jetzt geh in Gottes Namen.“ —

„Allein laß ich dich nicht, ich fände dort doch keine Ruhe, aber es ist mir eine Abhilfe eingefallen, wenn dir's recht ist.“ —

„Und das wäre?“

„Vor ein paar Tagen habe ich bemerkt, daß da oben, unterm Dache, eine neue Partei eingezogen ist, eine junge starke Person, ich sah sie schon im Vorderhaus bei den Herrschaften Arbeiten verrichten, vielleicht bekomme ich sie, daß sie dir durch einige Tage beisteht.“

„Aber das wird Geld kosten!“ meinte die Frau bekümmert.

„Ah bah,“ sagte er fröhlicher, „das kostet nicht so viel, und schau, ich verdiene ja jetzt etwas; aber ich muß mich beeilen, die Person aufzutreiben, sonst bekömmt sie am Ende eine andere Bestellung. Ist sie zu haben, so sende ich sie gleich, wenn nicht, komme ich selbst wieder.“ Er drückte freundlich ihre Hand, und dann hörte sie ihn treppaufwärts eilen. Es währte kaum fünf Minuten, als er noch einmal hastig hereinkam. „Sie kommt gleich, hat sie gesagt. Ich meine, du wirst zufrieden sein mit ihr. Sie scheint anstellig zu sein und hat mir einen guten Eindruck gemacht. Doch verzeih, Klara, ich habe höchste Zeit, lebe wohl und schone dich!“ war noch seine Mahnung im Gehen.

Ein peinliches Gefühl regte sich in ihrem Herzen, nachdem sie allein war; es machte sie nervös und unruhig, daran zu denken, daß sie ein ganz fremdes Gesicht um sich sehen sollte, daß sie jemand anders in ihre schlichte, arme Häuslichkeit sollte blicken lassen. Warum konnte sie nicht aufstehen! Sie probierte es nochmals. — Nein, es ging nicht, die Füße versagten den Dienst vor Schwäche, der Kopf schwindelte; das waren die Nachwehen der vielen Leiden und Sorgen während der letzten langen Monate, als sie brotlos waren. Und jetzt, wo der erste Lichtstrahl wieder all' diese Bangigkeit erhellte, wo ihr Hans endlich Stelle gefunden und sie so froh hätte sein mögen, g'rad jetzt gab der schwache Körper nach.

Sie horchte auf jeden Tritt außen, und während sie in krankhafter Unruhe ihre Gedanken zermarterte, was das für eine Person sein und wie sie aussehen möge, klopfte es leise an die Thüre des äußeren Zimmers und auf Klaras „Herein“ trat die Erwartete in die Wohnung.

„Recht guten Morgen, Frau Leiner! Entschuldigen Sie die kleine Zögerung meines Kommens; ich mußte nur erst noch im Vorderhaus, wo ich für heute bestellt war, absagen, denn ich dachte, daß die mich leichter entbehren können, als eine Leidende; nun bitte ich nur freundlich um Ihre Befehle und um Ihre gütige Geduld, bis ich mich überall zurechtgefunden habe."

Klara schaute verdutzt auf die schöne Gestalt vor ihr, mit den lachenden Augen und dem Knoten mächtigen goldblonden Haares, der wie eine Krone auf dem stolz getragenen Kopfe saß.

Wie eine vom Postament gestiegene Germania bot dies Weib aus dem Volke den erstaunten Augen der zarten, kranken Frau ein Bild dar, und dabei war ihre Sprache eine fast gewählte, ihre Manieren gewinnend und ihre Stimme von einem melodischen sanften Tonfall.

„Was kann ich zunächst zu Ihrer Erleichterung thun? Vielleicht das kleine Herzchen da herausnehmen und anziehen? Komm, kleiner Blondkopf, wir sind schon Freunde, nicht?" lachte sie mit den blendenden Zähnen dem Kinde zu, das sich ohne Widerstreben von ihr wegtragen ließ.

Klara schaute mit vergnügter Verwunderung auf die Bewegungen der Fremden; deren entschiedenes Wesen wirkte beruhigend auf sie, noch mehr, sie fühlte sich vom ersten Moment an hingezogen zu dem schönen kräftigen Geschöpf; es war ihr, als käme ihr aus dieser Seele ein Strahl der eignen Energie als verwandtes Element entgegen, und sofort beschäftigte sie der Gedanke, wie es komme, daß dies junge, schöne Weib da allein unterm Dach hause; und der eine Gedanke rief andere herbei, welche ihr greulich waren, — sie verdüsterten, beschmutzten das schöne Bild; aber sie lagen nahe im gefährlichen Leben der genußsüchtigen Großstadt.

Und dann kam ein großes Mitleid über die hilflose Frau im Bette, ein ihr unerklärliches Mitleid mit dem fremden Geschöpf, das sie nie vorher gesehen, und das nun draußen im Zimmer sang und scherzte mit ihrem Kinde, und zugleich erschauerte ihre Seele bei dem Gedanken, daß dieselbe ihr reines Kind berühre.

„Ach was," dachte sie, „das Fieber macht mich aufgeregt. Was geht mich das alles an! Ein paar Tage und ich bin wieder gut. Sie geht ihre Wege, ich die meinen; aber ich muß sie nach ihrem Namen fragen, ich kann sie ja nicht einmal rufen." —

„Entschuldigen Sie, ich muß Sie noch mit einer Frage stören," sagte der Gegenstand von Klaras Gedanken eben unter der Thüre, „das Kindchen wird frühstücken wollen, darf ich ihm von der Milch am Herde geben, und würde Ihnen selbst nicht auch eine Kleinigkeit gut thun, und ein kalter Umschlag um den Kopf?"

Wie sie das alles schnell wußte und erriet, und wie hübsch die Sonnenlichter, welche sich durchs grüne Epheulaub am Fenster brachen, um ihre Stirne spielten und die natürlichen Löckchen vergoldeten, die sich losgemacht hatten und da und dort herabfielen, wie lachend und frisch voll Leben, und doch, wie besorgt und dienstwillig sie dastand, mußte Klara denken, während sie ihr die nötigen Anweisungen gab und durch die Thür zusah, wie ihr herziges Mädchen, die bis jetzt nur an die Mutter gewöhnt war, freudig und ohne Zaudern ihr Milchsüppchen aus der fremden Hand nahm. Aber wie zart, wie liebevoll ging sie mit der Kleinen um, halt, — vielleicht war sie selbst Mutter! Aus ihren Augen leuchtete ein so warmer Strahl, der schön geschwungene Mund rief die Kosenamen in so wahrhaftigem Ton; — doch nein, das konnte nicht gut sein, das hätte ihr nicht gestattet, so viel von ihrem Heim abwesend zu sein. —

„Wie heißen Sie denn eigentlich,“ fragte Klara, als sie im Zimmer mit leiser Hand bemüht war, dies und jenes zu ordnen.

„Ich heiße Rosa.“

„Der Name paßt für Sie!“ entschlüpfte es Klara fast gegen ihren Willen.

„Das meinten schon viele,“ antwortete sie trocken mit einem kurzen Lachen.

„So—o,“ sagte bloß Klara gedehnt, und es wollte sie wie ein Zorn packen; doch schnell faßte sie sich und fragte: „Wie lange können Sie bei mir bleiben? Ist's Ihnen möglich über Mittag? Dann sage ich Ihnen, was zu kochen ist, mein Mann kommt gegen halb Eins.“

„Ich kann den ganzen Tag bleiben, nur abends, etwas vor Sechs, da muß ich hinauf, damit ich das Abendmahl richte, bis er kommt.“

„Ah, Sie sind verheiratet, Frau Rosa, bitte, das wußte ich nicht. Lassen Sie sich wegen meiner in Ihren häuslichen Pflichten nicht beeinträchtigen.“ —

„Nein, Frau Leiner, ich bin nicht verheiratet, was die Leute so heißen,“ gab sie schnell zurück mit einer wegwerfenden Bewegung ihrer Hand und einem höhnischen Zucken der Mundwinkel, „nehmen Sie mir's nicht übel und meinetwegen verachten Sie mich. Ha! das sind wir ja schon gewöhnt! Wir, ich und der Julius, wir sind bloß vor unserm Herrgott getraut. Pfaff hat keiner seinen Segen dazu gegeben,“ fuhr sie mit blitzenden Augen fort, während sich die hohe Gestalt noch reckte, „aber lieb haben wir uns desungeachtet, vielleicht viel mehr, als die großen Leute, die in Karossen zur Kirche fahren und sich hinterher streiten ihr Lebtag lang. Für uns arme Teufel ist's auch so gut genug, was hilft das Kopulieren, wenn die Herzen nicht ohnedies zeitlebens aneinander halten?“ —

„Und wollt ihr zwei das?“ unterbrach Klara den Redestrom der Aufgeregten mit seltsam ruhiger Stimme. Die andere fühlte sofort den ganz leisen Anflug von Spott, den die Frage barg, und sie merkte desgleichen, daß sie sich hatte zu sehr von ihrer Leidenschaft hinreißen lassen. —

„Seien Sie mir nicht bös,“ lenkte sie ein, die Augen niederschlagend vor dem klaren, festen Blick, der sie aus den Augen der Kranken traf, „es ist sonderbar, daß ich das Ihnen so alles gleich sagen muß; aber glauben Sie mir, Frau Leiner, unsereiner, der bei der harten Arbeit groß geworden ist, hat auch ein Herz und auch ein Ehrgefühl, und man wird zuletzt ganz wild, wenn man merkt, wie sie einem alle den Fuß ins Genick setzen, so daß man wie ein gehetztes Wild nimmer weiß, wo einen Schlupfwinkel suchen. Und man darf sich nicht einmal ausreden, man kann sein Herz niemand ausschütten, man muß nur die Faust im Sack ballen, wie mein Julius sagt, — bis ihr Tag auch kommt." —

„Welcher Tag?" fragte die ruhige Stimme, und die Augen mit dem seltsamen Blick forderten gebieterisch Antwort. Rosa warf einen scheuen Blick um sich, alles frohe Licht war aus ihren Zügen gewichen, die eine düstere Leidenschaft zeigten. —

„Welcher Tag? fragen Sie? Ja, Julius sagt, ich soll nicht drüber reden, aber bei Ihnen ist's schwer zu schweigen, wenn Sie fragen; nun, der Tag, wo die geballten Fäuste zuschlagen, wo's Blut und Trümmer giebt und wir eine andre Ordnung herstellen, wo dann die Faulenzer alle in den schönen Häusern arbeiten müssen, daß sie so schwielige Hände wie wir bekommen, daß sie Hunger und Not probieren wie wir." —

Klaras Blick streifte die rosigen Wangen, die gesunde, fast üppige Gestalt. Doch die andere merkte mit der ihr eigenen Schnelligkeit sofort den Zweifel, der in dem Blicke lag.

„O, auf das dürfen Sie nichts geben, das ist eben mein Muttergut, mein gesundes Naturell, das giebt nicht nach, wenn wir auch eine Woche durch nur kalte Küche haben, und ich und er uns dabei den ganzen Tag abrackern." —

„Ja, aber dann verdient ihr doch?"

„Zeitweis, Frau Leiner, zeitweis, das ist's ja! Oft bekomme ich keine Arbeit, und dann muß er wieder aussetzen." —

„Aussetzen? Was ist denn er und warum hat er keine ständige Arbeit?"

„O, mein Julius ist Kunstschreiner, und zwar einer von denen, die ihre Sache verstehen!" betonte Rosa mit Stolz. „Und er hat einen hellen Kopf und schreibt eine gute Hand, drum haben sie ihn zum Schriftführer gewählt in — in unsrer Gesellschaft." —

„Sie wollen sagen: bei der hiesigen Sozialistenverbindung," unterbrach Klara.

„Wer hat Ihnen denn das gesagt?" fuhr Rosa fast erschreckt auf.

„Niemand, doch erzählen Sie ruhig weiter, Ihre Geschichte interessiert mich;" und sie stützte den eingebundenen Kopf auf die Hand, während die großen Augen fest auf Rosa gerichtet waren.

„Nun, und da kommt's eben, daß, wenn er, der Julius, wieder in einer Fabrik gute Arbeit hat, ihn die Spürnasen wieder an den Prinzipal verraten, oder einer von den Kameraden, dem er zuviel getraut; da gruselt's dann dem Protzen vor so einem ‚gefährlichen Element', wie sie's nennen, und der Julius bekommt schnell seinen Laufpaß, mit einer guten Ausrede versüßt. Herrgott des Himmels, und da muß man noch still sein!" knirschte Rosa. „Sagt er ein Wort, haben sie ihn gleich beim Kragen und ins Loch damit."

„Das ist ja ein sehr unruhiges und kümmerliches Leben für Sie," sagte Klaras ruhige Stimme.

„Und ob! Aber das ist lang nicht alles! Doch genug! Wie komme ich dazu, von all dem zu schwätzen; ich schäme mich förmlich, ich will an meine Arbeit gehen! Ach, und da kommt das Kleine angetrippelt," sagte sie mit gänzlich verändertem, zärtlichem Ton.

„Setzen Sie das Mädchen zu mir herauf, und geben Sie ihr das Spielzeug dort vom kleinen Tisch; sie unterhält sich damit eine lange Zeit und schläft dann vielleicht ein wenig mit mir."

Dann gab sie Rosa noch die nötigen Anordnungen, schlang einen Arm um das schäkernde Kind, doch bald senkte sich ein wohltätiger Schlummer auf die müden Lider.

Rosas wachsames Auge hatte dies bald bemerkt; geräuschlos und sanft hob sie die Kleine heraus, blieb aber noch ein wenig vor dem Lager stehen.

Mit friedlichem Ausdruck in dem blassen Gesichte lag die junge Frau da; jetzt konnte sie dieselbe ruhig betrachten, jetzt waren die zwei Augensterne geschlossen, deren Blick ihr gegenüber eine so seltsame Macht hatten, die in ihrer Seele Tiefe schauten und darin Gefühle wachriefen, die sie längst totgeschwiegen glaubte.

Das war auch eine von „den Besseren", darüber täuschte Rosas Menschenkenntnis sie nicht einen Augenblick, trotz der Ärmlichkeit der Einrichtung und Wohnung. Die war glücklich, geachtet, hatte ihr ruhiges eignes Nest, die kannte Hunger und Not nicht, wenn sie auch nicht in Reichtum schwelgte. Aber warum war dann die feine Falte in die Stirn gegraben, warum lag ein so ernster Zug um den geschlossenen Mund?

„Aber was geht das mich an!" dachte auch sie und warf den Kopf zurück, als sie das Zimmer verließ, „ich will mich beeilen, daß ich alles fertig bringe, hab' zu denken genug für mich selbst."

Aber sie wurde ihn nicht los, den Gedanken, bei der Arbeit. Von der Schlummernden innen glitt es heraus wie ein Lichtstrahl, der sich bis in ihr Herz bohrte, wie ein Lichtstrahl, der auf einmal ihre wirren Gedanken klärte, und es war ihr, als hörte sie die sanfte Stimme fragen: „bist du glücklich, thust du recht?"

Wie würde ihr Julius lachen, wenn er da ihre Gedanken sähe! suchte sie's hinwegzuscherzen. „Sie ist ganz anders wie die andern alle," murmelte Rosa halblaut. „Man muß ihr gut sein; ich helfe ihr gern. Es geht so etwas Freundliches, Warmes von ihr aus, ich glaube, die verachtet unsereinen nicht."

Als Klara um Mittag erwachte, fühlte sie sich durch den Schlaf merkwürdig gestärkt und empfing ihren heimkehrenden Gatten mit einem frohen Lächeln. Das Mittagsmahl verlief unter freundlichem Geplauder. Hans war ganz beglückt, daß sein liebes Weib sich besser fühlte, und scherzte mit seinem Töchterlein, bis ihn die vorgerückte Zeit wieder ins Comptoir der großen Möbelfabrik rief, wo er als Buchhalter arbeitete.

Rosa hantierte geschickt und geschäftig im kleinen Haushalt, als ob sie schon jahrelang dagewesen.

„Rosa!“ rief ihr Klara zu, „setzen Sie sich doch ein wenig. Sie sind den ganzen Tag auf den Füßen und müssen müde sein. Das Nötige ist geschehen, gönnen Sie sich eine kleine Rast, kommen Sie da zu mir herein, die Kleine wartet schon, um Ihnen die neue Puppe zu zeigen. Es ist merkwürdig, wie schnell sie sich an Sie gewöhnt hat.“

Die Gerufene streifte die blaue Arbeitsschürze ab und trat mit einem frohen und verwunderten Ausdruck in den Zügen in das Zimmer, wo sie sich einen Stuhl zurechtrückte.

„Wenn Sie erlauben, will ich wohl recht gerne, Sie sind so gütig zu mir, Frau Leiner!“

Der Abend eines fast schwülen, träumerischen Apriltages war hereingebrochen; tiefe Dämmerung herrschte im Zimmer, denn das hohe Vorderhaus schloß die Abendlichte ab; aber durch das offene Fenster zog jener eigene, laue Duft, wie er solchen Frühlingstagen eigen, ein feiner Geruch vom knospenden Grün der umliegenden Gärten und der Duft der sonnenwarmen Luft, wie sie tagsüber überall gelegen und sich nun mit dem Tau des Abends vermischte.

In diesem Hauch der erwachenden Natur lag es wie ein Aufjauchzen über das neue Leben; er hatte etwas Feierliches, wie ein ferner Klang von Osterglocken, und er legte sich über die Sinne wie eine frohe, geheimnisvolle Ahnung.

Eine Zeitlang war es ganz still, dann sagte Rosa mit gedämpfter Stimme:

„Bei Ihnen ist's so schön und so friedlich, ich möchte wohl öfter da sein, es wird einem ordentlich wohl.“ —

„Das hoffe ich wohl, daß wir öfter beisammen sind; gottlob bin ich besser und gedenke morgen aufzustehen, aber Sie werden deswegen doch noch oft zu mir kommen, eine Hilfe wird mir wohlthun.“

„Wie mich das freut, Frau Leiner! Es schreckt Sie also nicht ab, — daß ich, — daß wir —?“

Klara schien die Unterbrechung zu überhören und fuhr fort: „Ist's denn bei Ihnen oben weniger schön und friedlich?“

„Ach, friedlich ist's schon; Julius und ich streiten uns nicht; aber zu keiner Ruhe — kommt man doch nicht, von außen nicht, — von innen nicht!“ —

„Warum denn, Rosa? Sagen Sie mir alles ungeniert! Ich frage Sie nicht aus Neugierde, ich möchte Ihnen gerne irgendwie helfen und raten, wenn ich kann.“

Rosa schaute in das schmale blasse Antlitz vor ihr. Da strahlte ihr wieder der feste Blick entgegen, aber mit einem so warmen, fast bittenden Ausdruck. So hatte sie noch niemand angeblickt; es übermannte das junge Weib; sie griff ungestüm nach der kleinen Hand, die auf der Bettdecke lag, und drückte ihre Stirne dagegen. Klara sagte kein Wort, nur einen ganz leisen Druck spürte die starke, arbeitsharte Hand, die in der ihren lag.

Dann erhob die andere das Haupt, schüttelte mit einem kecken Ruck die Löckchen aus der Stirne, als schämte sie sich ihrer weichen Regung, und sagte in einem ganz kalten, geschäftsmäßigen Ton, als spräche sie gar nicht von sich selber:

„Ich war noch nicht 14 Jahre alt, da jagte mich meine Stiefmutter aus dem Hause; ich machte mir eigentlich nicht viel draus, denn Hunger und Schläge hatte ich genug gekostet, kräftig war ich, und arbeiten wollt' ich. Mein Herz hing an niemandem, ich haßte sie alle, sogar den Vater, der mich so schlecht behandeln ließ. Ich fand einen Dienst, nahm später wieder einen andern, und so wurde ich halt von einer Hand in die andre gestoßen. Ich war immer lustig und guter Dinge; denn daß ich in den Mund was hatte, dafür sorgten die Paar Arme. Aber ich blieb kein Kind und kannte doch noch gar nichts von der Welt, denn ich wußte nicht, daß sie alle lügen und betrügen und ein armes Mädchen nur da ist, um unglücklich gemacht zu werden, wenn sie halbwegs ein sauberes Gesicht hat."

Unentwegt ruhte Klaras Blick auf der Erzählerin; das machte sie unruhig zu dem, was sie sagen wollte; sie stand auf, machte sich etwas mit dem Kinde zu schaffen und fuhr dabei fort:

„Ich war voller Fehler, aber gelogen hatte ich nie; das kam mir stets niederträchtig und feig vor; drum glaubte ich noch nicht ans Lügen und sprang lachend und voller Vertrauen in mein Unglück. Es war auch niemand auf der Welt, der mich gewarnt hätte. Als ich dann den Wurm in den Armen hatte und im Elend saß, als ich nimmer arbeiten konnte und kein Geld mehr nur zu einem Stück Brot hatte, da war der andre, der Schurke, verschwunden, und kein Hund kümmerte sich mehr, ob wir zwei starben oder lebten. Ich fluchte ihm und schüttelte die Faust zum Herrgott hinauf." —

„Armes Weib!" kam's leise vom Bett her.

Ohne den Einwurf zu beachten, fuhr sie in ihrer Erregung mit heiserer Stimme fort.

„Aber es half nichts, weiterleben mußte ich, wenn mir gleich das ganze Leben keinen Pfennig mehr wert erschien. Während meiner Liegerstatt in einer elenden Kammer auf Stroh, hatten ein paar arme Weiber ihren Bissen mit mir geteilt; und als ich wieder aufstehen konnte, schloß das Kleine für immer seine Augen. Ich hatte es lieb gehabt, aber ich gönnte dem vaterlosen Wurm die Ruhe, was hätt' ihm auch etwa das Leben Gutes beschert. So war's gut aufgehoben!"

Sie machte eine Pause und holte tief Atem.

„Aber das alles hatte meine Kraft erschüttert; ich fing zu kränkeln an. Ich konnte bald auch meinem Verdienst in einem Wirtshaus nimmer nachgehen und mußte hilflos daliegen und verfluchte in meiner Ohnmacht und Not die Welt, die Menschen, das Schicksal, mich selber und alles.

Zu der Zeit suchte mich Julius auf; er hatte mich im Dienst gesehen, mir dann und wann ein freundliches Wort gegeben, und er war der einzige, der sich drum bekümmerte, was aus der Rosa geworden sei, und der die Mühe nicht scheute, mich in dem elenden Loch ausfindig zu machen.

Er hatte Mitleid mit mir, er sprach mir Mut zu und teilte seinen Wochenlohn mit mir, damit ich kräftigende Kost erhielt; so erholte ich mich bald und dann, — nun, dann zogen wir halt zusammen," setzte sie zögernd hinzu, und dann wie entschuldigend, — „ich hatte zwar geschworen, keinem mehr zu vertrauen, und ich glaubte, ich könnte auch kein Herz mehr für einen Menschen haben, aber, Frau Leiner, Sie können's nicht glauben, ich war ihm so dankbar, und ich weiß gewiß, der Julius meint's gut mit mir."

„Geb's Gott!" warf Klara ein.

„Und wir haben uns auch wirklich recht lieb," fuhr Rosa fort. „Eins sorgt für das andere; freilich Sorgen macht's mir genug. Die ewige Angst wegen der Polizei! Der Julius ist ein Hitzkopf, wie oft habe ich ihn schon gewarnt und gebeten, es wird noch sein Unglück sein und das meine dazu." Sie neigte sich vor und sprach im Flüsterton: „Vor kurzer Zeit hatten die unsern eine geheime Versammlung; es war alles vorsichtig vorbereitet, aber die Polizeispürhunde witterten doch Lunte und mitten in einer Rede, die Julius hielt, trat der Kommissar ins Zimmer; aber er verlor die Geistesgegenwart nicht, in derselben Sekunde war das Gas abgedreht und er war der erste, der durchs Fenster das Weite suchte, — das Lokal lag ebenerdig und sie hatten, scheint es, vergessen, es auf dieser Seite zu umstellen. Abgehetzt wie ein angeschossenes Wild kam er heim und legte sich zum Glück gleich nieder, denn kaum eine Viertelstunde drauf kamen die Verfolger und fragten mich, ob mein „Schlafgeher" zu Haus. Ich führte die lieben Herren in unsre zweite Kammer und leuchte dem Schnarchenden unter die Nase, damit sie ja an seine Gegenwart glaubten. Sie schauten etwas verblüfft, aber sie gingen, — und vor solcher Nachtvisite sind wir nie sicher." —

„Wie mögen Sie sich beide die Qual eines solchen Lebens anthun, Rosa?"

„Eine Qual? Ja, da haben Sie eigentlich recht, zur Ruhe kommen wir nie; aber es hat auch seinen Reiz, wenn man sich für höhere Zwecke opfert und in Gefahr begiebt." —

„Für höhere Zwecke?" fragte Klara lebhaft. „O Rosa, wie Sie auf falschem Wege sind! Sie und viele Tausende. Schauen Sie in Ihr eigenes Herz und fragen Sie sich ganz aufrichtig, um was Sie eigentlich kämpfen. Sie erstreben ein Leben bar an Thätigkeit und reich an irdischen Genüssen und wollen in blinder Rache und haßerfülltem Neid unzählige ins Unglück stürzen, wenn die Zeit wirklich ihr Vorhaben zur That gedeihen ließe. Glauben Sie, daß Sie dann wahrhaft, bleibend glücklich sein könnten?"

„Nichts für ungut, Frau Leiner," gab Rosa mit überlegner Miene und hochgeröteten Wangen zurück. „Aber Sie sprechen von Ihrem Standpunkt. Sie kennen unsre Leiden nicht, — Sie kennen Not und Hunger nicht." —

„Glauben Sie?“ fragte Klara ganz leise.

„Nun, das läßt sich bei Ihnen kaum denken! Aber sehen Sie, wenn man immer sehen muß, wie die andern alles haben, was uns abgeht, wenn man samt der ehrlichen Arbeit immer und immer darben und kämpfen muß, wie ich Ihnen schon sagte, da wird man wild, da schreit man um sein gutes Recht und hadert mit dem Herrgott, der blindlings alles so ungerecht verteilte.“ —

Bei den letzten Worten Rosas hatte sich Klara aufgerichtet und streckte den Arm wie abwehrend gegen die Sprecherin aus; in der hereingebrochenen Dunkelheit leuchtete ihr seelenvolles Auge, als sie in die Worte ausbrach: „Nein, Rosa, nein! Wenn's über uns hereinbricht, wenn sie uns erdrücken will, die Erdenlast, die Er jedem gütig und weise zugemessen, dann, erst dann, da fühlen wir recht, daß es nur Einen giebt, der uns trösten, helfen, erlösen kann. Dann lehnen wir unser schwaches, verwirrtes Herz an Ihn, und so wir zu Ihm gläubig, demütig flehen, Er kommt, Er ist da und mit Ihm Trost, Ruhe, Frieden!“

„Sie sind Katholikin?“ fragte Rosa etwas kleinlaut.

„Ich bin Christin,“ sagte Klara einfach, „aber nun gehen Sie, es wird ja schon spät; beten Sie Rosa, daß Er bei Ihnen bleibt, daß Er Ihnen den Weg weist, der Sie dauernd beglückt.“ —

„Ich will's versuchen, aber — ich habe lang nimmer gebetet.“ —

„Deswegen geht es doch, wenn's aus dem Herzen kommt. Gute Nacht! Morgen auf Wiedersehen!“ —

Wochen waren vergangen; Klara war wieder wohl und stand ihrem Haushalt vor, aber sie hatte die Zeit nicht unbenützt gelassen, um ihres Schützlings materielle Lage zu bessern. Für Rosa hatte sie bei bekannten Familien gute Arbeitsplätze ausgemittelt, und sie ließ sich dabei nicht abschrecken, wenn man ihr auch manchen Orts den kalten Bescheid gab, man stelle so eine junge „ledige Person“ nicht gern an, man halte sehr auf „den Ruf seines Hauses ꝛc.“ Ihren Mann hatte sie dagegen mit Bitten bestürmt, mit seinem Prinzipal zu reden, um Julius eine dauernde Arbeit in der Möbelfabrik zu erwirken. Hans war vorsichtig, und da er selbst vor kurzem in die Stelle eingetreten, wollte er erst nicht gern jemand empfehlen, den er eigentlich gar nicht kannte; aber Klara bat ihm doch das Versprechen ab, es zu thun. „Geh, Hans, du bist ja sonst so gut, thu' den armen Leuten die Liebe, wir wissen's ja selber, wie bitter das ist, kein Brot zu finden.“ —

„Nun, so soll er doch selbst hingehen und um Arbeit nachsuchen,“ gab er zurück.

„Aber ein gutes Wort ebnet ihm den Weg.“ —

„Und wenn er dann wieder Geschichten macht und politisiert, dann heißt's, ich habe ihn hingebracht.“ —

„Sei nicht so ängstlich, Hans, man muß etwas riskieren, wenn man Gutes thun kann. Die Rosa vermag alles über ihn; sie sagte mir, daß er ihr heilig versprochen habe, sich ruhig zu verhalten, wenn es ihm nur je wieder gelänge, sicheres Brot zu erlangen.“ —

„Nun, laß nur gut sein,“ wehrte er lachend ab, „ich kenne dich schon, wenn du für ein andres was erbittest, giebst du doch nicht nach, bis man's zusagt. Ich werde schauen, was sich machen läßt. Sag du einstweilen der Rosa, sie solle ihn erinnern, seine Zeugnisse zur Hand zu halten und solle seinen äußern Menschen so ausstaffieren, daß er sich anständig präsentieren kann.“

Drei Tage darauf kam Rosa zu Frau Leiner; sie war offenbar aufgeregt, ihre Lippen zitterten zwischen Zorn und zurückgehaltenem Weinen, und die runden, rosigen Wangen waren fahlblaß. Klara erschrak über den haßerfüllten Ausdruck ihrer blitzenden Augen. „Ist Ihnen was Übles passiert, sind Sie unwohl?“ fragte sie teilnehmend, „setzen Sie sich doch, Sie zittern ja ganz.“

„Ich hätte mir's ja denken können, die alte Geschichte! Das ist das siebente Mal, ich hätt' schon dran gewöhnt sein sollen; aber der Ärger erstickt mich immer wieder aufs neue.“

„Warum Rosa? Reden Sie sich aus; es wird Ihnen wohler, und dann will ich Ihnen was Gutes sagen, ich freute mich schon auf Ihr Kommen. Also was giebt's?“

„Man wirft uns wieder einmal hinaus, der Hausherr war oben, er will keine Leute, sagte er, die — nun, die nicht verheiratet sind, sein Haus sei ein anständiges. Als ob unsereiner nicht auch gern „anständig“ wäre, wenn man so armes Volk ohne sicheres Einkommen und ohne Knopf Geld heiraten ließe. Ah bah, es ist ein Elend, das Standesamt ist ja nur für die Reichen da,“ platzte sie voll Grimm heraus und schlug sich an die Stirne.

„Glauben Sie das im Ernst, oder ist's nur so eine Redensart, — um Ihr Gewissen zu beschwichtigen?“ —

„Gewissen!? Thue ich denn etwas Schlechtes?“ fuhr die andre auf. „Ha, sehen Sie, Sie verachten mich nun auch!“

„Schauen Sie mich an, Rosa, und dann sagen Sie mir, ob Sie das in Wahrheit von mir glauben können.“ Der erregte Blick des jungen Weibes fiel voll heißer Leidenschaft auf das blasse Gesicht und begegnete den zwei Augen, unter deren Blick die ihren sich senkten. Es strömte ihr warm zum Herzen, als sie den feuchten Schimmer derselben sah. —

„Sie dauern mich von ganzer Seele, und ich möchte Ihnen helfen, wenn Sie wollen.“ —

„Wie könnten Sie das, Frau Leiner?“ fragte Rosa erstaunt.

„Ich kann es zwar nicht,“ gab die ruhige Stimme zurück. „Sie müssen sich selbst aus eigner Kraft herausreißen. Sie und Julius müssen beide brechen mit Ihrem früheren Leben. — Ich kann Ihnen bloß raten, — mit gutem Willen, wie einer Schwester. — Sie bekommen den Ehekonsens, wenn Sie den Nachweis dauernden Verdienstes erbringen, — haben Sie den Willen, sich auch vor der Welt zu binden, hat Ihr, — nun Ihr Bräutigam, den Mut, nicht bloß mit seinen Ansichten, sondern auch mit seinen Genossen zu brechen?“ —

„Sie fragen viel Wichtiges auf einmal, Frau Leiner. Diese Gedanken haben mich ohnedies schon so mächtig gepackt diese letzte Zeit; ich bin ihrer gar nimmer los geworden und habe auch schon mit ihm darüber geredet.“ —

„Nun, und was sagte er?“ —

„Er hat die Geschichte bis an den Hals satt, meint er, und weil er mich doch nie verlassen will, so wär's ihm wohl recht, wenn ich auch vor den Leuten als sein rechtmäßiges Weib gelte. Er sagt, ich erbarme ihn, daß mich alle Welt über die Achsel anschaut, ich verdiente das nicht. Und dann fänden wir auch leichter eine ordentliche Wohnung, mit mehr Platz, so daß er in den Feierstunden auch noch im Hause für Privatkundschaft arbeiten könnte. — Mein Gott,“ fuhr sie seufzend fort, „niemand wär's lieber als mir, dann könnte unsereiner auch noch mal glücklich werden! So, so ist's nicht das Rechte, das merke ich immer mehr. — Man hat keine Ruhe, keine Zufriedenheit. Aber ich glaube gar nimmer, daß wir's soweit bringen,“ — schloß sie verzagt.

„Schicken Sie morgen zwischen 10 und 11 Uhr Julius in die Petermannsche Fabrik; er soll nach dem Werkmeister des zweiten Stockes fragen, der wird ihn zum Besitzer führen; achten Sie, daß er die nötigen Papiere mit sich bringt und die schönen Zeichnungen, welche Sie mir von ihm gezeigt. — Ich hoffe, wenn er heimkommt, bringt er die Erfüllung Ihres Wunsches mit; mein Mann, der ihn dort empfahl, sagte mir, daß die vermehrten großen Bestellungen das Einstellen einiger sehr geschickter Leute nötig machen. Also, liebe Rosa, Glück auf! und im voraus meinen Glückwunsch!“ Sie streckte ihr die Hand hin, und die Stimme zitterte leise vor Erregung.

Rosa griff mit beiden Händen darnach. „Das — das hätten Sie für uns gethan!?“ jubelte sie fast schluchzend. „O, Frau Leiner, was ist denn das, und wie seltsam kommt mir das alles vor! Hab' ich mich doch jahrelang abgekümmert wie ein Wurm im Staub, und Sie strecken mir die Hand entgegen und ziehen mich auf, und Ihre Augen schauen mir ins Herz und Sie bringen's dazu, daß es ganz licht wird, o, so licht und leicht!“ —

„Das ist Gott, und Gott ist die Liebe,“ antwortete sie schlicht. „Ihm danken Sie, mir nicht, mir ist ja Ihr Glück Dank.“ —

Da glimmt's empor in dem armen, zertretenen, umdüsterten Herzen, wie Fesseln fallen sie davon ab, die Gefühle des Neides, des Hasses, der rebellischen Verzweiflung und der stumpfen Genußsucht.

Wie ein Kind springt sie davon und hastet die steilen Treppen hinauf, und gleich darauf kommt sie fast atemlos wieder und zieht ihn an der Hand zur Thüre herein; ein kleines Männchen mit zierlicher Gestalt, die sich grell von der ihren abhebt.

Er ist ganz verlegen, denn in der Rede, welche Rosa in ihrer jubelnden Freude hervorgesprudelt, kennt er sich noch gar nicht klar aus; die dunklen Haare hängen über die Stirne und darunter blicken ein Paar kluge, graue Augen hervor. Rosa wird ungeduldig, sie möchte lachen und weinen zugleich und begreift nicht, daß er nicht sogleich in warmen Dank ausbricht.

Aber Klara versteht, was in seinem Innern vorgeht, und daß der Stolz die Worte seines Herzens nicht auf seine Lippen läßt. „Freut mich, Herr Streck, Sie bei mir zu sehen," beginnt Sie höflich. „Rosa hat mir so viel Gutes von Ihnen erzählt; ich interessiere mich für das Kunsthandwerk." — Rosa stößt ihm mit dem Ellbogen an, hat er denn ganz die Sprache verloren? — „Nicht wahr, man kann sich bei jedem Berufszweig sehr glücklich fühlen, wenn man nur erst Boden unter den Füßen hat; und ein solcher, wo Sie Ihr Talent entfalten können, wäre ja nun für Sie gefunden. Und Sie werden ihn behaupten auf die Dauer, nicht wahr? schon um Ihrer guten Braut willen?" sagte Klara und tritt ihm fast unmerklich näher, während ihre Augen den scheuen Blick der grauen Augen auffangen. Er fährt mit dem Hemdärmel über Stirn und Augen, als wollte er die buschigen Haare hinausstreifen, dann sagt er mit sächsischem Accent: „Verzeihen Sie, Frau —, das ist mir noch nicht passiert; aber mir blieb das Wort in der Kehle stecken; das Ding kam alles so schnell, so unerwartet."

„Aber nicht unerwünscht?!" fragt Klara.

„Sagen Sie mir nur, verehrteste Frau, wie brachten Sie denn das alles mit der Rosa und mir und mit dem Verdienst zuwege, — uns wollte gar nichts mehr gelingen." —

Dann will er seinen Dank aussprechen, doch sie wehrt ihm ab.

„Geht, geht jetzt alle zwei, Ihr habt viel zu beraten und zu besorgen die nächsten Tage, denn Ihr werdet mit dem andern Schritt nicht zögern wollen. Sie, Rosa, kommen so noch zuvor zu mir, vielleicht kann ich Ihnen mit etwas behilflich sein. Sie verstehen schon, in Toilette-Sachen; wir müssen die Sache doch froh und feierlich machen!" sagt sie wie ein fröhliches Kind, wenn ihm die Christlichter schimmern.

Dann geht das Paar. „Grundgütiger Himmel! hat die ein Paar Augen!" flüstert auf der Treppe Julius. „Das ist grad, als schaute sie einem durch und durch! Aber gut ist sie, und der halt' ich Wort, das weiß ich!"

Klara steht am Fenster; draußen blinkt und glänzt der Maitag und schickt seine Düfte und seine goldigen Lichter bis in den kleinen, düstern Hof unten. Ihr ist's so wohl, so getragen fühlt sie sich, daß sie aufschweben möchte zu dem Lichtmeer da oben. „Zwei Gute mehr!" lispelt sie und faltet die Hände. „Bleibe in ihnen, Herr, und führe sie!"

Nachtphantasien.

Von

Hugo Grothe.

Nachtbild.

Müde flackern
wie verweinte Augen
die Sterne.
Des Mondes fahle Sichel
wiegt sich in Wehmut
im graublauen Äther.
Gelbe zackige Wolken
huschen am Himmel
und der Berge verwitterte
uralte Gesichter
atmen im blassen Schimmer.

Eine stumme Melancholie,
ein geheimes,
mystisches Klagelied
durchklingt die Seele.

Tiefer wühlen die Schmerzen,
heißer brennen die Wunden.
Vom Altare des Herzens
steigt zu den Höhen
Gebetesrauch. —

Nachtwanderung.

Mond, Träumer, Prophet,
deine silbernen Tränen
fallen schmerzend
in das sehnsüchtige Auge,
dein bleicher Seherblick
bannt des Einsamen
weiche Seele.

Sphinx XIII, 76 — Juni 1892.

Kalt, krank, liebeskrank
bist du auch,
du blasse Majestät
am Königszelte des Himmels,
umdient vom Höflingsschweife
mittrauernder milchblütiger Sterne.

Weiße Sehnsuchtblüten
malst du
auf stille Wasser,
Lichtfäden der Ahnung spinnst du
in dunkles Gezweig.

Müde des Tages
blendheller Schwere,
aus des heißen Lebens
pulsendem Lärmen
wandr' ich in dein Reich,
Mond, Träumer, Prophet. —

Nachtpfauenauge.

Von

Franz Evers.

Mit stillem Flug, mit leisem Flügelspreizen
durchschwirrst du eine Lebenssommernacht,
auf deines Daseins bunten Farbenreizen
liegt's frisch wie Silberstaub von Mondespracht —
auf Blumendüften wiegst du leicht und schwebend
dich über lebenschwangre Beete hin —
mit ihren Rätseln deinen Flug umwebend
küßt dich die Nacht, die Allgebärerin.
Du trinkst aus scharlachtiefen Blütenkelchen,
du saugst vom Taumeltrank der Ewigkeit,
und du berauschst dich an dem Weine, welchen
nur jene trinken, die dem Tod geweiht. . . .

Dem Tag entgegen.

Novelle

von

Eva A. von Arnim.

(Schluß.)

Es war eines Sonnabends Abend. Das war die Zeit, in der Otto seinen ländlichen Arbeitern den Wochenlohn auszuzahlen pflegte. Die Dunkelheit war hereingebrochen, wir waren beide ganz allein, Christine und ich; auf meine Bitte war keine Lampe entzündet, wir saßen still beisammen in halber Dämmerung, jener Dämmerung, die jeden Schatten als gespenstische Gestalt, jeden seltsam geformten Lichtfleck als körperliches Etwas erscheinen läßt. Als breite, helle Tafel lag der Mondenschein auf den altersmorschen Dielen, das Kreuz des hohen Fensters warf seinen langgestreckten Schatten quer drüber hin. Draußen stand die volle, runde Scheibe des Gestirns, wie aus Silber geschnitten, in kalter Ruhe am frostig-klaren Himmel und die Spitzen der riesigen Tannen vor dem Schlosse hoben sich scharf, wie zarte, feingefiederte Silhouetten in tiefer Schwärze gegen den helleren Hintergrund ab.

Christine lag vergraben in den Tiefen eines altmodischen Sorgenstuhles, ich saß ihr zur Seite. Sie sprach kein Wort, doch konnte ich im Dämmerlicht gewahren, daß ihre Lippen sich aufeinanderpreßten, wie in stummer Qual. Endlich bat sie mit leiser Stimme: „Hol' Deine Geige, Allwich, und spiel mir eine Mondscheinweise."

Ich glaubte, mein Blick, der unverwandt auf ihr ruhte, erregte ihr Furcht, dem wollte sie entgehen.

Gerne willfahrte ich ihrem Wunsche, der ja so wunderbar gut zu meinen Absichten stimmte, denn nichts ist geeigneter das Einschläfern zu beschleunigen, als gerade die Musik.

In einiger Entfernung hinter ihr blieb ich stehen, um sie nicht weiter durch meinen Blick zu beunruhigen und begann eine sanfte Melodie. Alles, was für sie an Liebe in meinem Herzen lebte, ich legte es in diese Töne, die sich aneinanderreihten zum Schlummerliede ihrer Seele. Einmal hörte ich sie flüstern: „Herr Gott, hilf mir! ich bin allein zu schwach!" Nach einer Weile noch ein Seufzer, dann war sie ganz still. Langsam und lautlos trat ich näher, was mir an Glut und Rausch zu Gebote stand, das ließ ich über sie ausströmen in Klängen verhaltener Leidenschaft. Mir selber schwindelte, als stiege mir ein narkotisches Getränk zu Kopfe; leiser und leiser verhallte meine Weise, Geige und Bogen beiseite legend beugte ich mich über die Regungslose.

In einiger Entfernung strich ich mit den Händen über ihr Gesicht hin, über die Schläfen und die im Mondlicht flimmernden Haare. Ich hatte leichtes Spiel mit ihr, der Mondsüchtigen; nie gehorchte ein Mensch leichter und schneller meinem Willen, als Christine; schon nach wenigen Sekunden begann sie tief und schwer zu atmen, das erste Anzeichen der Hypnose, dann streckte sie sich ein wenig, fast wie ein Sterbender und das Köpfchen sank halb zurück, halb seitwärts gegen die Lehne des Stuhles. Leise drückte ich die schon halb geschlossenen Augenlider vollends zu, indem ich meinen ganzen Willen auf das Gelingen meines Vorhabens richtete. Als ich nun zur Probe ihre Hand aufhob, fiel dieselbe, losgelassen, wie leblos in ihren Schoß zurück, sie war vollständig bewußtlos.

„Hörst Du mich?" fragte ich und heftete meine Augen fest und zwingend auf ihr Gesicht. „Hörst Du mich, so antworte!" Ein paarmal hob und senkte sich ihre Brust, wie nach Atem ringend, dann stieß sie mit dumpfer, Stimme hervor:

„Ich höre."

„Wo bist Du, Christine?"

„Ich wandle im Finstern."

„Siehst Du nichts?"

„Doch," — mühsam nur und stoßweise kamen die Worte über ihre Lippen, „in weiter Ferne, — am Horizont — die schwache Helle, — siehst Du nicht — das rosiggoldene Licht, — da wird die Sonne sich erheben — ich gehe ja dem Tag entgegen!"

Atemlos lauschte ich und als sie nun eine Pause machte, ergriff ich ihre Hand, um sie zum Weitersprechen zu bewegen; da begann sie wieder:

„Laß mich, — halte doch meine Hand nicht so fest, sieh, schon brechen die ersten Strahlen hervor — — der ganze Himmel steht in Flammen — — der Tag ist da!" Die anfangs erstickte Stimme war immer lauter und klarer geworden, und nun saß Christine aufrecht, ein wenig vorgebeugt, einen Ausdruck im Gesicht, als sähen die geschlossenen Augen etwas Schönes, Großes, Unendliches, von dem sie staunend keinen Blick verwenden mochten.

„Christine, was schaust Du?"

„Die Herrlichkeit Gottes — und meiner Seele Seligkeit!" antwortete sie und ihre Stimme bebte in ehrfurchtsvollem Entzücken.

Trugbilder kindischer Phantasie! Ein paarmal strich ich mit der Hand über ihre Stirn, diese Gebilde zu verscheuchen, ihren Schlaf zu vertiefen, um endlich volle Wahrheit zu vernehmen; volle Wahrheit nannte ich's in selbstgerechter Verblendung, im Grunde genommen sollte doch ihr Mund nur aussprechen, was ich grade hören wollte.

Wie leblos sank sie zurück und verstummte, bis ich eine neue Frage an sie richtete. „Das Ringen und Kämpfen meiner Seele liegt enthüllt vor Dir, Christine, werde ich so den Frieden erlangen?“ fragte ich, „ist dies der rechte Weg?“

Ein dumpfes, aber deutliches: „Nein“ hallte mir entgegen. Ich stutzte, diese Antwort hatte ich nicht erwartet, doch ehe ich eine neue Frage thun konnte, fuhr sie fort zu sprechen, langsam und leise, aber ohne Zögern, Worte, die sich mir unauslöschlich einprägten, in ihrem rhythmischen Tonfall einem Gedicht gleichend:

„Ach, dunkel war die Nacht in deines Herzens Pein!
Da trat, wie lichter Mondenschein,
Das Lieben in dein Leben.
Wohl machte deine Weisheit,
Dein Kopf dich stark und frei,
Es fehlte dennoch stets dabei
Der Friede zu der Freiheit. —
Dein Herz schlägt laut und deine Seele schreit nach Glück. —
Du ließest alles gern zurück —
Um deiner Seele Sehnen;
Was du gedacht, was du erforscht, sind Worte leeren Schalles.
Wirf alles von dir, alles, —
Dein Wissen und dein Wollen. —
Fang noch einmal von vorne an, dann wird noch alles gut,
Du hast's erprobt, wie weh das thut:
Ein Leben ohne Lieben.“ — —

Tiefe Stille folgte; eilende Wolkenschatten verhüllten für Minuten Christinens bleiche Züge, und ich stand in schweigenden Gedanken. Das waren alles Dinge, die ich nicht wissen und hören wollte, Dinge, die ich nicht glauben wollte; und doch kam es über mich fast wie ein Schauer der Ehrfurcht vor dem Gott der Liebe, dessen Herrlichkeit meines lieben Mädchens Seele erschaut hatte. War das alles doch vielleicht Wahrheit? Saß doch vielleicht eines ewigen Gottes Majestät über dem Weltgetriebe zu Gerichte? Entsetzlicher Gedanke! Und so viel verlorene Jahre voll verkehrten Strebens! Noch war es Zeit zur Umkehr. — — — Nein, nein und abermals nein!

Über mich sollte nichts Macht haben, nichts als mein eigener Wille. Ich schüttelte mich, wie einer, der Ketten von sich wirft. Fast hätte ich mich fangen lassen, statt selber zu erobern, wie ich doch gewollt; ich fühlte es deutlich, Christinens Empfinden war auf Augenblicke auf mich übergegangen; eine übersinnliche Verbindung hatte da gewirkt, mehr noch als ihre Worte. Aber nun hieß es: vorwärts in den Kampf, wenn ich beweisen wollte, daß ich der Stärkere war. Was meinen Wissensdurst betraf, so vertröstete ich mich im stillen auf „ein andermal“; daran dachte ich nicht, daß ein einmaliger Zweifel an der Wahrhaftigkeit dieser Kundgebungen, deren Unfehlbarkeit überhaupt für immer in Frage stellte. Ich beugte mich über die Schlafende, deren liebliche Züge nun wieder hell vom Monde beleuchtet waren.

„Christine, liebst Du mich?"

„Ach!" — Es war nur ein zitternder Laut, ein Seufzer, der wie ein Hauch von ihren Lippen glitt, nur eine kurze Silbe und doch eine ganze Stufenleiter vom Weh zum Jubel. Mit einem Laut des Entzückens sank ich zu ihren Füßen in die Knie, wie gerne hätte ich ihre Hände geküßt und wagte es doch nicht, sie zu berühren! Es war nur ein Wörtchen, und doch sagte es mir mehr, machte es mich glücklicher, als die wortreichste Beteuerung. Alles andere war versunken und vergessen; Gott Gericht, Zweifel und Glaube, alles versunken und vergessen vor dem einen kleinen: „Ach", das mir die Gewißheit gab, daß ich ihre Liebe noch nicht verloren.

„Du wirst von nun an meinen Lehren Glauben schenken und meinen Willen zu dem Deinen machen?" so fragte ich weiter. Keine Antwort. Ich erhob mich und meine Augen fest auf die Bewußtlose heftend, fuhr ich fort: „Christine, ich befehle es Dir! Willst Du gehorchen?"

Ein tonloses „Ja" war die einzige Erwiderung.

„Du willst mir vertrauen, willst mir alles glauben?"

„Alles", wie ein Echo klang es zurück.

„Willst Dich niemals von mir wenden?"

„Niemals."

„Du wirst keinen anderen Gedanken mehr kennen, als mir anzugehören, mein zu sein für immer?"

„Für immer."

Endlich trat ich hinter ihren Stuhl und Geige und Bogen wieder zur Hand nehmend, befahl ich ihr, wieder zu erwachen, ohne eine Erinnerung an die Hypnose. Eine Minute herrschte tiefe Stille, ich vernahm nur ihre schweren Atemzüge, dann sagte sie leise: „Spiel doch weiter, Altwich, es war so schön!"

Nachdem ich geendet, rief sie mich zu sich, ich mußte meinen Stuhl dicht neben den ihren rücken und eine dämonische Freude überkam mich, als sie ihr Köpfchen zum erstenmale wieder freiwillig an meine Brust schmiegte.

„Ach, Altwich," flüsterte sie, „Du warst mir gewiß recht böse all' diese Tage, verzeih Deinem armen unwissenden Kinde! vergaß ich doch ganz, daß Vertrauen der Liebe erste Pflicht."

Wie ein Verschmachtender dem Rieseln der Quelle, so lauschte ich dem Klange ihrer zitternden Stimme, ich preßte sie an mich unter tausend Liebesworten und zärtlich zog sie meinen Kopf zu sich herab, mir in das Ohr raunend:

„Führe mich, leite mich, Du mein Leben, Du mein Abgott!" Dann bat sie: „Nun laß aber die Lampe bringen, ich kann ja Deine lieben, blauen Augen gar nicht mehr erkennen."

Es waren scheinbar schöne Stunden, die uns drei diesen Abend vereinten; über Otto hinweg traf mich mancher Blick liebenden Einverständnisses aus Christinens klaren Behangen, und ich versuchte mir einzureden, daß ich ganz glücklich sei, indem ich mich bemühte, jede Gewissensregung gewaltsam zu unterdrücken. Zum Schlusse ward mir ein beseligender Gutenachtgruß; hätte ich gewußt, daß es der letzte sein sollte, den mir ihre Lippen boten, ich hätte wohl in anderer Stimmung mein Zimmer betreten. Wildes Triumphgefühl schwellte meine Brust, als ich am Fenster stehend hinausschaute. Ein brausender Herbstwind hatte sich aufgemacht und donnerte nun über die kahlen Felder her, als nahe die wilde Jagd mit Sausen, die Wipfel der riesigen Tannen bogen sich wie schwankendes Rohr und über mir auf dem Dache schwang sich die alte Wetterfahne kreischend im Kreise. Monddurchleuchtete Wolkenschatten jagte der Sturm über den Himmel, und heulend fuhr er den mächtigen Kaminschlot hinab, prasselnde, polternde Ziegelstücke mit sich führend. Solch wüstes Toben war mir gerade recht, der Aufruhr der Elemente stimmte herrlich zu dem Aufruhr meines Innern; ich stieß das Fenster auf, und in jauchzender Siegesfreude schrie ich es hinaus in den Lärm: „Sie ist mein, diese Seele ist mein, mein unumschränktes Eigentum, wer will sie mir entreißen!" — Das Licht erlosch im scharfen Zuge, als ich das Fenster schloß, ein kaltes Wehen blies die Asche des Kamins über die geborstenen Dielen und mir gerade ins Gesicht, was kümmerte mich das!

Wohl hatte ich wieder eine schlaflose Nacht, wie schon einmal unter diesem Dache, da ich bei Tagesgrauen entfloh; aber heute peinigte mich keine selbstquälerische Philosophie, ich hatte alles vergessen, ich dachte nicht daran, daß meine Leidenschaften ungebändigter waren denn je, daß mir das Nirwana ganz verloren schien, ich dachte nicht daran, daß ich Christine nur für Buddhas Lehre gewinnen wollte, ich dachte nichts, als daß sie mir verfallen war mit Leib und Seele und daß sie einst mein sein sollte für immer und ewig.

Wieder war es ein trüber, regengrauer Morgen, der mich andern Tages grüßte. Ungeduldig erwartete ich Christinen, die noch immer nicht erschienen war, obgleich es nicht mehr früh am Tage. Noch tropfend naß vom kaum entschwundenen Nebel streckten die Bäume draußen ihre dürren Arme gen Himmel, der Nachtwind hatte sie vollends kahlgeweht, nun that er harmlos wie ein spielendes Kind und wühlte in den braunen Blättern am Boden, hier und da kleine Wirbel umhertreibend. Es sah aus, als faßten sie sich bei den Händen und tanzten einen Ringelreihen, dann duckten sie sich alle mit einemmale, wie die Kinder, wenn sie „Kikeriki" schreien und daneben standen andere auf und tanzten weiter. Immer neue, so welk und noch so lustig!

Endlich, endlich that sich die Thür auf und Christine trat ein; freudig eilte ich ihr entgegen, doch sah ich gleich, daß sie leichenblaß war und ihre Augen schienen geweint zu haben. Ich fragte, was ihr fehle, aber sie schüttelte nur stumm den Kopf und verbarg das Gesicht an meiner Schulter.

War meine Macht schon wieder zu Ende? aber nein, sie schmiegte sich zärtlich an mich und drückte ihre kalte Hand fest in die meine. Ich beugte mich nieder, ihr tief in die Augen sehend, da fuhr sie plötzlich zusammen in heftigem Erschrecken, die Hände vors Gesicht schlagend; ich zog ihr die Hände herab, da starrte sie mich an, mit einem vollständig irrsinnigen Blick voll Angst und Entsetzen, ich wollte fragen, beruhigen, da trat im selben Augenblick Otto ein und schnell wandte sie sich ab.

Als wir bei Tisch einander gegenübersaßen, sah sie so elend aus, daß es sogar ihrem Bruder auffiel; mir that das Herz weh vor Erbarmen; ich gab mir selber Schuld und nahm mir fest vor, nicht wieder gewaltthätig nach ihrer Liebe zu ringen; ich nahm mir auch vor, noch einmal über ihre Religion mit ihr zu sprechen; es wurde mir plötzlich klar, daß ich schon lange kein rechtgläubiger Buddhist mehr war, daß eigentlich nichts mehr davon übrig geblieben war, als ein eigensinniges Anklammern an die verlorene Mühe langer Jahre, nichts als ein Rest von Hochmut, der die Umkehr verweigerte. Zusammen wollten wir alles noch einmal prüfen, vielleicht war der fromme Kinderglaube meiner Braut doch der rechte; vielleicht, vielleicht. — — — Wie ein schattenhaftes Ahnen stieg es vor mir auf.

Nachmittags machten wir, Christine und ich, einen unserer einsamen Spaziergänge durch den Park, während Otto seine Siesta hielt. Es war merkwürdig, solange ich sie nicht ansah, hing sie ohne alle Scheu an meinem Arm, leicht wie ein Federflöckchen und ihr warmer Atem streifte meine Wange, wenn sie sprach, so oft ich ihr aber in die Augen sah, wiederholte sich das seltsame Erschrecken und der starre, scheue Blick.

Wir schritten ziemlich schweigsam unseres Weges, nur dann und wann ein kurzes Wort, zuletzt verstummten wir gänzlich, beide vertieft in den Anblick der früh versinkenden Sonne, die als rubinroter Ball, durch das kahle Stangenholz zu uns herüberleuchtete.

Wir befanden uns im verwildertsten Teile des Parkes, dichtes Laub umraschelte unsere Füße, als wir, der steilen Senkung des Bodens folgend, abwärts stiegen. Am Rande des verödeten Weihers hielten wir an; melancholischer denn je lag das Wasser da. Für uns war die Sonne nun bereits hinter der, den Garten abschließenden Böschung untergegangen und frostige Dämmerung hüllte das diesseitige Ufer in kaltes Grau; drüben fiel noch ein matter Strahl durch die entblätterten Zweige und lag als goldiger Streifen auf dem regungslosen Gewässer, der letzte Gruß des scheidenden Tages.

„Ich möchte die Sonne noch einmal sehen,“ sagte Christine leise, wie zu sich selber, — ob sie wohl ahnte, daß es das letzte Mal war? — und dann zu mir gewandt: „Laß uns hinüberrudern in den Lichtstreifen, da wird man sie noch sehen können. Dabei wies sie auf einen kleinen, altersschwachen Fischerkahn, der halb aufs Land gezogen, halb im Schilf verwachsen, sein feuchtes Dasein fristete. Ich prüfte seine Haltbarkeit durch einige Fußstöße; zwar war er schwarz vor Alter und Nässe, doch schien er noch leidlich dicht und fest, ein Paar invalide Ruder waren auch vorhanden, so that ich ihr den Willen.

Sorgfältig vermied ich, in ihre Augen zu sehen, als ich ihr beim

Einsteigen behülflich war, aber heimlich und verstohlen küßte ich den blonden Zopf, der dabei über meine Hand glitt. Ein kleines Stück roten Sonnenballs erreichten unsere Augen noch, dann war auch der versunken. Wir wandten unsere Blicke, die sich so begegneten, wieder sah ich tödliches Erschrecken in ihren Zügen und über den Rand des Kahns gebeugt, starrte sie darauf schweigend in die Tiefe der sumpfigen Flut. Zart, bleich und reizend kauerte sie mir gegenüber auf dem morschen Bänkchen, fröstelnd in ein dickes, weißwolliges Tuch gehüllt, so lieblich und so schutzbedürftig, daß meine Liebe zu heller Flamme emporschlug. Im Herzen that ich ein Gelöbnis, es solle alles anders werden.

Wir waren ganz allein in tiefster Stille, durch Wasserfluten rings von der ganzen Welt geschieden, ganz allein, wie auf seligem Eiland, war das nicht die rechte Stunde, alles aufzuklären, jede Furcht zu bannen?

Da begann sie selbst: „Mir träumte diese Nacht —“ abbrechend bedeckte sie die Augen mit der Hand, ich sah, wie ein Zittern durch ihren Körper lief, dann fuhr sie mit einem scheuen Seitenblick fort: „Es war entsetzlich, aber Dir, Alrwich, kann ich es nicht länger verschweigen. Mir träumte, ich irrte umher in den weiten Räumen eines wunderschönen Schlosses. Herrliche Prunksäle im Glanz der Spiegel und Kerzen wechselten mit traulichen Gemächern. Doch ich war angsterfüllt; kein lebendes Wesen zeigte sich, und ich suchte vergeblich einen Ausweg.

Da plötzlich drang von fernher süße Musik an mein Ohr, magisch angezogen folgte ich den lockenden Tönen, immer schneller lief ich vorwärts, bis ich atemlos in einem kleinen Raume stand. Ein schwellender Teppich bedeckte den Boden und eine rote Ampel übergoß bunte Vorhänge und Polster mit märchenhaftem Licht. Zur Seite des lodernden Kamins saß eine dunkle Gestalt in die üppigen Kissen eines Thronsessels geschmiegt und schürte die zuckenden Flammen mit blitzendem Schwerte; sie kehrte mir den Rücken zu, doch sah ich deutlich an Schweif und Hörnern: Es war der Teufel! Ich wollte fliehen, war aber wie gefesselt. Da stand er auf und wandte sich zu mir, zu mir, die ich von Furcht halb überwältigt, halb berauscht von süßer Melodie in die Kniee sank vor Satans Majestät. Ich fühlte mich von starken Armen emporgehoben und an eine klopfende Brust gezogen; die Musik verstummte und eine sanfte Stimme fragte: ‚Kommst du endlich, süße Liebe?‘ Bebend wagte ich's, die Blicke zu erheben, da — — — sah ich es, er hatte Deine Augen, Alrwich, Deine schönen, ach, so geliebten, blauen Augen! Wahnsinniges Entsetzen packte mich, denn nun wußte ich, daß ich ihm gehörte, daß er Macht hatte, mich zu verführen zu jeglicher Sünde. Er zog mich indessen an das Fenster und den Vorhang zurückschlagend, wies er hinab; viele Menschen sah ich drunten geschäftig lärmend ihre Straße ziehen und als er nun seine weiche Hand auf meine Stirn legte, gewahrte ich an vielen ein leuchtendes Feuerzeichen mitten auf der Brust, da waren wenige, die frei davon gewesen wären. ‚Sieh,‘ sprach er zu mir mit liebevoller Stimme, ‚die sind alle mein; warum ließest Du so lange warten?‘ — Ich hatte keine Antwort, wehrlos stand ich vor ihm; er führte mich nun wieder in des Zimmers Tiefe zurück und küßte meinen Mund mit heißen Lippen. Fest faßte er mit der einen Hand die meine, mit der andern ergriff er einen seltsam geformten Kristallpokal, gefüllt mit purpurrotem Wein, der berauschend duftete. ‚Trinke,‘ sprach der Teufel, ‚trinke und rufe dreimal laut: Ich entsage Gott dem Herrn!‘ Ich sträubte mich, ich wollte schreien, ich konnte doch von meinem Gott nicht lassen; er preßte meine Hand, er lächelte, er sah mich an — liebend und innig mit Deinen Augen, Altwich, da war's vorbei — — — mir schwindelte, mein Herz schlug immer schneller, den Becher wollte ich ergreifen mit vergehenden Sinnen — da krähte der Hahn — — und ich erwachte.“

Immer schneller, erregter, mit keuchendem Atem hatte Christine gesprochen, nun schwieg sie schaudernd. Ich aber vergaß alles bei dem Anblick der zitternden Geliebten, ich vergaß der Vorsicht, vergaß ihrer Furcht und des schwankendes Fahrzeuges. Die Ruder entsanken meinen Händen und fielen klatschend rechts und links in das hochaufspritzende Wasser; ich stand aufrecht im schmalen Kahne und streckte meine Arme nach ihr aus, sie an mein Herz zu ziehen und alle Furcht hinwegzuküssen. Abwehrend hob sie die Hände gegen mich, Wahnsinn leuchtete aus den entsetzten Gazellenaugen; flehend und innig blickte ich sie an, „Teufelsaugen!“ stieß sie hervor, ich beugte mich nieder, sie wich zurück, ich folgte, gefahrdrohend neigte sich das Boot zur Seite — — ein Ruck noch, — dann schlug es um, ein Gurgeln und Rauschen, das Wasser schloß sich über uns. — — — — —

Ich kam als geübter Schwimmer gleich wieder empor an die Oberfläche, mein erster, einziger Gedanke war: Christine. Vergebens, alles Umschauen umsonst, wohl trieb der umgekehrte Kahn nicht weit von mir dem Lande zu, — von ihr keine Spur. Doch halt, schimmerte dort hinten nicht etwas Weißes? gewiß, sie war es; ich schwamm herzu, verzweiflungsvolle Täuschung, es war nur ihr Tuch, das in den Zweigen eines ertrunkenen Weidenbaumes hängen blieb. Da — hinter mir ein Geräusch, ich wandte mich und weit ab, im fernsten Winkel des Weihers tauchte ihr bleiches Haupt zwischen den Wasserlinsen auf. „Ich komme,“ schrie ich, „ich komme,“ und mit verzweifelter Anstrengung arbeitete ich mich vorwärts. „Herr hilf, sie sinkt, ist verschwunden — — nein, da ist sie wieder — Gott, mein Gott! sie kann sich nicht halten, geht wieder unter,“ mit aller Kraft ringe ich gegen die Flut, da — noch einmal taucht sie auf, so nahe bin ich schon, daß ich erkennen kann, wie sich die halbgeschlossenen Augen öffnen, ihre Arme strecken sich nach mir aus und: „Altwich, Altwich,“ hallt es mir entgegen, flehend, sehnsüchtig, so mit dem Ton der alten Liebe, wie einst in schönsten Tagen. „Christine,“ rufe ich, „verzage nicht, Christine, ich bin da!“ Sie hört es nicht mehr, tiefer und tiefer sinkt der blonde, triefende Kopf — nun schlägt das Wasser über ihr zusammen — für immer — ohne Wiederkehr. Ich tauche unter, suche, rufe — — alles vergebens. Verzweiflung packt mich und hüllt mein Sinnen in Nacht. Wie Blei hängen sich die nassen Kleider an meine Glieder und schnüren atemraubend meine Brust zusammen, die Kraft versagt mir; — — wohl ist das Ufer nahe, — der Wille zum Leben schwand mir gänzlich, und ich versinke willenlos. Es rauscht und braust mir in den Ohren, — laut, dann leiser und entfernter, zuletzt alles still, ich glaube auf dem Grunde des Weihers zu liegen, tief unten auf dem Grunde, die weichen Fluten umschmeicheln mich und decken mich zu mit lichtgrüner Klarheit; dann weiß ich nichts mehr.“ — — — —

Die Kerzen waren tief herabgebrannt, als der Erzähler schwieg; die große Uhr im Nebenzimmer schlug laut und klingend, nächtliche Stunden verkündend.

Frau Natalie starrte schweigend vor sich hin und mit großen, glänzenden Augen schaute Altwich von Sassen aufwärts in träumender Versunkenheit.

„Nun hätte alles wohl zu Ende sein können,“ begann er endlich wieder, „aber Gott wollte es anders. Plötzlich fühlte ich meine Schulter heftig gerüttelt und meine Augen aufschlagend, fand ich mich auf schilfigem Ufer liegend und vor mir Otto, der mich wilden Blickes anschrie: „Wo hast Du meine Schwester?“

„Ich deutete nur hinüber nach dem Teich, dann schwanden meine Sinne wieder. Als ich von neuem zu mir kam, saß Otto mit kummervollem Gesicht an meinem Bett.

„Habt Ihr sie gefunden?“ war meine erste Frage. Er aber schüttelte nur betrübt den Kopf. Noch oft that ich in angstvoller Spannung dieselbe Frage und erhielt immer die gleiche Antwort; er ahnte wohl nicht, wie sehr ich ein „Ja“ fürchtete. Ihr letzter Gedanke hatte mir gegolten, ihr letztes Wort war mein Name, so war sie mit dem letzten Atemzuge doch mein gewesen, nun sollte auch niemand sie berühren, keine Auge sie mehr erblicken. Und so ward es auch, der Weiher gab sie nicht wieder her. Nun ruht sie wohl dort unten, in grünen Ranken weich gebettet, dort schläft sie ungestört dem Tag entgegen.

Welch widriges Geschick oder vielmehr welche Fügung mich damals ans Land warf, weiß ich nicht, wahrscheinlich eine eigene, letzte, unwillkürliche Bewegung, und wie das Leben dem am zähesten anhängt, der es am wenigsten begehrt, so dauerte es zwar lange Wochen, aber endlich genas ich doch von schwerer Krankheit, die ich mir im eisigen Wasser geholt.

Mit der Schilderung meiner Verzweiflung, als ich zum erstenmale wieder an dem verödeten Weiher stand, will ich Sie verschonen, gnädige Frau, das kann doch nur der begreifen, der durch eigene Schuld ein geliebtes Leben verlor.

Otto hat mir niemals einen Vorwurf gemacht; er hat das Entsetzliche überhaupt nie mit einem Worte berührt, und doch verstanden wir uns gar wohl.

Endlich schlug die Stunde, die mich von Klockfelde trennte, das doch immer noch mein Teuerstes barg. Ich saß im davonrollenden Wagen und schaute unverwandt zurück. Die Sonne war gesunken, ödes Gelbrot grenzte am Horizont den düsteren Himmel ab. Eine trostlose Färbung! Genau so trostlos wie mein ganzes Leben! Vor mir stieg der Mond empor, sein weißliches Licht im seltsamen Kontrast zum letzten, fahlen Tagesschimmer. Da gingen mir die Worte durch den Sinn, die Christinens Mund gesprochen:

„Da trat, wie lichter Mondenschein,
Das Lieben in Dein Leben."

Und mir war es, als raunte ihre Stimme leise in mein Ohr: „Verzweifle nicht, ist deine Sonne auch gesunken, dein Tag wird doch einst wiederkehren."

Ja, auch für mich wird es noch einmal Tag, das war nunmehr meine einzige Hoffnung, eine unumstößliche Gewißheit, die kein Zweifel mehr ertöten konnte; jenseits der Schwelle, die Tod und Leben von einander scheidet, lagert keine ewige Nacht, Nacht ist nur das, was wir hier Leben nennen und das Verborgene ewiger Tag. Wohl wollte es mir manchmal scheinen, als hätte ich die rechte Zeit versäumt; doch bald wurde ich es inne, daß es für die Umkehr nie zu spät. Vor wenig Monden noch hatte ich so heiß und vergeblich gerungen, nun war der Sieg mit einem Schlage mein; der so bitter gehaßte Lebenswille schwieg, nur war das Nichts jetzt aufgegeben, ich begehrte seiner nicht mehr. Mir leuchtete ein anderes Ziel! Der Schrei in höchster Not: „Herr, hilf!" das war der Wendepunkt für meine Seele. In dem Augenblicke fiel mein Hochmut ganz in Trümmer; ich erkannte über mir die höhere Macht, die mir das nahm, was ich mir nicht nehmen lassen wollte, die mir das ließ, was ich verwarf: das Leben. Der Wille, die eigene Kraft, ist ein leeres Nichts, ein federleichtes Wort, wie wir selbst ein Nichts sind, ein bald verwehter Haufen Asche, ohne den Stab unserer Seele, ohne den Glauben. Ich meine nicht das Glauben, jenes Wort, das thörichter Sprachgebrauch anwendet für eine unbestimmte, hoffnungsreiche Vermutung, nein, ich meine den Glauben, der eine Zuversicht des Herzens ist, die sich durch Verstandesargumente nicht beweisen, noch widerlegen läßt. Mein Gott war mir erschienen in Nacht und Not; ein Wehen seiner Allmacht hatte mich berührt, mein stolzer Nacken sich gebeugt vor dieser Offenbarung. Ich weiß es nun, daß er mich führt durch Qual und Leiden, daß er mir nah in Tod und in Gefahr; er ist der Weg und auch das Ziel; das ist gewiß, das stärkt mich Schwachen, das gab mir erst den Mut zum Kampfe und Bekenntnis. Mögen die Menschen jetzt mir nahen mit ihren Zweifeln an meiner Rechtgläubigkeit, an meinem Christentum — wie's heute noch erst geschah — was geht's mich an, was ihre Klugheit und ihr Besserwissen, was ihre engen Schranken und Gesetze. Ich weiß nun, daß ewig und unendlich ein Gott der Liebe, ein Erretter lebt, und das ist mir genug. Ich gehe niemals in die Kirche, wozu auch!? ich kann ja das doch niemals wieder fühlen, was ich an jenem Pfingsttag an Christinens Seite empfand.

Das erste Gebet von meinen Lippen stieg am Blackfelder Weiher zu dem Allweisen empor; es war wieder Frühling, ich kniete auf der feuchten

Erde am Fuß des weißen Marmorkreuzes, das ihren Namen trägt, mein Flehen war vergeblich. Ich wollte ihre Seele einmal, nur noch einmal verkörpert sehen, — umsonst; wohl wallten die Nebel über dem Wasser, aber Gestalt nahmen sie nicht an.

Ich hatte viel gelernt in jener Zeit. Zwar vermochte ich es nicht, dafür zu danken, doch sah ich ein, daß Christinens Tod zu unser beider Rettung nötig war; ich hätte sie doch wohl noch in meine Finsternis herübergezogen, wenn sie mein geworden wäre. Die Ärzte würden wahrscheinlich sagen, daß jenes Entsetzen das erste Symptom plötzlichen Irrsinns war, den aufregende Gespräche, der Kampf zwischen Furcht und Liebe und in erster Linie die Hypnose nur zu leicht hervorrufen konnten bei den ohnehin überreizten Nerven des somnambulen Mädchens. Ich weiß es besser, es war ein von Gott gesandter Traum, der ihr die rechten Wege wies; wenn einen Wahnsinn packte, so war ich es, der vermessen ein kostbares Kleinod einem Spielzeug gleich zertrümmerte. Meine Christine, mein einzig geliebtes Mädchen war so: lebend mein Tod und tot mein ewiges Leben." — — — —

Sassen schwieg, aus den großen, blauen Augen strahlte ein schwärmerisches Leuchten; auch Natalie schaute schweigend und sinnend zu dem vor ihr Stehenden auf. Es wollte ihr noch nicht gelingen, den Bann des jüngst Gehörten abzuschütteln; endlich brach sie das Schweigen.

„Und wie, Herr von Sassen," fragte sie, „vereinigen Sie den Glauben an die Seelenwanderung, die Erinnerung an ein vergangenes Leben mit Ihrem Christentum?"

„Sie wissen, gnädige Frau," so lautete die Erwiderung, „Sie wissen, ich binde mich an keine Dogmen, das gilt auch hier; doch ist es mir noch zweifelhaft, ob das Mögliche wahr ist; vielleicht suchten und fanden sich unsere Seelen nur im Traume, ich weiß es nicht. Das ist auch eine meiner Errungenschaften, daß ich ruhigen Blutes sagen lernte: Ich weiß es nicht. Nicht daß ich aufgehört hätte, nach vermehrtem Wissen zu streben, im Gegenteil, seit ich des Königs Rock für immer ausgezogen, lebe ich nur noch meinen Forschungen, aber ich weiß, daß mir, wie jedem, Grenzen gesteckt sind."

„Eins nimmt mich aber dennoch Wunder," begann Natalie, „daß Sie den Mut haben, Ihre übersinnlichen Versuche und sonstigen gefährlichen Entdeckungsreisen fortzusetzen, trotzdem sie Ihnen schon einmal Unheil brachten."

„Ich glaube, gnädige Frau," entgegnete Sassen, „ein Gleichnis macht Ihnen meine Meinung am besten klar. Denken Sie sich einen Landesverräter, er hat im heimatlichen Lager den Schlachtenplan erlauscht und schwingt sich eilends auf sein Roß, das er gar meisterlich zu tummeln weiß, er reitet schnell von dannen und in wenigen Stunden hat er die Heimat an den Feind verraten. Ist nun sein Roß ein Sünder? oder seine Reitkunst eine Schande? Ich denke, Sie wissen, wie ich das meine, gnädige Frau? Ich brächte nun gern mein armes Roß wieder zu Ehren, nachdem ich es schändlich gemißbraucht. Aber es ist nicht das allein. Erst als ich so allein hier im Leben zurückblieb, wurde ich gewahr, wie tief die Dunkelheit der Nacht; gar mancher geht auf breitem Fuße sicher seines Weges, ich bin so sorglos und so unbekümmert nicht, das Ringen nach Licht ist mir zur Lebensbedingung geworden, meine Seele bedarf des Strahles, der von ferner Klarheit zeugt, dann heißt es: Vorwärts und verzage nicht, auch du gehst ja dem Tag entgegen!" — — — — —

Nataliens Gast war nun gegangen, es war halb Drei und sie war doch recht müde. Aus großen, übernächtigen Augen schaute ihr Spiegelbild sie an; das kleidete ihr eigentlich vortrefflich, doch glaubte sie schon jetzt zu fühlen, daß sie für weitere übersinnliche Versuche und Forschungen wohl zu nervös sein würde. „Schade, schade!" seufzte sie und gleich darauf mußte sie lachen. Was war denn schade? nichts, gar nichts.

Schnell verschwand das Lächeln wieder von ihrem Gesicht, das traurige Geschick des Freundes zog noch einmal an ihrem Geist vorüber. Einblicke waren ihr gewährt in die Kämpfe einer ringenden Seele; wägender Verstand und ungebändigte Leidenschaften hatten um edle Beute gestritten, und diese Seele hatte sich doch endlich frei gemacht, hatte sie nun wohl das Richtige erwählt? — Darüber ist Gott allein Richter! —

Als endlich Frau Natalie im Bette lag, da dachte sie nicht mehr an diese Dinge; die Zofe hatte schon das Licht verlöscht, da rief eine verschlafene Stimme ihr noch nach: „Auguste, wenn morgen der Herr Rittmeister von Wellhof kommt, so brauchst Du ihn nicht abzuweisen." — — —

Altwich von Sassen ging indessen still dahin, durch Schnee und eisigen Wind, durch Nacht und Dunkel, über Dornen und Steine, dorthin, wo Christine seiner wartet, wo alles Irren, alles Zweifeln schwindet wie Nebel vor der Sonne, dorthin, wo alle Schleier fallen:

„Dem Tag entgegen!"

Nachschrift des Herausgebers.

Wir haben die vorstehende Novelle hier zum Abdruck gebracht, weil sie nicht nur dem Programm unserer Monatsschrift entspricht, sondern in ethisch-religiöser Hinsicht eine Wahrheit darstellt, welche manchen unserer Leser als Anregung willkommen gewesen sein wird. Auch sind die Personen in derselben lebenswahr gezeichnet und gut charakterisiert. In solcher Selbsttäuschung befangen, wie von Sassen hier geschildert ist, sind oft die „Besten" unserer Rasse, und ebenso unweise. — Ganz besonders aber möchten wir nicht unterlassen, hier den wichtigsten Gesichtspunkt dieser Novelle noch einmal zu betonen, da in Deutschland hinsichtlich desselben so viel irrtümliche Vorstellungen verbreitet sind.

Nach unserer Ansicht unterscheiden sich die Lehren Christi und Buddhas bloß in der Ausdrucksweise. Beide aber lehren die Erlösung und Vollendung nur durch Aufgeben des eigenen, persönlichen Willens und „Einswerden" mit dem Ewigen, dem „Vater". Den drei Erzengeln („Göttern") Brahma (Michael), Wischnu (Raphael) und Schiwa (Gabriel) räumen beide eine nur untergeordnete Bedeutung ein. Nirwana entspricht für uns Menschen Dem, was Jesus den „Vater" und auch das „ewige Leben" nannte; und der buddhistische Mystiker tritt zum Buddha in dasselbe persönliche Verhältnis (als zu der objektivierten Gottheit) wie der wahre Christ zu Jesus, oder wie eine Gehirnzelle zu einer Menschenseele. Wer als Menschen-Individualität das Vollendungsziel seiner Entwickelung erreicht, der geht auf in die Gottheit, wird „Eins mit dem Vater", geht ein in das Nirwana.

Okkultistischer Reisebericht aus Italien.

Von
Ludwig Deinhard.

Capri, Ende April.

I. Eusapia Paladino.

Wenn ich von den Ruinen der Villa Tiberiana auf Capri aus hinausblicke in den wunderbaren Golfo di Napoli, zur Linken Ischia und die Höhen des Posilipo, zur Rechten die Berge um Sorrento und die herrlichen Linien des immer qualmenden Vesuvio, in der Mitte in weiter Ferne die zartschimmernden Gebäude von Neapel, so kann ich unter den letzteren mit einem Teleskope einen auf den Höhen von Castel San Elmo gelegenen Palazzo herausfinden, in dessen Räumen ich kürzlich einige höchst merkwürdige Stunden verlebte; und es taucht in mir der Wunsch auf, daß alle diejenigen, mit denen ich in dem letztvergangenen halben Jahrzehnt über okkultistische Probleme mündlich und schriftlich disputierte, von einem ungestümen Drang nach diesem schönen Golf erfüllt, auszögen aus ihren Laboratorien und Bibliotheken, um Einlaß zu suchen in jenen Palazzo auf dem Vomero zu Neapel. Möchte dieser Wunsch in Erfüllung gehen, zum Besten aller, die im vergangenen Winter in ihren schneebedeckten Häusern in München und Berlin, in Paris und London saßen und auf Nachrichten warteten: ob sie wohl kommen wird?

Aber obgleich die weitausblickenden Berliner Psychologen bereits allerlei praktische Vorbereitungen getroffen hatten, welche die „Münchener Neuesten Nachrichten" mit bekanntem Scharfsinne kritisierten, so kam sie doch nicht, die dunkeläugige Tochter des Südens, das rasch berühmt gewordene Medium Professor Lombrosos; und die psychologische Welt in

---

*) Dieser Bericht wird, und soll auch, die mit spiritistischen Thatsachen Unbekannten nicht von deren Übersinnlichkeit überzeugen, so wenig dies die Berichte von Crookes, Zöllner und Lombroso konnten. Er mag aber diejenigen Leser, die sich ein eigenes, sicheres Urteil über solche Vorgänge bilden wollen und denen die dazu nötige Geisteratmosphäre nicht zu unsympathisch ist, wiederholt darauf hinweisen, daß ein solches Urteil nur durch eigene Versuche und Erlebnisse zu gewinnen ist.

(Der Herausgeber.)

München und Berlin, Paris und London harrt noch immer vergebens aller jener geistreichen Hypothesen, welche der Erklärungseifer der Gelehrten ersonnen hätte. Ewig schade!

Es wär' zu schön gewesen,
Es hat nicht sollen sein!

Doch ich verirre mich in Phantasien, anstatt einen ernsthaften Sitzungsbericht wohlgeordnet auszuarbeiten, der, wohl verstanden, bereits im Konzept vor mir liegt, wie er vorsichtigerweise unmittelbar nach der Sitzung niedergeschrieben wurde. Also zur Sache!

Es waren zu der von Signore Ercole Chiaja mit dankenswertester Freundlichkeit für mich auf den Abend des 24. April anberaumten Sitzung noch einige Herren erschienen, von denen nur Signore Ciolfi, welcher mit Chiaja zusammen seit einer längeren Reihe von Jahren unermüdlich die mediumistische Entwickelung der Eusapia verfolgt, überzeugter Okkultist ist. Die Versuche fanden nicht in der Wohnung Chiajas, der dieselben leitete, statt, sondern in einem großen Klubzimmer. Wir saßen um einen leichten Holztisch herum, ich neben dem Medium, einer kleinen dunkelhaarigen Frau von lebhaftem Temperament, die von den anwesenden Skeptikern vorher genau untersucht worden war; beide Hände und Füße des Mediums wurden während der ganzen Sitzung von den neben ihr Sitzenden gehalten und auf wiederholte Aufforderung Chiajas beständig kontrolliert.

Die ersten Phänomene wurden bei Halbdunkel beobachtet: Der unterste Teil des Rockes der Eusapia wurde, wie wenn ein lebendes Wesen darunter verborgen wäre, auf die Seite gedrückt, und man konnte durch den Rock hindurch unten am Boden eine Hand fühlen. Dann hob sich der Tisch, auf den alle die Hände gelegt, auf etwa 40 cm frei in die Luft und fiel hierauf aus dieser Höhe mit Geräusch auf den Boden.

Die dann folgenden, bei vollständigem Dunkel eintretenden Phänomene waren äußerst zahlreich und verschiedenartig. Ich unterlasse jedoch hier den Lesern der Sphinx gegenüber, welchen ja dieselben so häufig schon geboten wurden, eine genaue Einzelbeschreibung, die zwar sehr leicht zu geben, aber für den Leser wohl langweilig würde, und die Zweifler doch nicht bekehren könnte. Der modus operandi Chiajas war dabei der, daß er mit außerordentlich geläufiger Zunge einem hypothetischen Wesen Namens John zusprach, das die Manifestationen „angeblich" von der übersinnlichen Seite her ausführte, und sie zum Teil wohl mit Unterstützung anderer übersinnlicher Wesen ins Werk setzte. Wem diese Erklärung nicht paßt, der greife in das Gebiet des Unbewußten und wähle sich eine andere Hypothese. Non fingo, sage ich mit Newton, „ich ersinne nichts!" Bemerken muß ich aber, daß Frau Eusapia fortwährend bei anscheinend klarem äußeren Bewußtsein blieb, häufig sprach und sich schüttelte, stöhnte und seufzte.

Im Dunkeln also erfolgten beinahe während des ganzen Abends kräftige, oft ungestüme Berührungen von warmen Händen; auf den Tische wurde je nach Aufforderung wiederholt heftig geschlagen oder leise geklopft. Um auch direkte Schrift zu versuchen, legte ich mein Notizbuch geschlossen, aber den Bleistift zwischen die Blätter geschoben, auf den Tisch. Chiaja forderte zum Schreiben auf eine bestimmte Seite auf. Zuerst wurde der Stift herausgeschleudert, weit weg, scheinbar zum Zeichen, daß man desselben nicht bedürfe. Dann gleich darauf hörten wir schreiben und fanden auf der bezeichneten Seite ein Gekritzel, in welchem nur das Wort „Caro" zu entziffern ist. — Hinter dem Medium, in etwa 1½ m Entfernung stand ein Pianino; der Deckel wurde aufgeschlagen. Bald ward auf einer Taste getrommelt, bald auf mehreren zugleich. Der sinnlich nicht wahrnehmbare Urheber dieser Leistung schien wenig musikalisches Gehör zu besitzen oder Klavier spielen zu können, er versuchte aber offenbar sein Möglichstes, sich kund zu thun. Sehr schön und deutlich waren die nun auftretenden Lichterscheinungen, kleine leuchtende bewegliche Punkte, fünf bis zehn Sekunden lang umherschwirrend, bei deren Schein ich Hände zu sehen glaubte, die zusammenklatschten. Das auf Wunsch erfolgende Klatschen vernahm man ganz deutlich. Schließlich wurde noch der Tisch bei aufgelegten Händen etwa ½ Meter hoch gehoben und eine weite Strecke umhergetragen.

Das waren in der Hauptsache die Phänomene, die ich zu beobachten Gelegenheit hatte. Chiaja, der über eine reiche eigene Erfahrung auf mediumistischem Gebiete verfügt, hat übrigens, wie er und seine Frau mir vor der Sitzung ausführlich mitteilten, auch schon die Materialisation einer ganzen Gestalt durch Frau Eusapia erhalten — einen Mann, mit Vollbart und Turban, ähnlich wie bei Eglinton (siehe im IV. Bande der „Sphinx", August 1887, Seite 121).

Wenn ich im letzten Aprilhefte der „Sphinx" die Vermutung aussprach, daß Eusapia wohl, wie die meisten öffentlichen Medien, gelegentlich künstlich nachhelfe, so muß ich jetzt, nachdem ich dieses Medium Lombrosos oder richtiger Chiajas selbst gesehen, diese Vermutung zurücknehmen. In Neapel ist dies ganz sicher nicht der Fall, wenn Chiaja die Sitzung leitet. Ihre mediumistische Kraft ist offenbar sehr stark, und jetzt noch auf der Höhe der Entwickelung. In Rom hat man allerdings auch mir gegenüber behauptet, Eusapia habe dort Kunstgriffe angewendet und sei entlarvt worden, — eine Behauptung, die in Neapel mit Entrüstung zurückgewiesen wird. Wie wäre sie erst in Berlin entlarvt worden, wo lauter geborene Entlarver und genaue Kenner der Taschenspielerkunst sie umgeben hätten! Davor möge sie ihr Schutzgeist „John King" bewahren! — Aus „John King" hätte man dort unbewußte Cerebration und aus der ehrlichen und gutmütigen Eusapia ein schlaue Betrügerin und Taschenspielerin gemacht. Deshalb bleibe du, Eusapia, in deinem schönen Golfo di Napoli, und verzichte für alle Zeiten auf psychologische Kunstreisen!

Kurzsichtiges Urteil.

Von
Leopold Engel.

Frühling ist es! Viele Blümlein
Blühen prächtig schon ringsum.
Plötzlich fängt es an zu schneien, —
Hm, das scheint doch gar zu dumm!

Flock' auf Flocke fällt hernieder,
Ganz verschneit ist bald die Flur.
Von den bunten Frühlingsblumen
Seh' ich auch nicht mehr die Spur!

In der Nacht kommt bittre Kälte,
Grimmig kalt bläst der Nordost,
Doch die Blümlein unterm Schneee
Merken gar nichts von dem Frost.

Andern Tags scheint warm die Sonne,
Schnell verschwunden ist der Schnee,
Unversehrt sind all die Blümchen,
Keines ich erstorben seh'.

So, ein scheinbar hartes Leiden
Oft den Menschen ganz umgiebt,
Nur damit ein härter Schicksal
Über ihn gefahrlos zieht.

Bald ist zwar der Druck zerronnen,
Der beschützend ihn erhält,
Doch der Mensch — höchst weise — meinet,
Unklug sei der Herr der Welt!

Frühlingslust.

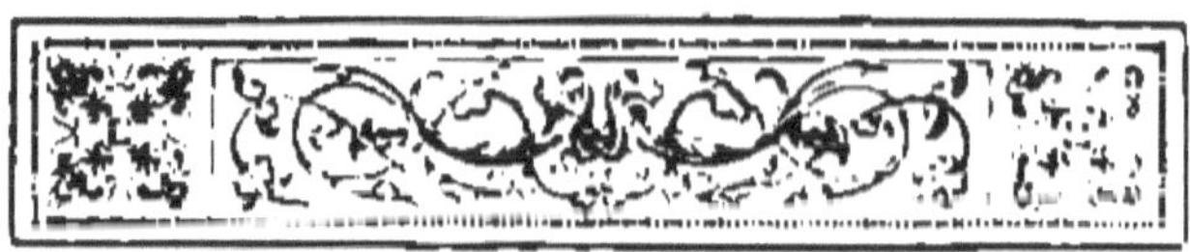

Träume.

Selbsterlebtes.

Von

Emil Baron von Hoenning O'Carroll.

Eine der wunderbarsten Erscheinungen ist wohl die Thätigkeit, welche das Gehirn im Schlafe entwickelt und uns die merkwürdigsten Bilder und Handlungen oft mit so konsequenter Logik vorführt, daß der Erwachende im Zweifel ist, ob es ein Traum war oder die erfreuliche oder betrübende Wirklichkeit, je nachdem die Phantasie ein Lust- oder ein Trauerspiel entwickelte.

„Träume sind Schäume," sagt das Sprichwort, und im allgemeinen gestehen wir diesem lakonischen Urteile des Volksmundes das Verdienst der Wahrheit gerne zu. Doch können wir manche Thatsachen, die unbegreiflich sind, nicht hinwegleugnen, weil wir sie in Wirklichkeit selbst erlebt haben.

So weiß ich von höchst eigentümlichen Erscheinungen meines träumenden Lebens zu erzählen, welche sich öfters wiederholten, die ich aber leider viel zu lange unbeachtet ließ, um mehr als drei eklatante Fälle mit unzweifelhafter Sicherheit anführen zu können.

Erst, als mir die Sache zu auffallend wurde und ich überhaupt anfing, mehr auf mein inneres Leben zu achten, nahm ich ein Notizbuch zur Hand und schrieb unmittelbar beim Erwachen das Geträumte nieder. Dieses bestand noch in sehr wenigem; es war nur das Datum eines Tages nebst Monat und Jahr. —

I.

Während des Krimkrieges hatte die österreichische Politik die Aufstellung einer großen Observations-Armee in den östlichen Provinzen des Kaiserstaates gegen Rußland veranlaßt.

Ich diente als Offizier in einem Dragonerregimente, welches in Ortschaften Galiziens hart an der russischen Grenze Dislokationen bezogen hatte. — Die Truppen wurden dort vom Fieber, Typhus, Skorbut decimiert, worauf dann die Cholera mit furchtbarer Verheerung das übrige that und noch den dritten Teil der ganzen Armee dahinraffte, so daß ein wirklicher Feldzug kaum mehr Opfer gefordert haben dürfte. —

Im Frühjahr 1855 wurde der Rückzug gegen Westen angetreten, der viele Wochen dauerte und uns durch fast gänzlich ausgestorbene Ortschaften führte. Die „schwarze Krankheit", wie sie die Leute nannten, blieb dabei unsere treueste Begleiterin und riß täglich größere Lücken in unsere Reihen.

Hätte es Eis, Sturm und Schnee gegeben, dann hätte man das grausige Bild des französischen Rückzuges aus Rußland vom Jahre 1812 gehabt. —

Von regelmäßigen Postverbindungen und Briefen aus der Heimat war keine Rede mehr. Der Tod herrschte als grausamer Autokrat, denn nicht einmal mehr die Ärzte ins Handwerk pfuschten. Alles dachte ans Sterben und dieser Gedanke störte den Verkehr und die Pflichten der Verkehrsanstalten.

Ich wußte also von den Meinigen nichts, als was ich vor Monaten im letzten Briefe, der mich erreichte, erfahren hatte, daß alles gesund und wohlauf sei.

Da träumte ich in einer Nacht den 25. Februar 1855. —

Erwachend schrieb ich sofort den Tag in mein Buch nieder, wo er noch heute zu lesen ist. —

Auf den langen Märschen, die uns Offizieren bald hierhin und dorthin, bei Tag und bei Nacht, zur meist vergeblichen Hilfe Erkrankter riefen, hatte ich mich noch immer physisch kräftig und wohl befunden.

Da, an einem naßkalten Regentage, bei fast ungenießbarer Kost in einem elenden Wirtshause, die doch den Hunger stillen mußte, mahnte es mich gewaltig, daß auch ich nicht gegen das Ungetüm Cholera gefeit sei.

Ich wehrte mich, so gut ich konnte, mit den gewöhnlichen, uns bekannten Mitteln; aber ich erreichte nicht mehr, als daß ich am folgenden Morgen nach entsetzlich durchbrachter Nacht, in das Hospital nach Tarnow, einer nahen, größeren Stadt, auf einem gewöhnlichen Bauernwagen übergeführt wurde. Dort erhielt ich ein Zimmer für mich allein und einen Wärter.

In der Hauptsache war ich bald genesen, als der einzige von elf Offizieren — aber elend und schwach —; der Schlaf war noch immer kein Schlaf, sondern nur ein halbes Schlummern und Träumen. —

So lag ich nachts, als ich plötzlich ein Sterbeglöcklein zu hören glaubte, obwohl in Tarnow längst keins mehr geläutet wurde. Es war so deutlich, es dünkte mir nicht fremd — nein, nein — es war das aus der Heimat, welches ich so oft schon gehört hatte und dessen Akkorde man im Leben nicht mehr vergißt. Als es verklungen, fährt mir eine weiche Hand wie streichelnd über Wange und Kinn, was mich zum vollen Bewußtsein bringt.

Ich blicke um mich, da die Nachtlampe Helle gab — ich sehe niemanden —, der Wärter schläft in tiefen Zügen am andern Ende des Zimmers neben dem Ofen.

Dasselbe Phänomen wiederholt sich dreimal und nach dem drittenmale raffe ich meine ganze Kraft zusammen und wanke zu einem Tische, wo ich ein Schreibzeug hatte. Ich schrieb an meinen Vater, dem ich sage, daß ich bestimmt wisse, um welche Zeit meine geliebte Mutter gestorben sei und noch mehrere, nähere Umstände des Todes.

Ich erhielt keine Antwort. Nach vierzehn Tagen konnte ich mich beim Platzkommando auf Urlaub melden, der mir bewilligt ward, um gänzlich meine Gesundheit herzustellen.

Ein alter Obrist empfing mich mit Thränen im Auge und mich mit den Worten umarmend: „Gott sei Dank — doch einer ist uns geblieben von so vielen Offizieren — reisen Sie in Gottes Namen."

Ich reiste in die Heimat, wo mich am Bahnhofe in Hildesheim mein Vater in Trauerkleidern empfing und kaum die Worte hervorzubringen vermochte: „Du hast mir ja alles geschrieben — ich habe dir nichts mehr hinzuzufügen."

Mein Brief aber trug das Datum des Todestages meiner Mutter, den 23. Februar 1855.

II.

Das zweite Datum träumte ich im Dezember 1855 — es war der 21. April 1856.

Unsere Garnison hatten wir damals nach dem Rückmarsche aus Galizien in und um Melnik in Böhmen. Ich selbst war in der Stadt einquartiert, wo auch der Divisionsstab mit dem Kommandanten, Obristleutenant Fürsten Alexander Auersperg sich befand. —

Der Fürst führte mit seiner liebenswürdigen Gemahlin ein gastlich Haus für die Offiziere, von denen diejenigen, welche nahe waren, fast täglich in angenehmer, geistreicher Unterhaltung in demselben verkehrten.

Damals machte zum erstenmale das Tischrücken, dann das Tischklopfen Sensation, worauf die schreibenden Tische und die weitere Ausbildung des „Spiritismus" folgten.

Natürlich beschäftigte man sich auch im Salon der Fürstin mit diesen Fragen, welche man aber niemals durch Versuche zu lösen oder auf die Wahrheit zu prüfen unternahm.

Ist man einmal bei diesem Thema angekommen, so ist es fast unausbleiblich, daß nicht auch Ahnungen und Träume besprochen werden.

Die Umstände mit dem Traume des Datums und der Ahnung vom Tode meiner geliebten Mutter waren mir noch in frischester Erinnerung, und ich erzählte diesen Vorfall, als wir an einem Winterabende beim Thee in verschiedensten Richtungen Mögliches und Unmögliches von einander zu sichten, zu beweisen oder zu verwerfen bestrebt waren.

Als ich mit meiner Erzählung, welche mich immer im höchsten Grade aufzuregen vermochte, geendigt hatte, blickte mich die Fürstin mit ihren hellen, freundlichen Augen an, als wollte sie sagen:

„Ich weiß, daß Sie niemals die Unwahrheit vorsätzlich reden; aber ich kann mich trotz allem des Zweifels nicht erwehren."

Sie fragte mich:

„Haben Sie später kein Datum mehr geträumt?"

„Leider, ja!" erwiderte ich; „denn es bringt nie Glück, nur Unglück."

Sie drang darauf, ihr den Tag zu nennen.

Ich nannte den 21. April 1856. —

Sie stand auf, ging zu ihrem Schreibtische und notierte sich dort diesen Tag, den beiläufig noch ein Zeitraum von vier Monaten von uns trennte.

Ich gestehe, ich hatte den Tag längst vergessen, als wir ihn wirklich schon erlebten; die Fürstin jedoch nicht.

Sie hatte für den Abend eine größere Gesellschaft als gewöhnlich geladen, war außerordentlich heiter und suchte mit allen Mitteln des Geistes, der Liebenswürdigkeit und Erfindungsgabe, welche ihr so reichlich zu Gebote standen, ihre Gäste bis um Mitternacht in frohester Laune zu erhalten.

Um halb Zwölf hielt sie es nicht mehr aus; sie holte aus dem Schreibtische das kleine Buch hervor, in dem sie das Datum verzeichnet hatte und hielt es mir vor die Augen mit den Worten, bei denen sie freudig auflachte:

„Sehen Sie, heute ist doch kein Unglück geschehen!" —

Ich sah nach meiner Uhr und erwiderte:

„Fürstin, Gott gebe es, daß keins mehr geschieht; aber wir haben noch eine halbe Stunde bis Mitternacht."

Kaum waren diese Worte noch gesprochen, als man die Trompeter „Feueralarm" blasen hörte und die Rufe von allen Seiten laut wurden: „Feuer, Feuer, es brennt!"

Ein Diener brachte atemlos die Nachricht, daß die Kaserne total in Flammen stehe, in deren Stallungen die Pferde der Offiziere und Mannschaften untergebracht waren und die Mannschaft selbst in den Sälen.

Es war ein riesiger Brand, welcher das ganze, weitläufige Gebäude einäscherte, wobei nicht nur der Fürst seine sämtlichen Pferde verlor, sondern auch ich selbst mein Lieblingspferd, eine teure, prächtige Vollblutstute.

Beim Glanze des Feuers, an der Stätte des Unglücks, reichte mir die Fürstin mit thränenfeuchten Augen die Hand:

„Ich werde Sie nie mehr um ein Datum fragen," sagte sie mit halberstickter Stimme.

Der 21. aber blieb ihr verhängnisvoll, denn sie erlitt an diesem Tage im Jahre 1873 selbst den Flammentod, indem beim Ankleiden leichte Ballkleider, denen die Zofe mit dem Lichte zu nahe kam, Feuer fingen und keine Rettung nahe war. —

III.

Achtzehn Jahre waren verflossen, ohne daß mich ein Datum quälte und schon glaubte ich, mit veränderter Lebensweise habe sich auch ein Umschwung in meiner Gehirn- und Geistesthätigkeit vollzogen.

Das Schwert hatte ich seit 1859 gegen den „Ziegenhainer" vertauscht, der mich, da ich Landwirt geworden war, durch Wald und Wiesen, Feld und Fluren bei einer rastlosen Thätigkeit begleitete. —

Es galt, ein verwahrlostes Gut, welches ich gekauft hatte, zu angemessener Ertragsfähigkeit zu bringen, was auch mit schweren Opfern, nach harten Kämpfen gegen gewohnheitsgemäße Mißwirtschaft, Vorurteile,

Neid und Mißgunst, gegen eine indolente Bevölkerung, die ich erst für meine höheren Zwecke erziehen mußte, gegen manchen Mißbrauch meines Vertrauens von seiten unlauterer Beamten, — endlich gelang.

Ich sah mich nach einer Frau um — ich wurde Bräutigam, als mein Besitz in der Üppigkeit eines gut verwalteten Gutes, als leuchtendes Beispiel, Lohn der Ausdauer und des Fleißes, andern benachbarten Wirtschaften zum aneifernden Beispiele diente.

Man fragte mich überall um Rat — ich war für die Landwirte ein Orakel geworden. Man wählte mich zum Präsidenten des landwirtschaftlichen Vereins, den ich so gut organisierte, daß mir auch von der Regierung Belobungen zukamen und andere Vereine nach meinem Muster organisiert wurden. Meine Tiere und Erzeugnisse von Wald, Feld und Garten wurden preisgekrönt — ich war der glückliche Schöpfer eines „Eden".

Als Offizier hatte ich es nicht verabsäumt, in den verschiedenen Ländern, in welche mich mein Beruf führte, zu beobachten und die mannigfaltigsten Erfahrungen zu sammeln, welche ich nun als Landwirt und Industrieller mit dem Prinzipe: „Prüfet alles und das Beste behaltet," reichlich verwerten konnte.

Da träumte ich vom 26. August — die Jahreszahl blieb mir verhüllt.

An einem herrlichen Maitage war ich zu einer benachbarten Familie geladen, wohin auch meine Braut mit ihren Eltern kam. Sie lenkte selbst mit kundiger Hand das Zweigespann prächtiger irländischer Ponies von ihrem leichten, eleganten Korbwagen herab.

Die Eltern folgten ihr in einem zweiten Wagen nach. Das Fest war vorzüglich gelungen, wir fanden Freunde und gute Bekannte, alles war heiter und froh, was wohl der Umstand bewies, daß wir bis Mitternacht tanzten bei Geigen und Zymbal ungarischer Zigeuner.

Es kostete den Eltern Mühe, die junge Welt loszureißen von dieser poetisch leidenschaftlichen Musik, um sie zur Heimfahrt zu entführen.

Da eine Strecke mich desselben Weges führte, wie meine Braut, so lud sie mich mit Erlaubnis ihrer Eltern ein, neben ihr auf ihrem Wagen Platz zu nehmen und den meinigen bis zur Trennung unserer Wege folgen zu lassen. Der Vorschlag wurde natürlich von mir mit Begeisterung begrüßt und angenommen.

Eine stille Mainacht mit allen verschwenderischen Gaben üppigster Natur, mit dem stummen, wohlgefälligen Beobachter, dem Freunde aller Liebenden, am tiefblauen Himmel, umgeben von zahllosen Sternen, die ihm freundlich und verständnisvoll zublinzeln, als wären sie die dankbaren Geister derjenigen, denen er durch Jahrtausende eine Leuchte des Glückes gewesen ist, — mit Milliarden sich in jeder Sekunde öffnenden Dolden und Blüten, die sich in einem einzigen Duft vereinen, der wie ein Liebeshauch durch laue Lüfte zieht, — mit allem Lebenden, was sich da sucht und findet — eine solche Maiennacht ist eine Zauberin, aus deren Zauberstabe die Liebe und die Macht des Schaffens quillt.

Und wie kam es, daß ich in solcher Nacht an der Seite des Wesens, das mich so glücklich machte, das mir sein ganzes Herz mit Glut und

Leidenschaft geschenkt, doch meines Traumes gedachte — des 26. August? und daß mich's fröstelte in banger Ahnung?

Ich konnte ihr's nicht vorenthalten — nicht verschweigen — ich erzählte ihr meine Erfahrungen — ich nannte ihr dieses Datum, von dem ich das Jahr nicht wußte.

Sie wurde ernst — dann lachte sie und schalt mich wegen meines Aberglaubens — dann suchte sie mich zu beruhigen.

Wir waren angekommen, wo wir uns trennen mußten und schieden herzlichst „auf baldiges Wiedersehen!"

In wenigen Wochen war die Hochzeit — acht Jahre reinen Glückes folgten — dann trat ein Dämon zwischen uns, den ich beschwören — immer neu beschwören wollte, — es war Verschwendung bis zum Wahnsinn.

Sie hatte mein Vermögen ganz verschuldet — nahm sich das ihrige, und verließ mich, um nie mehr heimzukehren, an demselben Tage, als mein Besitz, der siebenundzwanzig Jahre meine Sorge, mein Schaffen, mein Kleinod, mein Ziel und mein Streben gewesen war, der als selbstgeschaffenes Werk nach gethaner Arbeit ein sorgenfreies Heim ihres und meines Alters sein sollte, in andere Hände überging.

Ich war so tief gekränkt, so verzweifelt, so krank von meinem Schmerz, daß ich an gar kein Datum dachte, als mir zur Unterschrift der Verkaufsvertrag vorgelegt wurde.

Da stand es aber:

D., den 26. August 1887.

Mich schüttelte ein eisigkalter Frost, — an diesem Tage hatte ich Alles verloren!

O trag!

Von

Wilhelm Kessel.

O trag die Bürde
Des Daseins still,
Wie es die Würde
Des Menschen will.

Mit Vorsicht wagen
Und Gott vertraun,
Heißt bessern Tagen
Entgegenschaun.

Fausts geschichtliche Persönlichkeit.

Von

Carl Kiesewetter.

(Schluß.)

Ich gehe nun zu den Nachrichten über, welche der gelehrte Schüler Agrippas und berühmte Bekämpfer der Hexenprozesse, Johann Wier (1515—1588), über Faust mitteilt. In der von Bassäus 1586 zu Frankfurt durch Fuglinus besorgten deutschen Ausgabe von Wiers berühmtem Werk „De praestigiis Daemonum" heißt es [1]):

„Als vor zeiten zu Cracaw in Polen die Schwartzkunst in offentlicher Schulen gelehrt vnd getrieben worden, ist dahin kommen einer mit namen Joannes Faustus, von Kündlingen bürtig, der hat diese schöne kunst in kurtzem so wohl begriffen, daß er hernach kurtz zuvor, ehe denn man geschrieben tausendt fünffhundert vnd viertzig, dieselbige mit grosser verwunderung, vielen lügen, vnd unsäglichem betrug hin vnd wider in Teutschland ohne scheuw zu treiben vnd offentlichen zu practicieren angefangen hat. Was für ein seltzamer Brillenreisser aber vnnd Ebentheuwer er gewesen, vnnd was für seltzame stücklein er getrieben habe, will ich hie nur mit einem Exempel darthun dem Leser zum besten, doch mit dem bescheidt, daß er mir, er wölle es jhme nicht nachthun, zuvor verspreche vnnd gelobe. Als auff ein zeit dieser schwartzkünstler Faustus seiner bösen stück halben zu Battoburg, welches an der Mose ligt, vnd mit dem Hertzogthum Geldern grentzet, in abwesen Graff Herrmans in hafften kommen, hat jhme der Capellan deß orts, Herr Johan Dorstenius, ein frommer einfältiger Mann, viel liebs vnnd guts erzeiget, allein der vrsach halben, dieweil er jhme bey trewen vnd glauben zugesagt, er wölte jhn viel guter Künste lehren, vnd zu einem außbündigen erfahrnen manne machen. Derohalben, dieweil er sahe, daß Faustus dem Trunck sehr geneigt war, schickte er jhme von hauß auß so lang wein zu, biß das fäßlein nachließ vnd gar leer ward. Da aber der Zauberer Faustus das merckt, vnd der Capellan auch sich annahm, er wolte gen Grauen gehen vnd sich daselbst barbieren lassen, ließe er sich hören, wann er jm mehr weins geben wolte, so wölt er jhn ein kunst lehren, dz er on schermesser vnd alles deß barts abkommen solte. Da nun der Caplan dz gleich eingienge, hieß er jhn schlecht auß d' Apotecke hinnemmen Arsenicum, vnd damit den bart vnd kinne wol reiben, vnd gedachte mit keinem wörtlein nit, dz ers zuvor bereiten vnd mit andern zusetzen brauchen solte lassen. (Hier weicht Fuglinus, der alte Übersetzer, vom lateinischen Original Wiers ab.) Sobald er aber dz gethan, hat jme gleich das kinne dermassen angefangen zu

[1]) Die Faust betreffende Stelle findet sich zuerst in der mir vorliegenden Oktavausgabe in lateinischer Sprache von 1568 (Basel, Oporinus), L. II. cap. 4. (Die deutsche Übersetzung des Fuglinus ist nicht genau, denn nach diesem Text war Faust 1540 schon verschollen.)

hitzen vnd brennen, daß nit allein die haar jm außgefallen, sondern auch die haut mit sampt dem fleisch gar abgangen ist. Diß Bubenstücklein hat mir der Caplan mehr dann ein mal, aber allweg mit bewegtem mut selbst erzelet.

Noch ein ander ist gewesen, den ich auch wol gekant, der hatte einen schwartzen Bart, vnd war bräunlich vom angesicht, von wegen seiner Melancholischen Complexion, wie er dann auch dero vrsachen halben zeitlich am Miltzen sich vbel befunde. Als derselbige den Zauberer Faustum auff ein zeit besuchte, sagte er frey offentlich zu jhme, Fürwar ich meinte nicht anders, denn du werest mein schwager, meiner schwester Mann, sahe dir derhalben gleich nach den Füssen, ob du lange vnd krumme Klawen daran etwan herfür gucken hettest. Vergleiche also den guten Mann, dieweil er schwartz war von angesicht, als er zu jhm eintrat, dem Teuffel, vnd nennet denselbigen auch, wie sonst allweg sein gebrauch war, seinen Schwager. Aber sein lohn ist jhm zu letzt auch worden. Dann, wie man sagt, so ist er in einem Dorff, im Wirtenberger Landt, deß morgens neben dem Bette, tod gefunden worden, vnnd das angesicht auff dem rücken gehabt, vnd hat sich dieselbe nacht zuvor ein solch getümmel im Hauß erhaben, daß das gantze Hauß davon erzittert ist."

Bei Wier folgt nun in unmittelbarem Anschluß folgende Erzählung:

„Es ist ein schulmeister zu Goßlar gewesen, der hatte deß vnseligen schendtlichen Zauberers Fausti kunst auch studiret vnd gelernt, wie er den Teuffel in ein Glaß durch Segen vnd Zauberische sprüch bannen solte. Derselbige gehet ein mahl auff einen tag ein mutter Gottes alleine hinauß in den Waldt, auff daß jhn niemandt an seiner kunst hindern köndte. Da er aber anfieng den Teuffel zu beschweren, wurde er irr in der kunst vnd fehlet. Da erscheinet jhme der Teuffel behende in gar erschrockentlicher gestalt, mit fewrigen augen, hat ein nasen, die gekrümmet wie ein Ochsenhorn, vnd lange zähne wie ein Eber, war harecht vmb die backen wie ein Katz, vnnd sonst vberal schrecklich vnd grausamb anzusehen. Dessen erschrickt der Schulmeister sehr, felt zu boden nicht anders, als wann jhn der Donner getroffen hatte, ligt da etliche stunden auff der erden, als were er halber todt. Letzlich nachdem er sich wieder erholet, vnnd nach heim zu gehen wolte, kamen jhme hauß vor der Pforten entgegen etliche seiner Freunde vnd bekandten, die fragten, warumb er so bleich vnd erschrocken were, da kundte er vor schrecken vnd zittern kein bescheidentlich wort antworten, sondern wütet vnd tobet nur wie ein vnsinniger Mensch, bis zu außgang deß Jares, da fieng er erst wieder an zu reden vnd zu erzehlen, daß der Sathan in der gestalt, wie vor gemelt, jhme erschienen were, vnd nach dem er sich berichten vnnd mit dem heiligen Sacrament versehen lassen, hat er sich dem HErrn befohlen, vnd den dritten tag hernach sein geist auffgeben."

Der erste dieser drei von Wier überlieferten Berichte stammt aus des zu Grave an der Maas geborenen Erzählers engster Heimat und ist insofern von großer Bedeutung, als nach demselben Fausts Ende kurz vor 1540 zu setzen ist. Der sagenhafte Tod Fausts wird nach der im Munde des Volkes lebenden Überlieferung erzählt; doch ist zu bemerken, daß Wier wie Melanchthon des Zauberers Abscheiden in ein württembergisches Dorf und nicht — wie die Faustbücher — in ein Dorf bei Wittenberg verlegen. Der Zauberer selbst tritt uns in Wiers historischer Anekdote genau wie in den Volksbüchern als ein den Trunk liebender, zu jedem Schabernack geneigter Vagant entgegen. Der Streich, welchen Faust dem biedern Dorften spielt, deutet auf sein Studium der natürlichen Magie in Krakau hin. Über Magie auf den mittelalterlichen Universitäten wurde oben das Nötige gesagt. Eine Unterabteilung der sogen.

natürlichen Magie machten aber die heute den Parfümeuren, Droguisten und Friseuren überlassenen Toilettenkünste aus, und in den alten Werken über die natürliche Magie finden wir zahllose hierhergehörige Vorschriften, welche sich — sorgsam aufgezeichnet und aufbewahrt — von Geschlecht zu Geschlecht forterbten. In der berühmten Magia naturalis des Neapolitaners Johann Baptista a Porta (1543—1615) handelt sogar das ganze neunte Buch „De mulierum Cosmetica“ und das vierte Kapitel dieses Buches von den Enthaarungsmitteln. Wenn wir dieses Kapitel lesen, so sehen wir mit Staunen, daß man bereits um die Mitte des 16. Jahrhunderts (Portas Magia naturalis erschien zuerst zu Lyon 1561) das noch heute als Geheimmittel gebräuchliche Rhusma kannte.[1])

Das Rezept zu dem wahrscheinlich während der Kreuzzüge in Europa bekannt gewordenen Rhusma hatte Faust offenbar bei seinen Studien kennen gelernt und bei Dorsten angewendet, denn reines Arsenik — wie Wier angiebt — bringt nicht diese Wirkung hervor. Ob endlich Faust dem Kaplan die Haut absichtlich oder aus Unwissenheit verbrannte, bleibe dahingestellt. — Jene Erzählung Wiers ging fast wörtlich in das Faustbuch von 1587 über.

Die zweite Erzählung Wiers ist die einzige historisch verbürgte Erwähnung von Fausts Familiargeist, aus dem die Faustbücher und der Höllenzwang die Figur Mephistos machten.

In dem dritten Bericht begegnen wir der ersten Spur, daß nicht lange nach Fausts Tod Anweisungen zur Ausführung seiner Zauberkünste — sei es mündlich, sei es schriftlich — im Umlauf waren. Der aus „Fausts Lehre unterrichtete“ Schulmeister zu Goslar geht in den Wald, um den Teufel in ein Glas zu bannen und so einen Spiritus Familiaris zu erhalten. Ich habe in der Faustlitteratur noch nie einen Nachweis gefunden, wie der Aberglaube des Mittelalters diesen Zweck zu erreichen hoffte. Es war aber in meinem Besitze eine alte magische Handschrift, die den Namen Johann Wagners und die Jahreszahl 1525 trug; in dieser war das Verfahren solcher Teufelsbannung ausführlich beschrieben. Leider ist dieselbe nur bei einem Brandunglücke 1874 verbrannt.

Diese Praxis muß ziemlich verbreitet gewesen sein, denn G. P. Harsdörfer[2]), Philander von Sittewald[3]), P. Caspar Schott[4]) und J. Frommann[5]) erzählen hierher gehörige Historien. Die Geister wurden aber nicht nur in Gläser, sondern in Ringe, Krystalle, Steine, Spiegel, Bilder rc. gebannt, und Lercheimer faßt in seinem „Bedenken von der Zauberei“ alles in folgenden Worten zusammen[6]):

„Bey etlichen bleibet er (der Teufel) für vnnd für, haben jhn bey sich oder

---

[1]) Psilothrum vulgare. Quo passim in Thermis utuntur. Constat vivae calcis partibus quatuor, redactis in pulveris modum, auripigmenti singulari, et decoque. Experimentum erit penna gallinacei, quae quum depilatur, coctum erit, cave ne nimis coquatur, aut nimis supra cutem moretur, nam urit.“

[2]) „Großer Schauplatz jämmerlicher Mordgeschichte“, Hist. 45, no. 3.

[3]) „Expertus Robertus“, pag. 647.

[4]) „Physica curiosa“, Herbip. 1662. 4°. Lib. I. cap. 51.

[5]) „De Fascinatione“, pag 210. — [6]) A. a. O. cap. 4.

daheim in eim glase, ring, bisenn knauff, tollich knauff, in silbern, bleyern, wächsen bildern, in eim todten kopff, in eim Hund, Katzen, Raben ɔc., Nicht daß ein Geist sich lasse einschliessen oder eingeschlossen werden möge: sonder es ist also verwilliget vnnd bedinget, wenn der zauberer seiner beger, sol er jhn bey dem ding suchen vnd finden. — Wie dem Joh. Carion[1]) sein Geist antworte, wann er die Hand, daran er den Ring trug, in dem der Geist saß, ans Or hielt."

Diese Kunst wird schon zu Kaiser Ottos IV Zeit von Gervasius von Tilbury erwähnt[2]), Papst Johann XXII klagt 1317 in einer Bulle über diesen Unfug[3]), und die Sorbonne verwirft auf Anlaß Johann Gersons am 19. September 1398 den Glauben an die Spiritus familiares samt 27 andern Artikeln als ketzerischen Irrtum[4]) u. s. w. u. s. w.

Ob nun der Goslarer Schulmeister bei seiner Beschwörung eine Hallucination hatte, oder ob ihn ein — vielleicht ganz natürliches — Ereignis erschreckte, sei dahingestellt. Ich will hier nur konstatieren, daß ähnliche Teufelsvisionen auch in unserer Zeit noch vorkommen in Volkskreisen, die jetzt noch auf der Bildungsstufe damaliger Zeit stehen. Ich entsinne mich — und die ältere Generation der Einwohner Meiningens mit mir —, daß dort im Jahre 1859 oder 1860 die Frau eines kleinen Schlossermeisters Krell, welche in einem östlich von Meiningen gelegenen, „die Kaltestaude" genannten Walde im Leseholz gewesen war, vor Entsetzen außer sich nach Hause zurückflüchtete. Hier erzählte sie mit allen Zeichen subjektiver Überzeugung, sie habe sich, vom Sammeln des Holzes ermüdet, ausruhen wollen, als ein schwarzgekleideter magerer Herr aus dem Gebüsch getreten sei und sie aufgefordert habe, sich in ein von ihm mitgebrachtes rotes Buch einzuschreiben. Als sie erschrocken gerufen: Ach Herr Jesus, das thu ich nicht! sei er mit furchtbarem (traditionellen) Gestank verschwunden. Die wirklich zum Tode erschreckte Frau, die in keiner Weise als Lügnerin, Säuferin ɔc. in schlechtem Rufe stand, erzählte ihr Erlebnis jedem, der es hören wollte, und bekräftigte es dem damaligen Oberhofprediger Dr. Ackermann, der sie zu sich hatte kommen lassen, auf die Bibel. Die Frau erkrankte bald darauf heftig. — Die ganze Stadt war voll von der Teufelserscheinung, und allerlei loses Volk zog in die Kaltestaude, um den Teufel zu sehen. Als z. B. eine übermütige Gesellschaft junger Leute sich nach diesem Wald aufmachte, kam ein furchtbares Gewitter, worauf die Helden Hals über Kopf kehrt machten und unter allgemeinem Gaudium sich in die Stadt flüchteten u. s. w. u. s. w.

Ich will mit dieser Abschweifung nur nahe legen, daß wir es bei Wiers Erzählung vom Goslarer Schulmeister keineswegs mit einer bloßen Sage zu thun zu haben brauchen, sondern daß ihr sehr wohl ein — vielleicht nur subjektives — Erlebnis zu Grunde liegen mag.

Mit Wier schließt die Reihe der über Faust berichtenden Zeitgenossen, und es folgt nun noch eine Reihe von Epigonen, welche Traditionen der mit Faust gleichzeitig lebenden Generation mitteilen.

---

[1]) Carion lebte von 1499—1538 und war Hofastrolog Joachim Nestors.
[2]) Otia imperialia. III, 28. — [3]) Raynald: Annal. eccles. a. a. 1317. 52.
[4]) J. Gerson: Opera, Antw. 1706. I, 218.

Der erste derselben ist Andreas Hondorff, Pfarrer zu Droißig, welcher ein 1572 zu Frankfurt a. M. in folio erschienenes „Promptuarium exemplorum, das ist: Historien- vnd Exempelbuch, nach Ordnung vnd Disposition der heiligen Zehen Gebott Gottes ꝛc." schrieb, worin in dem Abschnitt: De magicis artibus, Exempel von Zauberey vnd Schwartzkünstlerey (fol. 71 b), die Zeugnisse von Gast und Melanchthon ausführlich bestätigt werden.

Auch der berühmte Theologe Heinrich Bullinger erwähnt Fausts beiläufig in seinem zuerst in Frankfurt a. M. 1569 herausgegebenen „Theatrum de veneficiis"[1]) mit den Worten:

„Dergleichen sind die gewesen, von denen die Geschrifft hin vnd her redet, vnd sie Magos nennet, wie zu vnsern Zeiten Faustus der Schwartzkünstler gewesen."

In demselben Theatrum de veneficiis findet sich in der Ausgabe von 1586 in des bekannten Leonhard Thurneyſſer „Bedenken, was er von der Exorcisterey halte" folgende auf Faust bezügliche Stelle[2]):

„Sie (die Zauberer) haben alle grosse Armut vnd viel Elends gelitten, wie man zu vnsern Zeiten bei den Elenden Unholden, an dem Doctore Fausto, vnnd anderen, deren etliche hohes standes gewesen, gesehen." —

Auch in den Faustbüchern leidet, wie wir noch sehen werden, Faust stets Mangel an barem Geld. Als historische Parallelen können Agrippa, Paracelsus und John Dee gelten. — Auch Bullingers Schwiegersohn Ludwig Lavater, der Ahnherr des berühmten Mystikers, spricht in seiner vielgelesenen Schrift „De spectris et lemuribus" ꝛc. beiläufig von Faust[3]):

„Wie wunderbar ist das, was man von dem deutschen Faustus erzählt, was er durch magische Künste hervorgebracht haben soll."

Wichtiger als alle diese gelegentlichen Notizen, sind die Nachrichten, welche Augustin Lercheimer, recte Wittekind[4]), über den Heros der deutschen Zaubersage beibringt. Lercheimer, der seit 1547 zu Frankfurt a. O. und Wittenberg Theologie studiert hatte, schrieb — durch Wier angeregt — ein 1585 ohne Ort erschienenes „Christlich bedencken vnd erinnerung von Zauberey", worin er den Grundsatz verfocht, daß man die Hexen „ehr zum Artzet vnd zum Kirchendiener, dann zum Richter oder Schultheiß führe: damit jnen von jrer aberwitz, vnsinnigkeit vnd vnglauben geholffen werde." In diesem Buch bekämpft er die Übertreibung der Hexenprozesse, ohne die ihnen zu Grunde liegenden Thatsachen abzuleugnen, und bringt unter seinen vielen Erzählungen von Zauberern und Zaubereien auch eine Anzahl von Nachrichten von Faust, welche wohl aus seiner Wittenberger Studienzeit stammen, insofern sie mit Melanchthons Bericht — diesen ergänzend — sehr gut harmonieren. Endlich aber werden in Lercheimers Schrift eine Anzahl von — genannten und ungenannten andern Zauberern entstammenden — Zauberpossen er-

---

¹) Ausgabe von 1586, cap. 6, p. 303. — ²) A. a. O. S. 196.

³) Tigur. 1570. 8°. L. II, 17.

⁴) Vgl. Prätorius: „Von Zauberey vnd Zauberern" (unpagin. Vorrede): „Vnter allen obgemeldten, die von Zauberey geschrieben, lasse ich mir Witekindum (der sich Augustin Lercheimer genennet) am besten gefallen."

wähnt, welche Spieß und Widmann auf Faust übertrugen. — Es mögen nun die Zauberschwänke, welche Lercheimer von Faust erzählt, der Reihe nach folgen. Zuerst heißt es[1]):

„Unschädlich, aber doch sündlich, war der Posse, den Joh. Faust von Knitlingen[2]) machte zu M[3]) im Wirtshauß, da er mit etlichen saß vnn soff, einer dem andern halb vnd gar auß zu, wie der Sachsen vnd auch anderer Teutschen gewonheit ist. Da jm nu deß Wirtsjung seine Kanne oder Becher zu vol schenckete, schalt er jn, drawete jm, er wölle jn fressen, wo ers mehr thete. Der spottet seiner: Ja wol fressen: schenckete jm abermal zu vol. Da sperret Faust sein maul auff, frißt jn. Erwischt danach den Kübel mit dem Külwasser, spricht: Auff einen guten bissen gehöret ein guter trunck, seufft das auch auß. Der Wirt redet dem Gast ernstlich zu, er sol jm seinen Diener wider verschaffen, oder er wölle sehen, was er mit jm anfange. Faust hieß jn zufrieden seyn, vnd hinderm ofen schawen. Da lag der jung, bebete von schrecken, war aller naß begossen. Dahin hatte jn der teuffel gestossen, das wasser auff jn gestürtzet: den zusehern die Augen bezaubert, daß sie dachten, er wer gefressen, vnd das Wasser gesoffen."

Der ehrliche Lercheimer hatte, als er vor 300 Jahren naiv meinte, daß die Augen der Zuschauer bezaubert gewesen, keine Ahnung, daß am Ende des 19. Jahrhunderts in der Hallucinationstheorie seine Weisheit als der Schluß der naturwissenschaftlich-exakten und philosophisch-schulgerechten Untersuchung des okkulten Phänomenalismus vorgetragen wird. Nach dieser Lehre wäre Faust als Hypnotiseur zu betrachten, der durch Anspannung seiner psychischen Kraft etwelchen Dutzend Zechern die Hallucination einflößt, daß er den Jungen fresse und den Schwenkkessel ausleere, während er ihn in Wirklichkeit mit affenartiger Geschwindigkeit hinter den Ofen wirft und das Wasser über ihn herschüttet. —

Die Erzählung Lercheimers ging fast wörtlich als Kapitel 37 in das älteste Faustbuch von 1587 über und findet sich ebenfalls in allen spätern Redaktionen desselben. Lercheimer erzählt nun weiter[4]):

„Also fuhr Faust einmal in der Fastnacht mit seiner gesellschaft, nachdem sie daheim zu nacht gessen hatten, zum Schlafftrunck aus Meissen in (nach) Beyern gen Saltzburg ins Bischoffskeller vber sechtzig meyl, da sie den besten wein truncken. Vnd da der kellermeister vngefer hinein kam, sie als dieb ansprach, machten sie sich wieder darvon, namen jn mit, biß an einen wald, da setzt jhn Faust auff eine hohe tanne vnd ließ jhn sitzen, zog mit den seinen fort."

Diese sich völlig auf dem Gebiet der Mythe bewegende Erzählung ist nichts als die Übertragung der von den durch die Luft in die Keller fahrenden und den Wein aussaufenden Hexen umlaufenden Sagen auf Faust. — Erwähnt sei nur noch, daß Lercheimer auf der gleichen Seite beiläufig des von Faust zu Venedig unternommenen verunglückten Luftfluges gedenkt.

---

1) „Christlich Bedenken": Kap. 2, S. 272.

2) Hier begegnen wir zum erstenmal der richtigen Schreibweise von Fausts Geburtsort.

3) Wahrscheinlich ist Magdeburg gemeint, wo er nach Widmann mit den „Thumbpfaffen" soff.

4) Kap. 13, S. 279 b.

Historischen Boden scheint folgende Erzählung Lercheimers[1]) — wenigstens soweit sie Melanchthon angeht (vergl. dessen Bericht) — zu haben:

„Der vnzüchtig Teuffelische Bub Faust hielt sich ein Weil zu Witteberg[?] auf, kam etwan zum Herren Philippo, der laß jhm dann einen guten text, schalt vnd vermant jn, dz er von dem ding bey zeit abstünd, es würd sonst ein böß end nemmen, wie es auch geschah. Er aber kehrt sich nicht dran. Nun wars ein mal vmm zehen uhr, daß der Herr Philippus auß seinem studorio herunder gieng zu tisch: war Faust bey jhm, den er da hefftig gescholten hatte. Der spricht wieder zu jhm, Herr Philippe, jr fahrt mich allemal mit rauchen worten an, Ich wils einmal machen, wann jr zu tisch geht, daß alle häffen in der küchen zum schornstein hinauß fliegen, daß jr mit ewern gesten nit zu essen werd haben. Darauff antwortete jm Herr Philipp. Das soltu wol lassen. Vnd er ließ es auch. Ein ander alter Gottesförchtiger Mann vermant jn auch, er soll sich bekehren. Dem schickt er zur Danckſagung ein Teuffel in sein schlaffkammer, da er zu bett gieng, daß er jn schreckte. Geht umbher in der kammer, krochzt wie ein saw. Der mann war wol gerüst im glauben spottet sein, Ey wie ein fein stimm vnd gsang ist das eins Engels, der im Himmel nit bleiben kont, geht jetzt in der leut heuser verwandelt in ein saw. Damit zeucht der Geist wieder heim zum Faust, klagt jm, wie er da empfangen vnd abgewiesen sey: wolt da nit seyn, da man jm seinen abfall vnd unheil verweiß vnd sein darüber spottet."

Ich will bemerken, daß Luther in seinen Tischreden die letzte Anekdote als im Hause eines Magdeburger Bürgers geschehen, doch ohne Hinweis auf Faust erzählt.[2]) Auch hier gilt, was ich oben über die Redaktion der Tischreden mehrfach sagte.

Melanchthon ergänzend erzählt Lercheimer weiter[3]):

„Zur Zeit D. Luthers vnd Philippi hielt sich der schwartzkünstler Faust, wie obgemelt, ein weil zu Wittenberg: das ließ man so geschehen, der hoffnung, er würd sich auß der lehr, die da im schwang gieng, bekeren vnd bessern. Da aber das nicht geschahe, sondern er auch andere verführte (deren ich einen gekant, wann der ein hasen wolt haben, gieng er in wald, da kame er jm in die händ gelauffen) hieß jn der Fürst einziehen in gefengnuß. Aber sein geist warnete jn, daß er daruon kam, von dem er nit lang darnach grewlich getödtet ward, als er jm vier vnd zwantzig jar gedient hatte."

Bei dieser Erzählung ist bemerkenswert, daß hier Fausts zuerst in Bezug auf Jagdzauber gedacht wird, daß ihn sein Geist vor Gefahr warnt, und daß zum erstenmal die vierundzwanzigjährige Dauer des Paktes erwähnt wird. Noch sehen wir schließlich, daß Lercheimer nicht, wie in dem zwei Jahre später erschienenen Faustbuch geschieht, den Tod des Zauberers nicht in ein Dorf bei Wittenberg verlegt, sondern ausdrücklich sagt, daß Faust nicht lange vor seinem Tode von dort fliehen mußte.

Auch die Absicht, sich zu bekehren, und die daraus resultierende zweite Verschreibung, wie sie in den Faustbüchern vorkommen, finden wir zuerst bei Lercheimer, welcher sagt[4]):

„Der vielgemelte Faust hat jm ein mal fürgenommen sich zu bekehren, da hat

[1]) Kap. 10, S. 282. — [2]) Ed. Förstemann: III, 38. — [3]) Kap. 16, S. 247.
[4]) Kap. 19, S. 254.

jm der Teuffel so hart gedrawt, so bang gemacht, daß er sich jm auch auffs new hat verschriben."

Nicht nur die Sage von der Hexenfahrt, sondern auch die vom verblendeten Teufelsgeld wird auf Faust übertragen, denn der bekannte Jesuit Martin Delrio (1551—1608) sagt in seinen oft aufgelegten Disquisitionum magicarum libri sex[1]):

„So sollen der Sage nach Faust und Cornelius Agrippa, wenn sie auf Reisen waren, in den Wirtshäusern mit scheinbar echtem Geld bezahlt haben, daß sich aber nach wenigen Tagen in Hornspähne und ähnliche wertlose Dinge verwandelte."

Falls dieser Erzählung und der folgenden Thatsachen zu Grunde liegen, so lassen sich dieselben sehr leicht durch hypnotische Suggestion erklären. Dies gilt namentlich von der Verwandlung der Nasen angeheiterter Zechbrüder in Trauben, die — von Goethe willkürlich nach Auerbachs Keller verlegt — noch heute eine Glanznummer in den Vorstellungen der Hypnotiseure von Beruf bilden würde. Diese Sage wird von dem Juristen Philipp Camerarius, dem Sohne von Melanchthons vertrautestem Freund Joachim Camerarius (1500—1574) erzählt und gehört somit zu der Zahl der sich an Melanchthon und Fausts Wittenberger Aufenthalt anlehnenden Nachrichten. Camerarius erzählt[2]):

„Uns ist bekannt, daß unter den Gauklern und Zauberern, welche zur Zeit unserer Väter berühmt waren, Johann Faust einen berüchtigten Namen wegen seiner wundersamen Betrügereien und teuflischen Bezauberungen erlangt hat. — Und zwar habe ich von Leuten, welche jenen Betrüger kannten, Vieles gehört, was darthut, daß er ein Meister der magischen Kunst (wenn dieselbe nämlich eine Kunst und nicht eitles Gespött eines Jeden ist) gewesen. — Als er sich einst unter einigen Bekannten befand, die viel von seinen Zauberkünsten gehört hatten, ersuchten diese ihn, eine Probe seiner Kunst zu zeigen. Nachdem er sich lange geweigert hatte, ließ er sich durch die ungestümen Bitten der nicht mehr ganz nüchternen Genossenschaft bestimmen, ihren Willen zu thun, und versprach ihnen, auszuführen, was sie nur wollten. Einstimmig verlangten sie, er solle ihnen einen Weinstock voll reifer Trauben vorzeigen, denn sie glaubten, daß er dies wegen der ungeeigneten Jahreszeit (es war nämlich Winter) in keiner Weise ausführen könne. Doch stimmte ihnen Faust zu und versprach, das Verlangte sofort auf dem Tisch zu zeigen unter der Bedingung, daß sie unbeweglich im tiefsten Schweigen harren sollten, bis er ihnen die Trauben zu pflücken befehlen werde; wenn sie dagegen handelten, so kämen sie in Lebensgefahr. Nachdem sie dies zugesagt hatten, umnebelte er die Augen und Sinne der betrunkenen Schaar derart, daß ihnen so viele saftgeschwellte Trauben von wunderbarer Größe an einem herrlichen Weinstock erschienen, als ihrer waren. Von Reize der Neuheit erregt und vom Durste der Trunkenheit geplagt, warteten sie mit gezogenen Messern, bis er ihnen die Trauben abzuschneiden befehlen würde. Nachdem nun Faust die Leichtsinnigen in ihrer eitlen Verblendung erhalten hatte, und Stock und Traube in die Luft aufgegangen waren, sahen sie, daß ein Jeder anstatt der Traube, die er ergriffen zu haben glaubte, seine Nase gepackt hatte und darüber sein Messer so hielt, daß, wenn er des Befehls uneingedenk ohne Erlaubniß die Traube hätte abschneiden wollen, er sich selbst die Nase verstümmelt haben würde."

---

1) Lib. II. 12, 10.

2) Operae horarum subcisivarum sive meditationes historicae auctiores, centuria prima, Philippo Camerario — auctore. Francof. 1602. 4°. p. 314.

Mit dieser von Camerarius erzählten Gaukelposse sind die Nachrichten der Zeitgenossen über den Zauberer Faust erschöpft. Die Bearbeitungen derselben übergehe ich, weil keine derselben zu einem befriedigenden Abschluß kommt hinsichtlich der scheinbaren Abweichung der Zeugnisse des Trithemius und Rufus von den späteren, welche durch die Entdeckung, daß Faust 1509 zu Heidelberg promovierte, aufgehoben wird. Nur will ich einer sich bei Stieglitz d. Ä. findenden Notiz, deren Quellenangabe fehlt, gedenken, daß nämlich Faust auch Rosenkreuzer gewesen sei und als solcher den Ordensnamen Johannes a Sole geführt habe.[1]) Wenn wirklich ein Faust dem Rosenkreuzerorden angehört hat, so kann dies nicht unser Zauberer sein, weil dieser Orden als solcher erst 1614 gegründet wurde; vielleicht aber haben wir in dem Johannes a Sole den oben genannten Frankfurter zu Anfang des vorigen Jahrhunderts lebenden Dr. Johann Michael Faust zu suchen.

Es bleibt nun noch ein Wort über die äußere Persönlichkeit Fausts zu sagen übrig, von welcher das älteste Faustbuch von 1587 nichts zu sagen weiß. Widmann dagegen, welcher offenbar über reicheres Quellenmaterial verfügte als Spieß, schildert Faust[2]) als ein „hochruckerigs (buckeliges) Männlein, eine dürre Person, habend ein kleines graumes bärtlin." Er berichtet auch[3]), daß Faust, weil er „ein klein hockendt Mann" gewesen, von den Salzsiedern zu Schwäbisch Hall verspottet worden sei. Auch in den aus dem Ende des 17. Jahrhunderts stammenden „Gesprächen im Reiche der Todten zwischen dem Marschall von Luxemburg und Dr. Faust" wird letzterer als „ein kleines dürres höckerigtes Männlein mit einem kleinen Bärtlein" geschildert.

Diesen Schilderungen entspricht einigermaßen ein nach Rembrandt radierter Kopf, welchen Burgy (S. 24, Nr. 178) mit den Worten beschreibt: Het Portrait van Doctor Faustus, met een Kaal Hoofd en een Mantel om, und den wir hierbei wiedergeben.[4]) Die späteren Nach-

[1]) „Die Sage von Doktor Faust." Im historischen Taschenbuch von F. v. Raumer, Leipzig 1834.

[2]) Fausthistoria, 8. T., Kap. 21. — [3]) Ebenda, 1. T., Kap. 41.

[4]) Es ist dies eine von 13 auf 11 cm verkleinerte phototypische Nachbildung des im Kgl. Kupferstichkabinett zu München befindlichen Originals. Seit Heer nimmt man an, daß dieses Blatt von Rembrandts Schüler Jan Joris van Vliet nach jenes Vorlage oder Angabe etwa um 1630 radiert wurde; doch tragen alle Originalblätter hiervon Rembrandts RI. inv. — Es ist das Verdienst von Dr. Siegfried Szamatólski in seiner neuen Ausgabe vom „Faustbuch des Christlich Meynenden" nach dem Drucke von 1725 (in der G. J. Göschenschen Verlagshandlung in Stuttgart, 1893, für Mk. 1.60) die Faustforschung zuerst auf diese Original-Radierung aufmerksam gemacht zu haben und ihren späteren Umbildungen nachgegangen zu sein. Von diesen letzteren giebt seine Ausgabe noch zwei Bilder außer dem Original wieder. Die erste Nachbildung dieser Radierung im Verlage von F. L. D. Ciartres (Pseudonym von Franz Langlois) ist etwa 80 Jahre später entstanden und trägt schon oben in der Mitte die Überschrift Doctor Faustus. Ob dieses Bild wirklich den geschichtlichen Zauberer vorstellt oder nur nach einer beliebigen Naturstudie Rembrandts gemacht ist, läßt sich nicht mehr feststellen. Jedenfalls ist dieses Bild das Original zu allen später entstandenen Faustbildern, von denen freilich einige dasselbe fast bis zur Fratzenhaftigkeit entstellen. (Der Herausgeber.)

bildungen dieser Radierung haben den traditionellen Faustkopf allerdings wesentlich umgestaltet. In diesem soll die hohe kahle Stirn Klugheit andeuten; aus den kleinen Augen leuchtet eine mit Gutmütigkeit und Spott gepaarte ungemeine Verschlagenheit; um die kurze, plumpe Nase lagern Züge grober Sinnlichkeit und überlegenen Hohnes, während das mit zahllosen Runzeln bedeckte Gesicht bis auf einen kleinen Schnurr- und Unterlippenbart glatt rasiert ist.

Mit der Schilderung dieses Faust-Porträts sind die Angaben über dessen geschichtliche Persönlichkeit erschöpft, und wir sind, wenn wir das oben Gesagte kurz zusammenfassen, zu folgenden Ergebnissen gekommen: Den um 1490 zu Knittlingen geborenen Faust lernte Trithemius 1506 kennen, in welchem Jahre er sich als fahrender Schüler zu Gelnhausen und Würzburg umhertrieb und sich den Namen Georg Sabellicus beilegte, den eigenen Namen unter dem scheinbaren Beinamen Faustus junior verbergend. Franz von Sickingen verschaffte dem fahrenden Schüler eine Lehrerstelle zu Kreuznach, von wo er wegen seines sittenlosen Lebenswandels fliehen mußte. Er studierte hierauf unter seinem wahren Namen Johann Faust zu Heidelberg Theologie und wird am 15. Januar 1509 zum Baccalaureus promoviert. Nach diesem beginnt er wieder das alte Abenteurerleben, und wir begegnen ihm 1513 in Erfurt, wo er sich „Georg Faust, der Heidelberger Halbgott“ nennt. Im Jahre 1516 hielt sich der Zauberer bei dem Abt Entenfuß im Kloster Maulbronn auf, ohne daß er jedoch — wie die Sage will — daselbst gestorben wäre. Im Gegenteil treffen wir ihn nach dem Jahre 1520 in Erfurt wieder, wo er vielleicht eine Zeit lang an der Universität Vorlesungen hielt, nachdem er in einer nicht näher bestimmbaren Zwischenzeit in Krakau die sogenannte natürliche Magie studiert hatte.

Im Jahre 1525 hielt sich der Zauberer in Basel und Leipzig auf, doch sind seine Beziehungen zu Auerbachs Keller nicht nachweisbar, wenn sie nicht ganz ins Reich der Fabel gehören. Drei Jahre später wurde aller Wahrscheinlichkeit nach Faust an den französischen Hof berufen, um nach der Mitteilung Agrippas, die beiden französischen Prinzen durch Zauberei aus der Gefangenschaft des Kaisers zu befreien. Auch ein Kapitel des ältesten Faustbuches deutet auf Beziehungen Fausts zu Franz I von Frankreich hin. Wohl zu Anfang der dreißiger Jahre des 16. Jahrhunderts hielt sich Faust längere Zeit in Wittenberg auf, wo er mit den Reformatoren in Berührung kam, ohne jedoch in Beziehungen zur Universität zu stehen, bis ihn ein Haftbefehl Johanns des Beständigen zur Flucht nötigte. Aus späterer Zeit wird uns noch Fausts Aufenthalt zu Nürnberg und Batenberg an der Maaß verbürgt. Er starb vor 1540 in einem württembergischen Dorfe (nicht in einem Dorfe bei Wittenberg) unter wahrscheinlich abenteuerlichen Umständen, um welche die Sage bald ihre Duftgewebe spann.

Das Original aller Faustbildnisse.

Phototypische Wiedergabe einer Radierung nach

Rembrandt

von dessen Schüler Jan Joris van Vliet um das Jahr 1630.

Mehr als die Schulweisheit träumt.

Stigmatisation in Amerika.

Wir erwähnten im letzten Hefte bei Gelegenheit des Bildes der Maria von Mörl von Professor Gabriel Max, verschiedene Personen, welche im Laufe dieses Jahrhunderts stigmatisiert worden sind, d. h. die Wundenmale Christi an sich ausgeprägt erhielten. Bisher nahm sich die katholische Kirche dieser frommen, ihren Glaubensanschauungen getreuen Frauen an, die Ärzte aber und andere Wissenschaftler widersetzten sich diesen einfachen Thatsachen, die zu begreifen sie noch zu einfältig waren. Heute nun hat sich dieses Blatt gewendet. Dank dem Hypnotismus sind heute die Wissenschaftler wenigstens etwas gescheiter geworden, und machen jetzt schon die Stigmatisation experimentell nach, wie dies namentlich der leitende Meister der Psychiatrie, Professor von Krafft-Ebing, früher in Graz, jetzt in Wien, gethan hat. Dadurch ist die auto-suggestive Stigmatisation der ekstatischen Frauen eine selbstverständliche und glaubhafte Thatsache geworden. Jetzt treten die Ärzte für dieselbe ein. Nun zeigt sich aber, das komische Schauspiel, daß jetzt wieder die katholische Kirche gegen die Echtheit der Stigmatisation opponiert, da, wo sie nicht unter ihrer Leitung sich bei einer Protestantin zeigt. Darüber berichtet die New-Yorker „Staats-Zeitung" vom 19. Dezember 1891 aus Louisville (Kentucky) am 11. Dezember:

Mehr als je beschäftigt gegenwärtig das „Stuckenborg-Geheimnis", wie es genannt wird, das Interesse der Ärzte und des Publikums. Es war am ersten Freitag im November, als sich bei der in einer hübschen Cotage der St.-Xavier-Straße wohnenden Frau Mary Stuckenborg zuerst die Wundmale Christi während eines Starrkrampfs zeigten. Seitdem ist kein Freitag vergangen, ohne daß die Erscheinungen eingetreten wären; Priester, Laien und Ärzte unterzogen sich der Mühe, die Manifestationen genau zu beobachten, aber alle angestellten Untersuchungen haben bis jetzt nichts über deren Ursprung ergeben, nur hat man festgestellt, daß die Wunden stets von selbst zu bluten anfangen. Die Ärzte, welche die Untersuchung leiten, sind: M. F. Coomes, ein Mitglied der Fakultät der medizinischen Schule von Kentucky, C. Ouchterlony, C. B. Marin, Henry Cassell, Samuel E. Woody, B. Backel, William V. Doherty, C. F. Wilson, W. B. Meany und andere, lauter Ärzte von Ruf, teilweise von Louisville, teilweise von anderen Städten. Heute waren vier Doktoren in dem Stuckenborgschen Hause und die Manifestationen stellten sich gegen drei Uhr wie an den vorhergehenden Freitagen ein. Frau Stuckenborg war während derselben in einem starrkrampfähnlichen Zustande. Die Wundmale erschienen nicht allein an den Händen, den Füßen und an der Seite, sondern auch in Gestalt eines Kreuzes auf der Brust, eines Kreuzes auf der Stirn, der blutig-roten Buchstaben I. H. S. (in hoc salus) in lateinischer Schrift auf der rechten Schulter und Wunden auf der Außenseite der Hände, anstatt, wie früher, nur auf der Innenseite derselben. Das Phänomen dauerte etwa zwei Stunden und Frau Stuckenberg war außerordentlich schwach, als sie aus dem Starrkrampfe erwachte.

Einer der Ärzte, Dr. Coomes, schildert den Zustand der Frau während ihrer Anfälle, wie folgt: Die Frau stöhnte, ihre Muskeln zuckten, Schaum trat vor ihren Mund und sie schien große Schmerzen zu dulden. Sie atmete unregelmäßig, der Atem stockte manchmal 20 Sekunden, während der Pulsschlag von 86 bis 100 per Minute erreichte, die Krämpfe glichen denen, welche Patienten, denen Chloroform gegeben wird, zeigen; die Glieder zeigten große Steifheit und man hätte sie leichter brechen, als biegen können, nur manchmal ballten sich die Hände, als ob die Patientin entsetzlich leide. Die Symptome waren an jedem Freitage dieselben. In der Zeit zwischen den Freitagen zeigten die Wundstellen keine Spur von Entzündung. An Donnerstagen beginnen sie anzuschwellen und werden dann immer dunkelroter, bis Freitags die Blutungen eintreten. Gewöhnlich entquoll der Fußwunde etwa eine Drittels-Drachme Blut; der Seitenwunde entquoll beinahe nur Blutwasser. Die Blutungen dauerten nie länger als 15 Minuten, dann nahm die Röte der Wunden ab, an Samstagen waren sie nur noch rosa und an Montagen zeigten sich dann nur noch unbedeutende Narben. Frau Stuckenberg brauchte gewöhnlich bis zum Montag Zeit, um sich zu erholen. Das ausgeschiedene Blut und Blutwasser wurde chemisch untersucht und man fand es normal. Frau Stuckenberg sprach ihre Meinung über die Ursache der Erscheinungen nie aus, sie war nur darauf bedacht, die Ärzte zu überzeugen, daß die Manifestationen natürliche, nicht künstlich hervorgerufene seien; sie verweigerte auch immer bestimmt, die Wundmale anderen Personen als den Ärzten zu zeigen und sich gewissermaßen auszustellen. Dr. Coomes konnte die Patientin nicht immer persönlich überwachen, allein er ließ dies wochenlang durch mehrere vertrauenswerte Wärterinnen thun.

Die Wärterinnen bezeugten, daß Frau Stuckenberg absolut nichts gethan habe, um die Blutungen hervorzurufen. An den letzten Freitagen traten die Erscheinungen immer pünktlich drei bis fünf Minuten vor drei Uhr ein und bei drei Gelegenheiten stürzte die Frau vor den Augen der Ärzte und während sie mit denselben sprach, zu Boden, indem sie angefangene Sätze abrupt abbrach. Seit dem 27. November zeigen sich auch Wunden auf der Außenseite der Hände und seit dem 4. Dezember auf der Sohle der Füße. Ende Oktober begannen Male auf der Stirne und auf der Brust zu erscheinen, die seitdem die Form von Kreuzen angenommen haben. Diese Male sehen wie eingebrannt aus und die Patientin erklärt auch, daß ihr Erscheinen jedesmal von Schmerzen begleitet sei, als ob sie gebrannt würde. Die Buchstaben I. H. S. sind erst in den letzten Wochen erschienen; sie sind etwa einen halben Zoll lang und sehr deutlich. Dr. Coomes unternimmt es in seinem Berichte auch nicht, eine Theorie über die Ursache der Erscheinungen aufzustellen; er und die anderen Ärzte haben nur festgestellt, daß kein Betrug vorliegt, und werden die Untersuchungen fortsetzen. Der Bischof und der katholische Klerus zeigen sich sehr skeptisch und treten dem Glauben an ein Wunder entgegen. Das Organ des Bischofs sagt: man solle erst einmal das Resultat aller ärztlichen Untersuchungen abwarten, ehe man sich eine Meinung bilde.

O. P.

Noch einmal Maria von Mörl.

An den Herausgeber. — Ihrer Anregung folgend, war ich bemüht, hier in Meran und auch in Kaltern Augenzeugen aufzufinden, welche zuverlässige Aussagen über Maria von Mörl, deren Bild von Professor May Sie in Ihrem Maihefte brachten, machen könnten. Anfangs nach mehreren vergeblichen Anfragen schien dieses Bestreben aussichtslos; ein glücklicher Zufall aber hat mich gestern und heute zu den noch lebenden Verwandten Marias geführt. Es sind dieses hier in Meran zwei Damen, Nichten der Maria, Töchter eines jüngeren Bruders derselben, also beide geborene von Mörl. Die genaue Adresse lege ich Ihnen bei; auch in Kaltern, am Stammsitz der Familie, leben noch Verwandte, die über alle Einzelheiten Auskunft geben können und dazu bereit sein werden. Vielleicht dienen Ihnen vorerst die folgenden Angaben:

Maria Elisabeth von Mörl, geboren am 18. Oktober 1812, wurde nach zweijährigem schweren Leiden im Jahre 1832 ekstatisch; am 8. Februar 1834 trat bei ihr die Stigmatisation ein, welche bis zu ihrem Tode andauerte. Jene beiden Damen haben Maria in den 40er Jahren zuerst als Kinder oft gesehen, haben auf ihrem Bette gesessen, sind von ihr geküßt und beschenkt worden und gedenken ihrer großen Schönheit in der Ekstase mit Entzücken. Vom Jahre 1841 an hatte Maria eine abgesonderte Wohnung im Tertiarinen-Kloster des hlg. Franziskus, wo die beiden Damen mit ihrer Mutter sie oftmals besuchten. — Vom Jahre 1848 an hat sie nicht mehr gesprochen, nur ein Minimum von Nahrung genossen, und in der Ekstase öfter Stellungen eingenommen und stundenlang beibehalten, welche nach den Aussagen der Ärzte in normalen körperlichen Zuständen unmöglich wären. Aber selbst in diesen späteren Jahren hat sie, trotzdem sie nicht sprach, ihr prophetisches Hellsehen mehrfach Anfragenden durch Bezeichnung der bezüglichen Worte in einem großen Buche religiösen Inhalts, das sie vor sich hatte, ganz unzweifelhaft kund gethan und auf die gleiche Weise Rat und Trost gewährt. — Sie starb nach großen geistigen und körperlichen Leiden am 11. Januar 1868. B. F.

Tod und Leben

ist die Überschrift eines der letzten Gedichte, welches Friedrich von Bodenstedt nicht lange vor seinem Tode im „Deutschen Dichterheim" veröffentlichte. Es ist ganz im Sinne unsrer Monatsschrift gedacht und enthält die folgenden Strophen:

Erst wenn den Geist der Tod
Erlöst von der staubigen Hülle,
Erstrahlt er in reinster Fülle;
Denn der Leib nur gebiert die Not.

Und von dieser Hülle befreit
Verkehren die edelsten Geister,
Meine liebsten Lehrer und Meister
Mit mir, selbst aus ältester Zeit.

Oft lad' ich zu trautem Verkehr
Mir Goethe, Shakespeare und Dante,
Auch ältere Geistesverwandte,
Zurück bis zu Vater Homer.

Dann hoch über Sorgen und Not,
Erhoben auf Geistesschwingen
Hör' ich Stimmen der Ewigkeit singen:
Nur ein Schattenbild ist der Tod!

Anregungen und Antworten.

Du sollst nicht töten.

An den Herausgeber. — Der Aufsatz: „Du sollst nicht töten" im Märzhefte der „Sphinx" hat mir viel zu denken gegeben und zuletzt doch einen Widerspruch in mir wachgerufen, der entweder berechtigt ist oder nicht, und dann bitte ich um gütige Belehrung.

Mir will es scheinen, als sei der Mensch doch in gewissem Sinne berechtigt, Tiere zu töten, auch außer der Stubenfliege — denn hat er kein Recht dazu, so darf er sich keine Ausnahmen erlauben, wo fangen wir dann an, wo hören wir auf? Ist z. B. der Landmann nicht berechtigt, den Hirsch, den Eber zu töten, der ihm seine Saaten zerstört? oder soll er sich zu diesem Zwecke etliche Raubtiere züchten, die dieses Amt naturgemäß ausüben? Wer soll ferner das Ungeziefer vernichten, das sich namentlich in armen Stadtvierteln an Kindern hängt und diese peinigt? Welcher naturgemäße Widersacher ist denn zu züchten für die Läuse, Flöhe, Wanzen rc.?

Wir würden schließlich doch wohl dahin kommen, den Tieren Platz zu machen — und unsere Mission unerfüllt lassen.

Darf ich nun meine Meinung sagen?

Ich bin der Ansicht, daß wir die Tiere verdrängen dürfen, ja sollen, ganz wird das ja nie der Fall sein, denn Luft und Wasser und so manche Landstrecke, in denen Menschen einstweilen nicht wohnen können, bleibt ja den Tieren frei. Ich habe Tiere sehr gern und habe es nie ertragen, wenn solche gequält wurden, finde aber, daß es ein Unrecht gegen die Mitmenschen ist, wenn man Tiere geradezu liebt und mit ihnen zärtlich thut. Dann meine ich auch, die Unterhaltungskosten für die Tiere kämen doch in erster Linie den Menschen zu. Und da die Menschen ja Frugivoren sind, so bedürfen sie der Tiere überhaupt nicht. Und so hübsch die kleine Skizze „Der wahrste Freund" auch ist — ich würde mir den rettenden Liebesdienst tausendmal lieber von einem Menschen als von einem Hunde erweisen lassen.

Ferner glaube ich, daß wir einem Tiere durch Tötung desselben eine Wohlthat erweisen. Ich glaube an stete individuelle Fortentwickelung eines jeden Lebewesens — nicht nur der Menschen, und darum stelle ich mir vor, daß auch das Tier nach dem Tode zu einem höheren Leben wieder erwacht.

Der Schlußsatz: „Möchte jeder dahin streben, daß die Menschheit wieder wie in uralten Zeiten mit der Tierwelt in Frieden lebe," — scheint mir etwas sehr kühn.

Wann war denn diese Zeit? Leider wächst ja die Erde nicht, obschon die Geschlechter sich vermehren, und da meine ich doch, hat das edelste Geschlecht, der Mensch, nicht nur das Recht, sondern auch die Pflicht, seine Existenz gegenüber der der niedern Geschlechter zu behaupten, da es ja einmal zum Kampfe gekommen ist; und ich denke, unser bestes Streben soll sein: daß die Menschen mit den Menschen in Frieden leben — wie es selbst in uralten Zeiten nicht war.

Wie manches verkümmerte Menschenleben wäre durchwärmt, durchsonnt, durchglückt, wenn ihm der zehnte Teil der Liebe würde, die man jetzt an Tiere verschwendet. Wir erheben und veredeln das Tier, indem wir es lehren, sein Leben in nutzbringender Thätigkeit zu verwerten, und darum hat das Tier Anspruch auf unsere Fürsorge, doch nicht auf Freundschaft und Liebe.

Köln am Rh., 20. März 1897. Anna [illegible].

Ein guter Mensch . . . ist sich des rechten Weges wohl bewußt.
Goethe (Faust, Prolog).

Das Töten von Tieren können wir gar nicht vermeiden; mit jedem Wassertropfen, den wir trinken, töten wir Hunderte von Infusorien. Professor Hallers Aufsatz will auch nur sagen, daß wir Tiere nicht so roh und sinnlos ohne Not hinschlachten und ausrotten sollten, wie es heute die sogenannten „Kulturmenschen" thun. Auch ist zwar Reinlichkeit eine der ersten Anforderungen, die ein jeder Mensch an sich selbst stellen soll; aber diese wird wohl schwerlich jemals mit seinem viel höheren Bedürfnis der Barmherzigkeit und Liebe zu dem Leben der Natur in ernstlichen Widerstreit geraten.

Gewiß geht in allen Dingen der Mensch dem Tiere vor; aber wer so unglücklich ist, keinen menschlichen Freund mehr zu haben, der kann selbst in einem treuen Hunde noch einen „wahren Freund" finden. Auch sollen wir in erster Linie selbstverständlich streben, mit den Menschen in Frieden zu leben; aber darum brauchen wir doch nicht, wie es jetzt meistens der Fall, den Tieren ein teuflischer Schrecken zu sein. Dadurch, daß man Tiere pflegt und lieb hat, entzieht man doch den Menschen seine Liebe nicht. Durch Üben der Liebe wird die Liebesfähigkeit ja nicht erschöpft, sondern gestärkt.

Daß auch ich in der durchgehenden individuellen Entwickelung allein die Lösung unseres Daseinsrätsels und der scheinbar grausamen Ungerechtigkeit der Weltordnung finde, habe ich in meiner Schrift „Das Dasein als Lust, Leid und Liebe" eingehend dargestellt. Aber die Fortentwickelung hat ja keine Eile; Zeit ist unbegrenzt. Deshalb also brauchen wir Tiere nicht zu töten. Im Gegenteil; denn nicht die Zahl der Verkörperungen fördert die Entwickelung, sondern deren richtige Ausnützung! Hübbe-Schleiden.

Privatbesitz oder Gemeingut?

Was soll man dabei thun?

An den Herausgeber. — Erst heut ist es mir möglich, mit einigen Worten Ihre allerdings sehr indirekte Frage auf S. 189 Ihrer „Sphinx": ob mir die Fingerzeige des vorausgehenden Artikels von W. St. genügen? zu erwidern.

Dies ist nun keineswegs der Fall; denn einmal streift W. St. nur in ganz äußerlicher Weise den Gegenstand jenes Artikels, den dessen Verfasser bereits viel tiefer und innerlicher durch den Hinweis auf den Konflikt zwischen göttlichem und menschlichem Rechte erfaßt hat; — dann aber berührt er die in meinem Schreiben vom 13. v. Mts. angeregte Frage vom Konflikt der Pflichten im Grunde genommen überhaupt nicht, — ganz abgesehen von der unendlichen Geringfügigkeit des Gegenstandes. Es ist aber eine Erfahrung, die jeder, der gewöhnt ist, sich selbst bei allem seinem Thun von dessen sittlichem Werte Rechenschaft abzulegen, gemacht haben wird, daß wir uns oft genug im Leben einem sittlichen Dilemma gegenüber befinden, für dessen Klärung, geschweige denn Lösung selbst die Sonde des Gewissens sich als ein stumpfes Werkzeug erweist. Wie oft gilt es nicht, von zwei Übeln, die wir anderen zufügen müssen, von zwei Leiden, denen wir unseren Nächsten nicht entziehen können, das kleinere zu wählen — ja, wenn wir nur wüßten, nur vorauszusehen vermöchten, welches das geringere ist und auch in seinen Folgen bleiben wird! Wie schwer ist es selbst, rein nach den klaren Weisungen unseres Gewissens zu handeln, ohne in einer Welt, die nicht nach diesen streng sittlichen Gesichtspunkten urteilt, Anstoß zu erregen und uns bei unseren Bestrebungen für das Wohl des Mitmenschen dadurch einer Beihilfe zu berauben, ohne die wir oft beim besten Willen machtlos sind.

Gestatten Sie mir, sehr geehrter Herr, noch einen Augenblick zu den Beispielen zurückzukehren, die diese Kontroverse veranlaßt haben, nicht um einen Streit um Kaisers Bart zu perpetuieren, sondern um Sie auf das Streiflicht aufmerksam zu machen, welches jene Beispiele auf die einschneidendste soziale Frage, die des Eigentums werfen, wozu ich besonders durch die Ausführungen des Herrn W. St. angeregt werde. —

Es kann nicht zwei Rechte geben! Wenn unser Gewissen mit dem geschriebenen Gesetz in Widerstreit gerät, so kann nur eins von beiden im Rechte sein. Wir besitzen aber keine höhere sittliche Instanz als das Gewissen; folglich wird in solchem Streitfalle das Recht Unrecht sein. Es handelt sich in beregten Fällen um das Eigentum. Ob die Kultur ohne den heutigen Eigentumsbegriff unmöglich wäre, dürfte doch bezweifelt werden, dagegen spricht z. B. die kommunistische Tendenz des Urchristentums, die Stellung der Klöster als Kulturträger im Mittelalter und anderes. Es ist aber auch die Frage, ob der Eigentumsbegriff thatsächlich erschöpfend definiert ist, wenigstens bezüglich seiner Unverletzlichkeit? Denn der Staat selbst, der diese Unverletzlichkeit im Verhältnis seiner einzelnen Mitglieder untereinander proklamiert, erkennt sie für sich jenen gegenüber nur bedingt an (Steuern, Zölle, Geldstrafen, Kontributionen rc.). Im Grunde genommen kann der Mensch, der nackt zur Welt geboren wird und ebenso wieder dahinfährt, auf gar kein ausschließliches „Eigentum" Anspruch machen, jedenfalls auch auf das Fiktive des zeitlichen Besitzes nur im gleichen Grade, wie alle seine Mitmenschen. Was wir mehr beanspruchen, ist ein Raub an denen, die dieses Mehr entbehren müssen. Daß dieser Raub durch tausendjährige Gewohnheit sanktioniert worden, ändert nichts an der Thatsache, daß die Wurzel aller gesellschaftlichen Leiden in ihm zu suchen ist. —

Dennoch giebt es ein wirkliches Eigentum; dies aber hat einen ganz persönlichen Charakter, so sind die Werke des Künstlers, die Erfindungen und Entdeckungen des Gelehrten sein Eigentum, ist es das, was für den Besitzer einen persönlichen, einen Schätzungs-, Affektionswert, kurz, einen nur für ihn vorhandenen idealen Wert besitzt. — Es giebt daher auch ein Eigentum, von dem wenige eine Ahnung haben. Wenn mein Wirt einen alten Baum, dessen Rauschen mir von mancher glücklichen Stunde erzählt, die ich mit längst heimgegangenen Lieben in seinem Schatten verlebte, fäll't, so schädigt er mich auch in einem wertvollen, freilich nur idealen Besitz! —

Glatz, 27. April 1892. Max Krause.

Über diesen Gegenstand gebe ich das Wort sehr gern auch andern Lesern, die sich auf Grundlage einiger Sachkenntnis ein eigenes Urteil über diese Fragen gebildet haben. — Ich selbst weiche in meinen Ansichten erheblich von denen des Herrn Krause ab.

Das, was wir jetzt Lebenden „Kultur" nennen, halte ich für zweifellos möglich, ohne daß die materielle Produktion mit Privatkapital betrieben zu werden brauchte, aber *nicht* ohne *Privat*-Eigentum *überhaupt*, denn das, was wir im höheren, idealen Sinne „Kultur“ nennen, beruht ausschließlich auf den *geistigen* Leistungen der Erfinder, Ingenieure, Künstler, Dichter, Gelehrten &c. Alle deren Leistungen sind aber *durchaus individuell* (persönlich) und *müssen es immer* sein. Nimmt man nun diesen den *privaten* Boden ihres individuellen *eigenartigen* Werdens und Wachsens, so kann ferner nicht ein einziger solcher Geist sich ausbilden, und an die Stelle des *Kulturlebens* wird das *Kasernenleben* treten ohne höhere geistige Leistungsfähigkeit, als sie durchschnittlich bei Soldaten und beamtlichen Maschinen zu finden ist.

Wenn Herr Krause nun die Klöster und urchristlichen Gemeinden anführt, so ist dies nach einer Seite, nach der *materiellen* Seite hin, eine Bestätigung dieser meiner Ansicht; von dem ethischen und *höheren* Geistesstandpunkte beurteilt, bin ich aber wieder gerade einer ihm entgegengesetzten Ansicht.

Ein Vollendeter, ein Christus, braucht freilich kein Eigentum mehr, braucht sich auch nicht in Klöstern abzuschließen, braucht kein Studierzimmer, kein Laboratorium und kein Atelier. Was er der Menschheit leisten kann, vermag er jederzeit in reicher Fülle aus dem Urquell seines Geistes unmittelbar zu schöpfen. Aber solch ein Christus oder Buddha ist nicht allein nur möglich auf Grundlage einer schon vorhandenen „Kultur“, sondern sein ganzer Beruf besteht *nur darin*, die „Kultur“ zu überwinden, und wird dieses Ziel nach vielen Jahrmilliarden erreicht sein, dann wird freilich niemand mehr Privat-Eigentum nötig haben, denn die dann lebenden Geister können dann alles, was ihr geistiges Dasein erfordert, eben aus sich selber schöpfen.

Wenn man aber nun auch heute schon, wie es Herr Krause thut, die Leistungen der Künstler, Ingenieure und Gelehrten vom Geistesstandpunkte betrachtet, dann erscheinen jene erst recht *nicht* als *deren* Eigentum. Denn in der *Geisteswelt* ist alles nur *Gemeingut*. Autorenrechte und -gesetze brauchen wir allein als Grundlage für unser äußerliches, *materielles* Kulturleben. Hübbe-Schleiden.

Zeit totschlagen oder ausnützen?

An den Herausgeber. — Gestatten Sie mir die höfliche Anfrage, ob Ihnen für die „Sphinx“ ein Aufsatz über „Die Punktierkunst eines Fürsten“ genehm ist. Dazu bietet sich mir überreicher Stoff in dem über 30 Folianten umfassenden zum Teil vom Kurfürst August von Sachsen eigenhändig geschriebenen, geomantischen Material, mit dessen Durchsicht ich gegenwärtig beschäftigt bin. Es wäre dabei aber in hohem Grade erwünscht, wenn zur Erklärung dieses Systems und zur Erläuterung einiger Fragen zu dem Aufsatze eine Anzahl Figuren (mit Linien und Punkten in der bekannten Form und mit den sogenannten Himmelszeichen) angebracht werden könnten. . . .

Überdem erlaube ich mir die Bemerkung, daß mir bei meinen Nachforschungen vielerlei litterarische Schätze unter die Hände gekommen sind, welche geeignet erscheinen, Unterlagen zu bilden für Abhandlungen in der „Sphinx“. F. E.

Der Zweck unserer Monatsschrift ist die *Begründung* und die praktische *Verwertung* der übersinnlichen Weltanschauung für die Förderung des *ethischen* und des *ästhetischen Idealismus*. Kann nun Ihre Arbeit einen Leser weiser und besser machen? Oder wird etwa dadurch eine übersinnliche Kausalität bewiesen? Oder wird die Unabhängigkeit der Menschenseele von dem Leibe anschaulich gemacht? Dann ist Ihr Aufsatz uns willkommen; denn dies sind die für uns maßgebenden Fragen. Bloße *Unterhaltung* unserer Leser aber ist *nicht* unser Zweck; und wäre es gar möglich, jemandem das Hexen oder Wahrsagen zu lehren, so würden wir dies dennoch nicht thun. Bloße kulturhistorische Kuriositäten haben vollends für uns keinen Wert. Die sind sehr gut für Leute, die die Zeit totschlagen wollen, nicht aber für die, welche sie für ihre Seele möglichst ausnützen möchten. Wir bestreiten jenen nicht die Berechtigung ihres Daseinwollens, wir selbst aber gesellen uns zu letzteren.

Hübbe-Schleiden.

Die Verbreitung der Sphinx.

An den Herausgeber. — Von einem Freunde wurde mir neulich ein Prospekt Ihrer Monatsschrift zugesandt, in welchem ich auch Ihr Programm abgedruckt fand. Ich habe noch niemals in so treffender Weise und so vollständig meine eigenen Anschauungen ausgesprochen gefunden, wie in diesen Ihren Sätzen. Ich ließ mir sofort ein Probeheft kommen und fand nun, daß dieses Märzheft ganz und gar den Erwartungen entspricht, die Ihre Versprechungen in mir erregten. Ich abonnierte und habe seitdem auch das Aprilheft erhalten; dieses scheint mir jenes Märzheft noch zu übertreffen. Mich fesselt diese Geistesrichtung in so hohem Grade, daß ich wohl wissen möchte, wie ich in derselben mitwirken oder was ich sonst für die Bewegung, welche Sie vertreten, thun kann. Litterarisch mitzuarbeiten traue ich mir nicht zu; aber ich fühle mich so sehr von der Richtigkeit dieser Bestrebungen überzeugt, daß ich mit jenem Enthusiasten sagen möchte: „Ich bin von vornherein mit allen Gründen einverstanden, die sich dafür anführen lassen!"

G. A.

Wie Sie und alle unsere Leser unsere Bewegung fördern können, ist sehr einfach:

1. Dringen Sie bei Ihrem Buchhändler darauf, daß er ein Probeheft der „Sphinx" in seinem Schaufenster auslegen lasse.

2. Veranlassen Sie ihn, Exemplare der „Sphinx" vom Verleger à Condition zu fordern und dieselben möglichst vielen seiner Kunden zuzusenden. Werden dabei erste Hefte (Probehefte) verdorben, so werden sie gern kostenfrei wieder ersetzt.

3. Versenden Sie selbst Prospekte und Probehefte an Ihnen bekannte Personen, von denen Sie glauben, daß sie für ideales Denken und Streben Sinn haben. Solche Hefte und Prospekte sendet Ihnen die Verlagsbuchhandlung von Braunschweig jederzeit kostenfrei; oder wenn Sie dieser die betreffenden Adressen aufgeben, besorgt auch diese den Versand direkt. — Auch wenn Sie daheim oder auf Reisen Wirtschaften oder sonstige Gelegenheiten finden, wohin Probehefte mit Nutzen versendet werden können, bitten wir Sie, solche Adressen der Verlagshandlung auf einer Postkarte anzugeben.

4. Haben Sie Probehefte und Prospekte möglichst immer bei sich und lassen Sie dieselben beliebig liegen, wo immer es Ihnen passend erscheint, besonders in Lesezimmern von Hotels, Cafés, Restaurants, Kurhäusern, Klubs, Museen ꝛc., oder auch in viel besuchten Geschäften, Barbierläden, Haarschneidesalons ꝛc. In Berlin bieten auch wohl die Coupés der Stadtbahn geeignete Gelegenheit, um Sphinxhefte mit Nutzen liegen zu lassen.

5. Besonders vorteilhaft dürfte es auch sein, wenn es gelingt, hier und da Zeitungs- und Buchverkäufer an Eisenbahnstationen oder in Zeitungsbuden (Kiosks) zu veranlassen, daß sie sich Probehefte der „Sphinx" kommen lassen. Da sie diese gratis bekommen, so können sie sie immer so billig verkaufen, daß sie sie sicher los werden und auf alle Fälle ein gutes Geschäft dabei machen.

Die Freunde unserer idealistischen Bewegung unter unsern Lesern werden finden, daß schon wenige Bemühungen in der hier angegebenen Weise, merkliche Erfolge haben werden.

Hübbe-Schleiden.

Bemerkungen und Besprechungen.

Wert oder Unwert der Persönlichkeit.

Die historische Geschwätzigkeit der Biographen.

In vollem Maße teile ich die Ansicht meines Freundes Dr. Kuhlenbeck über diesen Gegenstand (S. 307), obwohl aus ganz entgegengesetzten Gründen. Mir erscheint nicht nur alle wissenschaftliche Kleinkrämerei wegen ihrer Geistlosigkeit wertlos, sondern auch besonders alles Gewichtlegen auf die Persönlichkeiten Verstorbener eine Verkennung des Wertes und Zweckes der Persönlichkeit, die immer nur dem einmaligen Leben dient. Nützen kann ausschließlich das Gute, was jemand in seinem Leben schafft und leistet, und das gute Beispiel, das er durch sein Leben giebt. Alle Biographistik, die darüber hinausgeht, ist vom Übel. Obwohl ich in meiner Würdigung „Hellenbachs, als Vorkämpfers der Wahrheit und der Menschlichkeit“ (Max Spohr, Leipzig 1891), diese Gesichtspunkte festhielt, bin ich selber vielleicht in manchen Einzelheiten schon über das rechte Maß hinausgegangen. Das beurteilt man am besten wohl, wenn man sich in die Seele eines so Verherrlichten oder Geschmähten hineinversetzt.

Ich könnte mir nun kaum etwas Widerwärtigeres denken, als wenn nach meinem Tode irgend ein „guter Freund“, anstatt sich an das zu halten, was ich etwa geleistet hätte, auf die ekelhafte Idee käme, die Einzelheiten meines Lebens und Strebens breit zu treten. Allerdings ist mein entschiedener Grundsatz „Lebe, was du lehrst!“, aber gerade dabei muß jedem aufrichtigen Menschen die Wertlosigkeit seiner eigenen Persönlichkeit am deutlichsten klar werden; denn wer von uns vermöchte wohl zu jeder Zeit zur eigenen Befriedigung dem höchsten Ideale, das ihm vorschwebt, nachzuleben. Wenn daher die Leistungen und das Leben eines Menschen, wie ja selbstverständlich, mangelhaft und unzulänglich erscheinen, dann suche man beide weder zu beschönigen, noch auch tadelnd zu beschwatzen. Will man einer Nachwelt etwas nützen, so beschränke man sich darauf, zu veranschaulichen, dies und das waren die Ideale, denen dieser Mann nachstrebte und nachlebte. Hübbe-Schleiden.

Budha-Gaya.

Eine kulturgeschichtliche Thatsache von enorm unabsehbarer Tragweite vollzieht sich gegenwärtig in Indien, und zwar ohne ein Aufsehen, wie man es in Europa davon machen würde. Der Buddhismus ist bekanntlich der „Protestantismus“ des religiösen Lebens in Asien; durch ihn reifen die Geister zur Selbständigkeit ihres Gewissens und ihrer Vernunft heran, die dort wie überall von dem amtlichen Priestertum in kindlicher Abhängigkeit von Dogmen erhalten werden. Sieben Jahrhunderte nun ist der Buddhismus ganz aus seinem Heimatland im Herzen Indiens verdrängt gewesen. Seitdem es aber kürzlich Colonel Olcott, dem ehemaligen Präsidenten der Theosoph. Gesellschaft in Adyar (Madras), geglückt ist, alle buddhistischen Sekten zu einer einheitlichen Religionsgemeinde zu vereinigen, hat nun eine buddhistische Gesellschaft, die Buddha-Gaya Maha Bodhi Society in Budha-Gaya (Behar, Indien), den Boden, auf welchem der Buddha zur Vollendung gelangte, erworben; sie will dort einen neuen Mittelpunkt des „einigen Buddhismus“ gründen und von dort aus den ethisch-erhebenden und geistig-läuternden Einfluß der buddhistischen Lehren nach allen Richtungen verbreiten.

Das Hauptverdienst um die Anregung und Begründung dieser Gesellschaft hat Dhammapala Hewavitarana, der Herausgeber des oft in der „Sphinx“ angezeigten Wochenblattes „The Buddhist“ in Colombo auf Ceylon. — Sir Edwin Arnold, der Dichter und Sprachforscher, weltberühmt besonders durch seine Dichtung „Das Licht Asiens“, wird die amtliche Handlung der Übergabe des heiligen Bodens in Budha-Gaya an die von allen Hauptgemeinden des Buddhismus dorthin abgesandten Vertreter der neuen Gemeinschaft vollziehen. Damit krönt er das Gebäude, dessen Grund Olcott und Dhammapala, jeder auf seine Weise, geistig und thatsächlich gelegt haben.

Man sieht, daß uns die Indier nicht allein in reinerer und tieferer Erkenntnis, sondern auch in deren praktischer Verwertung überlegen sind. Dafür zeugt jedenfalls der „Einige Buddhismus“ und als heiliger Mittelpunkt desselben Budha-Gaya.

H. S.

Moltkes Unbefangenheit.

In den „Trostgedanken über das irdische und Zuversicht auf das ewige Leben“ (im 1. Bande seiner Werke) hat Graf Moltke uns sein Glaubensbekenntnis hinterlassen. Es ist dieses wieder ein Beweis, daß jeder Mensch, der selbständig über höhere Begriffe, wie Gott, Freiheit und Unsterblichkeit, nachzudenken anfängt, sich sehr bald über die hergebrachten Kirchenlehren erhebt. Wären ihm aber jemals andere als die dem europäischen Kulturleben geläufigen Vorstellungen bekannt geworden, so würde er wohl seine Weltanschauung noch etwas mehr erweitert haben. Er sagt in diesen „Trostgedanken“ u. a.:

„Die Vernunft ist durchaus souverän, sie erkennt keine Autorität über sich: keine Gewalt — wir selbst nicht — kann sie zwingen, für unrichtig anzunehmen, was sie als wahr erkannt hat.“

„Es ist ja nicht in Abrede zu stellen, daß das Alter oft stumpfsinnig erscheinen läßt, aber an eine wirkliche Verdunkelung der Vernunft kann ich nicht glauben, denn sie ist der lichte Funke des Göttlichen, und selbst beim Irrsinn tritt er wohl nur äußerlich hervor. Kann doch der Taube, der auf einem völlig verstimmten Instrument ganz richtige Noten anschlägt, sich seines korrekten Spiels bewußt sein, während alle außer ihm nur wirre Mißklänge hören.“ (Zu dem „tritt er“ macht der Herausgeber seiner „Werke“ die thörichte Anmerkung: „Gemeint ist wohl: der Gegensatz zur Vernunft, oder: sie, die Verdunkelung.“ — Nein, gemeint hat Moltke offenbar nichts anderes als das, was er sagt: beim Irrsinn tritt er, nämlich der Irrsinn. Dies ist wohl ein Beweis, wie blind Gelehrsamkeit die Menschen macht.) Moltke bringt unter seinen weiteren Ausführungen noch folgende Sätze vor:

„Wir können die Glaubenssätze hinnehmen, wie man die Versicherung eines treuen Freundes hinnimmt, ohne sie zu prüfen, aber der Kern aller Religionen ist die Moral, welche sie lehren....“

„Aber auch ein sicherer Ratgeber ist uns beigegeben. Von uns selbst unabhängig, hat er seine Vollmacht von Gott selbst. Das Gewissen ist der unbestechliche und unfehlbare Richter, der sein Urteil in jedem Augenblicke spricht, wo wir ihn hören wollen, und dessen Stimme endlich auch den erreicht, der sich ihr verschließt, wie sehr er sich dagegen sträubt..... Es predigt die Moral in der Brust von Christen und Juden, von Heiden und Wilden...."

„Körper und Vernunft dienen der herrschenden Seele, aber sie stellen auch ihre selbständigen Forderungen, sie sind mitbestimmend, und so wird das Leben des Menschen ein steter Kampf mit sich selbst. Wenn dabei nicht immer die Stimme des Gewissens die Entschließungen der so vielfach von äußerem und innerem Widerstreit bedrängten Seele entscheidet, so müssen wir hoffen, daß der Herr, welcher uns unvollkommen schuf, nicht das Vollkommene von uns fordern wird."

„Denn wie vieles stürmt nicht bei seinem Handeln auf den Menschen ein, wie verschieden sind schon seine ursprünglichen Naturanlagen, wie ungleich Erziehung und Lebenslage. Leicht wird es dem vom Glücke Bevorzugten, den rechten Weg einzuhalten, kaum daß die Versuchung, wenigstens zum Verbrechen, an ihn herantritt; schwer dagegen dem hungernden, ungebildeten, von Leidenschaften bestürmten Menschen. Dies alles muß bei Abwägung von Schuld und Unschuld vor dem Weltgericht schwer in die Wagschale fallen; und hier wird Gnade zur Gerechtigkeit, zwei Begriffe, die sich sonst ausschließen."

Die Anlagen und Schicksale der Menschen, von denen all ihr Werden und Vollbringen, sowie auch alle Schuld, die sie auf sich laden, wesentlich abhängt, sind nicht nur sehr ungleiche, sondern auch bei Allen unvollkommene. Können diese willkürlich ungleichen Unvollkommenheiten wohl von einer vollkommenen und gerechten Gottheit „geschaffen" sein, wie Moltke und die landläufigen Ansichten meinen? Ganz unmöglich! Was „Gott" dabei thut, kann nur vollkommen und für alle gleichmäßig gerecht sein. Alles Unvollkommene an uns und unsern Schicksalen kann daher nur Ergebnis unsres eignen freien Wollens, Denkens, Thuns und Lassens in bewußten Lebenszuständen vor unsrer jetzigen Geburt sein. Nur wenn dies so ist, herrscht in der Welt Gerechtigkeit und Liebe. H. S.

Herders Philosophie der Geschichte in einer Stunde.

In unserer Zeit der Hast und Äußerlichkeit bilden diejenigen eine Ausnahme, welche noch innere Ruhe genug besitzen und einer geistigen Sammlung so weit fähig sind, um aus reinem Interesse die ernsten, echten Schriften der älteren Dichter und Denker zu lesen. Was das große Publikum verlangt, sind populäre Abhandlungen, „Darstellungen", Gerede über Schriftsteller und deren Werke, Auszüge und aus Auszügen wieder Auszüge, alles möglichst kurz, möglichst leicht, „modern" und im Feuilletonstil. So z. B. der ganze Kant auf zwei Oktavseiten in Zeitungsdeutsch; ein Bändchen philosophischer Stichwörter; Inhaltsverzeichnisse der klassischen Hauptwerke im Taschenformat: — dies wäre ein Fund für unsere „Gebildeten". Daß sie „gebildet" (in Gänsefüßchen) sind, davon haben die Guten keine Ahnung; doch das ist ihre Sache. Und „Wessen Brot man ißt, dessen Lied man singt!" Die armen Litteraten, die von der Gunst des Publikums leben, und die noch ärmeren Recensenten und Referenten, denen es obliegt, dem Publikum das Lesen zu ersparen, sind gezwungen, sich dem herrschenden „Geschmack" zu accommodieren: jene, indem sie das gewünschte Lesefutter liefern; diese, indem sie die Konsumenten vor dem allzuschlechten warnen und ihnen das bessere empfehlen.

Wir sind diesmal in der angenehmen Lage, sogar eine ausnehmend gute Schrift nennen zu können, welche den Wünschen unserer Leser entgegenkommt, nämlich insofern sie dieselben in einer kleinen Stunde, ohne Anstrengung zu fordern und doch relativ gründlich, in den Geist und Inhalt eines alten berühmten Buches einführt.

Wir meinen Herders „Ideen zur Philosophie der Geschichte der Menschheit" in der Wiedergabe von Gustav Hausse.[1]

Da die Welt nun einmal verkehrt ist und Surrogate der geistigen Nahrungsmittel diesen selbst vorzieht, so müssen wir wünschen, daß auch die anderen nicht mehr gelesenen bedeutenden Werke der älteren Litteratur, deren Kenntnis zur Bildung (ohne Gänsefüßchen) sicherlich gehört, ebenfalls so gewissenhafte und geschmackvolle Bearbeiter finden mögen, wie Herder in Hausse. R. von Koeber.

Psychologie der Suggestion.

Ein höchst wertvolles Buch unter diesem Titel hat der Münchener Privatdozent Dr. Hans Schmidkunz mit ärztlich psychologischen Ergänzungen von Dr. med. F. Carl Gerster herausgegeben.[2] Er reiht die hypnotistische Suggestionslehre in die Psychologie als einen neuen Zweig der wissenschaftlichen Erkenntnis ein, und gewährt durch jene auch einer Reihe anderer Wissenschaften wertvolle Anregungen, so der Logik, der Ästhetik, der Ethik, der Soziologie und der Biologie. Besondere Vorzüge des Werkes sind eine klare anschauliche Schreibweise und eine meisterhafte Anordnung des Stoffes, durch die der Leser, von den einfachsten seelischen Vorgängen ausgehend, in das Verständnis auch der verwickeltsten hypnotischen Zustände eingeführt wird; dabei zeigt der Verfasser eine ganz erstaunliche Belesenheit und weiß dieselbe in anziehender Weise zu verwerten. Das umfassende empirische Material ist von Dr. Gerster durch besonders wertvolle Winke bereichert worden.

Der Verfasser geht von der Frage aus, ob die hypnotischen Erscheinungen etwas Krankhaftes oder nur besondere Formen gewöhnlicher seelischer und organischer Vorgänge seien, und kommt zu dem Schlusse, daß sie „von verschiedenen Begleiterscheinungen abgesehen, keine isolierten und abnormen sind, sondern normale, nur ungewohnt gesteigerte Bestandteile eines das alltägliche Leben durchdringenden, mannigfaltigen Ganzen; und dieses Ganze ist der Suggestionismus." Eine Suggestion ist „die Hervorrufung eines seelischen Bildes". Die Gewalt, welche Gegenstände (Objekt-Suggestion), das eigene Ich (Auto-Suggestion) oder fremde Personen (Fremd-Suggestion) auf das Bewußtsein ausüben können, äußert sich in der Erregung von Vorstellungen, Gefühlen und Bestrebungen mit dem Drange nach Realisierung, ja sogar in der Beeinflussung der Sinnesempfindungen, des Gedächtnisses und der organischen Prozesse des Körpers. Allen Suggestionen ist mehr oder weniger etwas Zwangartiges im Gegensatz zum reiflich überlegt Gewollten eigen, jedoch so, daß der Beeinflußte frei zu wollen wähnt und solchen Willen als in seiner eigenen Überzeugung begründet zu rechtfertigen sucht. Die Empfänglichkeit für alle Arten von Suggestionen (die Suggestibilität) steigert sich vom wachen Zustande durch die des Schlafes und der sogenannten hypnoiden, traumhaften Zustände bis zur Hypnose. Besonders erhöht wird sie auch durch große Gemütserregung, Schreck, Freude, Überraschung, Ekstase oder körperliche Erschöpfung infolge von Hunger oder Schmerz, auch durch Krankheit und durch Anomalien wie Hysterie und ähnliches.

Der Suggestionismus bietet bekanntlich die Grundlage zur Erklärung der meisten sogen. „mystischen und magischen Erscheinungen", des Zauber- und Hexenwesens, der Besessenheit, der Stigmatisation, der Ekstasen ꝛc.; aber auch für die Kunst und Wissenschaft, sowie für das alltägliche Leben, ganz besonders der Rechtspflege wird die eingehende Kenntnis des Suggestionismus immer unentbehrlicher. In diesem Sinne wird das vorliegende Werk in weiten Kreisen aufklärend und nutzbringend wirken.

---

[1]) Herder in seinen Ideen zur Philosophie der Geschichte der Menschheit. Abgefaßt von Gustav Hausse. Borna-Leipzig, bei A. Jahnke. 127 Seiten in 8°.

[2]) Bei Ferd. Enke in Stuttgart, 1892. 428 Seiten.

Niemand, der dasselbe durcharbeitet, wird es ohne Befriedigung aus der Hand legen. Einen großen Fortschritt aber bietet dieses Buch besonders für die wissenschaftliche Psychologie. H. B.

Die übersinnlichen Thatsachen.

Im Feuilleton des „Neuen Wiener Tageblattes", Nr. 69 vom 9. März 1892, hat Herr Robert Franceschini sich bewogen gefühlt, eine Lanze für die „Wissenschaft" gegen die Erforschung übersinnlicher Thatsachen zu brechen. Er behauptet dabei eine solche Fülle von Unwahrheiten, die eben nur erklärlich ist bei einem Litteraten, der über etwas schreibt, von dem er „keinen blauen Dunst" hat; und bei Franceschini ist dies ganz besonders erklärlich, weil er auch der Wissenschaft sogar die Pflicht abstreitet, solche Thatsachen zu untersuchen. Darin freilich hat er völlig recht, soweit es sich um Taschenspielereien handeln kann; und da diese bei öffentlichen Medien vorkommen, so haben auch wir oft davor gewarnt, solche zu wissenschaftlichen Untersuchungen zu verwenden. Wer sich von diesen Thatsachen überzeugen will, muß sich in seinem eigenen Privatkreise Medien ausbilden. Glücklicher freilich sind alle diejenigen daran, welche solcher handgreiflichen Beweise nicht bedürfen.

Wir würden übrigens jenes wertlose Feuilleton hier nicht erwähnen, wenn solche Entstellungen nicht in der Tagespresse sich heut immer noch so breit machten, so u. a. auch im Feuilleton der „Berliner Neuesten Nachrichten", Nr. 170 vom 2. April 1892, in dem ein Eugen von Jagow seine Unkenntnis in Sachen des „Aberglaubens und des Spiritismus" zur Schau trägt. Dabei werden diese Äußerungen stets in solchem Tone der Unfehlbarkeit gehalten, wie man ihn sonst nur bei Theologen und anderen Offenbarungsgläubigen gewohnt ist; und dies macht denn auch, wie uns Zusendungen aus unserm Leserkreis beweisen, immer wieder einige in derselben stutzig. Freilich können wir nun nicht in jedem Hefte wiederholen, was so oft schon und so meisterhaft von anderen gesagt ist. Allen Zweifelnden und ernsthaft Suchenden jedoch können wir nicht dringend genug anrathen, sich über die wahre Sachlage der unrichtig behaupteten Thatsachen durch eigene Versuche und durch Lesung der Original-Quellen zu überzeugen. Außer Zöllners „Wissenschaftlichen Abhandlungen", Band 2—4, sind hier hauptsächlich Hellenbachs Werke zu nennen (bei Oswald Mutze in Leipzig zu haben). Ein vorzügliches Sammelwerk ist ferner Staatsrat Aksakows: „Animismus und Spiritismus" und desselben ganze spiritualistische Bibliothek (ebenfalls bei Mutze in Leipzig). Wer der englischen Sprache mächtig ist, sollte auch nicht verfehlen, sich mit den 2 Bänden der Phantasms of the Living (bei Trübner & Co., London 1886) und den sämtlichen Proceedings der Londoner Society for Psychical Research bekannt zu machen (ebenda 1882—1892). Nicht genug aber können wir Anfängern die beiden neuesten Schriften von Hans Arnold empfehlen: „Wie errichtet und leitet man spiritistische Zirkel in der Familie?" und „Materialismus oder Spiritismus?" Aufzeichnungen aus dem Leben eines Unbekannten (beide bei Max Spohr in Leipzig). W. St.

Für und wider den Spiritismus.

Es wird wohl hinlänglich bekannt sein, daß ich nicht dem Offenbarungs-Spiritismus huldige, da ich es vorziehe, meine eigenen Gedanken zu denken, und nicht irgend welche Geistermitteilungen für mehr als persönliche Meinungen annehme. Mit den Thatsachen jedoch, auf die der Spiritismus sich beruft, bin ich seit 25 Jahren gut vertraut und habe sowohl alle echt, wie auch die meisten künstlich nachmachen gesehen. Auch anerkenne ich, daß man aus vielen solcher Geistermitteilungen sehr viel mehr und Besseres lernen kann, als von den meisten lebenden Menschen oder aus gedruckten Büchern. Indessen halte ich es trotzdem immer für die Aufgabe jedes Menschen, *selbst zu urteilen* und seine *eigenen* Gedanken zu denken.

Dies fordere ich in Hinsicht der Anschauungen sowohl, wie auch der Thatsachen. Wenn daher irgend jemand über spiritistische Vorgänge *abspricht*, ohne selbst experimentiert zu haben, d. h. ohne sich vom Wesen dieser Thatsachen durch eigene Versuche im Familien- oder Freundeskreise überzeugt zu haben, so erscheint mir dies als ganz dieselbe *Frechheit*, wie wenn z. B. jemand die *Thatsachen*, auf denen die Bakteriologie sich aufbaut, leugnet, ohne selbst in der Mikroskopie erfolgreiche Versuche angestellt zu haben. Alle *Theorien* auch der Bakteriologie mögen ganz irrtümliche sein, deren Thatsachen jedoch, oder auch die des Spiritismus, als Schwindel zu bestreiten, ohne eigenes Studium, das ist *Gassenbuben-Art*.

Hübbe-Schleiden.

Spiritistische Thatsachen und übereilte Hypothesen.

Zur okkultistischen Forschung in Italien.

„I fatti spiritici e le ipotesi affrettate, Bemerkungen zu einem Artikel von Professor Lombroso“, ist der Titel einer Broschüre, die uns von deren Verfasser Dr. G. B. Ermacora aus Padua zugeht und unser Interesse in hohem Grade beanspruchen darf, insofern dieselbe in sehr bestimmter Weise Stellung gegenüber der psychiatrischen Hypothese Lombrosos nimmt.

Für Lombroso ist es, wie sich die Leser aus dem Aprilheft erinnern werden, die Gehirn-Rinde des Mediums, welche er als Psychiater für neuropathisch erklärt, und die nach ihm als Kraftquelle aufzufassen ist, von der aus alle Wirkung ausstrahlt, psychische (als Gedankenübertragung auf die Anwesenden) sowohl, als auch physische (als Bewegungsursache materieller Gegenstände). Diese Hypothese wird nun von Ermacora in scharfsinniger Weise folgendermaßen widerlegt:

Zugegeben, der Gedanke sei eine Bewegung, — sagt er — und nichts als eine Bewegung, so wird allein schon durch das Gesetz von der Erhaltung der Kraft die von Lombroso ja zugestandene Schwierigkeit dieser Erklärung zur baren Unmöglichkeit. Denn, wenn eine schwingende Bewegung von einem Centrum ausgeht, so nimmt ihre Kraft im Quadrat der Entfernung ab — ganz einerlei, welcher Art die Schwingungen sind, — so daß bei einer Entfernung von 1000 die Kraft auf den millionsten Teil ihres ursprünglichen Wertes reduziert wird. In diesem Verhältnis nun müßten auch die Phänomene der Gedankenübertragung abnehmen. Das thun sie aber nicht, vielmehr beweist die Erfahrung, daß die Entfernung bei denselben so gut wie gar keine Rolle spielt, und daß dabei noch die erstaunliche Thatsache auftritt, daß die von dem wirkenden „Agenten“ ausgehende Kraft den wahrnehmenden „Percipienten“ direkt trifft und findet, ohne sich dabei merklich zu zerstreuen.

Der Idee eines Gedankenbündels stellen sich nach Ermacora folgende Schwierigkeiten entgegen:

1. Es ist keine Spur eines Organs vorhanden, das als Projektor sich zu orientieren und den Strahl in die gewünschte Richtung zu lenken imstande wäre.

2. Die zweite Schwierigkeit besteht darin, einen für Tausende von Kilometern ausreichenden Parallelismus beibehalten zu können.

3. Die Schwierigkeit, die Zielrichtung zu finden, um auf solche Entfernungen den Percipienten genau zu treffen.

4. Die noch größere Schwierigkeit, zu begreifen, wie diese Zielrichtung, welche die von den feinsten astronomischen Instrumenten geleistete Genauigkeit übertreffen müßte, auf einer nicht unbeweglichen Basis zu stande kommt, indem die hier in Betracht kommende Basis in ihrer Lage von den Bewegungen des Körpers des Agenten abhängt, welche Bewegungen erfahrungsgemäß in keiner Weise mit der Zielrichtung im Zusammenhang stehen.

5. Als letzte Schwierigkeit kommt noch das Geheimnis hinzu, wie es der Agent dahin bringt, die Zielrichtung zu finden, da ihm doch gewöhnlich die Richtung, in der sich der Percipient befindet, gänzlich unbekannt ist.

Wenn man also mit Dr. Ermacora den Vorgang der Gedankenübertragung, als Ätherstrahlung vorgestellt, auf diese Weise zu Ende zu denken versucht, stößt man überall auf Ungereimtheiten. Trotzdem glaubt Lombroso mit der einfachen physikalischen Vorstellung der Ätherwellen zur Erklärung aller mediumistischen Phänomene auszukommen.

Nachdem noch Dr. Ermacora an mehreren Stellen der Werke Carl du Prels und Alexander Aksákows in anerkennendster Weise gedacht, sagt er zum Beschlusse dieser sehr durchdachten Arbeit: „Lombroso ging es, wie dem Jäger, der voll Ungeduld, um überhaupt etwas zu treffen, auf die Gefahr hin, das vornehmere Wild in seiner Nähe, das er nicht sieht, zu verscheuchen, auf zu große Entfernung schoß und schlecht traf.“

Wenigstens hat Lombroso das Vorkommen jenes seltenen Wildes zugegeben, wenn er auch mit seiner Hypothesen-Büchse vorläufig daneben schoß; unsere deutschen Gelehrten aber geben größtenteils das Vorkommen jenes Wildes überhaupt nicht zu, so daß sie gar nicht in die Gefahr kommen, wegen unausbleiblicher Fehlschüsse ausgelacht zu werden. Da ist uns doch der noch etwas ungeübte, aber eifrige Jäger Lombroso lieber.

L. Deinhard.

Zwei spiritistische Neuheiten aus Frankreich.

Einem jungen Mädchen, das einmal Lust verspüren sollte, zu erfahren, was denn eigentlich der Spiritismus sei, von dem so viel geredet wird, kann das erste der vorliegenden Schriftchen von Lucie Grange[1]) schon empfohlen werden. Mehr läßt sich über diese gut gemeinte, anspruchslose Drucksache nicht sagen. Etwas anderes aber als die traurige Reimerei auf Seite 62 hätten wir für den Schluß des Ganzen schon gewünscht. —

Im zweiten Buch[2]) ist dieselbe Verfasserin aus mystischen Gründen unter einem mystischen Pseudonym verborgen. Geschrieben ist dies kleine

[1]) Petit livre instructif et consolateur. Manuel de Spiritisme par Lucie Grange, Directrice de „La Lumière“. Paris. 63 Seiten.

[2]) Hab: La Communion universelle des âmes dans l'amour divin. Paris. 1892. 147 Seiten.

Buch für die seit einigen Jahren bestehende spiritistische Gemeinde, deren Mitglieder in allen Ländern der Erde am 27. jedes Monats gleichzeitig zu derselben Abendstunde eine Feier der Seelengemeinschaft in Gott begehen. Für die Eingeweihten dieser Gemeinde in Frankreich mag auch dies Schriftstück verständlich, interessant und bedeutend sein; nach unserer unmaßgeblichen Meinung jedoch ist es zum größten Teil ein unklares und schwülstiges Gerede. R. K.

Manethon: Aus übersinnlicher Sphäre.

Von dieser Zusammenstellung der „Wunder der modernen Magie in den Phänomenen des Gedankenlesens, des Hypnotismus, Mesmerismus, Somnambulismus, der Sensitivität, der Psychometrie, der Telepathie und der sogenannten mediumistischen Erscheinungen“ (1890 in Wien bei Hartleben erschienen) ist jetzt eine schwedische Übersetzung in Stockholm bei Fröleen & Comp. herausgekommen. Die deutsche Original-Ausgabe dieses illustrierten Sammelwerkes unsres Mitarbeiters Gustav Geßmann in Wien ist in der „Sphinx“ bereits im Maihefte 1890 (IX, S. 269 f.) eingehend besprochen worden. H. S.

Unser vierzehnter Band.

In den nächsten Heften unsrer Monatsschrift werden wir unter andern folgende Beiträge bringen:

Walter von Appenborn: Das Feuerherzlein.
Christian Behring: Der Idealnaturalismus Rich. Wagners.
Carl Busse: Astarte.
Anton J. Cepp: Das Experiment des Scheintods bei den Fakiren.
Hans Denecke: Ein Blick in die Zukunft.
Alois Dorda: Die Kunst des Tröstens.
Franz Evers: Sein wie Gott!
F. Ritter von Feldegg: Gelehrtendämmerung.
Arthur Fitger: Das Pan-Mysterium.
Friedr. Wilh. Groß: Aus dem Reiche der Metaphysik; Familienerinnerungen.
Ernst Hallier: Liebet auch die Vögel!
Hellenbach: Die Weltanschauung des zwanzigsten Jahrhunderts.
Carl Kiesewetter: Die alchymistischen Versuche des Dr. Price.
Hermann Kracke: Befreiung!
Hans tom Kyle: Um Leben und Ehre.
Jul. Mendius: Die Mondbewohner; eine Humoreske.
Montezuma: Meine Rechtfertigung.
O. Plümacher: Hartmanns Pessimismus.
Carl du Prel: Das Fernsehen in Raum und Zeit.
Wilhelm Ressel: Entlassen! Ein Bild aus dem zwanzigsten Jahrhundert.
D. C. von Schack: Der Gottsucher.
M. von Saint-Roche: Nebel; eine Skizze.
Richard Wedel: Aus den Davoser Bergen; eine Erzählung.

H. S.

Für die Redaktion verantwortlich ist der Herausgeber:
Dr. Hübbe-Schleiden in Neuhausen bei München.

Verlag von C. A. Schwetschke und Sohn in Braunschweig. — Druck von Theodor Hofmann in Gera.

www.ingramcontent.com/pod-product-compliance
Lightning Source LLC
Chambersburg PA
CBHW020740020526
44115CB00030B/722

* 9 7 8 3 7 4 1 1 8 4 7 6 5 *